대번영의 조건

Mass Flourishing
How Grassroots Innovation Created Jobs, Challenge, and Change

대번영의 조건

모두에게 좋은 자본주의란 무엇인가

에드먼드 펠프스 지음 | 이창근 · 홍대운 옮김

MASS FLOURISHING
by EDMUND STROTHER PHELPS

이 책은 실로 꿰매어 제본하는 정통적인 사철 방식으로 만들어졌습니다.
사철 방식으로 제본된 책은 오랫동안 보관해도 손상되지 않습니다.

머리말

로스앤젤레스를 처음 본 순간, 나는 아무도 그 모습 그대로를 그린 적은 없다는 사실을 깨달았다.
— 데이비드 호크니

19세기에 몇몇 국가의 시장 경제에서 인류 역사상 처음으로 임금과 고용이 폭발적으로 증가하고 수많은 사람들이 자기 일에 만족감을 느끼게 된 것은 과연 무엇 때문일까? 이 국가들 중 다수가(지금은 전부 그런 것 같지만) 20세기 동안 이것들을 모두 잃어버리게 된 것은 또 무엇 때문일까? 이 책의 목표는 인류사에 드문 이 번영을 이룩하고 다시 상실하게 된 과정을 이해하는 것이다.

나는 이 책에서 국가 번영의 본질에 대한 새로운 시각을 제시한다. 참여와 도전 정신, 자기표현, 개인의 성장과 같은 번영하는 삶이야말로 국가 번영의 핵심이라는 것이다. 돈을 버는 것은 번영에 이르는 길일 수는 있으나, 번영하는 삶 자체는 아니다. 개인의 번영은 새로운 것을 경험하는 데서 온다. 새로운 상황, 새로운 문제, 새로운 통찰력, 개발하고 공유할 수 있는 새로운 아이디어가 그런 것들이다. 이와 유사하게 국가적 규모의 번영, 즉 다수의 번영mass flourishing[1]은 사람들이 혁신하는 과정(새로운 방법과 제품의 개념화, 개발, 확산)에 폭넓게 관여할 때, 즉 보통 사람들 사이에서 혁신이 자생적으로 발생할 때 생겨난다. 역동성은 이를 잘 이해하지 못하고 만든 혹은 다른 목적으로 만든 제도 때문에 위축되거나 약해지기도 한다. 그러나 제도만으로 역동성을 창출할 수는 없다. 광범위한 역동성은 올바른 가치들이 힘을 불어넣고, 다른 종류의 가치들에 희석되지 않아야 한다.

번영이 혁신 활동의 폭과 깊이에 달려 있다는 사실을 사람들이 인식하는 것이 매우 중요하다. 자국이 누리는 번영이 어떻게 만들어진 것인지 이해하지 못한 국가들은 많은 역동성을 스스로 훼손하는 조치를 취하기도 한다. 여러 증거에서 드러나듯, 미국은 1970년대까지 누렸던 빠른 혁신과 높은 직무 만족도를 더 이상 누리지 못하고 있다. 경제에 참여하는 사람들은 자신이 번영할, 존 롤스의 표현 대로라면 자아실현의 가능성이 사라져 가는 것을 막을 권리가 있다. 20세기에 각국 정부들은 실업자들이 일자리를 찾고 번영하는 삶을 살게 할 방법들을 모색했다. 지금은 더 큰 과업이 있다. 직장이 있는 사람들조차 상실해 버린 번영을 되살리는 것이다. 그렇게 하려면 단순히 〈수요〉나 〈공급〉을 창출하는 것과는 다른, 입법 및 규제상의 결단이 필요하다. 그런 결단을 하려면 높은 수준의 혁신에 필요한 메커니즘과 태도를 먼저 이해해야 한다. 이는 분명 정부가 할 수 있는 일이다. 몇몇 국가들은 이미 두 세기 전에 혁신을 위한 길을 닦은 바 있다. 필자는 이 책을 구상할 때부터 마음속에 이런 생각을 갖고 있었다. 나는 국가들의 심각한 무지가 유일한 문제라고 믿

1 지금부터는 〈대번영〉이라고 한다 ― 옮긴이주.

었다.

그러나 결국 나는 또 다른 문제를 인식하게 되었다. 바로 근대적 가치관과 근대적 삶에 대한 저항이 존재한다는 사실이다. 높은 수준의 번영을 가능하게 했던 가치관은 번영을 방해하고 평가 절하하는 다른 가치관들에 가로막혔다. 번영은 너무 큰 대가를 치렀다. 바람직한 삶이 어떤 것인지, 따라서 어떠한 사회와 경제가 좋은 것인지에 대해 의문이 제기되었다. 유럽에서는 오래전부터 존재했던 전통적인 목표, 즉 사회 보장을 늘리고 사회적 조화를 추구하며 국익을 위한 공공사업을 벌이도록 요구하는 목소리가 이제는 미국에서도 힘을 얻고 있다. 이런 가치관은 유럽의 많은 지역에서 국가를 전통적이며 중세적 관점에서, 즉 〈코포라티즘의 시각에서〉 보는 견해로 이어졌다. 공동체와 가정의 가치를 강조하는 목소리들이 넘쳐난다. 근대적 삶과 그 번영이 얼마나 소중한 것인지 인식하고 있는 사람은 오늘날 거의 남아 있지 않다. 대번영이 과연 어떠한 것이었는지에 대한 인식은 미국과 유럽에서 더 이상 찾아보기 힘들다. 역동성이 넘쳐나던 1920년대 프랑스나, 1960년대 초반의 미국처럼 한 세기 전 빛나는 사회를 이룩했던 국가들에는 더 이상 광범위한 번영의 기억이 남아 있지 않다. 한 국가를 혁신하는 과정(창조할 때의 혼란, 개발 과정에서의 광란, 새로운 것들이 자리 잡지 못할 때 겪는 고통스러운 결말 등)을 고통으로 보는 시각이 늘어났다. 과거에는 신흥 물질주의적 사회들이 국가의 소득과 국력을 신장시키기 위해 그런 고통을 참고 견딜 의지가 있었지만, 이제 우리는 더 이상 인내할 의지가 없다. 사람들은 변화와 도전, 평생에 걸친 독창성과 발견, 영향력의 추구를 번영하는 삶이라고 생각하지 않는다.

이 책은 이런 상황에 대한 나의 답변이다. 이 책은 번영하는 삶이 근대 인본주의가 만들어 낸 소중한 자산이었다고 평가한다. 또한 잃어버린 것을 복구하고, 근대 사회의 폭넓은 번영을 고무시켰던 근대적 가치관을 쉽게 버리지 말자고 호소한다.

이 책은 먼저 서구의 번영에 대해 설명한다. 서구가 어디에서 어떻게 번영을 이룩했는지, 이들 국가들이 각각 번영을 얼마나 잃어버렸는지 이야기한다. 결국 현재 우리의 상황을 이해하려면 과거를 정확히 아는 것이 우선이다. 그렇지만 현시점의 국가들 간 비교 분석 또한 제시한다.

이 이야기의 핵심은 19세기에 발생한 번영이 상상력에 불을 붙였고 일하는 삶을 바꾸어 놓았다는 것이다. 어렵지만 보람된 일을 통해 이룩한 광범위한 번영이 영국과 미국에 찾아왔고 이후 독일과 프랑스에도 등장했다. 이들 국가에서 단계적으로 여성이 해방되었고, 마침내 미국에서 노예 해방이 일어남으로써 번영하는 삶이 확대되었다. 새로운 방법과 제품을 만드는 일은 이 번영의 구성 요소인 동시에 번영과 함께 진행된 경제 성장의 핵심 요소였다. 그러나 20세기에 들어 번영은 극도로 줄어들었고 성장도 사라졌다.

이렇게 보면 1820년에 영국에서 시작되어 1960년대 미국까지 이어지는 역사적인 번영은 자생적 혁신, 즉 각국 경제의 자생적 아이디어에서 비롯된 새로운 방법과 제품을 채택하는 과정에서 생긴 결과였다. 이런 선두적 국가들의 경제는 역동성, 다시 말해 자생적 혁신의 욕구와 역량을 발전시켰다. 나는 이것을 근대 경제라고 부른다. 다른 경제들은 근대 경제들의 궤적을 뒤따라가면서 이익을 얻을 수 있었다. 이것은 기업가가 〈과학자들과 탐험가〉들의 발견을 통해 〈명백한〉 혁신을 만들어 낸다는 아르투어 슈피트호프[2]와 조지프 슘페터의 고전적인 설명과는 다르다. 근대 경제들은 과거의 상업 자본주의 경제가 아니었으며 이전에는 없던 정말로 새로운 것이었다.

근대 경제를 이해하려면 근대적 개념 한 가지부터 이해해야 한다. 바로 개인의 독창적인 지식과 정보, 상상력을 기반으로 한 창의성에서 비롯한 독창적인 아이디어다. 근대 경제들 대부분은 이름 없는 모든 경제 활동 인구, 즉 아이디어맨, 기업가들, 금융인들, 마케터들과 선도적인 최종 사용자들의 새로운 아이디어에 의해 작동된다. 프랭크 나이트,[3] 존 메이너드 케인스와 프리드리히 하이에크 같은 1920년대와 1930년대의 초기 근대주의자들만 해도 창조성과 그에 수반된 불확실성을 부정적으로 바라보았다.

이 책의 상당 부분은 혁신 과정, 그리고 그 결과 얻어진 번영을 사람들이 생활 속에서 어떻게 경험했는지를 다루고 있다. 정신적 자극을 받고, 문제를 해결하고, 새로운 통찰력을 얻는 등 혁신을 통해 인간이 얻는 이점들은 잘 작동하는 근대 경제에서는 기본적인 것들이다. 나는 그런 경제에서 일하고 살아가는 풍부한 경험에 대한 인상을 전하고자 노력했다. 이 큰 그림을 구상하면서, 나는 사람들이 근대 경제에 대해 어떤 느낌을 받았는지 지금까지 누구도 묘사한 적이 없다는 것을 깨닫고 흥분할 수밖에 없었다.

나는 역동성이라는 현상을 설명할 때 수많은 경제적 자유가 그 핵심

2 Arthur Spiethoff(1873~1957). 독일의 경제학자. 자본주의 경기 변동 이론에서 실증적 연구를 통해 과잉 투자설을 확립했다 — 옮긴이주.
3 Frank Knight(1885~1972). 미국의 경제학자. 시카고학파의 창시자 중 하나다 — 옮긴이주.

요소라는 점을 전제하고 있는데, 이는 우리가 이룩한 서구 민주주의에 감사해야 할 이유이기도 하다. 경제적 필요 때문에 생겨난 제도들도 역동성에 도움이 되기는 했다. 그러나 경제적 근대성이 등장하려면 법적 권리의 존재와 집행, 다양한 상업 제도와 금융 제도를 뛰어넘는 무언가가 필요했다. 역동성을 설명하는 과정에서 나는 과학 발전의 역할을 부정하지 않지만, 번영과 과학을 직접적으로 연결시키지는 않는다. 나는 태도와 신념이야말로 근대 경제가 지닌 역동성의 원천이라고 설명한다. 한 나라의 자생적 혁신을 이끄는 개인주의와 상상력, 분별력과 자기표현을 보호하면서 활력을 불어넣는 것은 주로 문화의 역할이다.

필자가 주장하는 바는 근대성이 한 나라의 경제를 주도하게 되면 그 경제는 알려진 것, 특정한 제품과 서비스를 생산하던 형태에서 기존에는 생산할 수 있다고 생각하지 않았던, 혹은 생각하지 못했던 제품이나 서비스를 시도하기 위해 아이디어를 만들고 이용하는 형태로 변해 간다는 것이다. 또한 근대성에서 벗어난 경제에서는, 즉 근대적 제도와 규범을 거부하거나 반대하는 자들이 근대성을 방해하고 제약하는 곳에서는 아이디어의 흐름이 줄어든다는 것이다. 경제가 근대성과 전통성, 어느 방향으로 가든 일하는 삶의 구조가 근본적으로 변하게 된다.

따라서 이 책이 보여 주는 서구의 역사는 중요한 투쟁의 역사이다. 이는 단순히 자본주의와 사회주의 사이의 투쟁이 아니다. 유럽의 사적 소유권은 이미 수십 년 전에 미국 수준으로 올라갔기 때문이다. 또한 가톨릭과 개신교 정신 사이에 벌어지는 투쟁도 아니다. 그 핵심은 근대적인 가치관과 전통적 혹은 보수적인 가치관 사이의 투쟁이다. 르네상스 인본주의로부터 계몽주의, 존재론적 철학에 이르기까지 문화적 진화의 결과, 창의성을 표현하고 발휘할 기회를 찾고, 자신을 위해 성장해야 한다는 식의 새로운 근대적 가치관이 등장하게 되었다. 그리고 이런 가치관 덕분에 영국과 미국에서 근대적 사회가 등장할 수 있었다. 물론 18세기의 이런 가치관은 근대적 민주주의를 촉진시켰고, 19세기에는 근대 경제들을 탄생시켰다. 이들은 처음으로 역동성을 갖춘 경제들이었다. 이 문화적 진화는 유럽 대륙에도 근대적인 사회를 탄생시켰다. 민주주의가 충분히 가능할 정도로 근대적인 사회가 된 것이다. 그러나 이들 국가에서 근대 경제로 인해 생겨난 사회적 동요는 전통을 위협했다. 공동체와 국가를 개인보다 우선시하고 낙오자들을 선도자들로부터 보호하는 것과 같은 전통적 가치관은 매우 강력해서, 몇 안 되는 근대 경제들조차 더 이상은 전진하지 못했다. 이러한 영향에 잠식되거나 그런 위협이 가해진 곳에서 근대 경제는 (전간기에는) 국가에 의해, 또는 (전후에는) 규제로 인해 발이 묶였다.

조상들에게 물려받은 지혜로부터 벗어나려는 긴 투쟁에 대해 이야기한 작가들은 이전에도 많았다. 나 또한 수많은 부정확한 설명들과 부적절한 이론들을 과감히 탈피한 후에야 비로소 근대 경제와 그 창조 과정, 그 가치에 대해 이야기할 수 있게 되었다. 슘페터는 외래적 발견이 혁신을 자극한다는 고전적인 이론을 내놓았고, 과학 연구의 신장만이 혁신을 증가시킨다는 신슘페터적 주장이 뒤따랐다. 이 두 견해는 근대 사회가 근대 경제 없이도 가능했을 것이라고 너무나 당연한 것처럼 전제한다(그러고 보면 슘페터가 사회주의 시대가 도래하고 있다고 생각했던 것도 이해가 간다). 또한 애덤 스미스는 사람들이 소비와 여가를 통해서만 〈풍요로운 삶〉을 살 수 있으며, 따라서 모든 경제생활은 경험 그 자체가 아니라 소비와 여가를 얻기 위한 것이라고 주장한 바 있다. 실패와 경기 변동을 퇴치되어야 할 근대 경제의 핵심 문제로 보고, 그 원인이 되는 도전과 모험에 아무 인간적 가치가 없다고 주장한 케인스의 신고전적 복지주의도 있었다. 한편 오늘날 경영학에서 지배적인 시각이 된 신신고전파적 관점neo-neoclassical view에 따르면, 사업은 모호함과 불확실성, 탐구와 전략적 비전이 아닌 위험 평가와 비용 관리에 관한 것이다. 사회 진화에 따라 가장 필요한 제도가 생겨나고, 모든 국가가 그에 가장 적합한 문화를 갖추고 있기 때문에 국가의 제도는 걱정할 게 없다는 무한히 낙관적인 시각도 있다. 이 책이 진실에 가깝게 다가갔다면, 위와 같은 지난 시절의 생각들은 모두 잘못되고 해로운 것이다.

이 책은 많은 분량을 할애하여 근대 경제가 그 참가자들에게 제공한 경험을 경이로운 시각으로 서술한다. 이것이야말로 근대가 이룬 경이로운 성취이기 때문이다. 그러나 이렇게 찬사를 보내려면 근대 경제가 만들어 낸 근대적 삶을 다른 방식의 삶과 어떻게 비교할 수 있겠느냐는 문제가 생긴다. 이 책의 11장에서 나는 근대 경제의 본질적인 산물인 번영이 지금껏 많은 저작들이 다루어 온 고대인들의 좋은 삶 개념과 잘 부합한다고 주장한다. 좋은 삶은 세상에 적극적으로 참여함으로써 얻을 수 있는 지적인 성장과 거대한 불확실성에 맞서 창조하고 탐험할 때 얻을 수 있는 도덕적 성장을 필요로 한다. 근대 경제에서 등장한 근대적 삶은 좋은 삶 개념의 좋은 사례이고, 잘 작동하는 근대 경제를 정당화하는 근거가 된다. 근대 경제는 좋은 삶에 기여하기 때문이다.

그러나 그런 경제를 정당화하려면 이 경제에 반대하는 입장에도 대응해야 한다. 좋은 삶의 가능성을 제시하는 경제 구조라 하더라도 그 과정에서 불의를 초래한다거나 좋은 삶을 불공정한 방식으로 제공한다면 이 것은 공정하다고 할 수 없을 것이다. 과거 10년간 조장된 주택 거품처럼 잘못된 판단 때문에 근대 경제의 새로운 방향이 잘못 잡히거나 엉망이 되면, 빈곤 계층만이 아니라 일자리를 잃은 노동자부터 회사가 망가진 기업가들, 보유 자산에 큰 타격을 입은 가정에 이르기까지 모든 참가자들이 피해를 입는다. 정부는 빈곤층에게 최대한 도움이 되도록 좋은 삶의 주요 요소인 근대 경제의 이익을 배분하는 일을 제대로 하고 있지 못하다. 그러나 이는 근대 경제의 잘못이라기보다는 정부의 잘못일 것이다.

마지막 장은 부족한 능력이나 배경 탓에 가난한 자들에게 좋은 삶의 전망을 최대한 제공하는, 근대적이면서도 정의로운 경제의 밑그림을 그려 본다. 나는 잘 작동하는 근대적 성격의 경제가 가장 가난한 사람들에게 초점을 맞추는 등 경제적 정의라는 익숙한 개념에 부합되게 운영될 수 있다고 주장한다. 만약 모든 사람들이 좋은 삶을 바라고 있다면, 그 삶을 얻기 위해서 큰 변화의 위험을 받아들일 수 있어야 할 것이다. 또한 나는 사람들이 여러 다양한 조건하에서도 공정하게 작동하는 근대 경제를 공정하게 작동하는 전통적 경제(전통적 가치관에 바탕을 둔 경제)보다 선호할 것이라고 주장한다. 그러나 일부 사람들이 전통적인 가치관을 따른다면 어떻게 해야 할까? 머리말에서 깊게 논의할 수는 없지만, 다음과 같은 사실은 명백하다. 전통적 가치관에 기반을 둔 경제를 고수하고 싶은 사람들은 자신들만의 세계에서 살아갈 자유가 있다. 그렇지만 적어도 좋은 삶을 열망하는 사람들은 근대 경제에서 일할 자유가 있어야 한다. 즉 이들은 변화와 도전, 독창성과 발견이 박탈된 전통적 경제에 속박되지 않아야 한다.

불투명한 미래, 커다한 실패와 변화들 그리고 부조리에 취약한 경제, 사람들을 〈혼란스럽게〉 심지어 〈두렵게〉 하는 경제를 국가가 장려하고 나아가 전력을 다해 만들어야 한다는 주장은 얼핏 사리에 맞지 않아 보인다. 그러나 새로운 통찰을 얻을 때의 만족감, 도전적인 일을 맞닥뜨릴 때의 흥분, 스스로의 길을 개척한다는 느낌 그리고 성장의 과정에서 얻게 되는 희열, 간단히 말해 좋은 삶은 바로 이런 국가의 노력을 필요로 한다.

차례

3부 쇠락과 재건

서론: 근대 경제의 등장

> 1780년대에 사람들이 근대성을 생각한 것은 사실이다. ……[그러나] 1815~
> 1830년에 들어서야 근대적 세계의 기반 대부분이 형성되었다.
> ─ 폴 존슨, 『근대의 탄생』

인간이 존재한 이래 대부분의 기간 동안, 한 사회의 경제 행위자들은 경제적 지식이라고 불릴 수 있는 것, 즉 어떻게, 무엇을 생산할지에 관한 지식을 거의 확대하지 않았다. 서유럽의 초기 경제들에서도 과거의 관행으로부터 벗어나 새로운 지식과 관행, 또는 혁신을 만들어 내는 일은 드물었다. 고대 그리스와 로마는 예컨대 수차와 청동 주조 같은 혁신을 어느 정도 이뤄 냈다. 그러나 전반적으로 볼 때 〈고대 경제〉에는 혁신이 극히 부족했다. 이러한 현상은 특히 아리스토텔레스 이후로 여덟 세기 동안 두드러진다. 르네상스 시기에는 중요한 과학적, 예술적 발견이 있었으며 이는 왕국을 부유하게 했다. 그러나 경제적 지식은 거의 확장되지 않았으므로, 생활사가 페르낭 브로델[1]이 관찰한 것처럼 생산성이나

---

1 Fernand Braudel(1902~1985). 프랑스의 역사학자. 주저로 『물질 문명과 자본주의 *Civilisation matérielle, économie et capitalisme, xve-xviiie siècles*』(1967~1979)가 있다 ─ 옮긴이주.

평범한 사람들의 생활 수준을 향상시키지는 못했다. 이 경제는 익숙함과 틀에 박힌 진부함이 지배했다.

이들 경제에 속한 행위자들에게 과거의 관행으로부터 벗어나려는 욕구가 없었던 것일까? 전혀 그렇지 않다. 널리 알려졌듯이, 인간은 과거 수만 년 전부터 상상력과 창조성을 발휘해 왔다.[2] 우리는 초기 경제 행위자들에게 창조 욕구가 부족하지 않았다고 단언할 수 있다. 이들은 자신들이 사용하기 위해 발명하고 시험했다. 그러나 이들은 사회적으로도 유용할 새로운 방법과 제품을 개발하기에는 역량이 부족했다. 초기 경제는 혁신적 시도를 가능하게 하고 장려하는 제도와 태도를 갖추지 못했다.

이 초기 경제들이 이룬 최고의 성취는 국내 상업과 국가 간 무역의 확대였다. 14세기 함부르크와 15세기 베네치아, 이 주요한 두 도시 국가는 한자 무역로와 실크로드, 대양 무역로를 따라 멀리 있는 도시와 항구들에까지 영향력을 확대했다. 16세기 신세계에 식민지가 생겨나면서 국민국가nation state 내의 상업이 확산되고 대외 무역이 증가했다. 18세기 무렵, 특히 영국과 스코틀랜드에서 대부분의 사람들은 가족과 마을을 위해서가 아니라 〈시장〉을 위해 제품을 생산했다. 더 많은 국가들이 원거리 시장에 많은 양을 수출하고 수입했다. 사업 활동은 여전히 생산과 관련된 것이었지만, 유통과 무역에도 관여했다.

이것은 분명 자본주의였다. 당시에는 이런 용어가 존재하지 않았을

---

2 튀빙겐 대학 연구진들은 최근에 3만 5천 년 전 정주하기 시작한 유럽 지역의 동굴 생활자들이 사용한 뼈로 만든 피리를 발견했다. 니컬러스 코나드와 동료들은 2009년에 이 발견을 과학 잡지 『네이처Nature』에 소개했다.

테지만 말이다. 더 정확히 표현하자면 이것은 상업 자본주의mercantile capitalism였다. 부를 소유한 사람들은 상인이 되었고, 가격이 더 높은 곳으로 상품을 실어 나를 마차나 배에 투자했다. 1550년부터 1800년쯤까지, 이 체제는 스코틀랜드인들이 〈상업 사회〉라고 부른 것의 원동력이 되었다. 최소한 스코틀랜드와 잉글랜드에서는 많은 사람들이 이 사회를 전적으로 감탄스럽게 보았지만, 〈영웅 정신heroic spirit〉이 부족하다고 느끼는 사람들도 있기는 했다.[3] 그러나 분명 상업 자본주의 시대의 이 사회들에 적극성이 부족하지는 않았다. 상인들은 시장 점유율이나 공급선을 두고 서로 치열하게 경쟁했으며, 국가들은 경쟁적으로 식민지를 세웠다. 군사적 충돌이 빈번했다. 아마도 도전 의식을 고취시키고 사업을 도약시킬 방법이 거의 없는 상황이었기 때문에, 영웅 정신이 군사 충돌 형태로 분출된 것일 수도 있다.

상업 자본주의 시대에 이런 사업에 참여하는 삶에는 중세의 큰 특징인 익숙함과 규칙성이 분명 훨씬 덜했을 것이다. 새로운 시장을 찾고 진입하는 과정에서 새로 진입하는 사람들뿐만 아니라 이미 그 시장에서 활동하고 있던 사람들에게도 새로운 경제적 지식이 공급되었을 것이다. 상업이 팽창하면서 국내 생산자들, 또는 해외 경쟁자들은 종종 새로운 기회를 발견했고, 따라서 새로운 품목을 생산할 수 있는 지식이 생겼다.

3 애덤 스미스는 1762~1763년에 행한 〈법학 강의Lectures on Jurisprudence〉에서, 〈상업 정신〉의 〈단점〉을 보았다. 그는 이렇게 기록했다. 〈사람의 정신이 위축된다. ……교육은 경멸 또는 최소한 무시의 대상이며, 영웅 정신은 거의 철저하게 권위를 잃는다〉(Smith, 1978, vol. 5, p. 541). 그는 1776년에 내놓은 대작인 『국부론』에서 이렇게 말했다. 〈미개한 사회에서는…… 모든 사람들의 다양한 직업이 각자의 역량을 발휘하도록 강제한다. ……따라서 발명은 계속된다〉(p. 51). 애덤 퍼거슨은 『시민 사회 역사론Essay on the History of Civil Society』(1767)에서 감탄과 함께 미국 원주민 추장의 다음과 같은 말을 인용했다. 「나는 전사이지, 상인이 아니오.」

이런 이익은 〈그 분야〉 사람이라면 다 아는 공개된 지식public knowledge
이 되거나, 다른 사람들이 알기 힘든 경우에는 개인적 지식으로 남아 있
었다. 아마 이보다는 드문 일이었겠지만, 이전에는 없었던 제품을 생산
해 보려는 욕구가 생산 방식의 진보로 이어지기도 했을 것이다. 그렇다
면 상업 자본주의 시대에 경제적 지식은 얼마나 증가했던 것일까?

상업 자본주의 시대의 경제적 지식

잉글랜드 경제에 대한 초기의 단편적 자료는 많은 것을 보여 준다. 다
른 조건이 변하지 않은 상태에서 생산할 품목에 대한 지식이 증가했다
면 이는 생산성, 즉 투입 노동 대비 생산량을 증가시킬 것이다. 만약 공
개된 지식이든 아니든 경제 참가자들에게 존재하는 이런 노하우가 상업
자본주의 시대, 즉 1500~1800년 사이에 주목할 만큼 증가했다면 이는
노동 대비 산출량의 증가로 나타났을 것이다. 만일 그런 개선이 거의 나
타나지 않았다면, 상업 자본주의 시대에 정말 중요한 노하우의 증가가
있었는지 의심할 만하다. 실제 증거는 무엇을 말하고 있는가?

믿을 만한 자료인 앵거스 매디슨[4]의 2006년판 『세계 경제The World
Economy』에 따르면, 잉글랜드의 1인당 생산량은 1500~1800년 사이에
전혀 증가하지 않았다. 그러나 이 시기 인구, 즉 전체 노동력은 1300년
대의 흑사병으로 인한 손실을 만회하여 크게 증가했다. 지식이 증가했
다면 노동 생산성이 상승할 원동력이 되었겠지만 노동력 증가로 인한

---

4 Angus Maddison(1926~2010). 영국의 경제학자. 양적 거시 경제사에 대한 방대한 연구로
세계적인 명성을 얻었다 ─ 옮긴이주.

〈생산력 체감diminishing returns〉은 그것을 상쇄할 만큼 생산성을 떨어 뜨렸을 것이다. 그러나 그레고리 클락의 10년 단위 추계를 보면 흑사 병 이전에 비해 인구가 크게 줄지 않았던 1330~1340년대의 1인당 생 산량은 흑사병 이전의 인구를 회복했던 1640년대와 거의 비슷했다. 드 물게 존재하는 미시 자료들은 농업 부문의 1인당 생산량이 1790년도에 도 1300년대 초반에 비해 높지 않았음을 보여 주고 있다. 또 다른 연구 는 같은 기간 동안 3분의 1 정도 증가했다고 언급한다.[5] 따라서 농경 기 술이 거의 다섯 세기 동안 크게 개선되지 않았다고 결론을 내려도 괜찮 을 것이다(그러나 1인당 생산량을 생산물별로 측정하는 방식은 가격이 나 생산성이 높은 곳으로 노동력이 이동함으로써 지속적으로 발생한 생 산성의 증가는 놓치고 있다. 임금은 이런 점에서 더 의미가 있다).

장바구니 물가를 기준으로 본 평균 임금, 즉 실질 임금을 보면 무엇 을, 어떻게 생산해야 하는지에 대한 지식이 어떻게 변했는지 알 수 있다. 신규 프로젝트를 통해 새로운 제품이나 방법이 개발되면 일자리가 창출 되고 뒤이어 임금까지 상승한다. 새로운 방법들도 임금 상승 압력으로

---

5 잉글랜드 램지 영지의 곡물 생산에 대한 연구에 따르면 1293년과 1347년 사이의 인일(한 사람이 하루에 투입하는 노동)당 평균 생산량이 이후 〈1800년 전까지 추계된 영국 노동자의 최 고 생산량을 이미 달성하거나 초과했다〉. Karakacili, "English Agrarian Labour Productivity Rates"(2004), p. 24.
더 폭넓은 연구 결과는 탈곡과 수확 작업에 소요되는 노동량이 감소하지 않았다고 보고한다. 그러나 전반적인 생산성에 대한 이 연구 결과는 4세기 반에 걸쳐 농업 노동자들을 최적으로 활 용하는 지식이 어느 정도 증가했음을 시사한다. 1300년대 초반에 노동자들은 300인일당 곡물 58부셸을 생산했으나, 1770년대에는 79부셸을 생산했다. 그러나 긴 시간에 비해서는 변변찮은 상승이라 할 수 있다. Clark, "The Long March of History"(2005)의 〈그림 3〉과 〈표 6〉을 볼 것. 〈그림 8〉은 노동 투입당 생산의 관계에 있어 1640~1730년대에, 유일하게 약 20부셸 정도 상승 추세가 나타난다.

작용한다. 상업 자본주의 경제들에서 경제적 지식이 현저히 증가했다고 볼 수 있을 만큼 실질 임금이 크게 상승했을까? 잉글랜드 농업에서는 상업 자본주의 시대 전반기, 즉 1500~1650년에는 흑사병에 이은 인구 회복 때문에 1인당 생산량도 실질 임금도 하락했다. 임금은 1650~1730년에 다시 상승했지만, 1800년 정도까지 다시 상승분의 절반가량을 상실하게 된다. 그 결과 1800년의 임금은 1500년의 임금보다 낮았다. 그러나 1300년과 비교하면 약 3분의 1 정도 높았다. 이 증가분이 제품 및 방법을 혁신하는 과정에서 잉글랜드의 경제적 지식이 팽창했다는 사실을 뒷받침하는 증거일까? 첫째, 실질 임금은 클락이 2007년 책에서 기록하였듯(42쪽), 수입되는 소비재 가격의 하락과 설탕, 후추, 건포도, 차, 커피, 담배 등 새로운 제품의 등장으로 인해 크게 상승했다. 따라서 실질 임금 상승의 3분의 1 정도는 영국에 혁신이 있었다는 징후라기보다는 탐험가와 식민지 개척자의 발견 덕분이라고 보는 것이 타당하다. 둘째, 1300년 이전에도 한 세기 동안 임금이 하락했다. 클락의 〈표 4〉가 보여주듯, 1800년의 실질 임금은 1200년보다 낮았다! 따라서 면밀히 따지면 중세부터 계몽주의 시대에 이르기까지 잉글랜드의 실질 임금은 거의 증가하지 않았음을 알 수 있다.[6]

따라서 상업 자본주의 경제들의 전성기였던 1500~1800년 사이에 경제적 지식이 눈에 띄게 진전되는 일은 거의 없었다는 결론을 내릴 수밖

---

6 1200년의 임금(그리고 1인당 생산) 수준이 1300년보다 약간이나마 높았던 것은 다른 어떤 시기보다도 풍족했던 토지 때문이었음이 분명하다. 덕분에 숲은 온전히 로빈 후드의 차지였다. 그러나 1300년에 토지가 눈에 띄게 부족해졌다고 볼 수도 없다. 두 시기 모두 노동에 비해 토지가 부족하지는 않았다. 따라서 임금이 높았던 1200년을 비교의 기준점으로 삼지 못할 확실한 이유가 없다.

에 없을 것이다. 18세기에 인구가 급격하게 증가하고 19세기에도 전반적으로 더 증가하면서 매년 신기록을 갱신하는 상황에서, 한정된 토지가 경제적 지식의 성장으로 인한 생산량 증가를 저해했을 것이라고 생각할 수도 있다. 그러나 인구가 빠르게 증가함에 따라, 영국 경제는 점점 제조업과 무역, 다른 서비스 비중을 늘려 갔으며 이들은 농업보다 토지가 덜 필요한 활동들이었다. 이런 이유로 인구 증가는 임금이나 1인당 생산량 증가와 점점 무관해졌다. 인구 증가가 생산량과 임금 상승을 억제하거나 심각하게 제약했으며, 따라서 경제적 지식의 증가 역시 억제했다는 주장은 설득력이 없다. 뭔가 다른 요소가 임금과 1인당 생산량 증가를 억제한 것이다.

상업 자본주의 시대의 경제 성장은 전반적으로 놀랄 만큼 유사했는데 이는 그 원동력을 발견할 단서가 된다. 상업 자본주의 시대 11개 국가(또는 나중에 국가가 된 지역들)는 1인당 생산량과 평균 임금 측면에서 같은 그룹으로 묶을 수 있다. 오스트리아, 영국, 벨기에, 덴마크, 프랑스, 독일, 네덜란드, 이탈리아, 노르웨이, 스웨덴, 스위스가 그 국가들이다(1200년대와 1300년대 초에도 잉글랜드는 흔히 생각하는 것처럼 유럽 대륙에 뒤처지지 않았다). 1800년에 미국이 이 그룹에 끼게 된다. 우리는 이들을 비롯한 국가들이 같은 장단에 맞추어, 그러나 다소 고르지 못하게 전진했다고 말할 수 있다. 각 국가들은 저마다 조금씩 차이는 있었지만 대체로 공통의 추세선을 따라갔다. 1500년에는 이탈리아가, 1600년에는 네덜란드가(1800년대 초까지) 나머지 국가들을 선도하는 위치에 있었다. 이 사실은 이들의 완만한 상승 추세가 특정 국가에서만 나타나는 동력이 아니라 지구상 모든 국가에, 그리고 이들 11개 국가 내

에서는 골고루 나타난 상업적 동력에 따른 것임을 시사한다.[7]

이 시대를 살았던 사람이라면 누구라도 상업화가 최대한 확산되고 나면, 국가 경제가 예전의 일상적 상태로, 그러나 더 세계화된 방식으로 안정되어 갈 것이라 예측했을 법하다. 그러나 상업 자본주의 시대는 (최소한 발전된 이들 국가들에서는) 경제 발전의 마지막 단계가 아닌 것으로 드러났다. 여러 상업 사회에서의 경제는 비록 여전히 상업과 무역에 깊이 관여되어 있기는 하지만 새로운 특징을 가지게 될 터였다. 당시로선 이상해 보였을 이 특징이 모든 것을 바꾸게 된다.

경제적 지식 팽창의 징후들

1500년에서(어떤 지표는 1200년부터) 1800년까지 신기할 만큼 별다른 추세가 나타나지 않던 지표들은 불과 몇십 년 사이에 놀라운 전환을 이루었다. 1820년부터 1870년 사이에 영국과 미국, 프랑스, 독일이 차례로 상업 사회의 틀을 박차고 나왔다. 1인당 생산량과 평균 실질 임금, 두 가지 지표 측면에서 이 국가들의 궤적은 인류 역사를 통틀어 경이로운 발전이었다.

영국의 1인당 생산량은 오늘날 측정한 바에 따르면 나폴레옹 전쟁이 끝나는 1815년부터 지속적으로 상승하기 시작하여 결코 후퇴하지 않았다. 1인당 생산량은 1830~1860년대에 극적으로 상승했다. 미국의 1인당 생산량은 1820년대를 전후해서 지속적 성장 궤도에 오른 것으로 보인다.[8] 프랑스와 벨기에는 1830년대에 다소의 부침과 함께 상승을 시작

7 Maddison, *The World Economy*, table 1b and 8c 등에서 추출한 대략의 추정치이다.

했고, 독일과 프로이센은 1850년대에 그 뒤를 이었다. 이 놀라운 상승은 이 주제를 처음 다룬 미국의 경제사학자 월트 로스토와 떼어 놓고 생각할 수 없다. 그는 이것을 (지속적 경제 성장으로의) 도약take-off이라고 불렀다.[9]

평균적인 실질 임금도 같은 경로를 따랐다. 자료에 따르면 영국에서는 직인의 하루 임금이 노동 생산성이 도약한 시기로부터 얼마 되지 않은 1820년경부터 지속적인 상승 국면에 접어들었다. 미국에서는 1830년대 후반에 임금이 도약하기 시작했다. 이들 국가들에서는 생산성의 폭발적 증가가 실질 임금의 폭발적 증가로 이어졌다(2장에서 그러한 상승을 수치로 확인할 수 있다). 실질 임금의 도약은 1930년대에 폴란드 태생의 독일 경제사학자 위르겐 쿠친스키가 발견했다. 극단적인 마르크스주의자였던 그는 이런 전환을 이룬 경제들에서 오직 〈노동 조건이 악화〉되고 〈비극이 증가〉했을 뿐이라고 보았다. 그가 제시한 자료는 연구 목적에 맞게 조정된 것인데도 불구하고 그가 연구한 국가들 즉, 미국, 영국, 프랑스, 독일에서 임금이 19세기 중반에는 강하게 상승·도약하고 있음을 보여 주고 있다.[10]

---

8 1800년의 상승 시도는 폭락으로 끝났다. 1807년까지 빠른 성장 시기가 있었지만, 모든 성장분을 합한 것보다 더 많은 것이 사라졌고 1818년에야 이전 수준을 회복할 수 있었다. 반대로 1830년대 중반에서 1840년대 중반에 이르는 시기는 성장이 둔화되기는 했으나 이전의 성장분을 잃어버리지는 않았다. Paul David, "The Growth of Real Product in the United States before 1840"(1967) 참조.

9 Rostow, *The Process of Economic Growth*(1953), *The Stages of Economic Growth*(1960) 참조. 〈연쇄 효과〉를 포함한 도약의 원인에 대한 그의 논의는 너무 어려워서 많은 경제학자들을 설득하지는 못했다(도약에 대한 그의 설명은 여기 제시된 설명을 충족시키지도 못해 보이고 비슷하지도 않다). 그는 1960년대에 정부에서 일한 다음 하버드로 다시 초빙되지 않았다. 그러나 도약에 대한 관심을 촉구한 점에 한해서라면 그는 사실 더 많이 인정받을 자격이 있다.

이 국가들은 서로를 이끌었다. 4개 선도 국가들에서 노동 생산성과 임금이 빠르게 증가했고, 이 그룹의 나머지 국가들은 단지 선도 국가들과 무역만 계속해도, 그리고 선도 국가들이 더 앞서 나갈 때는 무역량을 더 늘리기만 해도(즉 고래를 뒤따라가는 물고기 떼처럼 후류 속에서 수영하면서) 빠르게 성장할 수 있었다.

이 도약 과정을 선구적으로 관찰한 근대 경제사의 천재들인 쿠친스키와 로스토는 서구에서 19세기에 시작된 남다른 여정을 명확하게 표현했다. 역사학자들과 경제학자들이 던진 질문은, 이 전례 없는 현상의 기원이 어디에 있느냐는 것이다. 경제학자들은 전통적인 경제학 사상에 눈을 돌렸다.

다수의 전통적인 경제학자들은 19세기에 농장과 공장에서 자본 총량(공장과 설비)이 급격히 증가한 것이 그 이유라고 주장했다. 그러나 자본 형성은 19세기 중반부터 20세기까지의 미국의 1인당 생산량의 증가를 (심지어 부분적으로라도) 설명하기에는 부족하다. 자본과 토지 사용의 증가는 이 생산성 증가의 7분의 1만 설명할 수 있을 뿐이다.[11] 자본 증

10 쿠친스키의 초기 연구는 *Labour Conditions in Western Europe*(1937)과 *A Short History of Labour Conditions*(1942~1945, 1-4권)에 수록되어 있다. 느와르 영화에 어울릴 만하게 살았던 그는 논쟁을 두려워하지 않았다. 그는 자신이 수집한 원래 임금 자료를 후대 연구자들은 하지 못했을 여러 가지 참신한 방법으로 조정했다. 실업 기간을 제외한 영국의 〈순〉실질 임금은 1849~1858년 〈무역 주기〉 동안에 57이었다가 1895~1903 주기에는 99로 상승한다(vol. 1, part 1, p. 67). 그러나 위에 언급한 추정치는 오늘날의 자료에서 나온 것이다. Jeffrey Williamson et al.에 제시된 표와 Broadus Mitchell, Paul Bairoch, Gregory Clark, and Diedrich Saalfeld의 표가 그 출처이다(쿠친스키는 처음에는 국가들 사이에 차이가 컸지만 기술의 〈이전〉과 노동자들의 이민 때문에 세기말에는 그가 연구한 국가들에서 임금 수준이 거의 같아졌다고 기록하고 있다. 윌리엄슨의 계산에 따르면 그러한 수렴 현상이 다소 약하게 나타나며, 심지어 4개 국가 사이에서는 반대로 서로 차이가 벌어지는 현상이 관찰된다).

가는 18세기의 미미하고 불규칙했던 생산성 증가를 설명하기에는 충분하다. 그러나 19세기에는 자본 증가 속도가 더 빨라졌지만 생산성과 임금 증가를 유발하지는 않았다. 한계 생산력 체감 때문에 자본이 지속적으로 증가한다고 하더라도 그 자체로는 1인당 생산량과 평균 실질 임금을 지속적으로 증가시키지 못한다.

이런 문제를 인식한 다른 전통적 경제학자들은 규모의 경제가 그 이유라고 주장했다. 이들의 주장은, 노동과 자본이 같이 증가하여 1인당 생산량(그리고 자본 단위당 생산)이 증가했다는 것이다.[12] 그러나 1820~1913년 사이 미국과 영국에서 생산성은 거의 세 배 증가했으며, 이는 노동과 자본의 팽창으로 인한 규모의 경제 때문이라고 하기에는 너무 큰 변화이다. 만일 노동과 자본의 팽창이 당시의 놀라운 성과를 만들어 냈다면 1640~1790년대에는 왜 비슷한 효과를, 실제로는 아무 효과를 내지 못했단 말인가? 더구나, 규모의 경제가 생산성과 임금을 그렇게 현저히 증가시켰다면 왜 이탈리아와 스페인에서는 비슷한 효과가 없었을까? 이 국가들의 과잉 인구는 더 나은 경제적 기회를 찾아 남아메리카와 북아메리카로 필사적으로 빠져나갔다. 게다가 이 주장에 따르면

11 분석 대상 시기는 1869~1878년부터 1944~1953년으로, 당시 연구자들이 사용할 수 있었던 가장 이른 시작 시기였다. 오늘날에는 1840년부터 대략 계산할 수 있지만 결과는 크게 바뀌지 않는다. Abramovitz, "Resource and Output Trends in the United States since 1870"(1956).
　영국에 대한 역사적 연구 결과는 18세기 영국의 성장이 지식보다 자본의 증가 때문이지만 19세기에는 그렇지 않았다는 결론으로 이어졌다. Crafts, "British Economic Growth, 1700~1831"(1983, p. 196). 인용된 매클로스키의 언급은 이 논문에 등장한다.
　12 이 주장은 1969년 당시 중요한 경제 이론가였던 존 힉스가 그의 연구들 중엔 상대적으로 덜 중요한 연구 중 하나인 *A Theory of Economic History*에서 전개한 것이다. 규모의 경제가 시장 통합의 방식에 미치는 효과에 대한 이론적 연구는 폴 크루그먼의 *Geography and Trade*(1992)에서 시작되었다.

도약을 이룬 경제들이 20세기에 들어서는 규모의 경제를 새롭게 실현하기가 분명 더 어려워졌을 것이다. 새롭게 규모의 경제 효과를 실현하는 데 필요한 노동과 자본의 증가가 둔화되었기 때문이다. 그러나 1인당 생산량과 임금은 20세기 대부분의 시기에, 1970년대까지 계속 증가했다(생산성은 1925~1975년 사이, 심지어 1930년 대공황기에도 맹렬히 증가했다).

다른 전통적 경제학자들은 19세기 전반기 국내 상업의 팽창과 국가 간 무역의 팽창에 답이 있다고 주장했다. 자급자족에서 벗어난 사람들, 시장들 사이를 연결하는 새로운 운하와 철도의 건설 등이 그것이다. 물론 이처럼 범위가 넓어지면서 도약을 이룬 경제들과 그렇지 않은 경제에서 무엇을 생산해야 하는지, 심지어 어떻게 생산해야 하는지에 관한 지식의 폭도 더 넓어졌다. 그러나 우리는 이 주장을 이미 검토한 바 있다. 중세의 베네치아와 브뤼주로부터 18세기의 글래스고와 런던에 이르기까지 상업과 무역이 매우 활발했음에도 1인당 생산량과 임금이 상승하지 못한 것을 보면, 유독 19세기에 들어 상업과 무역의 팽창이 노동 생산성과 임금을 그토록 극적으로 증가시켰을 것이라고 믿기는 어렵다. 뿐만 아니라, 설령 상업과 무역이 도약을 이룬 경제들에 중요한 부분이었다고 하더라도 서서히 시작되고 있던 엄청난 생산량 증가와 임금 증가의 원동력이 될 수는 없었다. 일단 세계화가 완료되면 무역은 더이상 성장 엔진 역할을 하지 못한다.

현실 사회에서는 절대적으로 확실한 것이란 거의 존재하지 않는다. 그러나 (어떻게 생산할지, 무엇을 생산할지에 대한) 경제적 지식이 증가하지 않았다면 도약을 이룬 경제들에서 생산성과 임금이 전국적으로 급격히 상승할 수 없었을 것이다. 〈절제가 아닌 창의력이 지배했다〉는 미국의 경제학자 디어드리 매클로스키의 표현을 빌리자면 이렇게 말할 수 있다. 무역이 아닌 창의력이 지배했다고.

시간이 갈수록 지식의 증가를 중시하는, 그리고 계속 새로운 지식이 등장할 것이라고 전제하는 근대적 입장이 자본, 규모, 상업, 무역을 강조하는 전통적 입장보다 우위에 서게 되었다. 그러나 이 지식은 어디서 온 것일까? 그 〈창의력〉은 누가 발휘한 걸까?

경제적 지식의 원천을 찾아

로스토 이후에 도약 현상을 다룬 역사가들은 대부분 정신이 새로운 아이디어를 만들어 내고, 그 결과 새로운 지식이 생겨날 것이라는 가능성을 철학적으로 의심하지 않고 받아들였다. 사회에 중대한 영향을 미치는 미래의 지식 중 다수가 필연적인 것도, 확정적인 것도 아니라면 사회의 미래도 확정적일 수 없었다. 확정적이지 않은 것을 예상하는 것은 불가능하다. 칼 포퍼는 1957년 작 『역사주의의 빈곤*The Poverty of Historicism*』에서 미래는 역사적 상황으로부터 결정적으로 생겨난다는 〈역사주의〉에 반대했다.

그러나 역사적 결정론에 사로잡히지 않았던 이 역사가들조차 (19세기의 경제들과 도약 경제들을 모두 포함하여) 경제에 대한 관점은 스미스, 맬서스, 데이비드 리카도가 남겨 놓은 18세기의 개념에 기반을 두고 있었다. 이 고전적 개념에서 〈시장 경제〉란 언제나 균형 상태에 있었다. 또한 균형 상태에서 경제는 도움이 될 만한 세상의 모든 지식을 활용한다. 만약 새로운 지식이 발견된다면 이 시장 경제들은 일제히 그것을 사용할 것이다. 이런 시각에서는 국가 경제 내에 새로운 발견의 여지가 있을 수 없다. 즉 우리에게 자생적 혁신, 또는 자생적인 경제적 지식의 진보를 위한 공간이란 존재하지 않는 것이다. 따라서 이 관점에 따르면 경제는 언제나 최대의 지식을 보유하고 있다. 한 경제는 새로운 경제적 지식을 가져다줄 수 있는 아이디어나 발견을 찾아서 경제 밖을, 즉 국가(의회나 국왕) 또는 민간이 설립한 국내외 비영리 기관 등을 탐색해야 한다. 따라서 이 관점은 19세기의 지속적인 생산성 및 임금의 성장을 경제 자체의 새로운 동력보다는 어떤 새로운 외부의 힘을 반영하는 것이라고 설명한다.

이러한 경제사적 관점은 독일 역사학파의 마지막 세대가 남긴 저작들에서 분명히 드러난다. 이들은 한 나라 안에서 일어나는 모든 물질적 진보가 과학의 힘, 즉 국가 경제에 외생적으로 작용하는 〈과학자들과 항해자들〉의 발견에 의해 생겨난다고 생각했다. 이런 신과 같은 인물들이 없다면 경탄을 자아낼 만한 어떤 물질적 진보도, 발전도 없을 것이다. 조지프 슘페터는 30세가 채 안 되었을 때 오스트리아 학파의 모형에 한 가지 뛰어난 아이디어를 더했다. 새로운 과학 지식을 기반으로 새로운 방법과 제품을 개발하려면 기업가가 필요하다는 것이다.[13] 오스트리아에

13 이 학파는 유럽과 미국에서 제도가 경제 성과에 있어 핵심적으로 중요하다는 전제 때문에 유명해졌다. 이 주제는 빌헬름 로셔와 마르크스까지 거슬러 올라간다. 1900년대 초반에 이 학파의 지도자는 독일인 아르투어 슈피트호프와 그를 계승한 스웨덴인 구스타브 카셀이었고 마지막 구성원인 조지프 슘페터가 더 큰 명성을 얻었다(다른 주요 인물로는 베르너 좀바르트, 막스 베버, 칼 폴라니 등이 있다). 그러나 슈피트호프도 중요했다. 위대한 영국의 경제학자인 존 메이너드 케인스는 슘페터가 조직한 슈피트호프의 은퇴 기념 논문 헌정식에 참석하기 위해 1932년 뮌헨에 갔다.

서 1911년 처음 출간되어 매우 큰 영향을 미치게 된 책에서 그는 학파의 교리를 세웠는데, 이는 다음과 같이 표현할 수 있을 것이다.

현재 경제에 알려져 있는 것은 이미 알고 있는 것이다. 따라서 이 경제 안에는 독창성이 있을 수 없다. 새로운 방법과 제품의 개발을 가능하게 하는 것은 경제 외부의 발견들이다. 그러나 이러한 가능성이 발생할 〈기운이 돌고〉 있다 하더라도, 이를 실현하고 실행하려면 자본을 조달하고, 필요한 신규 기업을 조직하며, 새로이 구현할 수 있게 된 제품을 개발하여 〈일을 완수〉하기까지 이 어려운 프로젝트를 감당할 의지와 역량이 있는 기업가가 필요하다. 이 프로젝트는 무척 힘든 것이겠지만, 새로운 제품이 상업적으로 성공할 가능성(즉 〈혁신〉의 가능성)은 기존 제품의 앞날을 예상해 볼 수 있다면 어렵지 않게 알 수 있다. 충분히 노력한다면 오판할 가능성은 없다. 프로젝트를 승인하는 전문 기업가의 결정과 이것을 뒷받침하는 은행가의 결정은 그 시점에서는 때로 신비로울 만큼 정확하고, 다만 사후적으로 불운이 따르면 손실이 날 수는 있으며, 운이 좋다면 비정상적으로 많은 이윤이 발생하기도 한다.[14]

14 이 진술은 슘페터의 1934년 작 『경제 발전론*The Theory of Economic Development*』과 그 기초가 된 1912년 독일어판 『경제 발전론*Theorie der wirtschaftlichen Entwicklung*』의 주제를 표현하고 있다. 따라서 이 진술은 1900년대 슘페터의 이론적 관점을 들여다볼 수 있는 창문 역할을 한다. 당시는 전간기의 〈근대주의자〉, 대표적으로 프리드리히 하이에크보다 20여년이 앞선 시기였다. 하이에크의 연구에 영향을 받은 슘페터는 1942년 『자본주의, 사회주의, 민주주의*Capitalism, Socialism and Democracy*』에서 궁정과 대학의 과학자들뿐 아니라 경제 부문의 기업들이야말로 성공적인 혁신을 생각해 낼 만큼 창조적이라고 믿게 되었다. 그러나 그는 기업들이 그렇게 하려면 과학자들을 고용할 산업 연구소가 필요하다고 생각했다.

따라서 슘페터는 고전파 경제학에서 거의 이탈하지 않으면서도 혁신에 대한 새로운 관점을 제안했다. 이 두 명의 피리 부는 사나이 즉, 과학주의의 슘페터와 역사적 결정주의의 마르크스는 역사학자들과 일반 대중을 심각하게 오도했다. 경제학은 20세기 내내 대체로 고전파적 성격을 띠고 있었다.

이러한 사고방식의 문제가 곧 드러났다. 독일 역사학파의 이론에 기댄 역사가들은 도약의 시대가 왔을 때 위대한 항해가들이 새로 개척할 항로가 거의 바닥났다는 사실을 발견했다. 역사가들은 〈과학자들〉에게서 답을 찾기 위해, 도약을 (1675~1800년경으로 정의되는 계몽주의 시기와 겹치는) 1620~1800년 과학 혁명의 시기에 가속화된 과학 발견과 연결시키려 했다. 이 시기의 몇몇 과학적 성공은 전설적인 것으로 남아 있다. 프랜시스 베이컨의 1620년 작『신기관Novo Orgcinum』은 아리스토텔레스의『기관Organon(논리학)』을 대체하는 새로운 논리를 제시했다. 윌리엄 하비[15]는 1628년 〈혈액의 움직임〉을 훌륭하게 분석했다. 안톤 판 레이우엔훅[16]은 1675년에 미생물을 다루었다. 뉴턴은 1687년에 역학을, 라플라스[17]는 1785년을 전후해 수학을, 에우헤니오 에스페호[18]는 1795년에 병원체를 다룬 책을 냈다. 그러나 런던과 옥스퍼드 등에 있던 소수 연구자들의 발견과 후속 연구가 지속적인 성장으로 이어진 폭발적

15 William Harvey(1578~1657). 영국의 의사, 생리학자. 혈액 순환론을 정립했다 — 옮긴이주.

16 Anton van Leeuwenhoek(1632~1723). 네덜란드의 무역업자이자 과학자. 현미경의 발명과 미생물학의 정립에 큰 공헌을 하였다 — 옮긴이주.

17 Pierre-Simon Laplace(1749~1827). 프랑스의 수학자, 물리학자. 뉴턴 이후 천체 역학을 집대성했고, 수리 물리학의 발전에 지대한 공헌을 했다 — 옮긴이주.

18 Eugenio Espejo(1747~1795). 에콰도르의 의사, 과학자이자 법률가, 정치인 — 옮긴이주.

도약을 추진한 힘이었다고 한다면 말이 되는 것일까?

이 주장에 회의적일 수밖에 없는 이유가 여럿 존재한다. 계몽주의 전후의 과학적 발견이 광범위하게, 심오하게 응용된 지 한 세기도 되지 않아 (일부가 아니라 대부분의 산업에서) 국가의 생산성과 실질 임금을 세 배 이상 올려 놓은 반면, 과거의 발견들은 생산성에 아무 영향을 미치지 않았다는 것은 놀라운 이야기다. 우선, 새로운 과학적 발견은 이미 존재하는 거대한 지식의 보고에 추가된 것이다. 뉴턴 스스로도 자신을 비롯한 모든 과학자들이 〈거인의 어깨 위에〉 서 있다고 말한 바 있다. 또한, 새로운 발견은 경제 내의 생산에 응용될 여지가 매우 적었다. 과학자들의 발견 덕분에 새로운 제품과 방법이 가능해진 경우는 흔하지 않았다. 뿐만 아니라, 가장 혁신적인 산업들은 (무엇보다도 오락, 패션, 여행은) 과학과는 거리가 멀었다. 혁신은 과학이 없는 곳에서 먼저 일어났다. 증기 기관은 열역학보다 앞선 시기에 등장했다. 경제사가 조엘 모키르는 기업가들이 과학적인 지식을 사용할 수 있게 될 즈음, 혁신가들은 그들의 직관과 그에 따른 실험을 통해 과학보다 앞서갔다는 점을 발견했다.

슘페터의 과학주의는 19세기 과학이 경제적 지식의 증가에 직결된다는 주장으로 나아간다. 그러나 이것 역시 여러 증거에 비추어 볼 때 마찬가지로 문제가 있다. 어떤 중요한 새로운 과학 지식이라도 학술지를 통해 거의 비용을 들이지 않고 접할 수 있는데, 이것이 그 지식이 공공재로 불리는 이유다. 따라서 과학적 지식은 국가 간에 대략적으로 균등화되는 경향이 있다. 그러므로 도약을 이룬 국가들에서 경제적 지식이 크게 증가한 주된 이유로 과학 지식의 발전을 꼽는 가설을 받아들인다면, 19세기 전반에 걸쳐(대략 1820년 정도에는 동일했다고 보면) 경제적 지식 격차가 커진(이른바 〈대분기Great Divergence〉라고 불리는) 현상을 설명하기가 어려워진다. 영국이 초기 주도권을 쥐었고, 이후 미국이 계속 주도권을 잡은 상태에서 벨기에와 프랑스가 발전하고, 독일이 다소 늦게나마 발전하기 시작한 이유를 설명하려면 여러 개별적인 증거를 결합할 필요가 있다. 과학 교육이 뒤쳐졌고 지리적으로도 유난히 동떨어져 과학적 발견을 접하기 어려웠던 미국이 어떻게 프랑스와 벨기에를 차례로 따돌리고 마침내 영국을 앞지를 수 있었는지 과학주의의 관점에서 설명할 수 있어야 한다. 네덜란드와 이탈리아가 고도로 발전한 과학에도 불구하고 왜 초기 도약 단계에서 전진하지 못했는지를 설명하는 것은 더욱 어려운 일이다(슘페터주의 역사학자들은 이 두 국가들에서 기업가 정신이나 금융 부문의 역량이 떨어졌다는 가설을 제시할지도 모른다. 그러나 슘페터 자신은 기업가의 열정과 금융가들의 이해력에 대한 자신의 이론을 세운 후에는 그런 의심을 표출할 수 없었다).

따라서 우리는 과학의 진전이 19세기 경제적 지식 팽창의 동력일 수 없다는 결론을 내리게 된다.

일부 역사가들은 (이른바 제1차 산업 혁명의 핵심이 된 발명들로 유명한) 계몽주의 시기에 등장한 응용 과학자들의 발명이 그 요인이라고 본다. 영국에서는 리처드 아크라이트가 1762년에 발명한 수력 방적기, 랭커셔의 직공 제임스 하그리브스가 1764년에 발명한 다축 방적기, 1769년에 등장한 볼턴-와트사의 개량된 증기 기관, 1780년대 코트-젤리코의 제철소, 1814년에 조지 스티븐슨이 발명한 증기 기관차가 그 대표적인 사례였다. 미국에서는 존 피치가 1778년에 발명한 증기선이 떠오른다. 그러나 이런 대표적인 발명에만 초점을 맞추는 것은 옳지 않다.

기록되기엔 너무 작은 진보들도 합치면 상당한 양의 혁신이 될 수 있고, 그로 인해 늘어난 생산량과 임금을 따진다면 이러한 혁신이 뛰어난 발명에 자극받은 혁신 전부보다 훨씬 거대하기 때문이다. 산업 혁명을 다룬 역사가들이 대표적인 발명들을 상세히 설명하는 것은 1760년대 영국에서 확산되기 시작한 끊임없는 발명의 열기를 생생히 표현하기 위해서일 것이라고 생각할 수 있다. 그러나 상아탑이 아니라 현장에서 이루어진 이런 발명들을 과학 지식의 진보를 이끈 원동력으로 해석할 수 있을까? 이런 것들이 19세기 경제적 지식 팽창의 동력이었을까?

이 주장을 반박할 수 있는 것은, 거의 모든 발명가들, 심지어 대표적인 발명가들조차 훈련받은 과학자들이 아니었으며, 특별히 교육을 잘 받지도 않았다는 사실이다. 제임스 와트[19]는 예외라고 할 수 있다. 아크라이트는 가발을 만들다가 경영자가 되었고, 과학자도 엔지니어도 아니었다. 하그리브스는 랭커셔의 직공이었고, 방적기를 만들기에는 성장 배경이 너무나 미천했다. 위대한 스티븐슨은 거의 문맹이었다. 폴 존슨은 대다수의 발명가들이 가난하게 태어났으며 거의 교육을 받을 수 없었다고 말했다. 창조성과 명석함만 있으면 충분했다.

1780년대 스티븐슨이 어린 소년이었을 때 처음 진전된 산업 혁명은 종종 노동 계급에게는 끔찍했던 시절인 것처럼 묘사된다. 그렇지만 진실은, 결론적으로 이 시기는 훌륭한 지능과 상상력을 가진 가난한 사람들에게는 역사상 비할 데 없이 많은 기회가 있었다는 것, 그리고 이들이 놀랄 만

---

19 James Watt(1736~1819). 영국의 발명가, 기계 공학자. 상업 혁명에 중대한 역할을 했던 증기 기관을 개량하는 데 공헌하였다 — 옮긴이주.

큰 빠르게 사회 지도층이 될 수 있었다는 것이다.[20]

대표적 발명가들의 이러한 특성은 유명하지 않은 수많은 작은 진보를 만들어 낸 발명가들에게도 분명히 적용된다. 따라서 역사가들이 널리 알려진 발명들만 지적하면서 그 발명가들이 19세기의 비옥한 토양에 새로운 과학적 지식을 심은 것처럼 주장하는 것은 심각한 오류이다. 게다가 이런 과학주의는 발명이 급증한 것이 왜 그 이전도 이후도 아닌 19세기 초반이며, 그러한 급격한 증가가 왜 일부 고소득 국가에서만 나타났고 다른 국가들에선 그러지 못했는지 설명하지 못한다.

재능 있는 발명가들이 비록 공식적으로 훈련을 받지는 않았더라도 우연히 새로운 것을 발명한 것이 과학적 지식에 기여했다고 생각하는 사람도 있을 것이다. 그러나 바텐더가 새로운 음료를 발명한다고 해서 화학에 대한 새로운 지식이 만들어지는 것이 아니듯, 이 발명가들도 과학적 지식은 창출하지 못했다. 이들에겐 그런 훈련이 부족했기 때문이다. 훈련된 이론가들이 왜 그 발명이 작동하는지를 이해할 수 있을 때 과학적 지식이 생겨나는 것이다(바흐 칸타타의 〈구성 원리〉를 알려면 음악학자가 되어야 한다). 개념을 확인하는 단계에서 더 나아가 발명이 실제로 개발되고 채택되어 혁신이 되어야 비로소 경제적 지식이 창출된다

20 Johnson, *The Birth of the Modern*, p. 188. 여러 부분에 걸친 대학자의 판단에 의문을 제기하고 싶어 하는 사람은 거의 없을 것이다. 그러나 제1차 산업 혁명이 1760년대가 아니라 1780년대에 시작했으며 1820년대까지 지속되었다고 보는 것은 다소 이상하다(베세머 제련법과 지멘스-마르탱 평로법 같은 제2차 산업 혁명의 매우 중요한 발명들과 그에 따른 혁신은 과학에 크게 기반을 둔 것이었다. 그러나 이 발명들에서조차 과학의 진보는 일반적으로 혁신의 동력은 아니었으며 전체적인 혁신의 주된 원인이 되지도 못했다).

(실패 또한 일종의 지식, 즉 어떤 것이 효과가 있는지 없는지에 관한 경제적 지식을 더한다).

발명이 경제적 지식의 원동력이라는 말은 마치 발명이 경제에 작용하는 외부적 동력인 것처럼 생각하게 된다는 점에서 잘못된 것이다(설령 우연한 발견이라고 해도 발견한 사람이 적절한 때, 적절한 장소에 있어야만 가능한 것이다). 나중에 주요한 혁신으로 이어졌기 때문에 유명해진 발명들은 경제적 지식이 팽창한 주된 원인이 아니었다. 즉 경제 체제 밖으로부터 닥쳐 온 번개 같은 것이 아니었다. 이들은 기업의 필요에 대한 통찰, 또는 기업과 소비자가 무엇을 원하는가에 대한 탁월한 감각의 산물이다. 즉, 비즈니스 세계의 혁신가들의 경험과 추론에서 비롯한 것이다. 제임스 와트는 뼛속까지 순수한 엔지니어였을지 모르지만 그의 파트너인 매슈 볼턴은 광범위하게 사용할 수 있는 증기 기관을 요구했다. 발명과 그 이면에 있는 호기심, 창의력이 과거에는 없다가 새롭게 나타난 것은 아니었다. 새롭고 보다 근본적이었던 원인은 영감을 주고, 장려하고, 사람들로 하여금 더 대규모로 발명하는 것을 가능하게 한 변화들이었다.

대표적인 혁신들이 실제로 경제 전체에 끼친 영향은 크지 않다. 18세기에 영국 직물 산업의 훌륭한 혁신으로 인해 1인당 생산량이 엄청나게 상승했지만, 직물 산업은 여전히 경제 내에서 작은 부분으로 남았으며, 영국 경제 전체로 보면 1인당 생산량은 약간 증가했을 뿐이었다(1750~1800년 1인당 생산량 증가는 너무 미미했거나 전혀 없었다). 같은 맥락에서, 경제사학자 로버트 포겔은 미국의 경제 발전이 철도 없이도 잘 진행되었을 것이라고 주장해서 동료 사학자들을 놀라게 했다. 산업 혁명의 이러한 산물은 새로운 체제나 과정이 실현된 결과라기보다는 모두 거의 단편적인 사건에 불과한 것이었다. 이들은 영국이 극적으로 도약한 것과, 이후에 다른 국가들이 도약한 것을 설명하지 못한다. 모키르가 말한 바와 같이 〈산업 혁명 그 자체는 고전적인 시각에서 봤을 때 경제 성장을 지속시킬 수 있을 정도는 아니었다〉.[21]

우리는 가슴을 뛰게 하는 발견의 여정이나 화려한 과학의 발전, 그 결과로 등장한 대표적인 혁신 중 그 어느 것도 19세기 도약을 이룬 서유럽과 북미 경제들에서 생산성과 임금을 급격하고 지속적으로 상승시킨 원인이 아니라는 결론을 내릴 수밖에 없다. 19세기에 경제적 지식이 급증한 것은 그보다는 완전히 새로운 경제가 등장한 결과임에 틀림없다. 이 경제는 그 체제가 계속 작동하는 한 수십 년이 지나도 내생적 혁신을 만들어 내는 체제였다. 오직 자생적인 창조성을 발휘하고 창조성을 혁신으로 전환시키는, 즉 〈자생적 혁신〉이 이루어지는 경제를 만든 국가만이 급격하고 지속적인 성장 궤도에 오를 수 있었다. 어떤 근본적인 〈발명〉이 이루어졌다고 한다면, 그것은 혁신을 시도하기 위해 그 내부에 존재하는 창조성과 직관을 활용하는 경제를 만든 것이다. 이들은 세계 역사상 처음으로 근대적인 경제들이었다. 이들은 경제적 역동성 덕분에 근대의 경이로운 존재가 되었다.

우리는 마치 물리학이 암흑 물질과 암흑 에너지의 존재를 추론하듯이

---

21 그는 이렇게 덧붙인다. 〈서구의 경제가 1750~1800년 사이에 등장한[소모(梳毛) 방적기나 연철, 코크스 용융, 고정 증기 기관을 생산하는] 방법들을 더 크게 발전시키지 않은 채 안주했다는 점은 쉽게 알 수 있다. 이런 발전은 15세기에 인쇄기, 3본 마스트 범선, 주철이 발명되었지만 사회 전체에 널리 퍼진 후에는 별로 개선되지 않았던 것과 별 차이가 없다.〉 모키르의 2007년 막스 베버 강의 "The Industrial Revolution and Modern Economic Growth", p.3을 보라.

생산성 증가로부터 역동성의 존재(또는 부재)를 추론해 낼 수는 없다. 도약 경제를 보유한 사회에서 일어난 혁명은 단지 사상 처음으로 장기간 성장을 지속했다는 차원에 그치지 않았다. 선도적 기업가들이 크게 늘어나면서 궁극적으로 상인들의 역할이 축소되었고, 더 많은 사람들이 일하는 방법과 제품을 개선하고 새로운 것을 고안하면서 점점 더 많은 사람들에게 일의 의미가 엄청나게 달라졌다. 소매업으로부터 틴팬앨리[22]에 이르기까지, 사회의 수많은 사람들이 적극적으로 새로운 것을 고안하고, 창조하고, 평가하고 시험하며 그 경험을 통해 배웠다.

근대 경제들은 애덤 스미스가 아쉬워했던 〈영웅 정신〉이 담긴 것들, 평범함에 안주하지 않고 도전하는 것들을 이런 식으로 사회에 심어 넣었다. 이 경제들은 또한 다양한 재능이 있는 보통 사람들에게 도전하는 경험, 개인적 성장과 성취 같은 일종의 번영하는 삶을 가져왔다. 재능이 거의 없거나 평범한(겨우 직업을 얻을 만한) 사람들도 주의를 기울이면 기회를 잡고, 문제를 해결하며, 새로운 방식이나 새로운 것을 생각해 낼 수 있었다. 요약하면, 역동성의 불꽃이 근대적 삶을 창조해 낸 것이다.

과거와 현재의 근대 경제에서 우리가 얻은 것과 잃은 것, 이들이 등장하기 위해 필요했던 전제 조건, 이들 중 일부가 근대 경제에서 벗어난 과정, 근대 경제의 정당성, 그리고 지금 남아 있는 근대 경제들에서 근대성의 약화 현상이 이 책에서 다루는 주제이다.

---

22 Tin Pan Alley. 뉴욕의 출판 거리 또는 그 지역에 기반을 두고 성장한 대중음악의 흐름 — 옮긴이주.

1부
근대 경제의 경험

그는…… 자신과 같은 사람, 자신의 시대, 유럽인과 희망과 꿈으로 가득 찬
그의 영광스러운 역사에 대한 그리움에 사로잡혀 있었다.
 – 윌라 캐더, 『대주교에게 죽음이 오다』

1장 근대 경제 역동성의 기원

뛰어난 생산성의 비결은 항상 새로운 문제를 발견하고 새로운 정리를 생각해 내어 새로운 결과와 관련성을 도출하는 데 있다. 새로운 관점을 창안해 내지 않거나 새로운 목표를 설정하지 않는다면, 수학은 엄밀한 논리적 증명에만 매몰되어 재료가 바닥나서 정체되기 시작할 것이다. 어떤 면에서, 수학은 엄밀한 증명보다는 뛰어난 직관을 보여 준 사람들이 발전시켜 온 것이다.

— 펠릭스 클라인, 「19세기 수학에 대한 강의」

1부는 19세기 초 서구에서 등장하여 근대 사회의 핵심에 자리한 첫 근대 경제들을 살펴본다. 이들 경제의 전례 없는 역동성은 사회의 다른 영역들에서의 역동성에도 잘 반영되었다. 이 이야기는 경제들이 생활 및 노동 수준뿐만 아니라 삶의 모든 특징들을 바꾸게 된 과정을 묘사한다. 역동성은 다양한 형태로 나타난다. 이 이야기는 역사를 만들어 낸 경제들이 어떻게, 그리고 왜 등장하게 되었는지를 분석할 것이다.

여기서 말하는 근대 경제라는 용어는 현재의 경제를 말하는 것이 아니라 상당한 정도의 역동성, 즉 혁신의 의지와 역량, 그리고 그에 대한 열망이 존재하는 경제를 일컫는다. 그렇다면, 마치 근대 음악이 왜 근대적인지 묻듯이, 근대 경제가 왜 근대적인지 질문할 수 있겠다. 국가 경제를 경제 제도의 복합체이며 경제에 대한 태도들로 구성된 것이라고 한다면, 이런 요소들의 어떠한 구조가 근대 경제들에 역동성을 불어넣고 그 연료를 공급하게 된 것일까? 우선 역동성의 개념을 분명히 파악하고, 그것과 종종 혼동되는 경제 성장과의 관계를 명확히 하는 것이 필요하다.

혁신, 역동성, 성장

반복하자면, 혁신innovation이란 이 세상의 어느 곳에선가 새로운 관행이 되는 새로운 방식이나 제품이다.[1] 새로운 기준은 한 국가에서 나타나 다른 곳으로 퍼지기도 하고, 한 지역에서 출발해서 전국으로 퍼져 나가기도 한다. 그러한 혁신은 무엇이든 새로운 것들의 창조(착상과 개발)와 선도적 도입을 포함한다. 혁신적인 사람들과 기업들은 단지 시작일 뿐이다. 혁신이 성공하려면, 새로운 것의 개발을 시작할 것인지, 제안된 프로젝트에 자금을 투입할 만한 가치가 있는지, 새로운 제품이나 방법이 개발되면 사용할 가치가 있는지 판단할 전문성과 경험이 있는 사람들이 필요하다.

수십 년 전만 해도, 혁신 체제가 곧 국가 경제인 것으로 받아들여졌다. 혁신을 위해서 국가는 도입과 개발을 모두 스스로 해야 했다. 그러나 국가 경제가 외부의 발전에 열려 있는 세계화된 경제에서는 한 국가에서 발전이 이루어져 다른 곳에서 채택될 수 있다. 단독이든 공동이든 하나의 혁신이 또 다른 국가에 의해 채택되는 경우, 그 채택은 세계적 관점에

---

1 이러한 용례는 보편적인 것은 아니나, 점점 더 많이 쓰이고 있다. 대표적인 예가 Denning and Dunham, *Innovator's Way*(2010)이다. 경제학자들에게는, 1912년 슘페터의 저작 이후 혁신이란 언제나 단지 새로운 것의 개발만이 아니라 새로운 관행을 의미했다(그에게는 개발과 채택은 불가분의 관계였다). 과학자들은 그 구매자가 나타났는지와 무관하게 새로운 방법이나 제품의 발명을 혁신이라고 부르는 경향이 있다.

서는 혁신이라고 볼 수 없다. 그러나 자국에서 성공할 가능성이 있는 외국 제품을 선택하는 일 역시 어떤 새로운 개념을 개발할지 말지 선택하는 일만큼이나 통찰력이 필요하다. 혁신과 모방은 원칙적으로 구분되는 것이지만, 둘 사이의 경계는 분명하지 않을 수 있다.

우리는 경제의 역동성dynamism이란 개념도 이해할 필요가 있다. 이것은 혁신의 이면에 깊이 자리한 역량과 설비의 복합체다. 변화의 동력과 그것을 위한 재능, 새로운 것들에 대한 수용성, 그리고 이것을 가능하게 하는 제도가 여기에 포함된다. 따라서 여기 사용되는 역동성이란 개념은 현재의 조건과 장애물을 제쳐 두고 혁신하려는 의지와 역량을 의미한다. 이것은 활력vibrancy이라고 불리는 것과는 또 다르다. 활력은 기회에 대한 관심, 행동을 위한 준비, (슘페터의 표현으로는) 〈그것을 완수하려는〉 열의라고 할 수 있다. 역동성은 혁신의 정량normal volume을 결정한다. 시장 상황과 같은 다른 결정 요인들 역시 결과를 바꿀 수 있다. 그리고 때에 따라 새로운 아이디어는 메마를 수도 넘쳐 날 수도 있다. 마치 작곡가에게 수확이 없는 시기와 생산성 높은 시기가 있듯이 말이다. 따라서 역동성, 즉 혁신하려는 일반적 경향에는 변화가 없음에도 실제 혁신의 속도는 현저하게 요동칠 수 있다. 제2차 세계 대전 후 1960년대 유럽에서는 예컨대 비키니, 누벨바그, 비틀스와 같은 몇 가지 혁신이 있었다. 그러나 1980년대에는 소득 대비 부의 비율이 이전의 수준으로 되돌아가면서 혁신도 다시 떨어졌다. 유럽의 역동성이 전간기의 활력 있는 수준을 조금도 회복하지 못했음이 드러났지만, 이 점이 명백해진 것은 여러 증거들이 쌓이고 나서였다.

이런 역동성을 측정하는 한 가지 방법은 전술한 역량과 설비, 즉 혁신의 투입을 측정하는 것이다. 또 다른 방법은 추정되는 그 생산의 크기를 측정하는 것으로, 예외적인 시장 상황을 고려하고 다른 나라로부터 베낀 〈가짜 혁신〉을 차감한 후의 최근 몇 년간 평균적인 연간 혁신의 양(자본과 노동의 증가로 설명되지 않는 전체 GDP의 성장률)을 구하는 것이다. 이런 혁신 과정을 통해 얻은 10년간의 평균 소득은, 관찰이 가능하기만 하다면 그 〈혁신에 의한 산출〉의 대략적인 척도가 될 것이다. 또는 부수적인 증거들을 여러 방향으로 수집할 수도 있다. 신규 기업 설립, 신규 채용, 20대 대기업의 신규 채용률, 소매업체들의 신규 채용률, 그리고 보편적 제품 코드의 평균 수명 등이 여기에 해당한다.

한 국가의 경제 성장률은 역동성의 유용한 척도가 아니다. 높은 역동성을 가진 하나 이상의 경제가 주도하는 세계 경제에서는 낮은 역동성을 가진, 또는 그것이 아예 없는 경제마저도 고공 행진하는 경제들과 상당 부분 같은 성장률, 즉 같은 수준의 생산성, 실질 임금, 다른 경제 지표의 증가율을 어렵지 않게 향유할 수 있다. 이는 부분적으로 고공 행진하는 국가들과의 교역 때문이기도 하지만, 주된 이유는 근대 경제의 독창적인 제품들을 도입하는 과정을 모방할 만큼 충분한 경제적 활력을 유지하기 때문이다. 이탈리아가 그 좋은 예인데, 1890년에서 1913년 사이 이탈리아의 인시당 생산은 미국과 같은 속도로 상승했으나 여전히 43퍼센트 낮은 수준에 머물러, 상대적인 생산성(일한 시간당 생산)과 실질 임금에 따른 국가 순위표에서 상승하지도, 떨어지지도 않았다. 그러나 어떤 경제사학자들도 이탈리아 경제의 역동성이 미국 수준은 커녕 상당히 높았다고도 말하지 않을 것이다.

역동성이 낮은 경제도 역동성이 높은 근대 경제보다 일시적으로는 더 높은 성장률을 보일 수 있다. 일시적인 성장률 상승은 경제의 여러 구조적 변화 중 어느 것에 의해서도 발생될 수 있다. 예컨대, 활력이 증가하거나 아주 낮은 수준의 역동성이 약간이나마 상승하는 경우가 있다. 경제는 순위표의 높은 곳으로 상승하며(즉 근대 경제를 부분적으로 〈추격〉하며) 정상적, 즉 총체적인 성장률에 일시적인 성장률을 더한 수준으로 성장하게 되는데, 일시적 성장률은 목적지가 가까워질수록 낮아지게 된다. 그러나 가장 높은 성장률을 보이는 경제가 세계 최고라는 의미는 아니며, 높은 역동성을 획득했다는 의미도 아니다. 스웨덴이 그 좋은 예다. 1890년에서 1913년 사이에 스웨덴은 생산성 증가율 면에서 세계 챔피언으로 군림했다. 많은 신생 기업들이 생겨났고 그중 여럿이 살아남아 유명해졌다. 그러나 스웨덴이 미국이나 독일과 같은 수준의 높은 역동성을 획득한 것으로는 보이지 않는다. 이후 몇십 년간 스웨덴의 생산성 증가율은 미국에 미치지 못했고 1922년 이후로 지금까지 어느 기업도 증권 거래소의 10대 기업 목록에 새로 진입하지 못했다. 1950년부터 1990년까지 일본의 높은 성장률은 또 다른 예다. 많은 관찰자들이 높은 역동성을 예측했지만, 이 시기에 이어진 성장은 일본 전역에 최신의 근대성이 도래한 결과라기보다는(그러한 전환은 일어나지 않았다) 근대 경제들이 몇십 년간 개척해 온 방법들을 수입하고 모방할 기회가 반영된 것일 뿐이었다. 1978년 이후 중국의 세계 신기록 수준의 성장은 가장 최근의 예라고 할 수 있다. 세계가 중국의 세계적 수준의 역동성을 목격하고 있음에도 불구하고, 중국인들은 자생적인 혁신을 위한 역동성을 어떻게 획득할 것인지 고민하고 있다. 그런 역동성 없이는 빠른 성장을 계속하는 데 커다란 압박을 받게 될 것이다.

따라서 한 국가의 〈역동성〉은 단지 국가 생산성 증가의 다른 표현이 아니다. 나머지 세계가 역동성을 갖고 있다면 한 국가의 자체적인 역동성은 성장을 위한 필수 요소가 아닐 수도 있다. 활력만으로도 충분하다. 또한 국가가 너무 작아 그 역동성이 전파되지 못 할 정도라면 역동성이 생산성 증가의 충분조건이 되지 못할 수도 있다. 세계의 상당한 부분에 자리한 역동성이 전 세계적 성장을 이끌며, 불운을 막아 주는 것이다. 근대 경제들은 그 높은 역동성으로 인해 19세기에 그랬듯 오늘날 세계 경제 성장의 엔진이 되었다.

그러므로 1개월이든 1년간이든 한 경제의 생산성 증가율, 즉 인시당 생산 증가율을 그 경제가 가진 역동성의 지표라고 할 수는 없겠으나, 그 경제의 상대적인 생산성 수준은 하나의 역동성 지표가 된다고 할 수 있겠다. 생산성이 최고 수준인 경제는 높은 수준의 역동성에 힘입어 그 지위를 유지하는 경우가 거의 대부분이다. 그러나 한 국가의 낮은 생산성 수준은 낮은 역동성이나 낮은 활력, 또는 모두를 반영하는 것일 수 있다. 따라서 생산성의 상대적 수준은 한 경제의 역동성을 나타내는 전적으로 안전한 지표라고는 할 수 없다.

경제의 역동성을 보다 면밀히 측정하기 위해 우리는 자동차의 후드 아래, 즉 경제 구조 속 어떤 것들이 역동성을 강력하게 키우거나 억누르는지 살펴볼 필요가 있다.

역사적 근대 경제의 내부 작동 원리

단속 평형punctuated equilibrium이라는 개념과 함께 등장한 고전파에 가까운 슘페터의 이론은 근대 경제, 즉 보유 역량과 혁신 작업에 관한 통찰을 가지고 실용적 지식을 만들어 내는 경제에 관한 모든 다른 생각들을 막아 버렸다. 이 슘페터의 이론이 지배적인 것이 되어 버린 후 오늘날까지 정책 담당자들과 평론가들은 근대 경제, 보다 덜 근대적인 경제, 비근대적인nonmodern 경제를 구분하지 않는다. 그들은 근대성의 전형이 되는 국가 경제들마저 모두 본질적으로는 제품을 생산하는 기계처럼 인식하며 효율성의 관점에서 바라본다. 이 경제들 중 일부는 애초에 불리한 조건을 갖고 있거나 비용이 많이 드는 정책을 유지하고 있는데도 말이다.

그러나 관찰을 해보면 우리는 근대 경제를 이루는 독특한 요소를 발견한다. 바로 아이디어다. 국가 소득 통계에 등장하는 가시적인 〈상품과 서비스〉들은 대부분 과거의 아이디어들이 구체화된 것이다. 근대 경제는 주로 혁신을 목표로 하는 활동에 주력한다. 이런 활동은 일련의 과정상 각 단계들이다.

- 새로운 제품 또는 방법의 구상
- 그중 일부의 개발 계획 준비
- 자금 조달 대상 개발안 선택
- 선택된 제품 또는 방법의 개발
- 새로운 제품 또는 방법의 마케팅
- 최종 사용자에 의한 평가와 실험
- 일부 새로운 제품과 방법의 의미 있는 수준의 채택
- 시험 및 초기 채택 후의 신제품 개선

상당한 규모를 가진 경제에서는 애덤 스미스식의 노동 분업이 주는 전문성의 이익을 누릴 수 있는데, 혁신 활동 역시 예외가 아니다. 혁신 활동에 참가하는 사람들 중 일부는 신제품을 구상하고 설계하는 팀에서 전업으로 일하고 있으며, 어떤 사람들은 자금을 제공할 새로운 기업을 고르는 금융 회사에서 일하고, 누군가는 신제품을 개발하는 창업자와 함께 일하며, 또 다른 누군가는 새로운 방법을 평가하는 일에 집중하거나 마케팅에 집중하는 것처럼 말이다. 역동적인 경제에서는 대다수 참가자들이 더 나은 업무 방법이나 더 나은 제품을 위한 새로운 아이디어가 나타날 거라는 기대를 갖고 현재의 방식을 관찰하는 일에 시간을 할애한다는 점도 그에 못지않게 중요하다. 이런 활동들의 조합이 바로 아이디어 부문이다. 역동성이 높은 경제에서는, 아이디어 주도의 활동들이 전체 노동 시간의 10분의 1 수준까지 이를 수 있다. 그러나 새로운 아이디어와 방식에 투자하는 일은, 비록 이미 익숙한 방식에 대한 투자 활동을 위축시킬 수는 있겠지만, 신제품 생산을 위한 엄청난 정도의 설비 투자 활동을 촉발할 수 있다[특히 혁신 활동과 일반적인 투자 활동은 소비재 생산보다 훨씬 노동 집약적이고, 따라서 덜 자본 집약적이다. 예컨대, 농산물 생산은 자본(이를테면 철망 같은)과 에너지를 많이 사용한다. 에너지 생산 역시 유정탑, 댐, 풍차와 같이 많은 자본을 사용한다].[2]

19세기와 20세기의 경제를 포함한 근대 경제들은 어떻게 작동하는가? 헨리 그레이[3]의 『해부학』이 사람을 해부했듯이 우리도 경제의 작동

---

2 오스트리아 태생의 프리츠 매클럽은 새로운 경제적 지식을 생산하는 산업들의 중요도를 측정하는 초기 저작을 남겼다. 위에 언급한 추계는 정확히 계산된 것은 아니지만 단순한 짐작도 아니다.

원리를 하나하나 짚어 보도록 하자. 우리는 근대 경제들에서 여러 갈래의 혁신 활동들을 보게 된다. 이러한 혁신 활동들은 개별적으로 진행되며, 이는 아이디어의 경쟁을 나타낸다. 상당한 규모를 가진 경제에서는 새로운 상업적 아이디어가 매일 발생하며, 대부분은 기업 내부에서 일어난다. 이러한 아이디어의 개발은 보통 그에 적합한 전문성을 가진 기업들을 필요로 한다. 그러나 열성적인 기업가들의 프로젝트라고 해서 모두가 자금 지원을 얻는 것은 아니다. 자본은 기업가들과 자금 지원자들이 개발과 마케팅 전망이 좋다고 판단한 프로젝트에만 흘러 들어갈 것이다. 진행되는 프로젝트들 중에서도 모두가 아이디어를 제품으로 구현하여 시장성이 있을 만큼 저렴한 가격으로 만들지는 못할 것이다. 시장에 나오는 신제품들 가운데, 매출이나 주문은 오직 최종 사용자, 즉 경영자들이나 소비자들이 남들보다 한발 앞서 기꺼이 선택할 만한 가치가 있다고 판단한 것들에만 몰릴 것이다. 그중 극소수 제품만이 생산을 계속하거나, 손익 분기점 또는 이익이 나는 수준까지 생산을 늘릴 만큼 광범위하게 선택될 수 있을 것이다. 이런 선택 메커니즘은 천 개로 시작한 아이디어 중 하나만 남길 수도 있다(맥킨지가 내놓은 연구 결과에 따르면 만 개의 비즈니스 아이디어로부터 천 개의 회사가 설립되고, 100개가 벤처 투자를 받게 되며, 20개 기업만이 주식 시장에서 기업 공개를 통해 자본을 조달하여, 두 개만이 시장의 리더가 된다고 추산했다).

우리는 사회주의 경제에서 이에 상응하는 경쟁의 모습을 그려 볼 수 있다. 〈기업〉은 국가가 소유하며, 자금 지원은 국영 개발은행에서 제공

---

3 Henry Gray(1827~1861). 영국의 해부학자, 외과 의사. 주저 『그레이 해부학*Henry Gray's Anatomy of the Human Body*』은 현재까지도 개정판이 출간되는 고전이다 ─ 옮긴이주.

할 것이다. 우리는 또한 코포라티즘적corporatist[4]인 경제에서의 경쟁을 묘사할 수 있다. 기업들은 사적으로 소유되지만 국가의 통제를 받으며, 자금은 국가의 통제를 받는 은행들을 통해 배분된다. 그러나 과거의 주요 근대 경제들은 이런 구조가 전혀 아니었다. 지난 2세기 간의 근대 경제들, 주로 영국, 미국, 독일, 프랑스의 경제는 정도의 차이는 있지만 근대적 자본주의의 전형이었다.

이런 현실의 근대 경제들에서는, 그리고 어떠한 근대적 자본주의 경제에서도, 혁신의 첫 번째 단계를 위한 자본 제공 결정은 주로 투자자들과 금융가들, 자신의 사적 부를 사용하는 주식 매수자들이나 민간 금융 회사 경영자들에 의해 이루어진다. 일부는 매우 적은 부를 보유하고 있기도 하지만 이 〈자본가〉들에게서 모인 투자와 대출이 경제가 어디로 나아갈지를 결정하게 된다. 새로운 아이디어의 개발을 위한 자금을 계획하고 조달하는 데 착수하는 결정은 주로 신규 벤처나 기존 기업의 생산자들, 즉 경영자들에 의해 이루어진다. 이런 사업을 하는 생산자들을 기존의 제품 생산자과 구분해서 기업가entrepreneurs라고 부른다. 통상적으로, 기업가들은 새로운 사업에 자본을 끌어온다. 한 프로젝트에 착수한 기업가와 투자자들은 금전적 수익을 얻기도 하지만, 이익이 음의 영역으로 갈 때는 손해를 감당한다. 물론, 이런 수익은 각각의 프로젝트별로 독립적으로 결정되는 것이 아니다. 이런 프로젝트들은 서로 경쟁하여 사적 수익을 낮추고 지대와 임금을 증가시킨다. 큰 지분을 지닌 투자

---

4 corporatism은 조합주의라고도 종종 번역되나, 실제 이 개념은 노동조합의 활동이나 역할에 국한되는 것이 아니다. 특히 여기서는 시장과 대비되어 경제 활동이 권력에 의해 통제 및 조정 운영되는 경제를 의미하므로 〈코포라티즘〉이라는 번역을 채택한다 — 옮긴이주.

자나 기업가들에게 금전적 수익이 중요하지 않을 리 없다. 그들의 살림과 생활 수준이 달려 있기 때문이다. 기업가는 가족의 정신적 지원을 얻기 위해서라도 성공 가능성을 필요로 할 것이다.

채권자의 몫을 변제한 후 기업가와 투자자들이 나눌 이익의 기대치가 새로운 사업의 시작을 결정하는 유일한 요소는 아니다. 기업가들과 대주주들은 그들의 상상력을 자극하고 에너지를 요구하는 사업을 선호한다. 이들은 도시나 국가의 개발에 참여하는 것을 원하기도 한다(일부 기업가들과 금융가들은 금전적 기대 수입이 어떻든 사회적 이익을 만든다는 만족감 때문에 기업을 만들기도 한다. 정부로부터 자금을 제공받든 아니든 이 〈사회적 기업가〉들은 전통적인 기업가들과 공존할 수 있다. 이런 병렬적인 체제는 그것이 가지는 역동성만큼 근대 경제가 근대적이도록 만든다).[5]

불행히도 대부분의 논의가 (초기 자본주의 또는 상업 사회라고도 알려져 있는) 상업 자본주의와 근대적 자본주의의 핵심을 구분하지 못하고, 배와 공장 같은 외양으로만 구분하는 것에 그치고 있다. 물론 근대적 자본주의는 초기 자본주의 위에 세워졌다. 초기 자본주의 시기에 재산권이 굳건해졌으며, 이자와 이윤, 부의 축적이란 개념이 받아들여졌고, 개인의 책임이 사회적으로 어떤 가치가 있는지에 대한 교육이 이루

5 기업가들은 일반적으로 높은 비금전적 보상을 받을까? 슘페터는 이 점에 회의적이었다. 그는 그 보상 중에 상류 사회 진입은 없다는 사실을 깨닫게 된 성공한 기업가들에 대해 날카롭게 서술했다. 또한 그는 기업가들의 평균적인 실제 금전 수익은 일반적인 수입보다 적다고 생각했다. 그들은 미래를 너무 낙관했거나 유흥비를 너무 많이 지출했다는 것이다. 현실적인 것이 중시된 (일각의 표현을 빌자면 기업가들의 〈전성기〉인) 20세기에 근대적 기업가 집단은 큰 비금전적 보상을 얻었지만 그만큼 금전적인 지출은 감수해야 했다는 데 공감대가 생긴 것 같다. 그렇지만 이런 이야기들이 근대 경제의 작동 원리를 이해하는 데 중요한 것은 아니다.

어졌다. 상업 자본주의는 또한 (베네치아와 아우크스부르크에서) 기업들에게 자금을 대부하거나 직접 사업에 뛰어들기도 했던 은행들을 탄생시켰다. 그러나 혁신가가 상인과 다른 만큼 근대적 자본주의도 상업 자본주의와는 다르다. 상업 자본주의 경제는 소비자에게 생산물을 분배하는 문제를 해결하고자 했다(조금 과장해서 표현하자면 사람들은 자연의 곡물을 수확해서 잉여 공급을 시장에 들고 가서 다른 곡물의 잉여 공급분과 교환했다). 근대적 자본주의는 자본주의에 혁신을 가져왔다. 기업가들은 곧 상인들과 다른 면모를 보였다. 새로운 관행들이 생겨남에 따라, 중세 시대에 설립된 많은 길드들은 기존의 기준들을 강제할 수가 없었다. 국가는 폭발하는 수요에 맞출 정도로 허가를 빠르게 내줄 수가 없었다.

더욱 불행한 사실은, 연줄이 좋은 사람들에게만 진입을 허용함으로써 경쟁을 제한하고, 혁신을 장려하거나 촉진할 만한 다른 어떤 일도 하지 않았던 세계 곳곳의 경제들이, 경제를 운영하는 사람들뿐만 아니라 그 경제 속에서 어려움을 겪고 있는 사람들에게까지 자본주의의 모범으로 인식되고 있다는 점이다(이들은 미국 경제를 자본주의의 〈예외적인〉 사례로 받아들인다). 북부 아프리카에서는 정치인들과 엘리트, 군대가 긴밀하게 결합하여 사업의 영역을 자신들을 위한 것으로 남겨 두었다. 외부인들이 진입 허가를 받아서 기존 기업들과 경쟁하는 것은 불가능하다. 이런 경제들은 〈자본〉이, 즉 지배 가문들의 과두 체제가 소유한 부가 경제를 이끈다는 점에서 〈자본주의〉라고 불린다. 그러나 자본주의의 특성은 자본가들이 독립적이며, 통제받지 않고, 서로 경쟁한다는 데 있다. 어떤 왕가나 과두제도 그 운영을 담당하지 않는다. 또한 근대적 자본주의의 특성은 새로운 아이디어를 가진 외부인들이 그들이 제안한 사업에 투자할 의향이 있는 자본가들로부터 자본을 구하도록 허가를 내주고 이끈다는 데 있다. 이런 과두적 경제들은 정확히는 일종의 코포라티즘corporatism, 즉 사업 영역이 정치적으로 통제되는 체제로 봐야 한다.

이 장은 어떤 구조가 근대 경제의 〈역동성을 불어넣고 그 연료를 공급하게 되었는지〉 질문하며 시작했다. 지금까지의 논의는 근대 경제가 새로운 아이디어들 가운데서 개발과 채택 대상을 선택하는 방식에 대해 조명했다. 그러면 무엇이 새로운 아이디어의 창조를 자극하는 것일까?

새로운 경제적 아이디어라는 핵심적 개념은, 20세기 들어 학계를 지배하게 된 과학주의scientism의 매력 탓에 점점 더 많은 사람들에게 낯선 것이 되었다. 모든 새로운 아이디어를 배제한 역사주의historicism는 말할 것도 없다! 서두에 언급했듯이, 독일 역사학파는 오직 과학자들만이 새로운 아이디어를 가지며, 검증 후에 그것이 과학 지식으로 더해진다고 생각했다. 이 이론은 결코 잘 들어맞지 않았다. 콜럼버스의 시대로부터 아이작 뉴턴의 시대까지 혁신은 거의 없었으며, 증기 엔진과 전력 사이에는 어떤 획기적인 과학적 발전도 없었다. 그러나 한 이론이 실패한다고 해서 바로 그 생명이 끝나는 것은 아니다. 슘페터도 첫 저작을 내놓은 후 30년쯤 뒤에, 과학자들이 듀퐁과 같은 거대 기업 연구소에 있었기 때문에 그런 아이디어를 가지게 되었을 것이라는 점을 인정하면서도 오직 과학자들만이 아이디어를 가질 수 있다는 주장을 되풀이했다.[6]

6 『자본주의, 사회주의, 민주주의』를 참조하라. 슘페터가 이름을 떨치게 된 1912년의 훌륭한 저작은 기업가들을 절대 틀리지 않는 기계, 즉 창조성은 없지만 이윤 가능성이 있는 투자 기회가 생기기만 하면 즉각, 완벽하게 포착하는 존재로 묘사했다. 그의 마지막 업적인 1942년의 책은 더 나아가 기업의 경영진은 기술적 발전의 기회를 즉각, 완벽하게 포착할 수 있다고 결론지었다. 이

오늘날의 대표적 이론은 독일의 신역사학파다. 월드와이드웹의 창조자인 팀 버너스 리나 마이크로칩 개발자인 로버트 노이스, 컴퓨터 발명자인 찰스 배비지 같은. 재능을 가진 새로운 기술 〈플랫폼〉의 고안자들이 연속된 응용 흐름을 가능하게 하는 근본적인 진보를 만들었다는 것이다. 이러한 과학 만능주의는 대중을 손쉽게 설득했다. 과학자와 엔지니어들이 어디서 〈아이디어를 얻었는지〉 누구도 질문하지 않는데, 그것은 모두들 그들이 연구소에서의 관찰과 연구 학술지에 보고된 발견들로부터 아이디어를 얻는다고 알고 있기 때문이다. 기업가와 금융가들이 자기 분야를 파고드는 것보다 반드시 더 몰두한다고 하기는 어렵지만, 연구자와 실험자들은 자신의 과학 및 공학 분야에 전념하고 있다.

그러나 근대 경제의 도래는 근본적인 변화를 가져왔다. 근대 경제는 그 경제와 밀접히 연관되어 새로운 상업적 아이디어를 잘 내놓을 만한 사람들을, 개발 단계에서부터 채택될 때까지 혁신의 과정을 관리하는 연구자들과 실험자들로 만들어 버린다(역할이 바뀌어, 과학자들과 엔지니어들은 기술적 문제를 돕는 역할을 맡게 된다). 사실, 근대 경제는 모든 종류의 사람들을 〈아이디어 맨〉으로, 금융가들을 사상가로, 생산자들을 마케터로, 최종 사용자를 선구자로 바꾸어 놓는다. 지난 두 세기의 근대 경제를 이끈 힘은 이런 경제적 체계, 즉 경제 제도뿐 아니라 경제 문화로 구축된 체제다. 유명한 이론들이 제시한 바와는 달리 훌륭한 개인들이 아닌 이 체계가 근대 경제의 역동성을 창조했다.

쯤 되면 다음과 같은 궁금증이 생길 만하다. 기업 경영진들이 그렇게 할 수 있다면 국가 기관과 사회주의 기업이라고 해서 그렇게 못한다는 법이 있을까? 아마도 이런 생각 때문에 슘페터는 말기에 서구 세계는 어떻게 손써 볼 수도 없이 〈사회주의로 행진〉하고 있다는 느낌을 강하게 받았던 것 같다.

그렇다면 근대 경제는 거대한 상상 극장imaginarium, 즉 새로운 제품과 방법을 상상하고, 그것들이 어떻게 만들어질지, 어떻게 사용될지 상상하는 공간과도 같다. 근대 경제의 혁신 과정은 근대 경제 이전에는 활용되지 않았던 인적 자원을 활용한다. 슘페터의 이론에서는, 근대 이전의 발전은 외부에서 새로운 것을 발견하면서 가능해진 프로젝트들을 조직하는 전근대적 기업가들의 역량에 의존한다. 그는 그런 역량으로 추진력과 〈일을 완수하려는〉 결의 같은 것을 언급했다. 근대의 이론가들이 말했듯, 근대적 기업가들은 기업의 소유자나 경영자들로서, 거시적이든 미시적이든 진짜 지식은 그리 많지 않음에도 불구하고, 마크 카슨이 1990년 논문에 쓴 것처럼 〈명백하게 옳은 모델과 의사 결정 규칙이 없는(그런 것이 존재할 수도 없지만) 상황에서도 성공적인 결정을 할 수 있는 역량〉을 보여 준 사람들이다. 기업가뿐 아니라 금융가들에게서도 나타나는 이러한 역량에는 통찰력과 지혜가 필요하다. 여기서 통찰력은 매사의 알려지지 않은 가능성을 꿰뚫어 보는 판단력을 의미하며, 지혜란 종종 문제가 무엇인지조차 모르는 미지의 것들로 불리는, 생각조차 하기 힘든 힘이 존재한다는 것을 인식할 수 있는 감각이다. 이런 기업가적 역량이 바로 근대적 기업가 정신entrepreneurship이다. 그러나 이것이 그 자체로 급진적 변화, 또는 혁신의 원천이 되는 것도 아니며, 혁신가 정신innovatorship과 동일한 것도 아니다.

　상상 극장의 자생적 혁신 과정에는 여러 가지 인적 자원이 필요하다. 기본적인 것이 상상력 또는 창조성인데, 이는 기업이 개발하고 판매할 수 있는 것을 새롭게 생각해 내는 것이다. 아무도 다른 방식이나 다른 목표의 존재를 상상하지 않는다면, 그리고 아무도 유익한 결과의 가능성을 상상하지 않는다면, 지금의 지식으로부터 앞으로 나아가기는 힘들 것이다. 데이비드 흄이 그의 통찰력 있는 저서에서 근대의 토대라고 보았던 것처럼 상상력은 성공적인 변화의 토대가 된다.[7] 혁신 역량은 또한 통찰력도 필요로 한다. 그것은 이전에는 몰랐던 욕망이나 필요를 맞닥뜨릴 가능성이 있는 방향을 간파하는 통찰력이다. 이 통찰력은 종종 전략적 비전이라고 불리는데, 우리가 설명할 수 없는 직관이자 다른 기업들이 같은 전략을 채택할지 어떨지를 알아차리는 감각이다. 스티브 잡스의 엄청난 성공은 그의 창조성과 깊은 통찰력에 힘입은 것이다. 모험을 감행하는 호기심과 남들과 다른 것을 하려는 용기 또한 중요하다.

그러나 혁신의 동기와 격려가 없거나 기회가 주어지지 않는 경제에서는 상상 극장이 존재할 수가 없다. 이 체제를 가동시키는 원동력은 금전적, 비금전적 동기들의 혼합체라고 할 수 있다. 금전적 보상은 중요하다. 상당한 돈을 벌 거라는 전망이 있으면 누군가의 가족들이 그 노력을 지지하도록 설득하는 데 대체로 도움이 된다. 어떤 경제에서 상업적 아이디어를 기업가에게 팔아서 지분을 나누거나 특허화해서 로열티를 받는 등의 일이 불법이라면 그런 아이디어를 구상하고 개발하려는 사람은 거의 없을 것이다. 기업의 설립과 산업 진입, 추후 주식의 매각(요즘에는 기업 공개를 통해) 그리고 매수자들이 나타나지 않는 경우 회사를 폐쇄하는 일이 법적으로 자유롭지 않다면 기업가들과 투자자들은 아이디어

---

7 흄의 대작 『인간 오성에 대한 탐구An Enquiry Concerning Human Understanding』(1748)는 위대한 생각들을 담고 있다. 발견과 변화를 위한 상상력의 필요성, 인간의 결정에서 감정이나 〈정열〉의 중요성과 정당성, 과거의 패턴에 의존하여 미래에 대처하는 일의 위험함이 그것이다. 이는 상상력이 과감해지고, 지식이 폭발적으로 성장하며, 미래를 거의 내다보기 힘들어지는 근대성의 도래를 예견하는 것으로 볼 수 있다.

를 개발하지 않을 것이다. 기업가들은 잠재적인 최종 사용자들이 새로운 방법이나 제품을 시험해 보기 위해 기존의 방법과 제품을 기꺼이 포기할 수 있는지도 알아야 할 것이다. 그런 금전적 보장과 유인을 장려하지 않고는 설령 비금전적인 보상을 얻을 수 있더라도 대부분의 기업가들은 모험을 시도하지 않을 것이다.

물론 비금전적인 동기 또는 동인들 중에서도 근대 경제의 작동에 필요한, 어쩌면 핵심적인 것들이 있다. 근대 경제는 금전적 유인과 함께 경제 문화를 고취하는 것으로부터 원동력을 얻는다. 역동성이 높은 사회가 되려면, 새로워서 흥미롭고, 불확실해서 호기심을 돋우며, 새로운 난제가 있어서 도전 의식을 불러일으켜야 하며, 매력적인 미래상을 제시하는 기회에 이끌리는 태도와 가치관을 가진 사람들이 있어야 한다. 또한 자신의 상상력과 통찰력을 사용하여 새로운 방향으로 나아갈 수 있게 된 비즈니스 영역의 사람들과, 성공하여 업적을 남기겠다는 꿈을 좇아 움직이는 기업가들, (〈그 여자 옷 입는 게 마음에 들어〉 같은 식으로) 직감에 따라 행동할 수 있는 벤처 투자자들이 필요하다. 그리고 사전에는 그 가치를 알 수 없는 새로운 제품이나 방식의 채택을 선도할 의지가 있는 많은 최종 사용자들이, 소비자와 생산자 쪽 모두에 필요하다.[8]

혁신에는 사람들의 관찰과 개인적 지식도 필요하다. 새로운 사업 아

8 다양한 관찰자들이 이 주제를 두고 논했다. 서머싯 몸의 소설 『관리인The Man Who Made His Mark』(1929)에서는 막 일자리를 잃은 한 남자가 인근에 담뱃가게가 없다는 사실을 알아차리고 담뱃가게를 열어 인생을 다시 시작하는 추진력을 보여 준다. 최종 사용자들도 몸의 담뱃가게 주인과 같은 역동성을 갖춰야 한다. 혁신의 채택을 다룬 1966년 출판된 넬슨-펠프스 모형 Nelson-Phelps model은 혁신 과정에서 위험을 무릅쓰고 예컨대 새로운 품종이나 비료를 채택하는 농부와 같이 최종 사용자를 강조하는 초기의 시도다. 이 논문의 초점은 최종 사용자의 교육이다. 아마르 비데는 2008년 자신의 책에서 〈모험적인〉 최종 사용자의 필요성에 초점을 맞추었다.

이디어는 특정한 사업 영역을 가까이서 관찰하고, 작동 원리를 배우며 새로운 종류의 제품의 시장 규모가 얼마나 될지, 더 나은 생산 방식에 대한 전망이 어떨지 견해를 내놓을 수 있는 사람들에게만 주어진다. 괜찮은 사업 아이디어는 아예 사업을 안 해본 사람에게는 거의 떠오르지 않는다. 비즈니스 영역의 특정한 위치에 있는 사람들은 그들이 인식하지 못할 뻔했던, 또는 존재하지 않을 뻔했던 지식을 얻고 기회를 발견하기도 한다.

매장 공간을 더 잘 활용하거나 상품 배송 경로를 개선하는 방안에 관한 아이디어를 개발하는 것은 우리가 말하는 혁신의 의미에 정확히 들어맞지 않는다. 그러나 구체적인 사업상 지식이 투자에 대한 새로운 아이디어나 혁신으로 이어질 아이디어를 불러일으킬 가능성은 존재한다 (이와 유사하게, 새로운 투자 아이디어의 형성을 자극하는 태도 또한 혁신을 자극한다).

따라서 사업하는 사람들의 혁신에 대한 아이디어가 어디에서 오는지, 이 질문에 대한 답은 명백히 존재한다. 그런 아이디어는 비즈니스 영역에서 온다. 사업하는 사람들은 그들의 개인적 관찰과 사적인 지식과 함께 (경제학 같은) 공공 지식의 공유 풀을 이용하여 〈유효한〉 새로운 방법이나 제품으로 이어지는 개념화를 시도한다. 이는 마치 과학자들이 자신의 실험 데이터, 전문적인 지식과 함께 일반적인 과학 지식에 몰두하여 마침내 새로운 주장과 가설에 도달하고, 검증을 거쳐 과학 지식을 추가하는 것과 같다. 사업하는 사람들과 과학자들은 다 같이 각 개인이 속한 공동체의 공공 지식뿐만 아니라 개인적 관찰에 기반을 둔 사적인 지식을 활용한다(그러나 과학자들은 틀림없이 사업하는 사람들이 사업

외 영역에서 아이디어를 얻는다고 믿을 것이다. 마치 대부분의 사람들이 작곡가들은 음악 외 영역에서 아이디어를 얻을 거라고 말하는 것처럼 말이다. 이처럼 널리 퍼진 환상을 깨뜨리는 일화로, 로버트 크래프트는 이고리 스트라빈스키와 기자들이 나눈 대화를 소개했다. 「마에스트로, 어디서 아이디어를 얻는지 말씀해 주실 수 있을까요?」 그러자 스트라빈스키는 〈피아노에서요〉라고 대답했다).

　프리드리히 하이에크는 오스트리아에서 태어나 오스트리아 학파에 큰 영향을 미친, 이런 관점에서 경제를 바라본 최초의 경제학자였다. 1933년에서 1945년 사이에 나온 영향력 있는 연구 결과물들을 통해 그는 주변에 있는 생산자들과 구매자들이 복잡한 경제에서 무엇을, 어떻게 생산하는 것이 최선인지에 대하여, 가치 있는 실용적 지식을 갖추고 있다고 보았다. 보통 그러한 지식들은 그 지역 내에서만 적용되고, 특정한 상황과 맥락에 따른 것이며, 변화무쌍하여 쉽게 획득하거나 전달할 수 없다. 사적인 지식으로 남아 있는 것이다(심지어 이 모든 것이 비용 없이 접근 가능하다 해도, 즉 공공에게 개방되어 있는 지식이라 할지라도, 흡수하는 것은 고사하고 파악하기에도 양이 너무 거대하다). 따라서 그런 지식은 경제 참여자들에게 흩어져서 존재하고, 각 산업은 고유의 지식을 가지며 각 참여자들은 개인이나 소수에 국한된 특수한 더 깊은 지식을 갖고 있다. 이것은 두 가지 명제로 이어진다. 첫째, 복잡성을 가진 경제는 결정적으로 시장으로부터 이익을 얻는다. 시장에서는 개인과 기업들이 상품과 서비스를 서로 교환하며, 실용적 지식의 전문화가 계속된다. 따라서 박학다식한 만물박사가 될 필요는 없다. 한 산업에서 새로운 지식이 얻어지면, 이는 가격 하락과 같은 시장 메커니즘을 통해 사회 전체로 〈전파〉된다. 둘째, 이러한 경제는 다른 방해 요소가 없다면, 무엇을 어떻게 생산할 것인지에 관한 경제적 지식으로부터 계속해서 이익을 얻는(또한 쓸모가 없어진 지식을 처분하는) 유기체다. 올바른 가격이 이 과정에서 〈발견〉된다. 모든 기업과 참가자들은 미래를 내다보는 관찰자나 정찰 개미와 같아서, 그 지역에서의 어떤 변화든 관찰하고 분석해서 현재 생산 수준이나 방향을 조정함으로써 기민하게 반응한다. 만약 어떤 제품의 생산이 증가했다면, 시장에서 하락한 가격이 사회에 이 제품은 이전보다 돈이 덜 든다는 신호를 줄 것이다.[9] 이것이 하이에크의 지식 경제knowledge economy다.

그러나 하이에크의 이 연구는 혁신에 관한 것이 아니다. 이것은 자생적인 혁신, 즉 경제 참가자들의 창조성이 촉발한 아이디어들로부터 개발되는 혁신에 대해서는 고찰하지 않는다. 수없이 인용된 1945년 논문에서, 하이에크는 적응, 그가 〈변화하는 환경〉에 대한 〈적응〉이라고 부른 것이 논제임을 분명히 했다. 이러한 적응은 앞에서 언급한 근대적 기업가 정신이 가진 인적 자원, 즉 판단력과 지혜, 업적을 남기겠다는 욕망에 의존한다.

혁신과 달리 적응은 예측 가능하다고 보는 사람들이 많다. 적응은 직관에 따른 도약이 아니라 그 이후에 발생하는 반응이며, 그 적응을 무효

9 이 연구는 하이에크의 1937년 런던 경제 클럽 주재 연설 〈경제학과 지식Economics and Knowledge〉에서 시작되었으며, 많이 인용되는 1945년 논문 "The Use of Knowledge in Society"로 마무리되었다. 그의 1948년 저작 『개인주의와 경제 질서Individualism and Economic Order』에 종합된 이 논문들과 다른 논문들은 1920년대부터 1950년대까지, 사회주의와 코포라티즘이 유럽의 여러 경제학자들 사이에서 뜨겁게 논의되고 있을 때 만들어진 것들이다. 그러나 이 장은 하이에크의 시각이 근대 경제의 이해에 어떤 기여를 했는지에 초점이 맞춰져 있다. 5장은 사회주의에 관한 논쟁을, 6장은 근대 경제의 코포라티즘과의 투쟁을 다룬다.

화하는 또 다른 변화가 일어나는 것을 막는다. 그리고 〈환경〉이 〈변화〉하지 않게 되면 적응 역시 오래 가지 않는다. 적응은 새로운 파괴를 야기하기보다는 종말을 가져온다. 이와 반대로 혁신(innovation의 어원은 새로움을 의미하는 라틴어 nova이다)은 지금의 지식으로부터는 결정되지 않으며 예측이 불가능하다. 새로운 것이기 때문에 이전에는 알 수가 없었던 것이다. 그러나 사업을 하는 많은 사람들은 혁신이란 그들의 고객이 원하는 것을 찾아나서는 것이라는 잘못된 관념을 가지고 있다. 혁신이 예측 가능하다는 이 같은 오류는 월터 빈센티가 반박한 바 있다.

접이식 항공기 착륙 장치의 〈기술적 필요〉는…… 사후적으로 만들어진 것이다. 당시 설계자들은 그것을 예견하지 못했다고 증언했다. ……혁신가들은 어느 방향으로 나아갈지, 어떤 수단을 사용하자고 제안할 것인지 안다. 그들이 할 수 없는 것은, 새로운 아이디어가 당면한 요구 사항들을 모두 충족시키도록 성공할 것인지를 확신을 갖고 예견하는 일이다.[10]

예측이 불가능하기 때문에 혁신은 파괴적일 수 있다. 혁신은 여러 조각들을 맞춰야 하는, 그리고 그것에 적응해야 하는 새로운 퍼즐을 만들어 낸다. 혁신은 적응이 실제로 이루어지는 사건이다(예상한 것보다 훨씬 더 급박하게, 과도하게 적응하는 것 또한 파괴적일 수 있다). 혁신은 단명할 수도 있지만, 현재의 혁신을 토대로 미래의 혁신들이 나타나는 경우가 대부분이다. 혁신은 누적되어 경제 〈관행〉을 혁신이 없었다면 볼 수 없었을 곳으로 이끌어 간다. 따라서 적응보다는 혁신이 더 강한 시련

10 Vincenti, "The Retractable Airplane Landing Gear"(1994, pp. 21~22).

도 이겨 낸다.

혁신에는 상상력이라는 지적인 재능과 새로운 목표를 제시하는 통찰력도 필요하지만, 미지의 영역으로 모험을 감행하여 동료들이나 스승들과는 다른 방향으로 나아가려는 과감함 역시 필요하다. 이 때문에 우리는 혁신가들을 영웅으로 보기도 한다. 안락함에 앞서 창조를 내세우고, 실패와 손실을 무릅쓰는 사람들 말이다. 그러나 혁신가들이라고 해서 굳이 위험을 자초할 것이라고 생각할 이유는 어디에도 없다. 미네소타의 혁신가 해럴드/오언 브래들리[11]는 혁신이 사업, 또는 어떤 관점에서는 새로운 세상의 모형을 생각하는 데서 나온다고 말했다. 따라서 혁신가들은 기업의 창업자이든 재능 있는 CEO이든 선도적인 최종 사용자이든, 자기 자신이나 다른 사람들에게 그들의 관점이 갖는 우월성을 보여주고 싶은 내적인 욕구에 이끌리는 것일 수 있다.

자동차를 대량으로 생산해 내기 위한 헨리 포드의 모험은 혁신의 전형적인 사례다. 2011년 〈유레카〉라는 강연에서, 해럴드 에번스는 다음과 같이 이야기했다.

많은 미국인들은 헨리 포드가 자동차를 발명했다고 믿는다. 물론 포드 이전에도 유럽은 물론 미국에서도, 심지어 그의 고향 디트로이트에서도 자동차를 만든 사람들은 있었다. 포드는 〈나는 아무것도 발명하지 않았다. 다른 사람들의 발명을 자동차에 결합해 넣었을 뿐이다〉고 말한 바 있다. 실제로 그는 깜짝 놀랄 만한 새로운 일은 전혀 하지 않았다. 자동화된

11 Harold and Owen Bradley. 미국의 컨트리 음악가와 음반 제작자 형제. 테네시 주 음반 산업의 메카 뮤직 로Music Row에 최초의 음반 회사를 설립했다 — 옮긴이주.

생산 라인을 창시할 때도 그랬다. 사실 자동화 라인은 1795년 올리버 에 번스가 처음 고안해서 제분 생산성을 5배나 증가시킨 적이 있었다. …… 헨리 포드의 천재성은 아이디어, 누구나 차를 가져야 한다는 평등주의적 사고에 있다.

포드가 대단히 혁신적인 것은 아니었다고 생각한 사람들이 있었고, 포드 또한 자신을 대단한 혁신가로 보지 않았지만, 그의 발명은 새로 운 생활 방식을 만들어 낸 장기적인 비전을 스스로 실현한 것이었다. 미 국 대륙 횡단 철도의 성공 스토리도 짚고 넘어가자. 에번스의 2004년 책 『그들이 미국을 만들었다*They Built America*』는 이 주제를 다루고 있다.

새크라멘토의 시어도어 유다는 미국의 첫 대륙 횡단 철도를 추진하고 설계한 대담한 사람이었다. 그의 아내 애나는 다음과 같은 기록을 남겼 다. 「그것을 통해 그 사람 안에 들어 있던 엄청난 대담함이 드러났다.」 그 를 험담하는 사람들은 그 아이디어가 예전부터 존재했던 것이며, 철도가 건설되는 것은 〈단지 시간문제〉였다고 말했다.

에번스가 적었듯이, 유다의 공학적 업적은 어떤 사람들이 보기에는 너 무나 예측 가능해서 혁신이라고 보기 힘든 것이었다. 그러나 〈단지 시간 문제〉였던 것은 건설을 시도하는 것뿐이었다. 성공 여부는 여전히 불확 실했다. 많은 공학자들은 북부 캘리포니아로 가는 직선 철도는 불가능 하다고 생각했다. 따라서 건설이 성공할지는 결코 예측할 수 있는 것이 아니었다. 유다는 놀라운 직관을 보여줬고 자신이 옳았음을 증명했다.

어떤 혁신은 우연히 생긴다. 토머스 에디슨은 별 생각 없이 손에 묻은 검댕으로부터 필라멘트를 창조했으며, 알렉산더 플레밍은 실수로 세균 배양 접시를 덮지 않고 두었다가 페니실린을 만들었다. 경제 분야에도 생각하지 않았던 혁신의 사례가 무수히 많다. 〈음반 B면〉이나 아무도 예상하지 못했지만 히트한 저예산 영화의 사례는 흔하다. 픽사Pixar는 새로운 컴퓨터 기술을 개발하기 위해 설립되었지만, 기술자들이 몇몇 방문객들에게 애니메이션 만화를 만들 수 있는 테크닉을 보여주었고 방문객들의 열광적인 반응은 이 회사를 애니메이션 스튜디오로 바꾸어 놓았다. 이런 우연적인 혁신들은 너무나 새로운 것이어서 이를 고안한 사람들조차 처음에는 전혀 생각하지 못했던 새로운 제품이 등장한 것이다.

그리고 거의 모든 혁신에는 우연적이거나 무작위적인 요소가 있다. 새롭게 개발된 제품이 상품으로 채택되려면 운도 따라줘야 한다. 저명한 TV 인터뷰 전문가인 래리 킹은 유명한 초대 손님들 대부분이 엄청난 성공의 비결로 운을 꼽았다는 것을 여러 번 언급한 바 있다. 그러나 혁신이 성공할지 실패할지는 단순히 동전을 던져서 길흉을 점치는 것과는 다르다. 혁신가는 미지의 세계로 여정을 떠나는데, 여기에는 모르는 것이 무엇인지는 아는 문제known unknowns가 있는 한편 무엇을 모르는지조차 모르는 미지의 문제unknown unknowns가 있다. 그들은 설령 계속 행운이 이어진다고 해도 그들의 창조성과 직관이 혁신으로 이어질 수 있을지는 전혀 알 수 없다. 마침내 혁신에 대해 논하게 된 하이에크는 1961년에 미국의 경제학자 존 케네스 갤브레이스가 신제품들의 가능성이 어떨지 기업들이 알고 있다고 가정한 데 경악했다. 하이에크가 보기에 한 기업이 새로운 자동차 디자인이 이익이 될지 손해가 될지 예측하는 일은 작가가 자신의 소설이 베스트셀러가 될 확률을 따져 보는 것보다 쉬울 수 없기 때문이었다.

상당히 이상한 일이지만, 경제학자들은 하이에크가 영감을 제공했을지언정 직접 주장하지는 않았던 기초적인 이론들을 하나로 엮는 일을 그가 마무리짓도록 내버려 두었다. 1968년 하이에크는 이 책에서 근대 경제라고 부르는 것과 같은 경제에서는, 그가 발견의 절차discovery procedure라고 부른 방법을 통해 〈지식의 증가〉가 이루어진다고 보았다. 이 용어는 상상하는 제품이나 방법이 개발될 수 있는지 여부와, 만약 개발된다면 그것이 채택될지 결정하는 과정을 의미한다. 초기의 시도와 시장의 검증을 통해, 근대 경제는 무엇이 생산될 수 있으며 어떤 방법이 효과적인지에 대한 지식, 그리고 무엇이 수용 불가능하며 효과적이지 않을지에 관한 지식을 더하게 된다.[12] 사업적인 지식은 과학적 지식과 달리 실물 세계의 제한을 받지 않으므로 매우 무한할 수 있다는 점도 언급하고 싶다. 자신의 발견이 끝나 가고 있지는 않은지 걱정해야 하는 사람들은 과학자들이다.

이런 지식의 또 다른 성장 원천은 (비록 한계는 있지만) 수정하는 데 있다. 즉 현재의 많은 지식이 특정 제품의 미시적인 수준에서도, 그리고 경제 전체의 거시적 수준에서도 틀릴 수 있기 때문이다.[13] 조건과 구조적 관계는 인식하지 못한 방식으로 변화하는 경향이 있다(비행기 제작사

---

12 하이에크의 1961년 저작은 『종속 효과의 논리적 모순*The Non Sequitur of the 'Dependence Effect'*』(1962년에 재출간). 본문에 언급된 1968년의 다른 논문은 "Competition as a Discovery Procedure"(1978년에 영문으로 출간). 1946년 논문은 하이에크의 생각에서 새 장을 여는 시작점을 담고 있다.

인 노스럽Northrop은 접이식 대신 고정식 착륙 장치를 쓸 때 추가되는 항력은 거의 없다는 것을 풍동 실험을 통해 발견했다. 그러나 그들은 훨씬 더 빠른 항공기의 경우 항력이 심각하게 커진다는 것은 알아차리지 못했다). 게다가 이런 경제적 관찰은 통제된 실험실에서 나온 결과가 아니다. 경제에서는 지식이(또한 오해도) 변화하는 것처럼 자료 자체도 계속적으로 변해 간다. 따라서 경제에는 다른 이들의 실수를 보고 통찰력을 발휘할 여지 또한 존재한다.

영국의 경제학자 브라이언 로스비가 말했듯 근대 경제는 〈가능성을 발견(또는 발명)하고 그것을 잘 사용하는 문제〉를 다룬다. 근대 경제일수록 이 활동에 더 많은 힘을 쏟는다. 경제는 외부의 발견 덕분에 가능해진 새로운 상업적 기회들을 활발하게 고안해 내고, 꾸준히 평가하고 열정적으로 활용할 수 있는데, 이는 슘페터의 이론에도 부합했고 실제 사례도 존재했다. 그러나 어떤 경제든 외부의 발견 덕분이 아니라 자신의 상황에 맞는 새로운 상업적 아이디어를 떠올리거나 발전시킬 창조성, 그리고 그 창조성을 실현시키는 비전(또는 직관)이 있을 것이다. 창조성과 비전은 자원이고, 모든 경제에 존재한다. 그러나 역사적으로 어떤 국가들은 그것들을 활용하지 못하거나 그럴 의지가 없었고, 다른 국가들은 초기에 이들을 활용했지만 퇴보해 버렸다. 근대 경제는 창조성과 비전을 자유롭게 발산하고, 이것들을 기업가들의 전문성과 금융가들의 판단, 최종 사용자들의 진취성까지 연결시켜 내는 데 소기의 성과를

13 〈변화하는 믿음〉은 하이에크의 1952년 작 『과학의 반혁명*The Counter-Revolution of Science*』을 상징하는 개념이다. 그는 사회적 현상을 제대로 이해하려면, 〈그것을 다루는 사람들이 무슨 생각을 하는지〉 알 필요가 있다고 주장했다.

보인다.[14]

근대 경제의 기본, 즉 혁신 체제로서 작동하는 방식이 마련되었다. 참가자들은 새로운 상업적 아이디어들을 품고 있으며, 이것들은 그들이 각자 산업과 직업에 깊이 몰두하고 오랫동안 관찰한 결과 발전한다. 새로운 제품과 방법의 개발 과정은 다양한 금융 주체들, 즉 엔젤 투자자, 슈퍼 엔젤 펀드, 벤처 자본가, 상인 은행, 상업 은행과 헤지 펀드 등을 포함한다. 이 과정은 다양한 종류의 생산자들, 즉 신규 창업 기업, 대기업과 자회사들을 포함하며, 마케팅 전략, 광고와 다른 것들로 이루어지는 폭넓은 마케팅 활동들을 포함한다. 최종 사용자 쪽에서는, 새로운 방법을 선도적으로 평가하는 기업 경영자들이 있으며 어떤 신제품들을 시험해 볼지 결정하는 소비자들이 있다. 양측 모두 그들이 채택한 새로운 제품과 방법을 사용하는 법을 학습한다. 19세기 중반에는, 근대 경제의 토대들이 영국과 미국에서 존재했고 이후 독일과 프랑스에서도 등장했다.

자산을 보유하고 사업을 할 권리들, 국가에 대한 권리들을 누리면서 계약법의 보호를 받는 수많은 기업가들이 있었다. 이 기업가들은, 그들이 설립한 기업이나 개인 회사proprietorship들 속에서 새로운 방법들을 시험하고 개선하며 신제품을 구상하는 데 깊이 관여했다. 은행들은 실적 없이는 거의 자금을 빌려주거나 투자하지 않았다. 가족과 동료들은 종종 〈엔

14 창조성과 판단력을 아주 광범위하게, 효과적으로 사용하는 경제들이 상대적으로 잘 작동하는 〈자유로운 기업〉 또는 〈자본주의적〉 체제에 대한 의존도가 높다는 사실은 논쟁의 여지가 없다. 이는 그 경제의 사회 정치적 체제와는 무관하다. 이들 외에도 그러한 사례가 있는지는 별개의 문제이지만 아무튼 이 경제들은 근대 경제의 위대한 역사적 사례였다. 그러나 잘 작동하는 자본주의 역시 어떤 새로운 형태의 근대 경제로 대체될 가능성이 있다.

젤 투자자〉의 역할을 하면서 기업가가 프로젝트를 시작할 수 있게 했다. 많은 신규 기업들이 확장을 위해 수익을 재투자해야 했다. 잉글랜드에서는 기업가들에게 단기 신용을 제공하는 지방 은행country bank들과 고객으로부터 예금을 받아 기업가들에게 장기로 빌려주는 변호사 신탁trusted attorney이 존재했다. 또한 때로는 개인들이 새로운 기업의 파트너가 되거나 특허 관련 비용을 지불해 주기도 했다. 몇몇 은행은 사업에 거의 직접 뛰어들었는데, 독일 남부의 푸거Fugger 가문이 몇 세기 전에 했듯이 산업 전체에 조언과 투자를 하는 것이었다. 미국에서는 지방 은행들이 더 기업가처럼 나섰다. 새로운 잉글랜드 기업들이 은행업에 뛰어드는 것이 그리 드문 일은 아니었으며, 보유하고 있던 은행 주식을 매각하면서 은행업에 뛰어들기도 했다. 다른 은행들은 가족과 친구들에게 자금을 대부했다(이런 초기 벤처 자본가들 중에서 오늘날의 벤처 회사들처럼 주식 지분을 갖는 경우는 기업가들이 주식을 발행할 수 있는 공동 주식회사를 만들기 전까지는 그리 많지 않았다).[15]

실현 가능하고 사람들이 좋아할 만한 아이디어들을 구상하고, 개발하여 검증하는 지속적인 거대 프로젝트라고 할 수 있는 근대 경제는 일과 사회에 심대한 영향을 미쳤다. 그 이전 단계라고 할 수 있는 상업 자본주의적 경제는 일자리를 거의 제공하지 않았으며, 있다 해도 임금 외

15 체제가 작동하는 방식에 관한 지식이 거의 사라진지 근 200년이 지나, 이에 대한 새로운 기록들이 대부분 케임브리지 대학 출판사가 주도하여 등장했다. 근대 경제의 역사적 기원에 관한 4장에서 그 일부를 다루고 있다. 위 문단에서 금융 분야의 수수께끼 조각들을 맞추는 일은 고(故) 조너선 크루거Jonathan Krueger가 담당했다. 그는 2010년에 컬럼비아 대학에서 필자의 학생이었다.

에는 거의 제공하는 것이 없었다. 가사로부터 조금 해방되었을지는 모르나 삶은 여전히 지루했다. 근대 경제에는 거의 어디에나 일자리가 있다. 따라서 경제 활동에의 참여가 상업 자본주의 시대보다 훨씬 폭넓게 일어난다. 일은 인간의 경험, 특히 정신적 삶의 핵심이며, 개인의 발전을 결정한다. 이렇게 근대 경제는 새로운 삶의 방식을 마련했다. 20세기에 정점에 달한, 경제 체제를 둘러싼 격심한 투쟁은 인간이 근대 경제를 경험하면서 잃어버린 과거에 관한 것이었다.

사회 체제

대부분의 혁신적인 아이디어는 그 고안자나 기업가뿐만 아니라 다른 사람들에 의해 채택될 수도 있다. 언제든 다수의 사업적 프로젝트가 진행되고 있다. 근대 체제를 가동시키는 원동력의 대부분, 그리고 최악의 문제들 대부분은 그 체제가 개인이 아닌 사회 속에서 작동하기 때문에 나온다. 경제학자들의 관점에서, 각기 독립적으로 행동하는 다수의 행위자들은 불확실성을 엄청나게 가중시킨다. 유력한 미국의 경제학자 프랭크 나이트는 동전을 던질 때의 위험(예컨대 반반의 공정한 확률)과는 달리, 어떻게 생겼는지 모르는 동전을 던졌을 때의 알려지지 않은 위험을 예로 들면서, 이런 것이 불확실성uncertainty이라고 했다. 그는 자신이 정의한 불확실성이 비즈니스에 가득하다고 보았다. 그는 이 불확실성이 근대 경제의 특징임을 이해했던 것 같다.[16]

16 나이트의 급진적인 책인 『리스크, 불확실성, 이윤Risk, Uncertainty and Profit』은 1921년 보스턴에서 출간되었는데, 제1차 세계 대전 때문에 몇 년 늦춰진 것이었다(불확실성을 다룬, 홀

프로젝트의 결과로서 신제품에 관련된 불확실성은 부분적으로는 최종 사용자들이 그 제품을 구매할 만큼 좋아할지에 대한 미시적인 불확실성이다. 기업가들은 최종 사용자가 그것을 좋아하긴 하지만 다른 기업가들의 신제품을 더 좋아할 것이라는 불안 속에 산다(외딴 섬에 있는 로빈슨 크루소라면 자신이 스스로의 신제품에 만족할 것인지만 고민하면 되겠지만 말이다). 게다가, 다른 기업가들의 사업 성과가 이 기업가의 사업 성과에도 영향을 미칠 것이다(준비 중인 다른 제품들이 환영받을지에 대한 미시적 불확실성은 이 경제의 생산량과 소득이 증가할지 여부에 대한 불확실성을 다시 증가시킨다. 그리고 이것은 최종 사용자가 그 신제품을 살 여력이 될지에 관한 거시적 불확실성을 만들어 낸다). 따라서 케인스가 처음 관찰했듯이, 기업가들의 프로젝트들이 서로 조정되지 않는다는 근대 경제의 특징은 미래가 변화하는 방향과 크기를 매우 불확실하게 만든다. 상당히 먼 미래를 알기는 매우 어려워진다. 케인스는 미래에 대해 〈우리는 그저 모른다〉고 서술했다. 한 세대만 지나도, 경제는 이전 세대가 상상하기 힘들었을 형태로 충분히 변할 수 있다.[17]

룡하지만 영향력은 덜 했던 다른 책은 케인스의 1921년 작 『확률론 *A Treatise on Probability*』인데 마찬가지로 출간이 지연되었다). 독특한 사상가였던 나이트는 불확실성이 없다면 기업들이 벌어들이는 진정한 이윤이란 있을 수 없으며 오직 채권자에게 경쟁 시장 수준의 이자를 지불할 수 있을 정도의 정상 수익만을 거둘 것이라는 생각에 몰두해 있었다.

17 케인스의 1936년 작 『일반 이론』에서 플라톤의 〈동물적 감각〉을 인용한 부분을 참조(발견의 절차에 관한 하이에크의 1968년 논문에서도 비슷한 내용이 나올 뻔했지만 실제 나오지는 않았다). 케인스는 아이디어에 대해 항상 생각했던 것으로 보인다. 그가 쓴 가장 멋진 구절은, 〈세상을 지배하는 것은 다른 어떤 것도 아닌, 오직 아이디어다〉라는 구절이다. 이 문장은 지배적인 정책 아이디어가 여러 국가들에 미치는 영향력에 대해 논하면서 쓴 것이다. 그러나 케인스는 자신의 업적을 통해 때로는 새로운 정책 아이디어가 진입할 수 있음을 보여 주었다. 마찬가지로, 비즈니스와 금융에서도 오래된 것이든 새것이든, 아이디어가 기업 경영 세계의 방향과 변동을 지배한다.

새로운 아이디어가 경제사의 동력이라는 점은 케인스와 하이에크 모두에게 핵심적인 생각이었다. 이는 토머스 홉스나 카를 마르크스의 완전한 결정론과는 대비되는 것이었는데, 그들은 새로운 아이디어란 예측 불가능한 것이며(만약 예측할 수 있다면 그것은 이미 새로운 것이 아니다), 예측이 불가능하기 때문에 역사에 독립적인 영향을 끼친다고 이해했기 때문이다. 그러나 미래의 불가지성은 현재의 아이디어를 발전시키는 것이 어떤 결과를 낳을지 훨씬 불확실하게 만든다. 따라서 근대 경제에서는 경제 발전에 대한 어떠한 그럴듯한 예상도 경제학자들의 능력 밖의 일로서, 이는 마치 다윈의 진화론이 진화의 경로를 예측할 수는 없는 것과 같다. 그러나 여전히 우리는 〈지식의 증가〉와 혁신의 과정을 공부함으로써 몇 가지 진리를 배울 수 있다. 실패한 아이디어는 그 길로 가면 안 된다는 점을 알려줄 수 있으니까 완전히 쓸모없는 것은 아니다. 그리고 성공한 아이디어, 즉 혁신은 선순환 구조 속에서 추가적인 혁신을 불러올 수 있다. 독창성은 재생 가능한 에너지로서, 미래를 알지 못하는 방향으로 이끌어 새로운 미지의 것과 새로운 실수들을 만들어 내고 결국 새로운 독창성이 발휘될 영역을 만들어 낼 것이다. 그러니 높은 경제적 역동성을 만들어 내는 데 필요한 비옥한 토양이 무엇인지 연구해 봐야 할 것이다.

근대 체제는 사회의 다양성을 기반으로 번영한다. 한 사회의 혁신 의지와 능력, 즉 혁신하려는 경향, 더 줄여서 말하자면 경제적 역동성은 새로운 아이디어의 잠재적 고안자들이 처한 상황, 배경, 성격의 다양성에만 의존하는 것은 분명히 아니다(1920년대 유대인들과 1960년대 흑인들이 음악 산업에 진입한 사례는 이미 많이 언급되었다). 한 국가의 역동성은 금융가들의 시각의 다양성에 영향을 받는다. 어떤 아이디어가 그것을 알아볼 만한 사람의 평가를 받을 확률이 높을수록, 좋은 아이디어가 자금을 얻지 못하고 사라질 확률 역시 낮을 것이다(만약 자금을 지원할 창의적 프로젝트를 왕이 고르도록 한다면 가장 단순한 국가를 만들 수 있을 것이다). 특히 역동성은, 새로운 아이디어를 실현 가능한 방법과 제품으로 구체화하기에 가장 적합한 혹은 가장 준비가 잘 된 기업가들이 얼마나 다양한가에 달려 있다. 최종 사용자들의 다양성도 분명 중요하다. 만약 모두가 동일하다면, 그들 모두가 좋아할 만한 혁신을 찾아야 하는데 이는 정밀 폭격만큼이나 어렵기 때문이다.

이런 다양성이 중요하다고 한다면, 우리는 이전에 미뤄 두었던 질문에 대한 답을 찾게 된다. 역사적으로, 위에서 서술한 창조성과 비전의 체제, 그에 따른 지식과 혁신의 증가는 공공 부문이 아닌 민간 부문에서 폭발적으로 나타났다. 지식과 혁신을 그만큼 증가시킬 수 있는 체제가 공공 부문에서 작동할 수 있을까? 금융가, 경영자, 소비자들 사이의 다양성이 핵심임을 고려하면, 그런 일은 불가능하다.[18]

이 체제의 성공은 또한 그 내부에서의 상호 작용 정도에도 좌우된다. 신제품을 구상하는 프로젝트는 보통 개발팀을 만들면서 시작된다. 이렇게 구상한 제품을 상품화하고 마케팅하기 위한 프로젝트는 통상 다수의 직원을 갖춘 기업을 설립하면서 시작된다. 집단 속에서의 업무 경험이 있는 사람들은, 일반적으로 고립된 개인보다 집단이 훨씬 나은 여러

18 또 다른 의문은 국방, 환경과 다른 목적을 위한 제품과 서비스를 엄청나게 구매하는, GDP의 절반에 이르는 정말 큰 공공 부문이 존재한다면 경제의 창의성과 판단력을 매우 약화시키며, 따라서 혁신과 지식의 증가를 심각하게 저해하는지의 여부다. 이 문제는 이 책의 2부와 3부에서 논하고자 한다.

가지 통찰력을 발휘할 수 있다는 사실을 알고 있다. 재택 근무를 하면서도 좋은 커리어를 쌓을 수 있다는 일부 비평가들의 믿음은 다른 사람들과, 특히 존경하고 신뢰할 만한 사람들과 아이디어와 문제들에 대해 의견을 주고받는 일의 가치를 무시하는 것이다. 또한 기업이 상당수의 직원을 독립적인 장소, 즉 각자의 집에서 일하게 하더라도 혁신에 지장이 없을 거라는 믿음은 정수기 옆이나 점심 모임에서의 우연한 상호 작용이 얼마나 중요한지를 간과하고 있다.

상호 작용은 개인 역량도 강화한다. 암스테르담 콘세르트헤바우Concertgebouw 관현악단의 수석 호른 연주자가 최고 수준의 연주로 찬사를 받았을 때, 그는 단원들과의 상호 작용 없이는 그만큼 해낼 수 없었을 것이라고 말했다. 잘 작동하는 팀은 고전 경제학자들이 말했듯이 구성원들의 상호 보완적인 재능을 결합하면서 생산성을 이끌어 낸다. 뿐만 아니라 경영 철학자 에사 사리넨이 강조한 대로, 그런 팀의 구성원들은 서로 질문을 주고받으며 통찰력을 얻고 상대방을 격려함으로써 자신의 능력을 향상시키며, 그 덕분에 경영 이론가들의 용어를 따르자면 〈슈퍼 생산성〉을 달성할 수 있다.

거리와 시간을 넘어서도 상호 작용이 존재한다. 사회의 아이디어들은 결합되고 배가된다. 새로운 아이디어를 만들어 내는 개인의 역량은 그들이 활동하는 경제가 (그리고 요즘에는 세계 경제가) 만들어 낸 최근의 아이디어를 접함으로써 더 풍요로워질 수 있다. 만약 고립된다면, 이 사람은 어느 순간 실패한 아이디어가 누적되어 더 이상 좋은 아이디어를 생산하지 못할 것이다. 경제학자이자 소설가인 대니얼 디포는 『로빈슨 크루소』에서 영감을 얻을 사회가 없는 크루소가 얼마나 한심할 정도로 적은 아이디어를 갖게 되는지를 보여 준다. 자연환경 측면에서 양을 기르는 데 이점이 있는 아르헨티나 같은 국가가 그 번영을 극대화하기 위해 농업 국가에 머물러야 한다고 주장한다면, 이는 창조성에 결정적인 영향을 미치는 지적인 자극 그리고 폭넓은 교환이 농업 사회에서는 잘 유도되지 않는다는 점을 간과한 것이다.[19] 다양한 욕망을 가진 도시 사람들의 광범위한 참여와 거대한 집적agglomeration이 체제의 창조성 확장에 기여한다.

이 장에서는 19세기와 20세기에 역사적으로 존재한 근대 경제들의 기능과 작동 원리를 살펴보았다. 근대 경제가 시작된 첫 10년간, 경제 참여자들은 새로운 체제의 요소들이 등장해 빠르게 발전하고 있다는 사실을 거의 인식하지 못했다. 그러나 자신들이 활동하고 있는 근대적 체제를 더 잘 알게 되면서, 새로운 체제가 놀라운 가능성을 열어 가고 있다는 인식이 확산되었다. 다음 두 장은 이 체제가 가져온 생산성과 생활 수준의 개선, 즉 물질적 이익과 함께 일의 성격 그리고 삶의 의미 그 자체에 있어서 얻은 이익에 대한, 거의 알려지지 않았던 이야기를 할 것이다.

19 1940년대의 논쟁에서 아르헨티나 경제학자 라울 프레비시는 농산물 생산에 대한 세금 부과와 공산품에 대한 수입 관세를 지지했다. 그는 자유 무역과 자유방임을 자유주의적 입장에서 옹호한 시카고학파 경제학자 제이컵 바이너의 반대에 직면했다. 프레비시와 바이너 모두 도시화로부터 기대할 수 있는 혁신의 이익을 구체화하기에는 너무 고전주의적이었다. 그들의 공통점은 근대 경제를 분석할 때 창조성, 상호 작용, 개인적 성장과 같은 요소를 고려하지 않았다는 점이다. 오직 자원, 기술, 취향, 그리고 그 덕분에 가능해진 소비와 여가가 있을 뿐이었다.

2장 근대 경제의 물질적 영향

바빌론에는 공중 정원이 있었으며, 이집트에는 피라미드, 아테네에는 아크로폴리스, 로마에는 콜로세움이 있었다. 그리고 브루클린에는 다리가 있다.

— 1893년 브루클린 브리지 개통식의 현수막

1장에서 보았듯 우리는 한 나라의 경제 유형을 그 구조를 통해 파악하긴 하지만, 그 진정한 의미는 결과에서 드러난다. 19세기 근대 경제의 등장으로 인해 여러 나라에서 생산성이 지속적으로 증가하게 된 것은 중대한 결과였다. 마르크스는 비록 당시에 발전하고 있던 근대 경제 체제에 반대하기는 했지만 이런 생산성 증가가 중요하지 않다고는 생각하지 않았다. 아직 근대 경제가 최고의 속도로 질주하기도 이전인 1848년에, 마르크스는 생산성 개념을 부분적으로 염두에 두고 자신의 눈앞에 있는 근대 경제들의 〈진보성〉을 언급했다.[1] 1장에서 언급했듯이, 이 생산성 증

---

1 마르크스와 엥겔스, 『공산당 선언』. 마르크스와 엥겔스는 이 소책자에서 그들이 경험하고 있던 자본주의를 〈진보적〉이라고 불렀다. 그러나 그 이전의 상업적 자본주의와 원시 자본주의의 경우 한 세대 만에 차이가 생길 만큼 〈진보적〉이지는 않았다는 것을 분명히 해야 한다. 자본주의라는 용어는 이후 사회주의를 제외한 모든 체제를 의미하는 용어로 사용되었다. 필리핀, 아르헨티나, 아랍 국가들, 유럽과 유라시아의 모든 국가들의 경제에서도 마찬가지였는데, 이들은 거의

가는 세계적 차원에서 의미 있는 것이었다. 새로운 방법과 제품들이 다른 경제들, 심지어 근대 경제와는 거리가 먼 경제에도 도입될 수 있었기 때문이다. 어떤 국가들에서는 초기에는 근대 경제였지만 20세기 들어 덜 근대적인 모습으로 바뀌는 경우가 나타났다. 그 적당한 예인 프랑스는 제2차 세계 대전 이후 그 역동성을 상당 부분 잃어버린 것처럼 보인다[독일과 같은 몇몇 전체주의 국가의 경제는 1930년대에는 거의 비근대 내지 반(反)근대 경제였다]. 그러나 다른 어떤 국가들에서는 경제가 더 근대화되어 왔다. 캐나다와 한국이 그 명확한 사례다. 대체로 근대 경제는 생명력을 이어가고 있다. 여러 경제가 혁신을 위한 광범위한 노력을 기울이고 있으며 어떤 경우든, 어떤 시장 조건하에서든 성공하고 있다.

우리의 이번 목표는 잘 작동하는 근대 경제 역동성의 동력과 효과를 이해하는 것이다. 사전 지식 없이 지구에 착륙한 화성인은 뭐가 어떻게 돌아간 것인지 거의 이해할 수 없을 것이다. 그러나 다른 변화는 그리 크지 않았던 시기에, 기적처럼 나타난 근대 경제의 존재를 상정하여 18세기와 19세기의 삶 사이의 차이를 근대성의 탄생에 따른 것으로 판단하는 것은 꽤 괜찮은 방법이다. 우리가 근대성의 출현에 기인하는 것들의 중요성을 평가하는 일은 연구실에서 하는 실험과 상당히 유사하다. 여기서 우리는 결국 높은 수준을 달성하더라도 그 수준을 계속 높이지 않고 만족해서는 안 된다는 점을 잊지 않아야 한다(영화계에는 〈예전에 잘나갔어도 이번 작품 망하면 다 소용없어〉라는 말이 유행한 적이 있었

모두 명백히 〈진보적〉이라고 볼 수는 없었지만 그와 무관하게 자본주의 경제라고 불렸다. 다시 말해, 이 책에서 근대 경제라는 용어는 19세기 유럽과 북미를 완전히 바꿔 놓았던 여러 경제들, 그중 일부는 지금도 여전히 근대적인 경제들처럼 장기적으로, 자생적으로 혁신적인 경제를 통칭한다.

다). 너무 낮은 수준에서는 성장도 큰 의미가 없기 때문이다.

　기본적으로 우리는 근대 경제가 인간의 삶에 미친 영향, 더 정확히는 사회에서 살아가는 사람들의 삶, 즉 사회적 삶에 미친 영향에 관심이 있다. 1인당 생산량과 평균 임금에 관한 자료는 너무나 무미건조하다. 이런 지표들은 근대 경제들 내에서의 삶의 모습, 즉 지난 수십 년간 그 생산량과 임금 수준을 달성한 결과 무엇을 얻었는지를 제대로 보여 주지 못한다. 우리는 근대 경제들이 일을 어떻게 바꾸었으며, 따라서 삶을 어떻게 바꾸었는지 알고 싶은 것이다. 그리고 근대 경제들에 참가한 사람들로 하여금 주어진 이익과 비용의 범위를 생생하고 폭넓게 살펴볼 수 있게 한다면 이상적일 것이다.

　이 장과 다음 장은 근대 경제들과 그 등장을 가능하게 한 근대성이 중대한 변화를 초래했으며, 대부분 긍정적인 변화였음을 논할 것이다. 이 장은 근대 경제들의 물질적인 몇몇 효과들, 즉 〈물질적 만족과 근심거리들〉을 살펴본다. 다음 장은 비물질적인 것, 즉 사람들이 삶의 목적으로 삼는 것들에 대한 광범위한 영향들을 살펴보는 일에 대부분의 지면을 할애할 것이다.

물질적 진보의 향연

　근대 경제들은 노동자 1인당 생산량, 즉 소위 노동 생산성 내지 생산성의 증가를 가져왔으며, 이러한 생산성 증가는 계속 유지되었다. 질적인 측면에서 보면, 근대적인 경제를 가진 국가들은(그리고 뒤늦게나마 세계 경제에 참여한 다른 국가들도) 정체된 상태stationary state에 머물러 있다가 폭발적이며 광범위한 성장 국면으로 진입했다. 그러나 만약 생산성 증가율이 연 0.5퍼센트 혹은 그 이하에 불과했다면, 누구에게나 눈에 띄는 것은 아니었을 것이다. 그런 증가율로 한 국가가 1인당 생산량을 두 배로 늘리려면 무려 144년이라는 시간이 걸린다. 근대 경제들은 광범위한 성장뿐 아니라 빠른 성장도 가능하게 했다.

제1차 세계 대전 직전인 1913년에 끝나는 소위 장기 19세기[2]에 1인당 생산량은 놀랄 만큼 증가했다. 1870년까지 서유럽의 1인당 생산량은 1820년 수준보다 63퍼센트 증가했다. 그리고 1913년까지 다시 76퍼센트가 증가했다. 영국은 같은 시기에 각각 87퍼센트, 65퍼센트 증가했다. 미국에서는 첫째 시기의 증가율이 95퍼센트, 둘째 시기의 증가율이 117퍼센트였다(이러한 증가율은 1980년부터 2010년까지의 중국의 극적인 성장을 목격한 오늘날의 독자들에게는 큰 인상을 주지 못할 수도 있겠다. 그러나 중국은 생산에 관한 지식을 해외로부터 엄청나게 입수, 도입할 기회가 있었고, 당시 유럽이나 미국에게는 그렇게 할 수 있는 해외 국가가 없었다).

도약이 시작된 시점부터 1913년까지의 누적된 성장(영국에서는 3배, 미국에서는 4배)은 18세기의 평범한 사람들이 누릴 수 있다고는 생각할 수 없었던 생활 수준을 만들어 냈다. 생활 수준의 변화는 변혁적인 효과를 가져왔는데, 그중 일부는 뒤에 언급할 것이다. 간접적인 효과도 있었다. 경세의 총 생산이 크게 증가하고, 그 때문에 소득이 크게 증가하면,

2 The long 19th century. 역사가 에릭 홉스봄Eric Hobsbawm이 창안한 개념으로 1789년 프랑스 혁명으로부터 1914년 제1차 세계 대전 직전까지의 시기를 일컫는다. 홉스봄은 이 시기를 세 권의 책, 『혁명의 시대The Age of Revolution』(1962), 『자본의 시대The Age of Capital』(1975), 『제국의 시대The Age of Empire』(1987)로 정리한 바 있다 — 옮긴이주.

가계 소득 대비 부의 비율은 예전보다 줄어들 수밖에 없다. 소득 수준에 변화가 거의 없던 상태에서 거의 저축하지 않았던 사람들은 그들의 부가 소득의 증가 속도보다 떨어지지 않게 하려고 18세기보다 더 많이 저축하기 시작했고, 더 많이 벌기 위해(또 계속해서 많이 저축하기 위해) 노력하였다. 이런 관점에서, 우리는 근대 경제에서 경제 활동 인구 비율이 이전의 상업 자본주의적 경제에 비해 매우 높을 것임을 예상할 수 있다. 아쉽게도 이런 예상을 검증할 자료는 존재하지 않는다.

그러나 이미 많은 부를 상속받았거나 상속받을 가능성 없이 경제에 등장한 사람들에게 물질적인 이익을 판단하는 가장 중요한 지표는 생산성이 아니라 임금이다. 적절한 임금은 많은 이득을 얻는 길이었으며 지금도 여전히 그렇다. 지금은 덜 그렇지만 특히 19세기에는 보통의 임금 생활자들이 살 수 있는 주요 재화는 그 사람이 벌 수 있는 임금에 의해 결정되었다. 여기에서 말하는 주요 재화에는 주거와 의료 같이 기본적인 물질적 재화들과, 위험하거나 건강에 유해한 일자리를 피하는 것 그리고 지역 공동체 생활에 참여하는 것과 같이 거의 누구에게나 절실히 필요한 비물질적 재화들이 포함된다.

생산성 증가 없이도 임금이 증가할 수 있듯이, 생산성이 증가한다고 반드시 임금이 증가하는 것은 아니다. 서론에서 언급했듯이, 전후 최고의 프랑스 사학자인 페르낭 브로델은 16세기의 위대한 탐험가들과 식민지 개척자들이 엄청난 양의 은을 통치자들에게 실어 날랐지만 이런 수입이 임금을 높이지는 못했음을 발견했다.[3] 비록 1인당 생산량과 임금이

---

3 지중해 세계에 대한 브로델의 1972년 책은 통치자들이 그들의 은을 유럽 노동력이 만들어 낸 제품보다는 극동에서 온 향료나 비단과 바꾸었다고 서술하고 있다.

서로 연결되어 있기는 하지만(경제학에서는 모든 것이 다른 모든 것들과 최소한 두 가지 방식으로 연결되어 있다고 말한 사람도 있다), 특별한 요소가 생산성에서 임금으로 이어지는 경로를 바꿀 수도 있다. 그러나 더 이상 신경 쓰지 말자. 어쨌든 근대 경제들은 노동자들의 임금을 상승시켰으며, 이는 은을 비축하던 시대에는 없었던 일이다.

서장에서 임금에 대해 논의한 바가 시사하듯이, 근대 경제들의 등장은 브로델이 관찰했던 우울한 패턴을 깨버렸다(앞에서 이야기했듯이 영국에서 임금이 하락했던 시기가 있다면 근대 경제들의 시대가 아니라 16세기, 그리고 1750년부터 1810년까지였다). 영국에서는 우리가 자료를 가지고 있는 수공업 노동자들의 일일 실질 임금, 즉 구매력이 1820년대 전후부터 지속적으로 증가했는데, 이때는 1인당 생산량 역시 증가하기 시작했다(미국에서는 그런 초기 자료가 거의 전무하다). 벨기에에서는 임금이 1850년대부터 그와 같이 상승하기 시작했다. 프랑스에서도 임금이 뒤이어 상승하기 시작했으며, 1914년까지 영국과 계속 앞서거니 뒤서거니 했다. 독일 지역의 도시에서는 임금이 롤러코스터처럼 오락가락했다가 1820년대 초반부터 1840년대까지 계속 하락했으며, 이는 1848년의 봉기를 촉발하는 요인이 되기도 했다. 지속적인 상승은 1860년, 또는 다른 자료에 의하면 1870년에 시작되었다. 따라서 근대 경제들에서 건축 노동자, 공장 노동자, 농장 노동자들의 실질 임금은 생산성과 함께 도약한 것이다.

여기서 생기는 의문은, 임금 상승이 1인당 생산량의 상승만큼 인상적인 모습을 보여 주었는지 여부다. 아마도 임금은 생산성보다 상승이 뒤처졌을 것이다. 생산이 증가하면서 노동의 비중이 줄어들었기 때문이다. 사실 각국 화폐로 표시된 〈평균적인 도시 비숙련 남성〉의 명목상 일일 임금은 1인당 생산량의 화폐 가치를 따라가지 못했다. 그렇지만 차차 개선되었다. 1830년부터, 영국의 임금-생산성 비율은 1848년(그 시끄러웠던 해)까지 약간 하락한 후 1860년대에는 빠르게 상승했으며, 1870년대에는 다시 하락, 1890년대에는 마침내 다시 상승했으며 그 추세가 1913년까지 계속되었다. 프랑스에서는 같은 패턴을 보였다. 독일에서는 이 비율이 1870년부터 1885년까지는 안정된 흐름을 보인 후 1890년대에 약세로 돌아섰지만, 1910년대에는 전쟁이 발발하기 전까지 높은 수준을 보였다. 그리고 이 자료들은 노동자들이 반드시 국산품만 구매하지는 않았다는 사실을 간과하고 있다. 그들은 공급이 증가하고 운송비가 하락함에 따라 가격이 하락했던 수입 소비재를 상당히 많이 구매하고 있었다. 영국에 관한 한 연구는 〈지속된 정체 이후, 실질 임금이 1820년에서 1850년 사이에 거의 두 배로 증가했다〉고 결론 내린 바 있다.[4] 근대 경제들에서 임금보다 비임금 소득이 더 중요했다는 주장에는 찬성할 수 없다. 그러나 이러한 근대 경제에서도 빈곤하고 낮은 지위에 있었던 사람들의 임금 사정은 달랐을 수 있다.

사람들의 마음속에, 19세기가 안내한 새로운 체제는 불운하게 태어

4 Lindert and Williamson, "Living Standards"(1983, p. 11). 생산성 대비 임금 비율은 Bairoch, "Wages as an Indicator of Gross National Product"(1989). 독자들은 이 자료들이 전체적으로 부정확한 자료가 아니라면 어떻게 학자들끼리 다음과 같이 다른 결론에 도달하게 된 것인지 의아할 수 있을 것이다. 〈1815년부터 1850년까지의 생활 수준 상승은 거의 찾아보기 어렵다. 이것은 단지 7세기에 걸쳐 일어난 수많은 작은 변동 중 하나에 불과하다. 1815년부터 1850년까지의 상승분은 추세가 아니라 순환, 그것도 그중 작은 것에 불과했다(Allen, "The Great Divergence in European Wages and Prices", 2001, p. 433)〉. 이에 대해서는, 앨런이 사용한 자료의 여러 도시 중 오직 두 군데, 런던과 파리만이 당시 새롭게 등장한 근대 경제의 위치에 있었다는 설명이 가능하다. 런던과 파리 모두 급격한 임금 상승을 나타냈다.

나 공장이나 탄광에서, 비천한 일들에 종사해야 했던 노동자들에게는 지옥에서 온 경제와 같았다. 어떤 사람들은 한 세기 이후 사회주의 사상이 유럽을 바꾸고 뉴딜이 미국을 바꿀 때까지 사회적 상황이 거의 나아지지 않았다고 믿는다. 문학 작품들이 이러한 인상을 주었을 수도 있다. 비록 종종 그 시점이 잘못되어 있긴 하지만 말이다. 빅토르 위고의 『레 미제라블Les Miserables』(1862)은 몇십 년 이후 프랑스에 등장한 근대 경제의 이면이 아니라 1815년부터 1832년까지 루이 필리프 군주정에서 일어났던 갈등에 초점을 맞추고 있다. 그러나 19세기 중반 이후에 나온 인상적인 작품들도 있다. 찰스 디킨스의 1839년 소설 『올리버 트위스트 Oliver Twist』에 나타난 런던 빈곤층에 대한 자세한 묘사나, 오노레 도미에[5]가 1870년까지 지속된 파리 노동자들의 투쟁을 그림으로 묘사한 것이 그 대표적인 예인데, 이들 작품은 생산성이 도약했을 때 노동 인구의 대다수는 임금 감소로 피해를 입었으며, 기껏해야 이전과 다를 바 없이 비참하고, 일자리 없이 희망 없는 삶을 살고 있다는 인상을 주었다. 이러한 주장은 검증될 필요가 있다.

이 주장을 검증하는 한 가지 방법은 이른바 노동 계급의 임금, 즉 육체노동을 하는 블루칼라의 임금이 근대 경제들이 정착되고 더욱 효력을 발휘하던 시기에 정체(또는 하락)했는지를 살펴보는 것이다. 그러므로 과연 블루칼라 노동에 대한 임금이 실제로 정체 또는 하락 추세가 있었는지 따져 볼 필요가 있다. 일반 대중의 막연한 인상은, 가장 숙련되지

---

5 Honoré Daumier(1808~1879) 프랑스의 사실주의 화가이자 판화가. 19세기 프랑스 정치와 부르주아 계층에 대한 신랄한 풍자와 서민의 고단한 삶에 대한 깊이 있는 통찰로 당대 현실을 날카롭게 지적했다 — 옮긴이주.

못한 노동자들은 19세기 기계화의 결과로 임금이 하락했다는 것, 또는 최소한 숙련 노동자에 비해서는 임금이 상대적으로 하락했다는 것이다.

그러나 이것은 또 다른 오해다. 앞에서 언급한 영국에 관한 연구에 따르면, 1815년부터 1850년까지 노동자 전체의 평균 임금은 블루칼라의 임금을 20퍼센트 상회했다. 그러나 그 격차가 발생한 주된 이유는 농업 분야 육체노동자의 저임금 때문이며, 농업이 어려운 시기를 보낸 것을 근대적 산업 분야의 탓으로 돌릴 수는 없는 일이다. 또 다른 자료에서 얻은 영국의 추계는 비농업 분야의 모든 숙련 노동자의 임금이 같은 시기 비숙련 노동자들보다 약간 더, 7퍼센트 정도 더 올랐음을 보여 준다.[6] 영국 건축업에서의 숙련공과 〈조수〉의 일일 임금에 관한 클락의 2005년 자료는 1810년대 들어 조수의 임금이 숙련공에 비해 뒤처지기 시작했음을 보여 준다. 1740년대부터 그 당시까지 큰 변화가 없었던 것과는 달랐다. 그러나 이 자료는 19세기 중반에 흐름이 바뀌었음을 보여 준다. 조수들은 1890년대에 이르러 예전 지위를 회복했으며 그 후 10년간은 지위가 더 상승했다. 당대 사람들 또한 이러한 인상을 갖고 있었다. 글래드스턴 총리는 모든 종류의 임금 노동자들로부터 정부로 쏟아져 들어오는 세입 내역을 보면서 하원에서 다음과 같이 언급했다.

만약 지금의 세입 증가의 원인이 여건이 좋은 계층에만 국한되어 있다고 믿는다면, 이 놀라운 세입 증가를 보면서 고통스럽기도 하고 많이 걱정하게 될 것입니다. ……그러나 ……지금의 세입은 부유한 사람들이 더 부유해지는 동안 가난한 사람들도 덜 가난해진 것을 나타내기에 참으로

---

6 Jackson, "The Structure of Pay in Nineteenth-Century Britain".

깊이 안도하게 됩니다. ……우리가 영국 노동자들, 농부든 광부든 직공이
든 기능공이든, 그들의 평균적인 상황을 살펴보면, 반박할 수 없는 다양
한 증거들을 통해 지난 20년 동안 생활 여건이 역사적으로 어느 국가나
어느 시대에도 전례를 찾을 수 없을 만큼 좋아졌다는 것을 거의 단언할
수 있게 됩니다.[7]

당시 영국에서는, 체계적으로든 어떤 영구적인 방식으로든 근대 경제
가 임금 불평등을 악화시키지 않았다. 마르크스는 자료를 은폐하면서
글래드스턴이 강조한 부분을 전혀 인정하지 않았다.

노동자가 자본가보다 19세기 동안 일반적으로 고통을 겪었다는 믿
음 또한 매우 잘못된 생각이다. 최근에 공개된 자료는 1인당 국민 총생
산 대비 고용 노동자들의 일일 임금 비율을 보여 준다. 영국에서 이 비율
은 1830년경 191에서 1910년 230으로 증가했다. 프랑스에서는 1850년
202에서 1910년 213으로 상승했다. 독일에서는 1870년대 199에서
1910년대 초반 208까지 상승했다.[8] 영국의 저널리스트이자 정부의 통
계청장이었던 로버트 기펜은 1843년 영국이 소득세를 도입한 이후 수
집한 개인 소득 자료를 사용해 1887년에 여러 특징을 도출해 냈다. 이러
한 자료들은 〈부유층〉의 총소득이 40년간 두 배로 증가했지만 부유층
의 수도 두 배로 증가했음을 보여 주었다. 육체노동자들의 총소득은 두
배가 되었지만 그 수는 상대적으로 거의 증가하지 않았다.

7 Hansard(1863, pp. 244-245).
8 베어록의 1989년 논문 "Wages as an Indicator of Gross National Product". 이 비율의 측
정 단위가 무엇인지 모르겠지만, 이는 무시해도 좋겠다.

부유층은 더 많아졌지만 그 계층 개개인이 더 부유해진 것은 아니었다. 〈빈곤층〉은…… 개인별로 50년 전과 대비하여 개선된 폭이 평균 두 배에 달한다. 따라서 지난 50년간의 거대한 물질적 진보의 혜택을 거의 대부분 빈곤층이 가져간 것이다.[9]

19세기의 수십 년 간에 걸친 긴 세월 동안 비숙련 노동자들의 상대적 임금이 낮게 유지되긴 했지만 실질 임금이 긍정적인 방향으로 변화하게 된 결과, 일반적으로 사회적 가치가 있다고 생각되는 두 가지 이익이 있었다고 볼 수 있다. 한 가지 이익은 전반적으로 높아진 임금 수준이 자유를 준다는 것이다. 이로 인해 이전에는 최저 수준의 임금만 받을 수 있었던 사람들, 통상적인 용어로는 비숙련 노동자들이 이전이라면 거절할 수 없었던 일자리에서 더 바람직한 일자리로 옮겨 갈 수 있다. 〈가정 경제〉에서 주부로 일하거나 다른 집에서 급여를 받으며 일을 돕던 사람은 그렇게 고립적이지 않은 일로 옮길 여유가 생긴다. 지하 경제에서 일하던 사람은 더 존중받고 덜 종속되는 합법적 경제에서 일자리를 얻을 수 있을 것이다. 산업 경제에서 일하던 사람들도 더 주도적이고 책임이 많은, 상호 작용이 많은 더 가치 있는 일자리로 옮겨 갈 여유가 생길 것이다. 따라서 높은 임금은 경제적 포용economic inclusion이라고 불리는 결과를 낳게 된다. 더 많은 사람이 사회의 핵심적 프로젝트에 참여하고 기여하게 될 것이며, 이를 통해서만 얻을 수 있는 보상이 주어질 것이다.

9 "The Material Progress of Great Britain". 기펜은 앨프리드 마셜의 저서 『경제학 원론*Principles of Economics*』(1890)에서 〈기펜재Giffen good〉가 언급됨으로써 불멸의 명성을 얻었다. 기펜재는 가격 상승이 수요의 증가를 초래하는 재화를 의미한다. 그러나 학자들은 기펜의 저작 어디에서도 이 개념이 명시적으로 나타난 것을 찾을 수가 없었다.

경제적 포용의 가치를 설명하고 확인하려면 다음 장에서 논의하는 내용이 필요하므로 아직은 자세히 다루지 않기로 한다.

임금 증가의 또 다른 사회적 이익은 빈곤과 극빈 상태를 감소시킨다는 점이다. 당대의 저명한 두 경제학자는 19세기에 등장한, 현재 자료가 남아 있는 모든 근대 경제에서 정도의 차이는 있지만 주목할 만한 빈곤의 감소가 나타나고 있다는 사실을 확인해 주었다. 잉글랜드와 스코틀랜드에서의 추세를 언급하며 기펜은 1887년 생활 보호자(빚을 탕감받은 사람들)의 수가 역사상 가장 빠른 인구 증가 속에서도 완만히 감소하여, 1870년대 초반 4.2퍼센트에서 1888년에 2.8퍼센트가 되었음을 언급한 바 있다. 기펜의 말을 다시 인용하자면, 근대 경제가 아직 도래하지 않았던 아일랜드에서는 같은 기간 동안 〈빈곤 상태가 증가했으며 인구 감소를 동반했다〉. 데이비드 웰스는 1890년대에 미국의 〈빈곤 pauperism〉에 대하여 몇 페이지에 걸쳐 다음과 같이 기록했다. 〈전체 인구 대비 빈곤층의 비율은 일반적으로 감소해 왔다. 이는 유럽 국가의 빈민을 매년 대량으로 받아들이는 미국 같은 국가에서 빈곤층 확인에 상당히 많은 장애가 있음에도 불구하고 나온 결과이다.〉[10] 근대 경제가 다수 대중에게 손해를 끼쳤다는 주장이 옳은지 평가하는 또 다른 방법은 전염병과 건강, 그로 인한 사망률에 관한 상당히 놀랄 만한 증거를 분석하는 것이다. 지금까지의 이야기와 같이, 이것 역시 경제가 선형적으로 발전만 거듭해 왔다는 이야기는 아니다. 이는 18세기 천연두 이후 19세

10 웰스의 1899년 책, p. 344. 당대의 대학자였던 웰스는 애머스트에서 대학을 다닌 후 동물학자인 루이스 아가시와 함께 보스턴에서 공부했고, 면직물 기계를 발명했으며, 베스트셀러로 알려지기 이전에 이미 미국 정책가로서 유명해졌다. 그는 경제의 물질적 측면만 알고 있었던 것으로 보이며, 물질적 진보는 오직 과학에 의해 이루어지는 것으로 보았다.

기에 들어 여러 사회들이 번성하게 되었음을 보여 준다. 놀랍게도, 어린 아이들 사이에 주로 발견되는 천연두로 인한 죽음은 17세기부터 상업 경제가 절정에 이른 18세기 중반까지 증가했으며 이 시기에는 어린이 3명 중 2명이 다섯 살 이전에 사망했다. 천연두가 유행하게 된 것을 근대 경제가 작동한 탓으로 돌릴 수는 없다. 그 당시에는 근대 경제가 거의 작동하지 못했기 때문이다. 천연두의 유행은 국제 통상의 증가, 즉 〈세계 무역의 증가로 인한 전염성 균주의 유입 증가〉 때문이었다! 이후 천연두로 인한 사망은 감소하기 시작했다. 1826년부터 1850년까지 유아 사망률은 3분의 2가 감소했다. 이것은 1770년대에 시작된, 위에서 언급했지만 짧은 시기 한 가지 산업에 집중되었던 산업 혁명 때문이라기보다는 1810년대부터 진행된 근대 경제의 결과물로 보인다.[11] 근대 경제들이 19세기에 힘을 얻기 시작하면서 천연두가 급격히 감소했다. 웰스는 〈1795년부터 1800년까지 런던에서 천연두로 인한 평균 연간 사망자 수는 10,180명이었으나 1875년부터 1880년까지는 불과 1,408명이었다〉고 보고했다.[12]

아이보다 어른에게 영향을 주는 전염병 역시 19세기에 급격히 감소했다. 웰스는 이렇게 썼다. 〈역병과 나병이 실질적으로 (영국과 미국에서) 사라졌다. 한때 런던의 큰 문제였던 발진 티푸스는 이제 완벽히 이 도시에서 사라졌다.〉 그 결과, 사망률은 급격히 떨어졌다. 〈런던에서는 사망률이 1860년대 1,000명당 평균 24.4였으나 1888년에는 18.5로 하락

---

11 Razzell and Spence, "The History of Infant, Child and Adult Mortality"(2007, p. 286) 참조. 이 논문의 자료는 1770~1789년에서 1790~1810년까지보다는 1790~1810년에서 근대에 접어든 1810~1829년 사이에 유아 사망률이 빠르고 고르게 감소했음을 보여 준다.

12 Wells, p. 349.

했다. 빈에서는 사망률이 41에서 21로 내렸다. 유럽 국가들에서는 하락 폭이 3분의 1 내지 4분의 1에 달했다. 미국 전체의 사망률은 1880년에 17~18 정도였다.〉[13]

이 모든 것이 과학 때문이었을까? 전문가들의 의견은 아닌 것 같다. 런던에서 전염병이 전반적으로(발진 티푸스와 장티푸스 등의 〈열병〉, 설사와 위장병 같은 〈경련〉이) 감소한 것에 대해, 라젤과 스펜스는 임금 상승 덕분에 감당할 수 있게 된 공중 보건과 위생 수단을 주요 원인으로 지적한다.

이 대부분은 먼지로 인한 질환들이다. (사망률의 감소는) 부유한 사람들과 그렇지 않은 사람들 모두에게서 똑같이 발생했다. ……환경의 변화가 여러 질병에 영향을 주었을 가능성이 있다. ……모직물 속옷이 면 속옷으로 바뀐 것과…… 삶아 빠는 등의 더 효과적인 세탁법이 아마도 벼룩과 티푸스 균을 지속적으로 제거하는 데 기여했을 것이다.[14]

웰스는 소득이 높아지면서 식생활이 좋아진 점을 지적한다.

이제, 더 나아진 위생 지식과 규제가 이러한 결과에 기여하기는 했지만, 이것은 주로 식료품이 더 저렴해지고 많아졌기 때문이며, 그 원인은 대부분 생산과 유통 방법의 개선에서 찾을 수 있다. ……미국인들은 분명히 키와 체중이 증가하고 있는데, 이는 대중의 일부가 빈곤층으로 후퇴하

13 Wells, p. 347.
14 Razzell and Spence, pp. 287, 288.

는 상황에서는 일어날 수 없는 현상일 것이다.[15]

이런 식으로 근대 경제는 질병과 사망률을 낮추는 데 기여했다. 경제에서 끊임없이 생산성이 개선되면서 가정과 공동체가 자가 치료와 공공의료를 통해 질병에 맞서 싸울 수단을 확보하게 되었다. 살균제의 사용과 같은 병원 업무의 개선은 많은 전염병을 감소시키는 데 도움이 되었다. 게다가 근대적 병원은 근대 경제의 일부이기도 하다. 병원에서 생기는 통찰력과 지식 습득, 그리고 그것이 보건 산업 전반으로 확산되는 것은 근대 경제들이 만들어 낸 지식의 폭발적 증가에서 중요한 부분이다.

근대 경제들의 발전과 다른 여러 나라들로 퍼져 나간 생산성 증가와 함께, 세계는 선순환 구조에 진입했다. 낮은 사망률 덕분에 청년층 인구가 늘어났고, 따라서 새로운 개념을 발명하고 개발하며 시험할 사람들이 더 많이 생겨났으며 그 결과 임금은 증가하고 사망률은 낮아지면서 또 다른 순환이 반복되는 것이다.

장밋빛 일색은 아니지만

근대 사회에 들어서 임금이 향상되었다는 매우 긍정적인 사실에 놀란 독자들은 당시 태동기였던 근대 경제들의 고용과 실업에 대한 기록을 찾아보면 근대 경제의 참모습을 알 수 있을 것이라고 생각할 수도 있겠

15 Wells, pp. 347, 349. 웰스는 육체노동자의 하루 임금 중 일부만 사용하더라도 좋은 음식을 먹을 수 있었다는 점을 계산했고, 북태평양으로부터 열대 과일과 신선한 생선 수입이 10년에 걸쳐 급증한 것에 놀라움을 표시했다.

다. 2009년 영국의 저널리스트 매브 케네디는 대영 도서관 온라인에 올라온 19세기 영국 신문 기사를 보고 이런 말을 했다. 「오늘날의 정치 스캔들과 전쟁, 금융 참사, 실업의 급속한 증가, 술에 취한 거친 아이들에 당황한 사람들은 19세기의 모습, 즉 전쟁, 금융 참사, 정치 스캔들, 실업의 급속한 증가와 술에 취한 거친 아이들 이야기를 읽으면서 위안을 얻을 수 있다.」 그러나 대량 실업 현상이 처음 나타난 초기 대도시들을 만들어 낸 것은 18세기 상업 경제였다. 상업 경제가 나타나면서 생계형 농업 종사자들이 도시로 이동하기 시작했다. 이것은 유급 노동, 즉 〈임금 노동〉은 가끔 있을 뿐이었지만 결코 실업 상태는 아니었던 삶에서 일자리 부족이 곧 의식주 곤란이 되는 삶으로의 이동이었다. 사람들은 일이 없을 때를 대비해 가능하면 미리 저축하면서 실업으로부터 자신을 보호해야 했다. 그럴 수 없는 경우 수공업자들이 도움을 구할 수 있는 상조 연맹Verein이 있었다. 국영 실업 보험 프로그램이 프랑스에서는 1905년에, 영국에서는 1911년에 운영되기 시작했다.

19세기 근대 경제들의 출현으로 인해 도시의 수가 몇 배로 늘어나면서, 실업자 수도 몇 배로 증가했다. 국가 내에서 도시 지역의 비중이 실업과 함께 늘어나면서 단지 불완전 고용[16]이 있을 뿐이었던 농촌 지역이 축소되었고, 이는 필연적으로 국가 전체의 실업을 증가시켰다. 이것을 명백히 나쁜 것이라고 보기는 어려웠다. 도시 거주자들에게는 실업의 위험이 있었다. 그러나 사람들을 도시로 끌어들이는 혜택들을 누릴 기회

16 underemployment. 일할 능력과 의사를 가진 경제 인구 가운데 실질 임금 이상의 수준으로 고용되지 못한 사람들이 있는 상태의 고용. 곧 실업자가 있거나, 원하는 임금보다 적게 받고 취업한 상태의 고용을 이른다 — 옮긴이주.

도 있었다. 많은 사람들이 농업 대신 도시의 삶을 찾아 떠난 것은 잃는 만큼 얻는 게 있었기 때문이다.

기존 도시들의 평균 실업률이 그 이전 세기의 평균치보다 상승한 것이 근대 경제 때문인지 검증하기에는 자료가 부족하다. 그렇지만 현재 남아 있는 자료들에 의하면 남녀를 막론하고 노동 참가율labor force participation rate은 19세기 동안 상승했으며, 실업률도 오늘날보다, 예컨대 1975년 수준보다 높지 않았다. 최근에 나온 프랑스에 대한 연구에 따르면 〈이미 1850년대부터 그런 변화의 조짐이 보였고, 1860년대 이후 노동 연령 인구working-age population의 증가세는 둔화되었음에도 불구하고 노동 인구 증가 속도는 뚜렷이 가속화되었다〉.[17] 프랑스에서 더 많은 노동 연령 인구가 비농업 부문으로 유입된 것은 근대 경제가 도래한 탓으로 보이는데, 이는 농업 부문에서 대량 해고를 초래할 만한 별다른 이유를 전혀 찾지 못했기 때문이다. 영국의 경우, 실업과 물가 상승의 관계를 연구한 필립스[18]의 역작이 1861년까지 거슬러 올라가는 자료를 제시했다. 이 자료는 1861년 이후 몇십 년간 실업률이 증가한 추세가 없음을 보여 주고 있는데, 이는 근대 경제 체제가 폭넓게 확산되어 새로운 지식과 그에 따른 변화를 창조하는 능력이 증가함에 따른 것이다. 게다가, 이 자료의 초기(예컨대 1861년부터 1910년까지) 실업률의 추세는 영국이 다른 국가들에 비해 지식이나 발명의 선두 주자가 아니었던 1971년

17 Caron, *An Economic History of Modern France*(1979), table 1.7, p. 19.
18 William Phillips(1914~1975). 뉴질랜드 태생의 영국 경제학자. 실업률과 임금 상승율 사이에 역의 관계가 있음을 밝힌 〈필립스 곡선〉으로 유명하다. 본문에서 언급된 저서는 *The relation between unemployment and the rate of change of money wage rates in the United Kingdom, 1861-1957*(1958)로 보인다 ─ 옮긴이주.

부터 2010년까지와 비교해도 높아 보이지 않는다. 결론은 급속한 지식의 증가와 그에 따른 생산성 및 임금의 상승이 한 가지 이상의 경로를 통해 실업률을 낮추었는데, 이후에는 영국 경제의 창의성과 사회의 창조성이 저하되면서 그러지 못했다는 것이다. 수많은 보조금과 국가 기관들이 저임금 노동자들의 실업률을 완화하는 데 성공했으나 큰 흐름을 되돌리지는 못했다.

그렇다면 19세기에 처음 등장한 근대 경제들에 왜 좋지 않은 평판이 붙게 된 것일까? 근대 경제들에는 윌리엄 블레이크가 근대적 공장factory이 대대적으로 등장하기도 전인 1804년에 곳곳에서 목격했던 〈검은 악마의 방앗간dark Satanic mill〉이라는 이미지가 따라붙는다.[19] 농촌의 힘겨운 노동과 열악함은 대부분 근대 경제에서 많은 공장들, 어쩌면 대부분의 공장을 특징짓는 지루함과 더러움, 소음으로 대체되었다. 찰리 채플린의 1937년 영화 「모던 타임스Modern Times」에 나타나는 조립 라인의 이미지는 억압적이라기보다는 멍청하게 보였다. 사실 공장은 19세기나 20세기 초반 근대 경제들의 전유물은 아니었다. 그와 비슷하거나 더 열악한 공장들이 역사상 가장 비근대적인 경제들에 등장했다. 레닌과 스탈린의 러시아와 덩샤오핑(鄧小平)의 중국이 그러한 예다. 게다가, 공장의 번성은 근대 경제의 어떤 단계에서도 반드시 수반되는 현상이 아니다. 앞으로 근대화의 길에 본격적으로 진입할 국가들은 공장 단계를 생략하고 바로 사무실과 쌍방향 인터넷 생방송 단계로 건너뛸 수도 있다.

19 William Blake(1757~1827). 영국의 화가, 시인. 화가로서는 기상천외한 형상과 엉뚱한 상상력으로 매혹적인 작품을 만들어 냈다. 종교적이고 예언적인 시들로도 잘 알려져 있다. 〈검은 악마의 방앗간〉은 그의 시집 『밀턴Milton』(1804~1811)의 서문에 등장하는 문구다 — 옮긴이주.

다른 식으로 설명해 보자. 21세기에 살아가는 우리들도, 19세기에 부상한 근대 경제의 빠르게 성장하는 도시들의 불결함과 숨 막히는 오염을 지금 경험하면 경악할 것이다. 그러나 우리는 사람들이 중세 시대의 임금에서 탈출하여 영국, 미국, 프랑스, 독일 지역에서 19세기에 누리게 된, 중세 시대보다 두세 배 높아진 소득의 진정한 의미를 잊어 버렸다. 소득이란 매우 추상적이고 생명이 없는 존재이다. 그러나 소득이 높아지면 빈곤의 범위가 축소된다.

근대 경제는 그것이 등장했던 국가에 엄청난 물질적 혜택을 가져왔으며, 근대 경제가 등장하지 못했던 국가들에도 어느 정도는 물질적 혜택을 가져다주었다. 임금이 올라가면서 더 많은 사람들이 자립하여 존엄성을 회복했고, 자유를 얻어 사회에 참여하게 되었으며, 시골에서의 삶 대신 도시 생활이 가능해졌다. 근대 경제는 소득의 증가를 통해 매우 기초적인 생활 수준을 향상시켰고, 질병으로 인한 조기 사망의 위험을 줄여서 높아진 생활 수준을 오래 즐길 수 있게 했다. 외식을 할 수 있고, 경기장과 극장에 갈 수 있으며, 자녀에게 예술을 접하게 해줄 여력이 있는 새로운 중산층이 등장했다(미국에서는 모든 집 거실에 피아노가 있는 것 같다는 말도 있었다).

이처럼 〈지속된 성장〉은 이제는 더 이상 중요하지 않은 것처럼 보일 수도 있다. 1860년대와 1960년대 사이에 일일 및 주간 노동 시간이 크게 감소한 것에서 드러나듯이, 요즘 사람들에게 더 높은 소득은 소득 수준과 위생 상태가 지독히 나빴던 과거 시대보다는 덜 중요하다. 이 책의 핵심 주제는 근대 경제에서 임금이나 급여의 지속적 증가를 인생에서 가장 중요한 요소로 보지 않는 사람들이 계속 증가하고 있다는 것이다. 한편, 10여 년 전에 나온 〈행복〉에 관한 연구 결과는 또 다른 논쟁을 촉발시켰다. 이 연구는 가계 조사를 통해 일정 수준을 넘어서면 소득의 증가가 〈행복〉 수준을 더 높이지는 않는다는 결론을 내린다. 마치 더 많은 소비와 여가를 원하지 않는 불교 신자와 같은 상태에 도달한다는 것이다. 게다가 이 결론은 소득이 높아지면 보통 더 많은 권한과 기회가 온다는 사실을 감안한 것이다(이후 상당수 연구자들이 유사한 자료를 통해 이 결론이 정확하지 않다고 주장했다). 이 논쟁의 진실이 무엇이든, 우리는 언제나 〈돈이 행복을 살 수 없다〉는 것을 알았다. 행복은 돈과 직결되지 않는다. 더 높은 소득은 〈행복〉이 아닌 만족을 얻기 위한 수단이다. 그렇지 않다면 사람들은 행복을 증가시키지 않는 소득을 늘리려고 노력하지 않았을 것이다. 소득이 부족하면 개인의 발전, 만족스러운 삶 같은 중요한 목표 달성에 장애가 된다. 근대 경제들의 위대한 성취는, 비물질적인 목표를 추구하는 데 필요한 소득이 부족한 사람들의 수를 장기간에 걸쳐 점점 줄였다는 점이다.

물론, 서구에서 근대 경제가 발생하지 않고 바로크 시대의 상업 자본주의적 경제가 그대로 남겨졌더라도, 임금과 소득은 경제 외적인 요소인, 몇 가지 과학적 진보 덕분에 증가했을 수도 있다. 그러나 그처럼 빨리 증가하지는 못했을 것이다. 만약 외부적 요인인 과학이 19세기 몇몇 서구 경제들의 급격한 성장에 있어 핵심 요인이었다면, 이 과학적 진보의 거센 물결은 19세기가 시작될 무렵 상대적으로 생산성이 높고 세련되었던 네덜란드와 이탈리아를 포함해 모든 국가를 똑같이 발전시켰을 것이다. 그러나 현실에서는 거의 모든 서구 국가들이 1820년대에 같은 위치에서 시작했지만 그중 일부 국가들의 물질적 성취가 다른 국가들을 크게 능가했다. 즉 근대 경제들의 성과가 가장 뛰어났다.

결론을 내려 보자. 이 장은 단지 근대 경제의 출현으로 인해 여러 국가가 얼마나 빠르게 성장했는지 측정하는 데 그치지 않았다. 새로운 경제적 지식이 지속적으로 창출되면서 근대 경제가 뿌리를 내린 국가들에서 삶의 물질적 조건들이 빠르게 변화했다는 증거도 발견했다. 근대 경제들은 자신이 잘 할 수 있고 실제로 성공한 것, 바로 대량 혁신 활동을 통해 이 성과를 이루어 냈다.[20] 혁신을 위한 엄청난 노력은 분명 하위 계층으로부터 상위 계층으로 여러 국가들에 퍼져 나갔다. 혁신의 이러한 상향식 특징에 부합하듯, 소득과 같은 몇 가지 이익은 하위 계급에게도 공평하게 돌아갔다. 건강이나 수명과 같은 다른 종류의 이익은 거의 전부가 하위 계급에게 갔다. 최근 이러한 발전을 다룬 한 미국사 연구에서 언급된 바와 같이, 이것은 경제적 〈혁명〉이었으며 〈많은 점에서 미국의 평범한 사람들에게 일어난 역사상 최고의 일이었다〉.[21]

그렇지만 물질적 변화가 근대 경제의 유일한 성과는 아니다. 경험과 동경, 정신, 상상력과 같은 무형의 비물질적인 세계는 점점 더 많은 사람들에게 그에 못지않게 급진적인 변화였다. 다음 장에서 이 주제를 다룰 것이다.

---

20 명석한 마이클 폴라니의 형제인 칼 폴라니는 1815년부터 1914년까지의 〈100년간의 평화〉를 언급하며 내전이든 국제전이든 전쟁의 감소가 이 시기 자본과 생산성의 누적된 증가와 관련이 있다고 주장했다. 『거대한 전환Great Transformation』(1944)을 참조. 이 주장은 사실 관계만 따져 봐도 이상한데, 이 시기 미국에는 남북 전쟁이 일어났고, 영국은 크림 전쟁과 보어 전쟁을, 프랑스와 독일도 전쟁을 치렀다. 따라서 근대성의 성취가 더 돋보이는 것이다. 폴라니가 취한 관점에서는 혁신이 가져온 도전과 참여가 장기간의 평화와 큰 관련이 있었을 것이라는 논지는 볼 수 없었다. 그의 책은 주요 부분에서 이 책과 정반대 입장을 취하고 있다.

21 H. W. Brands, *American Colossus*(2010, p. 606)을 보라.

3장 근대적 삶의 경험

1860년과 1930년 사이 유럽은 대도시적 삶이라는 새로운 경험을 통해 변모했다. 표현주의는 빠르게 흘러가며 이해하기 힘든 세상 속 방황과 유쾌함 같은 느낌을 시각적으로 표현한 것이었다.
— 재키 울슐라거, 「파이낸셜 타임스」

젊은 미국엔…… 새로움에 대한 위대한 열정, 강렬한 욕망이 있다.
— 에이브러햄 링컨, 〈발견과 발명에 대한 두 번째 강의〉

근대 경제들이 있는 곳에 근본적으로 새로운 근대적 삶이 등장했다. 이전 장에서 강조한 대로 근대 경제는 소비와 여가, 수명에 매우 큰 결과를 초래했으며, 이 중 몇몇은 사람들이 할 수 있는 일의 종류를 크게 바꾸어 놓는 큰 변화였다. 더 긴 수명을 기대할 수 있다면 사람들은 더 큰 투자를 필요로 하는 직업도 기꺼이 준비할 것이다. 하지만 이런 물질적 진전은 삶의 (그리고 일의) 수준을 바꾸는 것이기는 했으나, 삶의 방식, 즉 〈우리의 존재 양식〉을 근본적으로 바꾸는 것은 아니었다. 이런 측면에 가장 가깝다고 할 만한 물질적 진보 중 하나는 아마도 아동 사망률의 감소일 것이다. 아동 사망률의 감소로 인해 자녀를 갖는 일에 수반되는 고통과 두려움이 감소한 것은 분명하다. 그러나 이로 인해 자녀를 갖고 기르는 경험까지 근본적으로 변했을까?

비물질적 결과야말로 근대 경제가 나타난 도시와 국가에서 근대 경제가 갖는 근본적인 의의였다. 근대 경제는 더 많은 참가자들의 일과 직업을, 결국 삶을 바꾸었다. 일과 도시 생활이라는 근대 경제의 새로운 경험은 생활 수준만이 아니라 삶의 성격을 바꾸었다. 물론, 완전한 효과가 나타나기 위해서는 시간이 필요했으며, 어떤 직업에는 근대 경제의 영향력이 적거나 거의 없었다. 따라서 시대의 흐름을 잘 파악할 수 있는 후대 사람들과 달리 초기 연구자들이 이 효과를 잘 포착하지 못한 것은 어찌 보면 당연한 일이다.

물론 근대의 위대한 몇몇 경제학자들은 일의 경험이 일하는 사람들의 삶에 핵심적 요소라는 사실을 인식했다. 1890년부터 약 25년간 영국의 최고 경제학자였던 앨프리드 마셜은 근대적 기업에 고용된 사람들이 해결해야 하는 대부분의 문제들은 그들의 일과 관련된 것임을 강조했다.

사람은 직장을 통해 생계를 꾸리며, 자신의 정신이 최상의 상태에 있는 순간들 대부분을 일에 대한 생각으로 보낸다. 사람의 성격은…… 일과…… 직장 동료들과의 관계에 의해 형성된다.[1]

여기에는 영국식의 절제된 표현이 섞여 있지만 매우 그럴듯하다. 마셜은 그의 주변에 있는 직업들이 제공하는 정신적 자극과 훈련을 반겼다.

1 8판에 걸친 『경제학 원론』으로 유명한 마셜은 가장 인기 있었던 1892년판 교과서 『경제학 원리Elements of Economics』, p. 2에서 이를 언급했다. 1842년에 태어난 그는 케임브리지 대학에서 확고한 입지를 다졌고 동시대 가장 성공하고 영향력 있는 경제학자가 되었다. 그의 제자였던 케인스와 아서 세실 피구, 데니스 로버트슨은 다음 세대의 위대한 케임브리지 경제학자로 성장했다. 클래펌Clapham이라는 런던의 도시화된 구역에서 자란 마셜은 아마도 옥스퍼드나 케임브리지의 신사들과는 달리 19세기 후반의 일이란 것이 어떠했는지 보고 느낄 수 있는 자신만의 장점이 있었다.

수십 년 후, 스웨덴 경제학자 군나르 뮈르달은 항상 그랬듯 분명한 방식으로 더 강하게 지적했다.

경제학에서 소비가 생산의 유일한 목표라는 것은 케케묵은 말이다. 다시 말하면, 사람은 살기 위해 일한다. 그러나 일하기 위해 사는 사람도 많다. 여유가 있는 사람들도 대개 소비자보다는 생산자로서 더 많은 만족을 얻는다. 최대한 많은 사람들이 이런 식으로 살아가는 국가가 이상적인 국가라 할 사람들이 많을 것이다.[2]

마셜과 뮈르달은 직업인의 삶, 즉 어떻게 더 잘 생산할지, 무엇을 생산하는 것이 더 좋을지 해결책을 찾아가는 삶이 많은 사람들의 마음을 사로잡았다는 점을 인식했다는 점에서 정통 경제학에서 벗어나 있었다.

마셜과 뮈르달의 관찰은 여러 면에서 인상적이다. 일의 정신적 측면을 특히 강조한 것을 보면, 분명 그들은 일의 정신적 측면이 과거에는 흔하지 않았다는 점을 인식하고 있었다. 육아나 다른 가사일로만 채워진 인생에서는 대다수 사람들이 그만한 자극과 도전 의식을 느끼지 못한다 (사람들이 어디에선가 이미 정신적 자극과 도전으로 가득 찬 세상을 발견할 수 있었다면, 직장에서 자극과 도전을 발견한 것은 그리 대단한 일이 아닐 것이다). 그들은 분명 이것이 이전까지의 세상에 존재하지 않았던 것임을 알았다. 이들은 과거에는 권력을 유지하는 것과 관련된 왕의 일을 제외하면 일 자체가 그다지 즐겁지는 않았을 것이라고 암묵적으로

---

2 Myrdal, *The Political Element in the Development of Economic Theory*(1953, p. 136). 1932년 독일어판에서 번역.

가정했다. 근대 경제에서 만족감을 느끼는 것은 전통적 경제의 농업 노동이 아니라 근대적 일에서 얻는 정신적 자극과 지적 도전이다. 마셜과 뮈르달은 직장에서 지적인 활동이 일어나고 있다는 점을 은연중에 이해하고 있었지만, 그 자극과 도전이 무엇인지는 적시하지 않았다.

또 다른 세상: 변화된 일과 직업

근대 경제가 제공하는 독특한 경험은 새로운 아이디어를 창출하고 개발, 판매하며 시험하는 그 특유의 활동에서 나오는 것이다. 모든 직업은 아니더라도 대다수 직업에서 일의 성격은 전통 경제에서는 동일하고, 정적이며 판에 박혔지만, 근대 경제에서는 변화와 도전, 독창성의 경험으로 바뀌었다. 약간만 관찰하고 분석해 보아도 우리는 몇 가지 근대적 경험 내지 그 범주를 찾아낼 수 있다. 비록 모든 것을 발견할 수는 없겠지만 말이다. 아마도 이런 종류의 경험을 모두 근대 경제의 보상이라고 부를 수는 없을 것이다(아래를 참고). 그리고 분명한 보상은 공정한 경제를 위한 필요조건일 수는 있지만, 그 자체가 충분조건은 아니다(7장과 8장을 참고). 그러나 여기서는 우선 근대 경제의 경험에 대해 이야기하자.

근대성은 지속적인 변화를 불러왔고, 이것은 전통적 경제에 존재했던 동일함, 단조로움과는 분명히 대조되는 것이었다. 끊임없는 변화가 회사 밖에서 찾아오면 구성원들은 정신적 자극을 받게 된다. 새로운 제품이 등장하면, 사용자 또는 잠재적 사용자는 이 제품을 이전에는 생각하지 못했던 방식으로 사용함으로써 어떤 이익을 얻을 수 있을지 생각하도록 자극받고, 생산자는 그 기능을 개선하거나 변화시킬 방법이 있을지 생각하도록 자극받는다. 전통적 경제에서도 몇몇 제품에는 새로운 용도를 찾거나 개선을 통해 새롭게 활용할 가능성이 존재할 수 있으므로, 자극이 존재할 여지는 있다. 그러나 계속되는 신제품의 흐름이 주는 자극은 훨씬 강력한 것이다.

내부로부터의 변화 시도 때문에 생기는 새로운 문제들을 해결하는 과정 역시 근대 경제로 인한 또 다른 경험이었다. 수공업자들과 농부들이 고대와 중세 시대의 오래된 장애물을 천천히 극복해 가는 중이긴 했지만, 16, 17, 18세기에 이르면 분명 그들에게 더 이상의 장애물은 남아 있지 않았다. 슘페터적 발견은 이전에도 여럿 있었으며, 이후에도 때때로 다른 발견이 이루어지기는 했다. 그러나 국가가 그런 동력의 강도와 빈도에 기댈 수는 없었으며, 최적의 위치에 있다는 점에 기댈 수도 없었다. 근대 경제를 갖추는 것만이 노동 연령 인구의 일을 흥미롭게 만들, 끊임없이 이어지는 새로운 문제들을 만들어 낼 수 있었다. 그 결과로 나타나는 〈재능의 확장〉을 철학자들은 자아실현, 즉 잠재력의 완전한 실현이라고 불렀다. 관리자들은 새로운 발전을 통해 직원들이 자극을 받고 제시된 문제에 열중하는 현상을 설명하기 위해 직원 참여라는 용어를 사용했다. 마셜과 뮈르달은 근대의 일에 이런 특성이 있다는 점을 염두에 두고 있었던 것으로 해석된다.

일하는 과정에서 직장 동료들과 교류하는 사회적 경험이 반복된다. 당연히 문제와 문제 해결 과정, 상호 작용은 가정에도 존재해서 부모가 자녀와 소통하며 다른 부모들과도 상호 작용한다. 그러나 근대의 직장은 과거의 교류를 계속해서 활용하기보다는 지속적으로 새로운 것을 제공하고, 이것은 당연히 상당한 차이를 만들어 낸다.[3] 근대 경제에서는 직장 외에서의 교류 또한 발전한다. 예컨대 서로 거래하는 관계거나 동일한 노동 또는 자본을 사용하는 기업들이 아니라 상호 경쟁하는 관계에 있는 기업들도 합병하거나 결탁하는 것이 더 편하다는 사실을 깨닫는다. 직원은 근무 후 일에 대해 대화를 나누면서 다양한 경험을 한다. 산업 내 떠도는 소문을 더 빨리 접하는 기업은 어떤 제품은 생산하지 말아야겠다는 생각을 하고 있을 것이다.

또 다른 범주의 경험에는, 혁신적인 결정을 주도하거나 참여하는 것이 있다. 기업가나 팀의 리더, 구성원들에게 이런 프로젝트는 창조성과 판단력을 의사 결정에 투입할 수 있는 자기표현과 자아 확인의 기회를 제공한다. 많은 사람들에게 이 활동은 단순한 문제 해결보다 더 큰 성취감을 안겨 준다. 상업 자본주의 시대와 그 이전의 전통적인 경제들에서 일이란 상당 부분 반복적인 것이었으며, 때때로 일어나는 화재 같은 비상사태를 제외하면 주도적으로 행동할 기회나 필요는 아주 드물게 존재할 뿐이었다.

일과 관련된 또 다른 범주의 경험은 가장 근대적인 것이다. 근대 경제에서 직업은 경제 참가자들을 굽이치는 탐험의 여정, 텅 빈 세계로 뛰어

---

3 문제 해결 및 그 과정에서의 팀워크의 가치는 찰스 퍼스, 윌리엄 제임스, 존 듀이, 조사이어 로이스 등 실용주의 학파에 속하는 미국 철학자들, 특히 듀이와 떼 놓고 생각할 수 없는 주제다 (이후에 이 학파를 계승한 학자로는 스탠퍼드의 리처드 로티와 하버드의 아마르티아 센이 있다). 듀이의 방대한 저작 중 어딘가에는 전함을 만드는 문제를 해결하기 위해 고심하는 조선소 팀의 모습이 등장한다. 공산주의에 반대했지만 미국의 자본주의에도 비판적이었던 듀이는 관리자, 최소한 현장 주임을 노동자들의 회의와 합의로 대체하는, 기업에 관한 사회주의적 비전을 제시했다. 듀이는 노동자들이 내리는 결정이 관리자들이 내리는 결정보다 못하지 않을 것이라고 주장했다.

들도록 강요한다. 이전에는 상상하지 못했던 경험들과 일 속에서 마주치는 도전들은 그들의 일과 관련된 삶에서 가장 가치 있는 사건들일 것이다. 이것이 근대 경제가 주는 가장 근대적인 혜택이기도 하다. 이전의 경제들에서는 발견을 위한 탐험이란 예외적인 것이었다. 마르코 폴로의 중국 여행이나 레이프 에릭슨[4]의 바인랜드Vineland 탐험이 그 예외가 되겠다. 상업 자본주의 시대 상업 경제에서는 미지의 장소로 뛰어드는 일은 소수의 사람들에게만 허용된 특권이었다. 그러나 근대 경제에는 자기 발견이라는 고유의 근대적 보상이 존재한다.

일과 직업으로부터 얻는 최종 결과 중 일부 역시 근대적 일의 비물질적 보상에 해당한다. 근대 경제는 참가자들이 외형적인 성취achievement를 이루도록 해준다. 근대 경제가 주는 이런 성공으로부터의 만족은 사소한 혜택이 아니다. 이런 만족은 상업 자본주의적 경제를 포함하여 전통적인 경제에선 극소수의 사람들 외에는 얻을 수 없는 것이었다. 더 먼 거리에 있는 사람들과 재화를 교환하는 것을 제외하면 일반인들이 이룰 수 있는 성취는 거의 없었다. 그러나 일부 가구별 조사 결과를 보면 사람들이 항상 외형적인 성취를 이룰 가능성이 있는 일자리만 찾는 것은 아니다. 사람들은 개인적 경험과 내면의 성장 역시 추구하므로, 우리는 이런 측면을 지나치게 강조해서는 안 될 것이다.

자유의 경험도 있다. 능력을 고취시키는 제도와 장려하는 문화로 인해 시작된 근대 경제의 물질적 축복을 이미 언급한 마당에, 사람들로 하여금 이런 물질적 혜택을 생산해 낼 수 있게 하는 자유라는 축복을 다시

4 Leif Ericson(970년경~1020). 콜럼버스보다 약 500년 정도 앞서서 북미 대륙을 발견한 것으로 전해지는 아이슬란드인 — 옮긴이주.

언급하는 것은 고전파 경제학자에게는 일종의 이중 계산처럼 보일 것이다. 그러나 현실에 존재하는 어떤 근대 경제에서든(현재와 미래의 모든 것을 알고 있는 경제학 이론 모형에서가 아니라) 행위자들은 알려진 바 없는 기회를 인식하거나 위험을 감수할 수도 있다. 개인이 자신의 고유한 지식과 판단력, 직관에 의존하여 행동할 수 있는 자유(또는 행동하지 않을 자유)는 자기 충족감과 자긍심을 느끼는 데 필수 불가결한 요소다. 이러한 관점에서 자신의 진로를 책임지고 스스로 실수를 저지른다는 것은 그 자체로 매우 주요한 장점인 것이다.

성과물[5]이라는 개념은 근대에 들어와 일로부터 얻는 보상을 논의할 때 등장한다. 일부 물질적 성과, 예컨대 개인이 축적한 부와 같은 일부 물질적 성과물은 근대 경제에 참여함으로써 얻는 최종 결과물에 포함되지 않는다. 부는 주로 다양한 혜택을 누릴 수 있는 수단에 불과하며, 앞 장에서 언급한 물질적 혜택과 다양한 일의 경험은 이를 잘 보여 준다(더 낮은 임금을 감수하는 등 다소 대가를 치르더라도 의미 있는 경험을 할 수 있는 일자리를 얻기 위해 절약하는 경우도 있을 것이다). 비물질적 성과물, 예컨대 축적된 명예와 영향력 역시 애매한 점이 있다. 이런 것들은 위치재라는 성격상, 다른 사람들은 가지지 못한 것이라서 비로소 가치가 있기 때문이다(노벨상 수상자들의 행복보다 탈락한 후보들이 느끼는 불행이 더 크다는 말이 있다). 그럼에도 불구하고, 한 사회가 구성원들의 성과물을 인정하지도 않고, 이러한 성과물의 추구가 오직 위에서 확인한 다른 비물질적 혜택들을 만들어 내기 위한 위험과 희생을 촉

---

5 attainment. 과정의 측면까지 고려하는 achievement(성취)와는 달리 결과만을 고려한 개념 — 옮긴이주.

진하는 선에서만 의미가 있다고 하면 이것 역시 불합리한 일이다.

근대 경제를 가진 국가에 산다는 것은 어떤 느낌일까? 구체적으로 말해서 19세기에 등장하여 20세기에도 근대성을 유지했던 근대 경제에 참여하는 것은 어떤 느낌이었을까? 이 질문에 답하려면 상상력이 필요하다. 일과 직업의 경험이 얼마나 중요한지 보여 주는, 잘 정리된 증거를 찾을 수는 없을 것이다. 그러나 조각들로 나누어진 증거들은 곳곳에 존재하며, 어떤 것은 직접 관찰할 수도, 심지어 측정해 볼 수도 있다. 반면 어떤 것들은 매우 부차적이며 이론적이다. 여기서 핵심은 이런 경험의 중요성이다. 실제로 중요한 경험이라면, 사람들은 그 경험을 가치 있게 여겼으리라고 가정해 볼 수 있다.

근대적 일의 한 특징인 교류의 중요성에 대한 직접적인 인구학적 증거가 존재한다. 상업 자본주의 경제들에서는 어떤 산업이 한 도시나 지역에 집중되는 것이 매우 예외적인 일이었다. 새로운 아이디어를 꼭 따라갈 필요가 없었으며, 대다수 산업은 국토 전반에 걸쳐 있었다. 19세기에 새로운 아이디어를 따라가는 것이 의사 결정에 중요한 요소가 되었을 때, 지리적 패턴 역시 바뀌었다. 사람들은 아이디어가 있는 곳으로 움직였고, 많은 집적 효과agglomeration가 존재했다. 프랑스 리옹의 직물업자들, 영국 버밍엄의 금속 세공업자들, 이탈리아 나폴리의 의류 제조업자들처럼 한 산업의 기업들이 한 곳으로 모여들었다. 이후 20세기에는 베를린으로 독일의 영화 제작자들이, 디트로이트로 미국의 자동차 기업들이 모여드는 것 같은 일들이 있었다. 농촌 지역은 인구가 감소했으며, 도시는 폭발적으로 성장했다. 독일은 인구가 거의 증가하지 않았는데도 도시의 자격을 충족하는 곳이 1800년 4개에서 1900년에는 50개로 늘었다. 미국은 대다수가 농촌에 거주했으나 1920년에는 대다수가 도시에 거주하는 형태로 바뀌었다. 역사상 처음으로 사람들은 사업적, 직업적 또는 다른 이유로 편리하게 다른 사람들을 만날 수 있었다. 영국과 프랑스에서는 사람들이 이야기할 수 있는 선술집과 카페의 수가 19세기에 폭발적으로 증가했다(그 전에도 눈에 띄게 증가하기는 했었다). 마르크스주의자들은 인구 과밀이 도시의 비참함으로 이어질 것이라고 보았지만, 이런 관점에서 보면 도시화는 최소한 부분적으로는 노동과 자본 모두에게 이익이 되는 것이었다(최근 몇십 년간 일부 인터넷 기업들이 실리콘밸리 같은 곳으로 이전하기 전까지는, 인력들이 기꺼이 따라가지 않는 한 어떤 기업도 도시에서 떠나지 않았다).

또 다른 근대적 경험, 특히 새로운 문제를 맞닥뜨림으로써 얻는 즐거움과 그것을 풀어냄으로써 얻는 만족에 관련해서, 영장류에게 정신적 자극과 문제 해결에 대한 열망이 있다는 직접적인 임상 증거가 있다. 동물원 사육사들은 자신들이 발견한 사실에 대해 아래와 같이 이야기한 바 있다.

뉴욕 브롱크스 동물원의 동물들은 작은 우리 안을 걷고, 접시에 담아 준 음식을 먹으며 게으르고 따분하게 시간을 보냈다. 이것은 동물들을 굼뜨게 만들었다. 야생과 동물 행동에 관한 연구가 발전함에 따라, 따분함이 동물의 건강을 약화시킨다는 것이 명백해졌다. ……오늘날 동물들은 따분함을 피할 수 있다. 90년대 이후 뉴욕 동물원은 동물의 정신 상태를 포함한 관리를 확대했다. ……기본적 목표는 따분함을 방지하는 것이었다. 그러나 과학자들에게는 더 높은 목표가 있었다. 뉴욕 수족관의 선임 과학자 다이애나 라이스는 말했다. 「우리는 이런 것들을 고민합니다. 어떻게 하면 동물들에게 스스로 선택할 기회를 줄 수 있을까? 과제들에 대응할 기회는? 그들의 뇌를 사용하고 문제를 해결할 기회는? 스스로 학습할 수 있도록 가르칠 방법은?」 ……사육사들은 야생에서의 과제와 난제를 재생해 낼 수 있는 방법을 시험하고 있다. 여기에는 다양한 장난감과 음식을 숨기는 것이 포함된다. ……야생 보호 협회Wildlife Conservation Society 선임 부회장 리처드 래티스 박사는 이렇게 말한다. 「색다른 경험은 매우 중요합니다. 우리는 새로운 것들을 계속 발명해야 합니다. 동물들은 오래된 장난감을 지루해하거든요.」[6]

같은 실험이 사람에게 이루어진 적은 없지만, 우리는 사람에게도 최소한 동일한 수준의 정신적 자극과 문제 해결에 대한 열망이 상당히 존재한다고 확신할 수 있다. 몇십 년 전의 교도소 개혁은 수감자들이 체스 등의 게임을 하거나 책을 읽을 수 있도록 허용했을 때 감정적으로나 신체적으로 더 건강했음을 보여 주었다. 일부 국가들에서는 급격한 노동 시간 단축과 관련한 실험이 이루어졌다. 남성 절반이 55세 이전에 은퇴하고 여성은 더 빨리 은퇴하는(즉 더 이상의 변화도, 도전도 독창성도 없어지는) 유럽 대륙에서는, 한 의사가 자기 환자들의 사망률이 은퇴 후 몇 달 뒤 급증했음을 보고한 바 있다.

통계적인 증거도 있다. 2002년 종합 사회 조사General Social Survey에 따르면, 2000년 주당 10시간 이상 일한 미국 남성 10명 중 9명이 자신의

6 Stewart, "Recall of the Wild: Fighting Boredom, Zoos Play to the Inmates' Instincts" (2002, p. 81).

일에 〈매우 만족〉하거나 〈어느 정도 만족〉했다. 물론 급여가 낮은 일을 하는 사람들 사이에서는 직무 만족도가 떨어진다. 그러나 스스로를 노동 계급으로 분류한 사람들 사이에서도 87퍼센트가 〈만족스럽다〉고 응답했다. 정신적, 지적 보상이 없다 하더라도 사람들이 단지 노력하고 스스로 혹사시키는 것을 좋아한다는 설명은 여전히 논리적으로 그럴듯하다. 그러나 억지스럽다. 반대로 자신의 일에 만족하지 못한다는 응답을 일의 정신적, 지적 가치가 매우 높음에도 불구하고 고된 일로 인한 고통이 더 크기 때문이라고 해석한다면 이 또한 억지스럽기 때문이다. 하지만, 사람들이 피로와 스트레스, 불쾌함이라는 단점에도 불구하고 일에 대해 상당히 만족한다고 답한다는 점은 상당히 인상적이다(이는 전 노동부 장관 로버트 라이시가 2006년 작가들과의 라디오 방송프로그램에서 〈미국인들은 자신의 일을 싫어한다〉라고 말했던 것과는 정반대 결과이다).

이러한 사실들을 보면, 근대 경제의 등장은 이전에는 운 좋은 소수에게만 알려져 있던 직원 참여, 지적 만족, 이따금씩 생기는 발견의 기쁨과 같은 보상을 일반인들에게 가져다준, 신의 선물이었다는 사실이 분명히 드러나는 것 같다. 그렇다면 근대 경제의 등장을 다른 각도에서 바라볼 필요도 있을 것이다.

예술과 문학에 드러난 근대적 경험

근대 경제가 노동하는 삶, 다시 말해 삶 그 자체에 가져온 심대한 변화를 보여 주는 다른 증거가 있을까? 근대 경제의 시대에 등장한 문학과 예술들이 있다. 우리는 문학이 우리가 잘 인식하지 못하고 지나쳤을 우리 시대 삶의 측면들을 조명할 것이라고 기대한다. 우리는 마음을 울리는 작품을 읽으며 〈맞아, 이런 느낌이야〉라고 말하지 않는가. 그리고 바르가스 요사[7]도 말했듯, 누군가는 소설을 쓰고 누군가는 교향곡을 작곡한다는 단순한 사실 자체가 사람들이 흥에 차 있으며, 그들의 삶을 변화시킨 새로운 체제에 대해 표현하고 이해하려 한다는 점을 보여 주는지도 모른다. 따라서 근대 경제들의 등장이 삶을 어떻게 바꾸었는지, 그 힌트를 찾기 위해 위대한 소설을 확인하는 것은 합리적인 방법이다. 물론 대부분의 작가들은 자신이 살던 시대의 일과 직업상 경험을 구체적 용어로 반영하지는 않았다. 그러나 그들의 글이 시사하는 바가 있을 것이다.

모험이란 것을 세상에서 거의 찾아보기 힘들 때에도 그것에 대한 이야기를 기록한 사람들이 있었다. 바로크 시대의 선도 국가들, 즉 상업 자본주의와 국가가 후원하는 탐험가들을 보유한 국가들은 작가들이 글을 쓸 만한 변화와 도전, 독창성의 경험을 제공하지 못했다. 스페인에는 세르반테스의 1605년 작 『돈키호테Don Quixote』가 있는데, 이는 문학적 관점에서 보면 인기 작가들이 대중들에게 팔려고 했던 연애 소설에 대한 풍자였다. 그러나 다른 관점에서 보자면 이 소설은 도전과 창조성이 없는 삶의 허무함을 주제로 삼고 있다. 스페인 사막에 갇힌 돈키호테는 근대적 일과 직업을 경험할 수 없었다. 그의 〈종자〉산초 판사와 함께 돈키호테는 기사도적인 도전과 대의를 만들어야 했다. 그는 병약해지자 모

---

7 Mario Vargas Llosa(1936~). 페루의 소설가. 2010년 노벨 문학상을 수상했으며, 대표작으로 『녹색의 집 La casa verde』(1966), 『도시의 개들La ciudad y los perros』(1963) 등이 있다 — 옮긴이주.

험이 끝났다고 선언하고, 산초 역시 판타지가 필요했기에 눈물을 쏟고
만다. 영국에서는 경제학 지식 대신 상상력으로 무장한 대니얼 디포가
혁신에 관심을 가졌는데, 이 주제를 다루고자 1719년 작 소설『로빈슨
크루소Robinson Crusoe』의 배경을 항로에서 벗어난 외딴 섬, 난파된 선원
인 크루소가 28년 동안 갇혀 있던 섬으로 설정하였다. 그 섬에서 크루소
는 상당 부분 전근대적이었던 영국에서 할 수 없었던 일을 한다. 그는 처
음에는 생존을 위해 혁신해야 했고, 그리고는 혁신이 가능해졌기에 계속
혁신하는 삶을 산다. 그는 몇 달에 걸쳐 뗏목을 만들지만 너무 무거워
물에 띄울 수 없다는 것을 알게 된다(디포의 1721년 소설『몰 플랜더스
Moll Flanders』에서는 모험가가 말을 훔치고는 그것으로 무엇을 할지 몰
라서 돌려주고 만다). 디포는 실수와 역경, 후퇴를 노래한 시인으로 불
린다.

근대 경제들이 태동하기 시작할 때, 그 인상과 느낌을 전달한 작가는
거의 없었다. 그러나 역사적 중요성을 갖는 무언가가 일어나고 있다는
점을 표현한 훌륭한 소설 3개가 돋보인다. 가장 앞선 것은 1818년의 메
리 셸리(본명은 메리 울스턴크래프트 고드윈)의『프랑켄슈타인Franken-
stein: or The Modern Prometheus』이다. 영국의 낭만적 시인들과 예술가들
에게 프로메테우스의 영웅적 면모는 자유의지, 창조성과 파괴의 역량을
상징했다.『프랑켄슈타인』은 가장 영향력 있는 작품이 되었다.[8] 저자는

8 원작은 고대 그리스 작가 아이스킬로스가 쓴「결박된 프로메테우스Prometheus Bound」이
다. 이 비극은 프로메테우스의 결박과 전능한 신 제우스(주피터)에 의한 궁극적 해방을 이야기한
다. 퍼시 셸리가 쓴 1820년의 극시「풀려난 프로메테우스Prometheus Unbound」에서는 프로메
테우스가 자신이 주피터에 걸어 놓은 저주를 품으로써 스스로 풀려나게 되는데, 이로 인해 주피
터는 그 힘을 잃고 세계를 긍정적인 무정부주의 상태로 남겨 둔다. 퍼시 그리고 바이런 경과 함

근대 경제를 예견할 수도, 그 위험을 경고할 수도 없었지만, 근대 경제가 강력해짐에 따라 독자들은 소설에 계속해서 빠져 들어갔다. 이는 분명히 빅터 프랑켄슈타인 박사가 창조한 괴물과 기업가들이 창조한 혁신적 기업이 유사하다는 사실을 인식했기 때문일 것이다. 제임스 웨일의 1931년 작 영화에서 프랑켄슈타인 박사는 괴물이 움직이는 것을 보며 〈저건 살아 있어!〉라고 외치는데, 그는 영국이나 미국에서 생겨난 근대 경제를 바라보며 마찬가지로 경탄했을지 모른다. 이 괴물이 보통은 친절하듯 회사도 고객과 고용주에게는 일반적으로 친절한 경향이 있다. 그리고 괴물이 두려움의 대상이듯 기업도 그러하다. 하지만 이 소설은 제목에 드러난 〈프로메테우스주의〉에 대한 공격이었을까? 근대 경제에 반대하는 것일까? 시인 퍼시 셸리는 그의 아내(메리 셸리)의 소설이 이러한 발전에 대한 경고로 비춰질까 봐 우려했으며, 아내의 책을 위해 쓴 서문에서 그러한 해석에 반대했다. 그러나 그는 걱정할 이유가 없었다. 이 책은 혁신을 공격하는 것이 아니었기 때문이다. 이 책은 프랑켄슈타인의 무능함과 이 괴물을 받아들일 수 없었던 마을 사람들의 무능함에 유감을 표한다. 또한 과학이 인간 정신이 가진 창조적 힘을 복제할 수는 없다고 주장한다.

낭만주의 시기 근대 경제를 기록한 또 다른 소설은 1847년 에밀리 브론테의 『폭풍의 언덕*Wuthering Heights*』이다. 이 비극적 사랑 이야기의 배

계 생활했던 메리는 1818년 여름 스위스에서 자신의 공포 소설을 쓰기 시작했는데, 그해 9월 편지에서 퍼시의 희곡을 언급한 바 있다. 그녀의 프로메테우스 이야기는, 부분적으로는 그녀의 무신론자 아버지였던 윌리엄 고드윈과 그녀의 기독교인 연인이자 미래의 남편인 퍼시가 갖고 있던, 뮤리엘 스파크가 이름 붙인 〈이성적 휴머니즘〉에 대한 반발이었다. 젊은 시절에 퍼시는 빅터 Viktor로 불렸다.

경은 캐시를 가두고 있는 농촌적 삶과 히스클리프를 중요한 일자리들이 있는 대도시로 이끄는 불가항력 사이의 긴장이라고 할 수 있다.[9] 19세기 중반, 런던의 역동성은 젊은 세대의 상상력을 사로잡았지만 그들 중 일부는 여전히 뒤처져 있었다. 이 소설의 고전 영화판에서 캐시는 히스클리프가 떠난 후 자신의 기분을, 혹은 자신이 생각한 히스클리프의 기분을 흥분 어린 한 줄로 표현한다. 「가, 히스클리프. 가버려. 내 세상을 돌려줘!」[10]

찰스 디킨스는 일의 세계가 널리 인식되는 것보다 훨씬 복잡하다는 견해를 갖고 있었다. 작가로서 그가 가진 힘은 1837년 『올리버 트위스트』나 1854년 『어려운 시절 *Hard Times*』이 그러했듯이 생각이 필요 없는 지극히 반복적인 일로 고통받는 가난한 고아들이나 미숙련 노동자들에 대한 대중의 동정심을 불러일으켰다. 열두 살 소년으로 런던에서 모진 경험을 했던 탓에 그는 미숙련 노동의 괴로움에 대한 깊은 통찰력을 얻게 되었다. 그러나 그는 영국 사회에서 문제들의 폭이 넓어지고 있는 데 신경을 쓰게 되었다.

『어려운 시절』조차 트롤럽이 자세히 묘사한 노동자들의 고통을 염두에 둔 것은 아니다. ……이 소설의 풍자는 산업과 관련된 것이라기보다는 개

---

9 집시 출신이었던 히스클리프는 사업 감각이 중요했던 런던에서라면 농촌에 존재하는 전통적 편견을 피해 갈 기회가 있음을 감지했을 법하다. 19세기 중반 런던은 경제적으로 역동적이었을 뿐 아니라 모든 이를 포용하는 곳이었다.

10 할리우드의 황금기였던 1939년 작품으로, 벤 헤칫과 찰스 맥아더가 극본을, 윌리엄 와일러가 감독을 맡았고, 새뮤얼 골드윈이 제작하였다. 이 작품의 주연은 메를 오베론과 로런스 올리비에가 맡았다.

인적이고 상상력이 풍부한 삶을 억누르는 힘과 관련된 것들에 초점이 맞춰져 있다. 스티븐 블랙풀의 문제들은 산업화에서 오는 것이 아니라……(첫째로) 그의 결혼 생활의 어려움에 답하지 못하는, 의회와 기득권층에 내재된 체제의 무능력에서 비롯된다. 그리고 (두 번째로) 또 다른 인간성 말살 체제인 슬랙브리지Slackbridge 노동조합을 위해 자신의 개성을 감추길 거부한 것 때문이었다.[11]

산업화에 대한 디킨스의 견해 역시 바뀌었다. 1850년대쯤 그는 전통적 삶에 대한 향수와 불행한 사람들에 대한 누구보다 큰 연민을 간직한 한편으로, 영국 전역에서 나타나는 새로운 일의 기회들에 대해 기뻐했다. 밤 시간에 도시를 거닐며 그는 자신이 마주친 활력과 다양함, 〈거대한 도시가 쉬지 않고 밤늦도록 정신없이 돌아가는 방식〉에 매료되었다. 1836년 작 『보즈의 스케치Sketches by Boz』에서 그는 도시가 느리게 깨어나는 모습을 묘사한다. 소매상, 재판 연구원law clerk, 사무 노동자 같이 새로운 종류의 사람들이 11시까지 들어온다. 〈거리는 거대한 군중들로 가득 차 있다. 화려한 사람과 초라한 사람, 부유한 사람과 가난한 사람, 게으른 사람과 근면한 사람들. 그리고 우리는 정오의 열기와 분주함, 활력을 접하게 된다.〉 버밍엄의 공장들을 두 번 관찰하고 나서 그는 이런 편지를 썼다. 〈저는 (당신의) 공장과 작업장에서 일하는 노동자들에 대한 엄청난 배려를 보았습니다. ……저는 귀사 노동자들이 비굴함도 없고, 반대로 자만심도 없이, 올바른 직관에 따라 균형 있게 훌륭히 행동하는 것을 보았습니다.〉[12] 조지 오웰은 디킨스가 〈아무에게나 칭찬하고 다

---

11 Schlicke, *The Oxford Reader's Companion to Dickens*(1999, p. 294).

녔다〉고 했지만 사실 디킨스는 그렇게 순진하지는 않았다. 예컨대, 디킨스는 교활한 노조 조직책이 자신의 개인적 이익이나 노동자들에게는 이익이 되지 않을 정치적 목표를 위해 공장 노동자들을 이용할 가능성이 있음을 경고했다.

디킨스는 직업을 개인적 성장의 유일한 수단까지는 아니어도 유용한 수단으로 보게 되었다. 그의 1850년 소설 『데이비드 코퍼필드*David Copperfield*』는 유년부터 성년까지 데이비드의 발전을 축하하고 있으며, 그의 발전을 데이비드의 적인 간사한 출세주의자 유라이어 힙의 전략과 대비시킨다.

힙은 자기중심적 경향 때문에 진정한 해방과 자아 확인의 수단으로서의 일을 찾기가 어려웠다. 의미 있는 삶을 살 수 있었던 것은 데이비드였는데, 그것은 그가 스스로에게 목적과 정체성 모두를 찾게끔 만들어 주는 일을 구했기 때문이다. 데이비드가 작가라는 직업을 통해 자아를 실현하는 것은 디킨스 자신이 작가라는 일의 가치를 높게 평가하게 된 과정을 보여 준다. ……디킨스가 자신의 수많은 소설 속에서 반대했던 억압적 상황은 노동 윤리를 악용하는 것이다. ……19세기에 진취적인 일을 통해 성공한 가장 인상적인 모델인 디킨스에게는, 일이란 일반적으로 좋은 것이며 노동자의 개성과 내재적 가치가 존중되어야 한다는 기본적 전제가 깔

12 첫 인용문은 *The Uncommercial Traveler*에 나온 단편 "Night Walks"에서 따온 것이다. 두 번째 인용문은 『보즈의 스케치*Sketches by Boz*』의 "The Streets-Morning"에서 따온 것이다. 세 번째 인용문은 1853년 1월 6일 버밍엄에서의 연설을 담은 『연설, 편지, 어록*Speeches, Letters and Sayings*』에서 따왔다. 이 인용들은 Andrews, *Dickens on England and the English*, pp. 98, 84, 69에도 각각 등장한다.

려 있었다.[13]

디킨스의 작품에서 데이비드는 자신의 삶을 통제할 수 있는 여러 인물 중 하나에 불과하다. 디킨스가 평범한 사람들에게서 본 풍요로움과 용기는 매우 인상적이다. 따라서 디킨스는 셰익스피어나 세르반테스에 못지않게 삶의 활력을 중시한 사람이라는 점이 드러난다.

1816년에 태어난 19세기 중반의 소설가 샬럿 브론테와 1764년에 태어나 18세기적 사고에 젖어 있던 인물인 제인 오스틴을 비교해 보면 19세기 영국에서 일어났던 삶의 변화에 대한 통찰을 얻을 수 있다. 브론테의 1847년 소설『제인 에어Jane Eyre』는 한 여성이 〈성공하는〉 이야기로 읽을 수 있다. 이 여성은 용감하게, 자발적으로 독립하여 처음엔 가정 교사로, 그리고는 독립 학교의 교장으로 자신의 직업을 개척해 나간다. 제인은 출생과 후원에 있어 혜택을 거의 누리지 못하고, 어린 시절의 삶 대부분을 가난과 역경을 이겨내는 데 보냈지만 책의 결말 부분에 이르면 엄청난 성공을 거두게 된다.[14] 이와 반대로, 오스틴의 작품에서 여성의 경험이란 주로 가정 경제 안에 한정되며, 여주인공들은 경제적 성취를 위해 결혼만 바라본다. 오스틴 당대의 여성들은 재산을 가질 수 있

13 Bradshaw and Ozment, *The Voices of Toil*(2000, p. 199). 따라서 디킨스가 자신의 작품에서 18세기나 17세기의 자본주의를 19세기의 근대 자본주의만큼 많이 다룬 것으로 볼 수는 없다.

14 Rick Rylance, *The Cambridge Companion to the Brontes*(2002, pp. 157~158). 이 책은 빅토리아 시기 1840년대 영국에서 사용된 〈성공하는getting on〉이란 구절을 논하고 있다. 이것은 자신의 삶에서 성공을 거둔다는 것을 의미하였으며, 새로이 떠오른 〈경제적으로 역동적이며 사회적으로 이동이 자유로운 기업가〉 계급 전체에 해당하는 말이었다. 그는 문학이 경제적 혁명 속에서 발전된 특징들의 변화를 거부하는 듯 보이지만, 경제 체제 자체를 거부하는 것은 아니라는 흥미로운 논평을 남겼다.

는 법적인 권리가 없었고, 그들에게 결혼은 기본적으로 생활 수준과 사회적 계급을 올릴 수 있는 기회였다. 『이성과 감성Sense and Sensibility』(1811)에서 대시우드가의 여성 엘리너와 매리엔은 매년 얼마의 생활비가 필요할지 논쟁을 벌인다. 오늘날의 많은 사람들처럼 영국의 새뮤얼 콜리지[15]와 미국의 소스타인 베블런[16] 등 당대인들 역시 19세기 중후반의 물질주의를 개탄한 바 있지만, 18세기에는 돈을 버는 일에 대한 강박관념이 존재했음을 보여 주는 증거들이 있다. 윌리엄 블레이크와 페미니스트 작가 메리 울스턴크래프트, 토머스 칼라일[17]은 당대에 그러한 물질주의를 비판한 사람들이었다. 18세기에서 19세기로 넘어가는 오스틴의 시대에는 사회적 지위가 있는 지주조차 토지로부터의 이윤을 증가시키는 데 엄청난 관심을 갖고 있었다. 그러나 오스틴의 마지막 소설인 『맨스필드 파크Mansfield Park』(1814)에서는 돈을 버는 것이 지적인 매력과 연결되기 시작한다. 여기서 헨리 크로퍼드는 〈세상에서 가장 흥미로운 것은 돈을 버는 방법, 높은 소득을 더 높은 소득으로 바꾸는 방법〉이라고 말한다(226쪽).

근대 경제가 생겨난 다른 국가들에서도 새로운 경제적 삶을 반영하는 문학 작품들이 있다. 프랑스에서는 발자크가 19세기의 프랑스식 카페 현상에 대해 책 전체에 걸쳐 긍정적으로 서술했으며, 에밀 졸라는 파리에서 일어나고 있던 변화를 기록했다. 독일에서는 개인의 발달에 관한

15 Samuel Taylor Coleridge(1772~1834). 영국의 시인, 비평가 — 옮긴이주.

16 Thorstein Bunde Veblen(1857~1929). 미국의 사회학자, 경제학자. 주저로 『유한 계급론 The Theory of the Leisure Class』(1899) 등이 있다 — 옮긴이주.

17 Thomas Carlyle(1795~1881). 영국의 철학자, 역사가. 이상주의적인 사회 개혁을 제창하여 19세기 사상계에 큰 영향을 끼쳤다 — 옮긴이주.

선구적인 소설가인 괴테가 새로운 것들을 성찰하면서도 과거의 것에 대한 애정을 유지하며 1820년대 라인 강 유역에 등장한 경제적 근대성에 대해 서술했다. 토마스 만Thomas Mann의 소설 『부덴브루크가Budeden-brooks』는 1901년 처음 출판되었는데, 사업으로 부를 일군 세대를 시작으로 네 세대에 걸친 한 가족의 이야기를 다룬다. 이 책은 아래 세대로 내려올수록 사업의 세계로부터 멀어지면서 활력을 잃어 가는 과정을 서술했다.

사람들은 미국에서 새로운 경제적 삶에 대한 문학이 쏟아져 나왔을 것이라 생각한다. 이러한 삶이 사람들 사이에 널리 그리고 깊게 퍼졌으리라 생각하기 때문이다. 미국인들은 새로운 것을 건설하고, 새로운 장소에 정착하며, 모험을 찾고, 스스로를 시험하고 개선하며, 앞으로 전진하려는 움직임에 휩싸였다. 그러나 바로 이러한 이유 때문에, 새로운 경제적 삶에 직접 참여하기보다는 그것을 기록하는 것을 더 선호하는 사람이 많지 않았다. 수요가 없기도 했다. 미국이 유럽만큼 많은 작품들을 내놓았다 해도, 시간을 내어 그러한 작품을 읽으려는 독자를 찾기 힘들었을 것이다. 그러나 19세기 미국 소설의 거장인 허먼 멜빌의 소설에는 나날이 성장하는 비즈니스 세계의 기반이 드러나 있다.

멜빌의 대표 소설 두 권에는 확신과 신뢰, 불확실성이 언급되어 있다. 그의 소설 『사기꾼The Confidence-Man』(1857)은 〈피델Fidele〉이라는 배를 무대로 하는데, 여기서 사업은 오로지 돈을 기업가에게 맡길 것인지 잠재적 파트너에게 맡길 것인지에 관한 문제로 묘사된다. 멜빌의 친구가 말했듯 〈좋은 작품이고…… 사기를 당할 수 있다는 점에서는 인간의 본성을 잘 드러내 준다〉. 큰 성공을 거둔 멜빌의 1851년 작 『모비딕Moby

Dick』은 포경 산업이 어떻게 이루어지는지 보여 주는 데 많은 분량을 할 애하여, 그 흥분과 함께 우리가 수치화할 수 없는 위험을 그려 낸다. 선 원들이 〈작살용 밧줄〉에 묶여서 죽는 모습은 경제 발전의 결과로 행위 자들이 서로 비참하게 엮일 수 있다는 은유적 표현이다.[18] 좋은 것이든 나쁜 것이든 직업적 삶과 수많은 종류의 직업이 디킨스에게 깊은 인상 을 남긴 것은 사실이지만, 새로운 삶이 주는 매혹과 긴장감을 표현하기 위해서는 멜빌의 시적인 언어가 필요했다.

워싱턴 어빙의 『스케치북 *The Sketch Book of Geoffrey Crayon, Gent*』은 1820년 영국과 미국에서 좋은 반응을 얻었는데, 이 소설은 도시에서의 격심한 변화에 대한 이야기였다. 『슬리피 할로의 전설 *The Legend of Sleepy Hollow*』에서 어빙은 뉴욕 시로부터 허드슨 강을 따라 북쪽으로 25마 일 떨어진 곳에 있는, 미국의 광범위한 경제적 변화로부터 고립된 마을 을 묘사한다. 슬리피 할로는 〈인구와 풍습, 관습이 변하지 않는 곳이며, 이민과 진보라는 큰 흐름은 역동적인 이 국가의 다른 지역들에는 끝없 는 변화를 불러왔지만, 그들에게는 아무 흔적도 남기지 못한 채 그냥 스 쳐 지나갔다〉. 상대적으로 지식인이라고 할 수 있는 이카보드 크레인은 〈무관심한 정적〉이 흐르는 이 마을에 교사로 부임하지만 미신에 빠진 완고한 거주민들에 의해 결국 거부당한다. 어빙은 〈정신노동을 전혀 이 해하지 못하는〉 듯한 사람들에 대한 비판적 시각을 어렴풋하게 드러낸

18 이에 대한 전반적인 논의는 리처드 롭으로부터 따왔다. 컬럼비아 대학 수업에서 그는 근 대 경제의 특징인 극히 불확실한 상황에서 의사 결정의 위험성을 생생히 표현하기 위해 〈작살 용 밧줄〉이라는 은유를 사용했다. 위에서 인용한 멜빌의 친구는 에버트 다이킹크였는데, 그는 1850년 『문학 세계 *Literary World*』라는 잡지에서 사기꾼에게 당한 사람들의 신문 기사에 대해 논 평한 바 있다.

다. 일에 대한 참여는 나태함과 극명히 대비되었고, 어빙은 나태함의 이유를 기회의 상실 및 변화로부터의 고립에서 찾는다.

근대 경제의 출현은 문학뿐 아니라 회화에도 변화를 가져왔다. 19세기까지 회화는 일반적으로 정적이고 사실적이었으며, 이는 클로드 로랭이나 토머스 게인즈버러의 목가적 캔버스화라든가 조슈아 레이놀즈나 디에고 벨라스케스의 가정 내 초상화뿐 아니라 윌러드 슈피겔만이 (조금은 불운하게도) 〈액션 페인팅〉이라고 명명한 것까지도 해당되었다.

신화적, 종교적, 역사적 사건들을 다루는 액션 페인팅은 설령 그 작품이 다루는 내용은 과격한 것일 수도 있지만 종종 진정한 에너지가 결여되어 있다. 프랑스에서는 17세기 푸생의 화려한 색깔과 대칭성, 18세기 후반 다비드의 조각 같은 고귀함, 앵그르의 셀랙화의 아름다움이 19세기가 시작되면서 크게 유행한 낭만주의에 자리를 내주었다.[19]

프랑스에서 이 낭만주의적 사조는 1820년대 테오도르 제리코의 격정적 그림인 「메두사호의 뗏목The Raft of the Medusa」과 함께 시작되었다. 이 그림은 슈피겔만이 썼듯 풍랑에 휩쓸린 생존자들이 구조선을 보고 느낀 〈갈망과 환희부터 불신과 흥분까지〉 매우 다양한 감정을 표현하고 있다. 곧이어 외젠 들라크루아의 거대한 캔버스화가 등장했다. 1834년 그의 「아라비아 판타지Arabic Fantasy」에 대해 곰브리치는 〈어떠한 분명

---

19 Spiegelman, "Revolutionary Romanticism: The Raft of the Medusa"(2009, p. W14). 표제의 〈메두사〉는 아프리카 모리타니아 부근을 순회하던 프리깃함으로, 150개의 자리에 뗏목을 설치했다. 제리코의 이 캔버스화는 19세기 낭만주의의 첫 액션 페인팅 작품으로 꼽힌다.

한 윤곽과 포즈, 제한도 존재하지 않으며…… 어떤 애국적이며 교화적인 주제도 없다. 화가가 원하는 전부는 우리를 매우 흥미로운 순간에 참여하도록 하는 것이며, 감동과 낭만의 바다 속에서 작자가 느낀 기쁨을 나누는 것〉이라고 말했다.[20] 영국에서는 터너가 획기적인 작품들, 1801년 작 「폭풍 속 네덜란드 배Dutch Boats in a Gale」와 1842년 작 「눈 폭풍 속 증기선Steamship in Snowstorm」, 1844년 작 「비, 증기, 속도Rain, Steam and Speed」에서 근대의 모험적 사업에 존재하는 위험과 자극을 뚜렷하게 재현해 냈다.

터너는 언뜻 보면 그가 겨루고자 했던 대가들이 그렸던 태고의 산업화 이전 세계를 그린 것처럼 보이지만 실제로는 전쟁과 산업, 혁명에 의해 그 믿음이 흔들리는 세계의 쉼 없는 격렬한 움직임을 갈망하는 작가이다.

이 낭만주의는…… 파도 위 코르크처럼 우리를 요동치게 한다. …… (17세기의 화가) 빌럼 판 더 펠더의 「강풍A Rising Gale」은 거친 바다를 그리고 있는데, (네덜란드 배는) 이 모델을 장난감 풍차만큼이나 정교하게 보이게 한다. ……터너는 파도의 움직임과 위험을 포착하여 그렸는데, 그의 주제는 바다의 그림이 아니라 바다 그 자체이다. 그는 대상과 에너지에 물리적 실체를 부여한다. ……반면 펠더는 컴퓨터 화면에 가상의 자연

---

20 Gombrich, *The Story of Art*, p. 382. 곰브리치는 19세기 회화의 〈혁명〉을 인정하지만, 〈컨스터블과 터너라는 두 가능성〉을 언급한다. 그는 〈컨스터블의 방식을 따라서 시적 분위기를 불러일으키기보다는 실제 눈에 보이는 세계를 탐색한 사람들은 이후에도 오랫동안 중요한 업적을 이뤄 냈다〉고 단언했다. 물론, 어떤 자존심 있는 예술학자라도 예술이 그 자체로 주제가 되기를 바라지, 사회 과학의 연구 대상이 되길 바라지 않을 것이다. 그러나 몇몇 위대한 화가들의 작품 속에는 그들이 작업하던 사회의 정신이 나타나 있는 것도 분명한 사실이다.

을 창조하고 있는 것처럼 보인다.

터너의 그림은 우리의 발아래 있는 땅이 과연 견고한 것인지 의심을 품게 한다. 그에게 있어 지구는 코페르니쿠스 이전 사람들이 생각하던 고정된 땅이 아니라 우주에서 회전하는 구이다. ……터너 전문가인 존 러스킨의 말대로 터너는 〈근대적 화가〉의 정의에 그대로 부합하는 인물이다.[21]

바다와 열차는 이 세기에 등장한 경제를 상징하는 존재가 되었다. 강력하고, 위험하며, 너무 불확실해 통제하기 어렵지만, 매혹적이고 스릴이 넘쳤다.

예술의 이런 낭만주의적 운동은 일반적으로 알려진 바와 같이 18세기 신고전주의의 기계적이고 비인격적인 질서 있는 균형을 거부했다. 낭만주의자들은 직접적인 개인의 경험과 상상력, 열망을 지향했다. 경제에서 나타난 변화와 그 방향이 같다는 것이 분명하게 드러난다. 18세기의 경제는 생산과 투자, 노동의 시간 경로가 상당 부분 확정되어 있어서(페스트와 신대륙 발견처럼 가끔씩 일어나는 경제 외적인 충격을 제외하면) 미리 예측이 가능했다. 이러한 18세기 경제는, 새롭게 생산할 수 있는 물건들이 혁신을 통해 끊임없이 발견되고, 무엇을 생산하고 무엇에 투자할 것인지 결정하는 데 기업가들의 상상력이 반영되는 근대 경제에 자리를 내주었다. 그러나 그러한 유사성은 여기까지다. 1850년대까지의 이러한 회화들에서 근대 경제의 출현에 따른 일에 대한 높은 만족과 적극적인 참여가 나타나고 있을까? 희망하던 일자리를 얻거나 새로운 상업적 아이디어의 가치를 증명하는 행복한 순간들을 그 시기 회화들이 표

21 Jones, "Other Artists Paint Pictures, Turner Brings Them to Life"(2009).

현했을까? 분명 그건 아니다. 그러나 새로운 시대의 기회와 위험이 주는 스릴은 분명하게 표현하고 있었다.

표현주의는 이전에 잘 표현하지 못했던 경제적 삶의 다른 측면을 담아 내고자 했다. 표현주의의 선두 주자이자 현대 미술의 창시자로 꼽히기도 하는 반 고흐는 아를에서 그린, 일상적인 삶을 주제로 한 명작 속에 고도의 감정을 불어넣었다. 「씨뿌리는 사람Sower with Setting Sun」, 「타라송으로 가는 길의 화가The Painter on the Road to Tarascon」, 「포럼 광장의 카페 테라스Cafe Terrace on the Place du Forum」는 모두 1888년에 그린 그림들이다. 「포럼 광장의 카페 테라스」에 나타난 여름의 야외 카페는 밤하늘만큼 빛이 나서 우리는 그곳에서 친구들과 떠들고, 마시고, 먹고 싶은 기분이 든다. 동생에게 보낸 방대한 편지에서 고흐는 자신이 근대 경제에 대해 무언가 이해하고 있음을 보여 준다. 그 자신이 대담한 혁신가였던 고흐는 창조와 혁신을 통해 족적을 남기려는 사람들의 욕구를 이해했다. 자기 분야의 전문가인 그는 관찰과 학습, 다른 사람들의 혁신적 활동으로부터 영감을 얻지 않고는 혁신이 계속될 수 없다는 점도 이해하고 있었다.

사람은 행복해지려고 이 땅에 온 것도 아니고, 그저 정직하게 살려고 온 것도 아니다. 사람은 사회 속에서 위대한 것을 성취하려고 온 것이다.[22]

고흐의 위대한 업적을 이은 표현주의자들은 빠르게 팽창하는 도시의 삶에 매료되었다. 이들이 등장하기 전에는 전통적인 주제인 왕족 인

22 Van Gogh, *The Letters*(2009, p. 57).

물화 대신 일반 시민과 유명 인사로 구성된 〈근대적 대중〉의 모습을 그린 프란츠 크루거의 「1822년 오페라 광장의 행진Parade in the Opernplatz 1822」과 같은 작품이 있었다. 표현주의자 에른스트 키르히너는 「베를린의 거리 풍경Berlin Street Scene」이라는 제목의 6연작을 1913년에서 1915년까지 그렸는데, 19세기 말의 새로운 도시 생활의 활력과 화려함, 분주함을 새로운 방식으로 표현했다.[23] 그러나 이후 제1차 세계 대전과 1920년대의 혼란을 경험한 오스카어 코코슈카와 게오르게 그로스는 근대적 삶을 매우 어둡게 그렸다. 지중해 지역에서 이탈리아인의 빨라진 삶의 속도를 담아 낸 미래주의 화가들은 밝은 모습을 표현했다. 초기의 사례로 자코모 발라의 「끈에 매인 개의 움직임Dynamism of a Dog on a Leash」(1912)은 반드시 언급해야 할 작품이다. 이후에는 지노 세베리니가 1915년 작 「마을을 지나는 적십자 열차Red Cross Train Passing a Village」에서 이탈리아에 등장한 근대적 열차의 놀라운 속도와 매끈한 디자인을 찬양했다(반대로, 컨스터블-세잔과 위대한 큐비즘으로 이어지는 경로를 따른 화가들은 사업과 도시의 삶보다는 공간과 원근법에 더 관심이 많았다).

근대 경제가 불러온 삶의 핵심적인 측면은 시각 예술에서는 잘 드러나지 않았다. 과거에는 비즈니스적 삶은 바이킹이 〈곧장 배에 타서 바다로 나가듯〉 모험의 연속이었다. 그렇지만 근대 경제가 등장하면서 삶은 〈난 다락방에 올라가 생각 좀 해야겠어〉 하는 식으로, 생각하는 삶의 연속이 되었다. 그러나 회화와 조각에서는 새로운 물질적 삶에 대한 인식이 나타났다. 1900년경 한 필라델피아 예술가가 그린 자화상은 분

---

23 Foster-Hahn et al., *Spirit of an Age*(2001).

명히 깊이 생각에 잠긴 비즈니스맨을 묘사하고 있다. 조각 작품 중 가장 잘 알려졌을 「생각하는 사람The Thinker」은 로댕의 1889년 작품인데, 그는 현대 조각의 선구자임과 동시에 보통 사람을 대변한 점에서 높은 평가를 받았다. 「생각하는 사람」은 신화에 나오는 프로메테우스였을 가능성이 있는데, 〈프로메테우스적〉이라는 말은 근대 경제를 묘사하는 말로 오랫동안 사용된 용어였다. 근대 경제가 등장하고 그와 함께 현대적 조각이 등장하기 전에는 누구도 그런 조각을 만들지 않았다.

문학이나 시각 예술 부문에서는 19세기에 처음 등장해서 확산된 내적인 만족이 드러난 작품은 찾아볼 수가 없다. 철학자 마크 테일러는 『다른 곳으로부터의 관찰 노트Field Notes from Elsewhere』(2009)의 마지막 두 번째 장에서 삶의 밑바닥까지 면밀히 파헤치면서 〈왜 행복에 대해 저술하는 것이 그렇게 힘든가?〉라고 의문을 던지고 있다. 그는 작가들이 행복할 때는 글을 쓰지 않는 경향이 있으며 막상 불행이 닥쳐야 언제나 그렇듯 자신의 불행함을 글 쓰는 것으로 해결한다고 주장한다. 그렇게 하는 것이 실제로 이들이 불행에서 빠져 나오는 데 도움이 되기 때문일 수도 있다. 또 다른 이유는 기쁨과 환희, 흥분의 순간들은 특정한 맥락에서 표현이 가능한 반면, (혼자든 팀으로든) 프로젝트에 참여함으로써 얻는 평범한 일상의 만족과 기쁨은 글이나 그림으로 표현하기가 쉽지 않은 데 있을 것이다.

이와는 대조적으로 음악은 우리의 감정과도, 그리고 우리의 경험이 수반하는 내적인 측면과도 잘 조응할 수 있음이 증명된 듯하다. 음악은 문제를 해결하는 경험을 포착해 내고 창조의 장애물과 기쁨을 잘 표현해 내는 것 같다. 이는 한 음악 작품이 수백 개의 절과 수천 개의 마디로 이루어져 있는 반면, 회화는 단일한 틀이기 때문일지도 모른다. 따라서 이들은 기능 자체가 다르다.

물론 음악은 단순히 다른 사람의 창조성과 혁신, 계속되는 고난, 패배와 승리만을 표현하는 수단이 아니다. 음악은 그 자체로 중요한 것이다. 예외는 있지만 음악은 사회의 모습을 표현하지 않는다. 작곡가가 표현하는 것은 창조하고, 운이 좋다면 음악적 혁신까지 이루고자 작곡가 자신이 노력하면서 받는 느낌인 것이다. 그리고 우연히 관객이 그 곡에 표현된 눈물겨운 노력에 〈공감하면〉 작곡은 상업적으로 성공하게 된다.

19세기 유럽과 미국은 음악 선율로 가득 찼으며 이러한 흐름은 19세기 내내 더 강해졌다. 음악은 더 이상 유럽의 고위 성직자와 왕들만 감상할 수 있는 보물 같은 것이 아니었다. 소위 클래식은 비즈니스 세계의 중산층에게 퍼졌고 대중음악은 노동 계급에까지 퍼지게 되었다. 음악 관객층은 미국에서 특히 두터웠다. 1842년 빈의 음악협회Musikverein가 빈 필하모닉 오케스트라를 후원하기 위해 설립되었을 때, 뉴욕에서도 높은 수준의 오케스트라를 만들기 위해 뉴욕 필하모닉 소사이어티 Philharmonic Society of New York가 설립되었다. 19세기까지는 클래식이든 대중음악이든 위대한 작곡가는 모두 유럽인이었다. 그러나 20세기에는 미국이 대중음악 작곡에서 주도권을 쥐었고, 1930년대에 접어들면 콘서트홀에서 연주되는 음악에서도 입지를 강화하게 되었다.

이 시대 삶의 심금을 울리는 중요한 무엇인가가 음악에서 진행되고 있었고, 오늘날에 와서는 그것이 무엇이었는지가 분명해졌다. 17, 18세기 바로크와 고전 시대 작곡가들은 일반적으로 음악의 소재를 기존 민속 음악들에서 골랐고, 작곡할 때도 규정을 충실하게 따랐다. 이는 당시 상업 자본주의 경제의 반복적이고 판에 박힌 모습과 동일했다. 이런 방식으로 일하면서 작곡가 하이든은 100개가 넘는 교향곡을 만들어 낼 수 있었다. 이후 시대는 이런 규칙을 깨가는 과정이었다. 몇 년 전 어떤 설문 조사는 음악학자들에게 역대 가장 혁신적인 작곡가 3명을 뽑아 줄 것을 요청했다. 수상자는 베토벤, 바그너와 이고리 스트라빈스키였다(4위에 대해서는 분명 합의가 이루어지지 않은 것 같다). 이들은 모두 1800년과 1910년 사이에 음악 작곡의 규칙을 깼는데, 이는 근대 경제의 등장과 그로 인한 강도 높은 경영 혁신과 궤를 같이하는 것이었다.

베토벤은 교향곡이 진행되는 방식을 일정 부분 미정인 상태로 남겨 두는 파격성을 선보였는데, 이는 그의 3번 교향곡 「에로이카Sinfonia Eroica」(1804)에서 가장 극명하게 드러난다. 이것은 혁신의 가능성이 기업가들과 금융가들에게 맡겨져 있었기 때문에 근대 경제의 진로가 어느 정도 유동적인 것과 같은 맥락이었다. 베토벤은 예측을 깨고 새로운 주제로 넘어가는 능력을 보여 주었다. 그 예로 제2번 교향곡 마지막 악장은 혼란스러워 보이지만 열정적인 현이 돋보이고, 제9번 교향곡은 무질서를 표현하기 위해 규칙을 깬다. 이는 마치 기업가가 예상치 못하게 신제품 개발을 시작하는 것과도 같다. 물론, 베토벤이 상업의 광범위한 혁신에서 영감을 받은 것은 아니었다. 당시 근대 경제는 사업 혁신을 성공적으로 시도할 수 있는 방향으로 이제 막 발전하기 시작한 단계에 불과했다. 베토벤이 이후 수십 년에 걸쳐 대성공을 거둔 것은 그의 교향곡이 (자기 자신의 혹은 다른 이들의) 혁신의 경험을 가진 사람들의 심금을 울렸기 때문이라고 설명할 수 있다. 베토벤을 성공한 음악가의 반열에 올려 준 것은 교육받은 부르주아 계층이었다. 그들은 베토벤을 찬양했지만, 베토벤이 그들을 찬양하지는 않았다.

그다음 세대 작곡가들은 대중들 앞에서 영웅을 찬양했다. 슈만의 「만프레드Manfred」(1852)는 셸리가 쓴 시의 정신을 담아 냈고 무시무시한 속도로 연주되는 피아노 사중주 E장조는 그 시대의 맹렬한 돌진을 훌륭하게 표현했다. 리스트는 고전적 선율을 따르지 않은 교향곡인 「전주곡 Les preludes(d'apres Lamartine)」(1856)을 통해 새로운 영역을 개척했으며 이를 〈교향시〉라 명명했다. 이 제목은 시인 알퐁스 드 라마르틴에 대한 존경의 의미를 담고 있는 것으로 보이며 출판된 악보의 머리말은 아래 시를 언급하고 있다.

우리들의 인생은 일련의 전주곡이 아니고 무엇이겠는가. ……태초의 행복이 사랑스러운 환상을 날려 버리는 폭풍의 분노로 중단되지 않는, ……그런 격동에서 이미 빠져나온 영혼이 전원생활의 평안한 고요 속에서 추억하며 쉬기만 하면 되는…… 그런 삶은 어떠할까?

그러나 사람은 자연의 품에서 처음 느꼈던 은혜로운 기쁨 속에 오래 머물러 있지는 못할 것이다. ……〈경계 신호의 나팔이 울릴 때〉 그 싸움이 무엇이든 그는 부대로 돌아가기 위해 위험한 곳으로 발길을 재촉하고 마침내 전투 속에서 자아와 삶의 원동력을 완전히 회복하는 것이다.

(깜짝 놀라게 하는 트럼펫 소리가 관객에게 〈회복〉이 왔음을 알린다.)

리하르트 슈트라우스의 교향시 「영웅의 생애Ein Heldenleben」(1898)는 자신의 음악 인생 초반에 경험한 성공과 실패에 영감을 받은 것이다. 그의 마지막 오페라 「카프리치오Capriccio」(1942)는 극장 사업을 배경으로 하고 있다. 극장 기획자인 라 로슈라는 인물을 통해 슈트라우스는 허영심이 강하지만 위대한 인물을, 단점까지 포함해 있는 그대로 설득력 있게 묘사한다. 그러나 이 오페라와 다른 작품에서 슈트라우스는 여주인공이 자아를 찾아가는 모험을 극화하는 데 주된 관심이 있었다. 남성뿐 아니라 여성도 세상에 나아가 자신이 누군지를 알아야 한다는 것이다. 슈트라우스의 시대에는 근대 경제가 문화적, 심리적 혁명을 일으켜 해묵은 성별 장벽마저 무너지기 시작하고 있었다.

19세기 오페라는 자유와 자기표현에 대한 사람들의 새로운 열망을 대변했다. 1813년에 태어난 바그너와 베르디는 당시 변화하고 있던 근대적 사회생활이 야기하는 긴장과 감정을 담아 냈다. 바그너의 작품에는 여주인공이 중심에 있으며 삶에 의미를 부여하는 것은 사랑과 같은 열정이다. 이는 1869년 초연된 4부작 오페라 「니벨룽겐의 반지The Ring of the Niebelung」에 가장 잘 표현되어 있다. 그는 비즈니스 세계에 열정이라는 것이 없다거나, 어려움에 맞서고 실험하며 탐험하는 일이 삶에 의미를 줄 수 없다는 식으로 이야기하지는 않는다. 그러나 이 〈반지〉라는 작품은 물질적 부나 절대 권력에 대한 맹목적인 추구가 무의미하며 이런 것에 빠져 있는 사람들에게 파멸이 기다리고 있다는 이야기이다. 찾고자 했던 금반지는 저주받은 것이었다. 이 작품은 또한 산업 국가들이 등장하고 신성 로마 제국이 소멸함으로써 기존의 왕정 질서가 몰락할 것임을 예견하고 있다. 세계의 지배자인 보탄이 반지를 훔친 알베리히로부터 반지를 빼앗으면서 그는 과거의 모든 조약과 의무를 저버렸다. 그러나 바그너는 비관론자는 아니었다. 〈반지〉의 마지막 오페라에서 신들이 몰락하는 것은 바그너 자신의 말에 따르면 인간이 전보다 더 자유롭게 스스로의 운명을 만들어 가는 근대 세계의 시작을 상징한다. 그리고 뛰어난 재능과 대담함을 지닌 예술가답게 바그너는 사회적으로 보수적이지도 않았다. 그는 형이상학적 수준에서는 일부 사회주의적인 부분도 보이지만 코포라티스트는 아니었다. 그의 유일한 희극인 「뉘른베르크의 명가수Die Meistersinger von Nürnberg」(1868))는 중세 길드의 전통에 따뜻한 찬사를 보내지만, 바그너 자신은 개인주의와 새로운 것에 대해 개방적인 입장을 취했다.

이후 이탈리아의 오페라는 억압으로부터의 해방이라는 근대적 주제를 극으로 나타냈다. 특히 베르디의 「라 트라비아타La Traviata」(1853), 푸치니Giacomo Puccini와 피에트로 마스카니의 〈베리스모〉[24] 작품들에서 그러한 면이 잘 드러난다. 20세기에는 화려한 스타일의 작곡가 모리스 라벨, 다리우스 미요, 자크 이베르가 당시 프랑스의 근대적 삶의 자유와 완전한 즐거움을 찬양했다. 1920년대 뉴올리언스와 시카고에서 등장한 재즈는 개인주의와 상상력의 표현이었다.

근대적 음악과 함께 발전한 근대 발레는 오페라의 영웅주의와 복수로부터 한숨 돌릴 여유를 주었다. 프랑스 무용수 마리우스 페티파는 미국과 유럽에서 공연하다가 상트페테르부르크로 옮겨가 차이콥스키와 함께 무아지경으로 뛰어오르고 회전하는 근대적 발레를 창조해 냈다. 「백조의 호수Swan Lake」는 1877년 원작에서는 백조 왕비로 변해 버린 강직하고 충실한 오데트와 오데트를 사랑하는 왕자를 유혹하게 되는 매력적인 오딜 사이의 갈등을 중심에 놓는다. 이 발레는 선량하게 행동하면 그에 따른 대가가 주어질 수 있고, 또 선량함 자체가 보상이 되기는 하

---

24 verismo. 이탈리아 오페라의 사실주의 운동 — 옮긴이주.

지만, 헌신하는 자에게도 새로운 위험이 닥쳐오는 근대적 삶의 도덕적 갈등을 비유한 것으로 볼 수 있다. 그리고 발레는 상트페테르부르크 출신인 러시아의 게오르게 발란친이 파리, 런던, 뉴욕으로 진출하면서 더욱 근대적인 방향으로 발전하게 된다. 그의 혁명적인 작품인 1928년 작 「아폴로Apollo」(그는 이 작품을 두고 〈나도 잡스러운 요소를 제거한 단순한 작품을 만들 수 있다는 사실을 알았다〉고 말했다)와 1929년 작 「탕아Prodigal Son」, 1957년 작 「아곤Agon」과 스트라빈스키의 1972년 작 바이올린 협주곡은 목적지 없는 여행, 그 낯설음 또는 유쾌한 순간들과 같은 근대적 삶의 요소들을 묘사했다. 당시 러시아의 경제는 근대로부터 거리가 멀었고 지금도 그러하다. 그러나 서구 근대적 도시들의 정신을 일찌감치 흡수함으로써 스트라빈스키와 발란친은 근대의 거장이 되었다.

1960년대 들어 현대 미술과 음악이 쇠락하고(1934년 모더니즘의 절정기에 나왔던 에즈라 파운드의 〈새로 만들자!〉라는 구호가 이후에 등장한 필립 글래스의 무한 반복과 팝아트의 아이러니로 대체되던 시기에) 그와 함께 경제적 역동성이 쇠퇴한 현상이 유럽에서는 이미 분명하게 나타났고 미국에서도 시작되고 있었다. 이러한 현상이 탐험과 혁신의 이상에 대한 헌신이 사라졌음을 의미하는 것인지 궁금해지게 된다.

요약

서구 세계의 많은 부분에서 발생한 근대 경제는 시대의 성격에 중대한 영향을 끼쳤다. 예술과 문학에서 근대성의 탄생은 분명히 근대 경제가 등장하여 그 동력을 유지한 국가들에서 나타난 근대 경제의 정신과 긴밀하게 연결된 것이었다. 그러나 이 연결 고리는 일방적인 것이 아니었다. 음악과 철학에서 가장 분명하게 나타났던 근대성의 가장 이른 표현들은, 근대 경제들에 필수적이었던 정신을 예고하고 어쩌면 불타오르게 했던 것으로 보인다. 예술과 철학에 있어 이런 앞선 진보는 곧 다가올 근대 경제들의 전조였다. 그럼에도 불구하고, 19세기와 20세기 전반에 있었던 예술적 혁신의 놀라운 물결은 근대 경제가 만들어 낸 삶의 새로운 측면의 반영이자 그에 대한 기록이었다. 일반적으로, 예술은 사회 비판적이고 어두울 때가 많았지만, 근대적 삶에는 긍정적이었으며 삶의 새로운 차원을 기념했다(앞의 두 장은 경제적 근대성의 긍정적 측면을 그 비용과 대비하여 어떻게 합리적으로 평가할 것인가라는 근본적인 질문을 다루고 있다).

이제 독자들은 앞으로 이 책이 어떤 주제를 다룰 것인지, 어떤 것들을 논의하게 될지 이해했을 것이다. 4장에서는 근대성의 등장을 다루는 1부를 마무리하게 되는데, 19세기에 근대 경제들을 낳은, 경제 제도와 정치 제도의 발전과 경제 문화에 관한 궁금증을 해결할 것이다. 2부는 20세기에 벌어진 근대 경제를 둘러싼 전투와 논쟁들을 다룬다. 이들 중 일부는 좋은 방향이든 나쁜 방향이든 근대적 체제를 수정하는 결과를 낳았다.

4장 근대 경제의 형성 과정

볼셰비키는 문화가 사람들에게 큰 영향력이 있다는 사실을 이해하고 있
었다. ……공산주의자인 자신의 자녀들이 자본가와 기업가가 되려고 할
때, 그들은 게임이 끝났다는 사실을 알아차렸다.
— 조지프 재니첵, 〈체코의 벨벳 혁명〉, 「뉴욕 타임스」

19세기 중반까지 서구의 대부분에서 등장한 근대 경제는, 창조성의
획득과 실험적 시도의 장려, 혁신의 촉진을 통해 인간의 경험을 바꾸어
놓았다. 근대 경제는 이로써 세계사에 있어 발전의 분수령으로서 위치
를 획득하게 된다. 아마도 역사가라면 그 기원에 관해 중요한 의문을 가
질 것이라고 생각할 법하다. 경제적 근대성의 조건은 무엇이었으며, 그
런 조건은 어떻게 충족되었을까? 그중 어떤 것이 서구에는 있었고 다른
곳에는 없었던 것일까? 이전에는 없었지만 그 시기에 나타나게 된 것은
무엇일까?

일반적인 역사학자들은 이 질문을 다루지 않는다. 〈서구의 부상〉이라
는 주제하에 그들이 논의한 것은 국가와 민주주의 출현의 연대기다. 그
들의 드라마는 1444년 구텐베르크의 인쇄기 발명으로 시작해 1500년
대 유럽 왕정의 확장, 1517년 로마 교황청에 도전한 루터의 〈95개조〉,

그리고 1600년대의 마그나카르타의 점진적인 인정과 같은 사건을 다룬다. 상당히 중요한 사건들인 것은 맞지만, 이 시대의 경제에 대해서는 1350년부터 1750년까지 원거리 무역이 성장한 것을 제외하고는 거의 언급되지 않았다.

일부 역사학자들과 사회학자들은 여러 서구 경제의 부상에 대해 주로 〈자본주의의 출현〉이라는 주제로 저작을 남겼다. 재러드 다이아몬드는 생태학적 연구를 통해 풍부한 곡물과 가축, 그로 인해 유지되는 도시들이 사하라 이남 아프리카보다 유라시아에서 더 큰 노동 전문화가 나타난 원인이라고 말한다. 그리고 이것이 다른 지역보다 유라시아가 더 부유하게 된 이유인 것이다. 그러나 이 이론은 혁신의 출현에 대해서는, 그리고 그러한 혁신이 왜 영국, 벨기에, 프랑스와 독일에서는 나타났지만 네덜란드, 포르투갈, 아일랜드, 그리스와 스페인에서는 나타나지 않았는지는 설명하지 않는다. 유력한 원인은 경제 제도와 문화이다.[1]

사회학자 막스 베버는 특정한 문화적 변화를 지목했는데, 그것이 자본주의가 꽃피게 만든 열쇠였다고 믿었기 때문이다. 그는 칼뱅주의와 루터주의가 검소함과 근면함이라는 경제 문화를 탄생시켰으며, 이러한 이유로 북유럽의 청교도 국가들에서 자본주의가 성공했다고 주장했다. 베버의 저작이 대중들에게 잘 수용되긴 했지만, 비판자들은 비청교도 국가들, 예컨대 이탈리아도 민간 저축과 부의 수준이 독일보다 높았으며 노동 시간도 더 길었다고 주장한다. 그러나 더 설득력 있는 반론은

---

1 재러드 다이아몬드의 『총, 균, 쇠 *Guns, Germs and Steel*』(1997)는 유럽 국가들의 규모가 작았기 때문에 혁신하지 않으면 인구를 다른 국가에 빼앗길 수 있어서 더 혁신적이었고, 반대로 아시아 제국들의 광대함은 퇴출을 억제했다고 주장한다. 프랑스와 독일은 대륙에서 가장 큰 국가들이었지만 가장 혁신적이었다.

베버의 용어들에 (자생적 혁신의 특징인) 실험과 탐험, 모험, 불가지성이 등장하지 않는다는 점이다. 베버의 주장은 모든 유형의 투자 활동을 합산했을 때 특정 국가들이 매우 높은 수준에 도달한 이유를 설명하는 데 도움이 된다. 그러나 높은 저축률이 혁신의 필수 조건은 아니다[국가는 저축을 늘리거나, 고정된 저축액의 일부를 상대적으로 덜 혁신적인 프로젝트(주택이나 통상적인 기업 투자) 대신 혁신적인 부문에 사용되도록 전환할 수 있으며, 해외 저축액에서 자금을 조달할 수도 있다]. 또한 충분조건이 아닌 것도 명백한 사실이다.[2]

몇몇 학자들은 월트 로스토가 19세기에 제시했던 지속적인 성장으로의 도약이라는 개념에 맞설 만한 견해를 내놓았다. 1837년에 미국에 대해 가장 통찰력 있는 관찰을 내놓은 프랑스의 정치 철학자 알렉시 드 토크빌은 미국의 풍부한 천연자원이야말로 미국인들이 에너지 넘치는 기업가가 된 이유라고 생각했다. 그러나 1800년대 초반 영국에

2 베버의 저작 『프로테스탄트 윤리와 자본주의 정신The Protestant Ethic and the Spirit of Capitalism』은 탤컷 파슨스에 의해 영어권 세계에 알려졌는데, 처음에는 독일어로 『사회 경제와 사회 정치 선집Archiv fur Sozialwissenschaft und Sozialpolitik』(1904/1905)에 실렸다(원제 Die protestantische Ethik und der Geist des Kapitalismus). 이후의 모든 사회학자들이 읽었을 이 책을, 〈기업가 정신〉이라는 용어를 만들어 냈다고 잘못 알려진 슘페터 또한 읽었을 것이다. 그러나 이 저작이 베버의 사회관의 정점이라고 할 수는 없다. 그가 1922년 쓰고 1978년 영어로 번역된 『경제와 사회Wirtschaft und Gesellschaft』는 사회 과학의 여러 가지 기본적 문제에 대한 밑그림을 제공한다. 이 책은 세기에 걸쳐 사회 과학에 활기를 불어넣게 될 국가, 기업, 관료제, 합리성, 적법성과 더 많은 주제를 다루고 있다. 그의 가장 깊은 직관이 잘 나타난 부분은(원작의 내용을 다른 말로 표현하자면) 매년 같은 리듬으로 움직이는 전통적 경제가 아니라면, 지구의 경제는 멀리 대기권 밖에서 관찰했을 때 무엇을 하는지 알 수 없다는 내용이다(알프레드 히치콕 감독의 「현기증Vertigo」(1958)이나 미켈란젤로 안토니오니의 「욕망Blowup」(1966)에 나오는 수수께끼의 움직임 같이 파악하기 어렵다는 것이다). 의미 있는 분석을 하려면 한 사람이 경제 안에서 어떻게 움직이는지 생생히 파악하기 위해 그 연구 대상자의 의도와 생각을 알 수 있는 충분한 정보가 필요하다. 이것은 물리학에는 없는 어려움이다.

서도 미국만큼의 혁신이 꽃을 피웠다. 그리고 자원이 풍부한 몇몇 국가들, 예컨대 아르헨티나는 어떤 경제적 역동성도 발전시키지 못한 대표적 사례이며, 이들 국가에서는 심지어 천연자원이 〈저주〉라고(또는 그렇게 작용할 수 있다고) 생각되기도 했다. 영국의 사학자 아널드 토인비는 토크빌과 견해가 정반대였다. 그는 영국이 처음으로 혁신할 수 있었던 것은 기후와 천연자원이 매우 부족했기 때문에 기회가 왔을 때 그것을 최대한 활용해야 했기 때문이라고 설명했다.[3] 그러나 토인비의 생각대로 부유한 천연자원이 장애물이었다면 미국인들은 기업가 정신이 훨씬 부족하고 덜 혁신적이어야 했을 것이며, 이는 일반적으로 실제 증거와 상반되는 주장이다. 토인비의 생각, 즉 역경론은 일정 부분 장점도 있다. 즉, 부유한 아이들은 크게 성공하기 위해 필요한 집중력과 추진력이 일반적으로 부족하다. 그러나 이렇게 보기에는 예외가 너무 두드러진다.

이 네 가지 역사적 연구의 일반적인 문제점은, 사안의 핵심을 짚지 못했다는 점이다. 이들은 어떤 국가들에서 노동 수요가 다른 곳보다 많았

---

3 토크빌의 『미국의 민주주의Democracy in America』는 1835년 프랑스에서 처음 출간되었으며, 경제적 삶에 대한 관찰도 포함되어 있지만 주로 미국의 정치적 삶에 대한 내용을 담고 있다. 토인비의 평생의 저작인 12권짜리 『역사의 연구A Study of History』는 1934년부터 1961년까지 출간되었으며, 무에서부터 부가 생겨난 후, 그 축적은 큰 몰락이 있기 전까지는 계속된다는 내용을 담고 있다. 그가 제시한 몰락 이론은 1776년부터 1789까지 쓰인 에드워드 기번의 『로마 제국 쇠망사Decline and Fall of the Roman Empire』, 그리고 슈펭글러가 자신의 예언을 담은 1926년작 『서구의 몰락The Decline of the West』과 같은 반열에 놓을 수 있겠다. 토인비 이론의 난점은, 왜 영국은 투자의 범위와 제국의 영역을 지속 불가능한 수준으로 과도하게 확장했느냐는 것이다. 영국은 제2차 세계 대전으로 겪은 큰 손실을 거의 회복하기는 했으나, 예전 수준의 해외 자본과 제국을 결코 되찾지 못했다. 모든 금융 위기에서 발견할 수 있는 은행들의 과도한 단기 부채와 유사한 역설이라고 할 수 있다.

다거나(다이아몬드, 토크빌) 혹은 공급이 많았다고 주장한다(베버, 토인비). 그리고 이들은 그 결과 높은 수준의 노동, 저축, 부, 큰 위험을 감수하려는 태도가 생겨났다는 결론으로 비약한다. 그러나 노동 투입이 증가하고 더 많은 부와 위험을 감수하려는 태도가 생겨났다고 해서 이것이 혁신 과정의 시작을 의미하지는 않는다. 경제적 역동성이 자연적, 우연적 원인 때문이라고 한다면 국가는 상업적 혁신에 유리한 경제 제도와 문화를 조성하려고 고민할 필요가 없다. 좋은 체제가 스스로 나타날 것이기 때문이다. 예외는 있겠지만 대부분의 민족들은 선사 시대부터 자기표현을 통해 창의적으로 행동하고 새로움을 수용했던 것으로 보인다. 그러나 혁신을 가능하게 하며 촉진하는 제도를 찾고 구축하는 일, 실험과 탐험을 하고 상상력을 발휘하고자 하는 태도를 촉진하여 사람들을 자극하고 힘을 실어 주는 일을 (정치적으로나 문화적으로) 일부 국가들이 더 잘했다는 점은 부정할 수 없는 사실이다. 예를 들어 아프간 지역은, 지금은 낙후한 국가의 대명사가 되었지만 천 년 전에는 다른 곳에서 상상할 수 없을 만큼 도시가 번영하고 과학 발견이 이루어지던 장소였다. 이 지역은 자연이 좋은 조건을 제공해 주었지만, 경제적 근대성, 즉 주민들 다수가 더 많은 직업의 기회를 얻고 높은 수준의 개인적 성취를 이룰 수 있을 만한 어떠한 경제적인 제도나 문화적 요소도 발전시키지 못했다.[4]

봉건적 부문을 몰아내고 상업 자본주의를 대체하게 되는 근대적 부문을 탄생시킨 인과적 동력과 조건, 메커니즘을 분명히 이해하는 것이 우리의 목표라면, 그 경제의 혁신 과정을 이끄는 동력과 조건은 무엇인지

4 Starr, "Rediscovering Central Asia".

생각할 필요가 있다. 우리는 물론 우리의 이야기가 완벽하지도 않으며 오류로부터 자유롭지 않을 것임을 알고 있다. (너무나 많은 것이 새롭고, 너무 많은 행위자들이 동시에 새로운 단계를 밟고 있을) 근대 경제에서 행위자들이 현재의 행동이 미래에 미칠 효과에 대해 그저 불완전하게만 알고 있는 것처럼, 근대 경제의 이론가들 역시 과거에 구축된 신념과 제도, 문화가 현재의 창조성과 혁신을 어떻게 가능하게 하고 촉진하는지 결코 완전하게 이해할 수는 없다. 근대 경제가 등장한 국가에서는, 지난 몇십 년간, 또는 몇 세기 동안 너무나 많은 발전이 있었으므로 확신을 가지고 그중 몇 가지 결정적인 핵심을 판별하는 일이 불가능하다. 신중한 금융가들처럼, 우리는 판단력과 상상력을 활용해야 한다. 여러 가지 아이디어들이 등장하여 경쟁하면서 근대성의 창조에 관한 여러 가지 이야기 혹은 잘못된 믿음을 남겨 놓았다.

이런 이야기들은 물론 중요하다. 한 국가의 근대화 성패에 대한 이야기는 그 국가가 그 원인이 된 요소를 잘 이해하고 있는지 여부를 보여 준다. 이런 이야기를 하는 목적은 국가의 어떤 행동은 적절했으며 어떤 것은 그렇지 못했는지에 대한 개념을 전달하는 것이다. 이러한 이야기들 중 일부는 상당한 영향력이 있다. 고인이 된 경제학자 폴 새뮤얼슨[5]은 의심할 여지없이 그런 영향력이 있었고, 자신의 이야기들을 회고하며 〈나는 누가 국가의 법을 만드는지 관심이 없습니다. ……내가 경제학 교과서를 쓸 수만 있으면 말이죠〉라고 말한 바 있다. 물론, 영향력뿐 아

---

5 Paul Samuelson(1915~2009). 현대 경제학의 아버지로 일컬어지는 미국의 경제학자. 1970년 미국인 최초로 노벨 경제학상을 수상했다. 전 세계에서 가장 많이 팔린 경제학 교과서 『경제학 Economics』(1948)의 저자이기도 하다 — 옮긴이주.

니라 진실도 중요하다. (새뮤얼슨이 진실을 외면하려 했다는 말은 결코 아니지만) 더 진실된 이야기는 더 가치가 있다. 진실을 덜 담고 있는 이야기보다 이해하기가 훨씬 더 어렵지는 않다는 전제하에서 말이다. 근대화의 원인을 더 잘 이해하면 한 국가가 근대 경제로 나아가거나, 그것을 위태롭게 할 만한 요소들을 피하는 방법을 찾는 데 도움이 될 것이다. 더 진실한 설명을 찾아보려는 노력은 어떤 식이든 기존 이야기들의 핵심적 아이디어를 발전시키는 데 도움이 된다. 그러나 여기서 우리 이야기는 몇몇 국가의 경제들을 근대적으로 만들고 나아가 위대하게 만든 혁신의 출현에 초점을 맞추고자 한다.

경제 제도: 자유, 재산권과 금융

혁신성을 유지해 온 경제의 등장에 관한 이야기는 그 경제가 성장 단계이든 이미 성숙한 단계이든, 그 내용 중 상당 부분은 다양한 경제 제도institutions, 어떤 맥락에서는 기반 조건framework conditions이라고 불리는 것이 만들어지고 진화하는 과정에 대한 것이다. 혁신에 필요한 활동과 제반 조건을 보호하려면 특정한 경제 제도들이 필요하다. 이들 제도 중에는 필수 불가결하지 않은 것도 섞여 있을 것이다. 그렇지만 일반적으로는 각 제도가 경제의 혁신 역량을 강화하거나 혁신을 지향하게 한다.

서구에서는 비교적 초기에 확립된 다양한 개인의 자유가 이것을 획득한 사람들에게 소중한 것이었다는 사실이 널리 알려져 있다. 애덤 스미스는 〈존엄dignity〉의 중요성에 대해, 존 롤스[6]는 〈자기 존중self-respect〉에 대해 저술한 바가 있다. 다양한 경제적인 자유, 예컨대 자신의 제품과 서비스를 다른 사람의 것과 교환할 수 있는 자유가 등장한 덕분에 사람들이 상호간에 이익을 얻을 수 있었던 것 역시 잘 알려진 사실이다. 그러나 현실에서는 한 가지를 다른 것으로 교환하는 계약을 위반할 가능성이 많았으므로 사람들이 확신을 가질 수 있도록 국가가 계약을 강제하여 경제적 자유를 보호하는 모습을 보여 줄 필요가 있었다. 따라서 자유, 예를 들면 물물 교환을 하거나 소득을 얻을 자유는 애덤 스미스의 말대로 경제적 비효율을 제거하는 데 도움이 된다. 그러나 역동적 경제의 등장을 연구하려면 개인의 자유가 경제적 역동성을 얻는 데 어떠한 역할을 했는지 알아보아야 한다.

혁신 과정을 가능하게 하는 데 경제적 자유는 매우 중요하다. 기본적인 논리는, 두 명이 한 명보다 낫다는 것이다. 한 사회의 커다란 부분이 경제에 참여할 수 없거나, 참여하는 경우에도 일의 결과를 나눠 가질 법적 권리를 인정받을 수 없다면, 우리는 이 국가 경제의 혁신이 광범위하게 확산되지 못할 것이라고 생각할 수 있다. 개인적 자유, 특히 개인에 대한 소유권self-ownership을 연구한 역사학자들은 동양의 전통 사회에서는 딸의 소유권이 아버지에게 있었기 때문에 일을 시키거나 팔 수 있었고, 서구에서는 아내가 가져오는 것은 무엇이든 남편에게 소유권이 있었다는 것을 발견했다. 동서양 모두 흑인은 노예로 팔 수 있었다. 그러나 19세기 근대적 사회에서는 마침내 노예제가 철폐되었다. 얼마 후에는 기혼 여성이 자기 재산을 소유할 수 있는 법적 권리도 만들어졌다.

---

6 John Rawls(1921~2002). 미국의 철학자. 20세기 정치 철학 분야에서 가장 중요한 위치를 차지하고 있는 학자 중 하나이다. 현대적 개념의 정의관을 체계화한 『정의론A Theory of Justice』 (1971)이 대표작이다 — 옮긴이주.

혁신적인 경제가 등장하고 일의 본질이 바뀌면서, 여성이 소유권을 가짐으로써 스스로 최선이라고 생각하는 방식으로 적응하고 융통성을 발휘하도록 장려하는 것이 사회에도 이익이라는 이론이 등장했다.[7] 이와 유사하게, 창의적인 아이디어의 잠재적인 공급자들이 기존 산업에서 새로운 회사를 자유롭게 세울 수 있으면 국가 경제에서 혁신은 더 폭넓게 확산될 것이다. 이처럼 진입이 자유로워야 기업가들이 신제품을 개발하고 출시하여 시장에서 검증받거나 기존 제품에 새로운 생산 방식을 도입할 수 있다. 또한 기존 기업들 역시 신제품 제공이나 새로운 방식을 채택하고 운용하는 일을 자유롭게 할 수 있을 때 혁신은 더 광범위하게 확산된다. 따라서 이러한 자유의 등장은 단지 교환을 넘어 궁극적으로 인간이 새로운 수준으로 발전할 수 있게 하는, 누구도 예상하지 못했던 장점이 있었다.

또 분명한 것은, 과거와 현재의 제품들, 새로운 생활 방식에 대한 정보를 습득하기 위해 사람들이 자유로이 자기 집이나 지역, 국가를 떠나 모험할 수 있으면 혁신으로 이어질 만한 시도에 관여할 확률이 높아질 것이라는 점이다. 베버도 동의하겠지만, 사람은 설령 작은 산업이라도 미래의 혁신이 일어날 경제나 산업에서 직접 상당한 경험을 쌓지 않고서는 그 구조와 작동 방식을 이해할 수 없다. 혁신이 일어나기 위해서는 소비자와 기업들이 잠재적인 최종 사용자로서 자유롭게 신상품을 채택할 수 있어야 하고, 그것이 필요 사항에 가장 잘 부합하는지 판단하고 사용법

7 게다가, 부모들 역시 딸들이 사업에서 성공해 많은 소득을 거두는 것이 그들의 이익에도 부합한다는 점을 점차 인식하게 되었다. 게디스와 루엑의 2002년 논문 "Gains from Self-Own-ership and the Expansion of Women's Rights"(2002)과 에델런드의 2001년 서베이 논문 "Big Ideas"(2011) 참조.

을 배울 수 있어야 한다.

자유가 좋은 것이라는 주장, 특히 창조성과 혁신을 달성하는 데 도움이 된다는 말은 자유가 어떤 경우든 좋다는 의미는 아니다. 자유 지상주의자libertarian였던 아인 랜드[8]가 이런 과장된 주장으로 유명해진 바 있다. 그러나 모든 자유가 역동성에 도움이 되지는 않는다. 일부 생산자의 자유를 제약하는 규제 덕분에 소비자는 감전과 식중독 등에 대한 두려움 없이 신제품을 기꺼이 시험할 수 있다. 채권자가 채무를 강제로 빼앗지 못하게 제한하는 파산법 덕분에 기업가는 자신이 소유한 모든 것을 잃을지도 모른다는 두려움 없이 혁신적인 제품을 시도하는 모험을 할 수 있다(물론 이런 법은 신용 거래를 축소시킬 수 있다). 한편 어떤 규제는 혁신을 원활하게 하기보다는 가로막기도 한다(자유 지상주의자들은 언제나 거의 모든 규제가 나쁘다고 주장하는 한편, 국가 통제주의자들은 선도적인 사용자들에게 피해를 주지만 않는다면 시장의 평가를 받기 전에 규제 심사를 거치지 못한 혁신적 상품은 거의 없다고 주장한다). 근대 경제들이 발전하는 과정에서 지방 정부와 중앙 정부의 수많은 규제들이 신제품과 그 생산을 위한 설비를 준비하는 데 장애물이 되었고, 이것은 분명 이익보다는 손해가 컸다. 미국에서는 공항 건설이 벽에 부딪혔는데, 이는 여행자들이 항공권에 추가될 세금보다 교통 정체와 그로 인해 시간이 허비되는 것을 선호해서가 아니라, 모든 지역 사회들이 님비NIMBY(not in my backyard) 헌성을 보였기 때문이다. 어떤 프로젝트

---

8 Ayn Rand(1905~1982). 러시아 태생의 미국 소설가, 철학자. 미국의 몰락을 그린 주저 『아틀라스*Atlas Shrugged*』(1957)로 20세기 미국에서 가장 영향력 있는 작가로 자리매김했다 — 옮긴이주.

를 아예 금지하는 것보다는 건설하려는 측에 지역 주민의 승인을 얻을 수 있을 만큼 보상하라고 요구하는 게 낫다는 견해도 있다. 그러나 이렇게 하면 다른 혁신적인 프로젝트를 진행하기가 어려워질 것이다.

이 외에도 두 가지 자유가 역동성을 높이는 데 역사적으로 중요한 역할을 했다. 하나는 성공한 새로운 프로젝트, 예컨대 히트송이나 영화로부터 얻은 소득을 축적할 법적 권리이고, 다른 하나는 사적 재산, 주로 자본에 투자할 법적 권리이다(역동성을 풍부하게 하는 데 얼마나 많은 부가 필요할지 판단하는 것은 미뤄 두자. 즉 옷이나 자동차, 보트, 도시의 아파트, 전원주택 등 소비자 내구재 같은 것들을 사람들이 충분히 보유할 수 있기만 하면 역동성이 생겨나는지에 대한 판단은 보류한다). 지금부터 우리는 돈을 받을 수 있는 법적 권리를 확보하는 것이 유익한 혁신을 광범위하게 이루기 위한 기초적인 단계라는 원론적인 수준의 논의를 한참 넘어서는 내용을 다룰 것이다. 여기서 문제가 되는 것은, 사람들이 기업(개인 기업proprietorship 혹은 파트너십partnership 형태, 한발 더 나아가 비공개 혹은 공개 주식회사)를 소유함으로써 부를 축적할 자유가 있다는 점이 과거에 중요했는지, 지금도 중요한지 여부다. 이런 자유가 일반적으로 혁신에 도움이 되며, 회사의 특정한 소유 형태가 혁신에 필수인 것 같다는 주장은 지금의 기준으로는 당연하게 느껴진다. 창의적인 아이디어가 일반인들과 민간 기업가들, 그리고 그런 아이디어를 잘 골라서 투자하는 민간 부문 금융가들에게서 솟아나기를 바란다면, 그저 정부가 지급하는 생활비 또는 거의 위험을 감수하지 않는 노동자들에게 주어지는 연봉이나 벌려고 하는 사람들만 득실대면 안 될 것이다. 이런 식으로는 국가가 사람들을 올바르게 선택할 수 없으며, 선택된 사람들 역시 단지 재미나 명성이 아니라 이윤을 얻을 가능성에 따라 의사 결정을 할 유인이 거의 없을 것이다. 아이디어 고안자와 개발자, 금융가에게 보상을 할 수 있는 분명한 방법은 오직 이들에게 지분을 나눠 주는 제도뿐인 듯하다. 그저 투입한 시간이 아니라 자신의 비전과 통찰력, 판단력의 결과물, 즉 그들이 달성한 혁신에 따라 보상할 사회적 장치가 있어야 한다(경제적 지식을 포함한 유무형의 자본 투자는 대부분 또는 상당 부분 국가가 결정할 문제라는 사회주의적 주장에 대한 내용은 다음 장에서 다룰 것이다).

이런 경제적 자유가 혁신에 매우 중요한 요소였다는 점에 동의한다면, 이는 곧바로 19세기 경제적 역동성의 탄생이 자유에 기반을 둔 것이었다는 결론으로 이어지는 것일까? 확실한 것은, 가족 내 중요한 사항을 결정하는 일이 지금은 자유롭지만, 여러 가족이 작은 집단을 이루어 살던 선사 시대에는 집단 전체의 승인을 받아야 하는 일이었다는 점이다. 매일의 일상에 존재하는 상호 의존성 때문에 개인이 주도적으로 할 수 있는 일의 범위는 그다지 클 수 없었다. 그러나 혁신이 활짝 꽃핀 이유를 순전히 자유만으로 설명할 수 없는 것은, 1815년을 전후로 근대 경제가 태어나기 직전까지 영국을 비롯한 어떤 국가에서도 이처럼 가치 있는 자유는 거의 나타나지 않았다는 사실 때문이다. 실제로, 역사적으로 재산권은 혁신의 폭발적인 성장보다 3천 년 이상 앞서 등장했다. 고대 비빌론에서는 기원전 1760년경 선포된 함무리비 법전이 개인의 재산 소유권을 규정하면서 이러한 소유권을 절도, 사기, 계약 위반으로부터 보호하는 방법을 담고 있었다. 유대법 역시 같은 시기에 제정되었는데, 재산권을 포함한 보통법(영미법)의 기반을 형성하게 되었다. 고대 로마에서는 시민들도 알 수 있도록 법이 성문화됨으로써 시민의 재산권이 규정되었고 정부의 몰수로부터 보호되었다. 또한 이 법은 계약상 합의를 준수할 것을 장려했으며, 개인 회사와 자산 취득 능력을 규정했다. 이 원칙들은 방대한 로마 제국 전역에 걸쳐 적용되었다.

이러한 고대 사적 소유권의 자유는 19세기에 나타난 자유로 곧바로 이어지지 못하고 암흑 시대에 후퇴를 경험하게 된다.

로마 제국이 비틀거리고 몰락했을 때 그것은 많은 부분 정부 고위 관료들의 부패에 기인했다. 약해진 로마의 권위는 로마법의 힘을 약화시켰다. ……원거리 상업 거래가 더 위험해졌으며, 그 결과 거래의 범위가 더 국지화되고 좁아졌다. ……사적 소유권은 집단 소유권에 자리를 내주었다. 토지 등의 자원이 그 지역의 수도원, 봉건 마을과 (가족이 경영하는) 소규모 농장의 재산이 되는 현상이 심화되었다. ……이들이 달성하고자 했던 목표는 오직 충분한 자급자족이었다. 상호 의무와 자원의 집단적 통제가 사적 소유권을 대체했다. ……교회와 봉건적 조직들은 협동조합처럼 운영되었고 소규모 농장은 가족이 운영했다.[9]

그러나 사적 소유권이 사라진 것은 결코 아니었다. 도시에서는 자원에 대한 사적 소유권이 폭넓게 유지되었다. 또한 도시 간 장거리 무역이

9 Demsetz, "Toward a Theory of Property Rights II", p. 668 참조. 다음 구절 역시 해당 페이지에서 찾을 수 있다. 해럴드 뎀세츠는 조직 이론의 기반을 닦은 로널드 코즈의 영향을 받아 글을 썼는데, 20세기 중반에 걸쳐 이루어진 코즈의 업적은 〈현존하는 사적 소유권 제도의 결과물, 정확히 말하면 사적 소유권 제도의 이점〉에 대한 것이고, 20세기 후반에 자신이 연구한 주제는 〈왜 그것이 존재하게 되었는지〉에 관한, 사적 소유권의 원인에 대한 것이라고 보았다.

다시 중요해지면서, 재산법 역시 중요해졌다. 로마법의 요소들은 영국에서 생겨난 보통법과 대륙에서 생겨난 대륙법에 남아 있었다. 로마법의 많은 원리들이 1804년 나폴레옹 법전과 함께 프랑스의 대륙법에 직접적으로 도입되었다. 따라서 고대에 사적 소유권을 포함한 경제적 자유가 등장한 이후, 비록 꾸준하게는 아니더라도 이러한 자유는 점차 확산되고 성문화되었으며, 이 과정이 19세기 서구에서 가장 근대적인 사회에서도 여전히 진행되고 있었다. 중세 이후, 해럴드 뎀세츠의 표현을 빌리자면 〈사회적 지위에서 계약으로, 집단 소유에서 사적 소유로의 진전이 다시 시작되었다〉. 또한, 위에서 언급했듯이 19세기 중반에 들어서야 노예 상태에 있던 사람들과 여성에게로 소유권이 확대되었다.

혁신과 관련된 재산은 19세기가 시작할 무렵에야 법의 보호를 받게 되었다는 점을 언급해야 할 것 같다. 이 시기에 특허권과 저작권, 상표가 지식재산권을 보호하려는 목표하에 (성공 여부는 차이가 났지만) 발전했던 것이다. 영국은 이러한 변화의 토대를 놓았는데, 1623년에 상당한 양의 특허를 발급하는 첫 국가가 되었고, 비싼 수수료를 받고 〈새로운 발명 프로젝트〉를 위협으로부터 보호했다. 미국의 특허법은 더 저렴한 가격으로 특허를 보호했으며, 그 결과 특허 출원이 급증했다(영국은 특허 비용을 19세기 미국만큼 누구나 부담할 만한 수준으로 만들기 위해 제도를 수정했지만 미국 수준에는 이르지 못했다). 프랑스의 특허 제도는 1791년 혁명 중에 만들어졌다. 시기를 보면, 바로 특허 제도가 (〈열려라 참깨〉와 같은) 19세기 혁신의 열쇠가 아니었을까 생각할 수 있다. 그러나 특허가 사람들 생각만큼 실제 경제에서 효과를 발휘하지는 않는다. 사실 수많은 지식재산권 소유자들이 어떤 법적 보호의 혜택도 받지 못하고 있다. 어떤 회사가 지속적으로 제품과 생산 방식을 개선해도 그중 많은 부분은 실제 경쟁사 또는 잠재적 경쟁사들이 포착하지 못한다. 하이에크 학파 경제학자들의 생각대로, 아주 세부적인 지식은 〈현장〉에서 작업에 전념하고 있는 사람들의 머릿속에 존재한다. 어떤 회사의 새로운 생산 방법을 쉽게 복제할 수 있다고 해도, 막상 경쟁사는 경쟁을 위해 유사한 장비를 만드는 비용 때문에 이윤을 전부 또는 상당 부분 날릴 수 있다는 두려움으로 투자를 감행하지 않을 것이다. 영화 산업의 경우 대부분의 이윤은 첫 몇 주간에 발생하므로, 그 기간이 지나고 나서 누가 이를 모방하더라도 선도자에게 피해를 주지는 않는다. 새로운 책이나 공연이 초반부터 성공하는 경우에도, 다른 출판사나 공연 회사가 원작의 명성이나 입소문을 뛰어넘을 만큼 훌륭하게 모방하거나 개선하는 일은 매우 드물다. 혁신가가 자신이 있다면 잠재적인 약탈자들을 막아 내면서도 자신은 이윤을 낼 수 있는 수준으로 가격을 낮출 수 있는데, 이처럼 누가 혁신을 모방함으로 인해 생기는 손실은 혁신의 시도 자체를 저해할 만큼 큰 것은 아니다.

이런 이점에도 불구하고, 사람들이 국가에 재산권 보호 같은 서비스를 원하게 되면서 중세와 상업 자본주의 시대와는 비교할 수 없을 만큼 국가 권력이 강해졌다. 평민들을 다른 왕정이나 영주들로부터 보호해 주던 왕정과 봉건 영주들도 국가 권력으로부터는 그들을 보호해 주지 못했다. 그러나 잉글랜드와 스코틀랜드, 식민지 미국에서는 국가 권력에 대한 반발이 있었으며, 평민들이 서로에 대한 권리뿐 아니라 〈왕에 맞설 권리〉를 주장하기 시작했다.

왕에 맞설 권리라는 개념은 잉글랜드의 존 왕이 1215년에 서명하고

이후 1297년과 1354년에 재차 확인된 마그나카르타Magna Carta Liber-
tatum에 공식적으로 처음 표현되었다. 왕은 법과 관습에 따라 통치해야
했으며, 이 개념은 입헌 정부의 씨앗이 되었다. 그러나 그러한 대원칙들
은 무시당했다(이 원칙들은 윌리엄 2세가 정치적으로 약하고 경제적으
로 가난한 농민들로부터 세금을 거두는 것을 막지 못했으며, 분노한 로
빈 후드는 이것을 바로잡으려 애썼다). 이 헌장은 1600년대 스튜어트
왕가의 왕들과 의회 사이의 투쟁이 1688년 명예혁명과 1689년 권리장
전으로 정점을 찍은 후에야 실행되었다. 마침내 권리장전은 왕이 법을
정지시키고 의회 동의 없이 세금을 징수하는 것을 막았고 법원에 간섭
하는 등의 왕의 특권을 폐지했다. 〈국가의 법〉은 〈적법 절차〉와 같은 의
미가 되었는데, 여기서 적법 절차란 그 누구도 합당한 판결 없이는 자유
와 재산을 박탈당하지 않는다는 의미였다.[10]

이러한 헌법의 발전으로 인해 영국과 이후 다른 국가들에서 법치rule
of law가 정착된 것으로 여겨진다. 왕의 자의적 몰수나, 다른 이들을 희
생시키며 왕이 선호하는 사람들만 이익을 주는 칙령들로부터 가계와 기
업이 보호를 받으면서 영국과 같은 국가들은 기업가들과 투자자들에게
일반적인 기업 활동을 하기에, 특히 혁신하기에 안전한 곳이라는 신호

10 마그나카르타 39조는 다음과 같이 서술하고 있다. 〈자유인은 그의 동료에 의한 합법적 판
결 또는 나라의 법에 의하지 않고는 체포되거나 투옥되거나 재산을 빼앗기거나 법의 보호를 박
탈당하거나 추방당하거나 또는 그 밖의 어떤 방법으로도 해침을 당하지 않을 것이며, 왕 스스로
그를 처벌하거나 사람을 시켜 처벌하게 하지 않을 것이다.〉 1600년대 초반 대법원장이었던 에드
워드 코크 경은 〈고대 헌법〉으로 표현되는 마그나카르타에 대한 여러 해석을 내놓았는데, 법은
법원이 판단해야 하며, 법관은 독립적이어야 하고, 왕이나 교회 모두 허가 없이 가옥에 침입할 수
없으며, 의회 없이 증세할 수 없고, 법에 따르지 않고는 체포할 수 없다고 했다. 1797년에 출간된
『제2 강의Second Institute』에서 코크 경은 마그나카르타를 해설하며 〈국가의 법〉과 〈적법 절차〉
를 같은 위치에 두었다. 적법 절차는 보통법의 기반이 되었다.

를 주었을 것이다. 1787년에 만들어진, 계약의 자유를 보장한 미국 연방 헌법 제1조 제10항(계약 조항)은 강자와 약자에게 동일하게 적용되므로 법의 지배라는 정신을 구현한 것으로 받아들여진다. 이것은 정치적으로 강력한 자들의 이익을 위해 정부가 약자들에게 피해를 주는 것을 방지하는 방파제가 되었다.

그러나 1689년에 시행된 새로운 권리가 과연 완전히 다른 세상을 만들어 낼 수 있었는지 의심하는 사람도 있었다. 〈법이 지배해야 한다〉는 주장과 관리들이 〈법을 받드는 자〉가 되어야 한다는 주장은 아리스토텔레스의 고대 그리스 시대와 그 이전의 유대법에도 등장했던 개념이다. 그러나 1689년 이후에도 혁신이 크게 확산되기까지는 거의 150년이 걸렸다는 사실은 헌법 제정만으로 역사의 흐름을 급격하게 바꾸고 집약적 혁신의 길을 마련하기에는 충분하지 않았으리라는 점을 시사한다. 또한 〈법의 지배〉라는 개념 중 몇몇 요소들은 매우 모호했다. 세법을 바꾸는 것 자체가 항상 불공정한 것인가? 어떤 경우에 징세가 정치적 반대 세력의 재산을 수용하는 수단으로 해석되는가? 이런 문제가 존재하기 때문에 자유를 권력으로부터 보호했다는 이야기를 액면 그대로 받아들일 수는 없다.

이러한 자유들이 상업 자본주의 경제에서 근대적인 경제로 전환하는 데 필수였음은 의심할 여지가 없지만, 1600년대 말과 1700년대까지는 혁신이 급증하지 않았기 때문에, 이런 자유들을 모두 합쳐도 근대가 탄생하기에 충분했을 것으로 보이지는 않는다. 우리는 시카고 대화재를 일으킨 올리리O'Leary 부인의 소[11]와 같이, 혁신에 불을 붙인 불꽃이 무엇인지 확신을 갖고 말하기는 여전히 힘들다. 그렇지만 우리는 혁신이 지속적으로 일어났던 시기, 특히 1826~1850년 사이에 등장한 경제들의 형성 과정을 그럴듯하게 설명할 수 있는, 이후에 나타난 제도들을 탐구해 볼 수 있다.

실제로 근대가 탄생할 무렵에 등장한 다른 경제 제도들이 존재한다. 몇 가지 핵심적인 제도들은 상업 자본주의 시대, 혹은 심지어 그보다 훨씬 이전인 고대에 시작됐지만 1800년대 중반에야 성숙 단계에 접어들었다. 회사의 발전도 그런 경우이다. 가장 오래되었고, 여전히 가장 많이 나타나는 사업 조직의 형태는 개인 또는 가족이 경영하는 개인 기업sole proprietorship이다. 개인 기업은 만들고 유지하는 비용이 크지 않으며, 이후 시대 기업 소유자들에게 나타났던 것과 같은 도덕적 해이moral hazard 문제가 없었다. 사업 규모가 더 큰 경우 사람들은 파트너십[12] 형태를 선호했다. 파트너십은 일반적 개인 기업이 조달하기 어려울 만큼의 자본이 필요한 사업을 수행할 수 있으며, 경영자와 투자자의 개인적인 지식과 재능을 결합할 수 있다는 장점이 있다. 고대 로마 시대부터 회사는 여러 가지 법적 권리를 부여받았다. 예컨대 회사는 자신의 이름으로 사업을 수행할 수 있다. 19세기 초 영국과 미국에서는 파트너십이 다른 형태의 기업보다(가족 기업을 포함한 개인 기업은 두 번째로) 생산량이 많았다. 또한 파트너십이 모두 작은 것도 아니었다. 어떤 기업들은 〈지주 회사〉를 두어 몇몇 고위 파트너들이 근무하는 본부 외에 다른 파트너들이 운영하는 지점을 여럿 둘 정도로 크게 성장했다. 19세기 말에 미국에서

11 1871년에 집에서 키우던 소가 등불을 걷어차면서 일어난 대화재로 인하여 시카고의 인구 밀집 지역이 모두 불타서 10만 명 이상이 집을 잃고 300명 이상 사망한 것으로 알려져 있다 — 옮긴이주.

12 partnership. 여기에서는 우리나라의 합자 회사와 유사하다 — 옮긴이주.

는 파트너십이 오늘날 〈투자 은행〉의 기능을 수행하고 있었다. 파트너들은 위험을 감수하면서 자신의 재산을 투자했다.

많은 파트너십이 안고 있는 문제는 파트너들이 딜레마 상황에 놓인다는 점이다. 파트너들에게 각자 행동할 자유를 주면, 다른 파트너의 비양심적이거나 잘못된 판단에 따른 행동에 자신이 책임을 져야 할 수도 있다. 만약 반대로 파트너들이 강하게 구속되어 있다면, 서로 합의에 도달해야 하는 번거로움이 있고 궁극적으로 합의가 도출되지 않을 위험을 감수해야 한다. 이런 단점이 있기 때문에 매우 혁신적인 프로젝트에 도전하는 데 따르는 복잡한 문제들과 불확실성을 파트너들이 회피하고 싶어 하는 것도 그리 놀라운 일이 아니었다. 뿐만 아니라, 파트너십을 확장하는 것은 파트너들이 지고 있는 위험을 몇 배로 늘리는 것이었다. 이러한 이유로, 19세기가 한참 지나서도 책임에 대한 두려움 때문에 대부분의 파트너십의 규모와 범위는 매우 제한되었으며, 다른 조건들이 갖춰졌을 때에도 혁신적인 프로젝트를 실행하기가 어려웠다.

마침내 새로운 사업 조직의 형태가 등장해서 위험 감수와 혁신을 위한 강력한 수단으로 발전했다. 오늘날의 주식회사와 유사한 공동 주식회사[13]가 나타난 것이다. 공동 주식회사는 주권을 발행했으며, 보통 주주의 손실을 그 주권을 얻기 위해 지불한 액수만큼으로 제한했다. 소유자는 따라서 제한된 책임(유한 책임)만 지고 있었다. 이것은 기업가에게 큰 혜택이었으므로, 정부는 자신이 특허[14]를 내준 기업들에게만 이것을

13 joint-stock company. 주식을 양도할 수 있다는 점에서 일반적 주식회사와 유사하나 회사의 채무에 대하여 주주도 책임을 진다는 점에서 차이가 있다 ― 옮긴이주.
14 여기서 특허란 기술 등을 발명한 자에게 주어지는 권리가 아닌, 특정 산업에 대한 〈특별한 허가〉를 의미한다 ― 옮긴이주.

허용했다. 16, 17세기 영국과 네덜란드 정부는 여러 공동 주식회사에게 민관 협력 형태로 진행되는 무역, 탐험, 식민화 프로젝트들을 수행할 특허를 내주었다. 동인도 회사, 허드슨 만 회사, 그리고 악명 높은 미시시피 회사와 남해 회사The South Sea Company가 여기에 해당한다. 상업 자본주의의 전성기에 영국이 수출에서 거둔 세금 수입의 절반이 이들 특허를 받은 회사에서 나왔다. 18세기 영국은 여러 산업 영역에도 특허를 내주었는데, 대표적으로 보험, 운하, 양조 산업이 독점에 가깝게 되어 기업 소유주와 국가가 이익을 보았다. 그러나 이런 독점은 혁신적이지 않았다. 공동 주식회사는 투자자들에게 매력적인 것이 아님이 드러났으며, 투자자들은 남해 회사의 전횡과 이후에 드러난 스캔들을 보고는 주식을 사는 것을 경계했다. 따라서 자본 비용cost of capital이 너무 높아져서 공동 주식회사가 신규 확장이나 급격한 변화를 위해 자본을 조달하기 어려워졌다. 그리고 대부분의 산업 자본가들(증기 기관 제작자인 볼턴과 와트, 영국 도자기 산업에 혁명을 일으켰던 조사이어 웨지우드는 말할 것도 없고) 특허 기업 제도의 문제점을 파악했다. 이처럼 특허를 얻는 일은 비용이 많이 들었고, 절차는 복잡했으며, 공동 주식회사의 이윤은 그에 부과되는 소득세 외에 추가 징세 대상이 될 수도 있었다. 특허에는 규제가 따랐고 정부가 임의로 수정할 수도 있었다. 미국에서는 국가 특허 산업이 운하, 대학, 자선 재단 등 〈공공사업〉으로만 제한되었다.

그러나 미국과 영국에서 공동 주식회사 형태는 근대 경제의 등장 전야에, 또는 그 등장 직후에 근본적으로 변하기 시작했다. 1788년 비준된 미국 연방 헌법의 계약 조항은 어떤 주법도 소급하여 계약상 권리를 침해할 수 없도록 하였지만, 특허는 분명 〈계약〉의 범주에 들어가지 않았다. 그러나 1819년 다트머스 대학 법인의 소송에서 연방 대법원은 모든 공동 주식회사가 주법이 개정되더라도 특허를 다시 받지 않아도 될 권리가 있다고 판결했다. 1830년대에는 주마다 공동 주식회사 설립에 대한 제약이 완화되었다. 매사추세츠 의회는 공공사업을 특허로 제한하던 관행을 철폐했으며, 코네티컷은 입법 없이도 공동 주식회사를 설립할 수 있게 했다. 영국에서는 철도 사업자가 우후죽순으로 생겨나면서 빈번히 특허를 내주는 데 지친 의회가 공동 주식회사법을 1844년 통과시켜, 등록만 하면 공동 주식회사를 설립할 수 있게 했다. 그러나 주주의 유한 책임이라는 혜택은 포함되지 않았고 이는 여전히 논쟁의 대상이었다. 1856년 공동 주식회사법은 이 법인들에게 유한 책임을 허가했다. 1863년에는 프랑스가 이를 따랐고, 1870년에는 독일이 유사한 제도를 도입했다.[15]

유한 책임에 기반을 둔 주식회사는 서구 세계에서 아직 완전히 자리를 잡지 못했고, 1820년경에 탄생한 근대 경제의 기원이었다고 주장하기에는 너무 늦게 나타났다. 그러나 1840년대나 1850년대부터 1910년대, 또는 1930년대나 1960년대까지 이어진 산업의 시대에 나타난 위대한 혁신들에 엄청나게 기여한 것은 사실이다. 애덤 스미스는 공동 주식회사를 잘못 설계된 인센티브 문제를 근거로 비판했다. 비용 지출에 거

---

15 미클스웨이트와 울드리지의 『기업The Company』은 즐겁게 읽을 수 있는 책으로서 고대로부터 현대까지 기업의 발전을 개관한다. 고전 중에서는 챈들러의 『전략과 구조Strategy and Structure』, 영국과 독일에 대해서는 역시 챈들러의 『규모와 범위Scale and Scope』, 뒤부아의 『포말법 이후의 영국 기업The English Business Company after the Bubble Act』, 로젠버그와 버즈웰의 『서구가 부유해진 이유How the West Grew Rich』, 킨들버거의 『서유럽 금융사A Financial History of Western Europe』를 참조. 중국 기업에 대해서는 커비의 "China Unincorporated" 참고.

침이 없고 단기 이익에 매달린다는 약점을 지적한 점에서는 애덤 스미스가 옳았다. 그러나 스미스는 자신의 고전학파적 시각 때문에 핵심을 놓쳤다. 핵심적인 소수 대주주를 위해 행동하는 주식회사는 미지의 영역을 찾아 모험하고, 다양한 재능 있는 사람들을 고용하며, 장기간 손실을 입더라도 버틸 수 있다. 따라서 주식회사는 상당한 혁신을 달성할 가능성이 있었는데, 이는 위험을 분산시켜 주주들이 위험을 감당할 수 있게 하였고, 주식을 몇 년씩 보유하거나 그럴 의사가 있는 타인에게 매각할 수 있었으며, 따라서 미래의 가치를 높이 평가할 수 있게 되었기 때문이다. 혁신의 결과로 투자자들과 사회가 얻는 이익이 기업의 부정과 경영상 문제로 인한 폐해보다 훨씬 큰 것은 당연하다.

존 스튜어트 밀 역시 유한 책임으로 인해 새로운 기업 설립의 중요한 저해 요소, 특히 가난한 사람들에게 더 심했던 이 저해 요소가 감소한 현상을 보았다면 같은 말을 했을 것이다.[16] 이것은 훌륭한 이점이었으며, 특히 유한 책임이 불과 20~30년만 허용된 밀의 시대에는 더욱 그러했다(오래된 기업들에도 이런 이점이 존재하는지에 대해서는 이견이 있다. 지금은 작고한 「파이낸셜 타임스」의 경영 경제학자였던 피터 마틴은 기업은 20년이 지나면 문을 닫아야 한다고 주장한 바 있다).

16 밀의 1851년 작 "The Law of Partnership"은 *Essays on Economics and Society Part II*에 재수록되었다. 〈유한 책임의 파트너십에 참여할 자유는 프랑스와 다른 나라들의 파트너십com-mandite과 유사한데, 나에게는 상업 거래의 일반적 자유에 있어 중요한 요소로 보이며, 많은 경우에 있어 전체적으로 유용한 것을 수행할 수 있도록 상당히 도와주는 것으로 보인다. 필자가 생각하기로는, 빌린 자본으로 사업해서는 안 된다는 입장을 계속 고집할 것이 아니라면, 즉 다시 말하면 사업 이익을 축적할 시간이 있었거나, 자본을 물려받을 만큼 운이 좋았던 사람들이 사업 이익을 독점해야 된다고 주장할 것이 아니라면 누구도 이 파트너십을 비난해선 안 된다. 현재 상공업의 상태를 보면 그런 생각은 너무나 부당한 것이다.〉

마지막으로 정립된 새로운 제도 중에는 파산bankruptcy 제도가 있다. 미국에서는 연방 구금법이 폐지된 1833년까지 빚을 갚을 수 없었던 사람들이 수감되는 일이 흔했다. 이러한 사회적 발전은 다른 면에서도 훌륭했지만, 사람들이 사업을 시작했으나 불운이나 실수 때문에 감옥에 갈 수도 있다고 두려워하지 않아도 된다는 점에서도 훌륭했다. 채무 불이행default은 계속 발생했고 심지어 증가했다. 뉴욕의 금융 지구 중심에 있는 리버티 스트리트를 그린 1836년 석판화에 등장하는 아홉 개 회사 중 네 개가 이후 5년 내에 파산했다.[17] 1841, 1867, 1898년의 파산법은 자발적 파산과 연방 파산 법원에서의 채무 워크아웃을 허용함으로써 채무 불이행에 대한 처벌을 완화했다. 빅토리아 시대 영국에서는 처벌이 국외 추방과 사형에서 수감형으로 바뀌기는 하였으나 채무자의 감옥은 그리 좋지 못했다(이 문제에 대한 언급이 디킨스 소설에 반복해서 등장하는데, 그의 아버지 역시 런던의 마셜시Marshalsea 교도소에 수감된 바 있다). 1856년 법에서는 유한 책임으로 등록된 사업주는 면책되었다. 1869년 채무자법은 개인 기업과 파트너십을 비롯한 모든 이들이 파산을 신청할 수 있도록 허용함으로써 채무로 인한 수감형을 폐지했다. 이것은 혁신에 거의 확실한 도움이 되었다.

마지막으로, 기업의 투자 프로젝트나 신규 사업의 초기 개발 단계에 자금을 제공하는 중요한 목적을 띤(다른 목적도 있을 수 있겠지만) 금

---

17 Balleisen, *Navigating Failure*. 이 책은 1837년부터 1839년까지의 금융 공황을 분석한다. 저자는 신뢰할 만한 추정에 따라 〈시장 거래에 참여한 사업주들은 최소한 세 명 중 하나, 혹은 두 명 중 하나는 감당할 수 없는 채무를 지게 되었다(p. 3)〉고 주장한다. 그가 연구한 피해자 중에는 이후에 엄청난 성공을 이룬 아서 태판(태판 브리지로 알려짐), 제임스 왓슨 웹, 실라스 스틸웰이 포함되어 있으며 마크 트웨인도 들어 있다.

융 기관들이 등장했다. 다른 제도들도 그렇지만 신용 대출 기관 역시 창
의적이었던 바빌론 시대로 거슬러 올라간다. 부유한 지주들과 종교 사
원은 개인 기업이나 파트너십에 생산이나 교역 목적으로 대출을 해줬
고, 이때 농토와 집, 노예, 부인과 첩, 자녀를 담보로 잡아 두었다. 중세
시대에는 몇몇 가문들이 은행업을 시작해서 전력을 다했다. 가장 유명
한 것은 독일 남부의 푸거 가문과 피렌체의 메디치 가문이었다. 이들은
유럽 지역의 왕과 군주에게 대출한 것으로 유명했다. 18세기에는 런던
의 베어링Baring 가와, 다섯 아들이 각기 프랑크푸르트, 런던, 파리, 빈,
나폴리로 퍼져 나간 로트실(또는 로스차일드Rothchild) 가가 있었다. 베
어링 가는 루이지애나 매입과 같은 사건에서 정부에 대출해 준 것으로
유명했으며, 로트실은 영국이 나폴레옹을 상대로 전쟁을 벌일 때 자금
을 대출한 것으로 유명했다. 이들은 모두 머천트 뱅크[18]였다. 그러나 이
들 머천트 뱅크에서는 혁신의 시대로 가는 길을 닦은 새로운 발전을 찾
아보기 힘들다.

19세기 초기의 미국 은행들은 몇 가지 기본적인 교훈을 보여 준다.
이 은행들은 일반적으로 불안정성의 원천으로서 기업가 정신과 경제
발전의 장애물로 여겨졌으며, 신고전파 경제 이론이 찬양한 자본의
〈이동성〉을 달성하지 못했다고 판단되었고, 유럽에서 발전한 〈겸업 은
행universal bank〉이 경제 발전의 동력으로 여겨지는 것과 달리 경제 발
전에 기여하지 못했다고 인식되었다. 미국의 시스템에는 두 종류의 은
행이 있다. 하나는 상업 은행commercial bank으로, 주 정부로부터 허가
를 받아 예금을 받고, 어음을 발행하며 생산과 상업에 자본을 조달한

18 merchant bank. 본래 무역 어음 인수 등을 하던 금융업자 — 옮긴이주.

다. 다른 하나는 개인 은행private bank으로 어음을 발행하지도, 예금을 받지도 않으며 자기 자본에만 의존한다. 두 종류의 은행이 모두 번성했다(개인 은행은 많은 해외 자본을 유치했으며 투자 은행investment bank으로 발전했고, 투자 프로젝트에 자금을 조달하려는 기업들에 대출을 해줬다). 이처럼 시스템이 복잡하고 미묘했기 때문에 쉽게 판단하기는 어렵다. 그러나 최근의 학설과 연구 결과는 이 은행들이 각 지역의 기업가 정신과 발전에 기여하는 데 적합했다고 주장한다. 물론 완벽하지는 않았지만 해가 되기보다는 도움이 되었다는 것이다. 대개 자기 지역에 밀착되어 있던 이들 은행은 변화하는 기회에 대응할 수 있는 최전선에 있었다. 또한 고객을 파악하고 대출받은 자들을 점검하는 규칙을 만들어 실행했다.

경제 발전이 진행되려면, 제조업 기업들이 등장하고 성장해야 한다. …… 성장이 제때 일어나려면, 제조업자들이 외부에서 금융, 특히 은행의 신용을 이용할 수 있어야 한다. …… 은행가들은(보통은 스스로가 상인이기도 한) 자신들이 잘 아는 기업과 기업가들에게(즉 다른 상인들에게) 대출해주는 경향이 있다.[19]

19 Bodenhorn, *A History of Banking in Antebellum America*, p. 24. 12쪽에 나온 저자의 주장을 옮겨 보면 다음과 같다. 〈분권화된 연방적 매디슨적 정체polity는 지역의 필요나 선호에 대한 제도를 시험하고 수정하는 일을 촉진했다. 미합중국 제1, 2은행은 예외이지만, 남북 전쟁 이전의 은행은 주 자체에서 만들어진 것이었으며 이는 지역민들의 희망 사항 내지는 변덕까지도 반영할 수 있었다. ……이 정체의 분권적 성질 덕분에 그 지역에 맞춘 유연성이 존재할 수 있었고, 그 결과 은행은 《시간이 지날수록 마치 다윈의 진화론에 등장하는 동물들처럼 서로 달라져 갔다》.〉

이런 수정주의적 시각에 따르면, 프랑스와 독일이 겸업 은행으로부터 어떤 이익을 얻었든 간에 미국과 영국에서는 겸업 은행이 없었다는 사실이 장애물이 되지는 않았다.

정치 제도: 대의 민주주의

정치 제도는 근대 경제가 만들어지는 데 있어 누가 보더라도 중요한 역할을 수행했다. 경제적 측면의 근대성과 비슷하게 등장했던 대의 민주주의도 그러했다. 근대 경제와 함께 근대적 민주주의가 발전한 것은 시사하는 바가 많다.

대다수 국가에서 국회 의석은 상업 자본주의 시대에도 상류층과 지주 귀족들이 점유하고 있었다. 경제적 정의에 대한 인식은 몇 세기 정도 뒤처져 있었고 의원 개인의 좁은 이해관계가 입법을 좌우했다. 그러나 18세기에는 대의 민주주의, 최소한 당시보다는 민의를 더 대변하는 민주주의라는 아이디어가 미국과 유럽에서 대중의 상상력을 사로잡았으며, 이는 상당 부분 도시의 노동 계급과 사업가들이 의회가 자신들을 대표할 수 있어야 한다고 요구했기 때문이었다. 1776년 미국의 독립 선언문은 모든 왕들과 귀족들로부터 자유로운 자치 정부에 대한 사람들의 권리를 선언했지만, 이 비전은 약 90년이 지나 노예제가 폐지되면서 비로소 완전하게 실현되었다. 1789년의 프랑스 혁명은 민주주의의 탄생을 요구하는 유럽 사람들의 집단적 외침이었다. 1791년 폴란드-리투아니아 헌법은 도시민과 귀족이 정치적으로 동등함을 선언했다. 어떤 역사가들은 베르사유의 궁정 때문에 지주들이 현실을 개선할 방법을 생각하지 않았으며, 그 결과 프랑스에는 국가가 몰락한 후에야 혁신이 찾아왔다고 말한다.

이 민주주의에는 분명 경제에 악영향을 줄 수 있는 위험이 있었다. 민주주의는 세습 왕정에 비해 확실히 단기 지향적인 경향이 있었다. 헌법이 일정 수준 제한하기는 하지만, 다수의 횡포가 가능했다. 또한 통치 대상인 상당수 사람들보다 재산이 적은 사람들이 정부에서 일했으므로, 귀족 의회보다 뇌물에 더 취약했다. 그러나 종합적으로는 혁신에 좋은 영향을 준 것이 분명하다.

사람들에게 자치권이 생기면 경제적 성과에 도움이 된다는 믿음은 오래전부터 존재해 왔다. 또한 이것이 경제적 역동성의 성장에 유리한 조건을 마련했다고 믿을 만한 이유도 있다. 예컨대, 대의 민주주의는 독재자라면 거부하거나 억압할 만한 경제 제도나 정책을 수립할 수 있다. 민주주의는 공공 부문이 하위층 및 중산층의 이익을 지지하며, 사업 활동을 돕고 공교육을 장려하는 등 개인의 주도권을 보호하고 육성하도록 압력을 가할 수 있다. 혁신은 아래로부터의 창조적 자극, 탐험과 실험에서 나오는 것이므로, 민주주의의 이런 특징들이 혁신에 도움이 될 것이다. 이와 반대로, 독재 체제는 독재자의 이익, 예컨대 국가 권력을 강화하거나 독재자를 찬양하는 분위기를 만드는 데 공공 부문을 이용할 것이라고 생각할 수 있다(민주주의에 동전의 양면 같은 점이 있다면, 사회 전체에 난립한 특수 이익 집단들 때문에 입법 과정에서 결탁이 발생할 수 있다는 사실이다. 이 경우 공공 부문이 팽창하면 혁신에 도움이 되기보다는 해가 된다. 그러나 프랑스를 빼면 정부가 여전히 아주 작았던 19세기에는 이럴 가능성이 적었다).

대의 민주주의는 근대 경제에 도움이 되는 제도와 문화를 자연스럽게 뒷받침할 수 있지만 독재 체제는 보통 이렇게 하지 못한다. 정부가 입법을 통해(비록 불확실성과 변화, 성쇠의 반전, 이윤과 손실 등의 요소가지는 어쩔 수 없지만) 경제적 기능을 보호하는 제도를 합법화한다고 하자. 이곳에서 기업가나 혁신가가 되려는 사람들은 그들의 회사가 정부 기관이나 동업자에게 부당하게 갈취당하거나, 채권자나 종업원들에 의해 계약상 위협을 당하거나, 경찰이 보호해 주지 않아 폭도들에게 가게와 공장을 약탈당하지 않을 것이라고 확신하게 될 것이다. 다양한 생각을 하는 유권자들로 구성된 대규모 사회에서 제도가 성립되었다면, 많은 사람들의 생각이 변해서 과거의 법이 폐지될 확률은 독재자 한 명이 마음을 바꿔서 법을 바꿀 확률보다는 낮다(즉 대수의 법칙이라는 통계학 이론을 따르는 것이다).

이 이론은 사람들이 믿고 의존할 만큼 법의 지배가 굳건한지의 문제와 연관되어 있다. 모두가 동의하듯, 독재자들은 법의 지배가 자신에게 이익이 될 때만 그것에 신경을 쓴다. 심지어 마그나카르타 같은 헌법도 어떤 책략을 써서 회피하는 일이 없을 것이라고 장담할 수 없다. 물론 민주적 의회 또한 법을 바꾸거나 추가적인 입법을 통해 기존의 법을 회피할 수 있다. 여기서 주장하는 바는, 독재자와는 달리 크고 다양한 민주주의 국가의 입법부는 기존의 법을 위반하거나 회피하기가 곤란하다는 것이다. 〈국민의 시배〉가 법의 지배에 신뢰를 부여하는 셈이다.

민주주의의 또 다른 면 역시 혁신에 기여했을 수 있다. 토크빌은 1835년 미국을 여행하며 자치 정부가 경제 활동에서의 자립self-reliance과 자기 표현을 낳는 데 도움이 되었다고 추측했다. 미국인들이 마을 회의에 참여하는 것부터 공직에 봉사하는 것까지 자치를 통해 획득한 경험이라는 자산은, 계약 협상을 하고, 직원들과 일하고, 새로운 기업을 설립하는 데 필요한 연락을 취할 때 지속적으로 도움이 되었다. 마찬가지 논리로, 미국인들이 경제 분야에서의 자립을 통해 얻은 경험은 자신감이나 높은 사교성처럼 자치에 필요한 기술을 제공했다. 토크빌의 이론에서 미국의 자발적 조직은 〈위대한 무상 교육 기관〉이었으며, 이는 유럽에서는 잘 찾아볼 수 없는 것이었다.

민주주의의 또 한 가지 특징도 근대 경제가 등장하는 데 중요한 요소였을 수 있다. 정치인들이 표를 얻고자 수많은 사람들의 목소리에 귀를 기울이는 한, 대의 민주주의는 독재 체제보다 아주 많은 생각이 제시되고 관심을 받는 체제이다. 독재 체제는 사람들이 요구하는 것, 특히 새롭게 요구하는 것들을 인식하지 못하는 경향이 있다. 따라서 대의 민주주의는 근대성이 태동하던 시기에 새로운 제도의 필요성에 더 민감했을 것이다.

민주주의 정부 체제가 혁신에 도움이 된다는 점을 인정하더라도 해결되지 않는 역사적 문제가 있다. 대의 민주주의 체제가 적당한 장소, 적당한 시간에 작동하기 시작한 것이 해당 국가에서 경제적 역동성을 유발하게 된 것일까? 영국, 미국, 벨기에, 프랑스, 독일에서는 대의 민주주의가 등장한 이후에 근대 경제가 발전한 것일까? 아니면 그 이전일까? 영국 의회는 1688년 혁명을 통해 새로운 재산가들과 새로운 도시를 대변하게 되었다. 1832년 개혁법은 하원의 선거권을 재산 조건 없이 모든 남성에게 확대했으며 도시 지역의 의석을 늘렸다. 미국에서는 1788년 헌법에 의해 만들어진 하원과 상원이 영국 의회보다 훨씬 큰 대표성을 확보했다. 투표권은 재산 조건을 충족하는 모든 남성에게 주어져서 시민권과 무관하게 모든 남성 중 3분의 1에서 절반 정도가 투표권을 갖게 되었다 (투표권은 곧 단계적으로 확대되었다. 1812년에는 재산이 없는 남성에 게도, 1870년에는 유색 인종, 1920년에는 여성에게 부여되었다). 그러나 프랑스에는 민주주의와 역동성이 늦게 등장했다. 프랑스 혁명은 바로 민주주의로 이어지지 못했고 1815년까지는 나폴레옹에, 1830년 혁명까 지는 왕정 복고에, 1848년까지는 루이 필리프에게 지배를 받았다. 남성 에게 보편적으로 투표권이 주어진 형태의 민주주의는 1848년 혁명과 함 께 등장했다. 마찬가지로, 나폴레옹 이후 루이 필리프가 통치하던 시기 에 약간의 혁신과 그에 부합하는 정도의 번영이 나타나기는 했지만, 프 랑스에는 19세기 후반에 이르러서야 비로소 생산성이 도약하면서 상대 적으로 고도의 혁신이 나타났다. 벨기에는 이보다는 불분명하다. 벨기에 역시 민주주의가 나타나기까지 오랜 시간이 필요했는데, 1815년에 나 폴레옹이 몰락하기 전까지는 프랑스에, 이후에는 네덜란드에 지배당했 고 1830년에야 벨기에 혁명이 의회 민주주의를 성립시켰다. 혁신은 민주 주의보다 앞서 온 듯 보이지만 외세의 지배를 받던 시절에 비해 민주주 의 아래서 더 성과가 좋았다. 1830년 전에도 벨기에는 불어권 왈로니아 Wallonia 지역의 광산과 제철 부문에서 사업적 발전을 보였는데 이것은 프랑스의 어떤 지역보다도 앞선 것이었다. 그러나 1830년 이후에도 특 히 고무 산업의 형성을 포함한 혁신을 계속한 벨기에는 1914년까지 세 계 산업화의 선두 주자였다. 독일은 예외이다. 19세기 내내 독일은 지역 적 수준을 제외하면 민주주의를 거의 경험하지 못했지만, 혁신은 19세기 후반에 크게 늘어났다. 그렇지만 독일에 민주주의가 있었다면 더 성과가 좋았을 가능성은 여전히 존재하며, 거의 모든 국가들이 혁신을 뒷받침하기 위해 민주주의가 분명히 필요했던 구조였다고 볼 수도 있다. 어떤 경우든, 근대적 민주주의가 근대 경제의 직접적인 원인이었다거나 혹은 그 반대였다고 단정하기보다는 둘 다 같은 가치관과 믿음, 즉 같은 문화에서 발생했다는 것이 합리적인 추론일 것이다.

경제 문화: 차이와 변화

근대 경제란 무엇인가? 지금까지 이야기한 관점에서 보면, 근대 경제의 특별한 점은 그것이 제공하는 보상이다. 즉, 새로운 상업적 아이디어를 구상하고, 구현하고, 개척하는 일에 금전적 혹은 경험적 보상을 제공함으로써 혁신을 시도하는 데 자원을 쓰도록 장려하는 것이다. 지금까지 제시된 관점에 따르면 어떤 경제든 그 사회의 제도와 문화에 기반을 두고 작동한다. 문화는 사회적으로 전승되는 태도와 신념이라고 할 수 있다. 물론 모든 구성원들이 정확히 동일한 문화를 물려받는 것은 아니며, 문화에는 그 국가의 경제 정책이나 어떠한 도덕적 철학도 포함되지 않는다. 따라서 우리는 하나의 경제가 경제 제도들 그리고 그 경제 문화 혹은 문화들로 구성되어 있다고 생각할 수 있다. 경제 문화란 사업적, 경제적 문제에 관한 태도와 신념이라고 할 수 있다. 어떤 종류의 경제든 그것을 뒷받침하는 문화가 필요하다. 그러나 모든 행동을 〈문화〉라고 할 수는 없으며, 상당수 행동은 원인이라기보다는 문화의 결과일 수 있다.

역사가들, 특히 20세기 역사가들이 19세기에 본격적으로 성장한 근대 경제들의 도약과 번영을 어떻게 설명할 것인지 모색하기 전부터, 18세기 최고의 지성들 몇몇은 16~17세기에 주목할 만한 상업적 경제들이 등장한 것을 설명하려고 고심했다. 애덤 스미스는 영국에서의 상업 발전에 대해 설명하면서, 강압적이고 약탈적인 정부가 사라지면서 더 나은 가격을 계속 탐색할 수 있는 〈교환truck and barter〉이 성장하게 되었다고 보았다. 사람들이 부를 소유해도 안전하다고 느끼게 되면서 저축이 늘어났다. 또한, 부가 축적되는 과정에서 교역이 더 큰 수준으로 확대되었고 상업 경제 시대의 물질주의가 꽃을 피웠다. 그러나 스미스는 물질에 대한 욕망이 보편적이며 시간과 상관없이 일정하다고 즉, 상업 경제 시대에만 혹은 영국에만 나타난 특징이 아니라고 보았고 따라서 주요 동인이 아니라고 생각했다. 그는 『국부론』에서, 〈(우리가) 저축하는 원리는 우리의 생활 수준을 개선하려는 욕망이며, 태어나기 전부터 우리와 함께 했으며 무덤까지 떠나지 않을 그런 욕망이다〉(324쪽)라고 썼다(마르크스 역시 상품과 부에 대한 〈물신fetish〉이 상업 경제의 원인은 아니라는 데 동의하며 물신 숭배는 그 결과에 불과하다고 했다). 상업 자본주의적 경제들에는 몇 가지 두드러지는 행태들이 나타났다. 바로 정직과 법의 존중, 약속 이행, 선의의 거래, 신용trustworthiness으로 알려진 상업적 덕목이다. 그러나 데이비드 흄과 애덤 스미스는 이러한 부르주아적 품위가 상업 자본주의의 원인이라고 보지는 않았다. 흄은 1740년 작 『인간 본성론』에서 (오늘날의 경제학자들에게는 보편적인 방식이지만) 이런 상업적 관행들이 상인 자신의 이해관계, 특히 평판에 대한 관심에서 발전된 것이라고 주장했다. 스미스는 『법학 강의Lectures on Jurisprudence』(1763)에서 상인이 평판에 신경을 쓰는 것은 자부심 때문이 아니라 평판에 달려 있는 이윤 때문이라는 시각을 드러냈으며, 『국부론』에서는 상업적 덕목을 상업 경제의 전제 조건이 아니라 그 결과로 보았다.

여기서 갑자기 근대 경제의 등장 대신 상업 자본주의적 경제에 대하여 논하려는 것은 아니다. 핵심은 베버가 주장한 대로 근면함과 검약함, 부르주아적 품위라는 문화가 등장한 결과 더 많이 노력하고 절약하며 부를 얻었다고 하더라도, 이러한 문화적 변화가 19세기의 전례 없는 근대 경제의 위업을 촉발한 원인인지는 판단하기 힘들다는 것이다. 스미스나 흄이 시사하는 바대로 긴 노동 시간, 높은 저축률, 법과 합의의 존중 같은 요소는 17세기나 18세기에도 모두 존재했기 때문이다(만약 노동 시간과 저축률이 근대 경제가 나타난 국가들에서 더 높이 상승했다면, 근대 경제의 역동성에 수반되는 빠른 경제 성장과 높은 투자 수요가 이를 자극한 것으로 볼 수도 있을 것이다). 상업 경제에 그러했듯이 부르주아적 품위라는 문화가 근대 경제의 발전에도 필요했거나 도움이 되었다는 주장 정도는 해볼 수 있을 것이다.

그러나 근대 경제가 등장한 원인이라고 볼 수 있는 진정한 문화적 변화들도 존재했다. 근대 경제의 한 요소로 등장하여 마침내 근대 경제의 핵심인 역동성에 원동력을 제공한 에토스(특성) 혹은 정신을 서구 세계가 획득했다는, 몇몇 국가에서 특히 더 그랬다는 사실은 분명하다. (휴머니즘이 에토스보다 폭넓은 개념이었지만) 이렇게 얻은 특성은 휴머니즘의 일부였다. 이 에토스가 임계량에 도달한 국가와 지역, 도시에서는 근대 경제의 탄생이 촉발되었다(다른 핵심 요소들이 이후에 등장했으므로, 그 이전에 몇몇 국가들에서 새로운 면모나 문화적 요소 중 일부가 이미 등장했었다는 사실은 중요하지 않다). 이런 에토스는 모더니즘이라고 부를 수도 있을 것이다.

오늘날 〈근대적〉이라는 말은 친숙하게 느껴진다. 근대적 여성, 근대적 도시, 근대적 삶, 전통적이지 않고, 새로우며, 파괴적이거나 혁명적이라는 점에서의 근대성 등이 그 예다. 근대 사회에서는 내부에서 변화를 만들어 내며, 근대 경제에 참여하는 사람들의 새로운 아이디어가 이런 변화의 주 원천이다. 첫 근대적 사회는 폴 존슨의『근대의 탄생』이 주장하는 바대로 1815년에 시작되었다. 그러나 근대적 사상은 자크 바전의 방대한 연구 인『새벽에서 황혼까지*From Dawn to Decadence*』(2001)에 나타나듯 1500년 경에 시작되었다. 고대에도 우리가 근대적이라고 생각할 만한 사상이 존 재했지만 광범위하게 확산되지 못했거나 중세에 들어와 사라지게 된다.

근대적 태도와 신념, 즉 가치관은 비록 국가마다 그 정도는 다르지만 오늘날까지 서구 국가들에 일반화되어 있다. 근대적 가치관에는 자신을 위해 생각하고 일하는 것과 자기표현 같은 규범이 포함된다. 이러한 가 치관에는 타인에 대한 태도도 포함된다. 타인이 유발했거나 원하는 변 화를 수용할 준비가 되어 있는 것, 타인과 함께 일하려는 열망, 자신을 다른 사람들과 비교하며 시험해 보고 경쟁하려는 욕망, 주도권을 가지 고 앞서나가려는 의지 등이 여기에 해당된다(이러한 문화적 요소들은 상업적 경제들의 생산, 교역과 부의 축적에 있어서는 핵심적인 요소가 아니었다.[20] 앞에서 설명한대로, 애덤 스미스부터 젊었던 시절의 마르크

---

20 신슘페터의지들은 여기에 반대할지 모른다. 외부의 발견이 일어난다고 하더라도 그것 이 실현되려면 일부 기업가들이 이러한 새로운 가능성을 상업적으로 응용하는 작업을 주도적으 로 수행해야 하기 때문이다. 경제학 배경 지식이 어느 정도 있는 일반인들은 이것이 기업가 정신 의 전부라고 믿게 되었다. 그러나 슘페터 자신은, 특히 정형적 분석 결과를 통해 도시에 있는 기 업가들 중에서 〈명백한〉 개발 작업에 착수하기에 누가 가장 적합한지 가려질 것이라는 이론을 세웠다. 이에 따르면 그 누구도 변화를 주도할 필요는 없다.

스까지 상업적 경제들이 이러한 문화적 요소들을 획득하지 못했음을 지적했다). 다른 근대적 태도로는 창조와 탐험, 실험하려는 열망과 난제를 기꺼이 떠맡아 극복하는 것, 지적인 활동에 참여하고 직책을 맡아 지시를 내리려는 열망 등이 있다. 이러한 열망의 배후에는 자신의 판단을 실행하고, 통찰력에 근거하여 행동하며, 상상력을 동원하려는 욕구가 있다. 동전 던지기에 기꺼이 돈을 거는 것처럼 위험을 무릅쓰는 행동은 이런 정신에 포함되지 않는다. 이것은 미지의 세계로 나아갈 때 예상하지 못한 결과가 생길 가능성을 단점으로 보지 않고 가치 있는 경험이라고 여기는 정신이다. 자아발견과 개인의 성장은 활력론자들에게 중요한 가치이다.[21]

근대적 신념에는 어떤 것이 옳은지 판단하는 몇 가지 독특한 생각들이 포함된다. 권한이 더 많은 지위를 얻기 위한 경쟁이 옳고, 더 높은 생산성과 더 높은 권한에 대해 더 높은 급여가 지급되는 것이 옳고, 권한이 높은 자들이 지시를 내리게 하고 그들에게 책임을 묻는 것이 옳다는 생각, 그리고 사람들에게 새로운 아이디어나 업무 방식, 새로운 업무를 제

---

21 사람들이 다른 사람들을 인식하고 관계를 맺는 과정에서 찾게 되는 가치를 네이글의 책 『이타주의의 가능성*The Possibility of Altruism*』(1970)에서는 〈이타주의altruism〉라고 불렀다. 자기 발견과 개인의 성장에서 찾을 수 있는 가치를 컬럼비아 대학의 서양 사상사 거두인 자크 바전은 〈활력vitalism〉이라고 불렀다. 그는 "From the Nineteenth Century to the Twentieth"(1962)에서 많은 지면에 걸쳐 이를 논했다(800쪽에 달하는 대작인 『새벽에서 황혼까지』를 2001년에 집필했을 때는, 그의 다른 관심사들 때문에 〈활력과 자발성〉은 몇 문단으로 축소되었다). 또한 활력은 탁월한 문학 비평가인 해럴드 블룸의 1961년 작 『환상의 회사*The Visionary Company*』와 1994년 작 『서구의 정전*The Western Canon*』에도 등장한다. 여기서 활력이라는 것은 18세기에 같은 이름으로 등장했던 형이상학적 담론, 즉 전기와 같이 〈삶의 불꽃〉이란 것이 있어서 생물과 유기체에 삶을 부여한다는 생각(활력론)과는 다른 것이다. 루이지 갈비니는 죽은 개구리에게 다시 활력을 불어넣기 위해 전기 충격을 가한 바 있다(근육은 분명 수축했지만, 그렇다고 다시 뛸 수는 없었다).

시할 권리가 있다는 생각 등이다. 이들은 모두 봉사와 복종, 가족과 사회적 조화라는 관념에 기반을 둔 전통적 사상과 대비된다.

이러한 새로운 정신의 첫 번째 신호는 르네상스 시기에 나타났다. 중세에는 (왕이 아니더라도) 세상에 참여하여 보상을 받을 수 있다는 생각, 아직 알려지지 않은 것들이 있으며 인류의 상상력을 통해 더 많은 지식을 발굴할 수 있다는 생각은 꿈도 꾸지 못했다. 인문주의자 조반니 피코 델라미란돌라(Giovanni Pico della Mirandola, 1463~1494)는 르네상스 운동의 중심에 있었는데, 그는 어린 시절부터 배워 온 신학적 개념을 사용하여 인간이 신의 형상으로 창조되었다면 신의 창조적 역량을 일정 부분 가지고 있을 것이라고 주장했다. 그는 미켈란젤로의 장례식에서 연설하며 인간이란 〈자연이 그에게 부여한 물질로부터 자신의 형상을 조각해 내야 하는 조각가〉라고 말했다. 따라서 피코는 오늘날의 기준으로 보면 인간이 자신의 발전을 개척해 나가야 한다는 〈개인주의〉를 주장한 셈이다.[22] 유력한 인문주의자 에라스뮈스는 〈불멸에 대한 희망과 새로운 동경의 자극, 끝없는 가능성의 제시를 통해 확장되는 (인간의) 지평〉에 대해 저술하며 그 원인을 〈기독교의 정신〉에 돌렸다. 로마 가톨릭 교회의 구성원들에게 스스로 성경을 읽고 해석할 수 있는 〈기독교적 자유〉를 허락해야 한다는 루터의 주장은 비생산적이고 제대로 기능하지 못하는 정부로부터 인간을 해방시키는 역사에 있어 중요한 이정표였다.

발견의 시대는 또 다른 중요한 신기원이었다. 강력한 활력주의 정신이 70년에 걸쳐 이탈리아로부터 프랑스와 스페인을 거쳐 영국으로 확

22 Cassirer, "Giovanni Pico della Mirandola", p. 333.

산되었다(설령 활력주의가 위대한 항해가들의 영웅담이나 탐험에 대한 사람들의 반응으로 나온 것이 아니라 하더라도, 새로운 활력주의에 대한 굳이 다른 표현이 필요하지는 않다). 1500년에 태어난 위대한 조각가이자 같은 이름의 베를리오즈 오페라의 주인공이기도 한 벤베누토 첼리니는 자서전에서 자신을 끝없이 탐구하는 예술가이자 기업가로 표현했는데, 이는 성취와 성공에 몰두한 해방된 개인주의자의 모습이었다. 1509년생인 칼뱅은 직업을 신이 하는 일의 연장선상에 있는 것이라고 칭송했다. 1533년에 태어난 몽테뉴는 에세이 모음집에서 자신의 내면적 삶과 〈변화하기becoming〉라고 지칭한 개인적 성장의 연대기를 남겼다. 1547년생인 세르반테스는 『돈키호테』에서 돈키호테와 산초 판사가 도전할 것이 없는 곳에 갇혀 있다가 충만한 삶의 활력을 찾고 싶은 유혹 때문에 멀리 떠나는 이야기를 그린다. 1564년생인 셰익스피어는 『햄릿 Hamlet』과 『리어왕King Lear』에서 겉으로 보기보다 실제로는 취약한 주인공들의 내적 갈등과 용기를 그린다.

과학 혁명으로 불리는 1550년부터 1700년까지의 연이은 연구들은 또 다른 획기적인 사건이었다. 이는 관찰과 추론을 통해 자연의 많은 작동 원리를 발견할 수 있음을 보여 주었는데, 윌리엄 하비의 혈액 순환론이 한 예이다. 이로부터 얻게 된 교훈은 연구와 추론을 통해 어떤 것이 작동하는 방식, 또는 작동하게 할 방법을 찾아낼 수 있다는 점이었다.

그다음 단계로 18세기의 계몽주의가 등장했다. 상업 경제 시대에 모험적인 상인들이 축적한 부를 바라보며, 이 철학자들과 정치 경제학자들은 기업가의 노력은 개인적으로도 이익이 되지만 사회적으로도 가치가 있다고 보았다. 프랑스에서는 기업가들을 전적으로 환영한 학자도 있었다. 콩도르세[23]는 정치적 특혜를 두고 경쟁하는 정치적 지대 추구 행위보다 기업가들의 생산성을 높이 평가했다. 장밥티스트 세[24]는 기업가들이 더 높은 수익을 모색하며 경제를 계속 새롭게 바꿔가는 점을 칭찬했다. 볼테르는 특히 1759년 소설 『캉디드Candide』에서 〈우리는 스스로 우리 정원을 가꾸어야 한다Il faut cultiver notre Jardin〉는 말을 통해 관행에 순종하고 다른 사람들을 따르는 삶보다는 개인이 삶의 주도권과 경제적 독립성을 유지하는 삶을 지지했다.[25] 미국에서도 토머스 제퍼슨이 평범한 사람들도 기업가가 되어 노력을 기울이는 소규모 기업을 통해 〈행복을 추구〉하는 참가자들로 가득 찬 경제를 지지했다. 이러한 생각은 개인 기업들이 폭넓게 등장하면 세상을 바꿀 수 있다는 생각으로까지 이어졌다. 이러한 〈진보〉는 세상이 완벽해진다는 것도, 실수할 일이 없어질 것이라는 의미도 아니며, 단지 사회의 불완전한 부분들이 다소나마 줄어들 수 있고 역량을 어느 정도 개선할 수 있다는 의미이다. 이러한 점에서 휴머니즘과 그중 활력에 대한 부분은 서구 세계의 핵심적 신념의 일부가 되었다.

계몽주의 덕분에 사람들은 창조성이 어떻게 발현되는 것인지 처음으로 감을 잡기 시작했다. 최초의 근대적 철학자인 흄은 모든 지식의 발전에 있어 핵심은 상상력이라는 점을 간파했다. 『인간 오성에 관한 탐구』

---

23 Marquis de Condorcet(1743~1794). 프랑스의 철학자, 수학자, 정치가. 볼테르와 교류하였으며 『백과전서Encyclopédie』 경제학 항목을 담당하였다 — 옮긴이주.

24 Jean-Baptiste Say(1767~1832). 프랑스의 경제학자, 실업가. 경쟁, 자유 무역의 활성화와 경제적 규제 철폐를 주장했다. 생산 과잉의 존재를 부정한 〈세의 법칙Say's Law〉으로 유명하다 — 옮긴이주.

25 Rothschild, *Economic Sentiments*, p. 33을 보라.

에서 그는 새로운 지식이란 단순히 세상을 관찰한 결과 또는 기존 아이디어에서 나오는 것이 아니라고 설명했다. 우리의 지식은 결코 완벽히 닫혀 있는 체계가 아니므로 독창성이 들어올 수 있는 공간이 존재하는 것이다. 새로운 지식은 아직 연구가 이루어지지 않은 체계의 일부가 어떻게 작동하는 것인지 상상하는 것에서 시작된다(그런 상상은 새로운 데이터로 인해 촉발될 수도 있지만, 반드시 새로운 자료가 필요한 것은 아니다). 이후 하이에크는 위에서 언급한 세상을 관찰한 결과와 기존 아이디어를 상당한 수준으로 숙지한 후에야 비로소 상상할 수 있다고 지적하였다.

계몽주의에서 나온 매우 중요한 것이 더 있다. 이것에 대해 표현한 사람이 거의 없기도 하지만, 토머스 제퍼슨만큼 이것을 능숙하게(또는 간결하게) 표현한 사람은 없었다. 〈삶, 자유, 행복의 추구〉라는 불멸의 어록과 함께 그는 당대 미국인들의 마음속에 존재하는 두 가지 명제를 이야기했다. 하나는 모든 인간은 무엇인가를 성취할 도덕적 권리가 있다는 관념이다. 이것은 당시까지만 해도 많은 사람들이 언급하지 않았던 관념이었고, 삶이란 가족, 교회, 국가 등 타인에 바쳐야 하는 것이라고 생각했던 이전 시대의 전통과는 배치되는 것이었다(물론 내 것을 타인에게 주는 것은 기쁜 일이지만, 제퍼슨은 그런 차원이 아니라 인간의 발전이라는 여정을 논하고 있는 것이다. 그는 미국에 이미 〈모든 필수품과 편의 시설이 충분히 갖춰져〉 있다고 보았으며, 따라서 그가 의미한 것은 더 높은 단계를 〈추구〉하는 것임이 분명하다). 또 다른 관념은 나중에 키르케고르와 니체가 제시한 존재론적 관념이었다. 진실한 삶은 각고의 노력을 통해서만 이루어질 수 있다는 것이다. 이러한 〈행복〉은 결국 찾지 못할 수도 있겠지만 일단 추구해야 한다. 이 두 가지 명제는 우리가 흔히 모더니즘이라고 부르는 것을 집약적으로 보여 준다. 이는 개인을 집단에 종속시키는 전통주의 사상에 역행하는 것이다.

오늘날 이런 혁명적 사상들로 인하여 영원히 지속될 듯하던 것들이 바뀌었다는 사실을 의심하는 이는 없다. 계몽주의 이후 몇몇 유럽 사회는 파우스트처럼 지식을 근본적으로 발전시킬 수 있다는 점에 들떠 있었고 그러한 발전을 갈망했다. 농업 부문이든 비농업 부문이든 사업가들은 자신의 창조성을 자각할 수 있었고, 정치가들은 그들을 정치적으로 대변함으로써 사업가들이 그들의 사업에서 창조성과 통찰력을 시험하는 데 매진할 수 있게 하는 경제의 수립을 옹호할 수 있었다. 활력주의는 근대 경제의 불꽃, 역동성의 중추가 되었다. 19세기에 근대 경제에 참가한 자들은 스스로 시험해 본 발견의 힘과 그에 대한 보상에 대한 자신감이 넘쳐났다. 인류 역사상 처음으로 새로운 방법과 새로운 제품, 그로 인한 소득 증가에 대한 강렬한 희망이 존재했다. 영국에서는 더 많은 사람들이 주로 도시 지역에 있는 신생 기업에서 일하게 되었으며, 다들 〈성공〉을 열망하고 있었다. 미국에서도 사람들은 성공을 열망하고 있었다. 토크빌은 1831부터 1832년까지 미국을 여행하면서, 사람들의 자신감과 굳은 결의를 확인했다. 당시 서쪽으로 뻗어 나가던 국경선을 지칭하는 〈미국의 프런티어〉는 제품과 사업 방법의 새로운 지평을 나타내는 상징이었을 수도 있다.

그러나 토크빌은 새로운 활력이 미국에도 나타났는지, 설사 있다 해도 프랑스와 같은 수준인지에 대해 깊은 의구심을 드러냈다.

내 머릿속을 떠나지 않는 두 가지 커다란 생각 중 첫째는 이 사람들이 세계에서 가장 행복한 사람들에 속한다는 것이며, 둘째는 이 굉장한 번영은 사람들의 본성이 훌륭하기 때문은 아니고, 다른 나라보다 정부의 형태가 본질적으로 뛰어나기 때문은 더더욱 아니며 특수한 조건 때문이라는 것이다. ……모두가 일하고, 지하자원이 너무나 풍부하여 일하는 사람들 모두가 만족할 만한 재산을 빠르게 확보하는 데 성공한다. 쉼 없이 일하는 것이 이 번영을 뒷받침하는 것으로 보인다. 부는 널리 있는 유혹이다. ……내가 착각한 것이 아니라면, 미국이나 유럽이나 사람 자체가 다른 것은 아니다. 그저 다른 환경에 놓여 있을 뿐이다.[26]

두 세기가 지난 지금, 토크빌의 입장은 진실과 완전히 반대되는 것으로 보인다. 미국 경제의 활력과 동력을 〈특수한 조건〉, 주로 미개척 토지를 개발할 수 있는 기회 탓으로 돌린 것은 19세기 전반에는 맞는 설명이다. 그러나 19세기 말에 이르면 미국의 미개적 토지는 거의 남지 않았는데도 실험과 탐험, 창조의 동력은 20세기 내내 완전히 사그라들지 않았다. 미국이 단지 지상에서 〈가장 행복한〉 낙원이기만 했다면, 도시화된 1920년에는 더 이상 낙원일 수 없었을 것이다.

토크빌의 또 다른 잘못은 서구에서는 모든 국가의 경제 문화가 같을 것이라고 가정한 점이다. 오늘날 우리에게는 토크빌은 알 수 없었던 증거가 있다. 태도와 신념에 대한 오늘날의 증거는 사람들이 대륙마다, 나라마다 정말로 〈다르다〉는 점을 구체적으로 보여 준다. 세계 가치관 조사World Value Survey의 자료는 개인 간 태도와 신념의 차이 외에도 국

26 De Tocqueville, "Letters from America", pp. 375~376.

가 간 평균적 태도와 신념의 차이, 즉 국가별 평균의 차이까지 보여 준다 (그런 차이는 단지 우연적인 차이이거나 일시적인 사건의 결과가 아니라 체계적인 차이인 경우가 많다는 점을 알 수 있다). 토크빌의 시대엔 어떠했을지 알아내기는 어렵다. 활력이 증가하고 있었던 19세기가 15세기와 달랐고 심지어 18세기와도 달랐다면, 모든 국가들의 평균적 태도와 신념이 같은 방식으로 움직였으리라고 보기는 어렵다. 일부 국가들은 르네상스와 계몽주의의 새로운 가치관을 다른 국가들보다 더 빠르게 수용했을 것이다.

마지막으로, 토크빌의 또 다른 오류는 미국의 〈특징적인 가치관〉 중 몇 가지가(이러한 가치관이 프랑스에도 있었든 아니든 간에) 제도와 같은 다른 요인들보다 1830년대에 미국이 예전보다 큰, 유럽보다 큰 추동력을 갖게 된 것에 〈덜〉 기여했으리라고 주장한 것이다. 오늘날의 태도에 대한 조사 결과 자료를 사용한 최근 연구 결과를 보면, 경제 문화의 요소들은 생산성과 실업률, (주관적인 평가이기는 하지만) 직무 만족도와 행복도 등 경제적 성과에 영향을 준다. 이런 측면의 국가 간 차이는 성과 차이에 상당히 큰 영향을 미치며, 8장에서도 보겠지만 이는 서구의 선진 경제 사이에서도 나타나는 현상이다.[27]

가구 조사 결과를 통해 나타나는 일과 직업에 대한 태도들 중 몇 가지는 활력이라는 측면을 반영하는 것으로 해석할 수 있다. 새로운 아이디어의 수용과 일의 중요성, 직무상 자유나 일정한 주도권을 가지려는 욕

---

27 Phelps, "Economic Culture and Economic Performance"(2011); Phelps and Zoega, "Entrepreneurship, Culture and Openness"(2009); Bojilov and Phelps, "Job Satisfaction"(2012).

구, 남을 따르려는 의사, 경쟁의 수용, 성취 욕구 등이 그런 경우이다. 그러한 태도들 중 약 절반은 몇 가지 경제 성과 지표가 국가 간에 다르게 나타나는 점을 잘 설명할 수 있는 자료라는 데 주목할 만하다. 그러나 이러한 경제 성과 지표들이 너무 많기 때문에 전체 성과 지표의 차이를 설명할 수 있는 가장 적합한(혹은 운이 좋은) 변수는 극소수다. 이 조사 결과에 대하여 최근에 발표된 두 연구는 발견된 여러 가지 태도들을 유사성이 있는 몇 가지 그룹으로 묶었다. 활력은 국가 간 경제 성과 지표의 차이를 일반적으로 가장 잘 설명할 수 있는 그룹이었다. 그다음으로 중요한 그룹은 소비주의 또는 물질주의를 측정하는 것으로 해석될 수 있다. 사회적 신뢰의 지표로 해석될 수 있는 전통적인 그룹과, 자립심을 측정하는 것으로 해석될 수 있는 그룹이 다음으로 중요했다.

이제 남은 문제는 경제 제도에서의 차이가 경제 성과의 차이에 상당한 수준으로 영향을 미치는지 여부다. 최근의 두 연구는 일단 정치 제도는 제외하고, 한 국가의 경제 제도가 경제 성과 순위를 더 잘 설명할 수는 없다는 점을 시사한다. 문화적 자료만으로도 국가 순위를 설명할 수 있는 것으로 보이는데, 경제 제도들이 단지 경제 문화의 표현이기 때문이다. 한 가지 예외가 있다면, 투자하고 혁신하며 경쟁하고 시장에 진입할 〈경제적 자유〉를 어떤 제도가 실제로 어느 정도로 제공하는가는 경제 문화만으로 파악하기 어려운 듯하다.[28]

---

28 경제 문화의 중요성은 Bojilov and Phelps, "Job Satisfaction"를 참조. 그렇다고 하더라도 일단 경제 문화를 고려하게 되면 어떤 제도도 경제적 성과에 있어 차이가 없을 것이라고 할 수는 없다. 경제 문화와 제도에 관한 자료에서 도출되는 요소를 종합하여 만든 개념인 경제적 자유는 실제로 유용한 개념이라는 점이 펠프스와 조에가의 논문에도 드러난다. Phelps and Zoega, "Entrepreneurship, Culture and Openness"(2009).

지금까지 제한된 지면에서 많은 것을 논의했으므로, 이쯤에서 요약하는 것이 지금까지 다룬 내용의 핵심을 명확히 하는 데 도움이 될 것 같다. 부를 추구하고 획득하는 행위는 활력과는 달리 정확히 근대 경제가 시작되는 시점에 등장한 문화의 일부가 아니었다. 중세의 암흑 시대에는 부가 더러운 것(〈부당 이득filthy lucre〉)으로 여겨졌었다고 말할 수는 있다. 부의 추구와, 더 많은 부의 획득을 추구하고 기대하는 일의 즐거움은 이미 근대 경제 이전인 상업 경제 시대에 사회적으로 용인되었고 상인들이 시장을 확대하고 더 큰 위험을 감수할 수 있게 도와주었다. 그러나 근대 경제들이 등장하기 위해서는 단순한 부의 축적을 넘어서는, 삶의 가능성에 대한 새로운 생각이, 따라서 그에 맞는 경제 제도, 정치 제도의 건설이 필요했다.

빠진 부분: 인구와 도시

이 장에서는 몇몇 국가들이 자생적 혁신에 중요한 요소인 문화와 제도를 갖추게 된 과정을 살펴보았다. 이 국가들에서 나타난 핵심적인 경제적 자유의 확산, 활력의 증가, 민주주의의 발전이 근대 경제를 만드는 데 거쳐야 할 중요한 단계였다고 볼 만한 설득력 있는 이유들이 드러났다. 많은 논쟁을 불러왔던 유한 책임에 기반을 둔 공동 주식회사, 즉 주식회사라는 형태를 수용하지 않고서는, 그리고 더 넓게 보면 사람들의 경제적 활동 영역을 넓혀 주는 수많은 제도와 정책 없이는 근대성이 그렇게 진전될 수 없었으리라는 주장은 그럴듯하게 보인다.

그러나 무언가가 빠져 있다. 19세기에는 혁신이 있었는데 그 바로 이

전 18세기에는, 특히 전쟁도 끝난 1725년 이후에는 왜 혁신이 미미했을까? 1775년부터 1800년까지 뭔가 등장해서 희미했던 혁신의 추동력을 배가하거나 증폭시켜 이미 상대적으로 높은 수준으로 존재했던 민주주의와 활력을 강화시킨 것이라고 생각해 볼 수 있다. 그러나 그 무언가가 무엇일까? 경제사학자들은 아직 이것을 찾지 못한 것 같다. 왜 프랑스나 독일보다 영국과 미국, 어쩌면 벨기에에서도 혁신이 먼저 등장한 것일까? 만일 어느 국가를 가보아도 문화는 다를 게 없다는 토크빌의 견해를 따른다면, 위에서 핵심적이라고 주장했던 동력들, 즉 법인과 민주주의, 활력, 경제적 자유의 정도에 있어 국가마다 차이가 났다는 사실이 프랑스나 독일이 다른 국가들보다 역동성을 늦게 갖추게 된 이유를 완전히, 또는 부분적으로 설명할 수 있는 것인지 의문이 생기지 않을 수 없다.

일단 생각하고 나면 명백해 보이는 그 빠진 부분은 바로 인구 밀도인데, 이는 너무 고립된 지역을 제외한, 국가의 노동 연령 인구를 의미한다. 사람이 별로 없다면 어떤 문화나 제도도 혁신을 많이 촉진할 수가 없다(그렇다면 아이슬란드는 인구가 적은데도 왜 가난한 후진국이 아닐까? 바로 영어와 스칸디나비아어에 능숙하여 미국과 유럽 경제에 실질적으로 통합되어 있기 때문이다). 활력이 가득하고, 자의적 권력이 민주주의로 통제되어 힘을 얻는 인구가 더 많다면 설령 1인당 아이디어의 수는 동일하더라도 새롭게 나오는 아이디어의 전체 수가 늘어날 것이다. 또한 그 결과 얻어지는 새로운 제품이나 방법이 개발자들이 개인적으로 이용하는 것에 그치지 않고 국가 전체로 확산된다면, 해당 회사뿐 아니라 다른 회사들까지 새로운 제품을 개발하게 되므로 혁신의 수가 증가하는 결과로 이어질 것이다. 따라서 새로운 아이디어를 자극하고,

개발하고 시장화할 수 있도록 잘 조직화된 국가에서는 인구가 많을수록 1인당 자생적 혁신의 속도가 빠르게 나타난다(그렇다면 중국은 영국이나 미국보다 인구가 많았음에도 불구하고 왜 19세기에 많은 혁신을 이루지 못했을까? 아일랜드 태생의 프랑스 경제학자 리처드 칸티용은 1755년 연구에서 18세기 중국 도시들에 기업가들이 정말 많았다고 기록한 바 있다. 그럼에도 중국은 자생적이든 외생적이든 혁신에 필요한 경제 제도나 경제 문화, 또는 그 둘 다 너무나 부족했다. 21세기에는 그 부족함이 훨씬 덜하다). 만약 서구 경제가 100년 전보다 지금 1인당 혁신이 더 많다면, 그 주된 이유는 그 경제에서 혁신에 참여하는 사람들이 더 많기 때문일 것이다. 그렇다고 해서 그 경제에 속한 모든 집단이 신제품이나 새로운 방법을 창출한다는 것은 아니다.[29]

인구 증가로 인한 장점은 아이디어가 많이 나와서, 그 아이디어의 대부분을 타인이 채택할 수 있다는 점에만 있는 것은 아니다. 만일 어떤 국가에 새로운 아이디어와 그에 기반한 신제품이 등장하면 인구가 보다 밀집할수록 확산 속도가 빠를 가능성이 높다. 미립자가 있을 때 열이 더 빨리 전달되고 인구 규모가 클수록 질병이 빠르게 전염될 가능성이 높은 것과 같은 이치다. 사람이 많을수록 더 많이 전달되고, 사람이 많을수록 시장도 크다. 비틀스는 대도시인 함부르크에서는 1천 번은 공연할 수 있었겠지만 리버풀 같은 도시에서는 불가능했다.

---

29 사회 평론가들이 향후 인구 증가가 생활 수준의 전반적 하락을 불러일으킬 것이라고 경고한 후 1960년대에 첫 논쟁이 시작되었다. 그중 하나가 1960년 Simon Kuznets, "Population Change and Aggregate Output"이었다. 그리고 이와는 별개로 펠프스의 1968년 작 "Population Increase"도 있다. 초기의 생각은 새로운 아이디어의 유량flow과 지식의 저량stock을 연결짓는 일종의 생산 함수가 있다는 것이었다. 펠프스의 생각은 줄리언 사이먼의 저서들로 이어졌다.

또한 인구가 충분히 늘어나면 밀집하는 것, 즉 집적agglomeration이 여러 가지 면에서 더 낫다는 점 때문에 도시가 만들어진다. 인구가 더 많아지면 두 번째 도시가 생길 것이다. 땅은 인구에 비례하여 증가할 수 없더라도, 인구가 증가하면 도시의 수가 늘어나고 규모가 커진다. 이제 사람들은 단순히 넓은 공간에 더 많은 사람을 빽빽하게 모아 놓을 때 생기는 이점을 넘어서는, 특별한 이점이 도시에 존재한다는 점을 이해하고 있다. 이 중요한 점을 간파했던 도시 경제학자 제인 제이컵스는 뉴욕의 거물급 도시 계획자인 로버트 모지스의 불도저식 개발에 반대했다.

규모가 크고 밀도가 높은 도시에 집중되어 모여 있는 사람들은 긍정적인 재화라고 생각할 수 있으며…… 그들의 존재는 반길 만한 일이다.

대도시들은 자연스럽게 다양성을 만들어 내며 새로운 기업과 모든 종류의 아이디어를 풍부하게 낳는다. 게다가 대도시들은 수많은 다양한 소기업의 자연스러운 경제적 보금자리이다. ……이들은 엄청나게 다양한 다른 기업들에 의존하며 또한 자신의 존재로 그 다양성을 더한다. 특히 이 점이 잊지 말아야 할 가장 중요한 것이다. 도시의 다양성 그 자체가 더 많은 다양성을 낳고 촉진한다. ……도시가 없이는 이 소기업들이 존재하지 않을 것이다. 도시가 만들어 내는 다양성은 매우 많은 사람들이 가까이 모여 산다는 점, 그리고 사람들이 선호하는 것, 잘 하는 것, 필요한 것, 생각하는 것이 서로 매우 다르다는 점에서 나오는 것이다.[30]

30 제인 제이컵스, 『미국 대도시의 죽음과 삶*The Death and Life of Great American Cities*』 (1961). 제이컵스의 책은 모지스에 대한 기습 공격이었다. 그녀는 문제를 공론화했고 마침내 승리했다. PBS 다큐멘터리 "The American Experience: New York—The Planning Debate in New York, 1955~1975"을 보기 바란다. 거의 교과서에 가까운 이후의 저작에서 제이컵스는 자

〈런던이 싫증난 사람은 삶이 싫증난 것이다〉라는 새뮤얼 존슨[31]의 말은 도시에서만 창조성을 기대할 수 있다는 점을 환기시킨다. 그러나 제이컵스는 더 나아가 오직 도시만이 혁신으로 이어질 수 있는 새로운 다양성과 독창성을 낳을 수 있다고 주장한다.

인구 변동에 대한 과거 데이터를 보면 어떤 사실이 드러날 것인가? 인구 증가가 새로운 아이디어의 창조와 전달에 미치는 효과에 대하여 위에서 제시한 생각을 뒷받침할 것인가? 영국, 벨기에, 미국은 19세기 중반에 그토록 활발한 혁신을 이뤄냈으면서 왜 19세기 직전까지는 소위 총국민 혁신이 그렇게 저조했던 것일까? 인구 규모에 대한 자료는 매우 부족해서 우리에겐 기준이 될 만한 연도가 3개밖에 없다. 서구(즉 서부 유럽과 이들이 진출한 미국, 캐나다, 호주, 뉴질랜드)의 인구는 1700년부터 1820년까지는 830만에서 1440만으로, 다시 1870년까지는 2800만 명으로 증가했다(1600년에서 1700년 사이에는 느리게 증가했다). 영국은 같은 기간에 850만에서 2100만, 다시 3500만 명으로 크게 증가하여 이익을 얻었다. 미국도 같은 기간에 100만에서 1000만, 다시 4000만 명

신의 직관을 다른 식으로 설명했다. 〈혁신은 도시에서 농촌 지역으로 수출되고 이식되거나 모방된다. ……이것은 농부들과 농촌의 다른 사람들이 도시 거주민보다 덜 창조적이어서가 아니다. 차이는 농촌과 도시 경제의 대조적인 성격이라고 할 수 있다. 새로운 제품과 서비스가 먼저 창조되는 것은 도시이기 때문이다. 도시는 기존의 일에 새로운 일을 더하는 과정이 활기차게 일어나는 곳이다. ……마을, 촌락, 농장보다 노동 분업의 종류가 다양하기 때문에 도시에는 더 다양한 일이 있으며 다른 거주 지역에 비해 새로운 일이 더 많이 생겨날 수 있다.〉 Jacobs, *The Economy of Cities*, pp. 8~9, 50.

31 Samuel Johnson(1709~1784). 영국의 시인, 평론가. 처음으로 영어 사전을 만들었고, 17세기 이후의 영국 시인 52명의 전기와 작품론을 정리한 10권의 『영국 시인전*Lives of the Poets*』은 만년의 대사업으로 특히 유명하다. 후에 박사 학위가 추증되어 〈존슨 박사〉로 불린다 — 옮긴이주.

으로 증가하여, 서구 국가 중 가장 인구가 많게 되었다. 벨기에의 인구는 200만에서 320만, 500만 명으로 두 배 이상 증가했다. 독일은 다소 늦게 증가하기 시작했지만 빠르게 증가하여, 1500만에서 2500만으로, 다시 3900만 명으로 증가했다. 프랑스의 인구는 두 배에 못 미치게 증가하여, 2150만에서 3100만, 3850만 명으로 증가했다.

19세기에는 도시의 수도 상당히 증가했다. 당시로서는 큰 규모인, 인구가 10만 명 이상인 도시의 수를 예로 들어 보자. 기준점은 1800년경과 1846~1851년이다. 이 시기에 영국은 10만 명 이상인 도시가 하나에서 9개로 증가했다. 미국은 하나도 없었으나 6개로, 벨기에 역시 전혀 없다가 2개로 증가했다. 프로이센은 1개에서 2개로 증가했으며 프랑스는 3개에서 5개로 증가했다.[32]

어떤 사회든 과거의 모습을 완벽하게 파악할 수는 없다. 하지만 서구의 인구가 임계점에 도달하기 전까지는 새로운 아이디어를 내놓을 사람이 부족해서 혁신이 이뤄질 수 없었다는 생각은 충분히 해볼 만하다. 설령 독자들이 19세기에 혁신을 가속화한 모든 제도와 사람들의 태도가 18세기에도 존재했었다는, 이 장에서 지금까지 다룬 내용과는 반대되는 결론을 믿더라도 말이다.[33]

32 인구 자료 출처는 Maddison, *The World Economy*. 도시 자료 출처는 Weber, *The Growth of Cities in the Nineteenth Century*.

33 여담으로 인구의 변화가 미친 영향을 언급해 두는 것도 좋겠다. 한 세기가 겨우 넘는 기간에 이루어진 급격한 인구 증가는 임금 하락을 통해 현재와 미래의 자본 수익률을 높였다. 동시에 미주 대륙에서 상업적으로 이용할 수 있는 새로운 토지와 천연자원이 등장했지만, 비록 이것이 유럽에서 미주로의 대량의 노동력 이동으로 이어지기는 했어도, 사실 유럽 내에서 새로운 토지와 천연자원을 발견한 것과 여러 가지 면에서 크게 차이가 없었다. 이 역시 예상 자본 수익률을 증가시켰을 것이다. 이러한 예상 수익률의 상승은 19세기 서구 세계에서의 투자 활동이 증가하는 한 가지 원인이 되었으며, 비슷한 메커니즘을 통해 혁신 활동이 증가하는 이유가 되기도 하였다(또

1부를 마치며

마르크스와 막스 베버는 모두 역사를 다룬 글을 썼다. 1600년 정도부터 서구 세계에서는 마르크스와 베버가 관찰한 바와 같이 장원을 중심으로 한 봉건제 밖을 탐험하는 상인들이 등장하여 부를 축적하였고, 이들은 자본가가 되어 각자 공장을 세우고 증가하는 도시 인구 중에서 임금 노동자를 고용했다. 장원 영주들은 곧 농노에게 분배되던 농업 생산물의 일부를 도시에 팔아 이익을 얻고자 했다. 인클로저 운동은 농지에서 도시로 노동력을 배출시킨 또 다른 역사적 동력이었다. 이는 산업화와 관련된 이야기이기는 하나, 직접적인 인과 관계는 없다. 농촌에 산재한 봉건제의 유무와는 무관하게 도시와 상점, 공장들이 18세기 초반부터 급증한 인구와 함께 등장했을 것이다.

산업화의 효과에 대한 마르크스와 베버의 이야기 또한 이보다 나을 것이 없다. 이들의 역사관에 따르면 산업화는 근대화의 첫 단계로 여겨지지만, 이 점에서 이들의 주장은 일관되지 않다. 마르크스는 효율성과 주식 자본의 증가에도 불구하고 임금이 떨어지는 경향이 있었다고 주장했다. 그러나 노동 운동에 대한 신념을 담은 논설이기도 했던 이 주장은 18세기에 임금이 하락하지 않았으며 19세기에는 강하게 상승하고 이 추세가 20세기에도 이어졌다는 발견으로 인해 조용히 사라질 수밖에 없었다(마르크스는 엥겔스와 함께 쓴 1848년 『공산당 선언』에서 그가 본

한 새로운 토지로 인한 임금 상승은 더 큰 모험을 통해 공동체 내에서 높은 소득을 얻고자 현재 소득을 일부 희생하려는 경향으로도 이어졌을 수 있으며, 이는 혁신 활동에 참여하고자 하는 욕구를 증가시켰을 것이다).

근대적 자본주의는 〈진보하는 것〉이라고 인식하기에 이른다).

마르크스와 베버 모두 19세기의 근대화가 인간의 경제적 삶에 있어 삭막한 합리화와 비인격적인 관료화를 초래했다고 주장했다. 그러나 이는 봉건적인 전통적 장원 경제가 노동자에게 〈자유로운 활동〉을 제공했다는 암시를 주며 따라서 터무니없다. 장원 경제와 도시 양쪽에서 삶과 노동을 경험한 사람들 사이에서 농촌이 도시보다 낫다는 의견이 지배적이었던 적은 없다. 도시로 이주하는 것은 여러 세기에 걸쳐 계속해서 나타난 현상이었다.

마르크스와 베버의 역사관을 현재에 맞춰 보면 〈지식 경제knowledge economy〉, 특히 서비스 부문에서 오랫동안 실현되지 않았던 〈재능의 발휘〉가 비로소 가능해지는, 일과 직업상의 기회가 창출될 것이라는 희망으로 종결된다. 이러한 근대화는 산업화를 통해서는 불가능했던 인간 발전을 확산시킬 것이다.[34]

이 책에서 지금까지 다룬 내용은 마르크스나 베버와는 극단적으로 다른 관점을 취하고 있으며, 다른 이야기를 전달하고 있다. 19세기의 근대 경제는 물질적, 비물질적 측면에서 놀라운 성공이었다. 지속적인 경제 성장과 그에 내재한 포용적 경향 외에도, 지적인 참여와 개인의 발전이 가능해진 것이다. 이것은 경제적 역동성이라는 새로운 동력의 등장에 따른 것이었다. 이 역동성을 촉발시킨 것은 새로운 경제 문화였다. 여기에 필요한 영양소는 대의 민주주의와 르네상스 인문주의, 바로크의 역동성과 계몽주의의 근대성에 기원을 둔 문화적 혁명이었다. 대의 민주주의는 재산권을 보장했으며 자립과 사회적 참여를 촉진했다. 이타주의, 역

---

34 예컨대 Inglehart and Welzel, *Modernization, Cultural Change, and Democracy*(2005), p. 1.

동성, 근대성은 사람들이 세상에 나아가 혁신적 활동을 통해 의미를 찾을 수 있게 했다. 그 결과물인 문화와 경제 제도는 사람들에게 혁신에 대한 갈망과 그럴 수 있는 역량을 제공했다. 적절한 인구 또한 충분조건은 아니지만, 필요조건이었다.

영국과 미국에서 시작된 일련의 근대 경제들의 흐름은 독일을 마지막으로 어느 순간 멈춘 것처럼 보인다. 스웨덴과 나머지 북유럽 국가들은 왜 여기에 포함되지 못했는가? 일본은? 이탈리아나 스페인은 어떠한가? 이들 국가에서도 분명히 일부 산업에서는 자생적 혁신이 태동했다. 문제는 이 경제들에서 광범위한 역동성의 신호로 보이는 것들이 매우 늦게 나타났으며, 이 신호들조차 상당 부분은 선도자의 신제품을 추격하는 과정에서 생겨난 결과일 수 있다는 것이다. 실증적 증거는 충분하지 않다. 이와 유사하게, 홍콩과 한국, 싱가포르와 대만, 그리고 이제는 중국과 인도의 경제에서 모방과 도입에 의한 추격 대신 자생적 혁신이 얼마나 존재하는지 논쟁이 지속되고 있다. 이들 경제는 눈에 띄게 혁신적인 일부 영역을 발전시켰지만, 혁신이 얼마나 폭넓고 강하게 나타났는지 파악하기는 어렵다. 사실 이는 어느 경제에서나 마찬가지이다.

새로운 종류의 경제들, 최소한 19세기에 새로이 등장한 경제들은 분명히 자본주의를 수반했다. 그러나 이 근대 경제는 상업 자본주의적 경제와는 조금도 닮지 않았다. 상업 자본주의 경제는 무역의 확대와 부의 축적이라는 중요한 목표를 달성했지만 생산성과 임금, 직업 만족도, 인간의 정신에는 어떤 훌륭한 발전도 가져오지 못했으며, 아마 고용도 거의 증가시키지 못했을 것이다. 물론, 19세기에 등장한 모든 근대 경제들은 16, 17세기의 자본주의 시스템의 개선, 예컨대 금융 기관들이 혁신을 위한 프로젝트를 더 잘 선택하고 촉진하는 등의 특징을 보이고 있었다. 그러나 근대적 사회에 속한 이 근대 경제들은 더 근본적인 공헌을 했다. 이 사회들에는 자본주의적 경제를 자극할 수 있는 정치 제도와 경제 문화가 마련되어 있었다. 그 결과물이 근대적 자본주의이다. 세계에서 처음 등장한 근대 경제들, 즉 처음으로 역동성을 보유한 경제들은 자본주의와 근대성을 결합한 산물이었다.

비록 우리가 이야기하는 근대적 자본주의 경제들이 근대 경제의 첫 사례이긴 하지만 이들 외에 다른 근대 경제가 없으리라는 법은 없다. 20세기에 서구는 한 국가가 자본주의적 경제가 아니면서도 근대 경제, 즉 역동성을 보유하고 혁신에 전념하는 경제를 구축할 수 있는지에 관한 논쟁의 무대가 되었다. 자본주의를 창조한 유럽인들은 그 정도 역동성을 보유한 근대 경제를 건설할 수 있는 다른 체제가 있을지를 두고 논쟁을 벌였다. 그들은 이미 드러난 문제에도 불구하고 경제적 근대성이 정당화될 수 있는지, 또한 바람직한 것인지에 대해서도 논쟁했다. 자본주의와 근대성이 정당화될 수 있는 것인지의 문제는, 유럽을 단지 논쟁의 무대가 아니라 어떤 경우에는 전쟁의 무대로까지 만들었다.

2부

근대 경제에 대한 반발

사회주의와 코포라티즘

새로운 것이 나타나려면 얼마나 많은 것들이 사라져야 하는가!
— 야코프 부르크하르트

5장 사회주의의 유혹

나는 (자본주의의 중대한) 악을 제거하는 길은 사회주의적 경제의 확립을 통
하는 것 단 하나뿐이라고 확신한다. ……계획 경제가 공동체의 필요에 맞게
생산을 조절하고 일을 분배하며, 모든 사람들에게 생계를 보장하는 것이다.
— 알베르트 아인슈타인, 『왜 사회주의인가?』

공산주의는 사회주의에 전력을 더한 것이다.
— 블라디미르 레닌

그것을 건설하기 전까지는 그것을 이해한 것이 아니다.
— 리처드 파인만의 말을 크레이그 벤터가 변용한 구절

   세계에서 처음 등장한 근대 경제들을 운용한 경제 제도와 사회 규범,
또는 경제 문화는 (민주적 의회나 사법부를 통해) 사람들이 선택한 결과
는 아니다. 입법부나 사법부는 종종 체제의 일부분에 찬성하거나 반대
하는 결정을 내려야 하지만, 한 체제와 다른 체제 사이에서 완전한 공공
의 결정이란 있을 수 없었다.
   영국과 미국은 예외에 가까웠다. 1800년에는 꽤 많은 사람들이 전통
적 경제를 떠나 상업적인 세계인으로서의 삶을 살게 되었으며, 그들 중
많은 수가 자신이 하는 일에 참여하고 보상을 받았다. 따라서 자본주의
적 제도와 규범(사적 재산과 이익 추구)과 근대 경제(자유, 탐구와 모험
의 정신, 비확정성)는 폭넓은 지지를 받았다. 미국의 헌법과 영국의 사법
적 판단에는 자본주의와 근대성이 내포되어 있었다. 대안이란 거의 있
을 수 없었다. 봉건주의로의 회귀는 대체로 누구도 원하지 않았기 때문

이다.

그러나 19세기 중반에서 20세기까지 근대 경제의 전성기에 이르러 근대 경제에 참여하고 있던 사람들은 그로 인해 매우 다양한(상업 자본주의 경제와 비교하면 더욱 다양한) 경험을 하게 되었다. 상업 자본주의 시대보다 상황이 나빠진 사람은 거의 없었겠지만, 중요한 것은 그들이 가능할 거라고 생각했던 것에 비해 상황이 나았는지 여부였다. 시스템 내부의 비효율과 편향성 때문에 기대보다 결과가 안 좋아도 운이 좋거나 부유한 사람들은 이를 무시할 수 있었다. 그러나 불운하고 가난한 사람이라면, 기대보다 좋지 않은 결과의 원인이라고 생각되는 〈결점〉들을 지적하며 체제를 비난하는 것은 당연한 일이었다. 그것이 정말로 결점인지, 그렇다면 실제로 손해를 끼쳤는지의 여부는 학자들에게 맡겨 두더라도 말이다. 이런 불만은 근대 경제의 영향력이 미치지 못한 조건에서 일한 러시아 농노와 동유럽의 농부들 사이에 분명 훨씬 강했을 것이다. 소득과 자산의 불평등, 실업과 경제적 불안정성에 대한 노동자들의 불만이 이 시기 유럽에서 등장한 사회주의의 기원이다.

근대에 대한 불만

당대에 널리 퍼진 믿음은 근대화가 노동 계급(마르크스의 용어로 프롤레타리아)의 임금(경제 내 중위 임금에 대한 상대적 수준)을 하락시켜 그들을 사회의 주류로부터 이탈시켰다는 것이었다. 그러나 이를 뒷받침하는 실질적 증거는 없다. 중위 소득자들의 다수가 〈프롤레타리아〉로 밀려나 그 수가 줄었다는 증거 또한 없다. 실제로 근대 경제의 시작과 제

1차 세계 대전의 전야인 1913년 사이에 노동 계급은 줄어들었으며 부르주아층은 늘어났다. 임금 불평등이 노동 계급의 직업들 사이에서 증가한 것 같지도 않다. 이 용어는 아직 생겨나지도 않았다. 노동 분배율이 줄어들었다는 증거 역시 없다(2장에서 이런 점들을 입증했다). 그러나 근대 경제는 소득과 부의 수준에 혁명적 영향을 미쳤다.

근대 경제들은 개인으로 하여금 막대한 이익을 볼 수도 있지만 모든 것을 잃을 수도 있는, 매우 불확실한 보상을 위해 수개월 혹은 수년에 걸쳐 몸과 마음을 모조리 거는 거대한 도박을 감행할 수 있도록 기회를 열어 주었다. 그 결과, 사람마다 상당히 다른 경제적 결과가 일어날 수 있었다. 지금 이익을 보았으니 언젠가는 그에 상응하는 손실을 볼 것이라는 법칙 따위도 없었다. 어떤 사람이 장기 실업을 겪는 한편, 그와 아주 다르지 않은 어떤 사람은 일이 많아 초과 근무를 할 수도 있는 것이다. 어떤 사람은 쇠락하는 산업에 이끌리는 한편 어떤 사람은 번성하는 산업에 종사하기도 한다. 어떤 사람의 임금이 수십 년에 걸쳐 두 배가 될 동안 어떤 사람은 네 배가 되기도 한다. 이런 상황에서 다른 사람들 때문에 낮은 지위에 남겨진 사람들이 시스템에 편견 어린 시각을 갖는 것은 그리 놀랄 만한 일이 아니다. 당시 사람들의 관찰과 단편적인 역사적 기록들이 모두 소득과 부의 불평등이 상당히 증가했다는 사실을 보여 주기는 하지만, 우리가 당연하게 생각하는 통계적 자료를 구축하는 데 필요한 광범위한 기록은 존재하지 않는다. 산업 부문의 상당한 수의 거물 사업가들과 금융 부문의 투기자들이 엄청난 부를 획득했는데, 특히 도금 시대gilded age에는 일부는 화려하게 일부는 고상하게 보이기도 했고 일부는 아예 시야에서 사라졌다. 부 그 자체까지는 아니더라도 그로부터 나오는 소득의 일부를 세금을 통해 끌어내자는 것은 사회주의의 중요 의제가 되었다. 그러나 이것이 근대 경제에 대한 가장 커다란 불만은 아니었다. 엄청난 부자들은 그리 새로운 현상이 아니었기 때문이다. 부자가 될 수 있는 기회가 민주화된 것이야말로 새로운 현상이었다. 사람들은 소수 특권 계층의 오래된 부는 그 기원이 오랜 시간 속에 가려져 있었기 때문에 받아들일 수 있었다. 하지만 기대하지 않았던 곳에서 〈새로운 부〉가 싹트는 현상은 그리 쉽게 받아들일 수 없었다.

근대 경제에 대한 불만 중 가장 큰 것은 일자리와 임금의 불안정성으로부터 생겼는데, 직장을 잃거나 직장을 지키더라도 임금이 상당히 하락할 가능성이 상존했기 때문이다. 경제 전반(즉 총실업률)이나 때로는 특정 산업의 실업률이 때때로 높아지는 현상은 이 시기 근대 경제 고유의 특성이었다. 상업 자본주의 시대에도 물론 극심한 투기적 거품과 붕괴가 있었다. 1637년 네덜란드 튤립 광풍과 1720년 영국의 남해 회사 거품, 프랑스의 미시시피 회사 거품이 꺼진 일이 있었지만, 이 사건들은 총고용에 영향을 줄만큼 광범위한 것은 아니었다. 이 시기의 전쟁은 호황을 초래했고, 그 이후에 종종 불황이 찾아왔다. 근대의 시작점인 1815년에는 나폴레옹 전쟁의 종결이 많은 국가들을 (프랑스는 제외하고) 불황으로 몰아넣었으며 영국은 긴 침체에 빠졌다. 19세기는 전반적으로 평화로웠지만 근대 경제가 출현하면서 경기 하강은 더 빈번해지고 더 심해졌다. 1792년의 (월스트리트의 첫) 금융 위기를 비롯해 다음 시기와 지역에서 불황이 있었다. 1796~1797년 영국과 미국, 1819년 미국, 1825년 프랑스를 제외한 유럽, 1837년 미국, 1846년에는 모든 유럽, 1857, 1873, 1893년에는 미국. 여기에 작은 불황들이 더해진다. 근대 경제들에서 특정 기업들은 금융 부문에 더 긴밀히 연결되어 있었기 때문에 여기 언급된 불황들은 이전의 금융 공황에 비해 고용에 더 큰 영향을 미쳤다. 당시의 증거를 보면 일자리가 이전 시대보다 훨씬 더 불안정했음이 드러난다(19세기의 이 전반적 불안정성의 일부분은 기업, 특히 작은 기업들의 재무적 허약함 때문이었지만 이는 이후 점차적으로 완화되었다).[1]

그러나 근대 경제에서 금융 부문이 그 규모를 더 키움에 따라 투기적 과잉과 무모한 투자의 거시 경제적 파급 효과가 중요한 불황들을 초래했다. 1840년대 중반 과잉 철도 건설은 전 유럽을 불황으로 몰아넣었으며, 이는 전 대륙을 휩쓴 1848년 혁명을 촉발했다. 더 깊은 불황이 뒤를 따랐다. 처음에는 〈대공황Great Depression〉으로 불렸으나 뒤에 다시 명명해야 했던 1873~1879년의 장기 불황 시기에는 미국의 실업률이 수년간 10퍼센트를 넘었고, 더 심각했던 1893~1898년의 불황 시기에는 4년 연속 12퍼센트를 넘었다. 당시 이를 관찰한 사람들은 이것이 근대 경제에 따라오는 〈동작 특성〉이라면 국가가 왜 굳이 이런 체제를 유지해야 하는지 의문을 가졌을 법하다. 또한 경제가 덜 근대적이었던 국가들은 과연 이런 체제를 열망해야 할 이유가 있는지 의문을 가졌을 법하다.

사람들에게 변화가 생긴 것은 산업 영역뿐이 아니었다. 도시 인구의

1 갤브레이스의 시대, 즉 1950년대 초반에서 1970년대 사이, 즉 미국인들이 견고하게 진지를 구축하고 안정적인 성장을 누린 기업들에 고용되어 있고 유럽인들은 〈추격〉의 과정에 꾸준히 참여하고 있었던 시기에 미국의 고용 안정성은 개선되는 것으로 보였다. 그러나 1980년대 중반부터 20년이 지속된 대안정기Great Moderation를 포함하는, 1970년대 중반과 2000년대 중반 사이에도 일자리가 더 안정적이었는지는 의문이다. 이 시기에는 1973년부터 1983년까지 미국의 불경기와 1978년부터 1988년까지 유럽의 불경기, 1987년 세계적 주식 시장 붕괴, 1990년 미국 저축은행 위기, 1990년부터의 일본 불황, 1997년 동아시아 경제 위기, 롱텀캐피탈Long Term Capital Management의 붕괴와 2000년부터 2001년까지 미국의 첨단 기술 주식 거품 조정 등이 있었다. 〈대안정기〉라는 말은 어처구니없는 이름이다.

배경이 더 다양해졌다. 다수의 중국인들, 아일랜드인, 동유럽 출신 유대인들과, 남부 출신 이탈리아인들Mezzogiorno이 런던, 뉴욕, 샌프란시스코로 계속해서 유입됐다. 비록 수량화할 수 있는 증거는 아니지만, 이 새로운 인구 집단은 1800년 또는 심지어 1850년의 자작농이나 상인들, 사업주들에 비해서도 공동적 삶의 방식, 즉 공유의 습관, 공정함에 관한 평등주의적 관념, 자본주의적 사업주들로부터 당하는 소외에 익숙했던 것으로 보인다. 이들에게 그런 사업주들은 구세계에서 볼 수 있는, 세습된 자산 및 기업 소유자들과 구분되지 않았을 것이다. 이전 세대 인구의 다수 또는 대부분은 노조 또는 직장 노조에 가입한다는 생각을 거부했을지 모르나, 새로운 세대는 가입하지 않는 것이 잘못이라고 생각했다.

사회주의에 대한 논의는 이 시대에 시작됐다. 경험과 배경의 다양성이 커짐에 따라 1장에서 논의했던 상업적 혁신이 가속화되었으며, 이로 인해 사람들은 사회의 제도와 규범의 새로운 요소를 생각하게 되었다. 생시몽은 이 시대 초기의 사회주의자다.[2] 그는 당시 등장한 경제 체제가 비과학적이고 비합리적이며 따라서 자원의 낭비를 초래한다고 비판하였으며, 빈곤 노동 계급에 이롭지 않다고 처음으로 주장한 사람이다. 1848년 1월, 그해 이어진 혁명들을 앞두고 발간된 마르크스와 엥겔스의

2 생시몽의 초기 비판은 *Lettres d'un habitant de Genève à ses contemporains*(1803)에 잘 나와 있다. 근대 경제의 〈무정부성〉은 독일의 프리드리히 엥겔스와 영국의 토머스 칼라일에게 중요한 주제였다. 생시몽은 더 나아가 기업인들과 과학자들이 국가와 사회적 자원 사용을 이끌어야 한다고 주장했다. 마지막 저서인 『새로운 기독교*Nouveau Christianisme*』(1825)에서 그는 자원이 최빈곤층의 생활 조건 개선이라는 목표를 위해 사용되어야 한다고 주장했다. 그는 사회주의socialism라는 말을 창시한 사람으로 여겨지며, 이 용어는 피에르 르루의 "De l'individualisme et du socialism"(1834)에 처음으로 사용되었다(경제학자이자 철학자였던 르루는 개인주의와 사회주의 모두에 회의적이었다).

『공산당 선언』은 유럽에 닥친 실업과 그 상승 추세에 대한 강력한 비난이었다.

1848년의 혁명으로 인해 임금과 고용, 노동 조건에 대한 불만의 표현이 최고조로 높아졌지만, 이 혁명들의 다수는 귀족 계급에 대한 민주적 반대 그 이상은 아니었다. 루이 필리프의 입헌 군주제를 전복시킨 파리의 2월 혁명이나 독일 민족의 단일 국가와 전국 의회를 요구한 베를린 및 일부 독일 지역 공국들의 3월 혁명이 여기에 해당한다. 마르크스는 분명한 목표나 프로그램이 없었던 노동자들이 아무것도 얻지 못한 것은 놀랄 일이 아니라고 불평했다. 사람들이 광범위한 사회주의적 의제를 제안하고 논쟁한 것은 이후 몇십 년이 지나서였다.

사회주의 사상

사회주의의 핵심 사상은 어려운 것들로 가득 차 있다. 사회주의의 궁극적 목표들은 분명히 정의된 적이 없다. 어떤 사람의 마음속에 있는 사회주의의 목표들은 다른 사람들의 목표와 충돌했다.

사회주의에 매력이란 것이 있다면, 이런 식으로 모순된 두 가지를 동시에 말하는 것이다. 사회주의의 사명은 자본주의를 초월하는 것이지만 동시에 개선하는 것이기도 하다는 주장, 모든 사람들은 동등하지만 프롤레타리아가 주도 계급이라는 주장, 돈은 만악(萬惡)의 근원이지만 노동자들은 돈을 더 가져야 한다는 주장, 자본주의는 실패할 운명이지만 자본가들의 이익은 어느 때보다 높다는 주장, 종교는 인민의 아편이지만 예수는 첫 사회주의자였다는 주장, 가족은 부르주아들의 음모이지만 고삐 풀린 산업화로부터는 보호될 필요가 있다는 주장, 개인주의는 통탄할 일이라고 하면서도 자본주의의 소외가 사람들을 개성 없는 원자로 만들었다는 주장, 정치는 몇 년에 한 번 투표하는 것 이상이라고 하면서도 보편적 투표권의 필요를 주장하는 것, 소비주의가 노동자를 기만한다고 하면서도 모든 사람들이 컬러 TV와 자동차를 갖고 해외 여행을 갈 수 있어야 한다는 주장.[3]

따라서 〈사회주의〉는 명확하지 않은 개념이었으며, 사람들은 기독교적 사회주의, (공산주의라고 불리는) 마르크스적 사회주의, 국가 사회주의, 시장 사회주의, 길드 사회주의, 페이비언(또는 진화적) 사회주의에 이르는 다양한 개념들을 주창했다.

유럽 대륙에서 사회주의자임을 자인한 사람들은 1860년경에 핵심 가치와 권리에 대해 합의하기 위해 노력하기 시작했는데, 그런 노력은 대부분 노조 모임이나 지식인들의 정기 회보, 독일 사민당의 전당 대회 등을 통해 이루어졌다. 사회주의 국가들은 사회주의적 윤리에 의해 인도되었는데, 이는 근대적 정신과 근대 자본주의 경제에서 일하는 개인들에게 동기를 불어넣는 자본주의 윤리에 대한 대안이었다.

이 윤리에 따르면 일자리를 가지는 것은 권리다. 그것은 단지 일자리가 노동자의 생계 수단이라서가 아니라(사회주의에서도 심신이 건전하다고 판단되는 사람이 노동에 참여하지 않으면 참여한 사람만큼의 임금을 주장할 수 없다) 한 사람의 자존감에 필요하기 때문이기도 하다. 실

3 도널드 사순, "All Shout Together".

업은 싸워야 할 적인 것이다.

이 윤리의 또 다른 부분은 사기업 또는 공기업이 노동자에게 제공하는 조건 및 기회와 관계되어 있다. 일자리에 대한 권리가 있다는 말은 존엄성을 제공하는 일자리에 대한 권리가 있다는 의미였다. 따라서 고용주의 권력 남용은 받아들여질 수 없는 것이었으며, 발언 기회와 보상 없이 해고되는 일이 있어서는 안 됐다. 마르크스는 그가 절감했던 정신적 삶에 대한 인간의 보편적 욕구 문제를 제기하여 호평을 받았다.

(애덤) 스미스는 (일을 하는 데 있어) 어려움을 극복하는 모든 행위, 즉 정확히 말해서 노동이 본질적으로 인간을 해방시키는 일이며…… 자기실현, 주체의 객체화, 따라서 진정한 자유임을 짐작조차 못한다.[4]

다양한 사회적 사상가로부터 유사한 표현을 발견할 수 있지만, 이들 모두가 스스로를 사회주의자로 생각한 것은 아니었다.

사회주의의 다른 가치는 사회의 부와 권력이 너무 불평등하게 분배되어 일부 참여자들이 자기 잠재력을 실현하지 못하는 일이 없어야 한다는 것이다. 사회주의에서는 큰 부의 축적은 허용되지 않으므로, 공평한 기회를 제도화하는 동시에, 〈기여에 따른〉 임금 결정이 규칙이 될 것이

---

4 마르크스, 『정치 경제학 비판 요강*Grundrisse der Kritik der politischen Ökonomie*』(1858), p. 611. 일부는 스미스가 이보다는 나았다고 말할 것이다. 그는 반복적인 업무를 도전할 일이 없다는 점에서 비판했다(우유 배달을 위해 제트기를 모는 것은 반복적인 일이지만 때로는 상당한 도전이 필요한 일이다. 누군가 말했듯 〈몇 시간은 따분하기는 하겠지만 가끔씩 완전히 공포스러운 순간이 있다〉). 마르크스의 적대감은 스미스가 자신보다 그것을 먼저 생각했다는 불만 때문이었을 수 있다. 또는 마르크스가 스미스를 광적 우파로 묘사함으로써 그를 깎아내려야 한다는 압박감을 느꼈을 수도 있다.

었다.[5] 만약 자동차 한 대를 생산하는 데 있어 모든 자동차 노동자들이 필요하고 서로 대체 가능하다면, 이들의 임금은 같을 것이다. 그리고 농부도 자동차 산업 노동자와 같은 양을 사회에 기여한다고 여겨질 것이다(『공산당 선언』이 생각한 것과 같이, 공산주의하에서는 〈개인의 자유로운 발전이 모두의 자유로운 발전을 위한 조건이다〉).

사회주의적 윤리는 사적인 기업을 이익이나 손실과 관계없이 〈돈을 긁어내는〉 존재로, 바람직하지 않은 것으로 보았다. 자본주의 윤리에서는 개인의 성장이란 자신의 일로부터 더 나은 보수와 높은 임금 등, 즉 더 나은 조건을 얻어 내려고 미끄러운 기둥을 올라가는 것과 같았다. 사회주의적 윤리에서 개인적 성장은 자신의 일에 대한 애정과 기술 및 직업 능력에서 오는 것이었다.

사회주의적 윤리는 큰 부를 축적하고 보유하는 것 또한 비난했다. 따라서 〈물욕으로 가득 찬 사회〉의 가치를 따르기보다는 다른 사람에게 봉사하려는 본능이 이끄는 〈새로운 인간neuer mensch〉을 육성하는 것이 목표가 되었다. 열정적 사회주의자였던 바그너는 1860년대 니벨룽겐의 저주받은 반지 이야기를 담은 4연작 오페라에서 사랑보다 부와 권력을 택할 때 우리가 스스로를 파멸로 몰아간다는 도덕률을 감동적인 극으로 승화시켰다. 관객들은 바그너가 열렬한 사회주의자라는 사실을 아는

5 마르크스의 『고타 강령 비판Critique of the Gotha Program』(1875)을 보라. 고타 강령은 1875년 고타에서 열린 독일의 새 사회 민주당 창당 대회를 위해 준비된, 사회주의적 목표를 서술한 초안이다. 동지들에게 보내는 편지에서 마르크스는 사회주의 국가를 단순히 〈생산자 단체〉를 보조하는 것으로 보는 강령의 개념에 대한 분노를 드러냈으며, 사회주의 경제에서의 노동에 대한 보상은 어떻게 이루어져야 하는지에 대한 자신의 생각을 설명했다. 마르크스의 『공산당 선언』, 『정치 경제학 비판 요강』, 『고타 강령 비판』은 그의 기초적인 단편들이다.

사람이라면 더더욱 「반지」 연작이 자본주의의 탐욕과 사회주의의 목가적 모습을 대비시킨다고 해석했을 법하다(그러나 바그너의 악극에서 감동을 받은 기업가들과 투자자들은 그들에게 만족을 주는 기업가와 투자자의 삶으로 곧바로 되돌아간다).

또 다른 사회주의적 가치는 이윤 동기가 아니라 필요의 원리에 따라 자원을 배분하는 것과 연관되어 있다. 사회주의자들은 분권화된 경쟁 및 개별적 진취성보다 중앙의 조율이 우월하다고 여겼으며, 〈이윤보다는 사용을 위한 생산〉이라는 말이 이 원칙을 간단히 요약하고 있다.

그러나 잘 작동하는 경제에는 그 목표를 위한 수단, 즉 경제 제도와 경제 문화라는 형태의 수단이 필요하다. 규범, 규칙, 제도, 법이 그 요소들로서 이들을 통해 경제는 사람들을 참여시키고 노하우와 경험을 쌓게 하며 창조성을 발휘하는 일을 장려한다. 그리고 신고전파 경제학이 말하듯 토지와 노동, 자본을 기업과 산업에 배분하고 소득과 제품의 분배 규칙을 만든다. 이런 부분에서 사회주의 경제는 어떻게 작동했을까?

사회주의자들은 비록 그들의 목표에는 거의 합의를 이루지 못했으나, 그 수단이 무엇이어야 하는지에 대해서는 본능적으로 합의에 이르렀다. 이들은 그 수단으로 이뤄야 할 목적이 무엇인지는 나중에 찾아낼 수 있을 거라고 생각했다. 사회적 수준에서든 국가적 수준에서든 핵심 도구는 투자 활동의 주된 방향을 중앙 집권적으로 통제하는 메커니즘일 것이다. 투자 프로젝트를 거부할 자본가도 민간 기업가도 없다. 또 다른 도구는 광부, 간호사, 음악가와 같은 노동자에게 지급되는 임금이다. 국가는 이 임금을 자본주의 체제의 이윤과 같은 〈사회적 배당〉을 통해 보충할 수 있다. 생산 방법과 노동자의 직무 배치는 노동자의 생산성뿐만 아니라 그들의 만족도를 고려하며 공동으로 결정한다. 노동자에게 동기를 부여하는 것은 자신보다 나은 노동자 때문에 해고될 경우 예상되는 실업 상태 기간이 아니라 그 직무가 주는 자극의 종류다. 마지막으로, 노동과 자본의 기업과 산업으로의 배분은 가장 낮은 비용, 가장 높은 가격, 가장 높은 가치만 선택되는 시장 메커니즘이 아니라 노동자들의 대표에 의해 정치적으로 결정된다.

사회주의 내 다양한 분파들은 그 범위의 문제에 대해 견해가 다르다. 완전함을 추구하는 마르크스적 사회주의자를 포함한 고전적 사회주의자들은 가용 자본과 설정되는 가격에 대한 중앙의 통제를 규모와 무관하게 모든 기업들, 농업부터 영화 산업까지 모든 산업에 대해 가하고자 한다. 보다 근대적인 사회주의자는 국가의 통제를 중공업을 포함한 경제의 〈기간산업commanding heights〉에 대해서만 가하려고 한다. 시장 사회주의 지지자는 자유롭게 자신의 제품과 중간재를 자유 시장을 통해 사고팔 자유가 있는 민간 기업과 국영 기업을 동시에 원했다(그러나 엄청난 기업 과세는 언제나 가능한 선택지였다). 영국의 페이비언 사회주의자들은 적은 규모로 시작해 경제마다 적절한 범위로 확대해 가는 것을 주장했다. 그들은 자본주의의 일정한 〈개혁〉을 원했다. 그러나 공산주의자들에게 자본주의는 개혁될 수 없는 것이며 오직 전복의 대상일 뿐이었다.

실행 가능한 사회주의를 건설할 수 있을까?

전간기, 즉 1920년대와 1930년대의 유명한 논쟁은 오늘날 사람들이 생각하는 것처럼 이른바 사회주의적 가치관이 바람직한 것인지에 대한 것이 아니었다. 이 새로운 논쟁은 사회주의자들이 추구했던 특성을 가진 경제를 설계하는 일이 가능한지에 대한 것이었다. 사회주의자들은 자신들의 목표를 달성할 수 있었을까? 실용주의자에게 이 질문은 철저히 실증적인 문제로 보인다. 사회주의적 실험이 어떤 결과로 이어졌는지 잠시 후에 보기로 하자. 그러나 1920년대에는 러시아에서만 실험이 시작되고 있었을 뿐이며, 독일이나 프랑스에서 또 다른 실험이 시작될 가능성이 있었을 뿐이었다. 따라서 당시에는 (이론은 실제로도 힘을 더 얻었지만) 실증적 증거의 영향력은 여러 구획의 땅에 행해지는 경작 실험의 경우보다도 적었을 것이다. 설사 러시아에서 사회주의적 경제가 모든 면에서 성공하거나 모든 면에서 계속해서 실패했다고 해도, 다른 국가의 실험에서도 같은 결과가 나타날지 아닐지는 장담할 수 없었다.

여기서 루트비히 폰 미제스가 등장한다. 그는 성격이 불같은 빈의 경제 이론가로서 그의 학생이었던 프리드리히 하이에크와 함께 오스트리아 학파를 세웠다. 미제스는 러시아 혁명과 독일에서의 사회주의적 조치들과 가까운 위치에 있었으므로 사회주의가 발생하는 현장의 목격자였다고 할 수 있다. 그는 1920년부터 1930년대 초반까지의 논쟁에 활발하게 참여했다.[6] 미제스가 보기에, 사회주의를 시도하는 것은 이론 없이 실험하는 것이었다. 「그들의 상상 속 공상의 세계에서는 구워진 비둘기가 동무들의 입 속으로 날아 들어오는 식의 일이 벌어지는데, 그들은 이 기적이 어떻게 일어나는지는 보여 주지 않는다.」 그는 더 나아가 사회주

---

6 미제스의 첫(독일어로 된) 출판물은 명작 "Die Wirtschaftsrechnung im sozialistischen Ge-meinwesen"(1920)이었다. 이후 제시되는 구절은 88페이지에 있으며 다음 인용구는 110페이지에 있다. 1년 후에는 그의 대작 『사회주의Die Gemeinwirtschaft』가 출간되었다.

의 경제는 실행 가능하지 않다고 주장했다. 혁신적이지 않다는 정도가 아니라 궁극적으로 불가능unmöglich하다는 것이다.

미제스가 사회주의에 반대했던 것은, 근대 경제에서는 더 높은 가격에 팔고 더 낮은 가격에 살 수 있다는 희망 아래 행위자들이 끊임없이 기존의 관행에서 벗어나려 한다는 생각 때문이었다. 이런 식으로 새로운 방법을 시험하고 경제적 이익을 발견하기 때문이다. 마르크스와 같은 사회주의자들이 산업 노동자와 농부, 숙련공이 어떤 식으로든 높은 효율성을 달성하기 위해 필요한 실험에 참여할 것이라고 주장했던 것과 달리, 미제스는 그 누구도 어떤 것을(자신의 노동력조차) 실제로 소유할 수 없는 사회주의적 경제에서는 기존의 것으로부터 벗어나거나 실험을 할 유인과 정보가 제공되지 않을 것이라고 주장했다. 시장 경제라면 궁극적으로 시장 가격과 임금이 제품의 비용과 각 사용 영역에서의 노동의 가치를 반영할 것이다.

사회주의적 국가에서는…… 합리적 행동이 여전히 가능할 수도 있겠지만, 일반적으로는 합리적인(즉 효율적인) 생산을 더 이상 논할 수 없다. 무엇이 합리적인지 결정하는 수단이 없을 것이므로, ……따라서…… 생산은 절대로 경제적 고려에 따라 이루어질 수 없다. 당분간은 경쟁적 경제에서 얻은 경험들의 기억이…… 경제 수준의 완전한 붕괴를 견제할 수 있을지 모르나…… 낡은 방법은…… 동시에 비합리적인 것이 되어 버리며 더는 새로운 조건에 적합하게 행동하지 못한다. ……〈무정부주의적〉 경제에서는, 의지할 것이라고는 불합리한 기관들의 무분별한 결과물뿐이다. 바퀴는 돌아가지만, 효과적이지는 않다. ……(사회주의적 경제에서의) 관리자들은 어떤 제품이 긴급히 필요한지 정확히 알고 있을 가능성도 있다. 그러나 그렇게 하는 과정에서 이 정부는 경제적 계산에 필요한 두 가지 전제 조건 중 하나만 발견했을 뿐이다. ······정부는 다른 문제, 즉 생산 수단의 가치 측정이라는 문제를 해결하지 못한 채 일을 진행해야 한다. ······따라서 사회주의적 국가에서 모든 경제적 변화는 그 성공 여부를 사전적으로도, 사후적으로도 판별할 수 없게 되는 것이다.

미제스는 새로운 철도의 건설 여부를 결정하는 문제를 예로 들었다. 그는 시장 경제에서는 운송비 절감액을 추정할 수 있다고 말했다. 물론 미제스는 사회주의 국가도 그럴듯한 추정을 할 수도 있음을 인정한다. 그러나 이 프로젝트 건설을 위한 노동, 에너지, 철 등의 가치가 동일한 단위로(돈으로) 환산될 수 없다면 건설로 인한 절감액이 철도 건설비를 넘는 수준인지 판단이 불가능하다(경제학적 용어로 설명하자면, 사회주의적 경제는 각 투입 요소가 다른 곳에서 사용되었을 때의 가치, 즉 기회비용 또는 잠재 가격shadow price을 〈관리자들〉에게 알려 주지 못한다. 이와 반대로 시장 경제에서는 기업가들이 가격 정보를 알 수 있으며, 미제스는 이것이 실제 기회비용에 대한 근사치라고 보았다).

미제스가 든 사례보다 더 간단한 사례를 보자. 동일 임금이 강제되는 사회주의 경제하에서는 어떤 노동자도 자신이 다른 사람보다 더 열심히 일하면 그만큼 보상을 받을 수 있을지 알아보려 하지 않을 것이다. 모든 임금이 동일하므로, 더 열심히 일한 노동자라고 해서 그에 상응하여 임금이 인상되지 않는다. 열심히 일한다고 일자리를 지키는 것도 아니다. 그의 일자리는 어쨌든 보장되어 있기 때문이다. 그 일이 사회에 얼마나 가치가 있는가와 상관없이 어떤 노동자도 더 많은 관심과 더 많은 에너지를 쏟을 유인이 없다. 이 체제에서는 시장이 올바른 일반적인 노력 수준을(따라서 이에 상응하는 올바른 임금 수준을) 절대로 〈발견〉할 수 없으며, 이는 심지어 사람들이 모두 비슷해서 같은 기호를 가지고, 따라서 시장에서 어떤 시도를 하려는 움직임이 아예 나타나지 않는 경우조차 마찬가지다.[7] 결론은, 개인의 노동 결과에 대해 사적 소유권이 주어져야 참여자들의 실험을 허용하고 장려할 수 있으며, 이것이 없이는 임금과 가격 패턴이 올바른 수준으로 교정되는 경향 없이 경제가 운영된다는 것이다.

미제스의 분석은 대부분의 독자들에게 추상적으로 느껴졌을 것이다. 그러나 역사를 보면 미제스의 핵심이 더 생생하게 드러난다. 더 관심을 쏟는 노동자에게 보상하고 더 많은 재능을 발휘하는 노동자를 진급시키는 데 실패한 소비에트의 인사 정책은 노력이란 무익하다는 인식으로 이어졌을 것이며, 이 무력감은 분명히 구소련이 붕괴하기 전 몇십 년간 소련 국민들의 삶을 망가뜨린 엄청난 알코올 중독증의 배경이 되었을 것이다. 이런 방식은 열심히 일하고, 스스로 무엇을 만들기 위해 노력하려는 사람들의 자연스러운 경향을 활용하지 못했다. 근로 의욕과 효율

---

7 사회주의 이론가들은 사회주의 시스템에도 더 좋은 성과를 내려는 건전한 유인이 존재한다고 반론할 것이다. 성과가 일반적 기준에 못 미치면 권한 범위가 더 넓은 자리로 승진하기 어려워진다는 것이다. 따라서 임금 불평등은 아니지만 일종의 불평등이 존재한다. 그러나 이 반론의 설득력은 상위 직급으로 올라가는 일이 얼마나 가치가 있는지에 달려 있다. 미제스라면 사회주의 계획이 — 자연재해가 일상의 평온함을 깨뜨리는 경우를 제외하고 — 본질적으로 변화가 없는 경제를 상정하고 있다면, 노동자들에게 동기를 부여할 정도의 비금전적 보상이 가능한지 모르겠다고 응수했을 것이다. 그리고 무엇보다 혁신하지 않는 경제는 고도의 관리 체계가 필요하지 않다.

성이 놀랄 만큼 저하되었다. 1980년대 모스크바에 살던 한 외국인이 어떤 대형 트럭이 벽돌 공장을 떠난 이후를 추적하여 현장 자료를 수집한 사례가 있다. 이 관찰자에 따르면, 그 트럭은 거리 구조물이나 고속도로와 충돌하며 달렸고 결국 목적지에 도착해 보니 벽돌이 절반 정도는 부서져 있었다. 노동자들이 개별적으로 수입을 얻을 수 있고 그 능력을 증가시킬 투자의 자유가 있다면, 이들의 노력과 임금, 자존감은 더 향상될 것이다. 이런 뛰어난 직관 덕분에 미제스는 재산권 이론property rights theory의 창시자로 여겨지고 있다.

미제스의 두 번째 주장은 〈이윤 동기〉에 대한 것이다. 그는 특히 〈사회주의〉 관료제하에서 운영되는 기업들은 이윤 동기에 의해 움직이는 기업들과 달리 효율적으로 운영하려는 시도조차 하지 않는다는 점을 반복해서 강조했다.

생산 요소의 시장 가격을 만드는 모든 과정의 동인은, 자신의 이윤을 극대화하려는 자본가들과 기업가들의 끊임없는 탐색이다. ……이런 사적 소유자들 없이는, 시장은 시작과 운영을 가능하게 하는 추진력을 잃어버린다.(137~138쪽)

사회주의 관리자들은 이러한 동기가 부족하다. 그들에겐 불편함과 정치적 비용을 무시하면서까지 이윤을 증가시킬 기회를 얻고자 할 동기가 거의 없을 것이다. 이윤이 증가하더라도 중앙 정부는 이 증가의 원인이 무엇인지 모르므로 관리자는 자신의 공을 인정받지 못한다. 만약 이윤이 감소하면, 중앙 정부는 관리자가 다른 사람보다 능력이 없는 것 아니냐고 의심할 것이다. 다른 사람이 자신의 아이디어를 훔쳐가는 것을 막을 방법이 없다는 것을 아는 관리자나 노동자는 새로운 아이디어를 생각해 내려 하지 않는다. 그럼에도 불구하고 기업에 새로운 아이디어가 있는 경우조차 이 기업은 그 아이디어의 이점에 대해 알려 줄 방법이 없다. 게다가 사회주의 관리자들의 유인이란 거의 바람직하지 않은 것들이다. 이들은 언제나 〈규칙을 따르고〉 체면치레를 하는 관료제 방식으로 일한다. 이들이 승진의 사다리를 올라가기 위해 경쟁할 수도 있겠지만, 그러기보다는 어떠한 실패의 위험도 피하는 방향을 택할 것이다. 이런 직관들 때문에 미제스는 공공 선택 이론public choice theory의 창시자로도 볼 수 있다. 이것은 정부 기관과 같은 관료제에서 자기 이익을 우선시하는 개인들의 의사 결정을 다루는 이론이다.

미제스의 경고는 경제학 학술지에서 가장 유명한 논쟁 중 하나로 이어졌다. 오스카어 랑게는 자신의 고국인 공산주의 체제의 폴란드로 돌아가기 전 1930년대 서구에서 유명해진 명석한 이론가로서, 완전한 사회주의 경제는 궁극적으로 붕괴하게 된다는 미제스의 주장에 반론을 제기했다.[8] 랑게는 노동과 철, 철로, 모든 생산물에 올바른 가격을 매길 수 있는 방법이 있다면 미제스가 경고했던 실패를 피할 수 있는 사회주의 경제가 실현 가능하다고 주장했다. 국가는 자본주의 경제에서처럼 시장을 활용할 수 있다. 일반적인 사회주의 경제에서처럼 국영 기업이겠지만, 이 사회주의 기업은 자신들의 제품을 시장에 공급할 것이며, 동시에 이를 공급받는 다른 사회주의 기업들과 가정은 자신의 수요 정보를 전

---

8 원 논문은 Lange, "On the Economic Theory of Socialism", *Review of Economic Studies*, October 1936 and February 1937. 이 논문들은 같은 제목의 책으로 1938년 재출간되었다.

달할 것이다. 이 시장들 중 일부는 자본주의와 마찬가지로 경매 시장의 형태를 취하기도 한다. 이 시장은 가격을 결정한다. 기업들이 조건을 공개하고 그에 따라 개인이 서비스를 제공하므로, 임금 역시 유사한 방식으로 결정될 수 있다. 만약 표준 노동 시간을 일하는, 서로 구분할 수 없는 노동자들이 있다면 이들은 경쟁에 의해 같은 급여를 보장받을 것이다(일부 기업들이 더 많은 노력에 대해 더 많은 임금을 제시했다면 다른 기업들도 같은 조건을 제시할 것이기 때문이다. 노력하는 정도에 따라 노동자 집단이 두 개 이상 존재할 수도 있다). 자신의 승리를 확신한 랑게는 사회주의가 결국 〈불가능하지〉 않음을 보여 주는 직관을 자극한 것은 미제스이므로, 유럽의 모든 사회주의 마을에 그를 기리는 반어적인 기념상이 세워질 것이라고 농담을 던졌다. 실제로 이런 시장 사회주의가 폴란드와 헝가리에서 1980년대 시행되었다.

그러나 랑게의 주장을 연구한 사람들 대부분은 시장 사회주의 또한 현실에서는 작동하지 않는다는 결론을 내렸다. 소련이 채택한 더 획일적인 관리 체제보다는 개선된 것일 수 있으나, 완전한 사회주의가 갖는 한계에서 벗어난 것은 아니었다. 미제스의 이윤 동기 논의는 사회주의 기업이 어떤 시장 가격에도 사회적으로 바람직한 양의 생산을 공급하지 않을 것이라고 주장한다. 따라서 과소 공급이 더 심한 곳에서는 가격이 다른 곳보다 높아지게 된다. 미제스가 옳았던 또 다른 부분은, 정부는 사회주의 관리자들이 이윤을 극대화하는 생산자인 〈것처럼 연기하도록〉 조장할 것이며, 어떤 관리자들은 그런 일에 상당히 뛰어날 것이라는 지적이었다. 물론 그는 정부가 관리자들에게 투자 결정 책임을 위임할 수도 있다고 했다. 그러나 어떤 관리자도 경제 전체의 〈효율〉을 위해 자신의 기업을 축소하려고 하지는 않을 것이다. 경쟁적 사회주의 사상이라는 것을 수용할 수 없었던 사회주의자들은 모두 이러한 생각에 반대했다. 그들은 이전까지 시장을 장악했던 권력을 빼앗고자 했고, 이들에게 사회주의의 핵심은 경제를 뜯어고쳐서 계획 경제를 만드는 것이었기 때문이다.

사회주의 논쟁에 관심을 돌렸던 젊은 하이에크는 〈사회주의 계산〉이라는 논쟁에 새로운 시사점을 제공했다.[9] 미제스의 주장들이 유인에 기반을 둔 데 반해, 하이에크의 주장은 지식에 기반을 둔 것이었다. 하이에크는 복잡한 경제에서는 (매우 근대적이거나, 매우 다변화되었거나) 지식이 경제 활동에 참여하는 사람들에게 널리 퍼져 있다는 것을 전제하고 자신의 주장을 전개한다. 예컨대 여러 산업에 자원을 배분하는 것과 같은 일을 (완전히 새롭게) 〈계획〉하고자 하는 개인 또는 기관은 가장 적합한 생산 방법을 구축하기 위한 노하우가 필요하다. 지식이 있는 모든 사람들을 계획에 참여시켜 자문하도록 하는 방법은 비용이 지나치게 많이 들 것이다. 모든 지식 보유자를 경기장 하나에 모을 수 있다고 해도, 구체적인 지식을 모두 모아서 사용하려면 그 양이 계획자에게 너무 버거울 것이다. 따라서 중앙 집중식 계획은 만족스럽게 작동할 수 없다.

하이에크는 더 간단한 방식으로 같은 결론에 이르는 것을 선호했다. 제도와 문화, 생산 방법과 사용되는 자본재들이 결합된 근대 경제는 한 개인이나 회사, 어떤 종류의 한 단위에 의해서 건설될 수 없는 것이었다. 너무나 복잡하기 때문이다. 따라서 정부라고 해도 근대 경제를 건설할

9 Hayek, "Socialist Calculation"(1935), pp. 201~243 참조. 이 논문은 하이에크의 『개인주의와 경제적 질서*Individualism and Economic Order*』(1948)로 재출간되었다.

수는 없었으며, 이는 지금도 마찬가지다.

처음에는 사회주의적 국가가 사회주의적 변화를 실시하면서도 다른 나라의 유사한 경제를 모방하여 어느 정도 성공할 수 있을지 모른다. 그러나 경제 체제가 본 궤도에 오르면, 어느 곳에서는 제품 수요가 증가하는 한편 어느 곳에서는 떨어지고, 노인들이 은퇴하는 한편 젊은이들은 노동 시장에 참여하는 일들이 벌어지며, 이 속에서 자원 배분의 비효율성이 증가한다. 근대적 자본주의 경제에 대한 하이에크의 관점에 따르면, 어떤 산업의 상대적인 가격이나 특정 직군의 임금 상승은 다른 경제 참가자들에게 이런 산업이나 직군이 보유한 지식을 습득하는 것이 좋다는 신호를 준다. 사회주의 경제에서는 이런 식으로 사람들이 산업이나 직종을 선택할 유인이 거의 없으며 선택을 통해 다른 쪽으로 이동하려고 해도 관료적 장애물에 가로막힐 수 있다. 사회주의 경제에서 산업은 개인에게 필요한 지식을 획득 유지할 동기를 제공하지 못하므로, 결국 생산 방법에 관한 핵심적인 지식은 사라질 수 있다.

하이에크의 또 다른 주장은, 사업상 의사 결정을 잘 내리기 위해서는 현장 전문가들에게서 그들이 오랜 경험을 통해 갖게 된 노하우로부터 어떤 투자 프로젝트를 집행하는 것이 얼마나 어려우며, 기업이 이전에 생산해 본 적이 없는 제품을 새로 개발하는 것이 얼마나 어려운지 평가할 때 필요한 직관을 얻어야 한다는 것이다. 이 문제는 자유 기업 경제에서도 마찬가지로 존재한다. 새로운 제품을 생산하는 방법과 그 비용 규모는 사전에 답을 알 수 없는 문제들이다. 만약 국가가 어떤 산업을 주도해야 할지 결정해야 하는 상황이라면 그 프로젝트의 다른 산업들에 대한 전체 기회비용은 정부의 어떤 사람도 정확히 알지 못한다. 현장 전문가들조차 안목 있는 추정치를 내놓기 힘들다. 하이에크의 관점에서, (엔지니어, 자금 제공 기관 등과 협의하여) 새로운 철로의 건설 여부를 결정하는 민간 부문의 기업가들은 모든 요소의 가격이 투명한 경우라고 하더라도 수년간의 경험을 통해 사회주의 경제 당국보다 신규 노선 건설 비용을 더 잘 추정하는 경우가 많다. 다음은 사회주의 계산 논쟁에 관한 1935년 논문에서 하이에크가 서술한 내용이다.

중앙 집중식 계획 경제 사회에서는 알려진 기술적 방법들 중 가장 적합한 것을 선택하려면 모든 지식을 중앙 정부의 계산에 사용해야만 한다. 분명히 〈존재하는〉 지식들이라고 해도 이는 명백히 현실성 없는 생각이다. 게다가 업무에서 실제로 활용되는 지식 중 많은 부분은 다른 사람들이 쉽게 사용할 수 있는 형태로 준비되어 〈존재〉하지 않는다. 그 지식의 대부분은 엔지니어들이 수많은 새로운 환경에 처했을 때 새로운 해결법을 재빨리 찾아낼 수 있는, 생각하는 테크닉으로 구성되어 있다.[10]

시간이 지나자 더 많은 대중들이 미제스와 하이에크가 펼친, 사회주의 경제 반대론에 설득되었지만, 일부는 1980년대 소련 경제가 오작동하고 불황이 심화되는 것을 보고 나서야 그들의 주장을 신뢰하게 되었다. 사회주의 경제에서 비효율이 증가하면서 한계가 드러날 것이라는 이들의 주장이 대중을 설득했던 것은 아니었다. 대신 사람들은 그보다 일반적인 비판에서 등장했던, 상대적으로 잘 운영되고 있던 근대 경제가 사회주의적으로 변하면 혁신성이 떨어진다는 주장에 공감했다. 제품과

10 Hayek, "Socialist Calculation", p. 210. 강조 부분은 필자가 추가함.

생산 방법이 점점 더 구식이 되기 때문에 혁신성이 떨어진다는 것이다. 사람들은 아주 무미건조한 효율성이라는 개념보다는 경제 성장에 더 관심을 보였다.

실제로 사회주의 경제들은 역동성이 심각하게 부족했다. 소련이 붕괴된 후, 동유럽에서 대규모 민영화가 시작되면서 기존 국영 기업 관리자들의 혁신 능력이 시험대에 올랐다. 이 관리자들은 혁신에 성공하지 못할 경우 자신의 위치를 경쟁자에게 내주거나 기업이 문을 닫을 수 있다는 점을 두려워했고, 새로운 제품을 만들고 판매하기 위해 광적인 노력을 기울였다. 그러나 그들은 총체적 실패에 맞닥뜨렸다. 그들은 어려운 상황 속에서 의지를 보이긴 했지만, 기업가적 능력이 있는 것은 아니었다. 공산주의 경제에서는 관리자들이 그러한 재능으로 선발되어 살아남은 것이 아니었기 때문에, 기업가적 능력을 갖춘 관리자들은 극히 적었고 그나마 뿔뿔이 흩어져 있었다.[11]

미제스 역시 혁신과 관련된 주장을 한 것처럼 보였다. 그는 사회주의적 기업을 경영하는 사람들이 혁신을 위한 융자를 얻을 수 있을지 확신이 없고, 또 그들이 실패할 경우 너무 많은 것을 잃을까 봐 두려워하기 때문에 민간 기업의 소유자들에 비해 혁신하려는 시도를 하려는 의지가 매우 적다고 시사했다. 반대로 사적 기업의 소유자는 이익을 자신의 것으로 할 수 있으며 유한 책임 덕분에 큰 실패는 피할 수 있다. 미제스는 또한 이윤을 추구하는 〈끝없는 노력〉이 여러 일자리에서 잘못된 사람들

11 경영자들에 대한 설문 조사 내용과 통계 분석 결과는 Frydman et al., "When Does Privatization Work?"에 제시되어 있다(미제스라면 사회주의 경제에서 가격이 점점 더 잘못 책정되어 간다는 자신의 주장에는 사회주의 경제의 혁신 노력마저 잘못된 방향으로 갈 수 있다는 말이 분명히 함축되어 있다고 변호했을지도 모르겠다).

을 골라내고 새롭게 배치된 사람들을 시험하는 기능을 수행한다는 점을 이해하고 있었다. 이윤 동기가 없이는 아무리 잘 작동하는 사회주의 경제라고 해봐야 (잘 작동하는 근대 경제에 비해 훨씬 심각한 정도로) 새로운 상업적 제품을 위한 아이디어를 구체화하고 개발할 능력이 없는 사람들을 관리직에 배치할 것이다. 그러나 미제스는 이 부분은 분명하게 짚어 내지 않았다.

하이에크의 근대 경제 개념도 혁신론으로 이어진다고 보이는 부분이 있다. 그의 상향식 풀뿌리 이론에서는, 근대적 시장 경제는 새로운 제품이나 생산 방법을 창조하는 과정에서 개인들이 독창성을 발휘할 수 있는 자유에 의존하며, 각각의 상황에서 개개인의 노하우에 근거하여 발전한다. 반대로, 사회주의적 경제에서는 개인들이 혁신적 프로젝트를 위해 자금을 요청할 수 있는 자유가 주어지지 않는다. 기껏해야 개인은 사회주의 기업의 경영자에게 혁신적 아이디어를 제안할 수 있을 뿐이고, 경영자는 이 혁신적 아이디어를 신제품으로 개발할 수 있도록 국립 은행에 자금을 요청할 수 있는 자유가 있을 뿐이다. 하이에크의 관점에서 사회주의 경제는 혁신의 잠재력을 실현시킬 수 없다. 즉, 다양한 기업가들로 하여금 신제품과 새로운 생산 방법을 통해 시장 점유율을 높이기 위해 자유롭게 경쟁하도록 할 수 없고, 다양한 금융가들로 하여금 지원 대상 아이디어를 선정하는 데 자신의 판단을 자유롭게 사용하도록 할 수 없으며, 다양한 창조적인 사람들이 그들의 아이디어를 상품으로 개발하는 것을 도와줄 기업가를 만나서 자유 경쟁을 벌이도록 할 수 없기 때문이다.

혁신의 상실은 지식 경제의 경우에 보다 분명히, 두드러지게 나타난다. 건축 사무소, 축구팀, 코미디 클럽, 석유 시추 회사, 유명 레스토랑, 발레단, 와인 포도 재배 회사 등과 같이 참여자들의 재능과 서비스가 제각각인 기업을 정부가 인수한다면, 하이에크가 말했던 것처럼 정부는 그 사업들에 대한 지식도 부족하고, 어느 곳에 투자를 해야 하는지도 잘 알지 못하므로 인수는 성공하지 못할 것이다. 뿐만 아니라 노동자들이 경영을 주도하게 되면 인력 이동과 신규 진입, 혁신에 보통 반대할 것이다. 새로운 아이디어를 꿈꾸는 사람들은 인수되기 이전과 달리 그 아이디어를 실현할 방법이 사라질 것이다(종업원 지주제Employee Stock Ownership Plan: ESOP로 불리는 회사들이 근대 경제들에 존재하지만, 이들은 소유자들이 경영하는 경쟁 기업들만큼 성공적인 경우가 거의 없다). 따라서 지식 경제 환경에 놓인 사회주의 국가는 역동성을 확보해야 한다는 압박을 특히 강하게 받는다.

그렇다면 미제스와 하이에크는 이처럼 혁신을 중심에 둔 주장을 왜 명시적으로 펼치지 않았을까? 그 이유 중 하나는, 미제스뿐 아니라 1930년대 중반에 저술을 했던 하이에크조차 여전히 혁신에 대해 슘페터적인 입장을 취하고 있었다는 점이다. 당시 이들이 사회주의 경제를 선택한 국가들에게 자생적 혁신이 부족할 수 있다고 경고했다면, 비판적인 독자들은 사회주의 경제도 근대적 자본주의 경제만큼 전 세계의 과학자와 발명가들이 만들어 낸 최고의 새로운 기술적 진보를 자유롭게 수입할 수 있다고 반박했을 것이다. 창조적이며, 자생적 혁신에 성공한 근대 경제라는 개념은 그들이 살던 1920년대와 1930년대의 논문에, 그리고 심지어 하이에크의 유명한 1944년 저작에도 아직 등장하지 않았다.[12] 한편으로, 막 사회주의 체제로 전환한 제정 러시아 같은 국가가 사적 소유권을 복원시키기만 하면 높은 역동성을 얻을 수 있다고 주장한다면 터무니없게 들렸을 것이다(사회주의로 전환했을 때 역동성을 잃을 나라들은 미국이나 독일, 프랑스, 헝가리 같은 국가들이었다. 이들은 전환을 시도해 보고 그 사실을 알아차렸다).

수십 년에 걸쳐 상당수 좌파적 경제학자들을 포함한 대부분의 경제학자들은 이 논쟁에서 오스트리아 경제학자들의 손을 들어주었다. 오스트리아 학파는 사회주의 경제가 심각한 효율성 저하를 초래할 것이라는 확신을 경제학에 심어 주었다. 오스트리아 학파는 근대적 자본주의 경제가 비효율성이 없다고 주장할 필요도, 금융 공황이 초래하는 잘못된 선택과 낭비를 인정할 필요도 없었다. 근대적 자본주의 경제가 일단 사회주의화되면 더 큰 비효율성을 낳는 부정적인 변화를 경험하게 될 것이라는 주장만으로 충분했다.

그러나 오스트리아 학파는 다른 전투에서는 패배했다. 그들은 사회주의적 경제를 선호하여 자본주의 경제를 폐기한 모든 나라가 비효율 증

12 『노예의 길The Road to Serfdom』(1944)에서 혁신, 창조성, 독창성, 발명, 성장, 진보 등의 단어는 색인에 등장하지 않는다. 하이에크 연구자들은 (그의 논저 속에 사실상 언급되었던 것처럼) 단순한 과학적 제도를 넘어 자생적 창조성이 국가 경제에서 생겨날 수 있다는 인식이 오스카어 모르겐슈테른의 강연을 접했을 때 처음 생겨난 것 같다는 데 동의할 것이다. 하이에크는 1927년에 발표한 영향력 있는 저작에서 경제는 균형 경로로 복귀하려는 경향이 있으나, 오류로 인해 당분간 불균형이 유지될 수도 있다고 주장했다. 모르겐슈테른의 강연은 이런 주장이 경제 속 행위자들이 미래에 대한 완벽한 통찰력을 가지고 있다고 가정하는 것이며, 이는 내생적 혁신의 세계에서는 (또는 경제와 무관한 과학 연구에서도) 가능하지 않은 것이라고 주장했다. 하이에크는 분명 이 문제를 인식하고 있었다. 경제 내에서 혁신가들이 (그리고 보다 일반적으로는 참가자들의 관점의 다양성이) 초래하는 불확실성에 대한 그의 인식은 1960년대에 명확해졌다. 하이에크의 논문 "The Non-Sequitur of the 'Dependence Effect'"(1961)은 신제품을 만들어 내는 잠재적 혁신가들이 판매량을 통해 성공 가능성을 알 수 있다는 갤브레이스의 주장을 비판했다.

가로 인해 피폐해질 것이라고 믿었던 것 같다. 일반적으로 보면, 복잡성이 크고 정교한 경제 전체를 사회주의화하면 결정적인 효율성 손실이 일어난다고 주장할 수 있다. 근대 경제는 물론이고 단지 지식 경제만 달성하려고 해도 장기간에 걸쳐 제도와 문화가 진화해야 하기 때문이다. 그러나 모든 경제가 그 비효율성과 무관하게 사회주의로 인해 피폐해진다고 주장하는 것은 또 다른 이야기이다. 그리고 그 정도나 목표와 무관하게 어떤 수준의 사회주의도 더 큰 비효율로 이어진다는 주장은 또 다른 차원의 이야기이다. 사회주의 운동은 살아남을 수 있었다! 실제로도 그랬다.

사회주의는 선진국도 아니고, 근대화를 통해 선진국이 되는 과정에 있지도 않았던 국가들에서 권력을 잡는 데 성공했다. 러시아인들에게 사회주의가 잘 작동하는 자본주의 경제들만큼 효율적이지 않다고 말하는 것은 아무 의미가 없었다. 러시아인들은 그런 경제를 경험한 적이 없기 때문이다. 또한 그들에게 그들의 사회주의가 역동성이 높은 국가만큼 혁신적이지 않다고 말하는 것도 그다지 설득력이 없었을 것이다. 그들은 그런 경험이 없기 때문이다. 실제로 소비에트 러시아는 전기의 보급을 포함해 다른 발전된 수단들이 신속히 도입되면서 1920년대부터 1960년대까지 놀라운 슘페터적 혁신의 연속을 보여 주었다. 누구도 차르의 복귀를 열망하지 않았다.

또한 일부 경제들에서는 사회주의가 일부 제한된 분야에 뿌리를 내렸다. 덜 발달된 경제들은 물론이고 상대적으로 선진화된 경제에서도 그랬다. 사회주의적 소유와 관리가 경제의 〈기간산업commanding heights〉, 즉 에너지, 통신, 철도, 항만, 모든 중공업에서 잘 작동할 수 있다는 관넘이 확산되었다. 아무도 예상하지 못했지만 중국에서 이러한 관념이 다시 등장한 것은 2010년 3월 원자바오 총리가 행한 연설에서 확인된다. 「사회주의 체제의 이점은 우리가 효율적으로 결정을 내리고, 효과적으로 조직하며 자원을 집중하여 대규모 사업을 완수할 수 있게 해줍니다.」[13]

사회주의 논쟁은, 특히 선진국에서는 사회주의 경제의 실현 가능성이 아니라 특정 부문에서의 국영화 및 통제의 실현 가능성을 논하는 쪽으로 변화했다. 오스트리아 학파의 관점도 물론 이 논의에 적용할 수 있다. 하이에크의 관점이 갖는 힘은 절대 과소평가할 수 없다. 지난 10년간 서방 정부들이 농부들에게 일반적인 작물 대신 바이오디젤의 원료가 되는 콩을 재배하도록 유도함으로써 전통적인 석탄, 석유 등 화석 연료 대신 바이오 연료 사용을 권장하는 정책을 취했을 때 하이에크의 직관은 빛을 발했다. 토지의 재할당은 다양한 식량 작물의 엄청난 가격 상승을 불러일으켰으며, 이는 기아로 인한 수십만 명의 죽음으로 이어졌다. 이것은 또한 아마존 유역 벌목의 원인이 되기도 했다. 무엇보다도 콩 바이오디젤이 전통적 연료에 비해 온실가스 배출에서 거의 나을 것이 없다는 점이 이후에 밝혀졌다.[14] 〈계획〉의 실패는 지극히 아이러니하다. 특히 사회주의자들이 그리고 일반적으로는 정책 입안자들이 항상 주장해 온 바에 따르면, 사회주의는 합리적이어서 자본주의가 단기적 이익 추구에 매달리는 것과는 달리 장기적 시각을 가질 수 있기 때문이다. 그러나 기

13 인터내셔널 헤럴드 트리뷴 웹사이트(www.iht.com) 게시 내용. 2010년 3월 5일.
14 Ammous and Phelps, "Climate Change, the Knowledge Problem and the Good Life" (2009). Volpi, "Soya Is Not the Solution to Climate Change"(2006)도 참조.

업 소유주 개인이 영원히 살 수는 없다는 문제를 해결한 것은, 바로 주식 보유 제도를 도입하여 큰 진전을 이룬 자본주의였다. 이런 문제를 겪은 것은 개인 회사와 가업을 승계할 자손이 없어서 고민했던 중세 귀족들로 한정되었다.

특히 사회적 소유 체제를 증가시키는 움직임만으로도, 민간 부문 산업의 베테랑들이었다면 하지 않았을 프로젝트를 수행하기 위해 국유화가 필요하다는 주장에 의문이 제기된다. 미제스는 사회주의 정부가 적정 가격을 책정하지 못한다고 했지만, 이러한 비판은 사회적 소유와 통제 아래 놓인 경제 부문의 규모가 작아서 경제 전체의 가격 결정에 영향을 줄 수 없는 경우에는 적용되지 않는다. 그러나 하이에크의 관점에서는 사회주의 정부의 지식 부족이 잘못된 방향 선택, 혹은 옳은 방향으로 움직이더라도 실패를 초래할 수 있다.

그러나 오스트리아 학파는 그들의 이론이 모든 경우에 적용될 수 있으며, 다른 생각보다 낫다고 간주하는 지나친 일반화를 했다. 정부에서 일해 본 적이 없는 사업가는 정부가 아는 모든 것을 알지 못한다. 국가 소유나 통제가 사적 소유보다 나은 일부 산업에서는 국가가 더 나은 지식을 갖추고 있을 수도 있다. 그렇다면 특정한 부분의 생산 국유화 문제에서도 사적 소유권을 옹호하는 하이에크 식의 편향은 잘못된 것일 수 있다. 그러나 국가든 개인이든 경제에 대한 전체주의적 통제는 위험하다는 하이에크의 예견은 분명 옳았다. 그는 사람들이 종종 생각하듯 극단주의자가 아니었다. 그는 생산에 있어 국가의 관여가 전무해야 한다고 주장한 적이 없다. 전쟁 중에 집필한 명작인 『노예의 길』에서 그는 수명 연장을 위한 연구 등 국가의 다양한 역할을 제안했다.[15] 하이에크는 한 가지 이론만 신봉하는 독단적인 학자는 아니었다.

사회주의의 이상한 면

시간이 많이 흐른 오늘날의 관점에서 보면 전간기 사회주의 논쟁에 이상한 점이 있었다는 점을 분명히 알 수 있을 것이다. 오스트리아 학파는 사회주의자들의 목표가 경제적 효율이라는 이상한 가정을 했다. 그러나 사회주의자들이 서구 경제의 구조를 혁명적으로 바꾸려는 계획을 세웠던 것은 경제적 낭비를 줄이기 위한 것이 아니었다. 서유럽의 총생

---

15 논문 "The Trend of Economic Thinking"(1933)에서 하이에크는 자유방임주의가 〈유일한 궁극적 결론〉이 아니라고 했다(134페이지). 『노예의 길』에서 그는 〈일부(자유 시장주의자들이) 모든 자유방임주의 원칙을 무시하고 특정한 절대적인 원칙을 세워 경직된 주장을 펼치는 것이야말로 자유주의적 대의에 가장 큰 해를 끼치는 것〉이라고 생각했다(p. 13). 이 소책자는 다양한 반응을 불러일으켰다. 케인스는 상대적으로 좋게 평했는데, 편지에서 이 책에 감탄하면서도 한 가지 이견을 드러냈다. 그는 오늘날의 관점에서 보자면 국가가 해야 할 일에 대해 하이에크만큼이나 이상한, 크게 다른 구상을 가지고 있었다. 격한 반응도 많았는데, 이는 오늘날 학자들의 시각에서는 이해하기 힘들다. 1994년에 『노예의 길』 60주년을 맞이하여 아마르티아 센은 『파이낸셜 타임스』에 이를 격찬하는 글을 실었다. 당시 몇몇 사람들처럼 하이에크도 영국 경제학자 윌리엄 베버리지가 제시한 포괄적인 사회 보험 체제 및 정부의 다른 개입 수단에 대한 구상으로 인하여 개인의 자유가 상실될 가능성에 경각심을 보인 것은 사실이다.

덧붙이자면, 많은 사람들은 하이에크의 그 이전 저작들에 근거하여 『노예의 길』도 소비에트 사회주의를 공격하는 내용일 것이라고 짐작한다. 사실 이것은 나치 독일과 전쟁을 벌일 이유가 없다고 했던 영국인들에 대한 지적이었다. 이는 또한 소련의 공산주의에 대한 경고라기보다는 독일에서 등장한, 국가가 후원하는 코포라티즘에 대한 경고였다. 비록 하이에크가 소련의 공산주의에 대해 언급한 부분이 많기는 하지만 말이다. 아마도 하이에크는 베버리지의 극단적인 복지 국가에서 코포라티즘을 떠올렸던 것 같다. 전쟁 중에 히틀러의 경제학자들은 나치가 점령한 유럽 지역 상공에 살포된 유인물에서 베버리지 청사진의 초안을 볼 수 있었다. 나치는 이에 대해 〈이것이야말로 우리가 여기 독일에서 해야 하는 것이 아닌가!〉라며 감탄했다. "Commission on Social Justice: Beveridge's Appeal for an Attack on Five Giant Evils", *The UK Independent*, October 25, 1994를 참조.

산은 1820년에서 1920년 사이 네 배가 되었다. 따라서 가장 열성적인 사회주의자라고 해도 근대 경제에 수반하여 간헐적으로 일어나는 공황과 실업으로 인한 생산 손실은 감수할 수 있었다.

실제로 대부분의 사회주의자들은 안정성, 형평성, 존엄, 만족이라는 그들의 목표를 계속 높이 내세웠다. 그들이 개인의 존재를 완전히 부정하려고 했던 것은 아니다. 그러나 사회적 영역에서 개인의 역량은 국가의 조정을 통해 발휘되어야 했다. 이 목표들에 표현된 가치관은 고대 그리스까지 거슬러 올라가는 서구 세계의 핵심적 가치의 근본적인 전환을 상징한다. 사회주의에서 빠진 것은 탐험, 창조, 활기와 같은 휴머니즘 전통에서 나타난 언어들이었다.

사람들은 열렬하다 못해 광적인 열정으로 사회주의적 목표를 추구했다. 사회주의적 실험은 레닌부터 카스트로까지 경직된 평등을 강제하고, 〈완전 고용〉이란 미명하에 인구를 통제했으며 경제 내 거의 모든 개인의 진취성을 억제하는 일을 신성시했다. 이 경제들은 총체적 비효율로 변했을 뿐 아니라 특징 없고, 숨막히며, 지루한 것이 되어 갔다.

따라서 미제스와 하이에크가 이런 목표를 처음부터 비판하지 않은 것은 이상한 일이다. 그들은 경제 체제 선택의 결정적인 기준은 효율성이라는 인상을 주었다. 만일 총생산의 손실이나 경제적 효율성의 손실이 없을 것이라고 설득할 수만 있었다면 그들은, 부에 대한 제한, 새로운 사업을 시작하는 데 대한 제한, 기업 경영에 대한 노동자 투표 등의 사회주의를 받아들일 의향이 있었을지도 모른다. 경제학자들은 이 논쟁에서 오스트리아 학파의 주장만을 근거로 하여 그들의 손을 들어주었다. 만약 이 논쟁 이후, 모든 것을 고려했을 때 사회주의 경제가 실업과 고용 변동을 피하기 위해 발생시킨 비효율의 감소분보다 더 큰 생산 증가를 이뤄 낼 수 있다는 공감대가 형성되었다면 미제스와 하이에크는 논쟁에서 패배했을 것이다.

이후 『노예의 길』에서 하이에크는 이탈리아와 독일에서 1930년대 이후 전체주의가 등장하면서 자유를 상실함에 따라 빚어진 비극에 대해 자신의 생각을 전달했다. 인간에 대한 그의 애정은 더 이상 의심할 수 없을 것이다. 아마르티아 센이 올바로 해석한 것이라면, 하이에크의 사상에서 자유는 다른 목표를 위한 수단이었다. 그러나 『노예의 길』은 전체주의자들이 경제적 자유를 박탈했을 때, 효율성 외에 다른 어떤 목표가 침해당할지는 논하지 않았고, 전체주의적 지도자들이 사업의 자유를 제한하면 생산 또는 효율성이 감소할 거라고 경고하는 데 그쳤다(책의 대부분은 정치적 자유를 다루고 있다).

과거를 돌이켜보면 우리는 사회주의를 논함에 있어 사회주의적 가치관과 서구의 인본주의적 가치관에 대한 논쟁이 빠져 있음을 알게 된다. 근대 경제의 옹호자든 반대자(사회주의 또는 코포라티즘 옹호자)든, 자신들이 선호하는 체제가 중요한 사회적 가치관을 지지한다는 것을 보여주기 이전에는 그것을 정당화할 수가 없었다.

사회주의에 대한 두려움

사회주의의 도래를 우려한 사람들이 보기에는 사회주의가 실패하는 것보다는 사회주의가 자력으로 계속 승승장구하는 것이 진짜 문제였다. 사람들은 자국민의 다수가 사회주의에 계속 반대할지 확신할 수 없었다. 미국, 영국, 독일에 이어 자본주의 경제가 약해졌던 이탈리아가 그 예이다. 볼셰비키 혁명으로부터 불과 1년이 지난 1919년에는 이탈리아, 독일, 미국을 포함해 여러 국가들이 공산주의에 대한 두려움Red Scare에 떨고 있었다.

독일과 프랑스에서는 점진적 사회주의가 호응을 얻고 있었다. (SPD 로 알려진) 독일의 사회 민주당은 사회주의를 추구했으며 1919년에는 연정을 통해 의회를 장악했다. 사회주의자들은 노동자들이 다양한 회사 문제에 참여할 수 있는 공장 회의체Betriebstrat의 수립을 이끌어 냈다. 노사 분규를 위한 조정 메커니즘이 세워졌다. 민간 자본은 소유권을 유지했지만 통제권을 일부 잃었다. 노동 시간은 하루 9, 10시간이 아니라 8시간으로 감소했다. 사회 전반적으로 논의되고, 채택된다면 그것을 원한 납세자들이 대가를 지불해야 하는 사회적 개혁은 기업 영역에서 재원을 짜냈다. 서구는 투자와 혁신에 타격을 가한 규제와 강제 그리고 징세를 향해 나아가기 시작했다.

1920년대가 시작되었을 때 서구에서는 경제적 미래에 대한 불안감이 매우 커졌다. 혁명이 시작되었고 누구도 그것이 얼마나 확산될지 알 수 없었다.

6장 제3의 길: 코포라티즘적 우파와 좌파

코포라티즘은 우리 각각의 이기적 이해를 충족시키기 위한 내부적인 개혁이 아니다. 그것은 시민적, 경제적 개인주의의 종언과 새로운 사회적, 경제적 체제의 등장, 서로를 지탱하는 기관들로 구성된 국가의 실현을 상징한다.
— 조르주 발루아, 「국가적 역량의 조화」

근대 경제가 그 제도, 문화와 함께 등장한 곳에는 각각 몇 세기 전부터 이어져 온 기존의 사회적 관습과 가치관이 존재했다. 그러나 19세기 후반에 프랑스와 독일을 비롯한 유럽 대륙의 여러 지역에 나타난 광범위한 근대화는 전통적인 삶의 방식을 압도해 버렸다. 사회주의자들이 자본주의를 계속 비판했지만(근대적 자본주의 경제들도 이들의 비판을 피해 갈 수 없었다) 다른 사회 비판가들은 근대 경제의 다른 부분들에 불만이 있었다. 1920년대 중반에 이르러 이 비판가들은 이후 20세기 내내 등장했던 근대 경제에 대한 비판을 구체화했다. 사회주의자들이 비판하는 자본주의의 실업과 임금 문제는 해결할 수 있고 실제로 결국 해결될 문제였지만, 뒤를 이어 새롭게 시작된 공격은 근대 경제의 심장과 두뇌를 향했다.

코포라티즘의 근대 경제 비판

앞에서 논한 바와 같이, 근대 경제를 이끈 것은 르네상스 휴머니즘의 이타적 개인주의, 바로크 시대의 활력, 계몽주의 시대의 모더니즘이었다. 이전의 흐름들에 더해(그리고 그에 기반을 두고) 이 마지막 흐름은 임계점을 형성하여, 근대 경제에 동력을 제공했다. 모더니즘의 핵심 사상은 개인이 자신의 행복을 추구할 자유를 가지되 그들의 이익에 대해 약간의 규제가 따라야 한다는 것이다. 예술과 문학 분야에서는 작가들이 외부의 도덕이나 정치적 이상에 얽매이는 일에서 해방되어야 한다. 오스카 와일드와 포스터가 말했듯이 예술은 예술을 위한 것이어야 한다는 것이다. 같은 이유로, 기업가가 사업을 하는 것도 사회에 얽매이지 않아야 한다. 비즈니스는 오직 비즈니스를 위한 것이어야 한다.[1]

사회적 삶에 있어서는 〈근대적 여성〉이 전통으로부터 벗어나서 사회적 금기까지 깨뜨릴 수 있게 되었다. 보통 사람들은 더 이상 주위 사람들과의 상호적 보호에 의지하지 않고 직업이나 다른 기회를 찾아 모험을 떠났다. 사람들은 크고 작은 영웅이 될 수 있었고, 이는 애덤 스미스가 영웅이 없다고 보았던 상업 자본주의 시대보다 훨씬 대단한 것이었다. 어떤 국가들에서는 주요 정치적 지도자와 활동가들이 일찍이 이러한 사회를 지지하였으며, 국가가 개인의 번영과 모두를 위한 개인의 발전이라는 목표보다 사회적 목표를 우선적으로 추구하는 행위를 지지하지 않았다. 1776년 초 처음 발간된 소책자 『상식*Common Sense*』에서 토

---

1 Sidorsky, "Modernism and the Emancipation of Literature from Morality"과 "The Uses of the Philosophy of G. E. Moore in the Works of E. M. Forster"을 참조.

머스 페인은 미국이 영국으로부터 독립해야 한다고 주장했는데, 그의 주장은 독립이 미국의 번영을 증진하리라는 것을 전제한 것이다. 페인이 또 다른 사회적 가치를 인지했을지도 모르지만 이는 분명하지 않다. 제퍼슨은 1775년 7월의 제2차 「독립 선언문」 초안에서 미국의 제도는 〈모든 국가의 불운했던 사람들과 진취적인 사람들에게…… 재산의 취득과 자유로운 처분을…… 허용한다〉고 하면서 자조self-support와 성공, 다소의 부가 행복의 추구라는 여정의 표지이자 그들이 미국에 온 이유임을 보여 주었다. 캘빈 쿨리지 대통령은 당선된 후 1925년에 한 연설에서 페인과 제퍼슨이 분명하게 제시한 길을 여전히 미국인들이 따르고 있으며, 자신의 정권 역시 그것을 지향할 것이라는 점을 아주 분명하게 보여 주었다. 「결국, 미국인에게는 비즈니스야말로 중요한 비즈니스입니다. 비즈니스는 결국 구매하고, 판매하며 투자하여 번영하는 것입니다.」 더 놀라운 것은, 링컨의 두 번째 연설에도 미국인들의 〈새로움에 대한 욕망〉이라는 말이 등장한다는 점이다.

근대 사회의 법적 권리를 향유하면서도 대가를 거의 지불하지 않는 사람들에게도 의무가 있다는 사상 또한 모더니즘의 핵심이었다. 그러한 의무에는 법과 사람들의 권리를 존중하여 타인을 속이지 않을 책임이라는 의무, 자신의 실수는 자신이 책임져서 타인에게 짐이 되지 않아야 한다는 독립성의 의무가 있었다. 책임이라는 말은 다른 사람들이나 결사체, 심지어 국가마저도 개인이나 회사의 재산권을 침해할 수 없고, 강탈할 수 없으며, 신제품을 도입할 경쟁자들의 진입을 막아서도 안 된다는 것, 그리고 국가로부터 보조금과 면제권을 얻으려 하지 않아야 한다는 것을 의미한다(근대 국가는 루이지애나 매입처럼 새로운 혁신과 사업을 개척하기 위한 투자를 할 수도 있으며, 비용이 너무 크다고 판단되지 않는다면 외부의 힘이 혁신과 사업을 방해하지 않도록 조치를 취할 수 있다. 또한 국가는 담합을 통해 경제적으로 불공정한 이익을 얻은 것이 발견되면 강력히 대처할 수도 있다. 그러나 혁신적인 제품의 개발을 막는다거나, 새로운 경쟁으로부터 생산자들을 보호하기 위해 새로운 투자를 막고, 만일 이미 보호하기에 늦어서 그에 대해 보상을 제공하는 것은 근대 국가의 기능이 아니다. 근대 사회에서는 공정한 국가라고 해도 포괄적 보험을 제공하는 일에는 관여하지 않는다).

근대 경제의 등장을 촉진한 이 모더니즘은 최소한 문화적인 혁명이었으며, 특히 유럽 대륙에서 그것이 주입된 근대 경제들은 문화적인 충격이었다. 19세기 후반, 여전히 전통이 뿌리 깊은 사회에서 모든 오페라들은 근대적 자기 발견과 자기표현의 대가를 극으로 표현했다. 피에트로 마스카니의 「카발레리아 루스티카나*Cavalleria Rusticana*」(1890)와 바그너의 「명가수*Die meistersinger*」(1868), 베르디의 「라 트라비아타*La Traviata*」(1853)가 대표적인 예이다(베르디는 친구에게 쓴 편지에서 이 작품이 〈우리 시대를 주제로 삼았지만〉 극장을 확보하기 위해서 배경을 〈1700년 파리와 변두리〉로 바꾸었다고 했다). 근대로 가기 위한 교두보가 상당히 확보되었지만 전통이 여전히 강력히 남아 있던 대륙 국가들에서 모더니즘과 근대성은 반(反)조류를 자극했다. 19세기 말 독일에서 나타난 가장 중요한 반조류는 코포라티즘이라고 불리게 되는 경제 체제가 등장하면서 정점에 달했다. 모더니즘은 반작용을 이끌어 낼 수밖에 없었던 것일까? 몇십 년간 코포라티즘적 아이디어의 원천이 되었던, 전통적 삶의 건강함에 대한 유명한 논문에서 프로이센의 사회학자 페르디난트 퇴니에스는 로마법에 의거한 〈계약〉으로 무장하고 타인을 망하게 만드는 제안을 하는 상인들을 지적했다. 퇴니에스에게는 마르크스가 강조했던 공장의 〈분업〉이 아니라 이러한 상인이 전통 사회를 무너뜨리는 힘이었다.[2] 근대성에 대한 코포라티즘적 비판의 상당수는 도시 생활을 공동체 생활에 비해 비우호적으로 묘사하는 것으로 이루어져 있다. 보다 일반적으로는, 코포라티즘적 비판은 상당 부분 과거와 단절한 근대 경제의 특징과 속성에 반대하는 것이었다.

근대 경제에 대한 코포라티즘의 비판이 다음 몇십 년간 전개되었다. 그중 하나는, 근대 경제에는 리더십이 없어서 나아가야 할 진로가 정해져 있지 않고, 따라서 그 진행 방향이란 것은 수많은 개인들이 무수히 많은 방향으로 끌어당긴 결과물일 뿐이라는 것이다. 코포라티스트들은 과거 중세에는 혁신의 시도가 경제의 공동체적 권력에 의해 주도되었고, 따라서 일반적으로 공동체가 희망하는 방향으로 결과를 얻을 수 있었다고 주장했다. 그러나 예고되지 않고, 관찰하기도 힘들며 종종 연구하기조차 불가능한 경제 활동에 참여하는 개인과 기업들에 의해 그러한 공동체적 목적이 밀려나게 되면, 경제는 방향성을 잃고 자연히 무질서가 생겨나게 된다. 19세기 말 몇 년간과 20세기 초 몇십 년간 서유럽에 퍼진

---

2 퇴니에스는 어린 시절 농촌 지역이었던 슐레스비히에서 이런 교란을 목격했다. 그는 분업이 공동체 내에 몇 세기에 걸쳐 존재하며 강화되어 왔음을 주장함으로써 마르크스와는 더 거리를 둔다. 그는 파시스트도 아니었다. 그는 1932년에 오로지 나치를 저지하기 위해 사회당에 가입했다. 퇴니에스의 최고 걸작은 라이프치히에서 그가 여전히 젊던 1887년에 출간된 『공동 사회와 이익 사회Gemeinschaft und Gesellschaft』이다. 이익 사회는 많은 경우에 기업을 의미하고, 따라서 이 제목은 〈공동체와 기업〉 정도로 사람들이 생각할 법하지만 퇴니에스는 이익 사회를 기업을 포함하는 근대적 문명을 의미하는 용어로 사용했다. 1912년판과 1920년판은 더 많은 주목을 끌었다. 2001년 『공동체와 시민 사회Community and Civil Society』로 번역되었다.

불안함의 배경에는 의심할 필요도 없이 이런 생각이 자리 잡고 있었다. 관리[프랑스어로 표현하자면, dirigisme(통제 정책)]에 대한 열망이 코포라티즘 사상의 주된 요소가 되었다.

많은 코포라티스트들은 무질서가 초래되는 또 다른 이유로 자본주의에 조율이 없다는 점uncoordination을 꼽았다. 그들은 합의를 바탕으로 한 행위 체제를 추구했다. 미시적 수준에서 보면 한 회사의 소유주들은 직원과 같은 〈이해 관계자들〉이 동의할 경우에만 계획대로 실행할 수 있다(이러한 노사 간의 협조를 영어로는 codetermination, 독일어로는 mit Spreche이라고 부른다). 거시적 수준에서는 입법 행위에 자본과 노동이라는 주요 행위자들의 합의Concertazione가 필요했다. 이후 이들은 〈사회적 동반자〉로 명명된다.

보수적인 코포라티스트들은 그냥 질서가 아니라 구질서를 추구했다. 그들이 보기에 근대적 문화의 변화를 향한 열망이라는 것은, 공통의 목표를 향해 함께 일한다는 생각이 존재했던 전통적 공동체의 경제적 질서를 좀먹는 것이었다. 그들은 연대감의 결여를 한탄했다. 프로이트에게 근대적인 것과 전통적인 것 사이의 갈등은 궁극적으로 〈개인의 주장과 집단의 문화적 주장 사이의 투쟁〉이었다.[3] 전통적 문화에 대한 갈망은 코포라티즘 이론가들의 저술뿐 아니라 1920년대 모더니즘에서 떨어져

3 프로이트, 『문명 속의 불만Civilization and Its Discontent』 p. 50 참조. 그는 또 다른 전쟁이 일어나지 않도록 공거이 건설적이기를 원했다. 1930년 독일어 판은 『문화 속의 불만Das Unbehagen in der Kultur』이었는데, 이 중 Unbehagen이란 단어를 번역하는 문제가 발생했다(프로이트는 〈불쾌함discomfort〉이라는 단어를 제시했다. 당시 그의 책을 번역한 조앤 리비에레는 〈불만discontents〉이라는 단어를 제안했다). 프로이트의 〈문화〉라는 단어는 지식과 관행, 태도와 심지어 〈도구〉까지 완전히 획득하는 것을 의미했다. 오늘날, 도구나 기술은 〈문화〉에서는 보통 제외되지만 〈문명〉에는 포함된다.

나온 고전주의 분파의 예술 작품 속에서도 나타난다. 고전적 질서에 있었던 조화와 완벽함으로의 회귀 움직임은 아리스티드 마욜의 「일 드 프랑스Ill-de-France」(1925)와 같은 조각 작품들, 피카소가 활동하던 시기의 고전주의 초상화와 같은 회화 작품들, 그리고 대표적으로 레니 리펜슈탈의 「올림피아Olympia」(1936) 같은 영화들에 표현되었다.[4]

대부분 유럽 대륙 국가에 있었던 사회적 비평가들은 주변의 여러 문제들이 사회의 물질주의와 관련이 있다고 보았다. 그들이 보기에 악착같이 돈을 버는 행태의 확산은 사회의 삶의 질을 떨어뜨리고 있었다. 그들은 물질적 이익의 대부분을 재빨리 가져가는 사람들과 그것이 부족한 사람들 사이의 경제적 격차를 비판했다. 그들은 또한 소유주와 노동자 사이에 발생하는 폭력에 대해서도 비판했다. 양측은 물질적 이익을 얻기 위해서라면 어떤 수단이든 가리지 않을 것처럼 보였다. 로마 가톨릭교회와 이른바 가톨릭 코포라티즘의 생각이 이러했다. 레오 13세의 회칙 〈레룸 노바룸Rerum Novarum〉은 고용주 측에 가족을 부양할 만큼 충분한 임금을 지급하라고 촉구했다. 오늘날 용어로는 사회적 책임을 수행하라는 것이다(왜 교회의 경제학자들이 일자리에 해가 가지 않는 방법을 모색하지 않았을지 궁금할 법하다. 공장이 노동자를 고용하게 돕는 보조금을 대중이 내는 세금으로 조달할 수도 있었을 텐데 말이다). 또한 〈레룸 노바룸〉은 노동 조건 개선을 협상하기 위한 노조 설립을 지지했다. 1931년 교황 비오 11세의 〈40주년Quadragesimo Anno〉은 직능 단

---

4 고전적인 연구로 프란츠 로의 1925년 논문이 있으며, 이는 1995년 재출간되었다. 이 시기의 많은 사례가 실버의 『혼란과 고전주의Chaos and Classicism』에 다시 등장했다. 실버의 이전 책 『긍지Esprit de Corps』가 이런 부분을 다루고 있다.

체라는 코포라티즘의 발명품과 생산자 협회들에 찬성을 표했다. 이 회칙들 중 어떤 것도 사적 재산권을 공격하지는 않았으며, 그보다는 민간 소유주들이 더 친절한 태도를 보일 것을 호소했다. 이 시기에는 국가 소유가 모든 바람직한 목표를 이루는 데 도움이 된다는 사회주의적 주장에 대하여 교회와 (다수까지는 아니라 해도) 여러 지식인들이 등을 돌린 상태였다. 프로이트는 『문명 속의 불만』 60페이지에서 〈사적 소유권을 폐지한다면 우리는 인간의 공격성에 대한 집착으로부터 한 가지 핵심 수단을 빼앗을 수 있다〉고 썼다. 우리가 이웃보다 더 많은 부를 축적하는 일은 그 공격적 행위의 한 예였다. 프로이트는 이어서 이렇게 썼다. 「그렇지만 우리는 공격성으로 인해 남용되는 권력과 영향력의 불평등을 전혀 개선하지 못했으며, 그 본질 또한 전혀 바꾸지 못했다.」 소련에서 급증한 뚜렷한 불평등이 이 예언을 증명했다.

그러나 근대 경제를 향한 증오심은 어떠한 새로운 질서에 대한 희망도 아니었고, 심지어 구질서에 대한 향수도 아니었다. 즉, 실제로 질서를 갈망한 것도 아니었으며, 사회적 지위와 생존을 실제로 위협받았던 다양한 사회 계급들의 두려움과 분노의 표현도 아니었다. 근대 경제는 사회적 위계질서와 권력 구조를 해체하고 있었다. 중세 유럽 사회에서 계급이란 것은 상호적 보호 체제에 내포되어 있었다. 농부는 다른 사람들의 행동이 자신의 비용을 증가시키거나 수입을 감소시킬 수 있는 경우 영주와 같은 권력에 보호를 호소할 수 있었다. 생산자들 사이의 경쟁은 국왕의 특허를 받은 생산자들의 생산에 한계를 둠으로써 방지할 수 있었다. 상인들은 상인 길드를 형성하여 식량 및 의류와 같은 필수품의 판매를 통제했다. 장인과 기능공들은 장인 길드를 형성하고 기준에 대한 규제를 세워 자신들의 일에 대한 신규 진입을 통제하려 했다. 일부 신학자들이 말했듯 그런 조건들이 정확히 〈오직 가격〉뿐이었는지는 알 수 없지만, 그와는 무관하게 다양한 생산자 집단이 요구한 조건들이 사회 계약이라는 불문률에 의해 용인된다는 공감대가 있었다.

이와 반대로, 근대적 자본주의는 사회적 계약을 제시하지 않았다. 그럴 수도 없었지만 이 체제가 상징하는 가치관과도 부합하지 않았다. 따라서 다양한 생산자, 상인, 장인과 같은 집단들은 새로 발견된 힘의 공백을 경험했으나, 일부는 상황이 나아지는 추세에 있었고 물질적인 어려움을 겪지는 않았다. 어떤 국가들에서는 새로운 미성숙 산업의 생산자들이 수입 관세로부터 보호받고 있긴 했으나, 계속된 경제의 진화와 진보덕에 전통적 경제에서 누렸던 확실하고 안정적인 수요는 거의 찾아보기 힘들었다. 또한 장기간 독점권을 누리는 생산자 역시 드물었다. 그 결과 개별 생산자 및 생산자 집단은 좁은 영역 밖에서는 가격을 설정할 힘이 없었다. 즉 가격 설정자price setter에서 가격 수용자price taker로 바뀐 것이다. 이들은 또한 기준을 설정하고 특권을 유지할 힘도 상당 부분 상실했다. 상업과 산업, 직업의 영역에서 힘의 공백을 느끼면서 많은 사람들이 자신의 일에서 발견했던 만족감과는 반대되는 통렬한 좌절감을 느꼈을지도 모른다. 자신이 속한 산업과 일을 사랑하는 이들이 사회적 지위를 유지하기 위해 조건을 설정하는 일이 불가능해졌으므로, 그런 고통은 충분히 생길 만했다. 1920년대 유럽의 코포라티즘은 가혹한 근대 경제의 혁신과 소비자 이탈로부터 생산자를 보호할 것을 약속했다. 이는 이후에 〈사회적 보호social protection〉로 불린다. 농부들은 생산한 작물이 시장에서 전부 팔릴 수 없는 경우에도 생산을 계속할 수 있었다. 영화 제작자들은 관객들이 더 이상 그들의 작품을 보고 싶어 하지 않는 경우에도 보조금을 받을 수 있었다. 이렇게 광범위한 〈사회적 보호〉는 나중에 드러난 바와 같이 마지막으로 제대로 시행된 코포라티즘 요소였다.

1920년대 유럽 대륙에서는 이러한 지적 조류와 그들을 보호하는 정치적 힘이 합쳐졌다. 뮌헨과 로마와 같은 도시의 엘리트들 중 다수는 국가주의자로서 사회가 통일성과 목적성을 갖고 돌아가야 한다고 생각했다. 지식인들은 경제적 질서가 필요하다고 생각했다. 근대화로 인해 입지를 잃어 가고 있던 농부, 장인, 다른 이익 집단은 보호가 필요했다. 과학자는 연구를 위해, 예술가들은 예술을 위해 국가의 지원이 필요했다. 마지막으로 이에 못지않게 기독교 코포라티스트들은 유동성이 높은 자본과, 이윤에 이끌리는 기업들의 〈상인 정신〉에 재갈을 물려서 전통적 공동체와 직업을 복원하자고 주장했다.[5] 사회주의자들은 이미 사회적 지위와 돈, 권력을 향한 투쟁을 공공연히 비난했으며, 사회주의에 동감

---

5 보호의 정치에는 민족적 측면이 있었다. 기독교 사회당은 가톨릭 하위 계급을 주로 유대인 사업가들과의 경쟁으로부터 보호하고자 했다. 독일 국가주의 정당들은 정부가 권력을 발휘하여 슬라브인, 특히 유대인과의 경쟁에 맞서 같은 민족적 배경을 가진 사람을 보호하기를 원했다. 사회주의자들 역시 다르지 않았다. 사회 민주당은 코포라티즘 집단 대신 자신들이 〈거대 유대인 자본가〉, 〈유대인 착취자〉 그리고 〈부유한 유대인〉의 진정한 반대자가 될 것이라고 공언했다. 사민당은 실제로 유대인들이 별로 없는 분야에서조차 무리하게 유대인을 공격 대상으로 규정했다. 반유대주의는 이 시기 유럽 지역에서 흔히 나타나는 현상이었다(Muller, *The Mind and the Market*, p. 353). 성공한 기업가들이 유대인이어서 배척을 당한 것인지, 성공한 유대인들이 기업가들이어서 배척당한 것인지는 따져 볼 여지가 있다. 답은 전자인 것으로 보이는데, 이는 유럽이 오랜 기간 유대인에 대한 편견을 보여 왔기 때문이다. 그러나 이는 단순한 편견으로 끝나지 않았다. 코포라티스트들이 이후에 〈유대인의 문제〉라고 부른 것은 독일 내에 유대인이 많다는 사실이 아니라 대다수 성공한 유대인들이 경제적 근대성이 탄생하는 데 핵심이 된 〈자유주의〉 입장을 취하면서 코포라티즘을 멀리했기 때문이다. 첫 번째 해법은 이들의 사업을 뺏는 것이었고 〈궁극적인 해법〉은 홀로코스트(대량 학살)였다.

했던 바그너가 그의 오페라 「니벨룽겐의 반지」에서 이것을 극으로 표현했다. 코포라티스트들은 사람들의 지지를 얻기 위해 일종의 공동 결정과 같은, 사회주의적 논제 및 의제를 받아들였지만 사회적 소유권과 같은 사회주의의 낡은 주장은 채택하지 않았고 평등한 임금 및 완전 고용에도 집착하지 않았다.

이 모든 분파들은 근대적 문화, 근대 경제의 다양한 경향성과 추진력에 재갈을 물리거나 뒤엎을 수 있는 방법을 원했다. 그 결과가 코포라티즘 경제였다. 그 핵심적 기능은 민간 분야를 공공의 통제하에 두는 것이었다. 그 목표는 무엇이었을까? 코포라티즘의 주된 목표는 국가 주도형 투자, 노사 간 평화와 연대, 사회적 책임이었다. 경제 성장에 대한 고민도 많았다. 아직 근대성을 완전히 갖추지 못하고 있던 경제들은 매우 느리게 성장했고, 따라서 미국과 독일의 생산성 격차가 점점 커져 갔다. 이탈리아와 스페인은 다른 국가들보다 생산성 순위에서 뒤처져 갔다. 무솔리니를 비롯한 코포라티스트들은 이탈리아의 문제가 이 나라에 산재한 소규모 가족 기업의 조심스러운 경영 때문이라고 했다. 다른 코포라티스트나 사회주의자들은 대기업들 사이의 독점과 담합이 문제의 원인이라고 주장했다. 코포라티즘 이론가들은 사회 모두의, 특히 과학자 공동체의 일치된 노력이 있다면 그 국가가 빠른 속도로 과학적 진보를 이룰 것이라고 주장했다. 그리고 국가는 공학자들과 다른 전문가들의 참여를 더하여 유용한 기술의 진보, 따라서 더 나은 생산 방법과 새로운 종류의 제품을 가능하게 할 프로젝트로 과학자들을 이끌 수 있을 것이다. 이는 리처드 넬슨이 과학 국가주의techno-nationalism라고 명명한 정책이었다. 이것은 과학주의scientism라고 불리는 더 일반적인 신념이 구체화된 것인데, 자유 기업 경제에서 취해지는 중구난방식 계획보다 과학이라는 도구를 사용하는 과학자들이 신제품과 새로운 생산 방법의 발전을 효과적으로 주도할 수 있다는 생각이다(이탈리아는 무솔리니 치하에 있던 1923년에 국립과학재단Consiglio Nazionale delle Ricerche을 설립했는데, 이는 미국의 국립과학재단National Science Foundation보다 27년이 빠른 것이었다).

코포라티즘 체제는 예술가들까지 동원하고자 했다. 국가의 문화를 보존하고 진흥하는 것은 개인보다 사회를 앞세우는 코포라티즘의 당연한 귀결이었다. 또한 과학적 진보가 국가 경제의 진보를 이끌 수 있다고 믿었던 과학주의처럼, 문화의 향상이 국가의 경제적 진보를 이끌 수 있다는, 문화주의라고 부를 수 있을 믿음이 커졌다. 이탈리아 헌법 제9조는 정부에 국가적 문화유산을 유지하고 보급할 의무를 부여하고 있다(이 문화주의는 지금도 남아 있다. 정부가 2011년 밀라노의 오페라하우스라 스칼라La Scala의 예산을 삭감했을 때, 일부 오페라 애호가들은 그 움직임이 헌법에 위반된다고 지적했다. 오직 예산을 늘리는 것만이 헌법에 부합하는 것이었다).

이런 통제는 모두 민간 기업이 주도하는 경제를 정치적 통제하에 놓는다는 의미였다. 물론 경제를 장원이 떠받치던 영주들의 손으로 되돌리는 것은 아니었지만 일종의 정치적 지배하에 두는 것이었다. 코포라티스트들은 경제의 방향, 또는 주된 방향을 정치적으로 결정한다면 그들이 열렬히 원했던 방향으로 진보가 일어날 수 있다고 주장했다. 이런 통제력은 어떤 수단으로 쟁취할 것인가? 그 경제는 크고 작은 기업들과 노동자들의 집단으로 조직된다. 그들은 노동자들, 그리고 택시 운전사부터 약사에 이르기까지 모든 집단이 서로에 대한 경쟁 때문에 고통받고 있다고 생각했다. 일부 사회주의적 사상가들은 노동자들의 임금이 〈각개격파〉하는 자본의 힘에 눌려 있다고 주장했다. 한 기업의 노동자는 임금 인상이 상품 가격 인상을 불러올 경우 경쟁 기업이나 산업의 노동자들에게 일자리를 빼앗길 수 있다는 점을 고려해야 했다. 만일 이들 기업들을 한꺼번에 담당하는 노조가 노동자들을 대변할 경우, 노동자들은 자신들이 원하는 바를 이루어 줄 독점 권력을 얻은 것이다. 이 노조 중심주의에서는 임금 인상이 일자리의 감소를 가져올 수도 있다고 상상하기 어렵다. 이상하게도 코포라티즘 사상가들은 생산자들을 몇 개의 거대 카르텔로 묶으면 문제를 해결할 수 있다고 믿었다. 카르텔이 형성되면 노동과 자본 사이 힘의 균형이 회복될 것이고, 노조와 카르텔 어느 일방 때문에 일자리가 없어지지 않으리란 것이었다. 그들은 임금에 대한 상승 압력과 기업의 이윤폭이 증가하도록 허용하는 것 모두 공급 축소로 이어진다는 점을 잊은 듯하다.

그런데 코포라티스트들의 마지막 주장은, 노동과 자본이 함께 〈회의실〉에서 논의한다면 통일성과 목적을 갖춘 새로운 경제가 등장하여 고용주 측의 직장 폐쇄 및 대량 해고의 위협을 끝냄과 동시에 노동자 측의 태만, 근무 중단, 총파업을 중단시킬 수 있으리라는 것이었다. 이 새로운 노사 간 평화는 기업 운영의 효율성을 증가시키고 임금과 이윤을 증가시키면서도 고용을 축소하기보다는 증가시키는 결과를 낳을 것이라는 주장이었다.[6] 코포라티스트들의 신념과 목표, 수단에 어떤 장점이 있

---

6 일부 학자들은 〈코포라티즘〉을 그 목표보다는 구조의 측면에서 정의한다. 필립 슈미터는 1974년 논문 "Still the Century of Corporatism?"에서 〈코포라티즘은 이해 대변의 체제로서 그

었을지는 모르겠지만, 어쨌든 유럽인들에게는 이들이 너무나도 매력적으로 보였다. 코포라티즘의 신조는 곧 수많은 유럽 국가들과 나머지 세계에서 실행에 옮겨지게 된다.

20세기 초반의 코포라티즘

이탈리아는 코포라티즘 사상을 채택하여 경제를 구축한 최초의 국가라고 할 수 있다. 베니토 무솔리니는 (슘페터와 케인스와 같은 해인) 1883년에 포를리 지역의 가난한 가정에서 태어났는데, 이탈리아의 코포라티즘 경제의 가장 강력한 수호자가 되었고 결국은 최고 지도자가 되었다. 그는 잠시 학교 교사 생활을 한 후 정치 분야 언론인이 되었으며, 마르크스주의 주간지 『아반티!Avanti!(전진)』지의 편집장이 되었다. 그러나 기업의 사적 소유가 노동자의 소유 또는 통제보다 더 나은 경제적 성과를 내는 데 도움이 될 것임을 확신하고는, 제1차 세계 대전 발발에 즈음하여 사회주의와 절연했다. 그리고는 추후 그의 기관지가 될 일간지 「포폴로 디탈리아Il Popolo d'Italia(이탈리아인)」를 창간했다. 제1차 세계 대전에서 오스트리아와의 전쟁으로 별 소득도 없이 비싼 대가를 치른 직후에 이탈리아는 자국을 더 중요한 국가로 만들겠다는 희망을 줄 지도자가 필요했다. 강력한 연설가이자 영민한 전술가인 무솔리니는 이 역할을 맡기에 적합한 인물이었다. 그는 코포라티스트들 대부분과 예전

구성 단위는 숫자가 제한되고, 단일하고, 강제적이며, 비경쟁적이고, 위계적이며, 기능적으로 차별화된 범주로 국가에 의해 만들어지거나 인정되고, 허가받으며, 의도적으로 독점권이 인정되기도 한다〉(p. 97)고 말했다.

의 사회주의자 동료들 중 다수를 동원할 수 있었고, 파시스트 당의 지도자가 되었다. 그는 빠르게 대중적인 인기를 얻어 1920년 의회에서 부총리로 선출되었고, 1922년 초에 로마 진군을 조직했으며 곧 국왕 비토리오 에마누엘레 3세에 의해 총리로 지명되었다. 1925년에 무솔리니는 의회의 권력을 축소한 후 독재자가 되었다. 당시만 해도 이탈리아를 포함한 유럽 국가들에는 헌법이 없었으므로 이런 움직임에 제동을 걸 사법심사[7]가 불가능했다.[8]

이 시기 무솔리니의 정책은 이탈리아의 자본주의에 대해 비판적인 입장을 취했다. 1919년의 〈파시스트 선언〉은 자본세 중과세, 노동자의 기업 경영 참여, 최저 임금법을 주장했다. 생산성도 상당히 강조했다. 무솔리니 정부는 수립 이후 곧바로 경제 성장을 되살리는 것을 목표로 삼았다. 그러나 이때 시도된 정책들은 그의 생각을 급속히 전환시키게 된다.

무솔리니 정부는 영국과 미국이 19세기 자유주의 체제 속에서 100년간 성장에 이르는 길을 보여 주었다고 생각했다. 무솔리니는 자신이 집권하기 전 10년간 이루어진 사회주의적 입법 중 상당 부분을 폐지하기 위해 노력했다. 1923년에는 보험 부문의 국유화를, 1925년에는 전화망 국유화를 종식시켰다. 1925년에 그는 사회주의자들이 부여한 노조의 권력을 약화시켰으며 외국인 투자에 대한 세금을 면제하고 무역 협정을 맺기 위해 노력했다. 오늘날 몇몇 국가들에서 볼 수 있는 노력을 연상시키는 조치들을 내놓던 무솔리니 정부는 1926년에 자국 통화에 대한 투

7 법령 등의 위헌 여부를 심사함으로써 행정부와 입법부에 대하여 이루어지는 법원의 통제 ― 옮긴이주.

8 카를로 알베르토 왕의 아들이 이탈리아 전역에 수입한 사르디니아의 알베르토 헌법Statuto Albertino에는 사법 심사 제도가 없었다.

기적 공격이 발생한 후 어쩔 수 없이 은행을 구제하는 데 나선다. 결국 이탈리아의 국제적 상업 자본주의 실험은 상당한 경제 성장을 창출하는 데 실패했으며 급격한 불황으로부터 국민을 보호하지도 못했다. 무솔리니는 자유방임주의, 즉 (고전적) 자유주의는 급속한 경제 성장을 위해 의지할 만한 것이 못 된다는 결론을 내렸다.

이때 무솔리니의 생각은 코포라티즘 경제 개념으로 이동했다. 무솔리니가 추구한 것은 성장률을 높이는 것만이 아니었다. 그는 이탈리아의 제도, 가치관, 신념을 근본적으로 개조함으로써 이탈리아 경제를 급격히 근대화시키고자 했다. 무솔리니는 대량 생산과 동질적인 소비재가 특징인 〈슈퍼 자본주의〉에 대한 혐오와, 혁신의 불꽃을 잃고 관료화된 사회주의적 카르텔 또는 독점자본주의에 대한 혐오를 여과없이 드러냈다. 그가 품었던 자본주의에 대한 불만은 분명히 진심이었지만, 그가 코포라티즘 이론가는 아니었다. 그 역할은 1932년에『파시즘 교리*The Doctrine of Fascism*』를 대신 집필했던 조반니 젠틸레가 맡았다. 무솔리니 자신은 코포라티즘 경제를 건설하는 역할을 담당했다. 그가 건설한 체계는 근대 자본주의와는 극단적으로 달랐다.

이 코포라티즘 경제의 구체적인 구상은 그의 저작에서 드러났다.[9] 〈조합coporazioni〉이 제도적 틀의 기본 단위였다. 산업 분류법에 따라 곡물, 직물, 철강, 호텔, 예술, 신용 등 총 22가지 범주가 만들어졌다. 1926년

9 1930년대 초반에 그의 주 연설 및 코포라티즘 경제의 구조에 대한 안내서가 이탈리아어 원판으로 출판되었으며[Mussolini, *Quattro Discorsi sullo Stato Corporativo*(1935)], 영어 번역판이 같은 해『코포라티즘 국가에 대한 네 번의 연설*Four Speeches on the Corporate State*』으로 출간되었다(〈코포라티스트corporatist〉나 〈코포라티즘적corporative〉이란 말은 영어로 마치 법인 corporation을 의미하는 것처럼 보이는 것을 피하기 위한 표현일 것이다).

의 협동조합법(〈로코법〉)은 각각의 조합에 고용주 협회associazione와 노조sindicato가 하나씩 존재하도록 규정했다.

　　노동 조직과 고용주 조직 사이의 마르크스적 계급 투쟁은 다양한 생산자들의 문제를 논의하는 것으로 대체된다. 분쟁은…… 여러 종류의 노동자들 사이, 혹은 고용주들 사이에 생겨날 수도 있고 어쩌면 고용주와 노동자 사이에 생겨날 수도 있겠으나, 이는 계속해서 변화하는 인간사의 불가피한 면 중 하나로 보인다.

　　조합은 관리자와 노동자가 서로 대면하고 협조를 구축할 수 있는 도구로 인식된다. 조합은 1934년 2월 법에 의거하여 분명한 협력 기관의 형태를 갖추게 되었다.[10]

　　이 코포라티즘은 전쟁 전의 사회주의 시기와 비교하면 크게 변화한 것이었다. 1910년대 초반에 이탈리아에는 다수의 노조가 있었고 그중 일부는 사회주의 정부에 의해 인정된 지 얼마 되지 않았다. 1910년 광범위한 고용주 연합인 이탈리아 산업 협회가 창립되어 노조와 협의하고 로비 단체의 기능을 했다. 그러나 전후 노동 계급이 호전적으로 변하면서 분쟁이 증가했다. 노조는 1919년에서 1921년까지 자본과 노동의 기업 경영 공유를 골자로 하는 〈공장 위원회〉 운동을 전개했다. 〈콘핀더스트리아Confindustria〉로 재탄생한 산업 협회는 자신의 통제력을 유지하기 위해 나섰다. 이후 파시스트 정권은 파시스트 노조를 만들어 이 노조들을 무력화하고자 했다. 역사학자들은 이탈리아에서 코포라티즘이 등

10　Mussolini, *Four Speeches on the Corporate State*, pp. 81~82.

장한 시기를 산업 협회가 재탄생하여 새로운 노조와 비도니Vidoni 궁에
서 서로를 자본과 노동의 유일한 합법적 대표로 인정하는 협약을 체결
한 1925년 10월로 본다.[11]

그러나 무솔리니의 코포라티즘은 사적 소유주의 통제를 복구하는 것
만은 아니었다. 1926년 법령 제43조는 〈조합은 민간이 아닌 국가의 기
관〉이라고 선언했다. 제44조는 〈조합적 기관은 관련된 조직들 사이에
발생할 수 있는 분쟁을 조정할 수 있는 권한을 부여받는다〉고 덧붙였
다.[12] 1927년 4월의 노동 헌장은 사적 〈소유권〉의 권한을 재확인하면
서도 기업이 노동자를 고용하는 문제에 있어서도 국가가 개입할 권한
이 있음을 분명히 했다. 따라서 이탈리아 정부는 사용자와 노동자 사
이에 이루어진 합의가 정부의 희망 사항과 다른 경우 그것을 거부할 수
있었으며, 심지어 기업의 고용 결정마저 지시할 수 있었다. 무솔리니는
1934년 1월에 한 연설에서 이런 개입 권한을 역설하면서도, 이것은 이탈
리아의 애국적 사용자와 노동자들이 내린 결정이 잘못된 계산이나 조정
의 실패로 인해 문제가 생긴 경우에만 발동될 것이라고 설명했다.

코포라티즘 경제는 경제 현장에 질서를 가져옵니다. ……이 질서는 어
떤 식으로 실행되어야 할까요? 관련된 다양한 분야들의 자기 절제를 통
해서입니다. 국가는 그렇게 할 수 있는 분명한 권한이 언제나 있습니다
만, 국가가 개입할 수 있는 것은 오직 다양한 분야들이 합의에 이르지 못
하거나, 적절한 균형을 확립하지 못할 때뿐입니다. 그것은 국가가 사회

11 James, *Europe Reborn*, p. 99.
12 Mussolini, *Four Speeches on the Corporate State*, p. 99.

현상의 다른 측면인 소비를 대표하기 때문입니다.[13]

그러나 이 연설 내용을 보면 무솔리니는 순진했거나 아니면 냉소적이었다. 조합을 내세운 이탈리아 코포라티즘은 정부가 해결하겠다고 천명한 문제들을 실제로는 더 만들어 내거나 악화시켰다. 코포라티즘 이론가들은 자본주의 산업들을 자본주의 카르텔보다 더 크고 강한 가격 결정권을 갖는 사용자 〈연합〉으로, 동시에 전통적 산별 노조보다 크면서 어떤 경우에는 더 강력한 〈연합체syndicate〉로 왜곡시켜 놓았다. 이로 인해 많은 주체와 연합체들의 독점적 권력이 증가했고 이를 규제하기 위해 더 폭넓게 간섭하는 정부가 필요하게 되었다. 그렇지만 이 분석만을 놓고서 코포라티즘 경제가 근대 경제보다 전반적으로, 또는 최소한 개중 성과가 좋았던 근대 경제들보다 성과가 나쁠 수밖에 없었다고 결론을 내리는 것은 상당한 비약일 것이다.

이 삼자조합주의는 1926년까지는 점진적으로, 1935년부터는 전면적으로 시행되었다. 이 체제는 새로운 것이었으며 윈스턴 처칠, 조지 버나드 쇼, 존 메이너드 케인스가 경외감을 느끼거나 부러워하면서 언급했다. 무솔리니가 1930년대 후반에 경제 부문의 설계를 마치고 에티오피아와 아드리아 해에서 자신의 제국 구상을 실행에 옮겼으며, 곧 국가의 힘을 동성애자, 집시, 유대인을 탄압하는 데 사용하면서 자신의 정부에 영원한 오명을 남기고 말았다는 점은 여기서 굳이 말할 필요가 없을 것이다. 그러나 1930년대 전반만 해도 이탈리아가 건설한 작동하는 코포라티즘 경제는 세계 곳곳을 매료시켰고, 몇몇 국가들이 코포라티즘적인

13 위의 책, p. 33.

방향으로 나아가도록 촉진했다.

한 예로, 독일은 이탈리아의 구상이 완전히 현실화되기 전에도 그들의 코포라티즘 사상가를 키워 내고 있었다. 사실 이곳의 코포라티즘 발전은 이탈리아보다도 빨랐다. 레오 13세가 사회적 책임을 논하기도 전에 독일에서는 일찍이 코포라티즘 관점에서 자본주의에 대한 비판이 등장한 바 있다. 페르니난트 퇴니에스는 1887년에 공동체와 길드가 파괴되어 가고 있다고 주장했으며 에밀 뒤르켐[14]은 자본주의가 규칙이 없고 분쟁을 조장한다고 했다. 1920년대 독일 정치에서는 이탈리아처럼 코포라티즘적 성격을 띤 발언이 증가했다. 개인주의에 대한 혐오, 자유방임주의 경제 정책의 거부, 프티부르주아지에 대한 경멸이 그런 것들이었다. 하지만 다른 사상들이 훨씬 강력했으며, 독일에는 이탈리아보다 사회주의가 강력하게 자리 잡고 있었으므로 이탈리아와 같은 코포라티즘 경제가 등장하는 것은 더 복잡했고 시간이 오래 걸렸다.

무솔리니와 마찬가지로 아돌프 히틀러가 핵심적 역할을 수행했다. 오스트리아에서 태어난 미술 지망생이었고 1919년 뮌헨에서 독일군에 복무하기도 했던 히틀러는 역사가 오래된 사회 민주당에 맞서 갑작스럽게 좌파의 경쟁자로 등장한 독일 노동자당을 염탐할 임무를 수행하기 위해 파견되었는데 그는 오히려 독일 민족주의와 반유대주의라는 이 당의 사상이 자신에게 맞는 것임을 깨닫게 된다. 사람들을 열광시키는 연설가였던 히틀러는 독일 노동자당에서 자신의 입지를 높일 동력을 얻었고 군인들을 이 당에 끌어들였으며, 1920년에는 당의 이름을 국가 사회주

---

14 Émile Durkheim(1858~1917). 근대 사회학의 기초를 확립한 프랑스의 사회학자. 대표작으로 『자살론*Le Suicide*』(1897) 등이 있다 ── 옮긴이주.

의 독일 노동자당으로 바꿀 것을 제안했다. 이 이름은 NSDAP라는 약자로 알려져 있으며, 이후 나치당이라는 별명을 얻게 되는데 이는 국가주의를 강조하면서도 여전히 사회주의를 지지하는 사람들의 표를 확보하기 위한 것이었다.

1920년대와 그 이후에 나치당이 내세운 주제는 무솔리니의 당이 생산성을 반복해서 강조했던 것처럼 강력한 성과를 내는 경제Leistung로 복귀하자는 희망이었다. 1920년 〈25개항〉으로 알려진 당의 첫 프로그램은 1919년 이탈리아의 선언이 그랬듯 반자본주의적인 것이었다. 이 프로그램은 불로소득의 폐지, 트러스트trust의 국유화, 토지 개혁, 〈건강한 중산층〉의 육성을 주장했다. 또한 자기 이익에 대하여 증오에 가까운 반대를 드러냈다.

> 개인의 행동은 전체의 이익과 충돌하지 않아야 하며…… 공공의 이익에 기여하는 것이어야 한다. ……우리는 공공의 이익에 해가 되는 이러한 모든 행동들, 고리대금업과 다른 부당 이득자들, 유대인의 물질주의적 정신에 맞서 무자비하게 싸울 것을 요구한다. 당은 우리 국가가 내부적으로 항구적인 건강함을 얻는 것은 오직 자기 이익보다 공공의 이익이라는 원칙을 통해서만 가능하다고 확신한다.[15]

1933년에 나치는 제국 의회에서 다수당의 위치를 차지했으며 히틀러는 수상으로 지명되었다. 이는 독일의 1929년 대공황 또는 〈불경기〉도 하나의 원인이 되었지만, 나치가 독일 배상금 문제에 대한 바이마르 정

---

15 Heinz Lubasz, *Fascism: Three Major Regimes*, p. 78에서 인용.

부의 약한 태도를 공격한 데 따른 승리였다(바이마르 정부는 두 번에 걸친 협상으로 배상금을 축소하고 거의 납부하지도 않았는데 말이다). 국가 사회주의자들은 1933년(자본, 노동, 정부의) 삼자조합주의와 같은 코포라티즘 체제를 구축하는 데 착수했다. 1934년의 국가노동조직법은 몇 개의 산업 집단을 형성하여 〈선도자〉 아래 몇 개의 〈추종자〉를 두는 위계질서를 구축했다. 1935년에는 노조를 규제하기 시작했고, 이윤 외에 생산성을 높일 수 있는 동기를 찾도록 요구했다. 카르텔이 경제 전반에 걸쳐 확산되었으며, 여기에 참여하는 것은 의무 사항이 되었다. 모든 협회를 통제할 수 있는 국가 경제회의가 법과 시행령을 제정할 수 있는 권한을 갖게 되었다. 이 체제에서는 국가가 크든 작든 원하는 대로 개입이 가능했다.

한동안 정부는 경제의 많은 부분을 이끌고자 했다. 직접 노동력을 배치하였으며, 기업들에 무엇을 얼마나 생산할지 지시했고 가격과 임금을 통제했다. 그러나 1937년에 정부는 후퇴한다. 경제회의는 어떤 가격 및 시장 규제에도 관여하지 말라는 지시를 받았으며, 카르텔이 다시 가격과 가격을 설정했다. 나치 정부의 초점은 대외 정책으로 이동했으며, 기업들은 소비자에 대한 판매와 정부와의 계약을 두고 많은 부분에서 자유롭게 경쟁하게 되었다. 그러나 국가의 무제한적인 권력 때문에 어떤 기업도 정부의 분명한 의지에는 저항할 엄두를 내지 못했다. 또한 기업들은 정부와의 계약과 보조금을 놓고 경쟁하면서 국가의 도구가 되었다. 1944년 『노예의 길』에서 말했듯이, 하이에크가 보기에 독일의 사업가들은 독일 경제가 상대적으로 근대성을 보이던 시기에 누렸던 국가로부터의 자율성이 자신들에게 있다고 착각하고 있었다.

독일은 이탈리아와 마찬가지로 전간기보다 훨씬 이전부터 코포라티즘적 요소가 있었다. 상인 길드, 장인 길드, 전문가 길드 등은 현재 독일 지역 내에서 이미 1100년대부터 가격을 통제하고 제품의 기준을 설정했으며, 지역적으로는 물론이고 만일 당시에도 국가의 개념을 적용할 수 있다면 국가 지배자와 의회에 영향력을 행사할 정도로 중요했다. 그러나 자본주의가 초래한 경쟁의 흐름은 이들을 약화시켰고, 나폴레옹은 그의 제국 전체에 걸쳐 이런 길드를 금지했으므로 아무리 늦춰 잡아도 19세기 근대 경제들에 와서는 이들의 영향력이 약화되었다. 독일은 1866년에 오스트리아 제국하에서는 통일에 실패했던 제후국들을 1871년에 오토 폰 비스마르크가 빌헬름 황제의 프러시아 아래 통일하면서 전환점을 맞이했다. 역사가 울리히 노켄은 독일 코포라티즘의 기원을 1871으로 보고 있으며, 베르너 아벨스하우저는 1879년을 〈근대적인 코포라티즘적 이해관계자 조정 체제가 시작된 시기〉로 정의하고 있다.[16] 독일에서 등장한 근대 경제는 어느 정도 코포라티즘적 성격이 있었다. 흔히 〈상공회의소〉로 불린 사용자 단체가 등장하여 로비를 하고, 임금 기준을 정했으며 가격에 합의하였다. 대부분 규모가 작기는 했지만 산업 노조도 생겨났는데 이들은 (특히 1879년 반사회주의 입법이 이루어져 1890년에 폐지되기까지) 제1차 세계 대전과 제2차 세계 대전 이후의 독일 노조에 비해서는 약했다. 사용자 협회와, 그리고 그보다는 덜했지만 노조는 빌헬름 시대 경제의 특징이었던 정부와의 〈밀고 당기기〉에 참여하는 당사자였다. 1871년부터 1890년까지 제국의 수상을 역임한

---

16 Nocken, "Corporatism and Pluralism in Modern German History". Abelshauser, "The First Post-Liberal Nation", p. 287을 보라.

비스마르크는 프로이센 의회를 제어하기 위해 만들었던 프로이센 국가 경제 위원회와 유사하게 국가 경제 위원회를 만들어 제국 의회의 입법에 거부권을 행사하고 입법을 제안할 권한도 가지려 했지만 실패했다. 비록 (히틀러와는 달리) 제국 의회와 경제적 문제에 관한 권한을 나눠 가져야 했지만, 이 철혈 재상은 1880년대와 1890년대 철강 산업이 자본을 조달할 방법을 갖추는 데 큰 영향을 미쳤을 뿐 아니라 자신의 권력을 십분 활용했다. 따라서 독일 제국은 1930년대의 강제적이며 일반적으로 포괄적인 코포라티즘과 달리 19세기에 등장한, 자발적 또는 합의된 코포라티즘 등으로 역사학자들이 다양하게 이름 붙인 것을 발전시켰다고 할 수 있다. 독일의 자발적 코포라티즘은 1919년부터 1924년까지 바이마르 공화국 초기에는 노조까지 포용하게 되었고, 사용자 단체는 전쟁을 거치며 강해진 노조에 굴복하여 협상 테이블에서 그들과 동등한 위치에 앉게 된다.

전간기 코포라티즘이 대중들의 마음을 사로잡았다는 점은 당대 관찰자들의 직접 서술이나 당시의 변화하는 분위기를 그린 예술가들의 간접 반응을 통해서도 드러나지만 대중 집회나 코포라티즘이 불러일으킨 광범위한 지지에서도 명백히 드러난다. 여러 지역에서 새로운 발견과 함께 새로운 길을 인식하게 되었다. 코포라티즘 프로젝트 이면의 추동력이 무엇인지는 일부든 전부든 분명하게 드러났다. 그것은 자본주의와 사회주의 모두에 대한 대중들의 커져 가는 거부감이었다. 코포라티즘은 제3의 길la terza via이었다. 이것은 역사학자 지브 스턴헬의 표현대로라면 〈좌파도 우파도 아니었다〉. 최소한 그 전에 나타났던 좌파와 우파는 아니었던 것이다(뒤에 나올 이야기이기는 하지만 전후 시기에는 새로운 코포라티즘이 신우파와 신좌파 모두가 채택한 수단이 되었다고 할 수 있다). 따라서 코포라티즘은 사회주의를 두려워한 이익 집단뿐 아니라 자본주의에 혹사당했다고 느낀 이익 집단의 마음을 모두 사로잡을 수 있었다. 자본주의에 실망한 집단은 코포라티즘을 모더니즘과 근대 경제가 초래하거나, 위협을 가한 모든 폐해들, 즉 시장 경쟁으로 인한 위험, 일자리 불안정, 경제의 통제 불가능 등으로부터 벗어날 수단이라고 인식했다. 사회주의를 두려워했던 집단은 코포라티즘을 사회주의 경제의 독단성과 단조로움(저축과 즐거움의 상실, 기업이나 경력 수립에의 장애)에 대한 대안으로 보았다. 코포라티즘을 내세운 정치인들은 공동선을 추구하도록 사람들을 개조하면 (단순한 사적 이익에 대한 수요는 국가가 관리할 수 있을 것이므로) 그 구조가 노동자와 기업 소유주 사이에 나타나는 자본주의의 분쟁을 해결할 수 있으며, 프롤레타리아와 다른 계급 사이의 사회주의적 분쟁을 해결할 수 있다고 주장할 수 있었다. 이 정치인들은 대중들을 위한 코포라티즘의 원형prototype을 실제로 건설하고 그것을 현실의 자본주의 경제에 대비하여 실험실과 같은 조건에서 시험해 볼 수 없었고, 이는 그들이 자본주의 구조의 상당 부분을 뜯어고쳐서 새로운 코포라티즘 경제로 대체하는 것을 합리화했다. 자본주의 경제를 채택한 국가들을 없애는 것이 그들의 최우선 목표였다. 최선의 결과를 위해 코포라티즘 경제를 미세 조정하는 것은 그다음 목표였다. 1929년 세계 경제는 대공황이 모습을 드러내는 위기 속에 있었고, 따라서 당시 현존하던 자본주의 경제를 하루빨리 던져 버려야 할 체제라고 비판하는 것은 매우 쉬운 일이었다. 마지막으로, 코포라티즘을 내세운 정치인들은 자본주의를 개조하고자 하는 자들과 사회주의를 진전시키려는 자들 사이에서 교착 상태에 빠져 있던 입법부가 아무것도 할 수 없었던 것과는 달리, 자신들은 무엇이든 실제 행동에 옮긴다는 점을 자랑할 수 있었다. 이 정치인들은 일단 권력을 잡고 나면 상황을 악화시키지는 않는다는 점을 정당화하면서, 가만히 있는 것이 아니라 실제로 뭔가 하는 것처럼 보였다. 코포라티즘 요소가 등장한 여러 국가에서 대중은 새로운 시작의 가능성에 열광했다.

코포라티즘은 이탈리아와 독일에서 끝나지 않았다. 1936년 쿠데타와 함께 프란시스코 프랑코 장군은 스페인 공화국의 사회주의에 종말을 고했으나, 스페인의 코포라티즘은 이탈리아만큼 영향력이 크지도 않았고 그 구조가 거대하지도 않았다. 코임브라 대학의 경제학 교수였던 포르투갈의 안토니우 살라자르는 작가 샤를 모라스[17]와 레오 13세의 추종자였는데, 1932년부터 1968년까지 대통령으로 재직하면서 코포라티즘 사상에 의존했다(이 실험은 프랑스에서 큰 관심거리였다). 그다음에는 오스트리아가 엥겔베르트 돌푸스가 수상이 되면서 이그나즈 자이펠의 코포라티즘 사상을 일부 채택했다. 코포라티즘은 1937년 아일랜드에도 도달했으며 신 페인Sinn Fein과 같은 반자본주의 정당의 보호와 교회의 지지를 받았다.

프랑스는 어떠했을까? 20세기 초 파리의 살롱은 개인주의와 민주주의를 끝내겠다는, 사회주의가 뒤섞인 비전을 가진 전투적 지식인들로 가득했다. 모리스 바레스,[18] 조르주 소렐,[19] 샤를 모라스가 대표적이었

---

17 Charles-Marie-Photius Maurras(1868~1952). 프랑스의 시인, 비평가 사상가. 반공화정 운동인 〈악시옹프랑세즈Action Française〉를 결성했다. 왕정복고를 추구했으며 제3공화정(1870~1940)을 폭력으로 전복시키려 하였다 — 옮긴이주.

다. 프랑스는 전간기에 무솔리니와 히틀러가 도입한, 이탈리아와 독일과 같은 코포라티즘적 기관들을 받아들이지는 않았다. 그러나 1940년 독일군이 파리에 진주했을 때, 비시 정권은 1941년 여름에 신속하게 코포라티즘적 경제 계획 체제를 수립했다. 5년도 되지 않아 비시는 축출되었지만 1944년부터 1946년까지 지속된 샤를 드골 정부는 1946년에 경제 계획Indicatif을 도입했고 1946년부터 1958년까지 지속된 제4공화국은 1930년대 이탈리아와 독일의 4개년 계획보다 진일보한 5개년 계획을 채택했다. 프랑스 정부는 이런 식으로 프랑스의 산업을 원하는 방향으로 이끌어 가고자 했다.

남미에서는 제툴리우 바르가스 정권, 특히 1937~1945년 독재 기간 중에 코포라티즘적 요소가 브라질에 도입되었다. 노동 부문에서는 이탈리아의 법이 그대로 도입되었으며 카르텔이 구축되어 핵심 제품들을 통제했고, 정부가 산업화를 이끌어 가고자 했다(그러나 포르투갈의 살라자르처럼 온건파였던 바르가스는 파시스트나 나치당을 억압했다. 또한 그는 플리니우 살가도의 급진적인 가톨릭 정당인 브라질 통합행동Acao Integralista Brasileira이 몰락하게 만들었다).[20] 아르헨티나에서는 후안 페

18 Maurice Barrès(1862~1923). 프랑스의 소설가, 평론가, 정치가. 전통주의적 국가주의자, 애국주의적 정치가로 이름이 높았다. 대표작으로 『자아 예찬*The Cult of the Self*』(1888) 등이 있다 — 옮긴이주.

19 Georges Sorel(1847~1922). 프랑스의 사상가. 생디칼리슴 이론을 구축한 것으로 알려져 있다. 반민주주의, 반의회주의 사상가로 〈폭력〉의 윤리성을 강조했다. 무솔리니에 의해 〈파시즘의 정신적 아버지〉로 불렸다. 대표작으로 『폭력론*Réflexions sur la Violence*』(1908) 등이 있다 — 옮긴이주.

20 살가도와 그의 전체주의자들Integralistas은 개인의 이해관계를 동정심과 자비심, 공감으로 대체하려 했다. 바르가스는 공산주의자들을 단속하고 1937년 쿠데타에 성공해 〈신국가Estado Novo〉라는 유일 정당이 지배하는 체제를 건설하기 위해 이들이 필요했다. 그러나 일단 집권

론의 첫 대통령직 기간인 1943~1955년에 다른 스타일의 코포라티즘이 등장했다. 산별 노조가 산업 및 농업 부문에 광범위하게 개입하는 페론당의 중추가 되었다.

아시아에서는 주로 한 가족에 의해 통제되는, 자이바츠(재벌)라고 불리는 일본의 수직적 독점 기업들이 제1차 세계 대전 이후 규모가 커졌으며(물론 19세기 마지막 10년간 메이지 체제에서도 부상하긴 했지만) 필연적으로 중앙 정부와 가까운 관계를 유지할 수밖에 없었다. 제국 정부가 그들과 거리를 유지하거나 분할하려 하지 않으면서 코포라티즘적 타협이 맺어졌다. 한국도 일본으로부터 1945년에 해방된 이후 정부가 몇몇 기업인들에게 대가를 받고 일본인들이 소유했던 공장과 같은 혜택을 나눠주면서 코포라티즘적 체제로 빠져들었다.

앵글로색슨 계열 국가들까지 이탈리아나 독일에 도입된 것과 같은 코포라티즘 체제를 전간기에 수립했다고 말한다면 엄청난 왜곡일 것이다. 1920년대와 1930년대에 미국과 영국에서는 노조의 규모와 영향력이 커졌지만 이탈리아와 독일에서는 입지가 약화되었다. 유럽에서는 카르텔이 수시로 생겨나고 있었지만 미국에서는 진보 세력이 계속 반대했다. 여기서 생기는 의문은 미국과 영국의 경제에 이탈리아와 독일 경제에서 나타난 것과 같은 수준의 코포라티즘적 특징이 있었냐는 것이다. 미국은 1929년부터 1933년까지 대공황 시기에 끔찍한 경기 하강을 겪은 후 경제에 대한 광범위한 정부의 개입을 경험하게 된다. 프랭클린 루

한 후에는 이들이 더 이상 필요하지 않았다. 전체주의자들은 대통령궁을 한밤중에 습격하면서 권력 탈취를 시도했는데, 이는 〈파자마 반란Pajama Putsch〉이라고 불린다. 군은 겨우 제때 도착하여 이 공격을 진압하였고 전체주의자들은 종말을 맞았다.

스벨트는 1933년 압승하면서 집권했고 수많은 뉴딜 입법이 이어졌다. 1933년 전국산업부흥법National Recovery Act을 통해 부흥청National Recovery Administration: NRA이 설립되었고, 루스벨트가 실업을 크게 확대하는 원인이라고 믿었던 가격과 임금의 하향 추세를 멈추기 위해 각 산업의 지도자들이 가격과 임금에 대한 규약을 만들었다. 가입이 강제적이지는 않았으나 규약에 합의한 모든 기업들에게 〈푸른 독수리Blue Eagle〉인장을 준 것은 분명 기업들에게 사회적 압력을 가했을 것이다(TV 시청자들은 이 인장이 마르크스 브라더스Marx Brothers의 영화 「스파이 대소동Duck Soup」첫 장면에 등장한 것을 봤을 것이다). 신중하다고 알려진 평론가들조차 NRA는 〈집단주의〉또는 코포라티즘 경제로 가는 단계라고 우려했다.

이 전체 개념의 핵심은 각각의 규약을 만든 산업이 미국 내 시장에서 거의 독점적인 위치를 누릴 수 있으며, 그 독점 이윤 덕분에 높은 임금을 지불할 수 있으리라는 점이었다. 그러나 독점 기업을 보호하려면 경쟁자들이 배제되어야 했다. 따라서 더 〈진보된〉규약에서는 새로운 기업과 새로운 공정에 대한 진입 장벽이 높아졌으며, 모든 사업체들이…… 수입을 완전히 금지하는 조치를 내릴 수 있는 정부의 권한을 통해 보호받았다.[21]

그러나 대다수 사람들이 보기에 뉴딜식 개입 정책은 노골적으로 정부

---

21 Walter Lippmann, *The Good Society*, p. 139. 신문 칼럼으로 유명세를 얻은 리프먼은(쇼펜하우어와 함께) 로저스와 하트의 뮤지컬 「친구 조이Pal Joey」에 삽입된 익살스러운 곡 「집Zip」에서 불후의 명성을 얻었다. 하트는 컬럼비아에서 들은 리프먼의 수업 내용에서 아이디어를 얻은 것으로 보인다.

가 개입하던 유럽 대륙의 코포라티즘에 비할 것이 아니었다. 몇몇 유럽 국가들에서는 어떤 입법도 필요하지 않았고, 의회의 힘이 무력화되었으며 법원이 사법 심사를 할 힘도 없었다. 결국 NRA는 1935년 대법원의 〈셰크터 대 연방 정부Schechter vs. United States〉 판결에서 만장일치로 위헌 결정이 내려졌다. 루스벨트는 곧 대법원 재판관의 수를 확대해 그의 취향에 맞게 만들었다. 그러나 NRA가 부활하지는 않았으며, 대법원의 위상도 그 때문에 하락하지는 않았다.

뉴딜로 인해 미국의 사회 사상은 (언제나 사회 행위로 실천된 것은 아니었지만) 19세기의 자유주의 사상에서 급격하게 멀어져 갔다. NRA 청장이었던 도널드 리히버그의 말이 인상적이다.

〈소박한 개인주의〉라는 가면을 쓴 도금된 무정부 상태로의 복귀는…… 없을 것이다. 민간 소유주와 관리자들이 산업을 충분히 사회화시켜서 대규모의 필수적인 산업들이 공공의 이익에 부합하도록 공공의 의무를 따라 운영되기 전까지는, 사기업에 대한 정치적 통제는 증가할 수밖에 없다.[22]

그러나 무는 개보다 짖는 개가 더 무서웠다. 대공황 시기에 정부는 익숙하지 않았던 조치들을 시행했고 그중 일부는 매우 급진적이었는데, 이들은 새로운 종류의 일자리를 창출했다. 예를 들면, 민간자원보존단 Civilian Conservation Corps은 미국 농촌이 사라지기 전 그 모습과 소리를 기록하기 위해 사진가와 다큐멘터리 제작자를 고용했다. 공공산업진흥

22 Schlesinger, *The Coming of the New Deal*, p. 115.

국The Works Projects Administration은 예전 같으면 연방 정부가 철도 건설에 자금을 빌려주고 주 정부가 운하를 건설했을 법한 시기에, 후버 댐과 같은 규모는 아니더라도 거대 건설 사업에 착수했다. 이런 새로운 사업들은 독일에서 시행된 것들과 유사한 점이 있었다. 그러나 이런 새로운 모습들은 대중들에게는 자본주의적 문화에서 코포라티즘적 문화로 변화라기보다는 일시적인 조치로 인식되었다. 루키노 비스콘티의 영화 「표범The Leopard」(1963)에서 돈 파브리지오 살리나 왕자는 〈모든 것은 계속 변해야만 같은 상태를 유지할 수 있다〉고 말하지 않았던가.

또한 뉴딜은 다양한 종류의 변화를 지속적으로 만들었다. 페코라 위원회가 은행 및 증권 산업의 악습과 이해관계 상충을 공개하지 못한 점이 밝혀지면서 의회는 1933년에 글래스-스티걸법Glass-Steagall Banking Act을 제정했다. 그리고 1934년에는 주식거래소법을 통해 증권감독위원회Securities and Exchange Commission를 탄생시켜 주식 거래를 감독하게 했다. 1935년에는 〈민간 부문 고용주와 노조의 불공정한 노동 관행〉을 예방하고 해결하기 위해 노동관계위원회National Labor Relations Board가 설립되었다. 그러나 이런 조치들은 근대적 자본주의의 심장에 비수를 꽂는 것이라고 보기는 힘들었다. 이들이 잠재적 투자자와 노동자에게 제공한 보호는 시장에 대한 신뢰를 상당 부분 회복했다.

1935년의 노사 관계법National Labor Relations Act, 즉 와그너법Wagner Act이 노조를 결성하거나 기존의 노조에 참여할 자유를 보장하면서 코포라티즘을 향한 큰 진전이 이루어졌다. 의회는 고용주와 피고용인 사이의 〈불평등한 협상력〉이 〈경제의 불안정성〉으로 이어지며, 기업의 협상 거부가 파업으로 이어져 두 경우 모두 경제 활동의 흐름을 저해하게 된다고 주장했다. 이는 새로운 조치였다. 이전의 정부들은 노동의 조직화를 촉진하지 않았기 때문이다. 그저 카르텔이나 퍼져 나가는 독점 기업 등 조직화된 기업을 분쇄할 뿐이었다. 1910년대 시어도어 루스벨트가 주도한 이런 진보적 움직임은 독점을 타파하는 것이 목적이었다. 우드로 윌슨도 마찬가지였다(〈나는 대기업에 찬성하지만, 트러스트에는 반대한다〉). 연방 정부 공무원들의 뇌물 수수 사건인 티팟돔Teapot Dome 스캔들 이후 정부는 기업들을 동등한 입장에서 대우하고 법적으로 더 강하게 보호하지 않으려 노력했다. 1930년대에 연방 정부와 기업들은 원거리 관계를 유지했다.

미국인들은 이런 여러 가지 변화가 자신들이 생각한 미국의 전통적인 사회적 가치관을 포기한 것이라고 생각하지는 않았다. 프랭클린 루스벨트가 코포라티즘을 일부 수용하여 근대적 자본주의가 코포라티즘으로 완전히 대체되는 것을 막았다고 볼 여지도 있다. 루스벨트가 퇴장한 후 한참 지난 후에야 코포라티즘이 근대적 자본주의를 무너뜨릴 만큼 위협을 가하기 시작한 것이라고 볼 여지도 없지 않다.

유럽 대륙에서 새로이 코포라티즘의 면모를 갖춘, 특히 이탈리아와 독일의 경제와 근대적 자본주의 범주에 남아 있던 미국이나 영국의 경제를 성과 측면에서 비교하면 어떠했을까? 이탈리아의 코포라티즘 경제는 1920년대 후반에나 작동했으며, 히틀러의 경우 1933년에야 작동하기 시작했고 1930년내 말에는 제2차 세계 대전이 빌빌하고 있었다. 따라서 이 정도의 시간으로는 위 문제에 답할 수 있는 〈자연적인 실험 결과〉는 많이 얻을 수가 없다. 〈자연적인 실험 결과〉 중 하나는 영국에서는 1926년, 다른 국가들에서는 1929년에 발생한 심각한 경기 후퇴일 것이다. 히틀러와 프랭클린 루스벨트 모두 1933년 초에 정권을 잡았다.

히틀러가 코포라티즘적 도구를 사용하여 독일을 신속히 불황에서 구해 낸 반면, 루스벨트는 미국에 광범위하게 퍼진 자유방임적 사고 때문에 대공황이 8년간 더 지속된 되는 것을 수수방관할 수밖에 없었다고 믿는 사람들이 많다.[23] 그러나 독일과 미국의 생산 수준을 보면 이야기가 달라진다.

(1936년) 독일의 실질 GDP는 이전(1929년) 수준을 거의 회복했다. 이것이 빠른 회복이라는 데는 의심의 여지가 없다. 그러나 (같은 기간) 다른 정책들을 실시했던 미국의 회복세보다 우월한 것은 아니었다. 또한 성장률 관점에서 보면, 1926년에서 1927년으로 이어지는 겨울 동안의 심각한 첫 번째 불황에서 바이마르 공화국이 보인 회복에 비해 낮지 않았다. 이때 바이마르 공화국의 12개월간의 성장률은 제3제국의 어떤 시기 성장률보다도 높았다. 따라서 다른 정책 체제하에서도 이와 유사한 빠른 회복이 일어날 수 있다고 생각할 수 있으며, 이런 사실적 증거에 철저히 입각하면, 나치의 경제 정책이 독일 경제 회복의 〈원인〉이라고 주장할 수는 없는 것이다.[24]

23 이 시기 한 역사가는 〈(히틀러의) 집권 이후 3년간 독일 경제는 호황이었다. 실업률은 급격히 떨어져 노동 부족이 문제될 정도였다〉고 기록했다. Nicholls, "Hitler's Success and Weimar's Failure", p. 156을 참조.

24 Adam Tooze, *The Wages of Destruction*, p. 65. 투즈는 1929년부터 1936년까지가 아닌, 1928년부터 1935년까지라고 했으나, 두 가지 모두 사실이며, 우리가 관심 있는 것은 1928년이 아니라 1929년으로부터의 회복이다.

게다가 루스벨트와 그의 전임자인 허버트 후버가 자본 시설capital facilities의 건설을 확대했다고 하더라도 이것이 경제를 완전히 코포라티즘적 체제로 바꾸었거나, 거의 그런 수준으로 바꾸지는 않았겠지만 미국 경제의 회복을 독일보다 빠르게 했을 수는 있다(〈했을 수도 있다〉고 표현한 것은 총고용을 증가시키기 위한 정책이 현실에서 어떤 결과를 낳는지 지레와 지렛대의 작동처럼 확실하게 파악할 수 없기 때문이다). (영국에서는 1926년, 다른 국가의 경우 1929년에 나타났던) 깊은 침체에서 회복한 대규모 경제 네 개를 살펴보면 이들 국가의 총생산은 모두 5~6년 사이에 점진적으로 회복하기 시작했음을 알 수 있다.[25]

더 인상적인 것은, 국민 총생산을 인시man-hour나 더 정교한 투입 척도로 나누어 측정하는 생산성이 미국에서는 1930년에서 1941년까지 역사상 최고 속도로 증가했다는 것이다. 이는 1920년대보다도 훨씬 빨랐는데, 이탈리아와 독일의 생산성 증가는 미국에서 1930년대에 증가한 것보다 느렸고, 다만 1930년대 들어서 1920년대보다 약간 빨라졌을 뿐이었다. 이에 대한 한 가지 설명은, 미국에서는 1920년대 혁신이 고조되었고 그들 중 다수가 전력화로 촉발된 여러 가지 새로운 제품 및 공정의 개발과 관련된 것이었다는 점이다. 그러나 이러한 혁신은 1920년대가 끝날 때까지 경제 전반으로 확산되지는 않았으며, 따라서 1930년대에 신제품 및 공정이 추가적으로 확산될 여지가 있었던 것이다. 이 두 번째 확산은 수많은 노동자들의 실입을 유발했다. 딜러의 고평가와 미국의 수출 증가에 대한 다른 국가들의 반발도 이를 악화시켰다.

25 구체적인 수치는 서로 달랐지만 고용은 생산보다 느리게 증가했는데 이는 부분적으로 생산성이 증가했기 때문이다.

생산성 격차가 커져 갔지만 이는 처음에는 히틀러에게 큰 골칫거리는 아니었다. 히틀러는 〈담화〉에서 포드사가 차 한 대를 생산하는 데 필요한 노동량을 기존에 비해 아주 적은 수준으로 낮춘 데 반해 독일 자동차 업자들은 그러지 못했다고 비판했다. 역사가들이 나중에 언급한 바와 같이, 미국은 놀라운 생산성을 바탕으로 전차와 트럭, 전투기를 수천 대씩 생산해 내서 제2차 세계 대전에서 독일을 결국 패퇴시킨다(도시 폭격은 그리 큰 영향을 주지는 못했다). 1930년대에 미국의 근대적 자본주의를 한동안 위협했던 생산성 증가는 결과적으로 근대적 자본주의를 코포라티즘 사상의 위협으로부터 구해 낸 것이다.[26]

제2차 세계 대전에서 추축국의 패배로 인해 독일, 이탈리아와 그들이 정복한 국가들에서는 국가주의적 정부가 몰락하고 과거의 민주적 정치 체제로의 복귀가 준비되었다. 1947년 이탈리아는 헌법을 제정하면서 행정부가 수행하는 정책과 의회의 입법을 사법 심사할 수 있는 조항을 만들었다. 독일도 이를 따라 1871년의 비스마르크의 제국 헌법보다는 바이마르 공화국의 사회 민주주의적 목표에 가까운 헌법을 1949년에 제정했다.

전쟁이 끝난 후 일부 급진적 우파 정당이 살아남았으며 새로운 정당이 부상했다. 이들은 여러 가지 파시스트적 사상을 답습했다. 〈퇴폐와 몰락에 대한 두려움을 불러일으키고, 민족적, 국가적 정체성을 주장하며, 동화되지 않는 외국인들이 민족적 정체성에 가하는 위협을 부각

---

26 히틀러 역시 1937년부터 1938년까지의 불황을 제외하고는 미국의 생산이 1935년부터 1941년까지 무서운 속도로 증가한 것을 염두에 두었을 것이다. 한편 독일은 1938년 무역을 폐쇄하고 나서 일시적으로 불황을 겪었다. 하이에크도 『노예의 길』을 쓸 당시에 독일의 생산자들이 코포라티즘으로 고생했던 점을 염두에 두고 있었을 듯하다.

시키고, 이런 문제를 해결하기 위해 더 강한 권력이 필요하다고 주장하는〉[27] 식이었다. 그러나 이런 정당들은 대부분 유권자들의 표를 얻기 위해 온건 우파의 정책을 옹호하거나 어떤 의미인지 알기 어려운 〈포스트 파시스트postfascist〉라는 모호한 용어로 자신들의 정체를 감추었다. 또한 극우 정당조차 민주주의와 법의 지배를 공격하지 않았다.

이러한 정치적 영역에서의 발전 덕분에 독일과 이탈리아는 전간기 동안에 나타났던 자국 경제의 특징과 그 효과를 재검토할 수 있었다. 이러한 재평가를 통해 유럽 국가들의 제도와 정책, 사상에 있어 코포라티즘이 다시 확고해졌을까? 아니면 이후 수십 년간 코포라티즘이 전반적으로 성장한 것일까? 코포라티즘의 신조 중에 어떤 것이 사라지고 어떤 것이 새로 추가되었을까?

제2차 세계 대전 이후 코포라티즘의 진화

제2차 세계 대전 이후 코포라티즘 사상의 강점이 약화되었으므로 그 영향력도 퇴조했다는 것이 사람들의 보편적인 생각이다. 그리고 그 강점이 약해진 것은, 제1차 세계 대전의 후유증, 초인플레이션, 대공황 등 전간기의 파국이 만들어 낸 사회적 갈등이 모두 지나갔기 때문이라는 것이다. 사람들은 이전에는 자신을 보호하기 위해 노조와 로비, 강한 국가가 필요했을지 모르나, 이제는 대중 민주주의가 매우 강해졌으므로 투표를 통해 자신을 보호할 수도 있다고 여겼다. 그러나 사회 민주주의와 코포라티즘 경제는 상충되는 사상이 아니었고, 따라서 이들이 공존

---

27 Robert Paxton, *The Anatomy of Fascism*, p. 186.

할 수 없는 것인지도 확실하지 않았다. 독일의 헤르베르트 기어쉬와 프랑스의 레몽 바르, 이탈리아의 루이지 에이나우디와 파올로 실로스라비니 같은 유럽의 몇몇 중요한 경제학자들은 1960년대와 1970년대에 자기 나라들이 다른 국가들보다 기업에 자유를 주지 않았기 때문에 계속 피해를 겪은 것을 이해하지 못하고 있다고 주장했다.

여기서 제시된 어떤 지표에 따르든, 독일과 이탈리아가 제2차 세계 대전이 끝난 후 코포라티즘을 버리고 더 근대적인 제도와 정책, 문화를 발전시켰다는 증거가 발견될까? 아니면 오히려 그들의 코포라티즘을 유지하거나, 부활 또는 심화시켰다는 증거가 확인될까? 그렇다면 영국과 프랑스는 어땠을까? 미국은? 이러한 질문들은 거의 연구된 바가 없다.

일반적으로 서유럽 국가들은, 특히 독일은 전후 초기에 자유방임 또는 신자유주의적인 방향으로 경제 개혁을 몇 가지 실시했으며, 이는 전간기의 코포라티즘적 정책과 크게 달라진 것이었다. 이들 국가들의 경제는 (처음에는 양자 무역이나 교환을 통해, 이후에는 다자 간 무역을 통해) 대외 무역에 더 개방되었다. 이후 이들은 자본 유출도 허용함으로써 민간 자본을 국경 안에 가둘 권한을 정부에 허용하지 않았다. 그리고 마침내 이들은 금융 기관과 기업들이 국경을 넘어 경쟁하고, 본부를 옮길 수 있게 허용했다(이러한 틀은 상당 부분 서독, 프랑스, 독일, 베네룩스 국가들이 유럽연합을 창설할 때 생겨난 유럽경제위원회European Economic Commission에서 만들어졌다).

독일에서는 경제장관 루트비히 에르하르트의 주도하에 1948년의 경제 개혁과 함께 급격한 정책 전환이 예고되었다. 이 개혁안은 코포라티즘 모델과 대비되는 신자유주의적 원칙들이 1949년 수립된 연방공화국의 〈사회적 시장 경제〉에 자리 잡을 것이라고 선언했다. 1957년 책 『경쟁을 통한 번영 *Wohlstand für Alle*』에서 에르하르트는 1949년부터 1956년 사이에 서독의 국민 생산이 거의 두 배가 된 원인이 경제에서 경쟁이 되살아나고 인플레이션이 채권자들의 이익을 빼앗아가지 않을 것이라는 신뢰를 회복한 데 있다고 보았다. 에르하르트는 개인의 유인을 제거하는 코포라티즘적 방향과, 생산성이 가져오는 부의 수준(을 높이는 것)보다 그 분배를 우선시하는 사회주의적 방향을 거부함으로써 서독이 이익을 얻었다고 믿었다.

명석해서였든 무의식적이었든, 에르하르트의 분석은 독일의 생산이 평화 시기의 마지막이었던 1936년 수준을 회복했을 1949년 당시에 자본 손실 역시 모두 복구되었으므로 이후의 생산이 배가된 것이 경쟁의 증가, 히틀러 시기 대비 신뢰의 상승, 그에 따른 투자와 생산성 증가에 기인한다는 점을 시사한다. 철로나 공장과 같이 여전히 보수가 필요한 자본 구조물capital structure이 존재했으므로 경쟁이 증가하는 것과 무관하게 언젠가는 생산이 대폭 증가할 수밖에 없었다는 점을 그가 빠뜨린 것은 무시하도록 하자. 사람들은 사실 더 중요한 내용을 빠뜨렸고, 이로 인해 유럽 전체가 로스토가 말한 〈지속적 성장〉을 영원히 구가하는 길을 걷고 있다고 착각하게 되었기 때문이다. 유럽 대륙의 생산성이 빠르게 증가한 이유 중 상당 부분은 주로 미국, 그리고 그보다는 못한 수준으로 영국과 몇몇 유럽 대륙 이외의 국가에서 1920년대부터 1930년대까지 개발되어 수용된 새로운 제품과 생산 방법을, 코포라티즘 성향을 띠고 폐쇄 경제를 향하고 있던 유럽 대륙의 국가들이 마침내 인식하고, 적응하며, 채택하여 생산성과 이윤을 손쉽게 늘릴 수 있었기 때문이다.

이 훌륭한 〈추격〉형 성장은 신자유주의적 경쟁과 확신만으로는 가능하지 않았다. 손쉽게 딸 수 있는 과일이 미국에 풍성했기 때문이었다.[28]

1949년 이후, 국가 재건이 이루어진 후 코포라티즘이 다시 원래 위치로 돌아왔을까? 이 시점에서 통계학자 입장에서 코포라티즘이 얼마나 회복되었는지 측정할 척도를 찾는다면, 연간이든 10년 단위든 코포라티즘의 힘, 예컨대 정책에 미치는 영향력과 같은 척도를 따져 볼 필요가 있을 것이다. 이런 척도에는 생산 부문에 대한 국가 개입이 포함되는데, 규제(법령과 판결)의 양, 관료적 〈형식주의〉(허가제 등), 산업과 직업에 대한 진입 제한, 〈산업 정책〉과 조세 징수가 여기에 해당한다(알아차렸을지 모르지만 사회주의는 무엇을 생산할지보다 어떻게 생산할지에 더 관심을 쏟는다). 또 다른 척도는 소득의 이전이나 통제로서, 국가의 지원을 받는 사회 보험, 기업과 노조 사이의 임금 결정 과정을 〈조정〉하는 것, 국가가 주주의 재산권을 경시할 때 나타나는 것으로 여겨지는 주가 침체, 매각이나 해체가 지연된 수많은 좀비 기업들이 대표적이다. 공공 부문의 고용 비중이 높은 것도 또 다른 척도인데, 민간 부문에 정부가 개입하려면 그것을 수행할 인력이 필요하기 때문이다. 코포라티즘적 사상에 대한 찬반 여부와 관련된 가치관(희망과 신념)이 얼마나 뚜렷한지도 수량화할 수 있는 척도가 된다(이와 같이 코포라티즘의 강도를 측정하는 여러 척도들은 다음 두 장에서 코포라티즘의 입장에서 제기된 주장을 검증하는 데 사용될 것이다).

28 독일의 결과를 보면 경쟁이 필요조건이었다는 점은 증명되지 않는다. 스페인은 흥미로운 사례다. 다양한 경제 평론가들이 지적했듯이, 좋지 않은 경제 체제와 경제 정책으로 악명이 높았음에도 불구하고, 스페인은 피고용자 1인당 실질 국내 총생산과 제조업 부문 시간당 실질소득 두 부문에서 모두 1960년부터 1980년까지 지속적으로 독일보다도 빠르게 성장했다.

그러나 우리는 이 장에서 역사학자 입장에서 살펴보고 있으므로, 중요한 사건들, 즉 가장 눈에 띄는 사건들에만 초점을 맞추기로 한다. 두 가지 발전상을 보면 코포라티즘이 복귀하는 데 오랜 시간이 걸리지 않았음을 알 수 있다. 〈한국전 특수〉로 인해 촉발된 혼란 속 독일에서 아벨스하우저는 〈독일 산업의 영향력 있는 부분들에서 전간기에 나타났던 국가 코포라티즘 체제가 재건되기 시작했다〉고 썼다(같은 책, 308쪽). 다양한 고용주 협회 사이의 협조가 1950년 초에 다시 나타난 것은 〈나치 경제가 몰락하고⋯⋯ 1948년에 개혁이 이루어진 이후에도 멀쩡하게 살아남은⋯⋯ 독일 전통〉을 연상시킨다.[29]

또 다른 발전상은 코포라티즘의 틀 안에서 발생한, 자본과 노동 사이의 힘의 이동이다. 어떤 관점에서 보면 코포라티즘은 정부와 기업의 유착을 초래했고, 여전히 많은 부분이 시장에서 결정되긴 했지만 기업 활동의 많은 부분이 시장보다는 정부와의 협상을 통해 결정되었다. 그러나 노조와 정부 사이에 연결 고리가 얼마나 있었는지의 문제는 남아 있다. 1960년대 말까지 유럽에서는 노동자의 목소리가 높아졌고, 〈삼자조합주의〉라는 고전적 코포라티즘 원칙이 부활하여 〈이원주의bipartism〉를 대체하였다.

노동 부문이 새롭게 얻은 권력의 한 가지 측면은 대기업 이사회에 자리를 차지하게 된 것이다. 이것은 대기업에 대한 사회주의적 적대감이 완전히 사라진 적이 결코 없었던 독일에서는 대단한 사건으로 여겨지지도 않았다. 그러나 1990년대에는 이 경향이 더욱 심해져서 노조는 투

---

29 Berghahn, "Corporatism in Germany in Historical Perspective", p. 117에 인용된 애덤슨의 연구.

자 위원회에도 의석을 획득하게 되었다. 이번에는 독일 사람들도 충격을 받았다. 이 변화가 수익성을 높이는 투자를 못 하게 하고 생존을 위한 기업의 개혁 노력을 막아서 결국 일자리까지 줄어들게 할지 모른다는 두려움이 있었다. 그러나 경제학자들의 걱정은 기우였다. 2005년에는 자동차 업체 폭스바겐이 지난 10년간 노조 지도자들에게 뇌물을 지급해 왔다는 사실이 드러났기 때문이다.

1967년에 독일 경제부는 노동, 자본, 정부가 협상의 주체가 되는 〈조화된 행동〉 프로그램을 실행하면서 삼자조합주의를 명시적으로 드러냈다. 이러한 공식적인 삼자조합주의는 10년 동안만 지속되었지만, 비공식적인 삼자조합주의는 노조와 고용주 양측에 존재하던 〈자유주의적〉 코포라티스트들의 협조와 함께 계속되었다. 〈조정 테이블Tavola di concertazione〉이 이탈리아에서 사용되기 시작한 것은 이때였는데, 이는 노동, 자본, 정부 사이에 공식적으로 이루어지던 의견 청취 관행을 지칭하는 말이었다. 그러나 이렇게 유럽 대륙에서 전후에 나타난 삼자조합주의는 모두 〈겉보기에만 그럴싸하고 실속은 없는〉 것이었을까? 아니면 실제로 영향력이 있었을까?

삼자조합주의가 잘나가던 시절도 있었다. 유럽이 한창 침체기이던 1982년에 노조와 고용주 단체 사이에 체결된 바세나르 협약Wassenaar Agreement은 네덜란드에서 새로운 임금 조정의 시대를 열었으며 새로운 일자리를 창출한 것처럼 보였다. 그러나 이 중 어떤 것도 지속적으로 유지가 되었는지는 분명하지 않다. 경제개발협력기구Organisation for Economic Co-operation and Development: OECD는 회원국들의 자료를 일람표로 만든다. 이 자료는 20년이 지난 2004년에 네덜란드의 실업률이 영국과 미국 사이, 즉 OECD 회원국 중 중간 수준임을, 또 1인당 노동 시간이 최하위임을 보여 준다. 따라서 노동 시장에 대한 영구적 영향력은 손쉽게 분간할 수가 없다. 반대로 독일은 사회 민주당의 게르하르트 슈뢰더 총리의 설득을 통해 〈어젠다 2010〉이라는, 임금 비용을 줄이고 노동 시장의 〈유연성〉을 증대하는 일련의 조치를 2003년에 협의했다. 노동 비용의 감소는 10여 년간 지속되었고 최근의 수출 붐에 상당 부분 기여했다. 그러나 오늘날에도 독일의 노동 시장 지표가 대단히 좋은 것은 아니다. 최근 독일의 실업률은 위기가 휩쓸고 지나간 이탈리아, 스페인을 제외한다면 전형적인 유럽 수준이며, 노동 시간 역시 네덜란드나 노르웨이보다 약간 더 많을 뿐이다(그러나 실업률은 개혁이 없었을 경우에 비하면 낮은 것이 사실이다). 그러나, 공식적으로든 비공식적으로든 구체화된 코포라티즘의 영향력은 위에서의 논의가 보여 주듯 단순한 임금 결정을 넘어서는 수준에 이르렀다.

삼자조합주의로 전환한 것, 더 넓게 보면 〈사회적 파트너〉가 참여하지 않고는 어떤 것도 의미가 없다는 사상이 독일과 이탈리아, 어쩌면 유럽 대륙의 부분 또는 전부에서 코포라티즘의 새로운 시작을 예고했다. 그렇다면 위에서 제시했던 코포라티즘 지표들은 무엇을 보여 주고 있을까? 전후 수십 년간 여러 국가들에서 공공 부문의 규모가 커졌다는 자료가 존재한다. 또한 전간기 독일에 대한 인구 조사 자료도 존재한다. 독일의 공공 부문은 1933년 총 피고용자 중 9퍼센트를 고용했는데 1938년에는 전쟁으로 인한 병력 증가에 힘입어 12퍼센트로 증가한다. 1960년에는 8퍼센트에 불과했다. 그러나 다시 1980년부터 1981년 사이에는 거의 15퍼센트로 증가한다(OECD 1983, 표 2.13). 공공 부문의 규모가 1930년 평시의 코포라티즘 경제보다도 훨씬 크게 성장했다는 것은 의미가 크다. 또 다른 눈에 띄는 수치는 [소비재와 서비스, 자본재 (공장, 장비 등)를 구매한] 정부의 총지출이 동일한 기간 국내 총생산의 32.5퍼센트에서 1981년에는 49퍼센트로 증가한 것이다(OECD 1983, 표 6.5). 이탈리아의 공공 부문 고용 비중은 9퍼센트에서 독일 수준인 15퍼센트로 증가했다. 그리고 정부 총지출은 30퍼센트에서 51퍼센트로 상승했다.[30] 독일의 수치는 거의 정점에 달했다. 대규모 경기 하강이 시작되기 이전인 2006년 독일의 공공 부문 고용 비중은 12퍼센트였고, 정부 총지출은 GDP의 45.5퍼센트였다. 이탈리아에서 정부의 규모는 어떤 수치로 보든 1990년 초반에 신기록을 경신했다. 그러나 2006년에 공공 부문 고용은 또 다시 15퍼센트 안팎의 수준이 되었으며 정부 지출 역시 49퍼센트 수준으로 돌아왔다. 최소한 서구 세계에서 이 수치들은 전례 없는 수준의 정부 개입을 보여 주며 유럽 대륙의 코포라티즘이 사라지기는커녕 더 영향력이 강해졌다는 가설에 무게가 실린다. 그렇지만 이들 국가들이 다른 비교 대상 국가들보다 더 코포라티즘적으로 변한 것인지는 의문이다.

프랑스의 코포라티즘은 어떤 점에서 보면 루이 14세의 재무장관이었던 장밥티스트 콜베르까지 거슬러 올라간다. 오늘날 다양한 코포라티즘 척도에 따라 평가해 보면 프랑스는 이탈리아와(그리고 다른 유럽 국

---

30 같은 기간 독일 정부의 소비 지출, 즉 제품과 서비스 구매는 GDP의 13.5퍼센트에서 20.5퍼센트로 증가했다. 또한 사회 보장 지출(노인, 환자, 가족 수당 프로그램에 따른 혜택 및 사회적 부조)은 12.5퍼센트에서 17퍼센트로 증가했다(OECD 1983, table 6.2, 6.3). 이탈리아의 고용 지표는 더 높은 9퍼센트에서 시작했지만 정부 지출 지표는 낮은 수준인 10퍼센트에서 시작했다. 그러나 두 수치 모두 1981년에는 독일의 수준과 정확히 동일하게 된다.

가들과) 쉽게 분간하기 힘들다. 프랑스의 공공 부문 고용 역시 13퍼센트에서 시작하여 1981년에는 16퍼센트, 2006년에는 22퍼센트라는 놀라운 수준에 도달한다. 프랑스의 정부 총지출 통계 역시 높은 수준에서 시작하여 1980년에는 이탈리아 수준인 49퍼센트에 도달하고, 2006년에는 52.5퍼센트로 상승한다.

이 세 국가들을 코포라티즘의 다른 지표인 관료적 형식주의, 즉 〈레드 테이프red tape〉 면에서 비교하면 어떤 결과가 나올까? 1999년에 이러한 측면을 조사한 결과에 따르면 프랑스는 이탈리아와 함께 다른 모든 국가들을 앞선다. 독일은 이것이 적기는 했으나 영국이나 미국에 비해서는 현저히 많았다.[31]

프랑스와 이탈리아의 노사 관계는 외부인의 눈에는 여전히 갈등이 큰 것으로 보였으며, 반면 노조는 대중이 상상하는 것보다 권력이 없다고 불평했다. 프랑스에서는 〈상사 감금boss-napping〉 사건이 2008년부터 2009년 사이에 많이 일어났으며, (무시무시한 〈실력 행사〉인) 총파업이 프랑스에서는 일상적으로 이탈리아에서는 약간 뜸하게 경제를 마비시켰다. 솔직히 말하면 프랑스만큼 〈시장 사회〉에 적대적이면서 기업 활동이 어려운 국가는 분명히 유럽에 없을 것이다.

이 세 국가의 전후 역사를 되돌아보면, 가장 강력한 코포라티즘의 발전은 노조가 정치적 권력의 위치로 성장하여 기업체와 거의 동등한 위치에 서게 된 것을 들 수 있다. 노조의 힘이 기업, 〈법인〉의 힘을 대체한 것

31 레드 테이프 수치는 『이코노미스트』 1999년 7월호에 제시되어 있다. 각국의 점수는 영국이 0.5, 미국이 1.3, 네덜란드 1.4, 스웨덴 1.8, 스페인 1.8, 독일 2.1, 벨기에 2.6, 프랑스 2.7, 이탈리아 2.7이다.

은 아니었다(상품 시장에서 독점의 총량은 분명 증가되었다). 노동자와 투자자가 노조와 기업, 기업 연합체를 동원하여 시장 메커니즘을 통하지 않고 (기득권을 지키기 위해서) 경제의 행태와 방향에 엄청난 영향력을 폭넓게 행사할 수 있다는 생각이 널리 퍼졌다. 그 결과 공공 부문 활동이 엄청나게 증가하고 규제가 뒤엉켰다. 이 시점에서 제기되는 의문은 이 새로운 체제와 문화가 어느 정도로, 또 어떤 식으로 변화와 혁신의 가능성을 좁혀서 안정과 현상 유지를 대가로 기업 활동의 더 큰 보상 가능성을 막아 버렸는가 하는 것이다.

영국의 코포라티즘 경험은 1980년대 초반의 전환 이전까지는 프랑스와 별반 다르지 않은 수준이었다. 공공 부문의 총고용 비중은 1960년에 약 15퍼센트로서 이미 유럽에서 가장 높은 수준이었고 1981년에는 23퍼센트라는 놀라운 수준으로 상승한다. 영국의 정부 총지출은 1960년 이탈리아와 독일 수준이었으나 이들 국가보다 다소 낮은 수준인 47퍼센트까지 증가한다. 그러나 2005년에는 45퍼센트로 감소하여 이탈리아의 48퍼센트, 독일의 47퍼센트보다 낮았다. 영국을 양극화시킨 경제에 대한 논쟁이 10년간 계속되었지만 이는 〈사회주의〉에 관한 것이 아니었다. 국유 기업의 생산 비중이 전후 초기부터 지금까지 1.3퍼센트에서 거의 움직이지 않았는데, 다른 선진국에서 이 비중이 이 정도로 적었던 경우는 없었다. 1979년 마거릿 대처가 총리가 되었을 때 시작된 논쟁은 영국에서의 코포라티즘을 끝장냈다.

1979년 대처의 총리 선출이 노조와 고용주 측에 얼마나 큰 충격을 가져왔는지 지금 다 떠올리기는 어렵다. 자유 시장과 규제 완화를 큰 폭으

로 수용한 것은 전후 영국 역사에서 가장 혼란스런 시대를 불러왔다. ······

대처는 영국산업경제인협회Confederation of British Industry: CBI를 무력화시켰는데 구성원들은 높은 이자율과 1980년대 초반의 불황을 심화시키고 많은 제조 기업들을 한계로 몰아간 파운드 절상에 대해 공포감을 드러냈다. 그러나 경제 조치와 강력한 노조 관련 법이 효과를 나타내기 시작하자 태도가 누그러졌다. 대처와 보조를 맞춘 제임스 클레민슨 경은 언제나 정부의 지원만 요구하는 〈불평꾼들〉 집합이라는 CBI의 인상을 일소하고자 상당히 노력했다. 1985년에 그는 〈기업은 이제 누군가 해주길 바라던 일의 5분의 4를 스스로 할 수 있다는 점을, 따라서 정부에 기대할 수 있는 것은 오로지 길을 열어 주는 것뿐이라는 점을 인식해 가고 있다〉고 말했다. 이러한 태도는 지금도 상당히 남아 있다.[32]

이 시기 이후, 영국은 천천히 코포라티즘 순위가 하락하여 프랑스와 이탈리아를 상위권에 남겨 두게 되었다. 1999년 영국은 G7 국가들 가운데 기업 경영을 저해하는 관료적 형식주의가 눈에 띄게 가장 적었다.

마지막으로 미국에서의 코포라티즘의 영향력을 살펴보자. 1960년경, 전후 상비군 감축에도 불구하고 전체 노동력 대비 공공 부문 고용의 비중은 이미 당시 영국보다, 따라서 G7 국가들 중 가장 높았다. 1980년까지도 줄곧 독일, 이탈리아, 프랑스 수준을 상회했으며, 영국보다 낮았을

---

32 Groom, "War Hero Who Became Captain of British Industry", p. 7. 두 번째 문장은 Groom, "Gloom and Boom", p. 16. 〈지미〉 클레민슨은 산업가로서 이후에 1984년부터 1986년까지 CBI 회장을 역임했다. 그는 제2차 세계 대전에서 네덜란드 아른험 전투의 공수부대 대위로 유명세를 떨쳤다. 그의 위업은 리처드 애튼버러의 1977년 영화 「머나먼 다리A Bridge Too Far」에서 볼 수 있다.

뿐이다. 한편 미국의 GDP 대비 정부 총지출은 1960년에는 중간 수준인 27.5퍼센트였고 1980년에는 35.5퍼센트로 가장 낮았다. 또한 1999년 관료주의 척도에 있어서도 이탈리아, 독일, 프랑스보다 매우 낮은 수준이었다.

지난 10년간 코포라티즘의 영향은 증가했다고 판단할 수밖에 없다. 연방 정부의 규제는 계속 급격하게 증가했다. 최고경영자들이 기업 회계 방식에 책임을 지게 한 사베인스-옥슬리Sarbanes-Oxley법과 같은 일부 새로운 규제들은 불확실성에 싸인 새로운 프로젝트를 시작하려는 기업들의 의지를 감소시켰다고 할 수 있다.

자원 배분에 대한 국가의 개입은 개인 소득세법에서 가장 잘 드러난다. 1981년의 소위 레이건 감세법은 세율 구조 전반의 한계 세율을 인하해 주는 대신 그 반대급부로 세금을 포탈할 수 있는 수많은 〈허점〉을 폐지하여 수십억 달러의 세수를 추가할 수 있었다. 그러나 이후에 특정한 사람이나 회사에 이익이 되는 허점과 판결이 다시 크게 늘어났다. 미국 세법은 1만 6천 장에 달한다. 이와 대조적으로 프랑스는 1,900장에 불과하다.

미국에서 일어난 또 다른 놀라운 변화는 소송의 증가와 그에 대한 두려움이었다. 미국인들을 보호해 줄 노조가 1930년대만큼 많지는 않지만, 이제는 사회가 변화와 진보를 추구하는 과정에서 나타나는 동요 속에서도 풍부한 법적 자원과 광범위한 사법 체계는 자신에게 손해를 초래하는 사람들로부터 스스로를 지킬 수 있게 했다. 소송을 당할 수 있다는 불안감은 개인의 결정과 판단, 결국 혁신하려는 노력에 있어서 눈에 띄는 결과를 초래했다.

법적 공포 때문에 사회가 마비되었다. 의사들은 편집증적이다. …… 교장들은 마비됐다. 교사들은 교실에서 질서를 유지할 권위가 없다. 누구도 책임질 사람이 없으므로 안전한 길은 어떤 위험이든 피하는 것이다. …… 미국에서는 원고를 위한 거대한 기념비가 솟아올라 우리의 일상생활 전체에 어두운 그림자를 드리우고 있다.[33]

그러므로 코포라티즘이 미국 경제에 미친 영향이 제2차 세계 대전 이후 잦아들었다고 주장하기는 어려울 것이다. 오히려 심화되었다고 주장할 만한 근거가 더 많다.

이런 증거들이 보여 주는 결론은, 일반적으로 말하자면 코포라티즘이 제2차 세계 대전 이후 수십 년에 걸쳐 유럽 전역에서 영향력을 얻거나 최소한 공고해졌다는 것이다. 미국에서의 추이는 일부 사람에게는 명확해 보이지 않을 수 있다. 그러나 미국에서도 코포라티즘이 성장했음을 보이는 증거는 있다. 영국은 1980년까지 꾸준히 코포라티즘이 퇴조했다는 점에서 예외였다. 전후 시기 코포라티즘의 주된 변화는 분명 일부 국가에서 그랬듯 노조가 기업 측과 동일한 혹은 기업을 능가하는 힘을 갖게 된 것이었다.

어떤 경우에도 시장이 옳다고 볼 수 없다는 생각, 그리고 자본, 노동, 전문가들 및 다른 핵심 집단의 목소리가 로비와 같은 비시장적 채널을 통해 영향력을 행사할 수 있어야 한다는 생각이 중대한 변화였다. 1930년대에 해결되지 못한 큰 의문은 코포라티즘이 시장의 역할을 축

---

33 이러한 고전적 비판은 Howard, *The Death of Common Sense*(1994) 참조. 구절의 출처는 Howard, *The Collapse of the Common Good*(2001).

소한 결과 자생적 혁신의 추구에 필요한 역동성이 없어지거나 줄어들었는지 여부였다.

새로운 코포라티즘

위에서 보았듯, 전간기의 고전적인 코포라티즘은 지난 반세기 동안, 비록 그 정도는 다르지만 여러 국가에서 살아남았다고 할 수 있다. 비록 이후에 나타난 코포라티즘은 대부분의 경제에서 노동조합을 경영 단체와 동등한 사회적 파트너가 되도록 허용했지만, 이는 여전히 고전적인 형태였다. 고전적 코포라티즘은 국가 주도형 경제를 세우기 위해 정부의 권력을 (18세기 자유주의에 비해) 증가시켰다. 이 코포라티즘은 무질서보다는 지도와 관리, 개인주의보다는 연대, 반사회적 행동보다는 사회적 책임감 같은 몇 가지 목표와 관련되어 인식될 것이다. 전후 이 기본적인 코포라티즘은 주주의 통제 대신 공동 결정codetermination을, 소유주와 노동자 사이에 분배되는 수입을 극대화하는 것보다는 이해관계자주의를 의제로 삼았다. 이 아이디어들은 국가가 이익 집단에 줄 수 있는 것과 이익 집단이 국가의 이익이라는 이름 아래 경제를 장악할 수 있는 부분을 급격하게 확대했다. 이후 코포라티즘에는 새로운 면이 추가된다.

최근 몇십 년간 새로운 코포라티즘이 발달했다. 우리가 신(新)코포라티즘이라고 부를 수 있는 것은 권력의 흐름을 뒤집거나 양방향의 흐름을 만들어 냈다. 국가는 방향을 정하는 안내자이기보다는 승객들이 요구하는 곳으로 그들을 데려가는 조종사에 가까웠다. 권력의 일부는 큰 부를 소유한 사람들과 기업에서 실권을 쥐고 있는 사람들에게 넘어갔다

(설령 이들 모두가 미미한 부분에 불과했다고 하더라도, 정부는 이해관계가 있는 채권 시장 및 다른 시장을 신경쓰지 않을 수 없었다). 하지만 국가는 고전적 코포라티즘에서 개입하던 영역을 어느 정도 유지할 수 있다. 여전히 정부는 사회 전체 혹은 그 큰 부분이 어려움에 빠지거나 그럴 가능성이 나타날 때 행동에 나설 책임이 있었기 때문이다.

또한 새로운 코포라티즘은 사회적 협약이라는 아이디어를 수용함으로써 고전적 코포라티즘에서 존재하던, 집단적으로 협상하고 〈합의된 행동〉으로 함께 움직였던 집단을 넘어섰다. 사회적 협약이란 사회의 모든 개인이 타인과의 암묵적 계약을 맺고, 계약 조건을 이해하며, 이에 따라 그 누구도 보상 없이 타인에 의해 손해를 입지 않으리란 것이다.[34] 이 포퓰리즘적 코포라티즘은 엄청난 결과를 초래했다. 과거에는 변호사, 약사, 의류업 노동자들이 독점권을 행사할 수 있는 조합coporazione의 지위를 부여받았을지 모르나, 이제는 모든 종류의 집단들이 목소리를 내어 자신을 보호할 수 있는 힘을 요구했으며, 국가의 보호를 받고자 했다. 이러한 새로운 코포라티즘 요소는 국가의 통제를 요구하는 고전적 입장을 넘어선다. 즉, 국가 주도의 경제 발전 그리고 〈협의〉와 공동 결정을 통한 산업계 평화를 요구하는 것을 넘어, 경제 발전의 전 과정에서 누군가 혜택을 입는 동안 누군가는 뒤처지는 일이 결코 없어야 한다는 요

---

34 이와 같은 분위기가 1970년대에 경제에 나타났고 국가의 모든 노동력이 현재의 고용주들과 암묵적인 종신 계약을 맺고 있다는 생각이 유행했다. 모든 공동체 내에서 고용주들은 실업을 불러올 암울한 실적이 예상되는 경우 직원들에게 보호를 제공하는 존재로 여겨졌으며, 은행은 신용 할당이 필요한 경우 고용주들에게 보험을 제공했다. 이러한 새로운 이론의 흐름은 배고픈 자들이 넘쳐나는 냉혹한 자유방임주의보다는 종신 고용과 〈관계 금융Relational Banking〉이 이뤄지는 중세 경제가 마치 경제적으로 최적인 것처럼 보이게 했다.

구로 나아간다. 이러한 새로운 입장은 국가를 모두를 다른 모든 사람으로부터 보호하거나, 가능한 범위 내에서 최대한 보호하는 존재라고 보았다. 모든 사람을 사회적으로 보호하자는 것은 새로운 코포라티즘의 모토였다.

새로운 역할을 수행할 때 필요한 무기가 국가에게 주어졌다. 국가는 해외로부터의 경쟁이나 자연재해로 인한 피해에 이르기까지 다양한 종류의 사태로 인해 피해를 입은 국민들에게 보상할 수 있었다. (로버트 머턴의 표현을 빌리자면) 그 잠재적 기능이 정치적, 재정적 후원에 대한 대가로 보호를 제공하는 것이라 할지라도, 정부는 보조금을 무제한으로 지역과 도시에 제공할 수 있었다. 로비스트들은 특히 뇌물을 사용하면 입법과 규제, 특정 해석에 따른 판결을 언제든 요구할 수 있었다. 기업과 노동력을 경쟁으로부터 보호하려는 산업 규제가 제정되었다. 영향력 있는 지역 주변에는 쓰레기 매립지와 신공항 건설이 금지되었다. 지역 공동체와 비영리조직, 정부는 기업을 갈취하여 기부금과 다른 조정 사항을 얻어 냈다. 집단 소송은 보상과 변상을 통해 가외 소득원이 되었다(새로운 코포라티즘의 다른 특징들은 10장에서 언급할 것이다). 결과적으로 반드시 어마어마한 거대 정부가 나타난 것은 아니었지만, 중요한 부분에서 무제한의 권한을 갖춘 정부가 생겨났다.

이 새로운 코포라티즘 경제에는 정부, 이해관계자, 노조 그리고 소송할 준비가 된 수많은 개인 및 기업에 의해 강탈이 행해질 수 있다는 두려움이 팽배했다. 노동과 자본이 경쟁으로부터 보호받고, 따라서 오래된 같은 상품만 생산하는 기업에 무한정 묶이게 된 경제에서 투자 활동이 미미하리라는 주장은 이해하기 어렵지 않다. 코포라티즘 사회에서 기존의 기업들을 위협하는 권력의 존재는 영향을 받는 기업들의 이익 전망과 주식 가격에 막대한 영향을 줄 수 있고, 따라서 그 경제의 고용 수준과 투자 활동을 위축시킬 수 있다는 주장도 마찬가지다.[35] 어떠한 잠재적 혁신과 이익도 억누르려는, 점점 강해지는 압력 집단의 광적인 요구가 두려워서 잠재적인 혁신가들이 새로운 사업에 착수하는 것을 주저하게 된다면, 보통 사람들의 삶이 풍요로워지는 것은 거의 불가능하다는 이야기도 덧붙이고 싶다. 실로 경제 전체가 점차 시대에 뒤쳐지고 더 큰 불황에 빠지게 될 것이다.

코포라티즘의 어두운 면

다음 두 장에서는 코포라티즘적 경제를 대표하는 주된 주장들을 검증하는 경제학적 연구에 착수할 것이다. 그러나 코포라티즘의 잘못된 주장들 중 몇몇은 경제학까지 갈 것도 없이 약간의 상식만 동원해도 발견할 수 있다.

코포라티즘 체제는 추하고 비인간적인, 악마처럼 묘사된 개인주의와 경쟁이 생략되었다는 점에서 이상적인 것으로 그려졌다. 그러나 이 체제는 개인주의를 시장에서 국가로 이식한 것에 불과하다. 즉 개인은 더 큰 권력을 획득하기 위해 남들을 밀치며 나아간다. 이 체제는 시장의 구매자들을 두고 생산자들끼리 벌이는 경쟁을 끝낼 것이다. 그러나 이는 유

---

35 그러한 높은 주식 가격은 보통 투자 활동의 활성화, 따라서 실업률 하락으로 이어진다. 주식이 투자를 유도하거나 회사 내부의 투자를 촉진하는 요소들을 반영하는 것이다. Phelps, "Behind This Structural Boom"(1999).

일하고 전능한 구매자인 정부와의 계약과 지원 사업 지분을 따내기 위한 생산자와 전문가들의 은밀한 경쟁으로 대체되었을 뿐이다. 코포라티즘 체제는 자본과 노동의 갈등을 종결시켰다고 이상적으로 그려졌으나, 결국 전후의 코포라티즘 체제는 거대한 독점적 권력을 대기업과 노조에 부여하여 생산을 축소할 수 있도록 허용했을 뿐이다. 코포라티즘 체제는 물질주의와 수준 높은 문화 사이의 균형을 회복시킨 것처럼 묘사되었으나, 실제로는 위대한 문학과 예술을 개인주의적이라는 이유로 공격했다. 이 체제는 또한 그것이 대체한 근대적 체제의 혼돈과 대비하여 과학적이라는 칭송을 들었다. 그러나 코포라티즘 체제는 무수히 많은 잠재적 혁신가들이 결정하는 과정에서의 불확실성을, 국가가 시도하는 혁신의 결과에 대한 불확실성으로 대체했을 뿐이다. 이는 오히려 이전보다 더 큰 불확실성을 초래할 수 있다. 코포라티스트들은 부를 쌓은 산업계의 거물들과 금융 투기자들에게 근대 경제가 부여한 권력을 악한 것으로 표현하는 한편, 자신들은 전적으로 사회의 봉사자임을 내세웠다. 그러나 코포라티즘 체제는 더 큰 권력을 소수의 정계 거물들과 그들을 후원하는 세력에 집중시켰을 뿐이다.

초기 자본주의에서 시장의 힘은 경제 참가자들로 하여금 눈이나 홍수 같은 자연의 힘에 이끌리는 양과 같은 느낌을 받게 했을 법하다(이런 점에서 시장의 장점은 자원을 더 잘 분배하기 위해 행해져야 할 일들을 사람들이 자발적으로 하게끔 이끈다는 것이다). 이런 점에서 보면 상업 자본주의 시대는 그다지 행복하지 않았을 것이다. 그러나 근대적 사회가 등장하면서 경제 참가자들은 처음으로 새로운 생산 방식과 생산해야 할 새로운 제품을 대규모로 고민하고 모색할 수 있게 되었다. 개인의 기회는 정신적 자극, 매력적인 일, 도전과 개인의 발전이라는 가치 있는 삶의 기회를 의미했다. 코포라티즘은 이러한 개인의 기회를 억제했으며, 경제 참가자들이 어떤 산업에 진입하려면 허가를 받게 하거나, 산업에 진입하거나 사업을 따내기 위해 다른 사람들의 비위를 맞추도록 강요했다. 따라서 이것은 억압적 체제였다. 코포라티즘이라는 사상은 (무솔리니 자신의 표현을 빌자면) 대부분의 경제 참가자들을 다시 양처럼 만들어 버린, 다양한 전체주의에 영감을 불어넣었다.

7장 경쟁 체제들의 목표 대비 성적표

암탉은 모든 동물 중에 가장 현명한데, 그것은 알을 낳기 전까지는 절대 울지 않기 때문이다.
— 에이브러햄 링컨

근대적 자본주의에 대한 도전자들, 코포라티즘과 사회주의는 어떤 성과를 냈을까? 앞의 모든 설명이 보여 주듯이, 코포라티즘 요소가 존재했던 비스마르크 시기에 독일은 성과가 좋긴 했지만 그것이 코포라티즘 때문인지는 판단하기 어렵다. 무솔리니와 히틀러의 코포라티즘 경제는 국가적 위기를 극복하는 측면에서 미국과 영국의 경제보다 나을 것이 없었다. 그러나 1960년대 중반부터 지금에 이르는 시기에 나타난 새로운 코포라티즘과 새로운 사회주의는 어떨까? 이제 지난 반세기간 이 체제들이 어떤 결과를 낳았고 어떤 영향을 미쳤는지 살펴보도록 하자.

이 장에서는 신코포라티즘, 신사회주의적 경제가 그들이 내세운 대로 성과가 좋았는지 살펴볼 것이다. 다음 장들에서는 코포라티즘이나 사회주의적 사상과는 근본적으로 다른 경제의 성과를 어떻게 평가할 것인지 그 기준을 제시할 것이지만, 그러기 전에 사회주의 경제가 어떻게 사회주의적 목표를 달성하는 데 실패했는지, 코포라티즘 경제가 어떻게 코포라티즘의 이점을 실현하는 데 실패했는지를 먼저 입증해야 할 것이다.

사회주의 ― 주장과 현실

사회주의의 의미는 여러 가지가 있지만 그 핵심은 여러 종류의 기업들의 사회적 소유라고 할 수 있다. 일반적으로 국유화의 범위가 넓은 경제들은 제한된 국유화를 실행한 경제에 비해 더 사회주의적이라고, 즉 사회주의 성향이 강하다고 평가된다. 사회주의의 가장 기본적인 형태에서 국유 기업state-owned enterprises: SOEs은 의료, 교육, 일부 보험 회사들로 제한되는 한편, 사회주의 성향이 강해질수록 국가의 소유가 더 폭넓게 확대된다.

따라서 우리는 자료를 통해 국가 소유가 경제 성과를 개선시킨다는 사회주의적 믿음을 검증하고자 한다. 다행스럽게도 20년 전부터 국유 기업의 규모에 대한 증거가 축적되어 있다. GDP 중 국유 기업이 생산하는 비중에 대한 추정치가 세계은행의 1995년 연구 결과인『기업 안의 관료들Bureaucrats in Business』에 제시되었다. (여기서 우리가 초점을 맞추는) 가장 발전한 경제들을 보면 1986년부터 1991년까지는 이 비중이 프랑스에서는 10.0퍼센트, 독일에서는 7.1퍼센트, 이탈리아는 5.6퍼센트, 스페인은 4.0퍼센트, 영국은 대처 이전의 5.9퍼센트에서 하락한 3.0퍼센트, 미국은 1.0퍼센트였다[이 자료는 더 작은 국가들인 오스트리아(13.9퍼센트)와 포르투갈(14.2퍼센트)도 포함하고 있다]. 이보다 더 많은 국가들에 대한 자료가 브랑코 밀라노빅의 1989년 저서『자유화와 기업가 정신*Liberalization and Entrepreneurship*』에서 제시되었고, 생산이 아닌 총고용 대비 국유 기업의 비중이 또 다른 몇 개 국가들에 대비하여 제시되었다. 1978년부터 1983년까지의 기간을 분석한 결과 프랑스는 다시 최상위를 차지했으며, 이와 근접해 이탈리아와 오스트리아가 뒤를 이었다. 그다음은 스웨덴과 핀란드였고, 독일과 영국이 뒤를 따랐다(대처가 10년에 걸쳐 국유 기업의 비중을 낮추기 전이었다). 그다음은 노르웨이와 캐나다, 그리고 호주와 덴마크, 마지막으로 스페인, 네덜란드, 미국이었다. 전체 자료를 보려면 〈표 7.1〉을 참고하기 바란다.

이른바 선진적인 경제에서 사회주의 성격이 강한 조직들을 지지하는 사람들은(빈곤층이든 중산층이든) 이러한 조직이 보장한다고 믿는 일자리와 고용 안정성을 강조한다. 그들은 사회주의적 기업이 자본주의 기업들에 비해 만성적 실업 위험에 처한 한계 상태의 노동자들을 고용하고 유지하려는 경향이 강하다고 본다. 또한 경기 하강기에 노동자들을 더 보호하는 경향이 있으며, 따라서 경기가 나쁠 때도 실업을 완화하는 효과가 있다고 본다. 그러나 이 두 가지 논점은 설령 근거가 있다고 하더라도 결정적인 것은 아니다. 근대 자본주의에서는 새로운 기업이 형성되면서 만들어지는 일자리가 불황기에 기존 기업들에서 사라지는 일자리만큼 많기 때문이다.

사회주의적 성향이 강한 경제가 일자리 창출에 있어 우월하다는 믿음은 1950년대 중반에서 1970년대 중반까지 신뢰를 얻었다. OECD가 계산한 〈표준화된〉 실업률을 보면, 미국의 실업률이 1960년부터 1973년까지 평균 4.4퍼센트였음을 알 수 있다. 상대적으로 사회주의적이었던 유럽 국가들의 실업률은 이 시기에 극히 낮다. 독일은 0.8퍼센트, 노르웨

표 7.1 일부 OECD 국가들의 공기업과 국가 부문의 중요도

	국가*	생산 비중(퍼센트)	고용 비중(퍼센트)
높은 수준 (15퍼센트 이상)	프랑스(1982)	16.5	14.6
중간 수준 (10–15퍼센트)	오스트리아(1978~1979)	14.5	13.0
	이탈리아(1982)	14.0	15.0
	프랑스(1979)	13.0	10.3
	뉴질랜드(1987)	12.0	자료 없음
	프랑스(1973)	11.7	9.3
	터키(1985)	11.2	20.0
	영국(1978)	11.1	8.2
	서독(1982)	10.7	7.8
	영국(1983)	10.7	7.0
	서독(1977)	10.3	7.9
	영국(1972)	10.2	7.8
	스웨덴	자료 없음	10.5
	핀란드	자료 없음	10.0
낮은 수준 (5–10퍼센트)	포르투갈(1976)	9.7	자료 없음
	호주(1978~1979)	9.4	4.0
	덴마크(1974)	6.3	5.0
	그리스(1979)	6.1	자료 없음
	노르웨이	자료 없음	6.0
	캐나다	자료 없음	5.0
미미한 수준 (5퍼센트 미만)	스페인(1979)	4.1	자료 없음
	네덜란드(1971~1973)	3.6	8.0
	미국(1983)	1.3	1.8

주: 좁은 의미의 정부 서비스는 제외되었다(상업적 활동을 하는 국영 기업만 포함).
* 생산 비중에 따라 정렬(수치가 존재하는 경우).
출처: 밀라노빅, 『자유화와 기업가 정신』

이는 1.3퍼센트, 프랑스는 1.8퍼센트, 스웨덴은 1.9퍼센트였다(유럽 경제 공동체 전체로 보면 이 시기 실업률은 2.6퍼센트였다). 그러나 이러한 경향은 이후 시기에 사라지게 된다. 1980년대 중반에 실업률은 서구 전체에 걸쳐 높아졌다. 유럽은 세계의 다른 부분으로부터 〈이전〉해 올 수 있었던 신제품과 생산 방법이 거의 바닥났으며, 따라서 노동 공급과 기업 투자 역시 위축되었다. 미국은 조금 덜하긴 하지만 (혁신이 매우 높은 수준에서 급격히 하락하게 된) 다른 이유로 위축되었다(9장과 10장은 이 이야기를 다루고 있다). 1995년에 규모가 큰 경제들 중 실업률이 가장 낮은 순서대로 보면 미국이 5.6퍼센트, 네덜란드가 6.5퍼센트, 영국이 7.0퍼센트였고 1997년에 독일이 8.2퍼센트였다. 가장 실업률이 높은 국가는 스페인(22퍼센트), 이탈리아(11.7퍼센트), 프랑스(10.3퍼센트)였다. 이 수치를 보더라도 사회주의 성향이 강한 경제에서 전반적으로 실업률이 더 낮은 경향이 있다고는 할 수 없다. 이들 국가는 실업률이 높은 경향이 있지만, 또한 그것을 적극적인 개입을 통해 억제하고자 노력한다. 독일, 핀란드, 프랑스, 스웨덴 등 사회주의적 성향이 강한 경제들은 대체로 대규모 정부 프로그램을 통해 실업률 상승 경향을 저지하고 있다. 반대로 가장 덜 사회주의적인 국가들, 특히 미국, 영국, 캐나다, 호주, 노르웨이는 그런 개입으로 인한 지출이 가장 적다(OECD의 2005년 『고용 전망Employment Outlook』 참고).

사회주의는 전통적으로 노동 시장 참가자들의 낮은 실업률뿐 아니라 더 높은 노동 참가율을 상징했다. 그러나 노동 가능 인구 대비 백분율로 표시되는 노동 참가율을 보면 사회주의와 노동 참가율 사이의 연결 고리를 발견할 수 없다. 1995년 OECD 『고용 전망』이 제시한 2000년

6월의 예상치를 보면 〈주요 국가〉의 참가율은 미국이 76.9퍼센트, 캐나다가 75.8퍼센트, 영국이 75.3퍼센트, 독일이 71.2퍼센트, 프랑스가 66.7퍼센트, 이탈리아가 57.4퍼센트였다(덴마크는 80.2퍼센트, 네덜란드가 77.7퍼센트로서 국유 기업 비중이 낮으면서도 참가율이 높게 나타났다). 따라서 사회주의적 성향이 더 강한 경제라고 해서 노동 참가율이 더 높다고는 말할 수 없다. 오히려 정확히 그 반대로 추론하는 것이 안전할 것이다(두 가지 예외가 있다. 오스트리아는 높은 국유 기업 비중에도 불구하고 76.5퍼센트로 참가율이 높다. 밀라노빅이 다루지 않은 스페인은 국유 기업에 대한 거부감에도 불구하고 참가율이 61.5퍼센트로서 매우 낮다).

경제적 포용, 즉 노동 가능 연령대의 인구를 사회의 주류로 편입하면서 사회에 정상적으로 참여할 수 있게 한다는 목표에 사회주의자들이 얼마나 매달렸는지 생각해 보면, 실업과 노동 시장 참가 영역에서의 실망스러운 성과는 곧 유럽 사회주의가 상당히 실패했음을 보여 준다고 할 수 있다. 일부 사회주의 지도자들은 그들이 〈다문화주의〉로 인한 장애물에 맞닥뜨렸다고 불평했지만, 유럽 대륙의 사회주의 성향이 높은 국가들만 문화적, 민족적, 인종적 다양성 문제를 안고 있던 것은 아니었다. 분명 이런 다양성은 미국에서 더 높다. 기업에 대한 공포가 사회주의적 움직임을 자극하고, 다시 이것이 낮은 노동 참가율로 이어진 것이 사회주의가 실패한 원인이었을 것이다. 또한 이를테면 우체국처럼 임금 수준도 낮고 일도 반복적인, 매우 관료주의적인 직장이 대다수인 국가들에서는 노동 참가율이 낮고 실업률이 높은 경향이 있다. 이런 국가들에서는 노동 가능 연령대 인구 중 다수가 집에 머무르거나 비공식적 부문, 즉 지하 경제에 머무르는 것을 선호한다. 라이너 베르너 파스빈더의 영화 「마리아 브라운의 결혼The Marriage of Maria Braun」(1979)은 독일 여성들이 제2차 세계 대전의 마지막 몇 년간 그리고 이후 한동안 경제에 참여했던 시기를 화면 속에 영원히 남게 했지만, 독일 사회주의는 여성들이 형편이 허락하는 즉시 자녀Kinder, 주방Küche, 교회Kirche로 돌아가는 것을 막을 수 없었다.

일부 국가에서 실업률과 노동 참가율 수치가 실망스러운 것에 대한 또 다른 설명은, 이 국가들에서 가계의 가처분 소득 대비 저축율이 높다는 것이다. 2000년대 초반 대규모 경제들 중에는 벨기에, 프랑스, 이탈리아, 스페인이 저축률이 높았다(2001년 『경제 전망Economic Outlook』). 그리고 참가율이 가장 낮은 국가들로는 이탈리아, 프랑스, 벨기에, 스페인이 있었다. 저축률이 가장 낮은 국가는 미국, 캐나다, 영국이었고 노동 참가율이 가장 높은 국가는 캐나다, 독일, 영국, 미국이었다. 높은 저축률과 낮은 참가율 사이의 가장 직접적인 인과관계는, 높은 저축률이 더 많은 부와 여가에 대한 수요 증가로 이어져 노동 시장 진입과 은퇴가 모두 빨라진다는 것이다(부에 관한 자료는 G7 국가들에 대해서만 찾을 수 있다). 간접적인 인과관계는 부가 복지 국가를 위한 도구를 제공하고, 많은 것이 무료로 제공됨에 따라 노동 유인이 약해진다는 것이다[유럽 중앙 은행의 총재인 마리오 드라기는 고(故) 루디 돈부시의 말을 인용하여 〈유럽인은 너무 부유해서 일하지 않는 것에도 대가를 지불할 정도다〉라고 말한 바 있다].

고용 부문에서의 우월함을 내세우는 사회주의자의 또 다른 주장은, 사회주의 경제에서는 일자리가 덜 불안정하다는 것이다. 혁신이 부족하기 때문에 일자리 변동이 줄어드는 것을 근거라고 한다면 그렇게 주장할 수는 있겠다. 그러나 대부분의 사회주의자는 이처럼 혁신을 막는 것을 근거로 사회주의의 우월성을 주장하려고 하지는 않을 것이다(사회주의 경제들이 양적으로나 질적으로나 혁신을 더 잘하는 경우도 상상은 해볼 수 있을 것이다. 예컨대 기업이 혁신적 프로젝트를 추진하는 것은 까다롭더라도 대신 정부가 장기 프로젝트를 주도하는 것이다. 그러나 사회주의 성향이 강한 경제들에 대한 연구 결과를 보면 대부분은 역동성이 약하게 나타난다). 사회주의 경제를 동경하는 사람들이 주장하는 바는 고용의 주기적 변동을 완화할 수 있는 핵심 도구들이 자본주의 경제에는 근본적으로 부족하지만, 사회주의 경제에는 있다는 것이다.

1930년대의 미국은 바로 이런 도구들이 부족하다는 인상을 주었다. 경제가 대공황으로 인해 급격히 침체되었을 때, 미국 정부는 1933년 금본위제에서 이탈하기 전까지는 금의 가치를 떠받치느라 통화 정책 무기를 사용할 수가 없었다. 어떤 경우에도 주택 건축 현장이나 농장으로부터 자동차나 다른 소비자 내구재 생산 부문으로 노동자들을 이동시키는 구조적인 힘에 맞서기에는 이러한 무기가 충분하지 않았다(교훈은 있었다. 2008년부터 2009년까지의 경기 하강기에 전 세계 통화 당국은 금 가격 상승을 막기 위해 금 보유고를 매각하지는 않았다). 정부는 상승하는 실업률에 맞설 만한 재정 정책 무기가 거의 없었다. 엔지니어 훈련을 받았던 후버 대통령은 민간 산업을 인수한다는 생각은 하지도 않았고, 치수와 수력 발전용 댐 건설을 위한 대형 건설 프로젝트에 의존했다. 그러나 보수 세력은 정부가 온 나라를 제방과 댐으로 가득 메우지는 못하게 막았다. 마침내 고용 문제가 근대적 자본주의가 해결해야 할 현안으로 부상했다. 이와는 대조적으로, 사회주의 경제의 중앙 정부는 경기 침체가 닥쳤을 때 국유 기업으로 하여금 마치 돈은 문제가 아니라는 듯 투자 지출을 유지하거나 늘리도록 강제할 수 있었다. 위에 언급한 전 세계적 침체에 맞닥뜨린 중국이 그러했는데, 중국 정부는 지방 정부가 각 지방의 건설 프로젝트에 자금을 쏟아 붓도록 유도했다.

그러나 최근의 경험을 보면 사회주의 경제가 경기 변동에 대한 저항력이 높을 것이라는 믿음은 근거가 없다. 서유럽의 사회주의 경향이 강한 경제들은 1970년대부터 1985년까지 커다란 고용(과 다른 경제 활동 지표의) 변동으로 몸살을 앓았고, 이는 실로 제2의 대공황과도 같았다.[1] 그러나 유럽인들은 재정 정책 무기까지 동원하지는 않았다. 한편 미국은 비슷한 경기 침체가 닥쳤을 때 그것이 강하든 약하든 후버 시대에는 알려지지 않았던 투자 세액 공제를 늘리거나 법인 이윤에 대한 세율을 낮추는 등의 재정 정책 무기를 동원했다. 또는 한계 세액의 세수 중립적 인하revenue-neutral cuts in marginal tax rates와 근로 소득 장려 세제earned income tax credit: EITC 증가와 같은 새로운 것들을 만들어 냈다(폴 볼커 연준의 통화 정책은 인플레이션이란 화재를 진압하는 것이 목표였다). 2008년부터 2009년까지의 전 세계적인 경기 침체에서 사회주의 성향이 강한 경제들은 불황과 싸우는 데 또다시 더 많은 제한을 받았다. 광범위하게 경기가 하락하는 상황에서 사회주의 성향의 경제가 많이 포함되어 있는 유로존과 미국 중 어떤 지역이 더 타격을 받았는지 판단하는 것은 어려운 일이다.

---

1 이 사건을 처음으로 다룬 것은 다음 책이다. Jean-Paul Fitoussi and Edmund Phelps, *The Slump in Europe*(1988).

사회주의 성향이 강한 경제들이 다른 경제보다 더 낫다고 널리 판단되는 영역이 있다면 바로 소득 불평등을 줄이기 위해 취해진 정책들과 그 명백한 효과들이라고 할 수 있다. 전통적인 사회주의가 완전 고용과 임금 불평등 감소를 목표로 삼은 데 반해, 이후의 사회주의는 소득 불평등 감소를 목표로 삼았다. 사회주의 성향이 강한 국가들, 예컨대 프랑스, 핀란드, 스웨덴과 함께 사회주의 성향이 명백하지는 않은 국가들, 예컨대 독일, 덴마크, 네덜란드는 (예를 들면 상위 30퍼센트와 하위 30퍼센트 사이의) 불평등을 줄일 수 있었는데, 이는 모두를 대상으로 무상 서비스를 실시함으로써 소비 수준의 불평등을 줄였기 때문이었다.[2] 그러나 이들 국가에서 임금 불평등이 상대적으로 낮게 나타나는 것은 국가의 지출과 과세를 통한 재분배 정책의 결과가 아니라, 애초에 그러한 차이가 더 적었기 때문이었다. 즉 세전 소득의 차이가 앵글로색슨 국가들에 비해 적었다. 스칸디나비아 국가들은 매우 동질적이다. 이러한 이유 외에도 이들 지역에서는 혁신을 통해 부유해질 기회 자체가 적었다는 점도 상당히 영향을 미쳤을 것이다. 임마누엘 칸트부터 존 롤스에 이르기까지 다양한 도덕 철학자들은 설령 불평등을 줄일 수 있더라도 모두에게 피해를 줄 수 있는 조치에는 반대했다. 그러나 이러한 단서들은 핵심을 놓치고 있다.

경제적 포용성, 특히 저학력 노동자들에 대한 포용성의 급격한 하락이 1980년대 사회주의, 코포라티즘, 자본주의 할 것 없이 서구 경제를 휩쓸었다. 독일, 프랑스, 이탈리아, 스웨덴은 강하게 대응했다. 독일과 프랑스에서 교육 수준이 가장 낮은 남성 노동자의 상대 임금은 1970년

2 전문적인 논의와 유용한 자료들은 다음을 참조. Vito Tanzi, *Government versus Markets*(2011).

대 말부터 1990년대 중반 사이에 실제로 상승했다. 이탈리아와 스웨덴에서도 상대 임금의 하락폭은 1~2퍼센트에 그쳤다. 정반대로 극단적인 사례였던 네덜란드는 분명 충분히 대처하지 못했고, 상대 임금이 10.5퍼센트 하락했다. 영국과 미국에서는 각각 8퍼센트, 6퍼센트 하락했다. 그러나 강한 역풍에 맞서 상대 임금을 증가시킨 국가들이 비싼 대가를 치러야 했던 것, 즉 1980년대 저학력 노동자들의 실업률이 다른 선진 경제들보다 훨씬 빠르게 증가했던 사실은 인상적이다. 상대 임금 하락을 대부분 협상을 통해서 막았던 이탈리아나 스웨덴 같은 국가들은(미국도 어느 정도는 그랬다) 훨씬 적은 대가를 치렀다. 네덜란드는 실업률 상승폭이 가장 적었다. 반면 사회당이 이끈 프랑스와 〈사회적 시장〉으로 불리는 독일에서는 법령이나 노조의 집단 행동과 같이 유연하지 못한 방법을 동원하여 기업들이 저학력 노동자들에게 높은 임금을 지불하게 했다. 사회주의적 성향을 띤 이탈리아와 스웨덴도 상대 임금의 뚜렷한 하락을 막기 위해 비슷한 방법을 사용했다. 이처럼 세련되지 못한 정책은 기업이 감당할 수 있는 저학력 노동자들의 고용을 감소시키는 부작용이 있었다. 임금 측면에서는 사회주의가 성공한 것처럼 보였지만 고용 측면은 악화된 것이 〈함정〉이었다.[3]

3 Phelps, "The Importance of Inclusion and the Power of Job Subsidies to Increase It" (2000/2, p. 86). 이 보고서의 〈그림 1〉을 볼 것. 이 논문은 〈1990년대 초반 프랑스와 독일은 다시 하위 임금을 압박했고 저숙련 노동자들 사이에서 실업률이 급격히 상승하는 것을 목격하게 된다 (그림 2를 보라)〉고 덧붙이고 있다. 이 논문은 하위 임금의 상승을 위해 더 고용 친화적인, 더 자세히 말하면 저임금 노동자의 지속적인 고용을 위해 고용주에게 지급하는 저임금 보조금 체계와 같은 접근을 지지하고 있다. 필자는 파리의 OECD 사무국에서 이 논문을 발표하면서 민감한 문제를 건드렸다. 참석자들은 미국 대표만 빼고 이 제안에 찬사를 보냈는데, 미국 대표는 이 제안이 주로 저소득 편모 가정의 자기 부양 능력을 촉진하기 위해 설계된 근로 소득 장려 세제를 위협할 수 있다고 보았다.

흔히 사회주의 지지자들은 사회주의 성향이 더 강한 경제가 기업, 특히 국영 기업을 더 잘 조직하기 때문에 더 과학적이라고 생각한다. 또한 경제에 필요한 인적 자본을 갖춘, 사회의 중하위층에 교육 서비스를 더 잘 공급하는 교육 체계를 갖추고 있다고도 생각한다. 만약 이 주장들이 타당하다면, 사회주의 성향이 강한 경제들에서 생산성(노동 단위당 생산, 그리고 총요소 생산성total factor productivity 또는 다요소 생산성multifactor productivity이라고 불리는 노동과 자본의 조합에 대한 생산)이 더 높게 나타날 것이라고 생각할 수 있다. 실제로 사회주의 성향이 강한 유럽 국가 중 일부는 그들이 생각했던 것보다 국제적인 연구 결과에서 교육 제도 평가가 낮았던 탓에 시끄러웠던 적이 있다. 그러나 그런 걱정은 여기서 접어두자. 우리는 생산성 자료가 보여 주는 결과만 살펴볼 것이다. 사회주의의 영향력에 관한 첫 통계적 연구는 국가 간 횡단면 자료를 통해 1인당 생산량과 국가 총생산 중 국유 기업의 생산 비중 사이의 관계를 추정했다.[4] 그 결과 반비례 관계가 나타났다. 요약하자면 GDP 중 국유 기업의 비중이 높을수록 GDP 성장을 저해했다(최상의 코포라티즘적 경제조차 선도 경제를 따라잡을 수 없다는 의미는 아니다. 단지 그들이 추격을 한다고 해도 더 오래 걸릴 것이라는 의미다).

눈에 드러나지 않는 요소가 있을 수도 있다. 높은 국유화 비율과 낮은 성장률은 모두 제3의 요소가 영향을 미친 것일 수 있다. 재산권을 존중하지 않는 분위기 또는 사적 재산에 대한 노골적인 적대감과 그로 인해

---

4 놀랍게도 다리우스 팔리아와 필자가 1996년 로마의 토르 베르가타 대학에서 개최된 1996 빌라 몬드라곤 학회에서 발표한 논문 이전까지는 통계적 분석이 없었다. Paganetto and Phelps, *Finance, Research, Education and Growth*(2005).

재산이 강제 수용될 것을 두려워한 부유한 민간 투자자들이 자본 투자를 꺼리도록 영향을 미쳤을 수 있다. 그런 국가에서는 국유 기업이라도 있는 것이 아예 기업이 없는 것보다는 나을 것이다. 그러나 위에서 연구한 결과가 달라지는 것은 아니다. 기업의 사적 소유를 반대하는(즉 사회주의적 경향이 있는) 국가는 열등한 경제적 성과를 감내해야 할 것이다.

코포라티즘 ― 주장과 현실

무솔리니 체제와 같은 고전적 코포라티즘은 자본주의 경제를 뜯어고쳐서, 유럽 대륙 자본주의의 미미한 역량을 능가하는 경제 성장(생산성과 여러 국가적 역량의 증가)을 이루고자 했다. 이것은 공공 부문이 주도권을 더 많이 쥐고, 민간 부문은 더 통제하며, 소유자들은 〈소유하되 통제권은 없는〉 상태를 의미했다. 국가 경제와 국력이 더 빠르게 성장하게 하려는 이 모험은 연대와 특히 〈사회적 보호〉를 전제로 했다. 이는 국가와 〈사회적 파트너〉 사이의 〈조정〉, 더 넓게 보면 지역과 산업을 위한 보조금을 의미했다. 고전적 코포라티즘과 같은 시각이라면, 성장이 너무 오랫동안 심각하게 정체되었을 때 이를 되살릴 만한 수단이 필요한 경우만 제외하면, 국가는 연대와 보호라는 이름으로 어떤 정책이든 자유롭게 선택할 수 있었다.

원칙적으로 국가가 특별한 제재 없이 자의적으로 개입할 수 있는 이 체제는 심각한 도덕적 해이moral hazard 문제를 야기했다. 그리고 정치인들이 이 문제에 빠지게 되면, 이들의 잘못은 곧 체제의 문제가 되었다. 입헌 민주주의 국가는 그런 개입을 제한할 능력이 있거나 그럴 의지가 있을 수도 있겠지만 미처 그러지 못할 수도 있다. 민주주의 국가라고 하더라도 이기적인 입법가들은 권력을 지키는 데 필요한 이익 집단의 지지를 획득하기 위해 때로는 자신의 입법권을 사용하고, 정부 기관들은 자신들의 권력을 이용해 프로젝트를 나누어준다. 이러한 정치적 과정에서 〈성장〉은 립 서비스처럼 계속 언급은 될지 모르나, 실제로는 뒤처지거나 무시될 수 있다. 또한 정치인들은 주로 자신에 대한 정치적 지지에 집중하기 때문에 〈사회적 보호〉가 실제로 규칙이 되지도 않는다. 정치인들은 은밀하게 리베이트성 대가를 받고 지역과 회사, 노조에 보호막을 제공하도록 쉽게 매수된다(1990년대 이탈리아에서는 뇌물 문제가 만연해서, 이탈리아인들은 자신들이 뇌물의 땅Tangentopoli에 산다고 생각했다).

코포라티즘 체제의 위험은 여기에서 그치지 않는다. 만약 내부자들만 정치인들의 고객이 될 만큼 밀접한 관계를 맺고 있다면, 이 체제는 내부자를 외부자로부터 보호하기 위해 작동할 수도 있다. 국가의 고객이거나 국가와 한패인 자들은 자신의 기업이 독점권을 얻은 상태라면 굳이 납세자들의 얼마 안 되는 돈으로 충당되는 계약을 따낼 필요조차 없다. 내부자의 이익은 곧 외부자의 손실이며, 외부자들은 의료, 식량, 난방에 있어서는 〈보호〉를 받을지 모르나 이와 무관하게 사업을 시작할 수도, 산업에 진입할 수도, 가치 있는 직업을 얻을 수도 없다. 이것이 극단적인 코포라티즘이 초래하는 부담이다. 소수든 다수든, 특권층이 이렇게 직업과 같은 기본재를 박탈해 가도 나머지 사람들은 아무런 보상도 받지 못하는 것이다.

코포라티즘적 성향이 강한 경제들이 자신의 목표를 얼마나 잘 수행하는지 평가하려면, 어떤 국가들이 더 코포라티즘적인지 판단할 수 있는 기준과 증거가 필요하다. 자료가 많은 국가부터 살피기 시작하는 것이 합리적일 것이다. 국가가 경제를 통제하는 정도는 단순히 국가의 규모로 측정되곤 하지만, 이러한 척도 모두가 도움이 되는 것은 아니다. 코포라티즘적 성향이 높은 경제는 통제하기 위해 많은 관료들이 필요하지만, 공공 부문의 크기가 코포라티즘을 측정하는 절대적인 지표는 아니다. 1960년에 미국 정부의 고용 비중은 15.7퍼센트로서 G7 국가들 중 가장 높았다. 현장에 투입할 수 있는 군인과 교사의 수까지 합하면 미국은 수치상으로 코포라티즘이 가장 강력한 국가일 수 있었겠지만, 현실에서 미국인들의 태도가 그랬다고 믿는 사람은 거의 없을 것이다. 그리고 사실 다른 국가들도 그러한 수치가 빠르게 상승하고 있었다. 1980년에 이르러서는 영국과 캐나다가 미국을 넘어섰고, 프랑스, 독일, 이탈리아가 미국의 16.7퍼센트에 근접했다. 분명한 것은 정부의 고용 수준만 놓고 보면 선진 경제들 사이에 차이가 나타나지 않는다는 사실이다 (OECD, 『역사적 통계*Historical Statistics 1960~1981*』).

국가의 개입 범위를 더 잘 보여 주는 척도는 (노동뿐 아니라) 모든 종류에 대한 정부 구매액, 특정 활동을 장려하는 보조금, 특정 집단에 대한 이전(移轉) 지출을 합산한 수치이다. 정부 구매액과 보조금은 정부가 경제의 자원 사용을 통제하는 정도를 보여 주는 표준적인 지표다. 이전 지출은 어떤 경우에는 코포라티즘적 목표를 추구하기 위한 사회적 협상의 일부이기도 하다. 이 일반적 지표를 보면, 고소득 경제는 1995년에 이르러서는 상당히 다른 모습을 띠게 되었다. 한 극단에서는 스웨덴이 GDP의 65.2퍼센트(2005년에는 55퍼센트)로 가장 높은 비율을 보였으며 프랑스는 54.4퍼센트(53.3퍼센트), 이탈리아가 52.5퍼센트(48.1퍼센트),

벨기에가 52.3퍼센트(52.1퍼센트), 네덜란드가 51.5퍼센트(44.8퍼센트) 였다. 반대편 극단에는 미국 37.1퍼센트(2005년에는 36.3퍼센트), 영국 43.9퍼센트(44.1퍼센트), 스페인 44.4퍼센트(38.4퍼센트) 등이 있었다. 그 사이에는 독일 48.3퍼센트(46.8퍼센트), 캐나다 47.3퍼센트(38.0퍼센트)가 자리 잡고 있다.[5] 더 규모가 작은 국가들로는 핀란드가 61.5퍼센트(50.1퍼센트), 덴마크가 59.3퍼센트(52.6퍼센트), 스위스가 34.6퍼센트(35.0퍼센트)로 나타나고 있다. 그러나 이 수치만 보고서 스웨덴이 가장 코포라티즘적 국가라고(그리고 벨기에가 3위라고) 결론을 내리기 전에 더 따져 봐야 할 것들이 있다.

규모가 크고 소득이 높은 경제들 중, 프랑스, 스페인, 이탈리아는 산업의 진입 장벽 측면에서 하위권에 위치해 있다. 스페인과 이탈리아는 기업가 정신에 대한 장애 측면에서 하위권이며, 이탈리아, 프랑스, 스페인은 경제 전반의 상품 시장 규제, 스페인과 프랑스는 경쟁법과 집행 부문에서 하위권이었다. 그리고 네덜란드, 스페인, 스웨덴, 독일은 고용보호법employment protection legislation: EPL에서 가장 과도한 것으로 평가되었다. 전반적으로 이탈리아, 프랑스, 스페인은 이들 영역에서 가장 하위권에 위치하고 있으며, 영국, 미국, 캐나다가 상위를 차지하고 있고 스위스, 네덜란드, 독일이 중간에 위치해 있다. 작은 규모의 고소득 국가들 중에서는 스위스가 중간 정도에, 아일랜드는 상위권이며 덴마크는 더 상위에 위치해 있다. OECD 자료를 바탕으로 작성되어 1999년 7월 『이코노미스트』에 의해 〈레드 테이프〉 지표로 명명된 것은 기업에 대한 간섭을 나타내는 일반적인 지표인데, 이 부분에서는 약간 차이가 났다.

5 Tanzi, *Government versus Markets*.

이 지표에서 이탈리아와 프랑스는 2.7, 벨기에가 2.6, 그다음으로 독일이 2.1이었으며 스페인과 스웨덴이 1.8, 영국이 가장 낮아서 0.5였고 그 위로 미국이 1.3, 네덜란드가 1.4였다(캐나다와 오스트리아는 제외되었다). 모든 수치가 상당한 정보를 보여 주고 있기는 하지만, 이들 지표는 특정 부문의 통제와 간섭을 측정하기보다는 경제 전반의 통제 및 방해 요소들을 탐지하는 데 더 유용하다.[6]

이 모든 지표들이 코포라티즘 경제의 무기들을 보여 주고 있기는 하지만, 코포라티즘 경제의 또 다른 측면은 임금 결정에 국가, 노조, 경영 단체 3자 간 협의 메커니즘이 사용되는 정도다. 이 제도는 이탈리아 코포라티즘에서는 여전히 핵심적인 요소인데, 과거 무솔리니가 쏟아냈던 미사여구에서도 그랬고 전쟁 후 현실에서도 그러했다. (CBI는 여전히 존재하기는 하지만) 스테판 니켈이 구축한 〈노조와 고용주의 협조〉 지수는 미국과 캐나다의 수치들, 그리고 영국의 극히 일부 수치를 추적할 뿐이다. 스웨덴, 오스트리아, 독일에서는 협조의 수준이 가장 높게 나타나며 그다음은 프랑스, 이탈리아, 벨기에, 네덜란드가 차지하고 있다. 가장 낮은 수준에는 미국과 영국, 캐나다가 동률로 위치해 있다.[7]

코포라티즘의 또 다른 측면은 사적 재산을 운영하는 환경이 어느 정

6 이 자료들을 찾으려면 장필립 코티스가 주도한 OECD, *Going for Growth*(2007)를 보라. 이러한 혁신 및 기업 경영에 대한 장애물 지표들이 측정 불가능한 것까지 측정할 수 있다는 주장이 의심스럽게 들릴지 모른다. 그러나 지표들은 구체적이고 측정 가능한 것들로 구성되어 있다. 창고 건설 허가를 받는 데 필요한 시간이 한 예인데, 미국과 캐나다에서는 80일이지만 프랑스, 독일에서는 170일, 이탈리아에서는 284일에 이른다. 여러 경제 사이에서 이러한 차이가 과연 중요한지 의심하는 사람도 있을 수 있다. 그러나 정보통신기술에 대한 국가의 투자는 상품 시장 규제 지표와 밀접한 관계가 있다. 각국의 실업률은 고용보호법과 관련이 있는 것으로 드러났다.

7 자료를 찾을 수 있는 곳은 Layard and Nickell, *Handbook of Labor Economics*.

도로 위험하고 불공정한가다. 대표적인 몇 가지 지표로 공공 부문의 부패 총량, 민간 기업이 감수해야 하는 강제 수용의 위험, 정부에 의해 계약이 무효화될 위험 등이 있다. 이런 측면에서 순위를 매겨 보면 코포라티즘의 정도에 따라 국가들을 분류할 수 있을 것이다. 물론 코포라티즘에만 이런 나쁜 특징들이 있는 것은 아니지만, 그렇다고 해서 이들을 코포라티즘의 징표로 사용할 수 없는 것은 아니다. 그러나 이런 특성은 일반적으로 소유권과 관련된 정보를 바탕으로 측정한다. 이들 3개 지표의 평균과 다른 2개 지표(법과 질서, 관료제의 수준)가 공개적으로 사용 가능한 것들인데, 이들은 다시 대외 무역에 대한 개방성 지표와 합산하여 평균을 계산한다. 선진 경제들은 다음 순으로 순위를 매길 수 있다. 스위스, 미국, 캐나다, 독일, 아이슬란드, 덴마크, 노르웨이, 프랑스, 벨기에, 오스트리아, 영국, 일본, 호주, 이탈리아, 스페인, 포르투갈, 아일랜드, 한국, 뉴질랜드 순이다.[8] 액면 그대로 받아들이면, 이 순위는 조사 대상국 중 스페인, 이탈리아, 영국, 벨기에, 프랑스 순으로 코포라티즘 경향이 강하다는 사실을 시사하고 있다.

선진 경제들의 코포라티즘 정도가 서로 다르다는 증거는 찾았지만 이것만으로는 충분하다고 보기는 어렵고, 이들 경제에서 국가 통제의 범위가 어떻게 나타나는가에 관한 증거를 찾아봐야 할 것이다. 국가가 자본주의적 제도와 시장의 경쟁을 거치지 않고 산업과 기업에 영향력을 행사하고, 따라서 특정 활동이나 참가자들에게 특혜를 주는 것이 어느

8 〈사회 기반 지수〉라는 이름이 붙은 이 마지막 순위는 Hall and Jones, "Why Do Some Countries Produce So Much More Output per Worker Than Others?"의 〈그림 2〉에서 발견할 수 있다.

정도로 가능한가에 관한 자료가 필요하다. 이를 위해 로비와 정부 계약의 규모에 관한 자료를 활용할 수 있다. 그보다는 덜 직접적이기는 하지만 기업에 대해 정부가 행사하는 비공식적인 압력, 예컨대 정부 내 직위가 누구에게 돌아가는가에 관한 자료를 사용할 수도 있을 것이다(프랑스의 경우는 마치 중역들이 민간과 공공 부문 일자리 사이를 오가는 회전문 같다). 또는 그 국가의 헌법이 정부가 경제 내에서 〈제한적인〉 역할만 수행하게 하는지를 보여 주는 자료를 사용할 수도 있다. 어떤 국가들은 최고 법원의 사법 심사를 통해 정부가 기업 영역에서 지도적인 역할을 하지 못하도록 제한하는 헌법이 없는 한편, 어떤 국가들에는 정부가 기업의 경영에 개입하는 것을 금지하는 헌법이 있다.[9] 특정 기업에게 경쟁자에 비해 특혜를 주는 것을 반영하는 통계로는, 그 산업 전체에서 발생한 수입의 자본 대비 분배율을 들 수 있겠다(그 산업 분야에서 국가 1위로 공인된 기업은 가격을 올릴 수 있다. 다른 경쟁 기업들은 경쟁하기가 쉬워졌음을 깨닫고 가격을 따라 올릴 것이다). 국민 소득에서의 자본의 지분도 단서가 될 수 있다. 1995년부터 1996년 사이에 규모가 큰 경제들 중 이탈리아와 프랑스가 이 수치가 가장 높았는데, 각각 42퍼센트와 41퍼센트에 달했다. 독일과 벨기에는 중간 수준으로서 37퍼센트였다. 하위 그룹으로는 미국이 34퍼센트, 영국과 캐나다가 32퍼센트였다[규모가 작은 경제들 중에서는 오스트리아가 41퍼센트로 가장 높았고 스페인, 네덜란드가 40퍼센트였다. 스위스와 스웨덴은 낮은 수준인 31퍼센트, 33퍼센트를 각각 기록했다(1996~1997년)].[10]

---

9 정부의 범위 문제를 다룬 초기의 정치 철학은 Andrzej Rapaczynski, *Nature and Politics* (1987) 참고.

이 자료들은 세계 어느 곳에서도 정부가 기업 부문의 과묵한 파트너로만 남지는 않는다는 점을 보여 준다. 또한 정부의 개입 정도가 국가마다 다를 뿐 아니라, 흔히 경제 구조가 동일하다고 여겨지는 국가들 사이에서도 다르다는 것도 보여 준다. 위에서 제시된 증거들을 합쳐 보면, 이탈리아와 프랑스의 경제에서 코포라티즘 성향이 가장 높은 수준으로 나타나고 미국과 캐나다는 가장 낮으며, 영국과 독일은 그 사이에 있다는 것을 알 수 있다. 또한 스페인, 네덜란드, 벨기에, 아일랜드에서도 코포라티즘 성향이 높게 나타났으며 스위스, 덴마크, 노르웨이에서는 낮게 나타났다. 스웨덴은 복합적인 사례로서 정부가 많이 개입하지만 친기업적인 성향을 띠는 국가로 분류된다.

최근 수십 년간 코포라티즘 성향이 강했던 경제들을 구분했으므로, 이제 이 장의 핵심이 될 질문을 논해 보자. 제2차 세계 대전이 끝난 1940년대 중반부터 20세기의 마지막에 이르는 기간 동안 코포라티즘에 동참한 경제들이 수행한 프로젝트의 결과는 어땠을까? 아주 큰 틀에서 본다면 결과적으로 50년간 생산성 수준이 거의 한 곳으로 수렴한 것 아니냐고 말할 수도 있을 것이다. 그러나 과연 얼마나 가까워졌기에 수렴했다고 볼 수 있을 것인가? 그리고 그처럼 〈거의〉 수렴한 후에는 어떤 일이 일어났던가?

(피고용) 1인당 생산량을 먼저 고려해 보자. OECD의 계산에 따르면, 이탈리아, 아일랜드, 벨기에의 피고용자당 GDP는 1996년에 미국의 수준에 근접했다(이탈리아는 62,500 달러였으며, 미국은 67,500 달러였

---

10 OECD, 『경제 전망*Economic Outlook*』 부록 table 24 참조. 기업 부문에서의 자본 소득 비중은 214쪽을 보라.

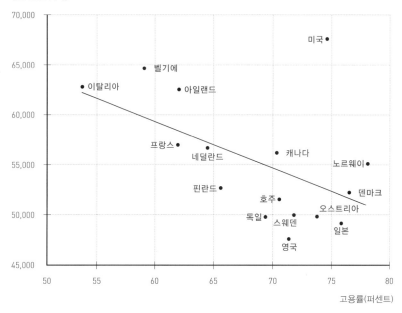

피고용자당 실질 GDP
(1996년 PPP $)

그림 7.1 피고용자당 실질 GDP와 고용률(노동 연령 인구 대비 취업자 수)의 관계
GDP는 국내 총생산, PPP는 구매력 평가purchasing power parity를 의미.
출처: OECD

다). 그보다 낮은 그룹에는 프랑스, 노르웨이, 캐나다, 네덜란드가 있었고, 다시 그 아래에는 독일과 호주, 스웨덴, 덴마크가 있었다. 〈그림 7.1〉을 참고하자. 이 결과들을 보면 코포라티즘 실험이 성공한 것으로는 보이지 않는다. 50년이 지난 후 코포라티즘 성향을 띤 국가 중 겨우 3개국이 캐나다를 넘어섰고 어떤 국가도 미국을 넘어서지 못했다. 이 외에도 논의할 것은 더 남아 있다.

OECD 통계에는 노동 시간당 GDP도 나와 있다. 〈그림 7.2〉를 보자. 1996년에 이탈리아, 아일랜드, 프랑스는 미국 수준을 거의 달성했다. 독일과 캐나다는 그보다 낮은 수준이었으며, 영국과 스웨덴은 훨씬 낮은 위치를 차지하고 있다. 그러나 눈에 보이는 것이 전부는 아니다. 여러 가지 이유로 이 관측치는 거의 의미가 없다. 그중 한 가지 이유는, 유럽은 많은 국가들로 구성된 대륙이므로 네덜란드나 노르웨이처럼 미국보다 인시당 생산이 높은 〈이상 관측치〉가 몇 개 있는 것은 이상한 일이 아니라는 점이다. 이는 미국의 50개 주를 관찰했을 때 캘리포니아와 매사추세츠 주의 수치가 매우 높게 나타나는 것과 마찬가지다. 또 다른 이유는, 피고용인 집단은 고용 문제를 겪고 있는 많은 코포라티즘 경제들의 전체 노동 가능 연령대 인구 중 일부분일 뿐이라는 점이다. 한 예로, 이탈리아의 1996년 인시(人時)당 GDP는 거의 39달러로서 미국의 36달러보다 높았는데, 이는 이탈리아의 경제가 생산적인 일자리만을, 가장 생산적인 노동자들로 채우기 때문이었다. 저임금 고용은 허용되지 않았다. 이탈리아가 미국, 노르웨이, 덴마크처럼 노동 연령대 인구의 75퍼센트를 고용했다면, 인시당 GDP는 노르웨이의 40, 덴마크의 34, 미국의 36달러보다 훨씬 낮은 32달러에 불과했을 것이다. 유럽과 미국의 노동 참가율 차이는 1970년대 중반에서 1990년대 중반 사이의 생산성 비교를 어렵게 만든다. 마지막으로 총노동 시간 대비 총생산 자료를 보면 코포라티즘 성향이 약한 미국, 캐나다, 영국에서는 노동 생산성이 실제보다 더 낮아 보인다. 이는 이 국가들에서는 코포라티즘적 성향이 강한 이탈리아, 프랑스, 스페인에서와는 달리 사람들이 연간 더 많은 시간 동안 일하기 때문이다.[11]

11 또 다른 점: 유럽 대륙과 앵글로색슨의 생산성 수준이 어떠하든, 동일한 상황에서 생산성을 노동 시간당 생산으로 측정할 경우 노동과 자본의 결합 단위당 생산으로 측정할 때(즉 다요

노동 생산성
(인시 person-hour당 생산, 1996년 PPP $)

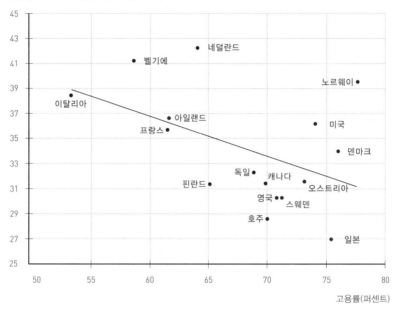

그림 7.2 노동 생산성(노동 시간당 실질 GDP)과 고용률(노동 연령 인구 대비 취업자 수)의 관계
출처: OECD

    이 증거를 보면, 코포라티즘 경제가 미국, 캐나다, 영국과 같은 다른 근대 경제에 비해 생산성 면에서 뛰어나다는 주장은 증명될 수 없고, 오히려 그 반대이다. 위에서 언급한 점들을 고려한다면, 근대 경제에 더 가까운 미국은 생산성 우위를 유지했다. 또 다른 근대 경제인 캐나다와 영

소 생산성MFP 또는 총요소 생산성TFP으로 측정할 때)에 비해 유럽 대륙의 생산성 수준은 앵글로색슨 경제에 비해 떨어져 보인다. 이는 유럽 대륙의 경제들이 노동력이 활용할 수 있는 자본을 더 투자함으로써 생산-노동 비율을 앵글로색슨 경제에 비해 더 높여 놓기 때문이다. 이 추가적인 생산을 위한 추가 자본에 이자를 지급함으로써 유럽 대륙이 소비 수준 저하를 감수할 수밖에 없다는 주장도 제기될 수 있다.

국도 지난 20년간 더 진보했다.

〈그림 7.2〉를 보면 더 강력한 주장을 할 수 있다. 추세선과의 최소 거리는 (사회주의가 중시하는) 고용과 (코포라티즘이 중시하는) 생산성 측면의 성과를 모두 측정하는 임시변통적인 대략의 척도로 사용할 수 있다. 대규모 경제들 중에서는 코포라티즘적 성향이 강한 국가들, 즉 (보다 규모가 작은 오스트리아와 스웨덴을 포함하여) 프랑스, 이탈리아, 독일은 추세선의 좌측 하단에 일정한 거리를 두고 위치해 있는 반면, 미국을 포함하여 근대 경제에 더 가까운 경제들은 우측 상단에 위치해 있다. 캐나다는 비록 좌측 하단에 있지만 코포라티즘적 성향이 상당할 것이라고 생각할 수 있는 스웨덴, 핀란드, 호주만큼 추세선에서 멀리 떨어져 있지는 않다.

뿐만 아니라, 겉으로 보이는 이탈리아와 독일의 1995년까지의 추격은 단기간만 지속된 것임이 드러난다. 1995년과 2005년 사이에 이들 국가에서는 노동 참가율이 회복되었고, 누구나 예상할 수 있겠지만 일자리가 증가하면서 생산성이 감소했다(과거 케임브리지 대학의 명사였던 데니스 로버트슨은 〈한계 수입 체감〉의 법칙을 강의하면서, 쓸 수 있는 삽이 남아 있지 않을 때 10번째 건설 노동자는 맥주나 마시러 가는 모습을 사례로 들었다). 같은 기간에, 미국은 생산성이 낮은 노동자나 생산성이 낮은 일자리를 제안받는 노동자들이 노동 시장에서 이탈했으며, 이로 인해 피고용자당 생산이 이전의 높은 수준으로 복귀했다. 따라서 미국의 인시당(그리고 피고용자당) 생산은 이탈리아와 독일의 수준과 멀리 떨어진 곳에 위치하게 된 것이다.

이 장은 코포라티즘과 사회주의가 목표로 내건 경제적 성과 (즉 모두 물질적인) 측면에 초점을 맞춰 왔다. 우리는 물질적인 측면에서 멀어지지 않으면서도 다른 면들을 살펴볼 수 있다. 지난 20년간 특히 프랑스에서 많은 젊은이들이 외국으로 이민 나간 것은 시사하는 바가 있다. 이 사실은 어느 정도는 대륙의 코포라티즘이 뛰어난 생산성과 풍부한 일자리를 제공하는 데 실패한 것을 반영하고 있는지도 모른다 (2007~2008년의 국제적 금융 위기 이후 실업률 상승의 파고가 이 이민 현상을 완화시켰다는 사실이 코포라티즘 경제가 개선되었다거나 코포라티즘 성향이 적은 경제들이 악화되었다는 근거는 되지 않는다. 더 푸른 목초지를 찾아 지금 있는 곳을 떠나는 일은 원래 너무나 위험한 일이니까 말이다). 이러한 논의의 한계는 이 이민 현상이 코포라티즘과 사회주의의 어떤 문제를 반영하는 것인지는 모르며, 그저 결함이 있다는 것만 보여 준다는 점이다. 그 결함은 어쩌면 가혹한 직장 분위기나 억압적인 경제 문화 같은 비물질적인 측면일 것이다.

임금 불평등, 또는 더 정확히 표현하자면 불공정한 임금 불평등은 코포라티즘을 평가할 수 있는 또 다른 측면의 성과일 것이다. 임금 불평등에 대해 앞에서 논의한 자료를 살펴보면, 코포라티즘 성향이 강한 국가들, 즉 이탈리아와 프랑스 그리고 그보다는 약한 스페인, 네덜란드, 벨기에, 아일랜드가 근대 경제의 본보기인 캐나다, 미국, 영국에 비해 임금 불평등이 더 적다고 말하는 것은 정확한 진술이다.[12] 그러나 앞에서 강조했듯이 이것은 캐나다인, 미국인, 영국인들이 유럽 대륙에 비해 모험을

12 이 OECD 자료는 Phelps, "The Importance of Inclusion"(2000/2)에 제시되어 있다. 또한 "Trends in Wage Rate Dispersion"(1997, figure 3a)를 보라. 여기서의 측도는 50-10 비율, 즉 피고용자 중 하위 1/10의 평균 임금률(wage rate, 즉 시간당 임금)을 전체 피고용자의 평균 임금률로 나눈 비율이다. 이것은 D1/D5 비율이라는 이름으로도 알려져 있다.

더 많이 하기 때문일 수 있다. 게다가 이들 국가의 높은 민족적, 인종적 다양성도 불공정한 임금 불평등에 특정한 형태로 영향을 주었을 것이다. 이 장에서는 이러한 영향은 일단 무시하고 코포라티즘이 그 목표를 달성했는지를 분석하고 있는데, 임금 불평등을 뿌리 뽑는 것은 코포라티즘의 목표였던 적이 없다(예를 들어 몇몇 코포라티즘 국가들은 상당수의 소수자들을 방치하는 것으로 악명이 높다). 만약 코포라티즘이 주장하듯 개인의 자유나 열망, 보상이 아니라 국가의 성취와 주도권이 중요하다면 경제적 정의라는 개념은 무의미해질 수밖에 없는 것이다. 그리고 실제로 코포라티즘 성향이 강한 국가들 중 경제 규모가 큰 이탈리아, 스페인, 독일 중 어느 국가도 훈련 프로그램이나 고용 보조를 통해 임금 불평등을 해결하려 하지 않았다(유럽 대륙에서는 오직 네덜란드와 프랑스가 노동 시장의 하위 계층 임금을 끌어올리기 위해 상당한 자원을 사용하고 있다). 오랫동안 저임금 노동자들에게 돌아가는 보상을 끌어올리기 위해 정교한 체계를 발전시킨 것은 코포라티즘 성향이 상대적으로 강한 국가들이 아니라 노동 빈곤층을 위한 임금 보조 프로그램 등을 갖춰 온 영국과 미국이었다.

혁신의 결핍

2007~2008년의 위기에 이르기까지 지난 30년간을 지겹저으로 관찰해 보면, 유럽 대륙의 빅4, 즉 프랑스, 독일, 이탈리아, 스페인은 경제 외부에서, 특히 주로 미국에서 일어난 진보에 의해 성장을 계속했다. 따라서 이들 경제가 미국 경제를 빠른 속도로 추격한 것은 1870년대에서

1930년대까지 유럽 대륙이 보여 준 자생적 혁신이 되살아났기 때문은 아닌 것이다. 코포라티즘 경제들이 미국 경제를 근접하게 추격할 수 있었던 것은 주로 모방에 의해서였다. 그러나 성장과 마찬가지로 고용도 외부의 힘에 의존했다. 미국의 혁신이 완전히 멈추었다면 이는 유럽 대륙을 긴 침체로 밀어 넣었을 것이다.

그러나 일부 유럽 대륙 국가들의 코포라티즘이 무엇을 했길래 혁신을 진흥시키지 못했고 오히려 저해하게 되었다는 것일까? 코포라티즘 성향이 강한 경제들이 만들어 내는 장애물들, 예컨대 진입 규제나 OECD가 말한 기업가 정신에 대한 장애물들이 생산성 진보를 방해하거나 막았을 것이라고 생각해 볼 수 있다. 그러나 이런 장애물이나 결함이 자생적 혁신을 촉진하지 못했거나 둔화시켰다는 구체적 증거를 확인한다면 더 설득력이 있을 것이다.

전체 메커니즘의 일부는 드러나 있다. 한 국가의 주식 시장은 그 나라 경제의 역동성에 대한 실마리가 된다. 유망하지만 아직 활용되지 않은 상업적 아이디어의 현재 보유량은 혁신하는 경제의 기업 활동에 필요한 핵심적 자본이다. 가까운 미래, 또는 그보다는 먼 미래에 추가적인 아이디어가 더해졌을 때 예상되는 아이디어의 보유 규모는 혁신 경제에서 사업의 가치를 결정짓는 주요 요소이다. 이 보유량의 기대치가 클수록 기업들의 가치도 커지며, 또한 주식 시장에서의 가치도 클 것이라고 생각해 볼 수 있다. 기존 기업들의 가치는 다르게 평가해야 하겠지만, 신규 기업의 경우에 그러한 아이디어는 이제 막 사업을 시작했을 때 보유하는 유일한 가치일 것이다. 기업 가치의 다른 요소는 기업이 소유한 장비와 공장, 즉 물리적 자본이다. 따라서 한 국가 기업들의 〈시가 총액〉

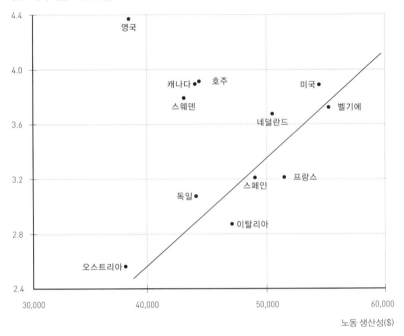

시가 총액
(GDP 대비 퍼센트의 로그값)

그림 7.3 시가 총액과 노동 생산성: 피고용자당 기업 부문 생산
시가 총액 변수는 1988년도의 법인 주식 가치를 측정한 것이다. 노동 생산성은 고용된 노동자당 기업의
생산을 미국 달러화로 계산한 것이다. 고용률은 노동 연령 인구 대비 취업자 수이다.
출처: 모건스탠리 인터내셔널, OECD

은 자본금 현재액shares outstanding과 기발행 사채bonds outstanding 가치
를 합한 것으로서, 이를 물리적(실물) 자본 취득 비용에 대한 비율로 나
타내면 물리적 주식 자본에 대비하여 아직 활용되지 않은 아이디어들의
전망이 얼마나 좋은지를 나타내는 지표가 된다. 이는 토빈의 Q라고 불
리게 되었는데, 제임스 토빈[13]은 이것을 투기적 열풍 또는 두려움의 지
표로 보았으며, 한 국가의 투자 활동 변동을 예측하는 데 사용했다. 이

책의 목적을 위해서는 국가의 연간 기업 생산을 물리적 자본에 대한 대략의 대리 변수로 사용할 수 있을 것이고, 따라서 〈시가 총액〉을 기업 생산의 규모로 나눈 비율을 계산하여 경제나 기업 부문의 규모에 비해 잠재성 있는 새로운 아이디어들이 어느 정도 가치가 있는지를 나타내는 지표로 재해석할 수 있다. 이는 이론적으로 한 경제의 역동성을 보여 주는 매우 자연스러운 지표이다. 〈그림 7.3〉을 보면 이 가설이 상당히 잘 들어맞는다. 시가 총액-생산 비율을 보면 몇 년 이후의 노동 생산성을 놀라울 만큼 잘 예상할 수 있다.

이 신통한 비율은 〈그림 7.4〉가 보여 주듯이 몇 년 후의 총고용은 더더욱 잘 예측해 낸다.[14] 놀랍게도 1990년의 시가 총액-생산 비율은 1990년대 중반에 등장한 인터넷 혁명의 흐름을 잘 탔던 국가들을 보다 정확히 예측할 수 있게 해준다. 아이디어가 더 빠르게 형성되면 아마도 고도의 혁신이 이루어져서 생산성이 더 높아질 것이라고 직관적으로 생각해 볼 수 있지만, 고도의 혁신으로 인해 더 많은 일자리가 만들어질 것인지에 대해서는 의문을 제기할 수도 있을 것이다. 강력한 혁신으로 인해 만들어지는 일자리보다는 사라지는 일자리가 더 많지 않을까? 어느 곳 어느 시대에도 그럴 가능성은 존재한다. 1930년대에 일어난 놀라운 경제적 진보가 대공황을 극복하는 것을 도와주기보다 오히려 방해가 되었을 수도 있다. 그러나 가장 일반적인 (그리고 많이 연구된) 경우에는, 두 가지 긍정적인 영향이 작동한다. 첫째, 자본 집약적인 새로운 소비재

13 James Tobin(1918~2002). 미국의 경제학자. 설비 투자의 동향을 설명하거나 기업의 가치 평가에 이용되는 〈토빈의 QTobin's q〉 지표를 제안한 것으로 유명하다. 투자 시 위험 분산을 권고하는 〈포트폴리오 이론〉을 정형화한 공로로 1981년 노벨 경제학상을 수상했다 — 옮긴이주.

14 Phelps, "Reflections on Parts III and IV"(2003, figures 3 and 4)를 보라.

시가 총액
(GDP 대비 퍼센트의 로그값)

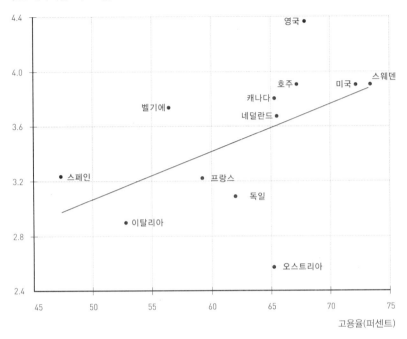

그림 7.4 시가 총액과 고용률

시가 총액 변수는 1988년도의 법인 주식 가치를 측정한 것이다. 노동 생산성은 고용된 노동자당 기업의 생산을 미국 달러화로 계산한 것이다. 고용률은 노동 연령 인구 대비 취업자 수이다.

출처: 모건스탠리 인터내셔널, OECD

를 개발하거나 기존 소비재 생산 방법을 바꿈으로써 혁신을 이루는 것은 소비재의 가격을 떨어뜨리고 자본재를 만드는 기업이 추가로 노동력을 확보하게 해서 실질 가치를 높인다. 이는 동시에 소비재를 만드는 기업 가치까지 높이며 새로운 고용을 촉진한다. 둘째, 생산성이 향상되면서 뒤이어 임금까지 오르게 되면, 노동자들이 기존에 소유하고 있던 부는 상승한 임금에 비해 상대적으로 적어 보이게 된다. 따라서 사람들의 일할 의욕 그리고 더 나은 보수를 찾아 직장을 옮기려는 의욕이 더 강해진다. 이런 효과가 뒤집히는 것은 혁신으로 인해 노동이 훨씬 덜 필요하게 되는 경우뿐이다.[15]

이제 위에서 논의한 코포라티즘적 요소들이 시가 총액-생산 비율에 부정적 영향을 주는지 살펴보자. 한 가지 그런 요소가 있다면 노조에 의한 임금 결정과 고용자 단체일 것이며, 이들은 코포라티즘 경제를 잘 상징할 뿐 아니라 쌍둥이처럼 같이 존재하는 제도이다. 〈그림 7.5〉는 노조와 고용주 사이의 협조가 증가하는 것이 시가 총액-생산 비율과 연관되어 있음을 보여 준다. 코포라티즘적 경제의 또 다른 요소는 극단적인 형태의 고용보호법이다. 고용보호법의 이익과 손실에 대한 연구는 많이 이루어졌지만 아직 이에 대한 일반적인 공감대가 형성되지는 않았다. 그렇지만 〈그림 7.6〉은 고용 보호가 (그것을 통해 이익을 얻는 사람들은 긍정적으로 평가하겠지만) 시가 총액-생산 비율에는 부정적인 영향을 미친다는 것을 설득력 있게 보여 준다. 이것은 위에서 주장했듯이 혁신적 아이디어의 현재 보유량과 미래에 예상되는 보유량이 감소하는 것을 반영한다. 이 밖에도 시가 총액 비율이 낮은 것에 꽤 잘 부합하는 코포라티즘의 다른 요소들도 있다. 그러나 추가적인 상관관계를 논의한다고 해서 크게 얻을 것은 없을 것이다. 이제는 논의를 정리해야 할 시점이다.

---

15 생산량이 증가하는 속도가 생산성이 증가하는 속도보다 느린 경우에 고용이 하락한다는 설명도 있다. 즉 생산성 증가율은 그 경제의 〈실속(失速)〉인 셈이다. 그렇다면 생산성 증가율의 둔화는 고용률 하락 추세를 반전시킬 수 있는 희망의 조짐일 수도 있다. 그러나 생산성 증가율의 둔화가 고용의 향방에 미치는 단기적 영향에 대해서는 알려진 바가 없다. 한편, 생산성 증가율에서 고용 증가율로 이어지는 일관된 장기적 연결 고리는 없다고 알려져 있다. 고용 증가율은 인구학적인 문제이기도 하기 때문이다. 위에서 지적한 바와 같이 고용 수준과 생산성 증가율 사이에는 장기적인 관계가 있다(더구나 생산성 증가율의 둔화는 분명 장기적 성장률을 떨어뜨릴 것이다).

시가 총액
(GDP 대비 퍼센트의 로그값)

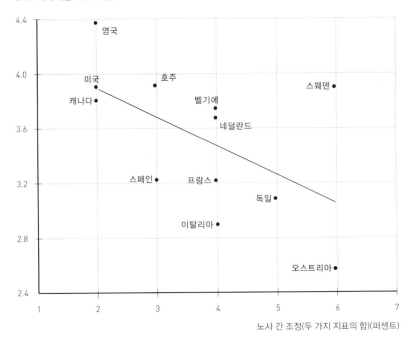

그림 7.5 노사 간 조정과 시가 총액

시가 총액 변수는 1988년도의 법인 주식 가치를 측정한 것이다. 노사 간 조정 변수는 니켈의
노사 간 조정 변수를 합산한 것으로서 1989~1994년에 대하여 계산한 것이다.
출처: 모건스탠리 인터내셔널, Layard and Nickell, *Handbook of Labor Economics*(1999)

이 장에서 코포라티즘적 요소가 어떻게 미국 수준의 생산성과 고용을
달성하는 것을 저해하는지에 대해 제시하는 답은, 코포라티즘적 요소
중 일부가 새로운 상업적 아이디어의 유입 속도를 늦추고, 유입이 축소
되면 생산성 증가가 억제되며, 따라서 고용에 제동이 걸리고, 나아가 고
용률도 더 낮추게 된다는 것이다. 따라서 코포라티즘적 성향이 강한 경
제들은 여러 가지를 실험하고, 탐험하며 시도할 수 있게 하고, 그러한 활

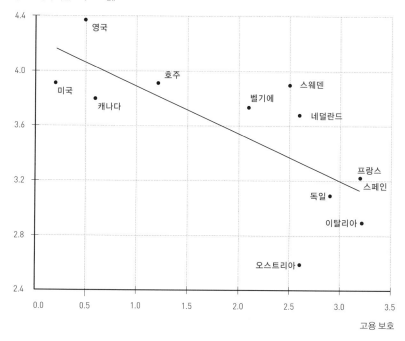

시가 총액
(GDP 대비 퍼센트의 로그값)

그림 7.6 고용 보호와 시가 총액

시가 총액 변수는 1988년도의 법인 주식 가치를 측정한 것이다. 고용 보호는
법정 정리 해고 수당에 들어가는 월급의 개월 수로 측정한 것이다.
출처: 모건스탠리 인터내셔널

동을 자극하며 촉진하는 데 필요한 그 무엇인가가 부족했기 때문에 목
표를 달성하지 못한 것이다. 그러므로 코포라티즘적 경제에는 지금까지
보다 생산성을 더 향상시켜 고용률을 높이는 데 필요한 요소들이 빠져
있었던 것이다.

덧붙임 도무지 풀리지 않는 수수께끼가 있다. 이 책과 다른 곳에서 관

찰한 바와 같이 유럽 대륙의 빅3인 프랑스, 독일, 이탈리아에서 내생적, 자생적 혁신이 그토록 부족했다면 어떻게 (독일과 이탈리아가) 생산성과 고용이라는 측면에서 미국 경제를 그렇게 바짝 추격할 수 있었던 것일까? 만약 이것이 모든 혁신을 만들어 내는 선도자(미국)의 뒤에 있기 때문이라면, 그 추격이 완료되는 순간 그러한 생산성 향상은 멈추게 될 것이라고 생각할 수 있다. 마치 쫓아갈 토끼가 더 이상 없으면 사냥개가 달리기를 그만두는 것처럼 말이다(사냥개는 재미로 뛰지 않는다).

사실이 그랬다. 1970년대 중반에 미국 경제는 더 이상 토끼처럼 도망가지 못했다. 성장률은 1950년대 중반에서 1970년대 중반까지 연간 4퍼센트 전후였고, 그중 3퍼센트는 생산성 증가, 1퍼센트가 고용 증가에 기인한 것이었다. 그러고는 1970년대 중반부터 생산성이 크게 둔화되었다. 1975년부터 2005년까지 생산은 연간 3퍼센트 가량 증가했고, 1990년대에는 상대적으로 증가 속도가 빨랐고 2000년대에는 느렸다. 성장 엔진이 동력을 잃어버리면서, 미국은 전 세계 국가들이 쉽게 추격할 수 있는 목표물이 되었다. 선도자가 둔해지면서 수렴되는 경향이 생겨났다.

미국이 1920년대와 1930년대 그리고 1950년대 중반에서 1970년대 중반에 이르기까지 그랬던 것처럼 전 세계적으로 혁신을 선도하는 역할을 더 이상 담당하지 않게 되면서, 자생적 혁신이 없는 유럽은 더 취약해졌다. 유럽은 세계 경제에 새로 부상한 국가들과 경쟁하는 일을 〈영광스러운 30년〉(실제로는 1955년에서 1980년에 이르는 26년간) 당시보다 크게 부담스러워 하고 있다. 또한 느린 성장률을 타개하기 위해 재정 적자에 의존하는 유럽은 점점 더 공공 부채에 얽혀 가고 있다.

2000년대 후반에 이르러 모든 서구 국가들은 엄청난 감세와 새로운 재정 지원 혜택, 새로운 보조금에 힘입은 호황이 어이없게 끝나 버리면서 (따지고 보면 그럴 수밖에 없었지만) 경제 성장이 슬로 모션 수준으로 둔화되고 고용 수준이 하락하는 것을 목격했다.

8장 각국의 직무 만족도

우리가 당면한 큰 문제는 일이 되는 경우와 안 되는 경우를 이해하는 전문 관료가 없다는 것이다.
—빌 게이츠, 「뉴욕 타임스」

앞장에서는 물질적인 측면에서 경쟁 국가들을 비교하면서, 코포라티즘이 (그리고 사회주의가) 실물 경제, 주로 고용과 생산성에 끼친 영향을 평가했다. 그러나 근대적 삶과 경제에는 비물질적인 부분도 있다. 근대 경제에 참여하는 일에서 가장 가치 있는 부분은, 여기서 생산되는 제품과 서비스라기보다는 근대적인 경제가 제공하는 도전과 경험, 직관과 아이디어라고 할 수 있다. 처음부터 강조했듯이, 근대 경제는 새로운 아이디어를 꿈꾸고 시험해 보는 가상의 실험실, 거대한 상상 극장이다. 근대 예술과 문학의 혁명적인 변화는 근대의 일하는 삶 속에서 사람들이 추구하고 발견한 새로운 경험을 반영했다. 가구 조사 결과는 근대 경제에서 일하는 것의 비물질적 보상에 대한 증거라고 할 수 있는데, 사람들은 월급이라는 물질적 보상 이상의 것을 찾고 있다고 응답하는 경우가 적지 않았다.

이 시점에서 생기는 의문은, 이 책에서 계속 주장했던 것처럼 근대적 자본주의에 가까운 경제들이 코포라티즘 또는 사회주의 성향이 강한 경제들보다 비물질적인 측면에서 더 많은 보상을 제공했느냐는 것이다. 이 문제에 직접적으로 접근하려면 〈이 국가는 한 부분이 근대 자본주의적, 세 부분이 코포라티즘적〉, 〈저 경제는 두 부분은 근대 자본주의적, 한 부분은 사회주의적〉 같은 식으로 각국을 간결하게 나눌 필요가 있다. 이 작업은 매우 주관적일 수밖에 없고, 따라서 우리는 간접적인 접근 방법을 택할 수밖에 없다. 한 경제에서 발견되는 특징 중에는 코포라티즘 (또는 사회주의) 경제에서 더 두드러지거나 흔하게 나타난다고 여겨지는 것들도 있고, 근대적 자본주의 경제에서 더 두드러지게 나타난다고 여겨지는 특징들도 있다. 우리는 코포라티즘, 사회주의, 근대적 자본주의 경제에서 각각 나타나는 대표적인 특징들이 비물질적 보상에 도움이 되는지 해가 되는지 살펴볼 것이다. 즉 〈고용 보호〉, 광범위한 복지, 장시간 노동 규제, 단체 협상과 같은 코포라티즘의 특징, 사회주의의 특징인 거대한 공공 부문, 사회주의와 근대적 자본주의에서 공통적으로 나타나는 관료적 형식주의(레드 테이프), 자본주의의 특징인 개인의 자유 등을 검토한다. 각국의 자본주의가 얼마나 근대적인지 측정할 방법이 확립되어 있는 것은 아니므로, (역동적이고, 따라서 포용적인 사회에서 잘 운영되는 것으로 알려진) 〈근대적〉 기관들의 규모를 측정하는 자료를 사용하여 그들이 비물질적 보상과 어떤 상관관계가 있는지 살펴볼 것이다.

그러나 제도와 정책도 중요하지만, 우리는 경제란 것이 문화 또는 문화의 혼합체이기도 하며 단지 정책, 법, 제도일 뿐은 아니라는 점을 인식할 필요가 있다. 한 나라의 경제 문화는 경제 활동과 일, 경제의 다른 부분들에 대한 보편적 태도와 규범, 생각들로 구성되어 있다. 이러한 문화적 힘은 제도와 정책의 진화에 영향을 미쳐서 비물질적 보상의 창출에 간접적으로 영향을 주기도 하지만, 경제 참여자들의 동기와 기대를 변화시켜 직접적으로 영향을 미치기도 한다. 한 경제의 활력(새로 발견된 기술을 적용하고 새로 입증된 제품을 채택하려는 태도)은 경제 문화적 요소들에 달려 있다. 한 경제의 역동성(자생적 혁신을 달성하기 위해 사람들의 창의성을 성공적으로 활용하는 것)도 그 문화의 다른 요소들에 좌우될 것이다. 최소한 특정 조건하에 있는 국가들에게는 정치적 문화가 혁신에 필요할 수도 있다. 문화적 차이가 중요한 만큼, 국가 간의 비물질적 혜택의 차이는 근대적 자본주의, 코포라티즘, 사회주의 같은 대강의 꼬리표를 붙여서 설명될 수는 없다. 어떤 체제를 특징짓는 몇몇 제도와 정책의 규모와 구성뿐만 아니라, 각기 근대적 자본주의와 코포라티즘, 사회주의의 핵심 동력으로 여겨지는 문화의 특정 요소를 측정함으로써 이 차이를 설명할 수 있다.

소스타인 베블런과 막스 베버라는 예외가 있기는 하지만, 데이비드 리카도와 존 스튜어트 밀로부터 오늘날까지 이어진 표준적 경제학에서는 마치 문화라곤 서구 문명 단 하나만 존재한다는 듯 문화 개념이 아예 등장하지 않았다. 그러나 표준적 경제학 영역 밖에서는, 인류학자들이 모든 사회의 문화가 유사하지 않으며 그 차이가 중요하다는 점을 인식했다. 레비스트로스는 모든 사회의 문화는 그 특유의 필요를 충족시키기 위해 등장한 것이므로 존중받을 가치가 있다고 했으며, 루스 베네딕트는 그 사회에 최적의 문화를 갖추지 못한 사회가 있다고 주장했다. 정신의학자 에리히 프롬은 지극히 나쁜 문화도 존재하며, 개인의 자유를 중요시하지 않는 문화에서 파시즘이 권력을 장악하게 되었다고 주장한 바 있다.

그러나 지난 10년간 문화라는 개념이 경제학에 들어오기 시작했다. 문화가 어떤 국가의 현재의 경제 성과와 먼 과거의 성과를 이어주는 느슨한 연결 고리 내지는 〈빠진 고리missing link〉라는 가설이 힘을 얻어 가고 있다. 좋은 문화든 나쁜 문화든, 경제라는 것도 그 뿌리가 되는 문화로부터 자유로울 수는 없는 것이다.[1] 일시적으로 뒤처지고 밀려 났던 몇몇 국가들이 더 높은 순위로 아주 쉽게 복귀하는 현상은 많은 이들이 주목한 바 있다. 예컨대 대부분의 유럽 국가들은 전후에 전간기의 충격 이전 수준으로 반등했다.[2] 그러나 새로운 경험과 생각이 한 국가의 문화를 바꿀 수 있다는 점은 의심할 여지가 없다. 1930년대에 나치가 여성의 노동에 반대한 것은 이후에도 계속 영향을 미쳤지만, 지난 10년간 독일 여성의 노동 참가율은 다시 상승했다. 영국 기업들의 경쟁 기피 경향을 타파하기 위한 1980년대 마거릿 대처의 캠페인은 대다수 사람들에게 큰 인상을 남겼지만, 지금 영국에서는 정부가 다시 주도적으로 〈산업 정책〉을 펼쳐야 한다는 요구가 제기되고 있다. 중국 역사학자들은 1978년

1 이 이론은 마치 지각 이동이 지진을 일으키듯, 문화가 천천히 움직이지만 궁극적으로는 제도를 급격히 변화시키는 인과적인 힘이라고 본다. Roland, "Understanding Institutional Change"(2004)(여기서 문화는 천천히 움직이는 또 다른 제도이다. 이 책은 문화를 제도와 분리하여 분석한다). 이 가설에서는 새로운 아이디어가 제도를 만들어 내고, 어쩌면 문화까지 만들어 낸다. 따라서 많은 것들이 변하는 동안 문화는 변하지 않을 수도 있다.
2 1993년 런던의 학회에서 필자와 대화를 나눈 어떤 스페인 경제학자가 조사한 바에 따르면 1920년대 초반 스페인의 1인당 GDP가 서구에서 미국, 독일, 프랑스, 벨기에, 네덜란드, 영국, 이탈리아 다음으로 8위였다. 그 후에 스페인 내전부터 프랑코의 지배, 프랑코 정권의 종식으로 이어지는 수많은 사건들이 발생한 후 스페인은 다시 8위에 위치해 있었다.

덩샤오핑 주도의 경제 개혁이 성공한 것을 멀게는 1500년부터 이어져 온 뿌리 깊은 문화 덕분이라고 주장한다. 이 책의 여러 부분에서 주장했 듯이, 근대 서구에서는 새로운 생각이 등장했고, 이로 인해 비록 정도의 차이는 있지만 행동 방식도 달라졌다.

직무 만족도의 차이

사람들은 〈경제 선진국〉들 사이에서 비물질적 혜택 면에서는 큰 차이 가 없을 것이라고 생각한다. 그 논리는, 선진국들의 생산성이 비슷하니 그 방법도 유사할 것이며, 일의 경험 또한 같으리라는 것이다(표준적인 경제학은 이론 모형 속 로봇과 같은 경제에는 문화란 없다고 가정한다). 그러나 이것은 심각한 오해다.

실제로는 서구 내에서도 직무 만족도에 상당한 차이가 존재한다. 이 러한 사실은 〈가치관〉과 개인의 만족도에 관한 자료를 분석한, 세계 가 치관 조사World Values Surveys: WVS를 통해 1991년부터 1993년까지 수 집된 조사 자료가 출간되면서 분명해졌다. 〈그림 8.1〉의 막대 그래프는 서구 국가들 사이의 평균 직무 만족도 수치에 차이가 있음을 시각적으 로 보여 준다.

의문이 생길 법도 하다. 직무 만족도란 그저 임금 또는 부wealth에 따 라 결정되는 것이 아닐까? 그러나 실증적으로 보면 국가가 부유하고 임 금 수준이 높다고 해서 직무 만족도가 높은 것은 아니다. 데이비드 블랜 치플라워와 앤드루 오스왈드는 1990년도 표본을 조사한 결과를 통해 조사 대상 중 가장 가난한 국가들에 속하는 아일랜드와 지중해 국가들

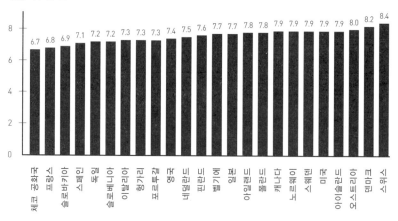

평균 직무 만족도

그림 8.1 평균 직무 만족도(1990~1991년)
출처: 세계 가치관 조사

에서 직무 만족도가 매우 높았다는 사실을 언급했다. 직무 만족도의 격차가 단순히 일시적 차이인 것은 아닐까 의문이 들 수도 있다. 다행히도, WVS가 수집한 1999년부터 2000년까지의 직무 분석 자료를 보면 이상하게도 미국이 빠져 있기는 하지만 〈그림 8.2〉에 드러나듯 첫 조사 결과와 순위가 크게 다르지 않다.

때로는 직무 만족도를 연구하는 것이 어떤 면에서 쓸모가 있는지 의문이 제기되기도 한다. 왜 삶의 만족도로 불리는 종합적 지표로 바로 넘어가지 않는 것인가? 여기에 답을 제시하자면, 삶의 만족도에 도달하는 과정 중 일부로서 직무 만족도를 연구하면 삶의 만족도를 결정하는 요소들을 더 잘 이해할 수 있다는 것이다. 어떻게 보면 직업, 가족, 경제 상황(즉 〈재정적 상황〉)에 대한 만족과 같이 그 각각의 요소를 연구하지 않은 채 삶의 만족도를 연구하는 것이 부주의한 분석일지 모른다. 각 직

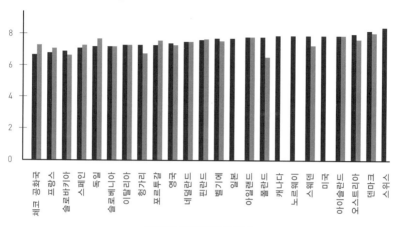

체코 공화국 프랑스 슬로바키아 스페인 독일 슬로베니아 이탈리아 헝가리 포르투갈 영국 네덜란드 핀란드 벨기에 일본 아일랜드 폴란드 캐나다 노르웨이 스웨덴 미국 아이슬란드 오스트리아 덴마크 스위스

그림 8.2 평균 직무 만족도
출처: 세계 가치관 조사

무에 대한 만족도와 함께 경제 제도 및 문화가 그 만족도에 미치는 영향을 연구할 수 있다면, 명쾌한 분석을 위해 직무 만족도부터 연구하는 편이 좋을 것이다.

그러나 한 가지 더 중요한 점이 있다. 한 사회의 경제가 상당한 도전과 보상을 제공하는 일자리를 창출할 수 있게 되면 부부 간 불화, 자녀에 대한 무관심 등 가족 만족도의 하락이라는 형태로 상당한 대가를 치르리라는 것이 통상적인 관념이다. 이러한 전통적 관점은 근대 경제가 삶의 만족도에 궁극적으로 긍정적으로 기여하는지의 문제에 대하여 정답이 없다고 본다. 그러나 실증적 자료를 보면 항상 근대적 관점이 맞는다는 것을 확인할 수 있다. 자신의 직업에 몰두하고 저녁식사 자리에서 이야기할 만한 일들을 경험하는 아버지로부터 아이들은 분명 얻는 것이 있을 것이다. 따라서 일과 직업에 집중적으로 참여하기 때문에 가족

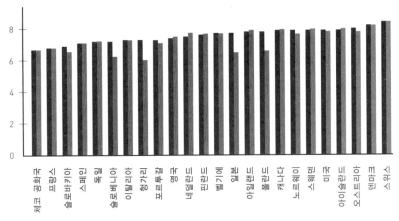

평균 직무 만족도 ■ 평균 삶의 만족도 ■

그림 8.3 1990~1991년의 평균 직무 만족도와 평균 삶의 만족도

출처: 세계 가치관 조사

들과 보낼 수 있는 시간의 양은 줄어들지만, 남는 시간에 가족들에게 더 많은 가치를 전달해 줄 수 있다는 장점도 있는 것이다. 10년 전 조사에서, 자녀들은 부모들이 자신들을 위해 좋은 직업을 희생하기보다는 부모가 자신의 문제에 적극적으로 대처하고 자기 삶에도 시간을 쏟기를 바란다고 분명하게 답했다.[3] WVS 조사 결과도 이러한 근대적 시각을 뒷받침한다. 자료를 보면 직무 만족도가 낮은 국가들이 가족 만족도까지 낮음을 알 수 있으며, 덴마크, 캐나다, 미국, 아일랜드처럼 직무 만족도 면에서 상위권 국가들은 가족 만족도도 높다. 이런 모든 것들을 〈그림 8.3〉이 잘 보여 주고 있다. 삶의 만족도는 직무 만족도와 분명한 상관관계가 있다. 이 문제에 대해서는 논란의 여지가 없다.[4]

3 앤마리 슬러터는 가정과 일의 갈등 문제를 다룬 권위자이다. 루시 켈러웨이는 「파이낸셜 타임스」에서 아주 열띤 반론을 펼쳤다.

근래 수십 년 동안 조사된 직무 만족도에 대한 자료는 잘못 사용되거나 잘못 해석되었다. 어떤 연구자들은 스웨덴의 높은 직무 만족도를 지적하면서 그것을 자본주의와 복지주의의 독특한 결합체인 역동성 낮은 스웨덴 경제 체제가 〈최고〉라는 증거라고 받아들였다. 또 다른 연구자들은 덴마크의 점수가 그보다도 높다는 점을 지적하며 유연 안정성Flexicutity과 다른 장점들도 있는 덴마크 시스템이 최고라고 주장한다. 이런 식의 자료 사용은 잘못된 것이다. 통계 수업을 처음 수강하는 학생이 전체 자료가 아닌 〈이상 수치outlier〉를 보고 추론하는 기초적인 실수 같은 것이다. 이렇게 말할 수도 있다. 〈그렇기는 하지만 어쨌든 미국의 체제가 최고라고 할 수는 없겠군요!〉 이것 역시 방법론적 오류다. 한 종류의 평가에서 높은 점수를 받는 것은 순전히 일시적인 이유, 즉 외부로부터의 힘이나 지속 불가능한 발전에 따른 결과일 수 있다. 최고의 테니스 선수가 여러 경쟁자들을 상대했을 때, 이들 중 하나가 결국 토너먼트에서 우승하겠지만 그때 우승한 선수가 반드시 최고의 선수라고 추론할 수는 없기 때문이다. 경쟁자가 많다면 최고의 선수라고 해도 우승 확률이 낮아질 것이다. 덴마크에 대한 요란스런 평가들이 쏟아졌지만, 2002년도 〈세계 사회 조사 프로그램Social Survey Programme〉은 덴마크의 직무 만족도가 급격히 하락한 것을 보여 준다. 스웨덴도 2000년부터 2002년까지의 두 번째 WVS에서 직무 만족도가 비슷하게 하락했다.[5]

흔히 보이는 또 다른 잘못된 해석은, 조사된 직무 만족도가 실제로는

4 총 만족도total satisfaction라고도 알려진 삶의 만족도와 직무 만족도 사이의 긴밀한 관계는 Bojilov and Phelps, "Job Satisfaction"(2012)에서 다루었다. 5년 전쯤 학회에서 발표한 논문인 "Entrepreneurship, Culture and Openness"에서 저자들은 삶의 만족도와 직무 만족도를 서로 바꾸어 쓸 수 있는 용어로 다뤘다.

주로 급여 수준에 따라 결정되기 때문에 가계 조사가 원래 측정하고자 하는 비금전적 만족은 거의 반영되지 않는다는 것이다. 그렇지만 첫째, 서구 국가들 사이에 임금 격차가 거의 나지 않는다면 직무 만족도가 다르게 나타나는 원인을 임금 격차 때문이라고 할 수는 없다. 둘째, 만약 급여가 직무 만족도를 결정하는 주요 요인이라면, 부의 수준에 비해 임금이 매우 낮은 영국이 어째서 직무 만족도가 상당히 높게 나타나며, 부에 비해 임금 수준이 높은 독일에서 왜 이탈리아나 오스트리아처럼 불과 중간 수준의 직무 만족도가 나타나는지 의문이 생긴다. 셋째, 높은 직무 만족도와 높은 소득 사이의 약한 상관관계는 비금전적으로 만족하게 되는 태도와 신념이 고소득자들에게 더 많다는 점을 보면 상당 부분 이해할 수 있다.

일을 통해 얻는 특정한 종류의 만족도, 예컨대 일에 대한 자부심이나 자신에게 일이 얼마나 중요한가와 같은 지표를 보면 조사 결과에 나타난 직무 만족도 수준이 옳다는 강력한 심증이 생긴다. 〈표 8.1〉을 보자. 자부심과 일의 중요성이라는 이 두 가지 만족도 부문의 국가 순위는 직무 만족도 부문의 순위와 매우 유사하다. G7 국가들 사이에서는, 평균 직무 만족도에서 가장 높은 곳에 위치한 미국이 자부심과 중요도 면에서도 높은 순위에 위치해 있다(이 부문에서는 스웨덴과 덴마크보다도 높다). 직무 만족도에서 최하위에 위치한 프랑스는 자부심과 중요도에

5 어떤 인과적 힘이 경제의 전반적 성과를 올리거나 낮추는지를 연구할 때 작은 국가들(핀란드, 스웨덴, 룩셈부르크, 덴마크, 아이슬란드 등)에서의 영향력을 미국 전체에 미치는 영향력과 같은 가중치로 다루어야 하느냐는 것은 이와는 또 다른 문제이다. 캘리포니아, 오리건, 매사추세츠, 일리노이 같은 주들의 표본과 각 유럽 국가의 표본을 동일한 가중치를 주면서 분석해 보는 것이 더 나을 수 있다.

표 8.1 G10+2개국의 평균 비물질적 보상지표

국가	평균 직무 만족도	직무에 대한 자부심	자신이 느끼는 일의 중요성	순이민*	100명당 이민자 비율 (퍼센트)	55~64세 남성의 노동참가율	55~64세 여성의 노동참가율
캐나다	7.89	2.70	0.15	2.6	19.5	58.31	36.22
프랑스	6.76	1.74	0.04	1.0	10.6	36.08	27.12
독일	6.98	1.79	0.11	4.6	12.9	53.92	31.06
이탈리아	7.26	2.03	0.08	1.4	5.2	46.50	14.07
일본	7.66	2.20	–	-0.1	1.6	84.83	48.54
영국	7.42	2.80	0.07	0.4	9.7	62.46	40.76
미국	7.84	2.87	0.17	2.8	13.0	65.99	49.23
스페인	7.02	2.31	0.05	0.0	10.7	55.39	19.78
네덜란드	7.48	2.16	0.07	1.8	10.6	42.26	18.60
스웨덴	7.93	2.63	0.11	2.0	12.3	70.92	63.91
호주	8.03	2.03	0.18	1.5	14.0	44.71	19.07
스위스	8.40	–	–	3.9	22.3	82.56	46.77

주: 직무 만족도에 대한 답은 1부터 10 사이의 숫자로 제시됨(WVS 코드 c003). 〈일에 자부심을 느끼고 있습니까?〉(c031)에 대한 답은 1부터 3 사이의 숫자, 〈직업이 인생에서 가장 중요합니까?〉(c046)의 답은 0과 1 중의 하나이다. 이 자료는 1990~1993년에 수행된 조사에서 나온 것이다.
* 1981~1990년의 순이민율은 1981년 인구 대비 백분율로 표시.

서도 최하위다(아마도 북유럽 사람들이 자신의 일자리에 부여하는 중요도와 그로부터 얻는 자부심과 직무 만족도는 도전을 통해서 자신의 능력과 비전을 시험하는 데서 얻는 인본주의적 즐거움 때문이기보다는, 북유럽에 퍼져 있는 루터주의의 진중한 태도와 칼뱅주의가 강조하는 일의 중요성에 힘입은 바가 클 것이다). 따라서 직무 만족도 순위는 피조사자들이 생각하는 일을 통한 다양한 비금전적, 즉 비물질적 보상에 기반을 둔 것이다.

이와 반대되는 해석도 있다. 직무 만족도에서 한 국가의 순위가 낮게 나타나는 것은 일이 따분해서가 아니라 그들이 요구하는 수준이 높기 때문이라는 것이다. 이탈리아나 프랑스처럼 부유한 국가에서 근로 욕구와 직무 만족도가 모두 낮아진 것은 이 때문이라고 볼 수도 있다. 그러나 미국과 캐나다 또한 부유한 국가인데도 2001년 닷컴 호황 이후에도 계속 직무 만족도 순위가 높게 나타났다. 〈그림 8.2〉는 아일랜드가 10년 만에 부유한 국가로 변모했을 때 여전히 직무 만족도 면에서 상위권임을 보여 준다. 뿐만 아니라 아일랜드의 높은 직무 만족도 수치가 사실이 아니라면, 가장 직무 만족도가 높은 국가들, 예를 들면 캐나다, 미국, 스웨덴, 독일과 같은 곳으로 왜 타국 사람들이 모여드는지 설명할 도리가 없다(독일로 이민자들이 유입된 것에는 인구가 유출되는 동유럽과 지리적으로 가깝다는 점도 일부 작용하기는 했을 것이다).

직무 만족도 차이의 제도적 원인

서유럽 대륙 국가들의 다양한 측면에서의 경제적 성과를 다룬 최근 몇십 년간의 비교 연구들이 암묵적으로 가정한 것은, 이들 국가의 기본적인 경제 체제가, 즉 대기업, 거대 노조, 큰 정부(더불어 규모는 작지만 영향력을 행사할 수 있는 이익 단체들)가 시장 메커니즘의 결과를 거부할 수 있도록 허용한 코포라티즘 체제가 근대적 자본주의 체제만큼 다양한 목표를 달성하는 데 효과적이라는 것이었다. 이 연구자들은, 유럽 국가들이 혁신의 장애물을 시장에 주입한 결과 고전했지만 그것은 분명 이 국가들이 그 비용을 사소하거나 감당할 수 있는 수준이라고 믿었기 때문이라고 주장했다. 어떤 경제학자들은 고용보호법 때문에 18~22개의 서구 선진 국가들 중 일부에서 경제 성과가 상대적으로 낮게 나타난다는 가설을 세웠다.[6] 또 다른 경제학자들은 높은 소득세를 통해 재원이 조달되는 실업 보험 지급액이 몇몇 국가들에서 더 많았고, 이것이 더 낮은 성과로 이어졌다는 가설을 제시했다.[7] 다른 연구는 거대 노조와 거대 산업 단체가 임금(과 다른 많은 것들)을 두고 협상하는 것이 심각한 부정적 효과가 있다고 주장했다.[8] 부가세율과 평균 근로 소득세율 또한 세

6 러지어, 엘메스코프, 니켈은 이 문제를 다루는 선도적인 학자들이다. Bentolila and Bertola, "Firing Costs and Labour Demand". 이 흥미로운 논문은 대표적 기업에 관한 가설적 모형을 만들어 냈는데, 여기서 고용보호법이 고용률에 미치는 부정적인 영향은 해고율에 미치는 부정적 영향에 의해 상쇄되고, 따라서 고용보호법은 실업을 감소시킨다는 결론이 나왔다. 그러나 이 분석은 〈시스템 효과〉, 즉 고용보호법 덕분에 입지가 강해진 내부자들이 고용주에게 임금을 올리게 하고 따라서 전반적으로 보면 한 경제의 일자리를 감소시킨다는 사실을 간과하고 있다.

7 Jackman et al.(1991); Phelps and Zoega(2004).

8 예를 들면 니켈의 2001년 논문과 펠프스와 조에가의 2004년 논문 "The Search for Routes to Better Economic Performance in Continental Europe: The European Labour Markets"을 참조. 라스 캄포르스Lars Calmfors는 단일 노조가 경제 전체의 노동자를 대표하게 되면 코포라티즘 방식으로 조직된 단체 협상의 부정적 영향이 사라진다고 주장한다. 코포라티즘에서는 각 산업이 상대 임금을 올리면서 다른 산업에 그 비용 상승분을 전가할 수 있으나, 이런 경우에 노조는 임금 인상이 일자리를 희생시킨다는 점을 인식하기 때문이다.

후 임금 감소의 척도나 임금에 대한 〈사회적 과세〉를 통해 제공되는 사회 보험 혜택의 척도로서 주목을 받았다.[9] 유럽 대륙에서 선호되는 짧은 노동 시간과[10] 보호주의적 수입 규제도 그 원인으로 지목되었다.[11] 한 가지 기발한 가설은 유럽 대륙 국가들의 장애물은 이들 경제의 코포라티즘이 아니라, (앵글로색슨 국가들의 보통법과는 달리) 로마법에 대한 선호 때문이라는 것이다.[12] 문제는 이런 식의 가설에는 끝이 없으며, 그것들을 지지하는 많은 발견들이 허구적일 수 있다는 것이다. 즉 우연한 상관관계일 뿐 인과관계는 아니라는 것이다. 우리의 관심은 코포라티즘과 근대적 자본주의 경제 사이에 존재하는 경제적 역동성의 차이와, 그것이 직무 만족도에 미치는 영향이다. 고용보호법이나 실업 보험 혜택, 부가세 등은 큰 틀에서 보면 별 관계가 없을 것이다.

이 책에서 주장하는 바는 고용보호법 등을 도입한 유럽 대륙 국가들이 애초에 근대적 자본주의 성향이 강한 경제들만큼 괜찮은 체제를 가지고 시작하지 못했다는 것이다. 코포라티즘적 경제들과 근대 자본주의적 경제들이 경제적 문화 외에도 제도적 구조가 크게 다르다는 것이 이들 사이에 역동성과 직무 만족도 차이가 나는 주된 원인이다. 코포라티즘 경제들은 직무 만족도가 낮게 나타나는 경향이 있는데, 경제적 역동성을 높일 수 있는 완전한 근대 자본주의 제도와 근대적 문화를 발전시키지 못한 것이 그 주된 원인이다. 이것은 일반적으로 경제학 연구가 전

9 Phelps and Zoega(2004).

10 Phelps, "Economic Culture and Economic Performance."

11 Phelps and Zoega, "Entrepreneurship, Culture and Openness"(2009). 이 연구는 삶의 만족도와 직무 만족도를 모두 논의하지만 삶의 만족도에 더 초점을 맞춘다.

12 Balas et al. "The Divergence of Legal Procedures."

제하는 것과는 극명히 대조되는 것인데, 경제학 연구들은 코포라티즘적 경제를 채택한 국가들이 고용보호법이나 실업 보험 혜택, 높은 부가세 등을 도입함으로써 멀쩡하던 경제 체제를 손상시킨다고 설명한다. 시카고 대학부터 MIT에 이르기까지 경제학 교수들 사이에서 두드러지는 이런 시각은 신자유주의적 입장인데, 국가가 훌륭한 경제적 성과를 내기 위해서는 정부나 시장 참가자들이 경쟁적인 시장, 즉 자유 시장, 가격, 임금을 인위적으로 바꾸지 못하게 해야 한다고 본다. 비록 예외는 있지만 경쟁의 방해 요소를 제거하거나 피하기만 하면 만족스러운 성과를 낼 수 있다는, 애덤 스미스 이래 경제학자들의 생각은 단지 생산성과 일자리만 신경 쓰면 경제적 성과를(심지어 최선의 성과까지도) 얻을 수 있었던 시대에는 그럴 만한 주장이었다. 그러나 근대에는 이런 신자유주의적 제도만으로는 불충분하다. 마침내 근대가 심은 아이디어가 첫 근대 경제들(자생적 혁신을 향해 표출된 역량을 가진 경제들)로 꽃피운 이래, 어느 국가든 경제적 역동성을 높이지 않고서 높은 경제적 성과를 거두는 것은 불가능해졌다. 또한 새로운 상업적 아이디어를 받아들일 수있는 사람들을 육성하고, 기업가들로 하여금 새로운 아이디어를 개발하도록 촉진하며, 직원들이 더 오래, 더 열심히 일할 수 있게 하고, 기업들과 시장에서 본 물건을 써보려는 소비자들(또는 다른 최종 사용자들)에게 자금을 빌려주거나 투자할 의지가 있는 투자자들을 사기로부터 보호할 수 있는 제도와 경제 문화가 없이는 역동성이 높아질 수 없다. 이런기능을 수행하는 제도(즉 법적 권한과 절차라는 무형의 사회적 기반 시설)중 다수는 근대 이전인 17~18세기 상업 자본주의의 형성기에 등장한 것이지만 혁신을 잘 뒷받침했다.

이 책의 논지에 따르면, 19세기에 곳곳에서 등장한 근대적 자본주의의 큰 장점은 혁신의 강화와 촉진을 분명한 목표로 내세운 새로운 제도들이다. 잘 설계된 특허 및 저작권 체계, 미지의 모험에 수반되는 높은 불확실성을 경제 참가자들이 감당할 수 있게 하는 것들, 예컨대 유한 책임이나, 기업 파산 시 채권자와 주주를 보호하고, 주주의 소송으로부터 경영자를 보호하는 것 등이 이에 해당한다. 이와 유사하게, 근대적 윤리는 바전이 말한 〈근대〉의 여명에 이르러 싹트기 시작했지만, 고대 그리스에서 시작된 좋은 삶의 개념 같은 근대 경제들에서 나타나는 경제 문화의 일부 요소는 훨씬 이전 시대부터 시작되었다. 이 책의 논리는 이렇다. 이 이론이 직무 만족도의 차이를 어느 정도라도 설명할 수 있을까? 역동성의 차이는 어떨까?

길피 조에가와 다른 학자들은 2012년의 광범위한 연구에서 OECD 국가들의 평균 직무 만족도를 결정하는 데 자본주의적 제도가 수행한 역할을 탐색했다.[13] 먼저 이들 국가가 여러 종류의 제도들의 강도와 폭에서 차이가 난다는 점을 염두에 두자. 일부 자본주의적 유형의 법적 제도는 아일랜드, 캐나다, 영국, 미국에서는 크게 발전했지만 다른 국가들에서는 약하게 발전한 것으로 보인다. 예를 들면, 프레이저 연구소는 1990년대 중반부터 〈재산권의 법적 구조 및 보호〉라는 항목의 점수를 통해 많은 국가들의 순위를 매기고 있다(한 국가의 점수는 그 항목의 측정값을 나타내는 [또는 평균한] 수치이다). 1995년에 아일랜드와 캐나다는 각각 8위와 11위였으며, 영국과 미국은 14위, 15위였다. 하위권 국

---

13 Phelps and Zoega, "Job Satisfaction: The Effect of Modern-Capitalist and Corporatist Institutions."

가들을 보면 벨기에가 24위, 프랑스가 25위, 스페인이 26위였으며 이탈리아가 108위였다. 최상위권은 북유럽 국가들이 차지했다. 핀란드가 1위, 노르웨이는 2위, 독일은 5위, 네덜란드는 6위였다.[14] 그러나 직무 만족도의 차이를 설명하는 데 도움이 되는 제도는 재산권 외에도 더 있다.

세 가지 금융 제도 또한 자본주의의 핵심에 위치한다. 하나는 자본 접근성 지표로서, 밀컨 연구소가 〈자본 시장의 폭, 깊이, 활력〉에 대해 측정한 값을 종합한 것이다. 다른 것은 잘 조직된 주식 거래소에서 주식을 거래할 수 있도록 상장한 회사의 수로서, 그 경제에 존재하는 기업 중 상장 기업의 비율로 표현될 수 있다. 세 번째는 거래소에서 거래되는 주식의 시장 가치로서, 시가 총액이라고 불리기도 하며 GDP에 대한 비율로 표현될 수 있을 것이다. 소위 기업 재무의 관점에서 최근에 제기된 문제들을 보면 이러한 혁신을 위한 제도가 실제로 얼마나 도움이 되는지 의문이 생길 수 있다(다음 장에서는 현 체제의 심각한 문제점을 몇 가지 다룰 것이다). 그러나 매우 불완전한 제도라고 하더라도 새로운 기업이든 오래된 기업이든 기업 공개나 주식 발행을 통해 자본을 조달할 수 있기만 하다면 공개 자본 시장이 없는 체제에 비해서는 훨씬 우월하다. 새로운 기업은 보통 처음에는 규모가 작지만 과감하게 새로운 아이디어를 개발

14 Gwartney et al., *Economic Freedom of the World* 참조. 혁신과 관계된 프레이저 연구소가 제시하는 혁신과 관련된 또 다른 지표는 국제 무역을 할 수 있는 자유다(혁신이 국내뿐 아니라 해외에서도 채택될 수 있으므로 이는 분명 역동성을 증가시키는 요소이다). 이 지표에서는 아일랜드가 4위, 영국이 10위, 미국이 18위, 캐나다가 31위인 반면 스페인은 19위, 이탈리아는 24위, 프랑스는 32위다. 그러나 여기에서 벨기에는 5위, 독일은 9위이다(북유럽 국가들은 여기에서는 두각을 나타내지 않는다). 따라서 해외 무역에 영향을 주는 제도에서는 유럽 대륙 국가들의 성적이 전혀 나쁘지 않다. 그러나 미국은 국내 시장에만 만족해도 큰 문제가 없을 만큼 크기 때문에, 자유 무역 부분에서 뒤떨어진다 해도 소국의 경우에 비하면 피해를 덜 입는다.

할 수 있는 핵심적인 이점이 몇 가지 있다. 반면 늘 소규모로 머무르는 기업, 즉 대개 가족 소유이며, 이윤을 재투자하거나 자금을 빌려서 생존하다가 파산 절차를 밟는 기업들은 혁신적 기업에 사용될 수도 있는 자원들을 점유하고 있다. 데이터를 분석해 보면 어떤 결과가 나올까? 앞에서 언급했던 펠프스와 조에가가 발표할 예정인 논문은 자본 접근성과 공개 주식 거래소, 유서 깊은 두 가지 자본주의적 제도가 발달하지 못한 사실이 직무 만족도가 낮은 이유를 설명하는 데 도움이 된다고 본다. 소규모 기업을 설립할 수 있는 제퍼슨적 자유도 사회에 이익이 될 수 있지만, 기업이 더 크게 성장할 수 있게 하는 제도도 사회에 이익이 될 수 있다.

근대적 자본주의가 발생하던 시점에 존재하던 근대적 제도가 각국에서 확산 기능하는 과정에서 드러난 차이가 직무 만족도의 차이도 설명할 수 있을까? 물론 중요하다. 문제는 이런 여러 가지 제도를 측정하기가, 예컨대 특허법이 잘 만들어졌는지와 같은 것을 측정하기가 쉽지 않다는 점이다. 일반적으로 아주 새로운 아이디어는 새로운 기업들이 잘 개발하기 때문에, 새로운 진입과 새로운 기업들의 형성을 막았던 중세와 상업 자본주의 시대의 장벽을 제거하는 것이 근대적 자본주의가 기능하기 위한 중요한 제도상 발전 단계였다. 미국의 경우 영국 왕실의 혹독한 통치를 벗어나 독립을 쟁취하면서 이를 달성했다. 그렇다면 개념적으로 볼 때 관료적 형식주의를 제거하는 제도들은, 우리가 이 제도를 측정할 수만 있다면 근대적 자본주의 경제들에서 나타나는 높은 직무 만족도를 설명하는 데 도움이 될 것이다. 그러나 이 분야의 여러 제도에 존재하는 세부적이고 개별적인 특성들 때문에 그것을 수치로 나타내기는 어렵다. 따라서 핵심을 잘 보여 주는 사례를 몇 가지 소개하는 것도 나름 괜찮은 방법일 것이다. 이베이eBay의 창업자인 프랑스 출신의 피에르 오미디아는 2005년에 액상프로방스에서 강연하면서 그 이유를 구체적으로는 밝히지 않았지만, 프랑스에서는 이베이를 창업할 수 없었을 거라고 청중들에게 말했다. 또 다른 유명한 사업가는 최근 영국 총리 데이비드 캐머런에게 몇 가지 핵심적인 제도상의 낙후 때문에 영국에서 사업을 시작할 수 없었다고 말했다.

근대적 자본주의 운영에 기본적인 제도로는 회사법이 있다. 채권자들에 의해 회사가 파산하지 않도록 보호하고, 회사의 돈을 경영자들이 사적으로 사용하지 않도록 보호하며, 일하지 않는 직원으로부터도 회사를 보호하고, 회사가 직원에게 요구할 수 있는 것에 제한을 두는 역할 등을 한다. 이것은 헤리티지 연구소가 경제 활동의 자유라는 개념으로 구체화했다. 전근대 시대의 초기 자본주의에서는 지주가 추수하기 위해 임노동자와 계약할 수 있었다. 근대 자본주의에서는 회사와 개인이 모여서 상대방에게 시간이나 돈을 투자하는데, 미래에 무슨 일을 하게 될지 미리 알 수도 없고 가끔씩 비상 상황이 발생할 수도 있다. 고용인과 피고용인이 모든 우발적 상황을 포괄하는 계약서를 작성할 수는 없다. 계약이 회사가 위치한 상황을 포괄하지 못할 때는 법이 분쟁 해결 방법의 범위를 제시해 줘야 한다. 이러한 법적 뒷받침이 없이는, 예측 불가능한 상황 전개로 인해 직원을 고용 또는 해고해야 하거나, 무능력한 경영자를 다른 사람으로 교체해야 함에도 불구하고 그렇게 하기 어려울 수 있고, 때문에 기업가나 투자자는 기존에 없던 제품을 만드는 일에 착수하는 것을 주저할 것이다. 창조가 언제나 파괴를 유발하는 것은 아니지만, 파괴를 원천적으로 봉쇄해 버리면 창조하는 데 필요한 자원을 구하기가 더 힘들어진다.

　마지막으로, 한 국가의 경제 정책은 혁신하고자 하는 기업가 정신을 장려할 수도, 방해할 수도 있는 제도이다. 얼마 안 되는 자료와 매우 특정한 이론에 의지하는 보수주의자들은 아주 적은 예외를 제외하면 정부에 역할을 부여하는 모든 경제 정책 요소가 이익보다는 비용이 크다는 결론으로 성급하게 넘어가 버린다. 그러나 정부가 옥수수는 더 생산하고 옷 생산은 줄이라는 식으로 기업 활동에 개입하는 것이 농촌 경제나 상업 자본주의 경제에 해로울 수 있다고 생각해 볼 수는 있지만, 교육 예산을 늘리거나 줄이는 일이 혁신을 최적의 균형으로부터 이탈시키거나, 아예 혁신을 막을 것이라고 추론할 수는 없다. 우리는 특정한 정부 정책이 경제의 역동성에 득이 될지 해가 될지, 따라서 직무 만족도에 득이 될지 해가 될지 전부 알 수는 없다. 그러나 이러한 문제를 연구할 수 있는 경우도 많고, 연구한 결과 기존의 생각을 다시 검토하게 되기도 한다. 예를 들면 미국의 근로 소득 장려 세제EITC와 같은 저소득층 노동자에 대한 보조금의 목표는 열악한 위치에 있는 사람들의 고용과 자립을 촉진하는 것인데, 위에서 언급한 발표 예정인 논문이 제시한 증거에 따르면 이 보조금으로 인해 직무 만족도가 떨어질 것이라는 일각의 주장은 옳지 않은 것으로 보인다. 한계 상황에 내몰린 사람들을 다시 경제 영역에 참가시키는 것은 그렇지 않았다면 발현되지 못했을 그들의 재능을 전체 사회의 창조성에 기여하도록 했을 것이다.

　복지 국가는 또 다른 사례를 제시한다. 위에서 언급한 펠프스와 조에가의 논문에서는 교육뿐 아니라 의료 및 은퇴 연금 등 사회 보험에 대한 정부의 지출 수준이 높은 국가들에서는 직무 만족도가 대체로 낮지 않다는 점이 드러나 있다. 그러나 이러한 연구 결과는 예컨대 석유 덕분에 풍요로운 노르웨이와 문화 수준이 높은 오스트리아 같은 특수한 국가들 때문일 수도 있다.[15] 18세기 말~19세기 초의 위대한 프랑스 경제학자 장밥티스트 세는 1803년도 저작 『정치 경제학 개론*Traite d'economie politique*』에서 큰 정부의 문제를 발견한 바 있다. 세가 말한 것을 표현을 좀 바꾸어 말하면 다음과 같다.

정부 구매가 경제 전체에서 큰 비중을 차지하게 되면, 기업가들이 더 나은 생산 방법과 더 나은 제품에 몰두해서 소득을 증가시키는 대신, 어떤 영향력을 행사해야 정부 계약을 따내고 경쟁자들을 물리칠 수 있는가만 신경을 쓰게 된다. 따라서 정부 지출 규모가 커지면 경제의 역동성도 어느 정도 하락하고, 그로 인해 직무 만족도 또한 어느 정도 하락할 것이다.

이와 반대로, 펠프스-조에가의 논문은 피고용인과 산업을 〈보호〉하기 위한 코포라티즘적 개입이 직무 만족도를 증가시킨다는 증거는 발견하지 못했다. 사람들을 더 보호함으로써 인간 성취의 핵심적인 부분을 증진시킬 수 있다는 코포라티즘의 믿음은 환상인 것으로 보인다.

규제와 관련된 제도는 직무 만족도를 심각하게 저하시키는 것으로 보이며, (이자율 제한과 같은) 신용 시장 규제와 상품 시장 규제는 특히 그러하다. 단체 협상 제도와 고용 및 해고에 관한 규제 역시 직무 만족도

15 정부의 투자 지출이 그런 해로운 영향이 없다는 것은 흥미롭기도 하고 그렇게 놀랄 만한 것이 아니기도 하다. 마치 민간 부문의 투자와 혁신이 그 부분에 참여하는 사람들의 만족도를 높이듯이 연방 고속도로를 건설하거나 NASA와 미국 국립보건원NIH에 투자하는 자본 프로젝트는 아마도 여기에 참여하는 공학자, 기술자, 과학자들의 직무 만족도를 높일 것이다.

의 평균치를 저하시키는 것으로 추정된다. 일부 코포라티즘적 제도들, 예컨대 해외 채권자들과 투자자들에게 지급할 이자와 배당금을 조달하기 위해 많은 무역 흑자를 내려는 경향은 이들 국가들이 외국인 투자와 기술 이전, 자본을 끌어들이는 데 도움이 되었을 수도 있다. 그러나 우리의 증거가 잘못된 것이 아니라면, 코포라티즘적 제도는 그럼에도 불구하고 직무 만족도를 하락시키는 결과로 이어졌다.

직무 만족도 차이의 문화적 원인

뒤에서 다시 반복하겠지만, 한 경제는 여러 종류의 제도뿐 아니라 경제 문화로 구성되어 있으며, 근대 경제의 경우 특히 그러하다(슘페터는 그의 1942년 책 『자본주의, 사회주의, 민주주의』에서 자본주의적 경제는 본질적으로 문화라고 말했는데, 이는 문화가 관행과 기준을 발전시킨다는 의미였다). 여기에서는 문화의 기본적 요소, 예컨대 지배적인 태도와 신념이 개인이 일에 쏟는 노력과 다른 사람과 협업하는 효율성에 영향을 준다고 가정하고 있다. 이런 태도와 신념은 종종 가치관이라고 불린다(경제 문화에는 회사에서 발현되는 태도들도 포함되며, 그렇기 때문에 우리가 구글과 같이 뛰어난 기업의 문화를 종종 이야기하는 것이다).

어떠한 가치관이 경제적 삶에 크게 만족할 수 있도록 경제를 자극할 수 있을까? 우리는 태도와 규범, 신뢰에 대해 인류학자, 민족학자, 사회학자들이 수집한 자료를 사용해 이 문제에 접근할 것이다. 이들 자료는 이러한 문화적 가치관의 강도와 지배 정도가 직무 만족도에서 나타나는 국가 간 차이를 설명하는 데 도움이 될지 알아보고자 수집된 것이다(이 분석은 피고용자, 경영자, 고객들의 가치관이 만족도에 미치는 영향이 간접적인지 직접적인지, 즉 제도를 변화시킴으로써 간접적인 영향을 미치는지 제도에는 아무 변화를 일으키지 않고 직접적으로 영향을 미치는지는 분석하지 않았다).

경제 문화를 언급하면 많은 사회 과학자들은 즉시 신뢰라는 특성을 떠올리게 된다. 아주 일반적으로 보면, 한 사회는 사람들이 법을 준수하고 존중할 때 잘 작동할 것처럼 보인다. 이러한 생각은 사회학자 리처드 티트머스의 1970년 작 『증여 관계The Gift Relationship』와 곧이어 출간된 철학자 토머스 네이글의 『이타주의의 가능성The Possibility of Altruism』과 함께 봇물처럼 터져 나왔다. 필자도 이 주제를 학술회의와 책에서 언급한 바 있다.[16] 그러나 신뢰는 두 가지 이유 때문에 진행되는 논쟁에서 빠져 있었다. 한 가지 이유는 도덕성과 윤리가 구분되는 것처럼 이타주의와 문화를 구분하지 않으면 혼란을 초래할 수 있다는 것이다(도덕성은 예를 들면 이타주의와 같이 공공선을 위해 보편적으로 지켜야만 하는

---

16 Phelps, *Altruism, Morality and Economic Theory*(1975). 1974년 시카고 대학에서 열린 법 경제학 학회에서 필자는 어느 정도의 이타주의가 경제의 효율성에 기여한다는 참가자들의 믿음이 어떤 논리로 생겨난 것인지 제시했다(이 시기에 필자는 아직 경제적 역동성에 대해 생각하지는 않고 있었다). 이 세미나에서 다른 학자들의 주장에 대해 까다로왔던 조지 스티글러는 실제 사례를 요구했다. 나는 사람들이 정부의 일에 조금이나마 기여하고 싶어 한다면, 또는 다른 사람들도 소득세를 잘 내고 있다는 생각이 든다면 자기도 소득세를 기꺼이 내려고 할 것이라고 말했다. 당시 정열적인 신고전파 경제학자였던 게리 베커는 이렇게 말했다. 〈그건 좋아요. 다른 예가 또 있습니까?〉 필자는 사람들에게 다른 사람들이 타인에게 피해를 주지 않기 위해 교통 법규를 지키려고 한다는 확신이 없다면 거리로 나가 자동차를 이용할 엄두를 내지 못할 것이라고 답했다. 스티글러 교수는 사람들이 교통 법규를 지키는 것은 단지 자신의 불편함을 피하기 위한 것이라면서 필자의 주장을 받아들이지 않았다. 그는 자신의 주장에 열을 올리며 〈길을 가다가 멈춰서서 다른 사람 자동차 앞유리에 붙어 있는 비닐을 떼어 주고 싶은 사람은 없을 것 아니오〉라고 했다.

것들에 관한 것이며, 윤리는 각 개인이 스스로의 이익을 위해 지키는 것이 더 나은 행위에 관한 것이다). 경제 문화의 영향에 대한 최근의 문헌들은 이타주의를 다루지 않았다. 여기서 신뢰가 빠진 더 강력한 이유는, 이타주의가 더 잘 지켜지면 경제적 역동성이 강해진다는(또는 약해진다는) 근거가 없으며, 그런 것이 있다고 해도 이타주의가 근대적 자본주의 국가의 특성인지 코포라티즘 국가의 특성인지도 판단할 근거가 없기 때문이다. 따라서 이 연구에서 이타주의는 다루지 않는 것이 좋을 것이다.

프랑스의 사업가인 필리프 부르기뇽은 직장 생활을 미국과 유럽에서 절반씩 했는데, 두 지역의 문화가 분명히 다르다고 했다.[17] 그의 분석에 따르면, 그 차이는 매우 다른 육아 방식에서 비롯된다. 그가 목격한 바에 따르면, 프랑스 엄마들은 자녀를 놀이터에서 가까이 관찰한다. 그들은 아이에게 주의를 기울이고 조심하라고 말한다. 반대로 미국 엄마들은 별 관심을 기울이지 않으며 조심하라고 가르치지도 않는다. 그 결과, 미국인들은 실패를 냉철히 받아들이고 다시 앞으로 나아가기 때문에 실패율이 높다고 해도 상대적으로 위축되지 않는다는 것이다.

한편 서유럽에서 경제생활에 대한 시각을 보여 주는, 가치관을 드러내는 어휘와 미국, 캐나다, 영국, 아일랜드에서 사용되는 규범적 개념 사이에 존재하는 깊은 간극을 찾아낸 사람도 있었다. 언론인인 스테판 타일

17 Bourguignon, "Deux educations, deux cultures." 〈두 문화〉라는 개념을 언급하면 C. P. 스노의 유명한 강의 〈두 문화Two Cultures〉를 연상하는 독자들이 많을 것이다. 스노는 과학자이자 소설가였으며 예술가들이 과학과 과학자들의 멋진 문화에 무지하다고 한탄했다. 그는 부르기뇽의 취지대로 과학자들의 문화가 혁신가들처럼 실패를 수용한다는 점도 언급할 수 있었을 것이다. 이것이 과학의 핵심이기 때문이다. 성공이 확실한 게임은 말도 못하게 지루할 것이다. 그렇지만 과학자들은 연구 결과로, 기업가들은 사업의 발전 성과로 평가받을 때가 많기 때문에 실패하면 속이 쓰린 것은 어쩔 수 없다.

은 탐사 보도를 통해 프랑스와 독일에서 민간 기업과 시장 원리를 바라보는 윤리적 판단 기준이 미국과는 극단적으로 다르다는 것을 발견했다.

프랑스의 고등학교에서 사용되는 세 권짜리 역사 교과서인 『20세기의 역사*Historie du XXe siècle*』는 자본주의를 〈야만적〉이며 〈잔인하다〉는 단어와 함께 다양한 시각으로 다룬다. 교과서는 학생들에게 〈창업〉은 〈전망이 불분명한 모험적인 사업〉이라고 소개한다. 독일의 고등학교는 코포라티즘적, 또는 집단주의적 전통을 주입하는 데 초점을 맞추며 비슷한 이야기를 가르친다. 거의 모든 학교가 직장에 대해 자본과 노동, 고용주와 피고용인, 상사와 직원과 같은 세력 간의 분쟁이라는 관점에서 가르친다. 상사와 회사 소유주는 만평과 삽화에서 게으르고 담배를 피우는 부자로 묘사되며, 때때로 아동 노동, 인터넷 사기, 휴대전화 중독, 알코올 중독, 부당한 해고 등과 연결되기도 한다. 유럽이 좌파적 시각에 치우친 사회 민주주의적 렌즈를 통해 세상을 보고 있다는 것을 쉽게 짐작할 수 있다. 유럽의 학교에서 가르치는 내용에 존재하는 편견이 얼마나 강하고 깊은지 놀라울 뿐이다.[18]

타일이 발견한 것은 사람들이 세상을 보는 렌즈가 국가별로 상당히 다르며 그 차이가 실제 관찰 대상인 세상 그 자체에 존재하는 차이보다도 크다는 것을 시사한다. 또한 그런 차이는 부르기뇽이 주장한 것처럼 사람들이 가진 가치관의 차이 혹은 안전이나 안보 같은 공통의 가치관에 대한 우선 순위의 차이에서 비롯됨을 보여 준다.

18 Theil, "Europe's Philosophy of Failure."

이 책의 앞부분에서 사용한 WVS는 세계 곳곳의 가치관에 대한 대규모의 조사 결과를 담고 있다. 이 조사는 거의 모든 가치관(가르침, 태도, 세계관 등)의 지배적 경향이 국가마다 상당히 다르다는 점을 보여 준다. 가치관에 대한 개개인의 답변을 통계적으로 분석해 보면, 국가 간에 격차가 나타나는 것은 단순히 각자 관점이 다른 개인들을 무작위로 추출했기 때문이라고 할 수 없다는 점을 알 수 있다. 사람들 사이의 차이는 일반적인 관찰을 통해 예상할 수 있는 것보다 훨씬 수치가 크게 나타난다. 예상할 수 있는 결과지만, 조사 대상이 된 어떤 가치관은 코포라티즘적 경제보다 근대 자본주의적인 경제에서 현저히 강하게 나타나며, 또 다른 가치관은 반대로 코포라티즘 경제에서 더 강하게 나타나기도 한다.

이 책에서 논의하는 핵심적 명제는 한 국가가 높은 경제 성과를 이룩하는 데는 여러 가지 가치관도 나름의 역할을 한다는 것이다. 이 명제는 지금까지는 완전히 확인된 것은 아니다. 이들 가치관 중 일부는 새로운 아이디어를 생각해 내고, 그것을 신제품으로 개발하며, 시장에서 시험하는 능력과 그렇게 하고자 하는 열망에 영향을 준다. 다른 가치관은 혁신의 상업적 전망을 뒷받침하거나 저해하는 경제적 조건들에 영향을 줄 수 있다. 이런 식으로 서구의 여러 가치관은 근대적 자본주의와 연관되었든 코포라티즘과 연관되었든 직무 만족도에 영향을 주었을 것이라고 추측된다. 이 가치관은 직장에서의 자극과 도전을 통해 직접적인 영향을 미칠 수도 있으며, 경제를 더 도전적이고 가치 있게 만드는 데 기여하는 새로운 제도의 가능성을 여는 식으로 간접적인 영향을 줄 수도 있다. 이러한 가설을 실제 조사 자료를 통해 검증해 보자.

컬럼비아 대학 〈자본주의와 사회 센터Center on Capitalism and Society〉

의 한 연구 프로그램은 문제 해결, 호기심, 실험, 탐험, 새로움과 변화를 추구하는 서구의 문화가 경제 성과에 미치는 영향, 궁극적으로는 직무 만족도에 미치는 영향을 검증해 왔다. 첫 결과는 2006년에 베네치아에서 열린, 서유럽 대륙 경제에 고통을 가하는 요소들을 다룬 학회에서 발표한 논문에 공개되었다.[19] 이 논문은 경제 문화에 존재하는 가치관을 논의에 포함시켰고, WVS의 직장에 관한 아홉 가지 태도를 선택하여 이것이 경제 성과에 미치는 영향을 연구했다. 이들 가치관 중 여러 개가 높은 경제 성과와 한 가지 이상의 차원에서 유의미한 관계가 있었다. 각국의 응답자들이 〈직업의 흥미로움〉(WVS의 c020 문항)을 느꼈다고 말한 경우 여러 측면에서의 경제적 성과와 유의미한 관계가 있었다. 새로운 아이디어에 대한 수용성(e046)도 경제 성과를 예측하기에 좋은 변수였다. 주도권을 가지고자 하는 열망(c016) 또한 좋은 신호였다. 일부 유럽 국가는 명령에 따르는 경향(c061)이 두드러지게 낮은데, 이는 그 국가의 경제 성과를 상당히 저해하는 요소이다. 변화를 받아들일 준비(e047)와 경쟁을 받아들이려는 태도(e039) 역시 상당히 유용하다. 성취 욕구(c018)는 별로 중요하지 않은 것으로 나타났다. 사람들이 원하는 것은 어떤 목표 그 자체가 아니라 경험, 즉 삶 그 자체인 것이다.

여러 가지 문화적 요소의 영향력은 곳곳에서 나타났다. 또한 WVS를 통해 근대적 자본주의의 가치관들이 매우 성공적인 것으로 나타났다. 프랑스, 이탈리아, 네덜란드, 벨기에 등 코포라티즘적이라고 여겨지는 국가들이 미국, 캐나다, 영국과 같이 흔히 비교되는 국가들이나 덴마크,

---

19 Phelps, "Economic Culture and Economic Performance." 센터의 2006년 학회에서 발표, *Perspectives on Performance of the Continental Economies*(2001)로 재출간.

아일랜드, 아이슬란드처럼 바다로 둘러싸인 소국들에 비해 부족한 가치관이기도 하다. 그러나 이 논문은 지금 이 장에서 다루고 있는 중요한 성과 지표, 즉 직무 만족도에 대한 영향력은 검증하지 않았다. 노동 참가율, 상대적 생산성, 실업률과 같이 오래된 경제적 지표들에 영향을 준다고 판단된 태도들이 마찬가지로 직무 만족도에도 영향을 주는지 검증하기 위해 자료를 분석해 볼 수 있을 것이다. 그렇지만 결과가 달라질 수는 없다. 그리고 그렇게 하기보다는 좀 더 구조적으로 접근해 보는 것이 흥미로울 것이다.

이 책에서 조명한 역사를 통해 우리는 경제 문화가 직무 만족도에 (그리고 더 일반적으로 보면 경제적 만족도에) 얼마나 중요한 것인지 검증할 다른 방법을 생각해 볼 수 있다. 이 역사는 근대적 윤리, 즉 상상력과 창조성을 실행하여 자신을 표현하고 싶은 열망과 근대적 도덕성, 즉 가족과 공동체, 국가, 종교에 대한 의무와 같은 전통에 구애받지 않고 개인이 모험을 감행할 수 있는 권리에 대한 것이었다. 2부에서 다루고 있는 세계사는 1800년대 초반부터 지금까지 서구에서 벌어지고 있는, 근대성과 전통주의 사이에서 일진일퇴를 거듭하고 있는 전투에 대한 것이다. 근대성이 우위를 점하고 전통주의가 입지를 잃어 가면서, 영국과 미국에서와 같이 근대 경제가 발전하고 사회가 꽃을 피웠다. 비록 박애와 평등을 내세운 프랑스는 조금 달랐고, 전통주의가 (그리고 사회주의가) 세력을 유지하던 독일도 달랐지만, 이들 국가들은 상대적으로 근대 경제에 잘 맞춘 편이었다. 그러나 20세기에 많은 유럽 국가에서 전통주의가 부흥하면서 이들 국가의 경제는 상대적으로 근대성이 하락했다.

이러한 역사적 관점이 합리적이라면, 우리는 근대적 문화의 가치관이 더 뚜렷한 사회에서 근대성이 더 크고 폭넓게 만개하며, 따라서 평균 직무 만족도가 더 높게 나타날 것이라고 예상할 수 있다. 그리고 전통주의적 요소들도 나름의 가치가 있겠지만, 전통적 가치관이 약한 곳에서 직무 만족도가 높은 현상은 생각해 보면 당연한 것이다.

라이코 보질로프와 동료들이 2012년에 발표한 논문은 각국의 근대적 가치관이 평균 직무 만족도에 기여하는지를 검증했다. 이 논문은 연구 대상 국가의 WVS를 통해 근대적 문화를 나타내는 신호 또는 부족함을 보여 주는 신호라고 판단된 몇 가지 가치관에 대한 사람들의 지지를 측정했다. 이 측정치는 다음의 예-아니오 문항에 대한 응답을 합산한 것이다. 〈더 생산적인 노동자에게 더 높은 임금을 지급하는 것이 정당하다고 생각합니까?〉(c059) 〈회사의 경영은 소유주가 통제해야 한다고 생각합니까?〉(c060) 〈경쟁이 좋다는 생각에 동의합니까?〉(e039) 또한 WVS는 1부터 10까지의 척도로 다음과 같은 사항을 질문한다. 〈삶의 중요한 변화는 신중하게 선택해야 한다고 생각합니까?〉(e045) 〈새로운 아이디어를 접하면 걱정됩니까? 장기간에 걸쳐 검증된 생각이 일반적으로 더 낫다고 믿습니까? 아니면 새로운 아이디어를 개발하고 시험하는 것이 가치가 있다고 믿습니까?〉(e046) 〈변화로 인해 생길 어려움이 걱정됩니까? 또는 새로운 것을 통해 얻게 될 어떤 가능성이든 기꺼이 받아들입니까?〉(e047) 이 질문에 대한 답을 국가별로 수치화해 보면, 그 나라에서 그 가치관의 평균 강도가 얼마나 되는지 측정할 수 있다. 그리고 이 여섯 가지 수량 척도를 평균해 보면 근대성의 지표를 얻게 된다.

전통주의 지표도 비슷한 방법으로 만들어 볼 수 있다. 가족 및 공동체에 대한 의무에 대한 강한 관심, 그리고 자녀를 가족과 공동체로부터 떼

평균 직무 만족도

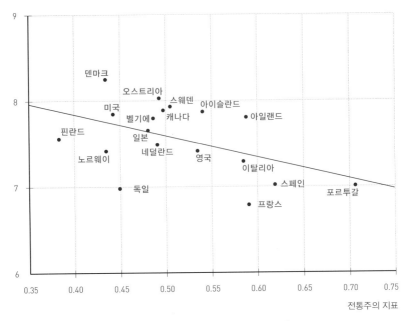

그림 8.4 전통주의와 직무 만족도(1991년)

어놓을 수 있는 경제 발전은 되도록 받아들여서는 안 된다는 강한 입장을 나타낸다고 생각되는 조사 문항을 선택하는 것이다. 네 가지 조사 문항이 몇 가지 전통적 가치관을 반영하고 있다. 〈다른 사람에 대한 봉사가 인생에서 중요하다고 생각합니까?〉(a007) 〈자녀가 부모를 존경하고 사랑해야 한다고 생각합니까?〉(a025) 〈부모가 자녀를 책임져야 한다고 생각합니까?〉(a026) 〈이타성이 당신의 자녀가 가져야 할 중요한 성품이라고 생각합니까?〉(a041) 그렇다고 자신의 부모나 이웃에 대해 잔인한 경제적 행위자가 혁신에 크게 도움이 된다고 주장하는 것은 아니다. 그저 개인을 배제하는, 가족과 공동체에 대한 집착이 혁신을 저해할 수

평균 직무 만족도

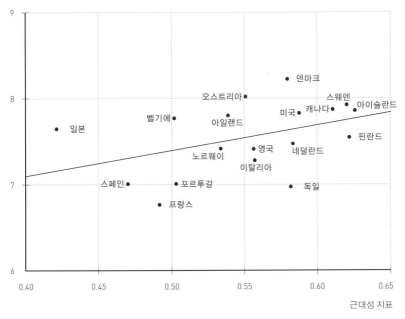

그림 8.5 근대성과 직무 만족도(1991년)

있다는 것이다.

결과는 어떻게 나타났을까? 전통적 가치관이 사회를 단결시키는 접착제이며, 따라서 간접적으로 직무 만족도나 경제에 참여함으로써 얻을 수 있는 다른 보상을 증가시킨다고 생각할 수도 있다. 근대성이라는 것이 그 이상으로 영향을 준다고 생각할 수도 있다. 근대성의 정도가 클수록 협력이 약화되고, 불안감이 조성되며, 과거의 장인들이 느꼈을 높은 직무 만족도를 사라지게 했다고도 볼 수 있다. 유럽 대륙의 정치인들은 연설할 때마다 사람들 마음속 깊이 존재하는 이러한 믿음을 강조한다. 그러나 위 연구 결과는 이런 편견 중 어떤 것도 사실이 아님을 강하게 시

표 8.2 전통주의와 근대성 지표

국가/지역명	근대성 지표	전통주의 지표
오스트리아	0.55	0.49
벨기에	0.50	0.49
캐나다	0.61	0.50
덴마크	0.58	0.44
핀란드	0.62	0.38
프랑스	0.49	0.59
독일	0.58	0.45
아이슬란드	0.63	0.54
아일랜드	0.54	0.59
이탈리아	0.56	0.58
일본	0.42	0.48
네덜란드	0.58	0.49
노르웨이	0.53	0.44
포르투갈	0.50	0.71
스페인	0.47	0.62
스웨덴	0.62	0.51
영국	0.56	0.54
미국	0.59	0.44
전체 평균	0.58	0.51

사한다.

연구 결과가 〈그림 8.4〉와 〈그림 8.5〉에 시각적으로 표현되어 있는데, 이는 〈표 8.2〉에 제시된 근대성과 전통주의 지표에 따라 그려진 것이다. 첫 번째 그림을 보면 전통주의는 직무 만족도에 방해가 됨을 알 수 있다. 전통주의 점수가 두드러지게 낮은 국가로는 핀란드, 덴마크, 미국이 있는데, 이들은 평균 직무 만족도가 매우 높게 나타난다. 또한 이들은 역동성이 높은 국가의 사례로 종종 인용되기도 한다. 또한 포르투갈, 스페인, 프랑스와 같이 전통주의 수치가 현저히 높고 직무 만족도는 매우 낮은 국가들이 있다. 뿐만 아니라 표본에서 보이는 통계적 상관관계(반비례 관계)는 전반적으로 매우 유의미하다. 스웨덴, 캐나다, 아일랜드, 덴마크는 전통주의 수치가 중간 수준, 또는 낮은 수준이기는 하지만 예상보다는 직무 만족도가 더 높게 나타나는데, 이들 국가에는 다른 국가들에게는 없는 면이 있다.

〈그림 8.5〉는 근대성이 직무 만족도를 크게 높인다는 점을 보여 준다. 근대성 지표가 높은 국가들이 직무 만족도에서도 높은 수치를 기록하고 있다. 아이슬란드, 핀란드, 스웨덴, 캐나다, 미국과 같이 문화의 근대성이 가장 강한 국가들은 직무 만족도도 매우 높으며(2001년에 스웨덴의 직무 만족도가 현저히 떨어지긴 했다.)

또한 〈그림 8.4〉와 〈그림 8.5〉는 이탈리아의 직무 만족도가 높지 않게 나타나는 것을 근대성이 평균 이상임에도 불구하고 그 정도로 상쇄할 수 없을 만큼 전통주의 수치가 높기 때문이라고 설명할 수 있다. 프랑스의 직무 만족도가 낮은 것은 전통주의가 평균 이상이고 근대성이 평균 이하이기 때문이라고 설명할 수 있다. 독일의 직무 만족도가 낮고 오스트리아의 만족도가 높은 것은 수수께끼이다. 분명히 가치관으로만 모든 것을 설명할 수는 없을 것이다.

19세기와 함께 20세기 중 상당 기간에 걸쳐 근대성을 가장 많이 구현한 미국보다 근대성 부문의 순위가 높게 나타나는 국가들이 매우 많다는 사실은 일견 놀라울 수도 있다. 그 사이에 무슨 변화가 일어난 것일까? 〈그림 8.2〉에서 볼 수 있듯이 10년 안에 한 국가의 문화에 현저한 변화가 나타나는 것은 매우 드문 일이다. 그러나 수십 년의 시간 동안이라면 불가능한 것도 아니다. 미국 경제는 근래 수십 년간 역동성을 잃어 왔다. 그것이 근대성이 감소했기 때문인지, 또는 전통주의가 증가했기 때문인지는 다음 장에서 다룰 것이다.

3부

쇠락과 재건

역동성을 어떻게 잃게 되었으며,
왜 그것을 되찾아야 하는가

아무도 인식하지 못한, 진정 독창적이며 창의적인 새로운 물결이 밀려올 때,
비로소 서구가 새롭게 태어날 것이다.
– 자크 바전

9장 1960년대 이후 쇠퇴의 조짐들

나는 어느 날 아침 실버만에게 수신자 부담으로 전화를 걸었다. …… 약에
취한 채로. ……그래서 떠오른 것이 이 「아메리칸 드림의 종말」이라는 글인
데, 정치를 살펴보면 이 글을 가장 잘 쓸 수 있을 것 같았다.
— 헌터 S. 톰슨,『파멸을 앞둔 자의 노래』

미국 경제는 이제 찬란하던 19세기와 20세기의 근대 경제와는 아주 다
른 모습을 하고 있다. 그 성과의 핵심적 측면인 직무 만족도, 실업률, 상대
적인 생산성 지표들이 이를 분명히 보여 준다. 자료를 보면 1970년대 중
반부터 이 세 부문에서 이미 하락세가 시작되었고, 인터넷 붐이 있었던 마
지막 호황기에만 예외적으로 직무 만족도가 일시적으로 상승했음을 알
수 있다. 나머지 서구 국가들도 이와 유사한 쇠퇴를 겪게 되는데, 독일의
경우 1980년대에, 이탈리아와 프랑스는 1990년대 후반에 겪게 된다. 이
국가들은 자생적 혁신이 매우 부족하였으므로, 더 이상은 그들과 마찬가
지로 혁신 부족에 시달리는 미국 경제에 기대어 번영을 구가할 수 없었다.

미국 경제의 장기적인 쇠락은 처음에는 수수께끼였다. 1960년대 후반
에서 1980년대 말 사이에 여성과 청년들이 노동 시장에 진입하면서 실
업률이 어느 정도 증가하고 임금이 감소했으나, 이런 인구적 충격이 생

산성 증가에 미친 영향은 분명 일시적이었다. 이 쇠퇴가 오래 지속되었다는 사실은 미국 경제가 구조적인, 그리고 체제적, 질적인 변화를 겪고 있었음을 시사한다.

성과 부진을 보여 주는 초기의 자료

미국 경제의 심각한 생산성 증가율 둔화는 1970년 초반에 이르러 명백해지긴 했지만, 몇 년 전부터 이미 시작되었고 단지 고용 호조에 가려졌을 뿐이다. 1962년 가을에 존 F. 케네디는 대통령 선거 운동에서 〈다시 전진하는 미국Get America Moving Again〉이라는 표어를 내세웠다. 아이러니하게도 오늘날 자료를 보면 1964년 전후로 생산성 둔화가 분명해지기 시작했으며 1970년대 중반까지 이 추세가 강해졌음을 보여 주고 있다. 생산성 증가율은 1993년까지 매우 낮은 수준에 머물렀으며, 인터넷의 확산기에 상당히 회복되기는 했으나 곧 1970년대의 낮은 수준으로 되돌아갔다.

이 생산성 둔화는 구체적으로 분석하면 더 잘 이해할 수 있다. 생산성에는 두 가지 종류가 있다. 일반적으로 더 친숙한 것은 산출과 노동 시간 사이의 관계, 즉 노동 생산성이다. 〈그림 9.1〉에 노동 생산성 증가율이 도표로 제시되어 있다.[1] 1972년까지 수십 년간 연간 노동 생산성 증가율은 평균 2.33퍼센트였다. 이후 증가율은 평균 1.57퍼센트 수준으

---

1 〈그림 9.1〉의 계산은 미국 상무부의 표준 자료에 기반한 것이며, 로버트 고든이 매우 효과적으로 차트를 구성했다. 〈그림 9.1〉의 출처는 Gordon, "Is U.S. Economic Growth Over?", p. 13, table 4이다. 친절하게도 그는 〈그림 9.2〉와 동일한 자료에 기반한 추가적인 계산 결과를 필자가 사용할 수 있도록 제공해 주었다.

연간 성장률(퍼센트)

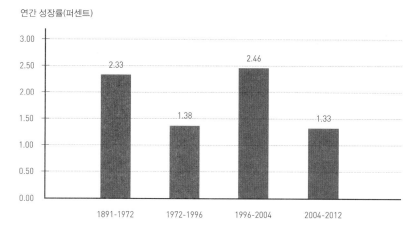

그림 9.1 각 시기별 미국의 노동 생산성 증가율(1891~2012)
출처: 로버트 고든

로 감소한다. 한동안은 1970년대 초에서 1980년대 초까지의 노동 시간
의 가파른 증가가 노동 생산성 증가 속도가 줄어든 원인이라고 여겨졌
다. 그러나 자본 단위당 산출 증가율이 더 빠르게 감소했다는 점은 생산
성이 근본적으로 둔화했다는 점과 함께 노동 투입의 증가가 원인이 아
니라는 점을 보여 준다. 노동과 자본 두 가지를 혼합한 지표, 즉 소위 총
요소 생산성total factor productivity: TFP 또는 다요소 생산성multifactor
productivity: MFP을 살펴볼 수도 있다. 7장에서 이를 이미 자본과 노동
투입 결합에 대한 산출의 대략적 비율로 정의한 바 있다. 이 생산성의 증
가율이 〈그림 9.2〉에 제시되어 있다. 자료를 보면, 총요소 생산성 증가율
이 1972년에는 평균 2.26퍼센트였으나 이후에는 1.17퍼센트 수준에 불
과함을 알 수 있다. 총요소 생산성의 둔화는 노동 생산성보다 더 심각하
다. 〈그림 9.1〉와 〈그림 9.2〉에서 보이는 인터넷 확산기의 성장률 증가

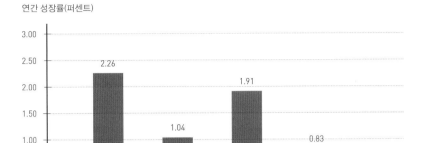

연간 성장률(퍼센트)

그림 9.2 각 시기별 미국의 총요소 생산성 증가율(1922~2012)
출처: 로버트 고든

때문에 생산성이 정말로 둔화하는 추세인지 의심할 수도 있겠지만, 그 이후 생산성 증가율은 더욱 악화되었다.

생산성 둔화가 이미 분명해진 (그리고 더욱 악화되고 있던) 1973년에는 실업률도 가파르게 상승하기 시작하여, 1968~1969년에는 대체로 3.4퍼센트였던 것이 1975년 5월에는 최고 수위인 9.0퍼센트에 다다랐다. 1972~1981년의 평균 실업률인 6.6퍼센트는 전쟁이 없었던 1900~1929년의 4.95퍼센트와 전후 20여 년간의 4.6퍼센트와 잘 대비된다. 이 시기 도시인들의 삶은 매우 불안했다. 1973년과 1979년의 급격한 유가 상승은 불에 기름을 부은 꼴이었지만, 이는 (인플레이션 보정 수치로 볼 때) 일시적인 것이었다. 이후 30년간 실업률은 1982~1991년에는 평균 6.3~7.0퍼센트, 1992~2001년에는 5.4퍼센트, 2002~2011년에는 6.5퍼센트에 달했다. 같은 시기에 유럽 국가들의 실업률 상승도 이에 버금가는 수준이었다. 서구 전체에 걸쳐 실업의 증가가 생산성 증가율 하락만큼이나 이 시대를 상징하는 현상이었다.

생산성 증가율의 둔화와 실업률의 상승 사이에는 인과관계가 있을까? 근대성을 상당히 상실한 다양한 경제들의 20여 년간의 상태를 살펴보면, 생산성 둔화에서 실업으로 이어지는 체계적인 연결 고리가 존재하는 것으로 나타난다. OECD의 『고용 연구 The OECD Jobs Study』(1994)가 보여 주듯, 영국의 실업률은 미국보다 낮은 수준에서 시작했으나 1980년대 초에는 미국의 수준을 넘어섰고, 프랑스의 실업률은 1980년 후반에 그 이상으로 상승했으며 독일은 1990년 중반에 그 이상으로 상승했다. 따라서 생산성 둔화는 체계적인 실업 증가로 이어진다는 점을 필자와 훈현택이 1997년 논문에서 밝힌 바 있다(언론인들은 분명 〈성장〉을 높은 고용 수준과 동일시하기 시작했다. 그 관행이 깨진 것은 2010~2011년의 〈고용없는 성장〉이 등장하고 나서였다).[2] 유럽에서의 성장 둔화는 미국과는 근본적으로 이유가 다르긴 하지만, 생산성-고용의 관계가 긴밀하다는 점은 눈여겨볼 만하다. 그럼에도 불구하고 1930년대 미국에서는 대공황 속에서도 빠른 생산성 증가와 고용 부진이 함께 나타났다(또한 경제학자들은 빠른 혁신이 마찰적 실업[3]을 일부 발생시킬 수도 있음을 지적한다). 그러나 급격한 생산성 증가가 대량 실업의 원인일 수는 없다. 실업을 증가시킨 것은 다른 금전적, 비금전적 힘이었다. 그러한 생산성 증가가 없었더라면, 즉 대지를 가로질러 전선을

2 1950~1970년과 1970~1990년 사이 성장률 둔화로 한 국가의 부진을 측정한 간단한 분석 결과가 나와 있다. Hoon and Phelps, "Growth, Wealth and the Natural Rate"(1997)를 참조.
3 경기와 상관없이 직장이나 직업을 바꾸려고 할 때 일시적으로 발생하는 실업 — 옮긴이주.

설치하는 사람들이 없었더라면, 실업은 더 심했을 수도 있다.

고용과 혁신의 속도를 연관 짓는 세 가지 메커니즘이 존재한다. 그중 하나는 직접적인 메커니즘이다. 기업은 새로운 경쟁자, 혹은 기존의 경쟁자가 신제품을 만들거나 새로운 생산 방법을 도입할 위협이 적다고 판단되면 가격을 올리고 고용을 줄인다.

두 번째 메커니즘은 기업 내부의 혁신 가능성과 고용의 상관관계이다. 기업은 생산성 증가가 둔화될 것이라고 예상하면 노동자 한 명을 추가로 고용함으로써 얻을 수 있는 가치를 더 낮게 평가할 것이다(즉 생산성 증가율 하락은 이자율 상승과 같은 효과가 있다). 따라서 고용을 줄이게 된다.

세 번째 메커니즘은 임금과 부의 관계를 통해 작동한다. 가장 간단한 설정을 해보면, 어떤 물리적 자본도 없이 노동만이 생산 요소인 경제를 생각해 보자. 훈현택과 펠프스의 논문에서처럼 이 경제의 자본이란 기업들이 신입사원들을 생산이 가능한 직원들로 훈련하는 데 투자한 액수다. 여기서 노동 생산성이 증가하면 노동 수요도 증가할 것이며(따라서 주어진 규모의 노동력에 대해 고용주들이 지급하려 하는 임금도 상승한다), 이렇게 되면 고용과 시장 임금도 상승하게 된다. 만약 장시간 변화가 없었는데 어느 날 갑자기 기술이 발전하여 1인당 생산량이 상승세로 돌변하면 어떻게 될까? 마찬가지로 임금은 오르기 시작하며 고용 또한 증가할 것이다. 그러나 이것이 얼마나 지속될까? 고용에 있어 중요한 것은 부, 즉 가구의 주식 보유액 대비 임금 수준이다. 생산성이 높아지고 임금 수준도 상승함에 따라 매년 저축액과 부의 규모도 커질 것이다. 가구가 보유한 부가 증가하면 노동 공급은 감소한다. 이로 인해 노동자들이 요구하는 임금 수준이 높아지고, 이는 고용을 위축시키는 반면 임금은 상승시킨다. 그러나 부의 증가폭이 임금에 미치지 못하는 한 고용을 끌어내릴 정도까지 증가하지는 않을 것이다. 만약 생산성과 임금이 꾸준히 증가하면, 부는 절대로 임금만큼 상승하지 않는다(부의 절대적 크기는 증가하지만 임금 대비 비율은 떨어지는 구간이 있다. 이 구간은 임금-부의 비율이 너무 높아져서 임금 대비 증가율은 감소한 부가 마침내 임금과 같은 속도로 상승하게 될 때 끝나게 된다).[4]

따라서 미국과 다른 몇 개국 경제의 생산성 증가가 둔화된 것은 고용 및 실업 문제에 두 가지 경로로 악영향을 미쳤다고 생각할 수 있다. 첫째, 처음에는 생산성 증가 속도가 떨어지긴 했으나 저축은 감소하지 않았으므로 부의 증가 속도는 떨어지지 않았다. 그 결과, 임금-부 비율이 1968년에는 전후 최고인 0.38에 도달한 후 1970년대에는 계속 하락해서 1980년에는 0.32, 1990년에는 0.29로 하락했다. 많은 사람들이 자신의 임금 수준에 만족하지 못하게 되었고 임금 인상을 요구했다. 그렇지 않으면 은퇴하거나 다른 직장을 탐색할 상황이었다(부-임금 비율은 상승했으므로 임금 인상 요구뿐 아니라 소득 대비 소비액도 증가했다. 소비

4 이 주장은 Hoon and Phelps, "Growth, Wealth and the Natural Rate"와 같은 선상에 있다. 가계는 임금 상승과 함께 이윤 상승이라는 과실을 누릴 수 있지만 결론이 바뀌지는 않는다. 저축이 증가하지는 않으며 따라서 부의 증가는 임금 상승을 따라잡지 못한다. 각 가정이 미래에도 임금이 상승할 것이라고 예상한다면 그 시사점은 더욱 모호해진다. 그렇게 되면 소비는 증가할 것이며, 저축은 감소하고 부의 증가가 둔화되어 임금-부 비율의 상승을 초래할 것이다. 따라서 미래에 부유해질 것이란 생각, 즉 〈부의 예상치〉 증가는 미래에 예상되는 부를 증가시키며, 소비를 늘리고 노동 공급을 감소시킨다. 그러나 본문의 분석은 여전히 유효하다. 일단 이 주장이 생산을 위해 노동과 실물 자본을 사용하는 경제로 확장되면 현실의 복잡함이 더해진다. 노동과 자본 필요량이 감소하면 다른 결과로 이어진다. 자본재 생산에 필요한 노동량이 감소하면 자본재 가격에 하방 압력을 가하며, 이 산업의 기업들이 지불할 의향이 있는 임금 수준을 낮추지만 가구가 요구하는 임금 수준도 낮아진다. 소비자 생산에 필요한 자본량이 감소하면 자본재 산업의 상대 가격이 상승하므로, 노동 집약적인 산업의 실질 임금이 증가하고 동시에 부도 증가한다.

는 GDP 대비 1970년 62퍼센트에서 2001년 69퍼센트로 증가했다). 〈그림 10.2〉의 a와 b를 보자(414 페이지 참고). 둘째, 이익률 증가에 대한 기대치가 낮아짐에 따라 (직원과 고객을 포함하여) 기업 자산의 가치도 하락했고, 따라서 주식 가격이 1968년에 가파르게 하락했다. 부진한 성과가 투자자들의 기대치를 하향 조정했으므로 1974년까지 주가는 반등하지 못했다. 소비재 산업의 노동자들은 고용자들이 보기에 자신들의 투자 가치가 낮아진 것을 알았으므로, 일자리를 지키려면 실질 임금의 하락을 감수해야 했으나 부의 실질 가치 또한 정체되거나 급격히 하락하였으므로 상당수는 실질 임금 하락을 받아들이지 않으려 했다. 마찬가지로 자본재 산업의 노동자들은 생산물의 시장 가치가 하락했으므로 일자리를 지키려면 급격한 실질 임금 삭감을 받아들여야 했다. 부가 감소하면 어느 정도 점진적인 회복이 나타나는 것이 일반적이지만 그런 구조적 변화로부터는 임금과 고용이 완벽히 회복하리라 기대할 수 없었다.[5] 주식 가격은 결국 1992년에야 1968년 수준을 회복했다. 그러나 자본재

5 일부 전통적인 경제 이론은 자본재와 소비재가 모두 같은 방법으로 만들어진다고 가정한다. 특정한 사용처에 있어 자본재(공장과 설비)의 가치가 하락한다고 해서 총고용이나 실질 임금이 장기적으로 하락하지는 않는다. 사용되지 않는 자본과 노동은 결국 상대 가격이 떨어지지 않은 부문에서 사용되고 지대와 임금을 벌어들인다. 그러나 실제로 소비재 생산은 자본재 산업에 비해 일반적으로 자본 집약적이며, 기업들이 직원들에게 투자한 자본은 더더욱 그렇다. 소비재 부문과 자본재 부문으로 나눈 경제를 예로 들면, 소비재 부문의 생산성 둔화나 자본재 부문의 노동 생산성 둔화(또는 상승)는 넓은 범위의 자본재 산업에서 상대 가격, 혹은 실질 가격이 하락하게 한다. 자본재 부문의 노동자들은 소비재 생산 부문의 많은 부분이 상대적으로 자본 집약적이라는 문제에 직면할 것이다. 히치콕이 「북북서로 진로를 돌려라North by Northwest」에서 인상적으로 그려 낸, 캐리 그랜트가 둘러보는 광대한 옥수수 밭에서 노동자라고는 찾아볼 수 없는 그런 모습 말이다. 따라서 임금 수준은 낮아지고 부를 많이 소유한 노동자들은 이러한 임금 수준에서 일하려 하지 않을 것이다. 펠프스의 『구조적 불황Structural Slumps』(1994)에서 이 모형, 즉 고객 시장 모형과 훈련된 직원 모형은 전통적인 모형과는 다른 시각을 제시한다.

의 추가 생산에 필요한 노동 수요는 1992년에야 개선되었다. 즉 그 전까지는 자본재 생산에 필요한 노동의 기회 비용이 더 컸던 것이다. 1992년의 노동자들은 1958년에 비해 더 많은 부를 소유하고 있었으므로, 제자리를 유지하기 위해선 더 많은 임금이 필요했다.

이 모든 것들은 저축의 역설을 의미하는 것일까? 그렇지 않다. 저축이라는 행위는 투자 자금 조달에 필요하며, 혁신을 시도하는 프로젝트에도 필요하다. 현재까지 축적된 자본과 힘들게 얻은 지식은 저축의 중요성을 보여 주는 자랑스러운 기념물들이다. 그러나 이 부는 사람들이 미래에 노동하고 저축해야 할 필요를 감소시킴으로써 추가적인 투자와 혁신 행위를 어렵게 만든다. 보통은 저축에 의해 생산성이 증가하면 저축으로 인해 커지는 부보다 빠르게 경제가 성장한다. 그러나 혁신이 없거나 약한 경우, 생산성 증가율이 더 낮아지므로 경제 〈성장〉은 저축으로 인한 부의 증가 속도를 따라잡을 수 없다.[6] 그렇다면 불경기와 함께 나타난 불안정성의 원인은 바로(다요소 생산성으로도 알려진) 총요소 생

6 노동 생산성의 둔화와 보기 드문 자본 생산성의 하락 중 어느 것이 더 큰 피해를 주었는지는 답하기 어려운 문제이다. 일부 분석가들은 새로운 정보 통신 분야 기술에서 혁신이 가속되어 트랜지스터, 반도체, 소비재를 만드는 데 쓰이는 다른 자본재를 만드는 노동 생산성이 올라갔으며, 따라서 이 생산성 증가는 실질 임금과 고용을 상승시켰다는 주장을 함으로써 논의를 더 복잡하게 만들고 있다. 물론 전체 자료를 보면 고용 활황이 명백히 드러나지는 않지만, 이처럼 자본재 생산 분야에서의 물리적 노동 생산성 증가가 일어났을 가능성이 높다. 그러나 자본재 생산에 있어 노동 생산성의 가속은 설령 그것이 일어났다 하더라도 〈총생산〉과 실질 임금을 올리는 힘으로 작용하지 않았을 수 있다. 반도체와 다른 자본재 생산 분야의 생산성 증가는 자본재의 상대 가격을 너무 떨어뜨려서 실질 임금과 고용을 떨어뜨리는 힘으로 작용했을 가능성도 있다. 따라서 자본재 산업의 생산성 증가는(추세 대비) 실질 임금 하락과 실업 증가에 기여했을 가능성도 있는 것이다! 그러나 전반적인 기술진보는 1968~1978년 사이에 거의 멈추었으므로, 부진한 경제의 원인을 기술 진보로 돌리는 것은 엉뚱한 설명이다(이런 직관을 일부 다루는 관련 논문은 Hoon and Phelps, "Effects of Technological Improvement in the ICT-Producing Sector on Business Activity").

산성의 둔화 추세가 계속된 것이다. 또 이러한 둔화 추세의 원인은 자생적 혁신의 위축 탓으로 돌릴 수밖에 없다. (과학적 진보가 아닌) 자생적 혁신이야말로 1830년대에서 1960년대 사이에 미국에서 혁신의 주된 원천이었기 때문이다.

혁신이 둔화되면서 나타난 또 다른 결과는 포용성의 증가 추세가 반전된 것이었다. 한 지역이 번영하면 (이전에는 없던 일자리를 창출하는 것 외에) 가장 큰 이익을 보는 것은 한계 상황에 몰린 노동자들과 자산들이다. 마찬가지로 불황으로 인해 상대적으로 가장 큰 피해를 보는 것도 사회의 중심부에서 밀려난 사람들이다. 이러한 사회적 변화는 이후에 점차 중요한 논의 주제로 부상했다.

요약하면, 새로운 기계, 노동자와 같은 모든 부분에서의 투자 활동과 그러한 투자 활동의 기초가 되는 혁신은 노동 생산성을 증가시키고 고용 수준을 높게 유지하는 데 필수적인 동력을 제공한다. 1972년 이후에 만연한 실업과 임금에 대한 하락 압력 이면에는 혁신의 둔화가 존재했다.

정책 대응 및 다른 피드백들. 성장률 둔화와 실업률 증가에 대응하는 정책, 그리고 그 정책의 실패는 이후 사건들에 중요한 영향을 미쳤다. 1980년대 생산성 증가율은 여전히 느렸고, 다시 빠른 성장이 재개되기는 할지, 그렇다면 언제일지 알 도리도 없었다. 사업가들은 더 이상 이전 시대의 빠른 생산성 증가에 의지하지 않았다. 경제학자들과 정치가들은 (기존 직원이 갑자기 슈퍼맨이 될리는 없으니) 총요소 생산성 증가율을 예전 수준으로 회복시키려면 거의 산을 옮기는 수준의 엄청난 노력이 필요하다는 것은 알았으나, 정작 옮겨야 할 산이 무엇인지는 알지 못했다.

대신 이들은 대증요법, 즉 팽창한 실업과 특히 여건이 열악한 하위 계층 사람들에게 유독 컸던 고통을 덜어 주는 조치들은 생각해 낼 수 있었다.

로널드 레이건은 대통령 임기를 시작한 지 얼마 되지 않았던 1981년에 공급주의 경제학의 처방에 열을 올렸는데, 전반적인 소득세율 인하가 노동 시장에 참가하고 더 높은 임금을 위해 열심히 일할 유인을 증가시켜 고용을 증가시킬 것이라고 믿었다. 그는 기업들의 투자 활동에 대한 세금 공제도 제안했다(공장과 장비에 더 많이 투자하는 것은 총요소 생산성을 증가시키지는 않으나 노동 단위당 산출 증가율은 증가시킬 수 있다). 당시에는 의회가 재정 적자를 우려한 나머지 2000년대만큼 재정에 대해 융통성 있는 태도를 보이지 않았다. 케네디의 감세법안도 그가 암살된 후에야 비로소 추모 분위기에 편승하여 의회에서 통과되었다. 레이건도 이와 비슷하게 암살될 뻔한 후에야 비로소 감세법안이 통과되었다(탈세할 구멍을 막으면 세율 하락으로 인한 세수 감소를 거의 보완하여, 소위 세수 중립성을 달성할 수 있다는 희망이 있었다). 레이건의 감세와 함께 실업률은 좀더 상승하여 1982년 10.4퍼센트에 달했으나, 1989년 말에는 5.4퍼센트로 감소했다.

1989년 대통령 임기를 막 시작한 조지 H. W. 부시는 공급주의 경제학에 회의적이었다(그는 이를 〈미신 경제학Voodoo Economics〉이라 부른 바 있다). 부시는 계속되는 재정 적자 문제를 해결하고자 했다. 1990년에 민주당이 재정 지출 감소에 동의하기를 거부하여 의회는 표결에 들어갔고, 부시는 1990년대 세율을 인상하는 법안에 서명했다. 실업률은 집권 중간기에 오르기 시작해 1992년 7.5퍼센트에 달했으나 1994년에는 6.1퍼센트로 떨어졌다. 1993년 빌 클린턴이 집권했을 때는 사람들의 생각이 변했다. 클린턴의 조언자들은 재정 흑자로 인해 일자리가 줄어들기보다는 오히려 몇 년 내에 더 늘어날 것이라고 주장했다. 1990년 후반에는 인터넷 혁명과 닷컴 거품이 등장했다. 그러나 2001년에 다시 실업률이 상승하자 새로 당선된 조지 W. 부시는 공급주의 모형에 동조하여 2002년에 소득세 감세를 강행했고, 2003년에는 이라크 침공과 동시에 사회 보장 프로그램을 확장했으며, 급기야 주택 경기 활성화 조치까지 추진했다. 그러나 주택 경기 활황은 지속되지 못했으며 실업은 예전 어느 때보다도 증가했다(인구 대비 피고용인 비중이 1970년대에는 58에서 60으로, 1980년대에는 60에서 63으로, 1990년대에는 거의 64까지 올라갈 만큼 엄청난 수의 베이비 붐 세대가 경제에 잘 흡수되었다는 것은 노동 시장 제도가 효과적이었음을 보여 주는 증거다).[7]

심지어 처음에 공공 부채가 적었던 시기마저도, 케인스 학파가 주장하는 소비자 수요 촉진 정책과 공급주의 경제학자들이 제시한 노동 공급을 위한 자극제 모두 분명히 성장률 둔화와 실업률 증가의 흐름을 되돌릴 수가 없었다. 이런 노력들이 모두 무의미했다는 것은 아니다. 취해진 이 조치들이 임시로 증상을 완화할 수는 있었으나 지속적인 효과는 거의 없었다는 것이다. 게다가 효과가 있는 경우라고 해도, 들어가는 비용에 비하면 효과가 적었다.

---

7 이런 재정적 실험은 재정학의 기본적 정리에 영감을 불어넣었다. 소득세 인하로 세후 임금이 높아지면 대개는 노동의 가치가 더 높아지며 (소비뿐 아니라) 저축이 증가한다. 따라서 부는 세후 임금을 따라잡아서 일하는 것이 더 이상 매력적이지 않게 되는 지점까지 빠르게 증가한다. 사라진 세수로 정부가 수행할 수 있었을 프로그램의 효과는 제쳐 두더라도, 전반적인 감세는 고용에 장기적으로 지속적인 효과가 없다. 재정 적자에만 지속적 영향을 남길 뿐이다. Hoon and Phelps, "Payroll Taxes and VAT in a Labor-Turnover Model of the 'Natural Rate'" 참조.

결과: 포용성, 불평등, 직무 만족도의 하락

경제적 포용성의 감소라는 또 다른 종류의 후퇴가 1970년대 말경에 시작되어 1990년대 초반까지 강해졌다. 이 〈포용성〉이라는 것은 보통 하위 계층 사람들의 상대적 실업률과 상대 임금을 가리킨다. 대체로 하위 계층의 실업률은 나머지 계층의 거의 두 배 정도였다. 상대적 실업률의 후퇴는 이 기간에 명백히 드러나지는 않는다. 그러나 전체 노동력 중 임금 하위 집단과 중위 집단 사이의 임금 격차가 커지는 현상이 있었다. 이는 이른바 10-50비율로 측정할 수 있는데, 이는 하위 10퍼센트에 있는 노동자의 임금 규모를 분포상 중간에 위치한(중위 임금으로 더 잘 알려진) 노동자의 임금으로 나눈 수치이다. 저소득 남성의 지위 하락은 특히 심했다. 1940년대에는 중위 소득자 대비 저소득자의 위치가 남녀를 막론하고 현저히 개선되었다. 그러나 스펙트럼의 하위 극단에 위치한 노동자들의 임금이 증가하는 이 시기의 성과는 20세기의 마지막 25년 동안 모두 사라져 버리고 말았다. 1970년대 정규직 저소득 남성의 임금은 중위 소득으로부터 9퍼센트 더 멀어졌고 1980년대에는 10퍼센트 더 벌어졌다. 이들은 1990년대 초반에도 그만큼 지위가 더 하락했으며 1995년에야 이 하락세가 멈추었다. 그 결과 1990년대 중반 저소득층 남성의 상대 임금은 1975년 수준보다 20퍼센트나 낮았다.

성장률 둔화가 시작된 지 몇 년 지난 1970년대 후반에 임금 격차가 눈에 띄게 증가했으니, 생산성 증가의 둔화가 임금 격차 확산의 배후에 있다고 의심하는 것은 자연스러운 일이다. 생산성 둔화에서 임금 격차로 이어지는 연결 고리는 여전히 확실히 검증된 적은 없지만, 터무니없는 가설은 아니다. 이 책에서 특히 강조한 부분은 바로 혁신 활동이 자본재 가치의 상승을 자극하여 생산성, 임금, 고용을 가파르게 상승시키며 일자리를 직접적으로 창출하기도 한다는 것이다. 제품 개발과 마케팅, 평가 작업은 모두 매우 노동 집약적인 일이기 때문이다. 그러나 여기서 논의하는 현상은 중위 임금 대비 저임금 노동자들의 임금이 떨어지는 현상이다. 첨단 기술 시스템, 즉 정보 통신 시스템의 등장이 대부분의 혁신 기업들이 내건 기술 요건을 높여 놓았다는 것도 가능한 가설이다. 스티브 잡스가 어떤 신제품이 가능할지 여부를 판단하려면 이런 기술들을 이해해야만 했다. 이 새로운 첨단 기술 시스템을 작동하려면 한층 더 숙련된 노동자가 필요했다. 즉, 혁신이 너무 빨라서 하위 노동자들의 상대 임금이 떨어졌다는 것이다. 그러나 생산성 증가율 둔화에 대한 자료를 보면, 혁신의 속도는 경제 전반에 걸쳐 1960년대 중반부터 둔화했으며 오직 1996~2007년 사이에만 일부 회복되었을 뿐이다. 이 논리대로라면 혁신이 그 빠른 속도를 유지했다면 얼마나 끔찍했을지 생각해 보라! 더 현실적인 가설은 혁신을 이끌거나 수용하는 기업들은 그들의 제품 생산 비용을 계속해서 낮춰가므로, 혁신이 멈추면 가격 하락을 중단시켜 하위 노동자들과 대부분의 노동 계급에 그 피해가 돌아간다는 것이다.[8]

8 또 다른 가능성은 소비재 산업의 생산성이 둔화하여 소비재의 자본재 대비 상대적인 가격의 하락 속도도 느려진 한편 자본재 산업의 생산성은 실제로 증가하여, 자본재 가격의 상승 속도를 낮추었을(또는 하락시켰을) 가능성이다. 두 가지 변화 모두 저임금 노동자들에게 이해관계가 더 큰 재화, 즉 자본재의 가격을 기존의 추세보다 지속적으로 낮추는 효과가 있다. 마찬가지로 최근 한 논문은 정보 통신 기술 분야 산업에서의 기술적 진보가 IT장비의 실질 가격을 떨어뜨리므로 고용주들이 지급할 〈수요측 임금〉을 낮추며, 따라서 실질 임금과 고용을 감소시킨다는 것을 보였다. Hoon and Phelps, "Effects of Technological Improvement in the ICT-Producing Sector on Business Activity" 참조.

미국 정부는 1970년대부터 이 불평등 증가 추세를 되돌리거나 현상 유지를 위해 노력했다. 미래를 예언하듯 롤스의 『정의론 _Theory of Justice_』이 1970년대 초에 등장했다. 그가 주장한 경제적 정의의 개념에 따르면 낮은 임금을 최대한 올리기 위해 정부는 보조금을 비롯한 수단들을 사용하여 개입해야 한다. 몇 년 후, 윌버 밀스는 1975년 하원에서 근로 소득 장려 세제EITC의 통과를 이끌었다. 당해 임금 소득이 낮았던 사람은 미래에 부담할 세금에 대하여 현금 급여를 받을 수 있었다. 즉, 연소득 700달러가 1,000달러가 될 수 있었다. 이 정책은 매우 적절한 시기에 도입되었는데, 하위 10퍼센트의 임금이 1970년 말 급락했으며 이 흐름이 1990년대 초반까지 계속되었기 때문이다. 1985년 레이건 세법은 EITC를 수정하여 시작 당시보다 피부양 자녀가 있는 가정에 더 치우치게 되었고, 이에 따라 노동에 대한 보조금이라기보다는 자녀 양육에 대한 보조금으로 성격이 수정되었다. 수정 전이든 후이든 지출은 GDP의 1퍼센트에도 근접하지 못했다.

불평등을 해결하기 위한 노력들은 대개는 소득을 높임으로써 사람들이 노동을 통해 (애덤 스미스가 이야기한) 〈자조〉의 노력을 기울이게 하는 방식이 아니었다. 이 정책들은 고용 여부와 관계없이 저소득층을 경제적으로 보조했다. EITC로 인한 소득 흐름은 저소득층이 받는 수많은 사회 보장 프로그램들(식료품 할인 구매권), 메디케이드(저소득층과 장애인을 위한 의료 보조), 저소득층 주택 프로젝트, 부양 자녀를 가진 어머니들에 대한 지원, 장애인 혜택 및 다른 작은 프로그램들이 만들어 내는 거대한 소득 흐름에 비하면 양동이에 떨어진 물방울 하나에 불과했다. OECD 자료를 보면 이러한 미국의 〈사회 재분배 지출〉은 1960년

GDP의 7.26퍼센트에서 1970년에는 10.21퍼센트로 증가했다. 그러나 1970년대 이 재분배 지출은 GDP 대비 15.03퍼센트로 증가하여 영국 수준에 필적했고, 1980년대에는 21.36퍼센트로 증가하여, 영국을 한참 추월했다. 생산성 정체가 계속됨에 따라 사회적 수당은 증가했다. 미국 인구 통계국의 자료를 보면 정부 지원을 받는 가구에 속한 인구 비중이 1983년 29퍼센트에서 2011년 48퍼센트로 상승했다. 결국 하위 임금이 정체한 반면 비근로 소득은 급격히 늘어난 것이다.

　　1990년에 최하위 10퍼센트 전체가 겨우 150억 달러, 즉 일인당 1,200달러를 벌었다(이것은 같은 해 경제 전체의 노동자 1인당 수입이 25,000달러인 것과 잘 대비된다). 1200만 명의 노동자들이 어떻게 이런 적은 임금으로 생존할 수 있었던 것일까? 이는 같은 해 특히 메디케이드, 식료품 할인 구매권, 주택 수당, 생활 보조금supplementary security income을 비롯한 1500억 달러에 달한 피고용자 대상 전체 복지 급여의 규모를 보면 거의 이해가 된다. 따라서 현재의 사회 보장 프로그램을 통해 수령하는 소득은 최하위 10퍼센트의 임금 소득을 초라하게 보이게 할 정도다. 이러한 지표는 이들이 얼마나 이러한 사회 보장 프로그램에 의존하고 있는지 보여 주고 있으며, 이들은 전체 소득(현금과 현물 소득)의 아주 작은 부분만을 스스로 벌어들인다. 그러나 복지 지원을 중단한다고 해서 이들이 독립적으로 변하지는 않을 것이다. ……이들은 여전히 의존적일 것이며, 그 의존의 대상이 친지들과 자선 단체로 옮겨 갈 뿐이다.[9]

　　9 Edmund Phelps, *Rewarding Work*(1997), p. 23. 이 책은 노동의 가치가 떨어진 것을 회복할 방법을 논하고 있다.

이처럼 노동의 가치가 심각하게 저하되었다. 전일제든 무엇이든, 일하는 것이 좋다고 생각하는 저임금 계층이 줄어드는 것도 어찌 보면 당연했다.

최근 정책 당국자들의 또 다른 대응은 하위 40퍼센트, 즉 전체 인구의 하위 절반에 가까운 사람들에 대한 세금을 거의 폐지한 것이다. 일하지 않기보다는 일하는 쪽을 선택한 사람들은, 즉 대부분 하위 계층에서 상대적으로 임금이 높은 사람들에게는 거의 모든 서구 국가들보다도 낮은 세율이 적용되었다. 거의 명목상에 불과한 소득 세율, 주거용 부동산에 대한 면세, 연방 정부의 부가세 면제 등이 대표적이다. 하위 50퍼센트 계층에서 발생하는 엄청난 재정 적자를 감수하면서, 정부는 하위 계층의 세후 임금, 부, 소비를 그들의 상대 임금이 하락하기 이전 수준으로 되돌려 놓았다. 그러나 이 정책은 하위 절반을 다시 사회에 통합시키고, 생산에 기여함으로써 얻는 수입을 통해 자조 의식을 갖게 하지는 못했다. 미국의 하위 절반은 과거에는 국가 운영에 재정적으로 도움이 되지는 않지만 일은 하는 삶에서, 국가 운영에 필요한 비용을 부담하지도 일하지도 않는 삶으로 옮겨갔다.

이런 손실을 발견해서 뭔가 조치를 취할 수 있었을 때, 그것을 교정하려던 정부의 모든 노력은 하나같이 피상적이었다. 경제는 근본적으로 변했다. 설령 세금 혜택, 사회적 지출, 감세가 실업과 불평등을 예전 수준으로 감소시키는 지속적인 효과가 있었다 하더라도 문제는 있었을 것이다. 혁신의 감소가 경제를 짓누르면, 경제적 삶의 만족도까지 짓누르게 된다. 정부의 정책 수단은 생산성 둔화가 경제적 삶의 구조와 경험에 미치는 영향들을 해결할 수 있는 성격의 것들이 아니었다.

직무 만족도 감소와 직업 안정성 문제. 직무 만족도는 생산성이 둔화한 새로운 시대에 실로 엄청나게 하락했다. 이론적으로 보면, 1970년대 초부터 신제품과 새로운 방법, 특히 아래로부터의 자생적 노력의 결과물들이 등장하는 속도가 떨어지면서 사업 활동으로부터 얻는 보상이 과거보다 적어졌으리라 생각할 수 있다. 직무 만족도를 사용하여 경제 상황이 중대하게 악화되었다는 주장을 검증해 볼 수 있다. 직무 만족도에 대한 가계 조사의 수를 감안할 때 일부 응답에서 1970년대 초 이후에 하락 추세가 발견되지 않는다 해도 그렇게 이상한 일은 아니다. 그러나 압도적으로 많은 조사에서 뚜렷한 하락 추세가 드러났다. 갤럽과 입소스-리드Ipsos-Reid 조사는 〈미뤄 두기 힘들 정도로 일을 즐기고 있습니까?〉라고 질문하는데, 〈예〉라고 답한 사람의 비율은 1955년에는 51퍼센트, 1988년에는 33퍼센트, 2001년에는 23퍼센트였다. 로퍼Roper는 〈일이 가장 중요하고 여가는 단지 재충전을 위한 것입니까? 아니면 여가가 가장 중요합니까?〉라고 묻는데 〈일〉이 더 중요하다고 답한 사람의 비율이 1975년에는 48퍼센트, 1985년에는 46퍼센트, 1995년에는 37퍼센트였으나 2000년에는 34퍼센트에 불과했다. 마지막으로 갤럽은 〈지금 하는 일에 만족하십니까?〉라고 묻는데, 〈만족한다〉고 답한 사람이 1966년에는 약 86퍼센트였으나 1973년에는 77퍼센트, 1984년에는 70퍼센트, 1995년에는 73퍼센트, 2001년에는 70퍼센트로 떨어졌다.[10]

10 AEI Public Opinion Studies, *The State of the American Worker 2009: Attitudes about Work in America*(2009년 8월 21일 업데이트, http://www.aei.org/publicopinion17)에 제시된 훌륭한 여러 조사 결과를 참조. 여섯 개 조사 중 두 개는 1970년대 초반에서 1990년 초반 사이에 직무 만족도가 감소하지 않았다는 것을 보여 준다. 전국 여론 조사 센터National Opinion Research Center는 〈일이 성취감을 주는지〉 물었는데 〈그렇다〉고 답한 사람들의 비중은 같은 시

다른 학자들보다 앞서서 직무 만족도 자료를 연구에 활용한 경제학자들인 데이비드 블랜치플라워와 앤드루 오스왈드도 일반 사회 조사General Social Surveys의 자료를 사용한 분석에서 이 기간에 〈약하지만 체계적인〉하락 추세를 발견했다. 이들은 이것이 정말 놀라운 결과라고 지적하는데, 같은 기간에 물리적 노동 조건은 점진적으로 개선되어 왔기 때문이다. 추세는 성별에 따라 다르게 나타나지 않았다.[11]

생산성 증가가 크게 둔화되면서 나타난 실업률 상승 때문에 근로 의욕이나 피고용인과 고용인의 관계가 일부 악화된 것이 바로 직무 만족도 하락 추세의 원인이 아닌가 생각할 수도 있다. 실제로 실업률은 미국 정부가 인플레이션이라는 괴물을 잡기 위해 노력하던 중 최악의 시기였던 1982년 11월, 12월에 10.8퍼센트까지 치솟았다. 그러나 실업률이 1970년대 초 수준으로 낮았을 때로 범위를 제한하더라도 여전히 직무 만족도의 급격한 하락 추세를 발견할 수 있다.[12]

직무 만족도 하락은 미국에만 국한된 현상이 아니었다. 서유럽에서는 이전에는 직무 만족도의 주요한 원천이었던 내부적 혁신이 1940년

기에 분명한 추세가 나타나지 않다가 2000년대에 들어서 뚝 떨어졌다. 해리스 인터랙티브Harris Interactive가 〈지금 하는 일에 얼마나 만족합니까?〉라고 물었을 때 〈매우 만족한다〉라고 응답한 사람들의 비율은 1974년에 59퍼센트였으며(1978년에 45퍼센트로 떨어진 후) 1984년에도 같았다. 이후에는 이 비율이 감소하여 1994년에는 46퍼센트, 2002년에는 49퍼센트였다.

11 Blanchflower and Oswald, "Well-Being, Insecurity and the Decline of American Job Satisfaction." 저자들은 〈지난 몇십 년간 성차별은 감소했다고 믿어 왔기 때문에 마지막 발견은 예상하지 못한 것〉이었다고 덧붙인다.

12 GSS가 〈지금 하는 일에 얼마나 만족합니까?〉라고 물어본 30세 이상 사람들 중 〈매우 만족〉한다고 답한 비율은 (연간 실업률이 5.6퍼센트였던) 1972년에는 54퍼센트, (연간실업률이 5.5퍼센트로 회복된) 1988년에는 51퍼센트, (실업률이 이 시기의 새로운 평균 수준이 된 5.4퍼센트였던) 1996년에는 47퍼센트였다. Blanchflower and Oswald, "Well-Being, Insecurity and the Decline of American Job Satisfaction", table 1B. 이런 변화가 〈표 9.3〉에 제시되어 있다.

대에 멈추고 1950년대 말엔 궁극적으로 끝났지만, 새로운 제품의 디자인과 새로운 방법의 청사진이 해외, 주로 미국으로부터 흘러 들어왔고 이것이 1950년대 말과 1970년대 초 사이에 그 빈틈을 메웠다. 그러나 1970년대에 미국도 생산성 증가가 둔화되고, 1980년대 들어 유럽 대륙이 이용할 수 있는 해외의 아이디어들이 부족해지자 일자리 감소의 경우와 마찬가지로 직무 만족도를 회복할 수 있는 기회가 급격히 줄어들었다. 그러므로 유럽이 1980년대에 직무 만족도가 예상보다 완만하게 하락한 것은 사실이지만 그것은 이미 직무 만족도가 낮은 상태였기 때문이라고 볼 수밖에 없다. 실제로 WVS가 1980년에 수집한 초기 자료를 보면 영국에서 직무 만족도가 1980~1991년에 심각하게 하락했으며 1991~2001년에도 그만큼 하락했다는 것을 알 수 있다. 이탈리아에서도 1980~1991년에 하락했고, 독일의 하락폭은 다소 덜했다. 이는 결국 유럽의 생산성 저하로 이어졌다. 이탈리아는 1997년, 프랑스는 1998년에 생산성이 급격히 둔화되었다(프랑스는 1991~2001년에 직무 만족도 상승 추세가 나타났으나 2000년대에는 감소했다). 독일은 1984년 이래 저성장 시기를 반복적으로 경험하고 있다.

많은 사람들이 직무 만족도가 하락한 것은 고용 안정성이 하락했기 때문이라고 생각한다. 고용 안정성만 중시하는 사람들이라면 그럴 수 있다. 더 넓은 시각에서 보자. 가계 조사 분야의 일부 전문가들은 직업 안정성도 직무 만족도에 영향을 준다고 주장한다. 이들의 생각 대로라면, 〈내가 하고 있는 일〉에 엄청나게 만족하고 있지만 그것을 잃을까 봐 두려운 사람은 자신의 직업에 만족하지 못한다고 대답하리라는 것이다!(그러나 이는 직업이 아닌 경제 상황에 대한 불만족이라고 하는 것이 더 정

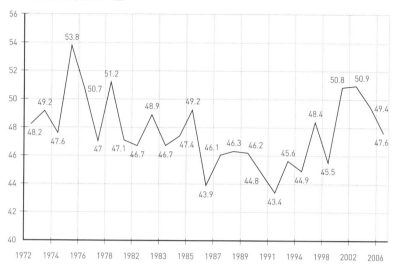

직무 만족도
(매우 만족한다는 응답자의 비율)

그림 9.3 미국의 직무 만족도 추세(1972~2006)
출처: 데이비드 블랜치플라워와 앤드루 오스왈드

확한 것 아닐까?) 어떤 조사에서는 응답자들에게 직업 만족도를 구성하
는 서너 가지 요소를 제시할 때 직업 안정성이라는 요소를 포함시킨다.
직무 만족도와 직업 안정성 사이에 통계적인 관계를 발견할 수 있을까?
관계없는 요소들을 제거해 보면 통계적인 관계가 나타나기는 한다. 그
러나 이러한 통계적 관계가 안정성이 곧 만족으로 이어진다는 인과관계
는 아닐 수 있다. 낮은 직무 만족도와 낮은 직업 안정성은 하급 일자리
가 많은 경제의 특징일 수 있다. 직업 안정성이 바로 직무 만족으로 이어
지는 것은 아니다. 헝가리 사람들의 조사 결과를 보면 직업 안정성은 높
지만 직무 만족도는 끔찍하다. 성과가 부진했던 시기에도 역사적 자료
를 보면 직업의 불안정성 인식도가 크게 하락하는 추세를 보이지는 않았

다. 갤럽은 미국에서 직업이 있으며 〈직업 안정성 측면에서 완전히 만족하는〉 사람들이 조사 첫해인 1989년 45퍼센트에서 2002년과 2006년에는 55퍼센트로 상승했음을 보여 준다(미국 기업 연구소 AEI가 종합한 직무 만족도 자료에서 추출한 이 자료는 이전 시기까지 거슬러 올라가지는 않는다). 일반 사회 조사 결과를 보면 향후 12개월 동안 직업을 잃거나 해고당할 가능성이 〈거의 없다〉거나 〈아주 높지는 않다〉고 생각하는 사람들의 비율이 크게 떨어지지는 않았음을 알 수 있다. (자료가 남아 있는 가장 이른 연도인) 1977~1978년의 91퍼센트에서 1990~1991년, 1994~1996년에는 불과 89.5퍼센트로 떨어졌을 뿐이다. 같은 보수를 받는 다른 일자리를 〈매우 쉽게〉 또는 〈어느 정도 쉽게〉 찾을 수 있다고 생각하는 사람들의 비율은 1977~1978년에는 59퍼센트에서 1990~1991년 60퍼센트로 증가하다가 1994~1996년에는 57퍼센트로 하락했다.[13] 역동성의 상실이 직업 불안정성을 증가시킨 것 같지는 않다.

사실 역동성의 상실이 직업 불안정성을 초래했다는 주장에는 근거가 거의 없다. 생산성이 둔화되면서 슘페터식의 〈일자리 소멸job destruction〉과 〈일자리 창출job creation〉이 함께 감소했다고 생각할 수 있다. 이 예측은 실증적으로도 검증된다. 1989년에는 8퍼센트의 일자리가 파괴된 것으로 측정되었으나, 1992~2000년에는 7퍼센트로, 2002~2007년에는 6퍼센트로 감소했다.[14] 이는 불가능한 일처럼 보이지만 그렇지 않다. 직

13 Blanchflower and Oswald, "Well-Being, Insecurity and the Decline of American Job Satisfaction", table A1, a and b.

14 이 자료는 미국 인구 통계국에서 만드는 사업체 동향 통계Business Dynamics Statistics 에 나와 있는데, 이 자료는 기업의 설립과 폐쇄, 신규 기업, 기업 규모, 연령, 산업 부문 및 각 주별로 일자리 창출과 상실을 측정한다.

업 불안정성은 불황기에 증가한다. 그러나 1990년대 그리고 2000년대의 두 번의 장기 고용 침체는 불황이 지나간 후에 각각 찾아왔다. 회복기, 심지어 정체기에도 일자리가 특별히 더 파괴되지는 않는다. (그 이전의 불황기에는 실업이 늘었다고 하더라도) 그 파괴의 흐름이 이미 지나갔기 때문이다. 역동성의 상실과 하락이라는 대세를 뒤집을 수는 없었지만, 당분간 추가적인 상실과 하락은 없을 것으로 보인다.

1990년대 제조업에서 서비스 및 금융업으로의 구조 전환 과정에서 부진한 성과를 낳는 새로운 요인이 시작되고 있었다. 중공업(내구재 제조업)에 고용된 인원은 1990년대 초에 1150만 명이었고, 이러한 수치는 1990년대 말에도 유지되었다. 그렇지만 비내구재 제조업의 고용 수치는 본래 720만 명이던 것이 2000년에는 670만 명으로 감소했다. 제조업은 노동 집약적, 특히 대학 교육을 받지 못한 노동자들을 집약적으로 사용하므로, 다른 부문에 지출을 늘린 것이 기존의 노동 수요 감소를 흡수할 만큼 새로운 수요를 만들어 내지는 못했다. 고용이 완전히 회복되려면 훨씬 높은 수준의 생산이 필요했다. 고용이 완전히 회복되기에는 충분하지 못한 생산 증가를 흔히 〈고용 없는 성장〉으로 부른다. 제조업의 쇠락은 2000년대 들어 이후 10년간 더 극심해졌으며 이는 최소한 부분적으로는 중국으로부터의 수입 때문이었다. 그러나 한동안은 건설 분야의 호황이 잉여 노동력을 흡수했다(국내 투자, 특히 건설 부문 지출의 증가에 필요한 자원은 국내 저축이 없는 상황이었으므로 국산품 대신 중국 수입품을 구매하면서 확보할 수 있었다. 저축이 감소하고 국내 경기가 좋을 때는 수입 증가로 균형이 맞추어진다. 즉 수출이 줄어들거나 중국으로부터 수입이 증가한다).

마지막으로, 성과가 좋지 않은 시기에는 고용의 등락폭도 커진다. 실업률의 상승 추세는 확인된 바 있으나, 일자리 상실과 그로 인한 이탈도 경제적 성과의 또 다른 측면이라고 할 수 있다. 30년 남짓한 기간 동안 경기 하강이 다섯 번 있었다. (월간 실업률이 9.0퍼센트에 달하던) 1975년의 불황, (실업률이 10.8퍼센트에 달했던) 1982년, (7.8퍼센트였던) 1992년, (6.3퍼센트였던) 2002~2003년, (10.1퍼센트에 달한) 2008~2009년의 대불황이다. 1972년 이후에 경제가 불황에 더 취약해졌다는 추론은 합리적인 것이다. 자전거로 천천히 달릴 경우 넘어질 가능성이 더 높다는 것에 비유하면 친숙한 설명일 것이다. 혁신의 둔화가 생산성과 고용 둔화의 원인일 가능성이 높은 것은 사실이다. 그런데 최근의 논문은 다시 불황이 시작되어 수요가 크게 줄어들 가능성이 높다고 판단될 때, 즉 신제품이 기존 제품에 가려 채택되지 않을 가능성이 지극히 높을 때, 기업들이 혁신적인 활동을 기피하는 경향이 있다는 점을 지적하고 있다.[15]

2008~2009년의 급격한 하강은 그 하락폭이 가장 커서가 아니라(그렇지도 않지만), 경제가 단절적으로만 성장하는 장기 불황의 출발점이 되었다는 것이 특징이다(반대로 1933~1937년에 대공황에서 회복한 것은 회복 속도가 가장 빨랐다. 그러나 경기 저점이 매우 깊은 것은 기초 체력의 문제보다는 오버슈팅[16]때문일 수 있으며, 이런 경우 이후 회복 속도가 빠르게 나타난다). 그러나 2008~2009년의 불황은 모든 영역에

---

15 Aghion and Kharroubi, "Stabilization Policies and Economic Growth"(2013). 경제가 하락세를 보일 거라고 예상하면, 혁신 비용이 여전히 높으므로 (노력해서 혁신을 달성하는 경우에) 미래의 이익은 감소할 것이다. 이와 정반대로 경제가 상승세를 보일 거라고 예상하면 혁신 비용은 여전히 낮으므로 성공했을 때 얻는 이익이 많을 것이다.

서의 회복 기간이 비정상적으로 길었다. 자전거에 다시 비유하면, 빠르게 달리는 주자가 원래 경로로 빠르게 돌아올 수 있듯이 빠르게 성장하는 경제는 불황에 더 강하다. 1949년 불황 때는 미국 경제가 과거의 빠른 성장률을 회복하여 전년도 3.7퍼센트에서 7.9퍼센트로 정점을 찍었던 실업률이 1년 만에 4.2퍼센트로 회복되었다. 1975년 불황 때는 5.1퍼센트에서 9.0퍼센트로 정점을 찍은 후 3년에 걸쳐 6.0퍼센트로 하락했다. 1972년 이후에 미국 경제가 1960~1972년의 황금기에 비해 불황에서 회복되는 속도가 지지부진해졌다는 것은 합리적인 결론이다. 심지어 성장이 빨랐던 1920~1941년에 미국 경제는 불황에 매우 취약하지도 않았으며 만성적으로 극심한 변동을 겪지도 않았다. 미국 경제는 1920년대 말에 투기적 과잉에 따른 극심한 경기 하강 때문에 몸살을 앓았으나, 이것은 정책 오류가 악화시킨 경기 하강이었다.

2008~2009년의 불황을 그토록 강화시킨 일련의 정책들은 널리 알려져 있다. 주로 주택 소유를 확대하기 위한 정부 정책들, 주택 가격이 (다시 팔 수 있을 만큼 충분히 오랫동안) 계속 상승하기만 할 거라는 순진한 생각에 기대어 이익을 창출하려 한 허술한 시도들, 모기지(mortgage, 주택 담보 대출) 업체들의 사기에 가까운 관행, 엄청난 양의 돈을 빌려 모기지와 섞어 패키지로 해외 은행에 파는(《유동화하는originate and distribute》) 행동을 통해 레버리지를 엄청나게 높여 버린 대형 은행들의 관행들이다.[17]

16 overshooting. 경제에 어떤 충격이 가해졌을 때 변수가 장기적인 수준에서 크게 벗어났다가 장기 균형 수준으로 수렴하는 현상 — 옮긴이주.
17 에필로그에서는 지난 몇십 년간 진행된 금융 부문의 타락을 언급한 후 이 책의 관점에서 바라볼 때 필요한 새로운 정책들을 제시할 것이다. 이 책의 본문은 잘 작동하는 근대 자본주의 경

그러나 1975년과 2008~2009년의 불황, 이 시기의 많은 다른 경제적 어려움을 분석해 보면 다음과 같은 것들이 얼마나 큰 영향을 미쳤는지 알 수 있다. 많은 가계가 저축을 급속히 줄이면서 소득을 얼마 남겨 두지 않게 된 것, 국가 경제가 해외로부터 과도한 차입을 하며 국부를 감소시킨 것, 그리고 그에 못지않게 중요한 이유로, 정부가 과도한 부채를 지면서 투자, 생산, 고용을 증가시키기 위해 계속 새로운 시도를 하느라 수입을 바닥낸 것. 이런 방식은 지속될 수 없었고 결국 성과가 사람들의 기대치에 못 미칠 수밖에 없었다. 이 모든 일들 속에 생산성 증가가 둔화되었다는 사실을 사람들은 완고하게 부정했고 미래를 위한 건전한 국내 소비 수준을 평가하는 일도 거부했다. 병든 사회, 유권자들에게 불편한 진실을 말하려 하지 않는 정치인은 그러한 풍조의 산물이다. 대불황 이후 이런 세태가 나타난 것이 필연적이지는 않다. 생산성 증가의 둔화가 사회를 광풍으로 몰아넣어 필연적으로 투기적 과잉으로 이끌게 될 것까지는 누구도 예측할 수 없었을 것이다(이 과잉은 사회를 공황과 마비 상태에 빠뜨릴 수도 있었다). 어쨌든 왜 생산성 둔화가 일어났으며, 이것을 끝내려면 어떻게 해야 하는지 이해하는 것은 중요한 일이다.

제에서 발생하는 다음과 같은 문제들에 초점을 맞추고 있다. 1) 안정성, 경제적 포용성(특히 실업)과 다양한 불평등. 2) 잘 운영되는 경제 체제조차도 겪을 수 있는, 경제적 역동성이 감소할 때 제기되는 문제들. 3) 근대 자본주의가 정치 측면에서 지속될 수 있는지와 도덕적으로 정당화될 수 있는지 여부.

10장 1960년대 이후의 쇠락을 이해하기

(삶은) 예전에는 어떤 것을 하기 위해 노력하는 과정이었다.
지금은 어떤 사람이 되려고 노력하는 과정이다.
— 마거릿 대처, 『철의 여인』에서 인용

일각에서는 전후 황금기를 묘사함으로써 미국의 쇠락을 설명하고자 한다. 황금기에 연방 정부는 노동자들에게 노령 및 장애인 보험과 같은 사회 보장을 제공했으며 주 정부는 실업 급여를 지급했다. 규제는 노동자들과 소비자들을 보호했으며 사람들의 저축을 은행 파산으로부터, 투자를 사기로부터 보호했다. 다각화된 회사들은 실질적인 평생 고용을 직원들에게 제공했고, 충성할 이유를 제공했다. 노조는 해고에 맞서 싸웠고 연공 서열에 따른 권리를 주장했다. 경제가 전반적으로 안정되어 있었고, 실업률은 낮고 안정적이었으며 성장률도 괜찮았다.

이 이야기에 따르면, 그런 황금기는 지나갔다. 기업들은 그들의 단점을 보완해 주었던 온정주의의 외피를 벗어던지고 효율적 경영자 자본주의의 모델이 되었다. 직원들보다 주주를 우선시했고, 온갖 수단과 방법을 가리지 않고 주가를 끌어올리려고 노력했다. 경영진의 성과가 낮으면 기업 매수와 사모 펀드의 먹잇감이 되었다. 나머지 직원들을 살리기 위해 일부 직원은 가차 없이 내보냈다. 이 새로운 흐름에 휩쓸린 정부는 기업 유인을 개선하기 위해 세율을 낮추었고, 세수가 부족해지자 사회 보장 프로그램을 축소했다. 노조는 민간 부문에서 퇴조했다. 이 결과 실업률은 상승하고 노동자들은 불안함을 느꼈으며, 기업도 불확실성을 체감하고 투자자들은 매력적인 투자 대상을 찾지 못했다는 것이다.

안정성을 효율성으로 대체해 버렸다는 이 이야기는 미국이 전후의 코포라티즘으로 돌아가면 성과가 좋아질 것이라는 결론에 이른다. 그러나 이 이야기에 공감하는 사람들 중에서도 일부는 〈황금기〉에 등장했던 사회적 보호 장치들은 미국 경제에 순풍이 불던 시절에만 지속될 수 있던 것이라면서, 그 결론에 대해서 이견을 제시하기도 한다.

좌파가 계속하는 주장은, 20세기 중반의 모델이 지속될 수 있는 것이고, 사모 펀드를 궁지로 몰아넣을 수 있으며, 유럽이 2차 대전 후 폐허로 남아 있고 세계의 절반이 마르크스-레닌주의 국가였던 시절에 미국에서 잘 작동하고 있던 것들이 세계화 시대인 지금도 똑같이 작동할 수 있다는 것이다.[1]

그러나 대부분의 경제학자들은 설사 코포라티즘-공동체주의 모델이 계속 지지를 받았다고 해도 세계적 경쟁, 국내의 인구 변화, 커져 가는 고용에 대한 사회적 압력과 같이 안팎의 힘에 의해 생겨난 임금의 정체 현상을 피할 수는 없었을 것이라고 말한다.

[1] Ross Douthat, "The Benefits of Bain Capitalism", *New York Times*, January 15, 2012.

앞의 포퓰리즘적 설명에는 몇 가지 단점이 있다. 먼저, 전후 시기가 진정한 황금기는 아니라는 점이다. 이 시기 성장률은 전간기에 크게 미치지 못하며, 실업률과 노동 참가율은 1920년과 그 이전에 비해서도 두드러지게 좋은 것은 아니다. 1950년대 직장에서의 혼란은 데이비드 리스먼의 『고독한 군중The Lonely Crowd』(1950)의 주제가 되었다. 세계화가 한편으로 부수적인 피해를 야기하긴 했지만, 일반적인 분석 결과를 보면 어느 정도의 대가에도 불구하고 항상 중요한 이익을 찾아볼 수 있다. 특히 1980~1990년대 두드러졌던 세계 시장의 확대는 미국의 혁신을 자극하는 데 긍정적인 효과만 있었을 것이다. 그리고 중국이 낮은 이자율로 자금을 빌려줄 수 있었던 것도 혁신에 긍정적인 자극을 주었을 것이다. 최소한 미국의 경제 정책이 그 자극을 투기자들과 서브프라임 대출자들의 주택 투자로 돌리지만 않았어도 말이다. 마지막으로, 효율성을 올려 이윤을 증가시키려는 노력은 일자리와 노조 권력이 일부 줄어드는 대가가 있지만 나머지 일자리를 보존하고, 새로운 일자리를 창출하는 데 도움이 될 것이다. 전후 미국 기업들의 코포라티즘적 정신이 역동성을 보장하고 일자리를 만들어 냈다는 생각에는 합당한 근거가 없다. 기업을 우선시하고 소유주의 권력을 강화한 신보수주의적 전환이 산업의 역동성과 일자리 증가율을 저해했다고 보는 것 역시 근거가 없다.

미국의 쇠락을 설명하는 또 다른 이야기는, 더 장기적인, 다른 종류의 황금기가 수십 년 먼저 시작되어 1960년대까지 이어졌다는 것이다. 이 시기에는 대중과 정부 모두가 자유 기업을 지지했다. 규제는 거의 없었으며 충분히 적응할 수 있는 수준이었다. 미국에서 대부분의 세율은 여전히 비교적 낮은 편이었다. 대학 진학률은 세계에서 가장 높았다. 의료 산업에는 새로운 사립 병원이, 교육 산업에는 새로운 사립 대학이 이윤 가능성을 보고 진입했다. 듀퐁이나 IBM 같은 대기업들도 혁신적이었다. 편견이 사라지면서 소수 인종들도 전문직과 사업에 뛰어들었다. 1930년대를 제외하면 성장률도 좋았고 실업률도 낮았다. 이른바 사업의 시대였다.

이 이야기에서도 황금기는 이미 지나가 버렸다. 버섯처럼 생겨나는 규제들이 점차 투자 기회를 감소시켰다. 공립 학교와 가정 환경이 올바로 작동하지 않아서 기업에는 최신 기술로 무장한 사람들이 부족했다 (전화기를 관리할 수 있는 사람을 찾기 힘들었으며, 기업들은 대졸자들이 자잘한 일을 하는 대가로 월급을 지급했다고 한다). 저축과 투자에 대한 세율이 비교적 높은 수준으로 올라갔다. 심지어 소규모 기업들조차 자신이 지는 책임을 제한해야 한다는 압박을 느꼈다. 법인세를 제하고 나면 기업 소득 중 65퍼센트만이 남았고 배당하고 자본 이득에 대한 15퍼센트의 세금을 납부하고 나면 소득 중 55퍼센트만 남을 뿐이었다. 성장률은 낮아졌고 실업률은 상승했다.

보수파들의 결론은 미국이 교과서에 나오는 자본주의로 돌아가야 한다는 것이었다. 고용과 성장을 되돌리기 위해선 경제 규제가 더 적고 단순해야 하며, 법인세율도 극히 낮아야 한다는 것이다. 자본주의에 우호적인 일부 관찰자들은 미국의 사회적 환경에서 그렇게 할 수 있을지 의문을 제기하기도 한다.

대부분의 공화당 후보들은 오직…… 규제를 완화하고 세율만 낮추면 될 것인 양 말한다. 그러나 (이런 조치들) 그 자체로는…… 부모 없고 공동체의 지원조차 없이 태어난 40퍼센트의 사람들이 필요한 기술을 습득하게 할 수 없다. 숙련 노동력을 확보하려면…… 오바마는 이와 다른 정책을 지지해야 할 것이다.[2]

그러나 경제학자들이라면 설령 사회적 제도와 〈공동체적 지원〉을 통해 숙련 노동력을 확보할 수 있다 할지라도, 이것이 임금 증가를 방해하는 시장의 힘(특히 혁신을 옥죄는 힘)을 극복할 수 있을지에 대해서는 의심을 가질 것이다.

이 결론의 기본적인 결점은, 낮은 세율과 극심한 경쟁이 매우 낮은 실업률과 높은 효율성을 위한 필요조건일 수는 있지만,[3] 그렇게 잘 관리되는 경제라 하더라도 낮은 실업률과 높은 직무 만족도를 위해 필요한 높은 역동성의 충분조건은 아니라는 점이다. 이 주장은 앞에서도 제시된 바 있다. 정부 지출을 축소하고 임금 소득과 그것을 지불하는 고용주의 임금 명세서에 붙는 세금을 축소하면 민간 저축이 증가하고 궁극적으로 민간의 부가 증가하므로, 그에 비해 더 이상 월급이 많아 보이지 않을 것이다. 이 논리에 따르면, 이런 개혁을 하더라도 고용은 전혀 늘어나지 않을 것이다.

또 다른 세 번째 이야기에 따르면, 전후에 기업 정신과 개인의 책임감이 사라지면서 가난한 지역과 가정에서 좋지 못한 문화가 자라났고, 사회적 문제를 조장했으며, 자유로운 사업 환경과 사회의 자정 기능이 위

---

2 David Brooks, "Free-Market Socialism", *New York Times*, January 24, 2012, p. A19.
3 일부 관찰자들은 스웨덴과 노르웨이의 경험을 보면 이들이 필요조건이 아님을 알 수 있다고 한다.

협을 받았다고 한다. 이 이야기의 결론은 좌파적이지도, 우파적이지도 않다. 필자는 1997년에 출간한 『생산적 복지*Rewarding Work*』에서 저임금 노동자를 고용할 때 기업에게 누진적 보조금을 주는 체계를 주장했다. 이렇게 하면 고용과 임금을 증가시킴으로써 단시간에 저소득층을 포용할 수 있다. 현재 많은 사람들이 다음 세대에서는 최하위 계층을 현저히 줄이는 것을 목표로 교육과 보육, 공동체적 지원을 개선할 것을 주장하고 있다. 하위 계층 노동자들의 근로 조건을 개선하고 그들의 숙련도를 개선하기 위해 주어지는 보조금은 이들의 고용률과 노동 참가율을 1960년대 하락 이전의 수준으로 되돌릴 만큼 충분하지 않았다. 과거의 자조self-support와 교육 및 육아, 사회적 규범으로 되돌아간다고 해서 경제의 전반적 역동성을 되살려서, 전반적으로 낮은 실업률과 빠른 생산성 및 임금 증가율을 복구할 수는 없기 때문이다.

이 책의 이야기는 근대 경제에 대한 이런 흔한 이야기들과는 다르다. 이 책의 논지는 (살아남은) 근대 경제들의 핵심적 기능이 약화된 것이 경제적 역동성을 크게 상실한 원인이며, 그로 인해 경제적 포용성도 악화되었다는 것이다. 이 이야기는 기업들의 인적 자본(직원의 교육 수준 등) 감소나 약간의 세금 인상을 문제 삼는 것이 아니다. 이 책은 몇몇 근대적 자본주의 경제가 제도적, 문화적 작동 체제의 결함 때문에 약화되었으며 정치인들의 잘못된 처방으로 더욱 약화되었다고 주장할 수 있는 근거들을 발견한다.

이러한 이야기의 결론은 국가의 지출 증대나 규제, 더 많은 자유 지상주의, 또는 교육과 기업의 채용에 대한 더 많은 개입 등의 조치를 요구하는 것이 아니다. 이런 식의 조치들 중 일부는 수용할 수 있겠지만 말이다. 즉 여기서 요구하는 것은, 사회의 가치관과 제도 양 측면에서 역동성에 장애가 되는 장애물들을 제거함으로써 근대적 자본주의를 되살리자고 주문하는 것이다.

쇠퇴의 원인

미국의 근대적 자본주의 경제에 존재했던 역동성(즉 자생적 혁신에 대한 열망과 역량)이 뚜렷이 약화된 것을 무엇 때문이라고 설명할 수 있을까? 혁신주의 시대는 미국 자본주의에 대한 비판이 많았는데, 예컨대 독점 기업의 등장과 같은 것은 분명히 조치가 필요했다. 그러나 이런 비판들은 정적인 자원 배분론에 근거를 두고 있었다. 독점력은 비용 이상으로 가격을 올리기 위해 생산을 억제하고, 따라서 독점 이윤을 창출한다. 단일 기업의 생산에 의해 최대의 경제적 효율이 달성되는 소위 〈자연〉 독점이 공익 사업에서 가격을 규제하려고 도입되었다. 또한 혁신주의자들은 어떤 임금 보조도 있어서는 안 되며 어떤 이자 소득도 과세 대상이 되어서는 안 된다는, 고루한 자유 지상주의적 신념을 비판했다. 그러나 우리가 현 상황에서 역사를 통해 찾고자 하는 문제점들은 이런 것들이 아니라 혁신 역량을 저해하는 요소들이며, 이것이 이 책의 연구 대상이다.

대기업과 뮤추얼 펀드, 은행의 구조적 결함
미국의 기업과 금융을 연구하는 사람들은 1930년대부터 심각한 문제가 존재했다는 사실을 발견했다. 이런 문제들 중 일부가 확산되었고, 한때 기업의 특정한 조직 관리 방식이 효율적 생산이라는 측면에서 효과가 있었지만, 이제는 혁신이라는 관점에서 재검토되어야 한다.

저명한 경영사학자 앨프리드 챈들러는 상위 및 중간 관리자의 〈위계 질서〉 관리 아래 〈여러 제품 라인〉을 가동할 수 있는 〈전문 경영〉의 등장을 설명하면서 경영 혁명이라는 희망찬 표현을 사용했다.

20세기 중반까지 이 기업들은 중간 및 최상위 관리자들을 수백, 심지어 수천 명씩 고용했으며 이들은 수십, 많은 경우 수백 개의 운영 단위를 감독하였는데, 이들 운영 단위는 수만, 수십만의 노동자를 고용했다. ……세계사에서 그렇게 짧은 시간 안에 성장하여 그토록 중요해지고 널리 퍼진 제도는 거의 없었다.[4]

경제적 효율성을 달성하는 〈최소 비용〉 생산 방법은 새로운 경영 방법들에 힘입은 바가 크다. 그리고 이 새로운 방법들은 그 자체로 전 세계의 경영 관행을 바꾼 의미 있는 혁신이었다. 게다가 이런 새로운 거대 기업들의 방대한 규모는 소규모 기업들은 자본을 조달할 수 없었던 급진적이며 새로운 프로젝트에 자본을 공급할 수 있도록 만들었다. 그러나 혁신에 대한 다른 장애물이 등장했다. 전통적 규모의 회사에서는 가장 낮은 수준의 급여를 받는 직원들조차 새로운 아이디어가 떠오른 경우, 최고 경영진은 아니더라도 이것에 관심이 있을 만한 상사를 찾을 수 있었다. 따라서 회사의 직원들은 머릿속을 스쳐 지나가는 생각들에 주의

---

4 Chandler, *The Visible Hand*, pp. 3~4. 슘페터는 1940년대 듀퐁에 감명을 받았지만, 그렇다고 자본주의에 기회가 많이 남아 있다고는 생각하지 않았다. 챈들러에게는 제너럴모터스가 가장 매력적이었다.

를 기울였고, 그 덕분에 새로운 아이디어를 얻게 될 가능성이 더 높았다. 그러나 관리 체계로 짜여 있는 거대 회사에서는 그런 가능성이 없었다.

왜 기업 소유주들이 기업 규모를 제한하고 의사소통을 개선하기 위해 개입하지 않았는지 의아할 수도 있다. 기존 산업에 성공적으로 진입하거나 아예 새로운 산업을 창출했던 대기업들조차 대부분의 대규모 관료 국가에서 일어나는 것과 같은 종류의 자기 거래 문제에 취약했으며, 이는 최고경영자가 최대 주주이자 이사회 의장인 경우에도 그랬다. 다음은 마이크로소프트에서 있었다고 전해지는 일이다.

내 임기 중에도 매우 똑똑한 그래픽 전문가 집단은 스크린에 문자를 표시하는 클리어타입ClearType이라는 방법을 발명해 냈다. ······비록 우리가 이것을 구축한 것은 전자책e-book 판매를 돕기 위해서였지만, 이를 이용해 화면이 있는 기기들과 관련하여 마이크로소프트가 앞서나갈 수 있었다. 그러나 한편으로 이는 우리의 성공 때문에 위협을 느낀 마이크로소프트 내부의 다른 그룹을 들쑤셔 놓았다. 윈도우 그룹의 엔지니어들은 특정한 색상이 사용되었을 때 디스플레이가 엉망이 된다는 잘못된 주장을 제시했다. 오피스 제품군의 총책임자는 클리어타입 때문에 두통이 생겼다고 말했다. 휴대용 기기 부사장은 좀 더 퉁명스러웠다. 그는 클리어타입을 지지하고 사용할 생각이 있었으나, 내가 그 프로그램과 담당 프로그래머들을 그의 휘하에 넘겨주었을 때만 그러겠다는 조건을 달았다. 결국 클리어타입이 회사 내외에서 크게 호평을 얻고, 특허도 받았음에도 불구하고 최종적으로 윈도우에 탑재된 것은 10년이 더 지나서였다.

뛰어난 기업에서도 내부의 경쟁은 흔한 일이다. 이는 잘 활용하면 아이디어들끼리 경쟁하는 일을 장려할 수 있다. 문제는 경쟁이 통제되지 않고 파괴적일 때 발생한다. 마이크로소프트에서는 내부 경쟁이 큰 기득권 집단이 신생 팀을 착취하고 그들의 노력을 경시하는, 불공정한 경쟁을 통해 그들의 자원을 빼앗을 뿐 아니라 시간이 갈수록 그들의 존재 자체를 위협하는 잘못된 기업 문화를 창조하게 되었다. ······이런 마이크로소프트에도 미래가 있는지 의문이다.[5]

이런 문제들은 이사회 의장이나 창립자가 최고경영자까지 겸직하면서 권력을 독점하고 있을 때 나타난다. 클리어타입 논쟁 당시의 빌 게이츠가 그런 경우이다. 창립자들은 복잡한 조직을 운영하는 데 필요한 재능과 시간이 부족한 경우가 많다. 페이스북의 통찰력 있는 창립자 마크 저커버그는 최고운영책임자Chief Operating Officer: COO로 셰릴 샌드버그를 고용했다. 그럼에도 불구하고 조직이 복잡해지고 자신의 이익에 따라 움직이는 중간 관리자들의 분권화 체제에 의존하면서 난점들이 늘어 갔다. 이 다양한 문제들은 혁신을 중단시킬 정도는 아니었지만 그것을 감소시켰다.

대기업들은 가장 열정적인 지도자 아래에서도 잘못 경영될 수 있지만, 창립자도 아니고 지배 주주도 아닌 경영자, 간단히 말하면 전문 경영인, 일명 살인 청부업자의 관리하에서는 결과가 더 나쁜 경우가 많다. 이들이 등장한 후 오래지 않아 전문 경영인이 운영하는 대기업의 지배 구조에 심각한 결함이 있다는 주장이 제기되었다. 고전적인 설명으로 아

---

5 Dick Brass, "Microsoft's Creative Destruction", p. A27. 그는 1997년부터 2004년까지 마이크로소프트의 부사장이었다.

돌프 벌과 가디너 민스가 그들의 1932년 책『근대적 기업과 사적 재산권 *The Modern Corporation and Private Property*』에서 제기한 비판을 들 수 있다. 주식은 기업들로 하여금 많은 주주들이 죽은 이후에나 수익이 날 프로젝트에 착수하면서도 즉각적 자본 이득으로 현재의 주주에게 보상하는 것을 가능하게 한 멋진 장치였다. 이는 사회주의가 따라올 수 없는 장기적 시각long-terminism이 자리 잡게 된 훌륭한 업적이었다. 그러나 대기업의 경영자들은 실제로 그러지는 않을 수도 있겠지만 자신의 이익을 위해 주주를 등쳐먹을 유인이 있다. 즉 더 효과가 좋은 장기 프로젝트보다는 자신의 예상되는 임기 안에 단기적 이익을 실현할 수 있는 프로젝트를 우선시하는 것이다. 이런 관행을 막기 위해 경영자에 대한 보상을 설정하는 이사진들은 주가가 올라가면 보너스로 보상하고 어떤 경우는 주식이 떨어지면 반대로 음의 〈보너스〉를 제공하기도 했다. 그러나 이 경우 경영자들은, 특히 부양가족들이 있는 경우 음의 보너스를 상쇄하기 위해 더 큰 고정 월급을 요구할 것이다. 이는 경영자들이 자신의 입지를 위태롭게 할 수 있는 프로젝트들, 즉 큰 비용이 들어가는 장기 프로젝트를 피하게 하는 바람직하지 않은 유인이 된다. 장기적 시각을 장려하기란 여전히 어렵다. 지배 구조 문제는 때로는 지분을 많이 가진 적극적인 주주 덕분에 해결되기도 하지만, 경영자만큼이나 단기적인 이익에 치중하는 기관 투자자(주주)들 때문에 악화될 수도 있다.

대기업의 단기주의는 최근 뮤추얼 펀드가 등장하면서 더 악화되었으며, 이는 루이스 로웬스타인과 그의 아들 로저 로웬스타인이 다루는 주제다. 헤지 펀드의 이익은 펀드를 갈아타는 사람들보다는 남아 있는 투자자들에게 매우 크게 의존한다. 따라서 헤지 펀드는 보유하고 있는 기업 주식의 가격이 크게 하락할 만한 분명한 위험은 어떤 것이든 피하려는 성향이 매우 강하다. 이 때문에 뮤추얼 펀드들은 기업들로 하여금 다음 분기의 이익 〈목표〉를 공시하고 그것을 맞추는 데 집중하도록 강한 압력을 가하게 된다. 그 결과, 공개 주식 시장에서 주식이 거래되는 회사의 경영자는 장기적인 투자와 혁신을 위한 전략을 짜는 것보다 그의 시간 중 많은 부분을 사용해 분기별 이익 목표를 달성하는 것을 목표로 삼을 것이다.

뮤추얼 펀드는 또 다른 결점이 있다. 광범위한 분산 역량으로 인해 부의 소유주들이 특정 기업과 산업, 기술에 대한 특수한 하이에크적인 지식을 사용하는 대신 그저 몇 개의 펀드에 의존하여 부를 관리하게 되기 때문이다. 과학적인 포트폴리오 분산은 신고전파의 대부인 경제학자 폴 새뮤얼슨에게는 경제적 후생의 엄청난 증가로 보일 테지만, 실제로는 근대적 자본주의가 크게 뒷걸음질하는 것으로, 아마르 비데가 1993년에 지적했듯 〈주식 시장 유동성의 숨겨진 비용〉이다. 현재 상황에서 가장 중요한 것은, 기업들이 변화의 기회를 포착하더라도 주식 가격이 거의 변하지 않을 수 있다는 점인데, 이것은 뮤추얼 펀드가 여러 종류 기업들에 대한 상대적인 투자 비중을 일정하게 유지하기 때문이다. 따라서 미래를 위한 투자와 혁신은 지연된다. 게다가 자신의 투자를 전문가에게 맡기는 사람들은 그 기업에 대한 특수한 지식을 얻고자 할 유인이 덜하다.

더 심각한 것은, 대규모 투자 은행 안에서 근대 경제의 여러 가지 결점이 생겨났다는 점이다. 여러 금융 시장은 한층 정교해졌고 자산의 유동성은 매우 커졌다. 대규모 투자 은행들은 그들의 차입 역량을 (그리고 금융 부문의 전문성을) 기업들과 산업들을 평가하고 새로운 방향의 가치를 판단하기보다는 통화와 정부 채권에 투기하는 데 사용했다. 게다가 리스크가 높은 자산의 양을 늘려 갔다. 기존에는 자신들의 재산을 위험에 내맡기는 파트너들의 연합이었던 은행들이 이제는 공개 주식 시장에 상장된 주식회사가 되어 주주는 거의 통제력을 잃었다. 만약 일이 잘못되는 경우 주주들은 피해를 감수했지만 경영자는 더 이상 파트너도 아니었고 설령 어처구니없는 투자 결정을 하더라도 개인적으로 책임지지 않았다(어떤 측면에서 보면 이것을 카지노 은행이라고 부를 수 없다. 카지노는 사실상 어떤 위험도 지지 않기 때문이다. 그러나 아이러니컬하게도 은행 산업이야말로 대수의 법칙에 의존하여 그 위험을 과학적으로, 정교하게 관리하고 있다고 가장한다).

　은행의 투기 행위는 더 큰 자산 가격 변동과 더 극심한 시장 붕괴의 위험에 경제를 노출시켰다. 은행들은 이자율이 낮을 때 단기 자금을 차입해서 아직 장기 이자율은 그만큼 떨어지지 않았을 때 장기로 빌려주는 것을 좋아한다. 이러면 마치 쉽게 돈을 벌 것처럼 보인다. 그러나 상황이 계속 좋을 수도 있지만, 따지고 보면 이는 사실 〈도박꾼이 파산하는〉 게임에 가까운 것이다. 예상치 못하게 단기 이자율이 상승하게 되면 장기 이자율도 상승하고 채권 가격은 떨어지며 (마치 주택 가격이 장기간 투기 열풍 이후 하락하듯이) 은행들은 차입에 대한 엄청난 손실을 감수하게 된다. 자본주의 경제 체제인 대부분의 국가들은 투자 은행들이 반드시 장기로 빌려 장기로 대부하도록, 따라서 채권이 만기가 되기 전에 회복할 기회를 확보하도록 강제하는 데 실패했다. 이처럼 고삐 풀린 금융 투기의 또 다른 사회적 영향은, 국가들이 자본 통제와 다른 포퓰리즘적 규제를 하게 되었다는 것이다. 이렇게 되면 혁신 역량은 고갈되었지만 생존에 필요한 자본을 보유한 기존 기업들이 살아남기 쉬운 한편, 신규 기업들은 자본을 조달하고 다음 위기가 닥치기 전에 프로젝트를 마칠 수 있으리라는 자신감을 갖기 어려워지므로 혁신이 저해된다(그렇다고 개인, 기업, 은행의 모든 투기 행위를 전면적으로 금지해야 한다는 의미는 아니다).

미국의 상업 은행들(가계와 기업들이 예금을 맡기는 은행들)은 1929년의 금융 위기가 전체 상업 은행의 5분의 1을 파산시킨 이후 생겨난 1933년의 글래스-스티걸법에 의해 많은 측면에서 규제를 받았다. 전직 검사 퍼디난드 페코라는 의회에 은행이 투기 과잉에 책임이 있다는 증거를 제출했다. 이 새로운 법은 상업 은행이 새로운 주식 발행을 다루는 인수 업무와 고객을 위해 주식과 채권을 사고파는 브로커 업무, 그리고 자신의 계정으로 거래하는 업무를 담당하지 못하게 했다. 그러나 1999년에 이 법은 폐지되었다. 이후 몇 년간 시티뱅크나 JP모건 체이스와 같은 은행들은 투자 은행을 설립하거나 매입했고, 대규모 단기 차입을 통해 자본을 늘렸다.

항공 산업에도 은행 산업의 심각한 결함과 유사한 문제가 있었는데, (더 이상 사용되지 않는 개념이기는 하지만) 파괴적 경쟁이라고 불리게 된 것이 그 기원이었다. 항공사가 더 많은 노선에 뛰어들고 은행이 대출을 연속해서 내주는 것에는 간접 경비overhead costs가 다양한 노선, 또는 다양한 자산으로 분산될 수 있으며, 따라서 이익이 증가할 수 있다는 계산이 깔려 있다. 그러나 모든 항공사들이 그렇게 하다 보면 각자의 이익 가능성을 갉아먹게 된다. 2005~2006년의 유동화를 통한 대출 광풍은 추가적인 자산을 취득하지 않는다면 손실이 축적될 것이라는 계산에 기반을 둔 것이었다. 이들은 경쟁자들도 같은 계산을 할 것이라는 점을 생각하지 못했으며, 그 결과 산업이 과대 팽창했다. 결국 이들 산업에서의 반복된 위기로 인해 산업 내 일자리와 이윤이 대거 소멸되었으며 경제의 나머지 부분에도 큰 부담을 지웠다.

은행 산업은 근대 경제의 건전한 작동에 필수적인 비전과 판단력을 사용하지 않으면서 엄청난 자산에 돈을 거는 행위를 통해 근대 경제의 핵심 개념을 위반했던 것이다.

〈돈의 문화〉, 자기 과신, 행동과 생각

1980년대 프랑스의 대통령이었던 프랑수아 미테랑의 부인 다니엘 미테랑은 사망하기 얼마 전에 RTL 라디오와의 인터뷰에서 프랑스의 경제 문화에 대해 신랄하게 비판했다. 〈오늘날 체제의 근간이 돈이라는 것은 모든 사람들이 알고 있습니다. 돈이 권위이고, 모든 것을 결정하죠.〉 그녀가 의도했던 바는, 단지 과거에 비해 돈에 대한 집착이 강해졌다는 것이 아니라 미테랑이나 페탱, 콜베르 집권기의 코포라티즘이 자본주의와 달리 돈으로만 작동하지 않았다는 것이었다. 그러나 실제로는 그런 지대 추구나 보호 체제도, 전근대적인 것이든 근대적인 것이든, 자본주의 체제만큼이나 결국 돈이 문제였다. 오히려 근대 자본주의에서는 코포라티즘과 달리 중심을 잃지 않으면서도 단순히 돈을 벌겠다는 것보다 사회에 기여하고 자신의 족적을 남기거나 흥미로운 사업에 연관되는 등 사회적으로 영향을 끼치고 싶어 하는 사람들이 경제를 주도했다.

심지어 미국에서도 돈은 공적인 삶과 사적인 삶 모두에 있어 정말 많은 사람들을 매혹한다. 상위 1퍼센트 소득자들이 자신의 세금을 낮추는 데 쏟는 열정과 (언론을 통해 벌어지는 논의가 맞다면) 하위 99퍼센트가 국가 권력으로 상위 소득자들의 소득을 손보려는 열망은 관찰할수록 인상적이다. 여기서 역동성의 감소 원인을 찾고 있는 우리의 의문은, 1960년대나 1920년대에 비해 돈이 매사를 〈결정〉하는 정도가 더 심해졌느냐는 것이다. 유명한 철학자 존 듀이는 1920년대 미국에서의 돈의 역할을 주의 깊게 관찰했다(그는 회사에 참여하는 거의 모든 사람들이 기업 활동에서 창의적이고 지적인 그리고 감정적인 역할을 거의 하지 않고, 오직 경영자만 그 능력들을 발휘한다고 생각했기 때문에 〈새로운 개인주의〉를 촉진하기 위한 직원 조합을 만들자고 제안했다. 그렇지만 그는 상상력과 지성, 감성을 공론화시켰다는 점에서 중요한 인물이었다. 과정이 중요하며, 희망하는 목표가 수단을 정당화할 수는 없다는 것이다). 듀이는 1929년에 다음과 같은 글을 썼다.

우리는 돈의 문화 속에서 살고 있다. ……돈을 두고 벌어지는 경쟁에서 제자리를 지키거나 앞서 나갈 수 있는 능력에 의해 가치가 매겨진다. …… (노동 계급) 부모들의 주된 목표는 그들의 자녀를 사업 및 전문직 계급으로 진입시키는 것이다. ……가장 많은 보상을 받는 개인적 자질은 자신이 잘할 수 있는 일을 정확히 내다보는 비전과, 그것을 어떤 대가를 치르고서라도 달성하려는 굳은 의지이다.[6]

나아가 듀이는 이 새로운 〈돈의 문화〉가 어떻게 생겨났는지 제시한다.

6 Dewey, "The House Divided against Itself," *Individualism Old and New*에 재수록됨. 이 구절은 6쪽에 등장하며, 그다음 구절은 9쪽에 등장한다.

금전적 이윤에 이끌리는 산업과 기업의 존재는 새로울 것이 없다. ……
이들은 먼 과거부터 우리 옆에 있었다. 그러나 그들은 기계의 발명으로
인해 과거에는 없었던 강력하고 광범위한 영향력을 갖게 되었다. ……우
리는 기계와 돈이라는 새로운 조합에 의지하고 있으며, 그 결과는 우리
문명의 금전적 문화라는 특성이다. ……개인주의라는 사상 자체가 금전
적 문화에 순응하는 식으로 왜곡되었다.

듀이의 주장은 다른 방식으로 해석할 수 있다. 매출로 측정되는 시장
의 규모가 최상위층의 월급을 올려 그중에서도 최고 수준의 월급을 받
고 싶은 욕망을 고조시킨 것처럼, 최고경영자, 은행가, 투자자 등과 같이
세율상 최상위층에 대한 레이건의 감세는 1990년대의 돈을 향한 광풍에
기름을 부었고, 이 광풍을 2000년대 부시의 감세가 다시 자극했다.[7] 듀
이의 관점을 적용하자면 〈돈의 문화〉는 1970~1980년대에 (상하이부터
뮌헨, 실리콘 밸리까지) 세계화와 1990년대 정보 통신 혁명으로 인해 전
세계에서 힘을 얻었을 것이다. 기업들이 전 세계로 뻗어 나가고 수십억
달러씩 버는 사람들이 나타나면서 이는 자연스레 더 많은 기업들과 사
람들의 상상력을 자극했다. 1960년대 주식 시장에서 엄청난 이익을 챙
긴 사람들, 1980년대 기업 사냥을 통해 이익을 챙긴 사모 펀드, 1990년
대 닷컴 거품 시절의 투기 열풍은 끊임없이 엄청난 이익을 챙길 수 있음
을 보여 주었다.

7 이 감세는 최상위 계층의 세율을 높이는 것이 세수 면에서 효율적이지 않다고 주장한
1973년 펠프스의 논문과 1976년 에프라임 사드카의 논문의 의도하지 않은 결과물일지 모른다.
이 논문들은 최상위층 세율을 내리면 사람들이 자신의 소득을 높이려 할 것이고 결과적으로 기
존 세율에서보다 더 많은 세금이 걷힐 것이라고 주장했다.

이 장에서 다루는 문제는 〈탐욕이 정당한가〉가 아니다. 무엇이 정당한가는 다음 장에서 다룬다. 이 장에서 다루는 문제는 1970년대 초반에 거대한 재정적 자극과 규제 당국의 태만, 투기 열풍에 더하여 미국 경제에 분명히 진행되고 있었던 저성장, 고실업 및 낮은 직무 만족도 같은 경제적 하락세를 돈과 부에 대한 고조된 열망이 설명할 수 있는지의 여부다. 답은 그렇다는 것이다. 부의 추구가 혁신의 추구와 경쟁했으며, 그 결과 많은 사람들이 혁신으로부터 떠나갔다. 또한 투자자들과 경영자들은 빨리 벌 수 있는 돈에 더 많은 관심을 가졌다. 그로 인해 금융 부문은 차입 투자를 통해 전통적인 부문인 주택 대출과 정부 채권 및 외환 시장에 엄청난 판돈을 걸었고, 자산 담보부 증권asset-backed securities과 신용 디폴트 스와프credit default swap와 같이 기존 지식이 없는 영역에도 뛰어들었다. 이 때문에 기업의 확장과 투자가 줄어들었다. 고소득에 이끌려 유능한 젊은이들이 더 많이 금융 부문으로 진출했다. 상당한 양의 자본이 기업 부문에서 빠져나와 금융 부문으로 흘러 들어갔다. 이것은 전 세계적으로 전개된 일이었으므로, 해외 저축을 통해 충분한 자금을 조달하는 것도 불가능했다. 필연적으로 국내 기업 투자 중 일부는 사라질 수밖에 없었다.

여러 번 언급된 미국 사회의 과도한 소송 증가의 이면에는 돈에 대한, 거의 집착에 가까운 관심이 있다. 다른 사람들의 재능이 부러운 사람들은 자신이 할 수 있는 일이 없다는 점을 알고 있지만, 다른 사람들의 부가 부러운 사람들은 그들을 고소할 기회를 얻거나, 필요하다면 심지어 만들어 낼 수도 있다. 소송 문화로 인해 혁신적 경제에 존재하던 역동성이 일부 상실된 것은 분명하다. 자신의 시간과 에너지를 다른 사람들을 고소하는 데 사용하는 사람들은 혁신을 위해 사용할 시간과 에너지가 부족하다. 한 실리콘밸리 기업가는 오늘날 신생 기업들에 엔지니어만큼이나 많은 변호사들이 필요하다고 말했다.

이 외에도 여러 사람들이 현대 사회의 지배적인 문화가 변하게 된 다른 원인들을 언급했다. 사람들이 어떤 사회적 지위에 도달하는 것이 아닌 무언가를 하는 것에 열정을 쏟았다는 대처의 말은 깊은 울림을 남긴다. 사회적 지위가 지배하는 문화에서는 사람들은 다른 사람들보다 앞서서 더 높은 순위를 차지하기 위해 노력하지만, 미끄러운 기둥을 올라가며 생산되는 것은 아무것도 없다. 실제로 무슨 일을 해냈는지는 인정받지 못한다. 이런 문화는 결단, 판단력, 관심과 같이 높은 성취를 이룬 사람들이 일반적으로 갖고 있는 정신적 자산의 가치를 떨어뜨리는 한편, 평범하거나 낮은 수준의 것들, 예컨대 일상적 버릇과 잘못에 지나치게 가혹한 잣대를 들이댄다. 근래 쓰인 몇몇 위대한 사람들의 전기들을 보면, 주인공의 실패와 잘못을 장황하게 서술하는 패턴이 발견된다. 에드윈 허블, 에드워드 호퍼, 알프레드 히치콕의 전기들이 그 예다. 최근에 쓰인 토머스 제퍼슨의 전기들은 이런 문제를 더 잘 드러내고 있는데, 이들은 제퍼슨을 대외적으로는 지속적으로 노예제에 대한 혐오감을 표시하면서도 정작 집에서는 노예제를 유지한 인물로 묘사한다. 일부 비평가는 주인공이 인정받고 존경받게 된 성취들보다 비판을 가하는 데 더 많은 지면을 할애하기도 한다. 아이러니하게도 비평가들은 최근 마거릿 대처의 전기 영화 「철의 여인Iron Lady」을 〈대처의 개인적 삶에 대한 연민〉으로 보았지만, 이 영화가 대처의 일생을 따라가며 주요 장면과 연설 그리고 그 시대 정치와 경제, 사회에 대한 논평을(〈무언가를 하려는〉 열망에 대한 강렬한 언급을 포함하여) 풍부하게 보여 주고 있음에는 주목하지 않았다.

그러나 미국 사회의 기풍은 계속해서 최저치를 갱신하고 있다. 최근 몇십 년간 자신을 과신하고 권리만 주장하는 문화가 발전했다. 한때 아이디어를 끊임없이 시험하던 연구자였던 많은 학자들은 이제 스스로를 매우 높이 평가하여 연구도 하지 않으면서 거드름을 피운다. 전화 판매원과 스팸 메일을 발송하는 사람들은 마치 자신들의 급한 상황이 상대방의 불편을 정당화하기라도 하는 듯 막무가내로 연락한다. 10대 소녀들은 자신의 존재감을 강화하려는 듯 애완동물처럼 아이를 가진다. 자신에게 권리가 있다는 생각의 확산은 사회 안전망 지출이 계속 증가하는 이유를 잘 설명할 수 있다. 사회 안전망 지출이 증가하면서 사람들은 개인적으로 감당할 수 없는 경우에도 무작정 경제적으로 독립하려고 하고, 직원들의 성실성과 참여도 또한 떨어지고 있다. 이러한 태도로 인해 신규 기업들이 주도적이고 친절하면서 성공에 필수적인 집중력과 판단력을 발휘하는 직원을 구하는 일은 점점 어려워지고 있다. 자신을 과신하는 문화는 위에서 언급한 소송 증가의 또 다른 원인이기도 하다.

미국을 관찰한 많은 사람들은 사춘기 문화라는 것이 등장했다고 언급하고 있다. 모험적 성향의 감소가 관찰되지는 않는다. 사춘기 때 종종 위험을 감수하는 일에 이끌리듯, 오늘날 많은 금융 기업들이 〈소 떼를 걸듯이〉 회사의 운명을 건다. 저축을 덜 하는 풍조가 뚜렷이 관찰되기는 하지만, 높은 저축률이 혁신 수준을 높이는 데 절대적인 필요조건이라고는 할 수 없다. 어떤 국가들은 저축을 할 수도 있지만, 저축 대신 다른 투자 활동을 할 수도 있기 때문이다. 그러나 창조적이고 혁신적인 제품을 개발하려면 기업가의 헌신적인 의지가 필요하다. 기업가들이 프로젝트에 필요한 돈을 자신에게 쓰면 아무리 좋은 프로젝트라도 위기에 봉착할 것이다. 그리고 불행하게도 19세기에 성장한 기업들이 보통 성취를 위해 1~2년간 절제하려는 의지를 보였던 것과 달리 그러한 의지는 크게 줄어든 것으로 보인다. 소셜 미디어 부문의 벤처 투자자인 피터 틸은 인터뷰에서 막 시작한 신규 기업 CEO들이 스스로에게 연간 십만 달러 이상을 지불하고 있음을 지적한 바 있다(이는 그가 마크 저커버그를 만나기 이전에 한 말이다. 저커버그는 거의 월급을 받지 않았다). 게다가 독창성을 위해서는 오랜 시간 규칙적으로 깊이 집중하려는 의지와 능력이 필요하다. 이러한 능력은 최근 수십 년간 하락해 온 것으로 보인다. 한 교육자는 엘리 위젤에게 셰익스피어의 「줄리어스 시저Julius Caesar」를 뉴욕 주 고등학교에서 더는 가르칠 수 없으며, 이는 학생들이 그것을 읽을 정도로 주의력을 유지하지 못하기 때문이라고 말했다. 널리 알려진 바와 같이, 오늘날의 젊은이들은 이전 세대에 비해 평균적으로 혼자 있는 경험이 적다. 1940년대 후반부터 1960년 중반 사이 노동 시장에 진입한 사람들 중 많은 이들이 외동딸이나 외동아들이었으며, 따라서 그들은 자라나며 스스로 꿈을 꾸고 생각하는 법을 배웠다. 그 이후로 한 자녀 가정은 드물어졌다. 게다가 혼자 생각할 시간이 그나마 조금이라도 남아 있던 사람들은 이제 〈인터넷상 자기만족의 경제〉인 소셜 미디어라는 방해물까지 제공받았다. 오늘날의 젊은 세대는 블로그와 이메일, 트위터를 통해 지속적으로 연결되어야 한다. 이는 사고의 감소를 부르고, 순응주의를 강화시킨다. 더 많은 사람들이 자신의 입장을 세우기보다 정당이나 종교, 친구들이 취하는 입장을 그대로 받아들인다. 순응주의가 비즈니스 경제의 혁신을 짓누르지 않는 것이 놀라운 일일 것이다.

미국 경제에서 집단이 세를 키움에 따라, 혹자는 집단의 지지를 통해 강화된 안정감이 혁신적 모험을 가능하게 할 것이라고 생각할지 모른다. 그러나 집단은 소득과 고용상의 지위로 측정되는 집단 내 위치를 잃지 않는 것이 중요하다는 생각을 강화시켰을 뿐이다.

이런 새로운 가치관 이외에도, 다른 방식으로 역동성을 잠식한 전통적 가치관이 부활하기도 했다. 가족의 가치에 대한 새로운 관심 때문에, 남성과 여성 모두 최대한 재택 근무하도록 허용해야 한다는 압박이 기업들에게 가해졌다. 회사 내 노동력의 상당 부분이 사무실에서 이탈하게 되자 여전히 사무실에 남아 있던 직원들의 혁신성까지 감소했다. 이것은 어림짐작이 아니다. 최근 한 1면 기사는 재택근무자가 놀라운 비율로 증가했다고 보도하며, 야후와 그 새로운 수장 마리사 마이어가 과거 몇 년간 재택근무자들을 사무실로 복귀시키는 과감한 결정을 했다고 보도했다.[8]

요약하면, 근대적 가치관은 아직 손상되지 않았다. 즉 풍요로움과 개인적 성장이라는 삶의 영양소는 사라지지 않았으며, 이것이 아래로부터의 역동성과 그로 인한 자생적 혁신이 모든 국가가 달성하려는 목표가 되어야만 한다는 이 책의 주장의 기본이 된다. 또한 전통적 가치관이라고 해서 모두 나쁜 것은 아니다. 그러나 사회가 전통적 가치관을 고수하다 보면 그중 일부는 근대적 가치관을 방해함으로써 역동성을 저해할

8 "Yahoo Orders Home Workers Back to the Office", *New York Times*, February 25, 2013. Amar Bhide and Edmund Phelps, "More Harm Than Good: How the IMF's Business Model Sabotages Properly Functioning Capitalism."

가능성이 있다.

국가와 경제 사이 유착의 강화

좌파든 우파든 국가가 수행했던 역할을 비판한 사람들은 모두 정부가 고전적인 역할을 넘어 시장 실패를 교정하고 경제적 불공평을 바로잡는 방식을 지적했다. 정치인들은 정부의 힘을 사용해 선거에서 지지를 얻기를 희망하며 사람들에게 지원금을 나누어주었고, 정당은 회사, 노조, 정치 기금, 부유한 개인들에게 후원을 구하거나 받아서 그 대가로 그들의 특수 이익을 보호했다. 표와 선거 자금을 놓고 경쟁하는 와중에 일부 경제적 비효율과 불공정이 방치되었다. 그렇지만 정부가 정치색을 띠게 되면서 설령 비효율과 불공정이 악화되지는 않았더라도 근대 경제가 역동성을 일부 상실하게 되었다는 점은 아직 논의되지 않은 주제이다.

한쪽에는 국가, 다른 한쪽에는 자본과 노동이 위치하는 상호 관계인 코포라티즘은 다양한 형태와 수준으로 항상 존재해 왔다. 그러나 국가와 경제 사이의 유착이 상당히 광범위해진 것은 최근 10년간 일어난 현상이었다. 6장에서 우리는 노조가 엄청난 힘을 얻게 된 1930년대 미국에서의 코포라티즘의 발전을 되짚어 본 바 있다(전후 민간 부문에서는 수십 년간 상층 및 중간 관리자들과 이들의 부하 직원들을 중심으로 하는 이른바 챈들러적 전환[9]과 함께 노조가 쇠락했다. 그러나 공공 부문에서는 노조가 세력을 확장했다). 또한 1950년대에 강력한 기업이 정부에 상당한 영향력을 행사하게 되면서 나타난 새로운 코포라티즘도 설명했다. 이러한 미국의 변화가 아이젠하워에게는 너무나 명백해 보였고, 그

9 위계적 관리 체계를 갖춘 근대적 대기업의 등장을 일컬음 — 옮긴이주.

는 1963년 대통령직 고별 연설에서 〈군산 복합체〉를 언급하게 된다.

최근에는 이전에 존재하던 것들을 능가하는 의회-은행 복합체가 발달했다. 독자들은 은행이 규제와 요구 사항을 지키는지 감독해야 할 의무가 정부에게 있으므로 이 둘이 적대적인 관계에 있을 것이라 생각할지 모른다. 그러나 은행과 정치적 이해는 상호 이익을 주고받는 새로운 관계에 접어들었다. 이런 관계 중 하나가 은행이 미국 정부의 채무를 보유하고 있는 것이다. 은행은 일반적으로 보유하고 있는 자산에 대응하여 자기 자본을 보유하여, 자산 가치가 아주 급격히 떨어질 때에도 파산하지 않도록 해야 한다. 정부 채무가 마냥 안전하지만은 않다. 정부는 채권 보유자들을 보호해 줄 파산 법원을 거치지 않고도 채무를 이행하지 않을 수 있기 때문이다. 그러나 미국의 은행들은 미국 국채 보유에 대해서는 자기 자본 규정을 면제받았다(그리고 국제 결제 은행의 다자간 합의 사항은 국채에 대해서는 모든 은행들을 자본 규정에서 면제시켜 주었다). 은행들은 자기 자본에 필요한 자본 비용을 아낄 수 있는 이점을 얻는다. 정부는 은행들이 정부 채권 보유 비용의 감소분을 추가적인 국채를 사들이는 데 활용하는 만큼 채권을 높은 가격, 즉 낮은 이자율에 발행할 수 있다는 이점을 얻는다. 한편 정부는 더 규모가 크고 더 장기적인 적자 재정에 재원을 조달할 공공 채무 추가 발행을 위해 점차 더 낮은 이자율에 목을 매게 된다. 더 값싸게, 따라서 더 많이 자금을 빌릴 수 있게 되면서 정당들도 명백한 이익을 얻는다. 2011~2012년 그리스 금융 위기 당시 여러 국가들이 보낸 구제 금융은 그리스 국채를 보유한 은행들에 직접 흘러 들어갔고, 이는 엄청난 수준의 국채 보유에 대한 은행들의 의지와 역량을 보호하기 위한 것이었다. 그러나 국가의 채무에 특혜를 베푼다 해도 사회가 얻는 이익은 없었다. 이는 기업들이 지출과 혁신적 프로젝트에 자금을 조달하는 일을 더 어렵게 만들었기 때문이다.[10] 또한 국가의 채무 불이행 방지를 위한 개입들은 과도한 차입을 통해 자기 자신뿐 아니라 상업 및 금융 파트너 국가들까지 불안정하게 만드는, 그래서 가뜩이나 위험 부담이 큰 혁신을 아예 시도조차 못 하게 막는 국가들에 대해 신용 제공을 제한하는 시장의 기능을 정지시켰다.

이러한 또 다른 관계는 주택 모기지에서 나타났다. 1970년 의회가 당시 존재하고 있던 패니메이Fannie Mae로 알려진 연방 전국 모기지 협회 Federal National Mortgage Association가 다른 기관들이 보증하지 않는 민간 모기지를 사들일 수 있게 하고 프레디맥Freddie Mac으로 알려진 연방 주택 대출 모기지 공사Federal Home Loan Mortgage Corporation를 설립하면서 두 개의 정부 보증 기관government sponsored enterprises: GSEs이 은행 사업에 진입했다. 1992년 조지 H. W. 부시 대통령이 승인한 법안은 〈저소득 및 중간 소득 가구〉를 위한 〈저렴한 주택〉에도 이 정부 보증 기관들이 자금을 대부할 수 있게 했다. 클린턴 행정부는 1999년 패니메이가 서브프라임 모기지에 손을 뻗고 서브프라임 대부자들에 대한 신용 조건을 완화하도록 떠밀었다. 같은 해 의회는 두 정부 보증 기관들이 각자의 영역에서 신규 주택에 대한 모기지의 30퍼센트를 사들이도록 했으며, 은행들은 이들로부터 모기지 채권mortgage-backed securities: MBS 구매량을 늘리라는 압박을 받았다. 2006년까지 패니메이와 프레디맥은 20조 달러, 연간 GDP의 7분의 1에 달하는 모기지를 사들였다. 여기서

---

10 Amar Bhide and Edmund Phelps, "More Harm Than Good: How the IMF's Business Model Sabotages Properly Functioning Capitalism."

정부의 역할만으로는 2008년에 고가 주택의 채무 불이행 비율이 저가 주택의 채무 불이행 비율만큼 높아질 정도로 주택 투기 열풍이 광범위하게 일어난 것을 전부 설명할 수는 없다. 폭락 직전에 주택 가격이 60퍼센트 상승한 것 또한 마찬가지이다. 분명 정부 때문만은 아니고 투기 열풍이 존재했다. 주택 건설을 30퍼센트 늘렸는데 주택 가격이 60퍼센트씩 상승할 이유는 없기 때문에다.

이런 금융 부문의 관계는 정부와 민간의 코포라티즘적 복합체라는 빙산의 일각에 불과하다. 이런 현상이 얼마나 광범위했는지는 7장과 9장에서 인용한, 돌이키기 힘들 정도로 누적된 규제들을 보면 알 수 있다. 통합 의제Unified Agenda 보고서의 자료가 지적했듯이 1997~2006년 사이 매년 80개의 〈현저한〉 규제들이 생겨난다(매 규제는 최소 연간 1억 달러의 비용을 초래한다).[11] 현저한 신규 규제들은 2007년에 이르러 더 가파르게 상승하여, 2011년에는 연간 150개에 이르렀다. 이것은 불길한 조짐으로 그치지 않았다. 1996년 이후 새로운 규제가 누적되어 이미 투자와 혁신에 대한 관심을 상당히 저해하고 있었다. 신규 기업들은 더 커진 규제 덤불 속에서 길을 찾기 위해 더 많은 변호사들을 고용해야 했다.

특허와 저작권 분야에서도 이러한 변화가 진행되었다. 1704년 군주와 귀족들의 문학 작품 주문으로는 더 이상 교육받은 대중들의 독서에

11 이 자료는 반년 주기로 통합 의제의 규제정보센터Regulatory Information Service Center 에서 수집했다. 만약 이 비용이 감소하지 않았다면, 1996년 이후 규제들의 연간 총비용은 2006년 최소 800억 달러에 이르렀을 것이다. 만약 이 새로운 규제들이 계속 80개씩 생겨나면 비용은 2016년에 최소 1600억 달러에 이르며 2026년에는 2400억 달러에 이른다. 2400억 달러는 GDP 가 10조 달러라고 할 때 2퍼센트이며, 15조 달러라고 해도 1.5퍼센트에 달하는 수치이다. 저항이 거의 없을 만한 규제는 소진되었으므로, 새로운 주요 규제는 〈비용 증가〉를 초래할 가능성이 매우 높다.

대한 갈망을 채워주지 못하게 되었다. 소설가이자 경제학자, 무엇보다 당대 지식재산권의 가장 열렬한 지지자였던 대니얼 디포는 문학 작품이 너무나 빠르게 모사되어 누구도 글을 써서는 삶을 영위할 수 없다고(명백한 시장 실패를) 지적했다. 잉글랜드는 1709년 앤 여왕법과 함께 처음으로 저작권을 도입했다. 의회는 1623년 제임스 1세 시기에 이미 독점 회사법과 함께 특허 보호를 입법화한 바 있다. 초창기에는 특허를 보호하는 것이 신제품 또는 방법의 창조를 저해하기보다는 그것을 아주 확실하게 장려하는 효과를 낳았다(첫 특허 보유자에게는 실질적으로 돌아간 혜택은 없었다). 그러나 오늘날 특허는 경제의 앞길을 막고 있다. 기술 집약 산업에서는 특허가 이처럼 뒤엉켜 있어서 새로운 방법의 창조자는 사업을 진척시키려면 엔지니어들만큼이나 많은 변호사들이 필요하다. 제약 산업에서는 과도한 특허 보호가 소송 비용과 약품 가격 상승을 유발하고 있다.[12] 저작권 보호는 최근에야 논쟁거리가 되었다. 문학 및 예술 작품을 생산하는 산업에서는 아직 작가들과 예술가들, 디자이너들을 떠나게 할 만큼 저작권 보호에 의한 장애가 있어 보이지는 않는다. 그러나 혁신의 정도가 클수록 그 사용 폭도 넓어진다는 것은 상기할 필요가 있다. 1998년 의회가 통과시킨 소니 보노Sonny Bono법은 저작권 보호를 20년 증가시켜 창작자 사망 후 70년까지로 연장했는데, 이는 월

---

12 제약회사는 새로운 제품 출시 흐름이 느려진 것이 규제 당국의 약품 심사에 필요한 시간이 길어진 탓이라고 하면서, 따라서 새로운 약품의 특허 보호 기간을 늘리는 것이 자연스러운 해결책이라고 주장한다. 그러나 규제 당국이 새 약품을 승인하는 데 걸리는 시간이 길어지면 새 약품의 숫자가 줄어들고 약품이 시장에서 살아남을 수 있는 기간이 늘어나게 되며, 특허 보호 기간이 길어지면 경쟁 생산자들이 가격을 낮추지 않아서 정작 혁신가들이 독점지대를 잃게 될 가능성이 한층 높아질 뿐이다.

트 디즈니 창작물의 광범위한 사용을 억제했고 음반 회사들이 저작권을 가진 곡들을 여러 곳에서 공연하는 일에 장애가 되었다. 저작권 보호 기간은 또한 디즈니나 EMI와 같은 회사들의 창작물에 기반을 둔 새로운 혁신도 저해할 수 있다. 의원들은 저작권과 특허 보호 기간을 늘리는 데 사적인 이해관계를 갖고 있는데, 이는 이들이 소수의 큰 이익은 나눠 가지는 한편 나머지 사회 구성원 개개인이 떠안게 되는 적은 비용은 지불하지 않을 것이기 때문이다.

정부가 규제나 보호를 제공하는 중요한 행위자인 산업들은 그 밀접한 관계 때문에 특히 더 광범위한 정부 보조를 추구하는 방향으로 변할 가능성이 높다. 루이지 징갈레스가 말하듯 기업들은 〈정부의 영향력을 줄이는 것뿐만 아니라 그것을 회사의 이익에 이용할 수 있는 정치적 영향력을 사용할 수 있는 기회〉를 잡았다.[13] 이는 코포라티즘이 사실상 병렬 경제parallel economy, 즉 공공 부문과 민간 부분 사이의 관계가 호혜적이며 긴밀히 상호 연결된 체제로 전이되는 중요한 방식들을 잘 보여 준다. 코포라티즘 옹호자들은 이를 산업 정책이라고 부르지만 비판자들은 기업 복지corporate welfare라고 부른다.

보조금이 그 자체로 나쁜 것은 아니다. 그러나 보조금, 대부금, 보증 및 세제상 우대 조치까지 (농업을 포함한) 산업에 대한 보조금들은 종종 시장 경제에 부합하는 것인 척하지만 진정한 목표는 지지자들과 의원들의 지인들에게 이익을 주는 것인 경우가 많다. 또한 규모가 적지도 않아서 2006 회계 연도에는 기업 복지에 투여된 금액이 920억 달러에 달했다. 예상할 수 있는 바와 같이 여러 개의 유명한 보조금 프로그램이 파

13 Zingales, *A Capitalism for the People.*

멸적 손실로 악명을 떨쳤다. 1970년대의 초음속 여객기 및 합성 연료 회사, 1990년대의 에탄올 보조금, 지난 5년간 패니메이와 프레디맥에 대한 보조금이 대표적인 사례이다. 물론 할리우드 스튜디오들 같은 많은 기업들도 이런 재앙을 겪었다. 문제는 보조금이 어떤 사업이 생각하고 개발할 만한 가치가 있는지 판단할 수 있는 아이디어맨과 기업가, 금융가와 시장 참여자들이 아닌, 전문적 지식이 없는 정치인들에게 경제의 방향타를 맡겨 버리는 데 있다.

민간과 공공 부문의 유착 관계는 폭넓게 존재하지만 몇 가지 특정 산업들에서는 그 영향력이 훨씬 더 심각했다. 교육 및 보건 산업에 대한 정부의 통제는 뒤늦게야 관심의 대상이 되었다. 이는 더 이상 규제와 보호, 보조금 측면만으로는 설명되지 않는다. 더 유기적이며 개별적이다. 아널드 클링과 닉 슐츠의 최근 논문은 국가의 이런 통제를 설명하고 있다.

보건과 교육은 정부의 지배적 역할이 더 커지는 산업들이다. 그리고 이러한 지배는 이 부문들이 이미 겪고 있는 문제점을 더욱 악화시키는 두 가지 부작용을 초래하는데, 그것은 정부의 영향력이 인위적으로 보건과 교육에 대한 수요를 (이 둘에 대한 상당한 보조금을 통해) 증가시키는 것과, 이 부문들을 그렇지 않았을 경우와 비교해 (시장의 힘으로부터 보호함으로써) 더 비효율적으로 만드는 것이다.[14]

부정적인 영향을 받은 것은 효율성만이 아니다. 특정한 혁신의 경로가 막히기도 하기 때문이다. 20세기 미국 교육과 의료 부문을 선도했던

14 Kling and Schulz, "The New Commanding Heights", p. 10.

사립학교나 대학, 또는 사립 병원에는 이제 신규 진입 여지가 거의 없다. 또한 의사들이 표준적인 절차에서 이탈할 수 있는 여지도, 교사들이 새로운 수업과 교수법을 시도할 여지도 적다.

정치인들이 손을 댄 거의 모든 것에서 선의에 가려졌던 그 〈잠재적 기능〉, 즉 단점을 손쉽게 발견할 수 있다. 대부분의 규제와 보호, 실질적 국유화가 비용뿐 아니라 이익도 있기 때문에 이것을 정당화하는 논리를 만들어 낼 수 있기는 하다. 따라서 이런 궁금증이 생길 만하다. 코포라티즘적 추세는 경제적 역동성을 얼마나 잠식하는 것일까? 다행히도 이런 코포라티즘적 관계가 경제 전반으로 앞에서 이야기한 것처럼 깊고 넓게 확산되어 있다면 여러 종류의 증거가 남아 있을 것이다. 코포라티즘 정부는 여러 개의 위대한 소기업들로 구성된 산업보다는 소수의 거대 기업들로 구성된 산업을 다루기가 더 쉽다는 것을 발견할 것이다. 정부는 이 거대 기업들의 전화번호를 가지고 있다. 지난 60년간 미국 경제에서 산업 집중도가 크게 증가했다는 증거가 존재한다. 금융 분야에서는 소규모 은행들이 위축되는 한편 대규모 은행들이 비대해졌다. 금융 외 부문에서도 경제 활동이 (혁신의 원천인) 소규모와 중간 규모 기업들로부터 대규모 기업들로 극적으로 이동했다는 점을 존 포스터, 로버트 매체스니, 자밀 요나가 정리한 공식 자료가 보여 주고 있다.[15] 200대 기업의 경제 내 총이익의 비중은 1950년대 초반 15퍼센트에서 1960년대 중반 26퍼센트로, 2004~2008년에는 30퍼센트로 급격하게 증가했다(매출액 추세도 이와 비슷하다). 특정 유통 산업에서의 4대 기업의 시장 점유율은 1992년과 2007년 사이에 거의 두 배가 되어 서적은 71퍼센트, 컴퓨

15 Foster et al., "Monopoly and Competition in Twenty-First Century Capitalism."

터/소프트웨어 매장과 일반 매장 두 분야에서는 모두 73퍼센트라는 놀라운 수준에 이르게 되었다. 정부의 규제들 그리고 노조 취업 규칙으로 인해 도심의 업무용 건물을 건축하는 일이 상시적으로 지연되어 새로운 아이디어들이 일부 사장될 정도였다.

게다가 지난 몇십 년간 팽창한 대기업들이 예상을 빗나간 놀라운 성장을 통해 상대적으로 안정되어 있다면, 우리는 경제와 기업, 산업이 안정된 영역(다수의 노동자를 해고하거나 고용하지 않는 영역)에 위치하게 됨으로써 발전하고(신규 기업) 성장하거나(성공한 기업들) 위축되는(실패하는 기업들) 기업들의 영역은 축소되었다는 증거를 발견할 수 있을 것이다. 그러므로 〈그림 10.1〉에서 일자리 소멸이 1989~2007년 사이에 하락 추세를 보이는 것은 놀라운 일이 아니다. 더 많은 노동자들이 기존 대기업들의 품 안에 안전하게 남아 있을 것이기 때문이다. 경제는 급속 냉동의 상태로 이동하는 것 같다! 같은 기간 동안, 일자리 창출의 하락 추세도 분명해서 노동 가능 인구 중 신규 기업이나 성장 기업에 진입하거나 실패 기업으로부터 떠나는 수도 줄었다.[16] 요약하면, 노동력 이동성의 지속적인 하락 추세가 발견되며, 이는 경제적 활력과 경제가 올바른 방향으로 나아갔다면 얻을 수 있었을 과실, 즉 경제적 역동성의

16 덧붙여야 할 것은, 상대적으로 안정적인 이 부분들을 합치면 경제의 대부분이 되므로, 개별 노동자들에겐 적은 양이지만 전체로는 상당한 양의 창조적이고 지적인 일자리를 공급할 능력이 된다는 것이다. 나머지 부분은 훨씬 많은 창조적인 일자리를 공급하지만, 이들은 경제 안에서 훨씬 작은 부분을 차지한다. 2009년 가을에 대기업들이 가격과 판매량 하락으로 인해 공포에 질려 있을 때, 이들은 미래를 내다본, 요즘 용어로 말하자면 〈조직 자본organizational capital〉을 구축하는 프로젝트들을 다수 취소했으며 이런 프로젝트에 종사하고 있던 직원들도 해고했다(이후 전국 통계를 보면 노동자당 산출이 증가했는데, 대부분의 해설가들은 생산 방법이 진보하거나 가격이 개선되지 않았음에도 이것을 〈생산성〉의 증가라고 불렀다).

새로 시작하는 기업들은 줄어들지만…… 신규 기업은 일자리 창출에 중요한 역할을 수행한다.

신규 기업(천)

2006   550   2009   400

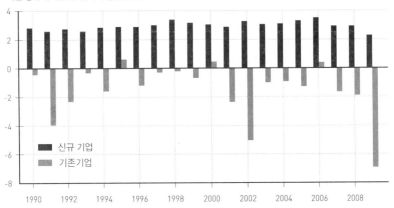

기업 종류에 따른 순 일자리 창출(백만)

신규 기업
기존기업

……그리고 여전히 일자리 창출은 부진하다.

미국의 민간 부문 일자리 창출과 소멸(전체 고용 대비 퍼센트)

일자리 창출

일자리 소멸

그림 10.1 미국에서 신규 기업의 중요성(1990~2009)
출처: 「파이낸셜 타임스」

저하를 보여 주는 신뢰성 있는 지표이다.

위에 언급한 정부의 활동들은 한때 인류의 번영과 성취를 진보시키는 것으로 보였던 국가의 역할이 뒤집힌 것을 보여 준다. 1830년부터 1930년 사이에 운하들과 루이지애나 매입, 대륙 횡단 철도, 공립 학교 등과 같은 연방 정부의 정책과 개입은 자원과 생산성에 대한 고전적 관심에 힘입은 것이었다. 이후 정부의 관심은 기업의 권리 남용 문제로 넓어져 노동자와 채권자, 투자자 보호와 같은 것으로 이어졌다. 가용한 민간 보험을 보충하는 사회 보험 프로그램과 같이 소비의 방향성과 안정성을 목적으로 하는 정책과 개입은 없었다. 이것도 비스마르크가 가졌던 정부에 대한 코포라티즘적 사상이 재부상하면서 변화하기 시작했다. 1940년대 말에 이르러서는 사회 보험으로 분류되는 사회 보장 프로그램이 미국과 영국, 다른 나라들에서 정립되었다. 노인층과 장애인들을 위한 보험(미국의 사회 보장제도)과 의료 보험(미국의 메디케어)이 실업 보험 같은 작은 프로그램들과 함께 확립되었다. 1960년대 말에 이르면 사회 부조로 분류되는 사회 보장 프로그램들, 예컨대 빈곤층의 의료 수요와(미국의 메디케이드) 영양에 대한 수요(푸드 스탬프), 주거 수요를 돕는 프로그램들이 광범위하게 존재했다. 유럽이 〈사회적 모델〉이라고 부르는 것을 통해 의료 서비스의 공급을 사회화하여 병원을 국유화하고 의사를 직접 고용한 반면, 미국의 모델은 의료 서비스를 규제하고, 가격을 설정하며 민간 부문 의사들과 병원들의 서비스에 환급하는 형태로 완전히 코포라티즘적으로 탈바꿈시켰다. 이제 이 모든 것은 지나치게 커졌고 엉망이 되었다.

이런 사회 복지 프로그램들의 규모를 파악하는 사람들은 소수에 불과하다. 1980년대 미국이 유럽보다 사회 지출에 있어 매우 뒤쳐졌다는 것은 사실이다. 1990년에 21개 유럽 국가 정부의 사회 지출은 GDP의 20.5퍼센트였으며 미국의 지출은 13.5퍼센트였다. 그러나 미국은 천천히 유럽 대륙을 따라잡기 시작한 반면 독일과 스웨덴은 2003~2007년에 이 수치가 감소했다. 2000년에 EU의 지출은 여전히 21.5퍼센트였고 미국은 14.5퍼센트였다. 2007년에 EU는 22.0퍼센트였으나 미국은 16.2퍼센트에 도달하게 된다(실업 지원 때문에 2012년 수치는 모두 올라서 각각 24.1퍼센트와 19.5퍼센트가 된다). 미국의 지출 수준은 이제 그 중요성이 매우 커져서, 가처분 소득의 4분의 1에 육박한다. 이는 가처분 소득 중 비임금 소득, 즉 배당금, 이자 소득, 사업상 이익, 토지 지대의 비중과 거의 비슷하다. 따라서 소위 사회적 부로부터 나오는 미국의 소득이 사적인 부로부터 나오는 소득에 근접하게 된 것이다. 뿐만 아니라, 사회적 부로부터 나오는 거의 모든 혜택이 비과세 대상인 반면 사적인 부로부터 나오는 소득은 모두 과세 대상이다.

미국의 사회 복지 지출은 프랑스나 그보다는 덜한 다른 국가들처럼 곧 급격히 증가할 것이다. 현 체제 아래서 베이비 부머 세대의 은퇴가 다가오면서 사회 보장과 메디케어 연간 지출이 크게 증가할 것이다. 또한 베이비 부머들을 대체할 만한 노동력은 존재하지 않을 것이다. 따라서 (〈재량적〉 지출이 감축되지 않는다면) 언제든 두 가지 지출을 위한 추가적인 세입이 있어야 한다. 이렇게 해서 가처분 소득 역시 감수할 것이다. 사회 보장 영역이 노동 영역을 거의 집어삼키게 되는 것이다. 뉴욕의 금융 경제학자인 메리 미커의 추산에 따르면 미국인들의 사회 보장 수급액은 현재 가치로 환산하면 2010년 말 660조 달러에 이르는데, 이는 미국인들의 가처분 소득의 569퍼센트에 달하는 것이다. 이는 미국의 공공 부문 채무를 100조 달러나 초과하는 수치이다. 이런 수준의 사회적 부는 미국인들의 사적인 부를 초과한다(공식 자료에 따르면 가계의 순부의 가치는 2011년 중반 불과 600조 달러, 즉 가처분 소득의 517퍼센트에 불과하다. 자산은 740조 달러이며 부채가 140조 달러다). 따라서 미국의 사회 복지 시스템은 유럽의 사회적 모델이 제공하는 것에 비하면 흔히 미미하다고 여겨지지만 사실은 거대한 체제인 것이다.

한 이론에 따르면 이 정도의 대규모 사회 보장 프로그램은 경제가 계속해서 〈성장〉할 것이라는 가정하에 입법화되었는데, 이는 대불황이 진행되면서 재정 적자가 심각해지자 엄청난 실수였음이 마침내 드러났다. 시 정부와 주 정부의 정치적 개혁을 용감하게 주장해 온 리처드 라비치는 이렇게 말한 바 있다.

미국의 정치는 언제나 더 많은 이익을 안겨 줄 것이라 약속하는 후보자들의 사업이었다. 그러나 어느 순간 갑자기 우리는…… 약속된 그 모든 혜택의 지불 능력을…… 상실했다.[17]

그러나 만들어진 대부분의 사회 보장 프로그램은 계산하에 생겨난 것이다. 심지어 지난 10년간 새로 도입된 수당들도 나중에 비용을 지출하거나 당장은 거의 지출이 없어서 증세가 필요하지 않도록 입법되었다. 이는 닉슨부터 부시 행정부에 이르기까지 거대한 체제가 초당적인 지지

17 Jacob Gershman, "Gotham's Savior, Beaten by Albany", *Wall Street Journal*, December 11-12, 2010, p. A13.

아래 팽창하는 데 기여했다. 메디케어 대상을 병원비에서 약제비로까지 확대한, 부시 대통령이 서명했던 2003년의 법안은 사회 보장 프로그램의 현재 가치에 수십 조 달러를 즉시 추가하는 것이었지만 민주당과 공화당의 지지를 얻었다. 레이건 시기에 노동 계급의 지지 기반이 확대된 것을 기억하는 많은 공화당 의원들은 사회 보장 프로그램에 대한 혐오감을 억눌렀다. 유럽의 사회적 모델을 최대한 받아들이기를 원했던 중산층의 지지를 받는다는 것을 확인한 민주당은 이에 반대하지 않았다.

전통적 가치관은 민주당과 공화당의 정책 입안에 근본적인 영향을 미쳤다. 공화당은 정부의 징세 권한을 내국인에서 외국인으로, 이윤에서 임금으로, 심지어 고소득자에서 저소득자로의 재분배에 사용하는 것을 꺼리는 것으로 알려져 있다. 이들의 신조에 따르면 세입은 보편적 이익을 위해 남겨져야 한다. 그러나 1970년대 이후 리처드 닉슨부터 조지 W. 부시에 이르는 공화당 대통령들은 사회 보험 프로그램부터 모기지 신용에 대한 보조금, 중산층에 대한 학자금 대출까지 정부가 지급하는 다양한 수당들을 보편적 이익에 해당하는 것으로 해석했다.

사회 지출 급증을 설명하는 또 다른 이론은 공공 수당의 증가가 사람들의 소득 증가에 따른 것일 뿐이라는 와그너의 법칙이다. 그러나 1973~2007년 사이의 소득 증가는 그 이전 전후 시기에 비해 둔화되었다. 매우 다른 이론은 사회 보장 프로그램의 상부 구조를 (거대 기업의 등장과 마찬가지로) 조직 발전의 보편적인 현상으로 본다. 이 조직들은 자신들의 목표를 달성하고 가능한 오래 생존할 수 있을 만큼 큰 자원을 얻고자 한다. 일단 정부에 대한 전통적인 제한이 사라지고 나면 공공 기관들의 팽창은 되돌릴 수 없게 된다.

이 거대 구조로 인해 중대한 대가를 치러야 했다. 이는 단지 미국의 낙후되어 가는 기반 시설이나 노동 빈곤층의 고용 및 임금 문제 관련 정책 같은 프로그램을 좌초시키는 데 그치지 않았다. 소비를 보조하는 사회 보장 프로그램이 (그리고 일반적으로는 공공 부문의 소비가) 노동 인구의 경제 활동 참가에 미친 효과는 재정학에서 다루는 고전적인 경제학 사례가 되었다. 이 익숙한 주장에 따르면, 이 수당을 조달하기 위해 소득에 높은 세율을 부과하면 노동 유인이 저해된다(국가로부터 무상으로 수당을 제공받음으로써 절약되는 금액은 단지 세금을 납부하는 데 쓰이지만, 노동 공급을 감소시키면 이 수당에 영향을 주지 않으면서도 세금 납부액을 줄일 수 있기 때문이다).

그러나 사회 보장 프로그램과 고용 사이의 다른 두 가지 연결 고리는 세율과 관계없이 작동한다. 부가 증가하면 경제 활동 참여가(즉 노동 공급이) 줄고 고용이 위축되는 〈부의 효과wealth effect〉가 생긴다는 점을 떠올려 보자. 물론 고용주들이 제시하는 세후 임금(또는 〈순임금net wage〉)의 상승은 정반대 효과가 있어서 사람들을 경제에 참여하게 하며, 따라서 고용을 늘린다. 순임금 대 부의 비율이 (많은 모형에서) 중요한 역할을 하며, 따라서 같은 백분율로 임금과 부가 증가하면 서로를 상쇄하게 된다. 이 비율은 1950년대와 1960년대에 생산성이 다시 빠르게 증가하면서 1950년대 초에서 1965~1975년 사이에 급격히 증가했으며, 1960년대 정점에 오른 고용 수준을 잘 설명해 준다(그림 10.2). 이 비율은 거대한 생산성 둔화 이후 임금 상승률이 낮아지면서 함께 하락하게 되었고, 이는 1979~2008년에 일반적으로 고용률이 낮았던 이유를 일부 설명해 준다(정상 고용 수준을 유지한 1995~1996년은 정상 수준의 임금-부 비

(a)

임금-부 비율

노동력 대비 고용율

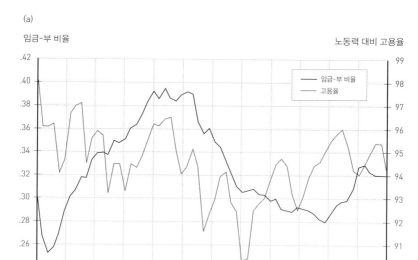

(b)

임금-부 이율

노동 가능 인구 대비 노동 참가율(남성)

그림 10.2 (a) 임금 대 부의 비율과 고용율. (b) 임금 대 부의 비율과 노동 참가율(남성)
출처: 길피 조에가

율과 잘 들어맞는다. 1990년대 말과 2000년대 중반의 극심한 변동은 인터넷 호황과 건설업 호황으로 설명된다). 그러나 우리가 임금-부 비율의 계산에서 사회적 부를 〈부〉의 항에 집어넣어서 분모를 키운다 해도 이는 1995~1996년의 고용 수준과 호황 및 대불황 이후인 2011~2012년의 고용률 사이에 나타나는 차이 중 절반 정도밖에 설명하지 못한다.

다른 연결 고리는 노동 수요를 통해 작용한다. 정부가 미래의 사회 보장 프로그램 지출 증가분을 대부분 정부 채무를 통해 조달한다면, 이 채무를 갚기 위해 세금을 올려야 하므로 (정부가 전쟁 비용을 조달하듯이) 미래의 혹은 현재의 이자율이 상승할 것이라는 예상과, 어느 시점엔가의 기업에 대한 세율이 인상되리라는 예상이 뒤따른다. 심지어 현재 저축하는 사람들조차 미래 소득의 혜택을 더 이상 기대하지 않으므로 현재의 낮은 이자율로 돈을 빌리려 할 것이다. 이런 예상은 다시 주식 가격과 기업들이 생산하기 위해 필요한 기업 자산(공장, 직원, 해외 고객 등)에 매겨진 가치를 짓누르게 된다.[18]

새 사회 보장 프로그램이 가져오는 이런 고용 효과는 이른바 그리스병이라고 불리지만 사실 미국병으로도 불릴 수 있다. 새 사회 보장 프로그램을 위해 도입되는 〈건전한〉 재정 정책은 공공 채무 감소를 위해 세

18 Edmund Phelps and Gylfi Zoega in "Portents of a Darkening Outlook: Falling Equities and a Weaker Dollar Herald Economic Slowdown", *Financial Times*, July 31, 2002. 이 기사는 〈한 국가의 경제 활동에 존재하는 큰 변동의 이면에 있는 동력은…… 비금전적인 기초들이고, 그 중 《노동자들의 부와 사회 보장》도 중요한 기초〉라고 말하고 있다. Phelps, "The Way We Live Now", *Wall Street Journal*, December 28, 2004에서는 초점을 향후 사회 보장 프로그램 지출로 좁혔다. 이 기고문은 인구 변화의 폭탄이 가져올 결과, 즉 15~20년 후 팽창하는 사회 보장과 메디케어 지출을 감당하기 위한 공공 부채가 채권 시장에 넘쳐 날 것이라는 것을 독자들에게 소개하고 있다. 두 에세이 모두 미래의 예상되는 사회 보장 프로그램 지출이 주식 가격과 실질 환율을 짓눌러 현재의 고용을 축소시키고 있음을 강조하고 있다.

수를 증가시킬 것을 선언함으로써 새 사회 보장 프로그램이 사람들의 사회적 부를 증가시키는 만큼 그들의 사적 부를 감소시킬 것이다. 이런 식으로 정부는 새로운 정부 프로그램의 고용과 저축에 대한 부의 효과를 〈중화〉시킬 수 있다. 이는 펠프스의 「경제 성장을 향한 재정 중립성 Fiscal Neutrality toward Economic Growth」(1965)에 처음 제시된 바 있다. 그러나 조지 W. 부시 행정부는 2001년과 2003년의 감세를 통해 반대 방향을 택했다. 2001년에 〈증명되지 않은 감세론〉이라는 기고문에서 필자는 이에 반발한 바 있다.

감세는 공공 서비스의 감축이나 공공 채무 증가의 형태로 미래에 부담을 지우게 된다. 이 부담 때문에…… 감세는 여러 가지 약점을 노출시킨다. 그중 하나는, 부시 정권의 감세 부담이 영원히 지속되는 한편 (노동 공급을 자극하는) 그 효과는 그렇지 않다는 것이다. 시간이 지남에 따라 이 유인 효과는 점진적으로 약해지고, 노동자들과 경영자들이 세후 임금 상승에 따라 부유해짐으로써 구조적인 고용 증대 요인은 사라질 것이다. ……만일 공공 서비스를 줄일 수 없다면, 늘어난 공공 채무를 해결하기 위해 언젠가는 세율이 감세가 없을 경우보다 더 올라야 한다. (그리고) 우리 모두 알고 있듯이, 미래는 나아지기보다는 나빠질 가능성이 높다. …… 부시의 경제 정책은 처음보다 더 나은 나라를 만들겠다는 전통적인 희망을 배신하고 있다. (1950년대와) 1990년대에는 정부 채무를 갚아서 미래에 세율을 낮출 수 있다는…… 개선의 의지가 세율을 높게 설정하는 과정에서 표현되었다. 그러나 현재 연방 정부는 대규모 감세와 함께 지출을 증대하려는 충동을 느끼고 있고 이와 같이 경제 철학에 있어 중대한(사실

우려스러운) 변화가 일어나고 있다.

의원들이 그들이 만드는 사회 보장 프로그램보다 세금 제도를 늦게 손대는 것은 이해하기 어려운 현상이 아니다. 만일 새로운 사회 보장 프로그램을 입안할 때 세금을 눈에 띄게 올린다면, 사회 보장 프로그램은 통과를 위해 필요한 표를 모으지 못할 것이다. 세금을 깎음으로써 그들은 전문가들이 미래의 세금 인상은 별로 필요하지 않다고 조언했다는 인상을 준다. 이는 세금이 낮게 매겨지는 이유 중 하나다.

여기서 마침내 혁신이 등장한다. 우리는 거대한 복지 제도가 사람들의 노동 유인을 감소시켜 시장의 역할을 축소시키는 것을 보았다. 이는 또한 높은 세율(부의 증가 없이)이나 부의 증가(세금의 증가가 거의 없이)를 통해서도 일어날 수 있다. 이는 따라서 민간 기업이 혁신 활동에 참여할 유인 역시 감소시킨다. 스미스가 말했듯이 혁신의 규모는 시장의 규모에 의해 좌우된다. 만약 예컨대 모든 사람들이 일주일에 40시간 대신 30시간을 일한다면 혁신의 총량은 더 느리게 증가할 것이며, 자본의 총량 역시 마찬가지일 것이다.

미국에서 정부의 규모와 범위가 커지면서 자연스럽게 더 많은 세금이 필요해졌다. 소득 면에서 상위 50퍼센트인 사람들이 가난한 사람들에게 제안하는, 정치적으로 다음과 같은 협정이 맺어진 것처럼 보인다. 〈당신들이 교육, 공공사업 등 어떤 형태의 것을 받을지 우리가 결정하는 것에 동의한다면, 우리가 당신 몫의 세금을 감당하겠다.〉 그 결과 주 정부가 교육과 기반 시설에 지출하는 것에 대한 반발심이 생기게 되었다. 만약 납세자 가정이 자신의 두 자녀뿐만 아니라 세금을 내지 않는 가정의 자녀가 낼 수업료까지 추가로 지불해야 한다면 왜 자녀들에게 음악 수업을 시키려 하겠는가? 결과적으로 하위 50퍼센트는 공공 부문 위축을 대가로 불평등 완화 효과를 얻었지만, 이러한 불평등 완화는 어느 정도는 환상에 불과하다.

제도와 가치관, 경제 정책 분야에서 점점 악화되는 상황을 고려하면 미국이 경제적 역동성과, 따라서 (대부분의 경우) 그 결과인 혁신에 있어 심각한 쇠퇴의 징후를 드러냈다는 사실도 당연하게 느껴진다. 혁신의 속도에는 등락이 있었지만, 1970년대 초 이후에는 대부분의 사업 영역에서 잠깐씩 반등한 것을 제외하면 대체로 혁신이 둔화되었다. 반근대적인 가치관과 정책이 등장한 것을 보면, 근대적 가치관이 상대적으로 확고하지 않은데다 처음부터 여러 가지 큰 약점을 안고 있는 노동 인구의 하위 부분에 돌아가는 상대적 보상이 크게 하락하고 상향 이동성마저 하락하게 된 것도 놀랄 일이 아니다.

제2의 전환

이야기의 끝, 그리고 이 책의 정점에 도달하는 이 시점에서 주요 관찰 사항과 추론들을 요약하는 것이 유용할 것 같다.

1970년대에서 2000년대 사이 미국 경제가 작동하는 방식들이 변화한 것은 중대한 의미가 있다(영국, 프랑스, 독일과 같이 다른 근대 자본주의 국가들에서는 이런 변화들이 더 일찍 찾아왔다). 미국 경제의 새로운 작동 방식은 근대적 자본주의가 도래한 1820~1930년의 거대한 전환으로부터 한 세기 반이 지난 시점에서 제2의 전환이 되었다. 첫 번째 형태의 근대적 자본주의에도 정부의 역할은 필요했다. 새로운 땅을 매입할지, 기반 시설 자본을 유상으로, 또는 무상으로 제공할지, 정부 기능을 위해 필요한 수입을 모으는 데 세금이 가장 효과적일지 등의 문제를 결정하는 적극적인 정부와 함께 운용되는 것이 가능했고 실제로 그러했다. 이 근대적인 형태의 자본주의는 근대적 정신을 약화시키지 않으면서도 포용성을 확대하기 위해 기업들에게 저임금 노동자들을 위한 보조금을 지급했다. 그러나 정부가 정치적 영역에서 기본적인 결정을 하는 한편 개인들이 최종 결정을 내리는 사적인 영역도 존재했다. 부를 소유한 사람들, 즉 자본가들은 그들의 부를 어떻게 잘 투자할 것인지를, 상상력이 넘치는 사업가들의 아이디어와 자원이 풍부한 기업가들의 열정에 근거하여 결정해야 했다. 이 근대적 자본주의는 1800년대 고유의, 인상적인 자생적 혁신 역량을 획득하며 최고의 체제가 되었다. 이 체제를 받아들일 의지와 능력이 있었던 극소수 사회들은 비교 불가능한 번영과 폭넓은 직무 만족도, 불가사의에 가까운 생산성을 누렸으며 인간 역사상 처음으로 다수의 빈곤이 종식되었다.

제2의 전환은 암묵적이며 정교하게 다듬어진 형태의 코포라티즘을 미국 경제에 주입했다. 근대적 자본주의는 격리되었으며(의료와 교육 분야도 어느 정도 그런 셈이다) 그것이 존재하던 곳에만 있도록 제한되었다. 이 체제는 비스마르크나 무솔리니의 것만큼 원시적이거나 요란하지는 않았다. 그러나 정치적 본질은 유사했다. 이 체제는 국가와 시장 사이에 선을 긋지 않았으며, 따라서 시장 경제와 경쟁하는 또 다른 경제를 만들어 냈고 이는 혁신을 위협하는 또 하나의 원천이 되었다. 코포라티즘적인 관리형 국가는 중산층의 소득부터 대기업의 이윤과 산업 발전까지 모든 것을 보살펴야 하는 책임을 떠안았다. 코포라티스트들은 이전의 공산주의자들처럼 모든 바람직한 목표들을 대가 없이 달성할 수 있다고 간주했다.

최근까지 근대적 자본주의의 전형이 되었던 국가들에서 근래 나타난 경제적 성과는 재앙에 가까웠다. 그러나 잘 유지된 근대적 자본주의 혹은 〈규제 없이〉 운영되도록 허락된 소위 〈무모한〉 자본주의에 존재하는 불가피한 단점이 진짜 문제는 아니다. 진짜 문제는 새로운 코포라티즘에 있다.

새로운 코포라티즘은 사람들을 참여시키는 일, 빠른 경제 성장, 더 큰 기회와 포용을 만들어 내는 역동성을 옥죈다. (그것은) 역동적인 신규 기업 및 외부 기업을 희생시키는 반면, 무기력하고 낭비적이며 비생산적이지만 연줄이 좋은 기업들을 유지시키기 때문이다. 또한 참여와 창조, 탐색이라는 풍부한 삶보다 소비와 사회적 보험, 기업과 산업의 회생을 우선시하여 추구하기 때문이다. 오늘날 항공사와 자동차 제조사, 농업 회사와 미디어, 투자 은행 그리고 다른 많은 기업들이 어느 시점에서인가 자유 시장의 손에 맡겨지기에는 너무나 중요하다고 판단되어 〈공공선〉이라는 미명 아래 도움의 손길을 받았다.

코포라티즘의 대가는 우리 주변 어디에든 있다. 고객에 제대로 대응하지 못하는 총체적 무능력에도 불구하고 살아남는 문제 있는 기업들, 느린 성장률을 보이는 경화증에 걸린 경제, 매력 있는 일자리의 부족, 청년들을 위한 기회의 부족, 이런 문제들을 가리려는 노력 덕에 파산하는 정부, 그리고 코포라티즘적 거래에서 좋은 위치에 설 만큼 연줄이 좋은 소수에 점

점 더 집중되는 부가 바로 그것이다.[19]

비극적인 일이지만, 세계의 일부분에서는, 특히 북아프리카에서 이 체제는 〈자본주의〉로 불리는데, 그것은 이 지역의 자본이 사적 소유권 아래 있는 것이 사실이기 때문이다. 그러나 이것은 마르크스가 말한 〈자본〉처럼 다른 사람보다 이윤을 먼저 찾기 위한 가혹한 경쟁 속에 있는, 누가 누군지 알 수 없고 인간관계에 의존하지도 않는 자본가들이라는 의미가 아니라, 정치적 권력, 즉 국가의 지도자들과 (거의 같은 엘리트 출신인) 국가가 뒷받침하는 기업의 지도자들 사이의 동맹에 의해 통치되는 체제를 의미한다. 또한 엉뚱하게도 미국과 영국, 서유럽에서 코포라티즘 체제의 옹호 세력과 수혜자들은 최근의 모든 피해를 자본주의의 〈무모함〉과 〈규제의 부족〉으로 돌리고 〈자본주의의 미래〉가 감독과 규제에 달려 있다는, 즉 현실적으로 더 많은 코포라티즘을 요구하는 주장을 제기하는 무분별함마저 보이고 있다.

국가와 사회 사이(국가와 개인 사이)의 유착이 더 심해졌다는 것을 보여 주는 모든 수치 자료들은 새로운 체제를 이끌어 가는 주인공이 기업, 은행, 개인이고 정치인들은 조연인지, 아니면 그 반대인지에 대한 분명한 증거를 보여 주지는 못한다. 2012년의 다큐멘터리 영화 「강도: 누가 아메리칸 드림을 빼앗아갔나?Heist: Who Stole the American Dream」는 기업과 은행을 유일한 주연으로 보고 있다.

---

19 Ammous and Phelps, "Blaming Capitalism for the Ills of Corporatism", *Project Syndicate*, January 31, 2012.

1978년에 연방 대법관 루이스 파월은…… 미국 기업들이 정치와 법에 영향을 미치는 데 더 강한 역할을 해야 한다고 주장했다. ……동시에 그는 대법원에서 기업들이 정치 헌금을 낼 권리를 성공적으로 옹호했다. ……1994년부터 저임금 노동력의 아웃소싱을 장려한 북미 자유 무역 협정North American Free Trade Agreement: NAFTA, 상업 은행과 투자 은행을 분리했던 1999년 글래스-스티글법의 폐기, 비상장 파생 상품의 규제를 완화한 2000년도 상품 선물 근대화법은 금융 기관들이 무모한 경영을 하게 했다. 주요 양당은 탈규제 열풍을 촉진했다.[20]

이런 주장들이 적절한 맥락에서 제기된 것은 아니다. 여기에는 법원이 코포라티즘의 시각에서 오래전 노조에게 부여했고 별 불만이 제기되지 않았던 권리를 기업으로 확대할 뿐이라는 점이 언급되지 않는다. NAFTA는 자유 무역을 향한 진전이라고 할 수 있는데, 자유 무역은 미국과 유럽 사회의 다수에게 중요하게 평가받는 것이었다. 창구 판매가 가능한 파생 상품을 합법화하는 데 있어 미국은 이탈리아에서 개발되고 프랑스 수학자들이 분석한 구조화된 금융 상품을 도입했을 뿐이라는 것도 언급되지 않고 있다. 또한 은행이 혁신과 정부 적자 재원 조달보다는 서브프라임 주택에 목을 매도록 만든 것이 미국 정부라는 사실도 빠져 있다. 사람들을 감당할 수 없는 수준의 소비와 여가로 이끈 것은 정부였다.

그러나 이런 것들은 사실 부차적인 문제에 불과하다. 주주들과 대부

20 이 요약은 Stephen Holden, "Tracing the Great Recession to a Memo 40 Years Ago", *New York Times*, March 1, 2012 참고.

업자들, 부를 소유한 사람들이 갤브레이스가 살았던 1950~1960년대보다 오늘날 일반적으로 정치적 힘이 더 커졌다고 할지라도(갤브레이스는 이 시대에 대기업들이 사회를 주도했지만, 의회가 입법화하지 않았거나 하지 못했던 사회 친화적인 법안들을 희망의 단서로 보았다), 기업 복지, 특혜성 규제 또는 탈규제, 수많은 사회적 보험의 팽창은 모두 선거 지원과 자금 지원에 대한 보상으로 기득권을 보호하고 특수 이익 집단에 영합하려는 일부 정부 관료들과 의원들의 의지와 열망에서 나온 것이었다. 이것은 서로 맞물린 체제로서, 코포라티즘은 정부, 기업 및 노동 단체 사이의 삼자주의에 가까워지기도 했고 노동이 다소 소외된 양자주의에 가까워지기도 했다. 이 체제의 궁극적인 추진력은 자신만 중요하고 자기 이익만 챙기는 경제적, 정치적 문화였다. 때로는 노동이 힘을 얻고 기업이 힘을 잃었으며, 때로는 그 반대가 되기도 했다.

1800년대 중반부터 1970년대 초까지 근대 경제가 성공한 것은 마치 지난 천 년간 이룬 것이 전혀 없어 보일 정도로 인간의 정신을 고양시켰다. 이 승리는 근대적 정신과 활력주의 정신에 고대로부터 이어져 온 물질주의가 약간 뒤섞인 결과였다. 그러나 이는 시간이 흐르면서 정치 영역의 약탈적 행위와 그 문화의 부패, 정치인들의 배신으로 훼손되었다. 비록 세상은 케인스가 말했듯 〈아이디어(사상)에 의해 지배〉되지만, 근대적 자본주의는 여전히 많은 사람들이 이해하는 사상이 아니었다. 즉, 근대적 자본주의의 윤리적 기반과 도덕적 토대는 아직 발전하지 않은 상태였다. 코포라티즘은 많은 사람들에게 더 친숙한 오래된 사상이었다. 따라서 과거에 그랬듯 21세기에도 반드시 아이디어의 경쟁이 벌어질 것이라고는 말할 수 없다. 우리는 100년이 넘는 기간 동안 놀라운 질주 이후 근대 자본주의가 약화되었으며 위험해졌다는 사실을 인식하지 못하고 살아왔다.

우리가 개혁을 시작하려 한다면, 이제 우리의 가치관과 지향점을 자세히 밝혀야 할 것이다. 어떤 종류의 일과 경제적 삶이 가장 보람된 것인지, 어떤 종류의 경제가 좋은 삶을 촉진하는지, 그리고 그것이 어떻게 모두를 위한 정의를 제공할 수 있는지 설명할 수 있어야 할 것이다.

11장 좋은 삶: 아리스토텔레스와 근대주의자

창조적 힘을 사용하는 자유로운 창조적 활동이야말로 인간의 진정한 기능이라는 점에는 논쟁의 여지가 없다. 인간이 이런 활동 속에서 행복을 찾는다는 점이 그것을 증명한다. 이 자유로운 창조적 활동을 위대한 문학이나 예술 작품을 만드는 것 외에 다른 방식으로 할 수 있다는 점도 명백하다. 그렇지 않다면, 극소수를 제외한 거의 모든 사람들이 인류가 누리는 진정한 행복으로부터 배제될 테니 말이다.

— 매슈 아널드, 『비평의 기능』

지금부터 아주 멀지 않은 언제가는, 당신도 점차 나이가 들고 사라져 갈 것입니다. ……당신의 시간은 한정되어 있습니다. 그러니 다른 사람의 인생을 사느라 시간을 낭비하지 마세요. 다른 이들의 생각을 맹신하고 그에 따라 인생을 살지 마세요. 다른 사람들의 잡스러운 생각들이 당신 내면의 목소리와 마음, 직관을 가로막게 하지 마세요. 내면에 귀를 기울이면 당신이 진정 하고 싶은 것이 무엇인지 알 수 있습니다.

— 스티브 잡스, 스탠퍼드 대학 졸업식 연설

과거의 코포라티즘과 새로운 코포라티즘을 지지한 사람들은 모두 생산 부문의 비효율과 인적 자원을 낭비하는 실업, 희생을 요구하는 경기 변동 등과 같은 물질적인 부분을 중시했고, 자본주의를 지지하는 사람들도 보통 그러했다. 코포라티스트들은 코포라티즘 체제가 이런 점에서 근대적 자본주의 체제보다 우월하다고 주장했다. 코포라티즘 체제가 생산성이 더 높고 실업으로 인한 자원 낭비도 적으며, 일자리를 보호해서 개인의 부와 임금, 고용의 안정성도 높아진다는 것이다. 그러나 20세기 마지막 몇십 년간 상대적으로 잘 운영되었던 코포라티즘 경제라 하더라도 기껏해야 잘 운영되는 근대 자본주의 경제와 그럭저럭 비교가 가능한 수준에 불과하다. 이 두 체제 사이에서 선택을 하려면 고전적 정치 경제학의 물질주의적 관점에서 벗어나야 한다. 여기서 근대 경제를 높이 평가하는 수많은 논의들은 도전이 주는 흥분과, 모험과 탐험이 주는 만족감, 성공이 주는 전율과 같은 비물질적인 보상을 강조한다. 잘 작동하는 근대 경제의 모범적 사례를 보면 참가자들은 풍요로움, 자기표현과 개인의 발전이 충분히 가능한 삶의 기회를 얻는다. 코포라티즘은 타인으로부터 사람들을 보호하느라 창조성을 억누르고, 새로운 것을 하지 못하게 하며, 순응하지 않는 자에게는 벌을 주는 신조를 가지고 있는 듯하다.

원활히 작동하는 근대 경제의 강한 역동성 덕분에 이런 특유의 보상이 주어진다. 그 과정에 참여할 수 있다는 것 자체가 보상이다. 정신적 자극을 경험하고, 새로운 문제를 해결하는 도전, 새로운 것을 시도할 수 있는 기회와 미지의 세계를 탐험하는 일의 즐거움이 대표적인 보상이다. 물론 부작용도 있다. 일이 덧없이 끝날 수도, 사업 실적이 불안정해질 수도 있으며, 시도가 무산되거나 궁극적으로 실패를 맛볼 가능성도, 사기를 당할 가능성도 있다. 이런 보상과 위험은 근대 경제의 장단점이라고 할 수 있다.

오늘날의 코포라티스트들은 자신들의 체제 역시 연대감, 안정감, 산업의 평화와 같이 사람들의 정서면에서도 그렇고 객관적으로도 좋은 결과가 있었다고 응수할 것이다. 이들은 이런 것들이 좋은 사회의 기본이라고 지속적으로 주장한다. 그러므로 근대 경제의 보상과 위험이 사람들에게 갖는 중요성을 이해해야 코포라티즘 또는 다른 경제에 비해서 근대 경제가 왜 바람직하고 매력적인지를 이해할 수 있을 것이다(마르크스 본인은 정작 그러지 않았지만, 마르크스주의자를 비롯한 일부는 비물질적인 것은 거의 중요하지 않다고 말한다). 사람들이 근대 경제가 주는 혜택을 원하지 않는다면, 원활히 작동하는 근대 경제를 옹호하기란 힘들 것이다. 따라서 미국에서 일어나는 역동성의 저하 추세를 반전시키기 위해 무엇을 할 것이며, 무엇이 시도할 가치가 있는가라는 문제보다 논리적으로 먼저 해결해야 하는 근본적인 문제가 있으며, 여기에는 직무 만족도의 하락과 다른 기능상 문제들이 분명히 연관되어 있다. 마치 미세 조정보다는 은행 개혁이나 소득세제 개편 문제가 우선하는 것과 마찬가지다.

이 장은 다음과 같은 문제를 다룬다. 두 종류의 경제 체제 중 어떤 것이 사람들이 원하는 것일까? 연대감과 다른 사람을 위한 조화의 체제일까, 탐험을 위한 개인주의적 체제일까? 보호를 위한 체제일까, 역동성을 위한 체제일까? 사람들은 근대성이 나타나기 시작하면서부터, 혹은 그 전부터도 근대적 삶을 원했을까? (다양성과 공평함에 관한 다른 근본적인 의문들이 다음 장의 주제이다.) 한 경제가 좋은 경제가 되기 위해 추구해야 할, 성과라는 측면에서 더 높은 차원(좋은 삶의 차원들)이 있을까?

〈좋은 경제〉와 그 목표인 〈좋은 삶〉에 관한 질문은 정치 경제학에서는 익숙한 주제가 아니다. 다른 이들이 비판했듯이, 사회주의자(좌파)들은 그들이 선호하는 체제가 가장 잘 수행할 수 있다고 믿고 있는, 그 체제의 목표인 바람직한 경제적 삶이 과연 무엇인지 그 개념을 생각해 보지 않았다. 사회주의는 모든 경제를 마치 노동자들이 시간을 투입하면 소시지가 나오는 기계와 같이 생각했고, 그 산출물이 노동자들 사이에 어떻게 나눠지는지에 대해서만 큰 관심을 보였을 뿐이다. 코포라티즘 사상 역시 개인의 좋은 삶에는 관심이 없었으며, 대신 〈타협〉과, 사회적 보험을 통한 부의 분배, 사회적 연대감의 고취를 통해 국내 총생산과 사회적 조화를 추구하는 데 초점을 맞추었다.

경제 체제에 대한 이런 관점들의 문제는, 외형적인 목표를 달성하기 위한 수단 그 자체가 가진 중요성을 간과하는 데 있다. 그 수단들은 매일 제품이 생산되고 일자리가 만들어지는 경제 체제의 과정이자 특성이기도 하다. 이 수단들에는 그 물질적 결과를 뛰어넘는 중요성이 있다. 근대성이 강한 경제들 중 하나를 선택해 살펴보면 다른 경로를 택했을 때 얻는 경험들을 확인할 수 있으며, 따라서 근대 경제가 주는 일련의 보상과 위험도 확인할 수 있을 것이다.

좋은 삶에 관한, 진지하게 고민하고 널리 채택된 견해를 다루는 것이 여러 국가와 세대 간의 선택의 차이를 관찰하는 데 대체 무슨 도움이 되는지 의문이 생길 수 있다. 19세기에 미국은 다른 사람들처럼 유럽에 남아 있지 않고 새로운 모험과 사업에서 〈성공하기를〉 희망하는 수많은 사람들을 이끌어 들였다. 19세기 말에 이민을 온 사람들은 노조를 조직하거나 기업 이윤을 탈취하는 등의 사회주의적, 또는 코포라티즘적 관행에 더 관심이 있었던 것으로 보인다. 20세기 후반에 이르러 사람들은 하나같이 사회의 〈진짜 문제들〉을 해결하기 위해 자원을 동원해야 한다고 주장했다. 그러나 사람들의 선택이 변화했다고 해서 가치관들마저 변한 것은 아니다. 새로운 것처럼 보이는 이런 요구들은 부의 증가라던가 민주주의 확대처럼 새로운 조건이나 역량이 만들어 낸 결과물일 가능성이 있다. 한 세기 전이라면 꿈꾸지 않았을 경제적 안정성을 희구하는 사람들이 근래 몇십 년간 점점 더 늘고 있다. 그러나 이런 희망 사항들은 의도했든 아니든 사회의 변화를 느리게 하는 체제를 선택하는 일이라는 점을 고려하지 않는다. 21세기에 〈경제 선진국〉들의 경제 체제를 비교하고 평가하는 올바른 기준은 사람들의 진지하고 근본적인 열망이다.

인문학은 (특히 철학과 문학, 최근에는 심리학도 포함하여) 가장 근원적인 욕망과 보상에 대해 여러 가지를 말해 준다. 수천 년에 걸쳐 인문학자들은 가장 깊고 오래 지속되는 만족을 주는 삶의 방식에 대해 생각해 왔으며, 여러 가지 흥미로운 점을 간파해 냈다. 좋은 삶에 대한 그들의 통찰을 보면 일단 국가가 그 역량을 갖추면 어떻게 진취적이고 혁신적인 경제의 싹을 틔우게 되는지 이해할 수 있다(단순히 어떠한 제약 조건들이 없다는 사실을 지적하는 것은 충분한 설명이 아니다). 이런 통찰은 진취적, 혁신적 경제를 왜 사회가 뒷받침해야 하는지 정당한 이유를 찾는 데 크게 도움이 된다. 정치 경제학은 인문학으로부터 배울 점이 많다. 그렇지 않으면 근대 경제를 둘러싸고 다시 시작된 논쟁에서 계속 설득력 있는 주장을 제시하지 못할 것이다.

좋은 삶에 대한 인문학의 관점

좋은 삶이라는 관념은 아리스토텔레스가 처음 제시했다.[1] 이는 사람들이 음식과 주거 등 필수품이 채워진 다음, 깊이 생각한 끝에 최대한 선

---

1 다음 네 절은 컬럼비아 대학에서 2007년에 했던 공개 강연 내용을 발전시킨 것이다. 이는 이후 기념 논문집 *Arguments for a Better World: Essays in Honor of Amartya Sen*, K. Basu and R. Kanbur (eds.), Oxford: Oxford University Press(2009)에 수록된 필자의 논문을 쓰는 데 바탕이 되었다. 이 장은 강의 내용을 수정, 삭제하고 발전시킨 것이다.

택하고자 하는 삶을 의미한다. 오늘날에도 독자가 많은 『니코마코스 윤리학』에서 그는 어떤 목표의 수단일 뿐인 삶과 그 자체로 목적인 좋은 삶을 비교한다.[2] 그의 주장을 옮겨보면, 사람들이 음식을 필요로 하는 것은 에너지를 얻기 위한 수단이기 때문이며(직접 생산하든 외부의 음식을 얻기 위해 생산물을 교환하든), 에너지가 필요한 것은 주거 및 피난처를 건설하기 위한 수단이기 때문이고, 주거와 피난처가 필요한 이유는 습기와 한파로부터 자신과 수확물을 보호해야 하기 때문이다. 맛있는 음식이나 고급 의상, 벨칸토 오페라 등 모든 최종재가 우리의 계획과 활동의 종착점이다. 아리스토텔레스는 각자 다른 최종재로 귀결되는 다양한 〈활동〉의 순위를 매기는 데 관심이 있었다. 아리스토텔레스는 〈가장 중요한 재화〉가 무엇인지 판단하는 기준을 만든 사상가들에게 공로를 돌렸다. 그의 목표는 최소한 이 사려 깊고 진지한 사람들이 자신의 선택을 통해 보여 준 바를 통해 그 순위를 설명하고 해설하는 것이었다.

아리스토텔레스는 일정한 양의 〈돈벌이〉가 사회에 〈강요된다〉고 인식했다(1096a). 이런 인식은 그가 엘리트만 좋은 삶을 누릴 수 있다고 믿었음을 시사한다. 실제로 그는 당대의 가난한 사람들은 여기에 해당하지 않음을 암시했다. 그러나 사회에서 가장 지위가 낮은 사람들이 절대로 좋은 삶을 얻을 수 없다고 말한 것은 아니었다(그렇게 믿을 이유도 없다). 아리스토텔레스는 또한 (그의 스승 플라톤이 노예로 팔릴 수도 있었듯) 노예들이 일반적으로 강압에 의해 노예가 되었으므로, 그들이라고 해서 가장 중요한 재화에 대해 타고난 욕망이 부족할 것이란 생각

2 관례를 따라 쪽 번호는 이매뉴얼 베커의 고전판 아리스토텔레스 선집(1831)을 사용했다. 『니코마코스 윤리학』1999년도 출판본도 도움이 된다.

에 근거가 없다는 점을 강조했다.

아리스토텔레스가 의미한 바는, 어떤 사람이 무인도에서 〈좋은 것〉을 평생 추구한다고 할 때 설사 그곳이 아주 풍요로운 섬이라 할지라도 〈도시에서〉, 즉 사회 안에서 좋은 것을 추구하는 일에는 일반적으로는 비할 바가 못 된다는 것이었다. 따라서 그는 사람들의 아이디어들 사이의 상호 작용과 보완성이란 것이 사회에 존재한다는 것을 인식하고 있었던 것이다. 따라서 〈우리는 좋은 것이 무엇인지, 최소한 대강이라도 이해하려 노력해야 한다〉(1094b)는 것이다. 이러한 직관은 좋은 삶이 일종의 자유라고 주장하는 자유의지론에 비교할 때 약점을 드러낸다. 완전한 자유가 있지만 범죄와 혼란, 마약의 문화가 대부분을 혹은 모든 이들을 불행하게 하는 사회도 존재할 수 있다.

아리스토텔레스의 가장 훌륭한 구절들은 무엇이 좋은 삶이고 무엇이 아닌지 설명하는 내용이다. 정치적으로 올바른 것을 행한다고 해서 좋은 삶은 아니다. 그는 이것이 정치인들의 목표일 수는 있으나, 〈우리가 추구하는 바가 되기에는 너무 추상적이다. 그것이 정작 그러한 정치의 대상이 되는 사람들의 의사보다는 정치하는 사람의 의사에 좌우되기 때문이며, 반면 우리는 좋은 것이란 우리 자신의 것이며, 타인이 빼앗을 수 없는 것임을 직관적으로 믿기 때문이다〉라고 하였다. 다음으로 그는 좋은 삶이 미덕으로 구성되어 있는 것도 아니라고 주장한다. 우리가 좋은 삶을 잘 추구하기 위해서는 몇 가지 미덕이 필요하지만, 미덕은 그 자체로 충분한 것이 아니다. 우리가 우리의 행복에 이르는 올바른 길에 대해 알지 못한다면 고결하면서도 불행할 수 있다.

따라서 사람들에게 좋은, 삶의 방식이란 것이 있다. 국가와 인간에게 있어 좋음, 선의 구체적인 개념이 무엇이든 간에, 좋은 삶은 언제나 사람들이 각자 살아가는 방식 속에 추구하는 마음과 감정의 내적 조건 또는 상태를 의미한다[이런 상태를 가리켜 아리스토텔레스는 그리스어 유다이모니아Eudaimonia(1095b)라는 단어를 사용하는데, 정확한 의미는 아래 제시한다]. 좋은 삶이라는 생각은 인본주의적 정신을 담고 있다. 이것은 사람의 기능이란 자원을 활용하여 생존하고 재생산하여 다음 세대 역시 생존하고 재생산하는 일을 무한히 지속시키는 것이라는, 몇몇 종교들처럼 신의 뜻에 따르는 삶과는 다른 사상이다. 두 가지 사상은 신에 대한 의무로서의 삶과 스스로에게 가치 있는 삶이라는 점에서 차이가 있다. 이런 점에서 기원전 4세기의 아리스토텔레스의 저작은 기원후 1300년대의 유대 학자들이나 이후 성직자들의 저작과는 매우 다른 입장을 취하고 있다.

쾌락주의자로 받아들여지는 것을 피하기 위해 아리스토텔레스는 다음 설명을 서둘러 덧붙인다. 좋은 삶이란 인간이 얻기 위해 노력하는 대상이자 만족을 얻는 대상이기는 하지만, 〈쾌락〉의 삶은 아니라는 것이다. 그는 〈우리의 목적이 쾌락이어서 필생의 노력과 고생이 자신을 즐겁게 하기 위한 일이라면 어리석은 일이다. ……우리는 휴식을 취한 다음 다시 중요한 일을 하기 위해서 여가를 즐기는 것이다〉(1176b)라고 말한다. 아마도 아리스토텔레스는 당시 자신의 학생들과 비슷한 연배의 사람들에게 이야기하면서 즐거워하고 있었을 것이다. 물론 좋은 삶의 노예가 될 필요는 없다. 우리는 필생의 프로젝트에 얼마나 도움이 되건 간에 하룻밤 정도는 오페라나 영화를 관람해야 한다. 게다가 어떤 일이 생길지는 아무도 모르는 법이다. 작품 공연 중에 불현듯 나중에 언젠가 사용할 수 있는 직관을 얻을 수도 있는 것이다.

우리는 아리스토텔레스가 사람들에게 올바른 경로의 본질을 다루고 있었다고 본다. 그는 좋은 삶이 자유의 삶이며, 그 자유를 가지고 사람들이 무엇을 하든 상관없다는 식으로 주장하지 않는다. 또한 그는 좋은 삶에 이르는 경로를 사회가 개인들에게 허용한 경로로 국한시키지도 않는다. 허용된 자유가 크든 작든 그에게는 중요하지 않은 것처럼 말이다 (어쩌면 아리스토텔레스는 모두의 자유가 조금이라도 증가할 수 있다면, 그것이 어떤 것이든 타인의 자유를 제한하지 않는 한 수긍했을지 모른다. 이 문제는 바로 롤스의 저작이 다룬 부분이다).

좋은 삶에 대한 아리스토텔레스의 개념

좋은 삶에 대한 아리스토텔레스 자신의 개념은 무엇일까? 그는 실질적으로 지식의 추구가 그런 것이라고 특징지었다. 그의 말을 빌리자면 〈최고의 것은 아는 것이다…… 이런 활동이 지고의 것인 이유는 아는 것이야말로 우리 안에 있는 숭고한 요소이기 때문이다〉(1177a). 또한 그는 〈행복Eudaimonia은 모종의 연구에서 나오는 것〉이라고 적었다. 그는 연구가 〈최고선의 것〉이라고 주장하였으며, 그 주된 이유는 연구란 〈이성〉을 요구하는데, 이성은 인간을 다른 동물과 구분하는 것이기 때문이다. 그는 이 개념이 그의 관찰에, 즉 다른 동물은 이런 행복을 느낄 수 없다는 관찰에 부합한다고 덧붙였다.[3]

3 마지막 부분은 의문의 여지가 있다. 구스타프 말러의 「젊은 나그네의 노래Songs of a Way-farer」에서 상상한 것처럼 개와 돌고래, 다른 동물들도 이성이 있다고 해보자. 이는 지식이 〈최고

동물과의 비교는 제쳐 두고라도, 아리스토텔레스 주장의 핵심은 인간이 이해력과 이를 가능하게 하는 부의 증가를 통해 단순히 이전의 것을 더 알아가는 즐거움을 넘어 더 고귀한 만족에 가까이 갈 수 있다는 것이다. 축적된 지식과 지식의 추구로부터 얻는 만족은 최종재의 위계에서 가장 상위에 위치하는 것이다. 소득 수준이 높을수록, 이런 활동에 쓰이는 비율이 더 커진다. 이런 점에서 지식 추구 활동들은 최고의 선인 것이다.

아리스토텔레스가 〈최고선〉으로, 그 추구를 〈지고의 행동〉으로 여긴 좁은 의미의 지식은 근대적 가치관과는 맞지 않는다. 그는 사람들이 추구하는 지식을 수단이 아닌 목적 그 자체로, 지식의 추구를 때때로 단체 연구 혹은 친구와의 대화를 통해 자극을 얻는 세속으로부터 격리된 금욕적인 활동, 즉 수학자, 이론물리학자, 철학자, 역사가 같은 학자들이 수행하는 활동으로 묘사했다. 아리스토텔레스의 이처럼 좁은 견해는, 실용적 지식보다는 고전적 지식 중심의, 그리고 지식을 얻는 방법도 고전적인 연구 중심의 세계로 한정된 그의 좁은 경험의 폭 때문임이 틀림없다.

이 주장의 원래 형태에는 또 다른 문제가 있다. 최고의 선이 어떤 것에도 쓸모가 없는 지식이라고 해보자. 한 사회는 생산력과 부가 증가할수록 그처럼 시장에선 가치가 없는 지식을 추구하는 여가 활동에 더 많은 시간을 사용할 것이다. 따라서 이론적으로는 한 국가에서 생산성이 증가함에 따라 어느 지점에서 제품의 생산과 판매는 더 이상 늘어나지 않

의 선〉이며 지식의 추구가 〈우월한 행위〉라는 주장을 반박하지 않는다. 유다이모니아를 인간만 느낄 수 있다는 주장은 아리스토텔레스의 논점에 꼭 필요한 것은 아니지만 그는 필요하다고 생각했던 것 같다.

고, 지식 추구의 여가 활동만이 지속적으로 증가하는 현상을 보게 되리라 예측할 수 있다. 이는 정확히 존 메이너드 케인스가 쓴 「손자 세대의 경제적 가능성Economic Possibilities for Our Grandchildren」(1963)이라는, 누군가에겐 매력적이지만 누군가에겐 끔찍한 논문이 예측한 바다. 그러나 우리는 그런 현상을 어디에서도 볼 수 없다.[4] 이러한 문제는 우리가 지식을 더 넓은 관점에서 보고 사람들이 지식과 더불어 추구하는 한두 가지를 함께 고려하면 명백하게 해결된다.

지금부터 우리는 이후 세대의 사상가들을 논의하기 시작하겠지만 아리스토텔레스에게서 크게 멀어지지는 않을 것이다.

좋은 삶에 대한 실용주의자의 견해

후대 철학자들과 저술가들은 그것이 아리스토텔레스의 관점과는 다르다는 점을 인지하지 못한 채 다른 종류의 지식과 그것을 추구하는 다른 종류의 활동에 초점을 맞추었다. 그러나 욕망의 위계에 대한 아리스토텔레스의 근본적 직관, 즉 지식에 대한 욕망 그리고 가장 바람직하지만 가장 최후에야 얻을 수 있는 지식의 위상을 잊지 않았다.

아리스토텔레스 이후 인본주의자 작가들과 철학자들은 그 자체만으로는 가치를 인정받지 못하며, 상당 부분 비공식적이고, 글로는 옮겨지지 않는 실용적 지식이라는 개념을 창안했다. 이들 인본주의자들은 이

---

4 아리스토텔레스는 최근의 행복에 관한 연구자들이 밝혀낸, 일정 지점 이후에는 생산성 증가가 행복을 증가시키지 않는다는, 필자가 다른 곳에서 논의한 역설적 결과에 만족하지 않았을 것 같다. 대표적인 연구로 Layard, *Happiness*(2007).

런 지식이 매우 다양한 활동을 통해 얻어진다는 점과 사람들이 어떤 맥락에서 그러한 지식을 얻으려고 하는지도 소개했다.

실용주의자들은 그런 집단 중 하나였다. 이들에게 이런 이름이 붙은 것은 이들이 목표를 추구하는 방법과, 각 방법에 존재하는 서로 다른 가치관에 대한 관심을 촉구했기 때문이다(목표를 추구하는 방식이 〈실용적〉인 것은 전혀 아니었다). 실용주의자들은 특정한 방식으로 생산하고 행동하는 것을 목적으로 획득하고 사용되는 지식에 초점을 맞추었다. 물론 사람들은 일정량의 지식을 갖추고 직업에 종사하기 시작하며, 통상적으로 등장하는 문제들을 해결하면서 새로운 지식을 얻는다. 자신의 일과 사업에서 성공하기 위해서는 그 기술적인 요구 사항을 맞춰야만 한다. 문제 해결은 개인의 성공에 있어 중요한 요소이다. 그 과정에서 얻어지는 상당한 지식은 그 자체가 목적이었든 아니든 일반적으로 만족을 준다. 무언가를 통달했다는 느낌과 자립심을 느끼게 해주기 때문이다.

시인 베르길리우스는 실용주의자의 범주에 드는 초기의 유명 인사이다. 그는 (아리스토텔레스가 탄생한 지 300년 정도 후인) 기원전 70년에 포 강 유역 농부의 자녀로 태어났으며 아우구스투스 황제의 치세에 로마에 살았다. 베르길리우스의 널리 알려진 「농경 시Georgics」는 아주 최근까지 농업에 관한 저작으로 알려졌다. 그러나 더 깊은 수준에서 보면 이것은 인간성과 로마 문화에 대한 찬사라고 할 수 있다.[5] 이 작품은 장문에 걸쳐 농부가 쟁기질, 묘목 심기, 소 기르기, 벌꿀 관리하기 등의 일을 하며 획득하고 사용하는 광대한 지식을 경탄의 시선으로 말하고 있다. 이 시

---

5 해석이 달라진 것은 로저 미노스 덕이다. 그의 『베르길리우스Virgil』(1990)을 보라. 해당 구절은 2권 490행에서 딴 것이다.

집은 이런 일에 대한 농부의 참여와 성공적인 수확에 대한 만족감을 표현한다. 이 시는 베르길리우스의 불멸의 어구 중 하나를 담고 있다. 〈사물의 원인을 아는 자는 행복하다Felix qui potuit rerum cognoscere causas〉

볼테르 역시 실용주의자의 범주에 잘 들어맞는다. 봉건 영주들이 쇠퇴하고 경제 활동의 기회가 열리고 있던 18세기 후반 프랑스에서 저작활동을 하면서 그는 행동하는 삶, 즉 일하는 삶의 중요성을 설파했다. 그가 불후의 명작 『캉디드』에서 극으로 표현했듯이, 그 행동이란 사회적대의나 옳고 그름을 향한 것일 필요는 없었다. 볼테르는 이런 것을 모두 잊으라고 조언한다. 대신 그는 경제 활동이 의미가 있으며 큰 보상을 가져다준다고 주장한다. 레너드 번스타인이 작곡하고 스티븐 손드하임이 원작을 바탕으로 가사를 쓴 뮤지컬 「캉디드」의 피날레 부분은 격렬하고 감동적인 6중주와 코러스로 장식되어 있는데, 볼테르 사상의 많은 부분을 네 개의 문장으로 압축하고 있다.

우리는 순수하지도 선하지도 않다.
우리는 우리가 아는 최선을 다할 것이다.
우리는 우리의 집을 짓고 나무를 벨 것이다.
그리고 우리의 정원을 가꾸리라.

볼테르가 주장하듯이 사회는 현실에서 존재할 수 있는 가장 완벽한 경제를 설계하고, 운영하며 보존하기에는 지혜와 전문성, 선의가 부족하다. 그러나 많은 중요한 것들에 대해 거의 아는 바가 없어도 우리는 사회가 허용하는 일의 세계에 발을 내딛을 수 있다. 우리는 누구나 자신의 직업과 사업에 종사하며 좋은 삶을 영위할 수 있다. 그럼으로써 충분히 좋은 경제를 만들 수 있는 것이다. 볼테르는 우리에게 사용할 수 있는 지식과 경험, 삶을 흥미롭고 가치 있게 만들어 가는 과정에서 얻게 될 지식과 경험을 획득하라고 촉구한다(그러고 보면 최초로 기업가의 핵심적 역할을 인식한 것이 프랑스 경제라는 사실은 놀랄 만한 일이 아니다).

20세기 중반 몇십 년간, 일터로부터 얻는 만족의 본질과 이런 만족 속에서 사적인 지식을 획득하고 사용하는 개개인의 역할에 대해 더 많은 관심이 쏟아졌다. 수십 년간 컬럼비아 대학에서 일했던 미국의 실용주의 철학자 존 듀이가 그런 선구자에 속한다. 듀이는 평범한 노동자들이 일하는 과정에서 전문적인 실용 지식을 상당히 보유하고 있다는 사실을 하이에크보다도 먼저 이해하고 있었다. 그는 문제 해결 활동에 이런 지식을 활용해야 할 필요성을 강조했다.[6] 평범한 교육을 받은 노동자조차 직장에서 제기되는 문제들로부터 생겨나는 (지식의 한 종류인) 기술을 얻는 일에 참여하고 지적으로 발전할 기회를 얻을 수 있다. 뿐만 아니라 듀이는 개별 노동자가 다른 사람들은 알지 못하는 것을 알고 있을 가능성이 있으며, 따라서 그날그날 닥친 문제를 해결해 나가는 노동자들에게도 나름의 역할이 있다는 사실을 알고 있었던 듯하다.[7]

심리학자 에이브러햄 매슬로는 널리 읽히는 1943년 논문에서 기본적인 것에서 시작하는 인간 욕구의 위계질서를 그렸다.[8] 이 위계 속에서 그

6 이 영역의 그의 서술은 『인간 본성과 행동Human Nature and Conduct』(1922)부터 『경험과 교육Experience and Education』(1938)까지에 제시되어 있다.
7 듀이는 포드의 대량 생산에 찬성하지 않았고 직장이 가능한 한 지적 만족을 줄 수 있도록 개혁되기를 희망했다. 물론 이제는 시장의 힘 때문에 조립 라인이 상당 부분 사라지거나, 중국 광둥성으로 옮겨가 버렸다.

는 (보통 일정 기간의 견습을 거쳐) 기술을 〈숙달〉하고자 하는 욕구에 대해 다루고 있다. 이 욕구는 사다리 구조에서 기저의 생리적 욕구 바로 위에 있는 안정의 욕구에 등장한다. 매슬로는 또한 지속적인 문제 해결 과정, 즉 〈자아실현〉 과정에 대한 욕구 역시 인식하고 있다.

존 롤스는 경제적 정의에 대한 그의 저작 말미에서 좋은 삶에 대한 이 문헌의 주제를 〈아리스토텔레스의 관점〉이라는 제목하에 분명하게 논의하기 시작한다.[9] 사람들은 〈재능〉이나 〈역량〉을 발전시키며 자신의 직업 인생을 통해 지식을 획득하는데, 이것이 자아실현의 본질이다. 그리고 그렇게 얻게 되는 자아실현이 우리 개개인을 이끄는 핵심적인 추진력이다. 롤스의 설득력과 명확함이 다음 진술에서 분명하게 드러난다.

인간은 (잠재된, 또는 훈련된) 역량을 실현하고 사용하는 것을 즐기며, 이 즐거움은 그 역량이 더 많이 실현되고 복잡성이 증가함에 따라 더욱 커진다. ……이것이 동기 부여의 원리다. 이는 우리의 주된 욕구들 중 많은 부분들을 설명해 준다. ……또한, 우리의 욕구 패턴의 변화를 지배하는 심리학적인 법칙을 표현하고 있다. 이 원리는 사람의 역량이 시간이 가면서 증가한다는 것을 시사한다. ……그리고 이 사람은 이 역량을 훈련하고 그것을 사용하는 법을 배우므로 자연히 새로이 배운 능력들을 사용하여 참여할 수 있는 더 복잡한 활동을 선호하게 될 것이다. 이전에 즐거움을 느꼈던 간단한 일들은 더 이상 충분히 흥미롭지도, 매력적이지도 않다. ……아리스토텔레스의 원리를 받아들이면, 능숙한 역량을 실현하

8 Maslow, "A Theory of Motivation."
9 Rawls, *A Theory of Justice*(1971), pp. 424~433.

고 훈련하는 것은 다른 가정들을 고려하면 일반적으로 합리적인 일이다. ……합리적인 계획은…… 사람이 주어진 상황에서 번영하고 실현된 능력을 가능한 최대로 사용할 수 있도록 한다.[10]

아마르티아 센의 1992년과 1999년 저작은 이 주제에 대해 상대적으로 최근에 나온 저작이다.[11] 센은 아리스토텔레스가 의미한 좋은 삶에 대한 오늘날의 생각에 무언가 근본적으로 빠진 것이 있다고 주장한다. 여전히 학자들이 가르치고 있는(이것만 가르치고 있다는 말은 아니지만) 신고전주의 경제 이론에서는 〈효용〉 또는 행복을 선택된 여러 가지 소비재 및 여가의 함수로 보며, 이 행복은 부차적으로 보유한 자원들의 함수로 볼 수 있다. 이는 마치 경제 내 행위자 모두가 광범위하게 참여하는 단 한 번의 경매에서 자신들의 미래를 놓고 계약하는 것과 같다. 센은 이러한 생각에 반대한다. 〈역량 측면의 접근법〉을 주장하면서 그는 사람이 인생에서 뭔가 성취하려면 〈역량〉, 즉 〈무언가를 할 수 있는〉 역량을 획득해야 한다고 말했다. 또한 어떤 역량을 획득하기 위해 노력할지 선택하는 것도 만족을 주는 부분이라고 주장했다. 따라서 그는 (3장에서 언급한) 일자리가 마음까지 흡수한다는 마셜과 뮈르달의 주장에 구체성을 부여하고 있다.

역량과 풍요로운 삶well-being 사이에는 (간접적인 것을 넘어선) 관계가 있어서…… 풍요로운 삶은…… 기능적 역량에 (직접적으로) 달려 있는

10 Rawls, *A Theory of Justice*, pp. 428~429.
11 Sen, *Inequality Reexamined*; *Commodities and Capabilities*.

것이다. 선택은 그 자체로 인생에 있어 가치 있는 부분일 수 있으며, 의미
있는 선택지들을 놓고 순수하게 선택할 수 있다는 것은 그런 이유로 가치
가 있다. ……최소한 어떤 종류의 역량은 풍요로운 삶에 직접적으로 기여
하며, 심사숙고하여 선택할 기회를 줌으로써 그 사람의 삶을 더 풍요롭게
만든다.[12]

센이 생각한 것은 선택 그 자체의 즐거움이 아니었다. 그는 상황이 바
뀔 경우 새로운 경로를 개척할 수 있는 역량이 있다는 사실에서 오는 깊
은 만족을 지적한 것이었다(예컨대 〈복권에 당첨되었으니 지금 직장을
그만두고 노래 교습을 받는 것이 현명한 결정이겠지〉 같은 상황이다).
  센 또한 고려했을 법한 다른 점도 있다. 롤스는 암묵적으로 신고전파
적인 세계를 상정했다. 즉 사건이 무작위적으로 일어나지만 확률은 알
려져 있는 세계이다. 그러나 〈자아실현〉 가능성의 의미가 분명하다는
사실에는 변함이 없다. 중요한 것은 각자가 얼마나 자기 발전을 이룰 수
있느냐의 문제이기 때문이다. 즉, 이미 다른 사람들이 굴려 본 주사위를
다시 굴려 보면서 평균적으로 얼마나 앞으로 나아갈 수 있느냐는 것이
다. 그러나 근대 경제는 한 세대가 지나기도 전에 거의 확실히 그 형태가
근본적으로 변화하지만, 우리는 그것이 어떤 변화일지 사전에 알지 못
한다. 이러한 경제에서 개인이 발전시켜 나갈 〈자아〉의 종류는 시나리
오에 따라 매우 다를 수 있다. 개인이 자신의 삶을 살면서 〈실현〉하는 것
은 그 발전의 정도뿐만 아니라 방향 문제이기도 하다. 이 세계에서 〈자

---

12 Sen, *Inequality Reexamined*, p. 41. 강조한 부분은 필자가 추가하였다. 센은 결과와 무관
하게 자유에 가치를 두는 선구자 중 마르크스와 하이에크를 인용했다.

아〉란 고정되어 있지 않으며 고정된 운동 법칙을 따르지도 않으므로, 자아라는 개념 자체를 설명해 줄 가치는 없다. 『헨리 5세*Henry V*』에서 할 왕자는 대관식이 거행된 지 2년 후 프랑스와의 큰 전쟁을 준비하며 〈나는 이전의 나에게서 등을 돌렸다〉라고 말하는데, 이는 개인의 발전 과정에서 있을 수 있는 극심한 변동을 말로 표현한 것이다.

좋은 삶에 대한 활력론자들의 견해

아리스토텔레스 이후 실용주의자들의 논의는 좋은 삶에 대한 몇 가지 가장 중요한 측면들을 결여한 채 매듭을 짓는다. 그들의 저작은 삶이란 기껏해야 문제 해결이라는 실용적 과정의 긴 연속이며, 우리는 숙련되는 과정에 참여하여 그로부터 만족을 얻는다고 매우 건조하게 묘사한다. 좋은 삶에 대한 이런 개념은 장점도 있지만, 새로운 가능성과 도전을 꿈꾸는 일의 설렘과 〈꿈〉이 실현되었을 때 얻는 만족감(실현되지 않은 경우 그보다는 못하겠지만)을 표현할 여지가 없다. 충만한 삶은 실용주의자들이 묘사한 것보다는 항상 훨씬 풍요롭다. 아리스토텔레스의 좋은 삶을 실용주의자들처럼 좁게 정의한다면 (1920년에서 1970년 사이에) 수많은 사람들이 전례 없이 훨씬 다채로운 삶을 살고 있던 시기마저도 특별히 진보한 것이라고 보기가 어렵다. 당시 근대 경제들에서는 반복이란 거의 없었으며, 개인들은 자신의 창조성을 사용하여 신제품을 고안해 냈고 상상력을 활용하여 최종 사용자들에게 어떤 이익이 있을지 예상했다. 그 개발과 채택을 시도하는 과정의 위험을 여러 사람들이 팀을 이루어 감당했다.[13] 그렇다면 이런 세계의 주인공이라는 느낌이 어떤 것인지 보여 주고, 근대 경제의 주인공들이 그 과정에 참여하는 일에 어떤 가치를 부여하는지 표현하는, 좋은 삶에 대한 다른 측면들도 있지 않을까?

좋은 삶에 대한 실용주의적 해석과 매우 다른 개념이 동시에 고대부터 자라나고 있었다. 이는 컬럼비아 대학의 자크 바전과 예일 대학의 해럴드 블룸이 활력주의vitalism이라고 이름을 붙인 개념이었다. 4장에서 핵심적인 인물들과 사상을 다룬 바 있지만, 여기서 더 자세하게 설명하고자 한다. 얼마 전까지, 유럽의 고등학생들과 미국의 대학생들은 핵심 수업에서 서양 고전 중 활력주의가 나타난 문헌들을 접할 수 있었다. 가장 초기의 활력주의 문학은 아마도 기원전 12세기의 그리스 시인이자 『일리아드Iliad』, 『오디세이Odyssey』의 저자인 호메로스일 것이다. 이 서사시들은 고대 그리스 영웅의 의지와 용기, 인내를 이야기한다.

또 다른 초기 활력론자는 조각가 벤베누토 첼리니로, 그는 르네상스 시기의 전설적인 인물이었으며 그의 이름을 딴 베를리오즈의 오페라 주인공이기도 하다. 자서전에서 그는 동상을 제작하며 자신의 창조성과 흥을 즐겼다고 솔직히 술회하고 있다. 오늘날에도 젊은 독자들은 그런 강력한 야심에 깜짝 놀랄 법하다.

다소 이후의 시기에 세르반테스와 셰익스피어는 개인의 모험을 극으로 나타냈다. 세르반테스의 소설 『돈키호테』(〈불가능한 꿈〉)을 가진 〈맨

---

13 디포의 1719년 소설에서 상업 자본주의로부터 근대적인 것으로의 전환은 단 한 사람, 로빈슨 크루소에 의해 이루어진다. 장 자크 루소는 1762년 『에밀Emile』에서 크루소가 당장 꼭 〈필요〉한 일만 했다고 보았다. 그러나 식량과 피난처를 마련하고 나자, 크루소는 단지 닥친 문제만을 정해진 경로대로 해결하지 않았다. 그는 필수적인 일도 아닌데 창조성과 상상력을 발휘하여 도자기를 만들고 앵무새를 길렀다.

오브 라만차〉)는 인간의 성취에 필수적인 도전과 모험의 삶을 다룬 것이었다. 스페인 사막의 황량한 경제가 그런 도전을 제공하지 못한다면 사람들은 필요한 경우 스스로 그것을 상상해서라도 창조해야 한다는 것이다. 셰익스피어의 『햄릿』에서 주인공 왕자는 자신이 독자적인 인물이 되려면 왕에 맞서야 한다고 결론을 내리는데, 그는 이것이 실패할 경우 목숨을 대가로 치러야 한다는 것을 알고 있었다. 이 연극은 초기의 왕의 권한이 불안정했음을 시사한다(칼럼니스트 데이비드 브룩스가 언급했듯, 자신이 하는 말이 사실이 아닐 수도 있다는 것을 알고 있음을 드러내는 사람은 이제 드물다). 이 작품은 또한 자신의 모든 것(자신의 지위와 오펠리아)을 앗아갈 수 있는 행동을 실행하는 데 대해 햄릿이 처음에 드러내는 양면성도 보여 준다. 해럴드 블룸은 셰익스피어에 대해 저술한 책 『인간성의 발명*The Invention of the Human*』에서 셰익스피어를 완벽한 활력론자로, 우리 모두가 자신을 비춰볼 수 있는 〈널찍한 거울〉로 추켜올린다.

18세기 계몽주의의 핵심적 인물들에게 이런 관점이 반영되었다. 데이비드 흄은 프랑스 철학자들의 합리주의를 반박하면서 의사 결정에 있어서는 〈열정〉, 사회의 지식 증가에 있어서는 〈상상력〉이 중요하다고 보았다(어쩌면 흄은 첫 근대적 철학가였을지 모른다). 이미 언급한 바와 같이 볼테르는 사람들에게 〈자신의 정원을 가꾸는〉 개인적인 행복의 추구를 통해 만족을 찾을 것을 촉구했다. 제퍼슨은 〈행복의 추구〉에 대한 글을 쓰면서 사람들이 〈자신의 부를 일구기 위해〉 미국에 왔다고 적었다. 〈추구pursue〉라는 단어는 부를 추구하는 것이 그것을 소유하는 것보다 가치 있다는 의미를 담고 있다. 여정 자체가 목표가 되는 것이다.

첫 근대적 사회가 태동하던 시기에 낭만주의자들은 탐험에 열광했고, 새로운 발견과 함께 그에 필요한 결의와 인내를 찬양했다. 독자들은 에르난 코르테스가 〈다리엔 고지에서 고요히…… 태평양을 바라본〉 순간을 묘사한 존 키츠의 구절과 〈비록 아무리 문이 좁을지라도 / 비록 수많은 형벌이 날 기다릴지라도 / 나는 내 운명의 주인이며 / 나는 내 영혼의 선장이니〉라는 윌리엄 어니스트 헨리의 격정적인 시 「인빅터스Invictus」가 떠오를 것이다.

그다음에는 근대성을 다룬 철학자들이 등장했다. 윌리엄 제임스는 활력론에 대해 가장 열정적인 글을 남긴 미국 철학자이다. 그는 거대한 활력을 직접 눈으로 목격했다. 1842년에 뉴욕시에서 태어난 그는 자신이 살아 있는 동안 상대적으로 느리게 변화하던 미국 경제가 폭발적인 혁신을 보여 주는 경제로 탈바꿈하는 것을 보았다. 그의 윤리학에서는 새로 생긴 문제와 새로운 경험이 주는 흥미로움이 좋은 삶의 핵심이다.[14] 월트 휘트먼이 미국의 정신을 다룬 시인이라고 한다면 제임스는 그러한 철학자였다.

고정된 자아라는 것이 실존하긴 하지만 그 자아의 욕구가 무엇인지는 누구도 잘 알지 못한 채 성인기에 접어든다는 견해가 19세기에서 20세기로의 전환기에 조용히 제기되었다. 인생의 여정이란 단순한 진보의 연속이 아니고 자기 발견의 여정이라는 것이다. 연이은 시도와 경험의 과정 속에서 우리는 〈우리가 누구인지〉를 발견하며, 이는 우리가 처음에

---

14 윌리엄 제임스는 어딘가에서 이렇게 적었다. 〈끊임없이 유동적인 나의 철학은 극히 참을성 없는 내 성격과 연관이 있는 것 같다. 나는 운동 근육 같아서, 변화가 필요하고 아주 쉽게 지루해진다.〉 Barzun, *A Stroll with William James*(1983, p. 265).

알던 자신과는 상당히 다를 수 있다는 것이다. 좋은 삶에 대한 이런 견해를 우리 시대의 훌륭한 싱어송라이터가 정확하게 표현하고 있다.

새 앨범 「이렇게 태어난 거지Born This Way」는 모든 면에서 재탄생에 관한 이야기입니다. ……이건 우리가 평생 살아가면서…… 마침내 자신의 정체성을 찾아내어 우리가 누구인지를 가장 잘 표현할 수 있고, 자신이 인생의 승리자라고 느끼게 되는 순간까지…… 계속 새롭게 태어날 수 있는 능력을 다룬 것입니다.[15]

(자신의 직업 인생이 끝나기 전에) 자신을 발견한다고 해서 개인의 발전이 끝나는 것은 아니다. 매슬로와 롤스가 각각 주장한 자아실현도 계속되겠지만, 이미 자기 자신을 발견했기 때문에 더 좋은 방향으로 나아가게 될 것이다. 이는 이러한 발견의 과정에서 자아가 반드시 고정되어 있지는 않음을 시사한다.

독일에서 등장한 심리학자이자 철학자였던 프리드리히 니체로부터 시작된 수많은 생각들은 우리가 동기 부여에 대해 생각하는 방식과 심지어 삶 그 자체를 바꾸어 놓았다. 수백 개의 경구를 통해 그는 미지의 세계로 탐험하고, 장애물을 만나며, 그것을 극복하지 못하고, 역경을 통해 인내

---

15 레이디 가가의 인터뷰. "Lady Gaga Takes Tea with Mr. Fry"(2011, p. 12). 배우 앨런 앨다도 딸의 졸업식에서 한, 자주 인용되는 연설에서 이 주제에 대해 잘 설명했다. 「창조적으로 살아갈 용기를 가지세요. ……여러분은 안락함이 있는 곳을 떠나 여러분의 직관이 이끄는 거친 세상으로 나아가야 합니다. ……여러분은 놀라운 것들을 발견할 겁니다. 여러분은 여러분 자신을 발견할 거예요.」 그의 자서전에 인용되어 있다. Things I Overheard While Talking to Myself (2007, p. 21).

하는 법을 배우는 과정을 이야기하면서, 〈죽지만 않는다면 역경은 우리를 강하게 만든다〉고 말한다. 특히, 그는 좋은 삶에 대한 실용주의적 접근법의 약점을 명확히 보여 주었다. 영화 촬영을 위해 다이어트를 하거나 사업 프로젝트 자금 조달을 위해 허리띠를 졸라맬 때, 우리는 미래를 위해 희생하는 것이 아니다. 우리는 어떤 희생을 요구하든 우리에게 매우 큰 것을 가져다주는 프로젝트에 기꺼이 참여할 수 있다. 니체가 말하는 바와 같이, 이런 프로젝트에 참여함으로써 우리는 돈을 얻고자 하는 것이 아니라 내면의 욕구를 충족시키는 것이다. 그는 이런 프로젝트 속에서 마주치는 장애물들은 물질적인 이익을 얻는 과정에서 치르는 비용이 아니라고 설명했다. 대신 장애물을 넘어서는 것 그 자체가 만족의 근원인 것이다. 이 프로젝트들은 그 자체로 보상이며, 가장 큰 보상이다.[16]

프랑스 철학자 앙리 베르그송은 제임스의 친구로서 19세기 고조된 근대성을 목격했던, 또 다른 활력론자였다.[17] 도전하고자 하는 사람들의 욕구에 대한 니체의 개념을 계승하면서도, 베르그송은 사람들이 생의 약동(엘랑 비탈élan vital)에서 에너지를 얻으며 〈창조적 진화〉를 위해 스

16 니체의 시각에서 볼 때 이런 프로젝트에 있어 매일의 진보는 〈매 순간 정당하게 보여야 한다, 또는 같은 의미로 평가가 불가능해 보여야 한다〉. 이 구절은 사후에 출간된 *The Will to Power* (1883~1888)에 실렸으며, 이 책은 다른 사람을 지배하는 권력이 아니라 야구 경기를 이기려는 의지와 유사한 것에 대한 글이다. Richard Robb, "Nietzsche and the Economics of Becoming" (2009)을 보라.

17 베르그송은 파리에서 출간된 1907년 책으로 유명해졌으며 1911년 영문판 『창조적 진화 *Creative Evolution*』로 더 유명해졌다. 그는 꼴레주 드 프랑스College de France의 교수로 임명되었으며 1927년에 노벨 문학상을 수상했다(우연한 일이지만 헨리크 입센의 극작시 「페르귄트Peer Gynt」(1876)는 베르그송의 주제를 예고하고 있었다. 페르귄트에 등장하는 버튼 몰더는 이렇게 말한다. 〈자기 자신이 된다는 것은 자신을 죽이는 것이다 / 그러나 당신에게 이런 말은 분명 와닿지 않을 것이다 / 그러므로 이렇게 말하자. 당신의 삶이 진화하는 것이라고 / 주님의 뜻을 하나하나 실현시켜 가는 것이라고.〉 이 구절은 1980년 롤프 필드의 번역판 p. 195에서 따온 것이다).

스로를 조직한다는 생각을 같은 이름의 1907년도 책에 서술했다. 오늘날 베르그송을 언급할 때 사람들이 이야기하는 주제는, 도전적인 프로젝트에 깊숙이 참여하는 일은 사람들을 탈바꿈시켜서 그들이 다시금 변화하는 과정에 있게 한다는 대목이다. 『창조적 진화*Creative Evolution*』는 이러한 〈변화하기〉를 단순히 〈존재하는 것〉보다 높게 평가한다. 그러나 거의 언제나 선구자가 있는 법이다. 니체 이전에도 몽테뉴, 헨리크 입센, 키르케고르가 우리는 존재하기 위해 스스로를 창조해야 한다고 주장한 바 있다.

철학에는 개인의 창의성에 대한 내용이 거의 없다. 니체는 사람은 선과 악 사이에서 자신만의 가치관을 만들어 가는 존재라고 이야기했다. 그러나 그는 교향곡이나 책 또는 다른 결과물을 만드는 일이 주는 큰 만족에 대해서는 이야기하지 않았다(비록 니체가 바그너의 오페라를 사랑한 아마추어 작곡가이긴 했지만 말이다). 베르그송은 이 세상에 결정론자들만 남게 되면 창의성이 더 이상 존재하지 않으리라는 것을 분명히 이해했다. 그러나 베르그송은 창조적인 삶에 대해 묘사하거나 그 내적인 보상에 대해서는 어떤 생각도 드러내지 않았다.

일부 문학 평론가들과 전기 작가들은 창조성이 문학 평론의 핵심적 주제라고 보았다. 라이오넬 트릴링은 문학을 〈다양함과 가능성, 복잡성과 어려움을 가장 충만하고 정확하게 묘사하는〉 인간 활동으로 보았다. 매슈 아널드는 이 장의 시작 부분에서 〈위대한 문학이나 예술 작품을 만드는 것 이외의 방법으로 자유로운 창조적 활동을…… 수행하는 느낌〉에 대해 언급했다.[18] 여러 작가들이 창조적 삶을 묘사했고, 각자 그 정도는 다르지만 자신이 주제로 삼은 창조자들의 내면을 파고들었다. 이는 현대 물리학의 형성 과정을 다룬 『창조의 행위*The Act of Creation*』(1964), 『몽유병자들*The Sleepwalkers*』(1968)과 같은 아서 케스틀러의 책들의 단골 주제였다. 어빙 스턴의 『빈센트 반 고흐*Lust for Life*』(1937), 조이스 캐리의 『마구*The Horse's Mouth*』(1944)도 언급할 만한 책인데, 모두 영화화된 바 있다. 마이클 리의 영화 대본인 『톱시 터비*Topsy-Turvy*』는 길버트와 설리반[19]의 삶을 다루고 있다.

그렇지만 우리는 개인을 이끄는 힘에 대한 통찰을 얻고 싶어질 때는 소설가들에게 더 눈을 돌리게 된다. 특히 새로운 동력이 작용하고 있거나 과거의 동력이 새로운 힘을 얻었다고 느껴질 때 더욱 그렇다. 전간기는 구조적 전환과 변동으로 가득 찬 격동의 시대였다. 1870년부터 제1차 세계 대전의 전야였던 1913년까지 역사에 남을 만한 성과를 거둔 후 미국은 조금도 둔화되지 않은 상태로 그러한 놀라운 혁신을 1920년대에 다시 시작했다. 1930년대 대공황에도 구애받지 않으며 신기록 수준의 혁신 속도를 보여 주었다. 몇몇 작가들이 그런 창조와 발전 과정에서 느껴지는 쾌감과 흥분을 담아 내고자 했고, 당대 최고의 소설가가 탐험의 신비로움과 짜릿함을 표현해 냈다.

시간이 지나, 눈부신 황혼이 깃든 거리와 고대의 타일 지붕 사이 신비로운 언덕길이 생각나서 잠을 잘 수도, 이것들을 마음속에서 몰아낼 수도 없게 되자 카터는 대담하고도 간절한 마음으로, 누구도 가본 적 없는 곳

---

18 각각 Trilling, *The Liberal Imagination*(1950), p. xxi과 Arnold, "The Function of Criticism at the Present Time"(1865). 아널드의 논문은 *The Function of Criticism*(1895, p. 9)에 재수록됨.

19 Gilbert and Sullivan. 오페라 작품을 함께 작업한 것으로 유명한 영국의 극작가와 작곡가 — 옮긴이주.

으로 가기로 결심했으며, 그곳은 어둠 속 얼음 같은 사막을 지나, 비밀을 간직한, 깊은 밤에 파묻힌 〈대지의 신들〉의 검은 대리석 성이 있는 곳, 구름에 가려져 상상도 못해 본 별들로 장식된 미지의 카다스였다.[20]

이 문단에서 따온 것으로 보이는 〈대담한 전진to boldly go〉이라는 말은 30년이 지난 후 달 탐사 프로젝트 초기에 NASA의 슬로건이 되었다.

실용주의자와 활력론자들은 좋은 삶에 대한 관점이 완전히 다르다. 〈장애물〉이라는 단어는 양 학파에 모두 등장하는 단어이지만 대조적인 방식으로 등장한다. 활력론자의 시각에서 보면 사람들은 극복할 장애물과 해결할 문제를 찾고 있다. 만약 찾을 수 없을 것 같으면 장애물과 문제에 맞설 수 있게 삶을 바꾼다. 실용주의적 견해에 따르면 사람들은 실용주의적으로 살아가는 과정에서, 즉 성공 가능성이 가장 높은 직업이나 산업에서 일하는 과정에서 문제와 (수동적으로) 마주친다. 실용주의자들은 직업의 목표가 무엇이든 사람들은 단지 (매우 불행하지만 않다면) 무수히 많은 문제들과 마주치고 또 많은 것을 해결하게 될 것이라고 말할 뿐이다. 이들이 문제 해결에 몰두하는 것은 좋은 삶의 지적인 측면이다. 그 결과 숙달되는 것은 좋은 삶의 또 다른 측면으로서 성취라고 불리는 부분이다. 몰두와 숙달의 가치는 아리스토텔레스가 생각했던 것들의 일부로 볼 수 있으며, 마찬가지로 니체의 극복과 베르그송의 변화하기는 아리스토텔레스의 생각에 그 뿌리가 있는 것으로 볼 수 있다.

수십 년간 실용주의가 득세한 후 활력주의(최근 근대 경제의 활력과는 무관한 활력론적 신조를 의미함)가 다시 부활하고 있다. 아리스토텔

---

20 Lovecraft, *The Dream-Quest of Unknown Kadath*(1964, p. 291). 작품은 1927년에 쓰여짐.

레스의 『니코마코스 윤리학』의 초기 영어 번역은 〈유다이모니아〉를 〈행복happiness〉으로 번역했다. 이것은 올바른 것으로 보이는데, 아리스토텔레스가 권했듯 〈연구〉에 몰두하는 사람은 세상의 지식을 습득할수록 즐거워지고, 그렇게 해서 많은 것을 알게 되면 행복해질 것이라고 생각할 수 있기 때문이다. 이런 해석에 따르면, 좋은 삶을 〈즐거움과 웃음〉에 이르는 길로 보는 입장은 설사 실제로 농담과 웃음을 만들어 낸다고 해도 그 중요성이 약해진다. 그러나 존 쿠퍼와 같은 후대 학자들은 이 단어의 더 좋은 번역이 〈번영flourishing〉이라고 판단했으며, 토머스 네이글도 이를 지지했다. 비록 이후에도 번역자들은 〈행복〉으로 계속 번역했지만 말이다. 비록 불분명한 개념이라는 점을 인정할 수밖에 없지만, 만일 우리가 유다이모니아를 〈번영〉이라고 번역한다면, 『니코마코스 윤리학』은 좋은 삶을 번영하는 삶으로 정의했다는 이야기가 된다.

모든 행위에 있어 최고의 선은 무엇인가? 명칭만 놓고 보면, 교육을 받은 사람과 그렇지 않은 사람들 모두 완벽히 동의하는 것은 그것을 번영이라고 부를 수 있다는 것이며, 번영을 좋은 삶, 성공한 삶과 동일하게 볼 수 있다는 것이다. 그러나 이들은 번영의 의미에 대해서는 합의에 이르지 못한다.[21]

우리가 유다이모니아를 〈번영〉으로 번역한다면, 이는 아리스토텔레스가 〈연구〉라는 단어로 의미한 바를 크게 확장시키게 된다. 분명히 그는 사람들이 격렬한 논쟁을 읽으면서 흥분을 느끼고, 논쟁적 사상들을

21 『니코마코스 윤리학』, I.4 1095314-20.

지지하거나 반박하는 새로운 증거를 발견하는 과정에서 긴장감의 전율을 경험할 것이라고 생각했을 것이다. 또한 그는 지식을 탐구하는 삶이 충만한 삶이라고 생각했음이 틀림없다(냉철한 토머스 제퍼슨이 사람이 〈행복을 추구〉할 권리가 있다고 선언했을 때, 그도 아리스토텔레스와 같은 생각이었을 것이다). 따라서 아리스토텔레스는 재해석되어야 한다. 그가 물질 세계 연구를 지지했다기보다는 모든 영역에서(기원전 4세기에 할 수 있었던 한에서) 탐구와 탐험, 조사, 실험하는 것을 지지했다고 보아야 한다. 그는 인간의 번영하려는 욕구에 대한 사상의 창시자 같은 존재가 되는 것이다.

활력주의 문헌 중에는 자신을 시험하는 일이나 대중을 상대로 자신의 능력을 증명하는 일에 흥미를 느끼는 등반가와 탐험가들을 그려 낸 것도 있다. 물론 성공한 혁신도 대중과 관계된 일이다(은둔자의 발명은 혁신이 아니다). 그러나 활력론자들의 다른 모델도 존재한다. 아마르티아 센이 〈행동하는〉 것을 강조한 것은 활력론자의 입장에서 언급한 것으로 보인다. 미국의 사회학자인 리처드 세넷의 최근작이 이런 부분을 또 강조한다. 그는 인터뷰를 통해 많은 미국인들이 〈의미 있는〉 임무를 시작하는 느낌을 원한다는 증거를 찾아냈다. 그는 돈을 더 벌 수 있는 기회가 있는데도 대도시의 대형 병원 응급실 최전선에서 일하는 것을 선호하는 한 간호사를 예로 들고 있다. 세넷은 이런 사람들이 〈주체 의식 sense of agency〉을 깊이 갈망한다고 주장한다. 예전에는 이런 것을 가리켜 〈소명 의식vocation〉이라고 불렀다.[22]

22 Sennett, *The Culture of the New Capitalism*(2006), p. 36. 그의 주제는 지난 20년간 근대 자본주의의 잘못된 변이 때문에 이 사람들이 헌신하는 마음과 삶의 지향점을 잃게 되었다는 것이다.

이 주제에 대해 가장 최근에 나온 책은 마틴 셀리그먼의 『번영*Flourish*』이다.[23] 그는 인류가 〈풍요로운 삶well-being〉을 추구한다고 주장한다. 그러나 풍요로운 삶은 자유와 같이 여러 요소로 구성되어 있는데, 자유와 마찬가지로 그 자체는 측정할 수 없으며 그 요소들만 측정할 수 있다 (셀리그먼은 가구 조사를 통해 조사한 삶의 만족도는 현재의 감정을 반영하지만 우리의 삶에 〈얼마나 큰 의미가 있으며〉, 〈우리가 일에 얼마나 몰입하고 있는지〉는 거의 반영하지 못한다고 덧붙인다). 셀리그먼에게 그 요소들이란 삶의 만족, 몰두, 개인적 관계, 뿌듯한 느낌, 성취하는 삶 (즉, 그 자체로 의미가 있는 성취)과 같은 것들이다. 그는 각 요소가 풍요로운 삶에 기여하고, 그 자체로 의미가 있어서 추구하는 것들이며 측정할 수도 있다고 주장한다. 좋은 삶의 요소를 이처럼 폭넓게 제시한 것은 분명 심사숙고한 결과물이라고 할 수 있다. 그러나 〈풍요로운 삶〉 또는 인간의 어떤 욕구이든 간에 거기에 활력론이 무슨 도움이 되는지는 나와 있지 않다. 셀리그먼이 열정적으로 번영이라는 단어를 사용하고 있지만, 그는 활력론에서 연상되는 높은 수준의 번영, 즉 시험하고 창조하며 탐험하는 일을 인식하지 못하고 있다.

활력론은 이 시대에 실제로 유행하는 윤리일까? 우리가 익히 아는 사람들에게서 이끌어 낸 추론은 신뢰성이 떨어질 것이다. 미시간 대학의 민족학자 로널드 잉글하트와 동료들이 만들어 낸 세계 가치관 조사 WVS는 개별 가구의 태도를 조사하고 1991년부터 1993년까지 많은 국가의 조사 결과를 취합했다. 이들은 〈일자리를 찾을 때 진취적으로 일할

---

23 Seligman, *Flourish*(2011). 활력론적 문헌에 등장하는 또 다른 것으로 Jamison, *Exuberance*(2004).

기회를 찾고 있습니까?〉라는 질문을 했는데 미국 응답자 중 52퍼센트, 캐나다 응답자들의 54퍼센트가 그렇다고 응답했다. 〈책임과 권한이 더 많은 자리에서 일할 기회〉를 찾느냐는 질문에 미국인의 61퍼센트가, 캐나다인의 65퍼센트가 그렇다고 응답했다(프랑스에서는 38퍼센트가 진취적으로 일할 기회를 찾는다고 답했으며 흥미로운 일을 하고 싶다는 응답은 59퍼센트, 책임과 권한이 더 많은 자리를 찾느냐는 질문에 대해서는 58퍼센트가 그렇다고 응답했다). 이 조사 결과에는 아리스토텔레스 윤리학의 실용주의적 해석을 뒷받침하는 부분도 있다. 〈흥미로운 일을 해볼 기회〉를 찾느냐는 질문에 미국인의 69퍼센트, 캐나다인의 72퍼센트가 그렇다고 응답했다.

큰 나라들이라서 다를 수도 있을 것이다. 작은 나라들은 큰 나라들보다 집단성이 강하고, 성공하려는 욕구가 더 약할까? 경제학자 길피 조에가는 1990년대 중반에 아이슬란드에서 새로운 기업가들에 대한 대중의 태도를 조사한 후 이렇게 말했다. 「대중은 기업가들을 나쁘게 바라보지 않습니다. 자신이 어떻게 성공할 수 있을지 고민하고 있을 뿐입니다.」 따라서 활력론이 중요한 원동력을 포착해 냈고, 그 동기들이 우리의 경험과 사회 속 우리의 성취를 이루는 데 중요한 역할을 한다는 것은 유효한 가설이다.

이미 언급했듯이 아리스토텔레스는 그의 이름을 딴 윤리학이 인간 본성의 보편성을 다룬다고 생각했다. 아리스토텔레스 윤리학은, 활력론적 해석과 실용주의적 해석을 모두 포함할 때 절대적인 위치를 점하고 있을까? 아리스토텔레스 윤리학에는 언제나 라이벌이 있었다. 이탈리아의 경제학자 파스칼 루초 스칸디조는 자신의 조국을 가리키며 사색하는 자에게는 추종자들이 따르는 법이라고 말한 바 있다. 국경 없는 의사회와 같이 집단과 사회에 봉사하고자 하는 열망, 칸타타를 작곡한 바흐와 같이 헌신을 표현하고자 하는 열망에 동기를 부여받은 사람들은 늘 존재했다. 또한 플로런스 나이팅게일과 같이 사회적 기업가 정신을 발휘한 삶도 있으며, 사드 후작이나 카사노바와 같은 성적인 모험과 정복의 삶도 있다. 이러한 삶이 활력론의 힘에 대한 반증은 아니다. 그저 방법이 독특할 뿐이었다. 그러나 다수 사람들의 마음속에서는 좋은 삶에 대한 물질적 관념이 아리스토텔레스의 관점에 대한 강력한 도전자로 자리매김하고 있으며 어떤 국가들에서는 특히 강하다.

물질주의적 관점에서 보면 대부분의 사람들은 부나 권력을 축적하기 위해 돈을 벌고 이익을 얻으려는 욕망에 이끌린다. 부는 높은 소비 수준 또는 여가 수준을 유지하거나, 둘 모두를 유지할 수 있을 때까지 축적된다. 중국의 핵심 개혁가였던 덩샤오핑은 〈부유한 것은 영광스러운 것〉이라고 선언했다. 칼뱅의 신조에 따르면, 부를 얻는 것은 신의 축복이며, 부를 달성하는 것은 신의 은총을 받았다는 신호이다. 부가 더 많을수록 은총도 더 큰 것이다. 미국에서는 사람들이 거대한 부를 축적하고자 하는 것은 그러한 부를 사회에 긍정적으로 사용할 수 있기 때문이라고 여긴다. 빌 게이츠는 마이크로소프트에서 거부가 된 후, 빈곤에 허덕이는 국가들의 경제 발전을 진전시키기 위한 새로운 도구들을 시험하기 위한 거대한 자선 단체를 설립했다. 독일의 사업가 하인리히 슐리만은 분명히 고대 도시 트로이를 발굴하기 위한 자금을 마련하려고 엄청난 돈을 열심히 벌어들였다. 기업가들이 창출한 부는 그저 별난 아이디어를 시험해 보려는 집착의 부산물처럼 보일 수도 있다. 레이 크록이 맥도널드 제국을 건설하면서 각 프랜차이즈에 전혀 자율성을 주지 않은 것도 그런 예인데, 이는 하이에크가 현장의 판단 가능성을 열어 둠으로써 이익을 볼 수 있고 아래로부터의 창의성이 중요하다고 강조한 것과는 정반대 경우다(크록의 후계자들은 그의 극단적인 생각을 그대로 따르지 않았다). 조지 소로스와 워런 버핏이 지금까지 해온 것은 아마도 자산 시장과 기업 투자에 대한 자신의 생각이 우월하다는 것을 보여 주려는 욕구에 이끌린 것이었을 수도 있다. 하지만 대부분의 사람들이 많든 적든 부를 축적한 이유는 안정, 편안함, 아름다움, 자부심, 존중과 같이 아리스토텔레스와는 다른 목적을 위한 것들일 것이다. 프로이트 심리학에서는 누군가가 엄청난 야망을 갖고 마치 악마처럼 맹렬하게 일하는 것은 사실 그 사람이 피해자이고 성취를 통해 어떤 상처를 치유하려 한다는 신호라고 본다. 이보다 더 나쁜 것은 거대한 부를 벌어들이고도 그것을 어떻게 가치 있는 방식으로 써야 하는지 생각조차 없는 경우이다. 오늘날 중국 신흥 거부들의 높은 자살률이 그런 예일 수 있다.[24]

그러나 돈을 벌 것이냐 공부할 것이냐, 창조할 것이냐 돈을 모을 것이냐와 같이 여러 가지 동기들이 뒤엉킨 와중에도 한 가지 확실한 것이 있는데, 돈을 벌고 부를 축적하더라도 창조하고 혁신하는 삶만큼 만족감과 자부심을 느낄 수 없다는 점은 누구도 부인하기 힘들다는 사실이다. 우리가 앞에서 본 바와 같이 아리스토텔레스, 베르길리우스, 첼리니, 니체, 제임스, 베르그송이 예찬해 온 〈지고의 선〉이라는 특정한 개념, 즉 번영의 경험이라는 개념은 막스 베버의 윤리나 경제적 진보를 극찬한 후대 경제학자들보다 우리가 동경하고 갈망하는 삶이 무엇인지 더 잘

24 "Suicide: Wealth Leaves Many Unhappy", *China Daily News*(September 11, 2011, p. 1).

포착하고 있다.

번영의 윤리는 물질주의적 윤리와 다른 윤리들의 존재에도 불구하고 오늘날에도 서구에 남아 있다. 이는 1675년경에 시작된 과학 혁명, 1689년에 왕에 대항할 권리를 신장시킨 영국 명예혁명, 흄과 제퍼슨, 볼테르에 영감을 받은 1700년대 중반의 계몽 운동과 함께 꽃을 피웠다. 19세기에 근대 경제가 탄생하기 위해서는 그것이 직접적인 도화선이었든 아니든 아리스토텔레스 윤리가 널리 보급되어야 했다. 근대 경제의 지속은 세계의 다른 지역에서 아리스토텔레스 윤리가 살아남는 데 또한 필요할 수 있다.

이 장의 내용을 읽으면서 번영하려는 욕구가 19세기에 근대 경제가 등장한 원인이었다거나, 이 윤리가 쇠락한 것이 20세기에 국가들마다 (경제적 역동성과) 근대 경제가 쇠퇴한 원인이었다는 식으로 해석해서는 안 될 것이다. 아리스토텔레스는 번영하려는 욕구는 보편적인 인간의 본성이지만, 모든 사람들과 모든 국가들에 그 기회가 주어지는 것은 아니라는 점을 분명히 밝혔다. 9장과 10장은 경제적 문화의 요소들이 지난 몇십 년간 약화되었을 가능성을 시사했다. 이것은 번영하는 삶을 살려는 욕구가 모종의 이유로 사라졌다는 주장이 아니다. 단지 경제적 역동성에 필수적이거나 도움이 되는 직장에서의 태도가 손상되었을 가능성이 있음을 알렸을 뿐이다. 이 장들은 근대적 욕구가 상실되었다기보다는 그와 경쟁했던 가치관, 예컨대 공동체적 윤리 또는 코포라티즘적 윤리와 가족적 가치관이 부활한 증거를 분명히 제시했다.

지배적인 문화와 지배적인 윤리가 동일한 것은 아니다. 사람들은 〈좋은〉 욕구를 달성하기 위해 필요한, 온전히 남아 있는 올바른 태도를 (아마도 사회적 압력 때문에) 일부 잃어버리는 것일 수도 있다.

좋은 경제에 대한 함의

롤스가 주장했듯이 사회가 그 구성원들에게 상호 혜택을 제공하기 위해 경제를 건설한다고 생각해 볼 수도 있다. 따라서 지고의 선 또는 이익을 추구하는 삶을 아리스토텔레스가 〈좋은 삶〉이라고 불렀듯, 사람들이 최고선을 서로 추구할 수 있는 경제를 좋은 경제라고 부를 수 있을 것이다. 경제는 그것이 좋은 삶을 허용하고 촉진할 때만 좋은 경제일 수 있다.

번영이 좋은 삶을 대표하는 의미라면, 좋은 경제는, 새로운 것을 상상하고 창조하려는 사람들의 충동과, 헤겔의 생각에 따르면 〈세상을 움직이고〉 따라서 혁신을 추구하는 그들의 모험, 그리고 새로운 관행을 개척하려는 그들의 열망을 실현시켜 줄 수 있어야 한다.

물론 이러한 관점에서 볼 때 좋은 경제는 불공정한 부분이 많을 수도 있다. 최근 많은 비판자들과 학자들은 그런 〈좋은〉 경제는 불평등을 만들어 내고 다른 종류의 삶을 선호하는 사람들에게 박탈감을 초래할 수밖에 없다고 주장한다. 따라서 이런 〈좋은〉 경제는 불공정하다는 것이다. 다음 장은 이러한 주장에 대한 입장을 정리할 것이다.

12장 좋은 것과 정의로운 것

법은 정선(正善) 및 형평(衡平)의 수단이다.
— 켈수스

사회는 상호 이익을 위한 협동체라고 할 수 있다. ……사람들의 이익이 서로 일치할 수 있는 것은, 사회적으로 협조하면 각자 혼자일 때보다 더 나은 삶을 살 수 있기 때문이다. 이해관계가 물론 충돌하기도 하는데, 그것은 사람들이 협력을 통해 만들어진 더 큰 이익을 나누는 문제에 무관심하지 않아서, 각자의 목적을 추구하는 과정에서 적은 몫보다는 더 큰 몫을 가져가고자 하기 때문이다. 이익을 배분하는 사회적 장치를 선택하고 적절한 분배율에 대한 합의를 도출하기 위한 일련의 원칙이 필요하다. 그것이…… 사회적 정의의 원칙이다.
— 존 롤스, 『정의론』

상업 자본주의 시대 이래 고전적인 입장의 자본주의를 지지하는 사람들은 〈간섭〉이 더 적은 경제, 그들이 생각하기에 자본주의의 장점인 〈자유〉와 〈성장〉이 있는 경제를 추구했지만, 정의로운 경제란 무엇일지에 대해서는 생각하지 않았다. 이 고전적 지지자들의 논의에서 각 경제 참여자들은 마치 서로 고립된 것처럼 국민 총생산에 각자 기여한 가치만큼 대가를 받아 간다. 따라서 다른 참여자들이 받는 대가에 대해 어떤 도덕적 주장을 제기할 수 있을지는 판단하기 매우 힘들다. 그러나 이런 전제를 계속 유지할 수는 없다. 고소득자와(그리고 그들이 축적한 자본과) 저소득 노동자가 서로에게 도움이 되는 것을 보면 서비스를 교환하는 것이 서로에게 이익이 된다는 사실을 알 수 있다. 1900년대 초반에 진보주의자들은 국가 경제에 사람들이 공동으로 참여할 때 얻게 되는 〈사회적 잉여〉에 대해 논의했다. 서로 다른 투입 요소(노동, 토지, 자본)를 교환하면서 얻는 생산성의 이점은 시장 경제에 고용된 거의 모든 종류의 재능과 토지, 자본의 소유자에게 금전적인 보상을 안겨준다. 게다가 근대 경제는 혁신의 빈도가 더 높으므로 다양한 규모와 종류가 통합된 국가 경제에 사람들이 개별적으로 결합하는 경우에 비해서 평균적인 보상이 훨씬 더 크다. 수백만 명의 사용자들이 없었다면 빌 게이츠가 신제품으로 500억 달러를 벌지 못했을 것이다. 고소득자들은 타인과의 협력을 통해 이익을 얻으므로, 손해를 보지 않고도 타인들을 보조할 수 있을 것이다. 그러나 이런 생각이 모든 사람들이 시간당 똑같은 임금을 받아야 한다는, 사회적 잉여에 대해 평등주의 입장을 고수하는 사회주의자들과 같은 결론으로 이어지지는 않는다. 동일 임금은 성공하기 어렵다(혁신가가 되려는 사람이 창업을 준비하며 차고에서 보낸 시간들에 대한 대가를 나중에 받을 수 있을까?). 설령 이런 평등주의적 규범이 실현 가능한 것이라 해도, 많은 잠재적 혁신가들이 현실에 안주하지 않고 혁신에 필요한 극한의 노력을 기울이게 만드는 금전적인 보상이 이로 인해 사라질 것이다.

고전적 자본주의 지지자들 중 다른 이들은 저소득자들의 존재가 고소득자들에게 이익이 된다는 점을 인정하면서도 고소득자들 역시 자본 투자와 혁신을 통해 저소득자들의 임금과 고용을 상승시켜 큰 이익을 준다고 주장한다. 이들이 보기엔 저소득자들에게 추가적인 이익을 제공하기 위해 고소득자들이 그들의 주머니를 털어 보조금을 지급해야 할 이유가 없다. 그러나 시장 경제를 바라보는 이런 시각은 바로 앞에서 언급한 견해만큼이나 오류가 있다. 자유 시장은 형평성이 아니라 효율성을 증진시키는 방향으로 신호를 보내고 유인을 제공한다. 시장 임금과 고용 수준을 원하는 방향으로 움직이기 위해 세금과 보조금을 통해 시장 메커니즘을 수정하려는 사회 경제적 고려가 있을 법하다. 그러나 최근 몇십 년간 제러미 벤담이 주장한 공리주의(〈최대의 행복〉), 정부가 보유하거나 몰수한 부를 사회에 배당한다는 사회주의적 생각, 이익 단체들이 의원들을 움직여 법을 만들게 하는 기업 보조금 등에서 볼 수 있듯이, 이런 고려 사항이 너무 많아졌고 수많은 종류의 사회적 이해관계가 넘쳐나게 되었다.

1971년 존 롤스의 『정의론』은 새로운 전기를 마련했다. 도덕 철학자의 길을 걸어 왔던 그는 〈정의〉에 대한, 명확하지 않거나 심각하게 편향된 정의조차 없는 현실에서 자신의 답을 제시했다. 미국의 대학 캠퍼스들이 시위로 인해 엉망이 된 격동의 1960년대에 글을 쓰면서, 그는 공감대를 이룰 수 있는 정의라는 것에 대한 이해가 매우 절실했던 현실을 그냥 지나칠 수 없었을 것이다.[1] 1960년대 롤스 저작의 배경이 된 시대 현실(특히 흑인 활동가들의 시위)은 요즘 책들이 다루는 맥락과(특히 〈월스트리트를 점령하라〉 운동과 같은) 유사한 점이 있다. 이 두 종류의 시위 집단은 매우 비전이 모호하며, 그 비전을 어떻게 실행할 수 있을지에

---

[1] 나는 롤스와 함께 그 격동의 시기를 보냈다. 우리는 1969~1970년 캘리포니아 팰로앨토의 행동과학 고등연구원The Center for Advanced Study in the Behavioral Sciences에서 바로 붙어 있는 연구실에서 근무하고 있었다. 어느 겨울날, 스탠퍼드 대학 캠퍼스를 내려다보며 우리는 안키나 홀에서 연기가 올라오는 것을 목격했다. 급진파들이 그 건물을 장악하고 불을 지른 것이다. 이후 이들은 연구원을 습격하여 우리가 일하고 있던 수많은 연구실들을 불태웠다. 나와 롤스의 원고는 살아남긴 했지만 그 옆에 있던 것은 완전히 소실되었다.

대한 생각도 거의 없다. 롤스는 분배적 정의라는 분명한 비전을 제시했으며, 그것이 실현될 수 있음을 분명히 보여 주었다(흑인 활동가들과 롤스 모두 링컨 및 페인 시절까지 거슬러 올라가는, 일과 소득, 기회에 대한 미국적 사고방식의 영향력을 보여 주었다고 말할 수 있다. 양쪽 모두 정부 지원금은 언급하지 않기 때문이다).

롤스는 로크와 루소, 칸트의 〈사회적 계약〉이라는 아이디어를 바탕으로 정의의 기본 원칙을 개관하며 논의를 시작한다. 그리고 〈더 이상 명백하게 반대할 수 없도록〉 그것을 이론으로 만들었다. 무엇이 정의로운지 판단하기 위해서, 기존의 이해관계는 일단 접어두고 원초적 입장original position을 상상해 보자는 것이다. 사람들은 이러한 원초적 입장에 따라 심사숙고하여 판단하게 되는데, 이는 실제로 사회와 경제가 작동할 때 자신이 어떤 입장에 서게 될 것인지와 무관하며, 얼마나 많은 사람이 그런 입장에 서게 될 것인지와도 무관하다. 이를 통해 롤스는 〈최대 다수의 행복〉이라는, 특히 경제학자들 사이에서 영향력이 큰 제러미 벤담의 사상에서 벗어난다. 엄숙하게 느껴지는 첫 장에서 롤스는 이렇게 적었다.

개인에게는 정의에 바탕을 둔 신성불가침의 권리가 있으며, 이는 사회 전체의 후생이라는 이유로도 침범할 수 없다. 이런 이유로, 정의는 타인이 더 큰 선을 공유한다는 이유로 일부가 자유를 상실하게 되는 상황을 거부한다. 정의는 다수가 누리는 이익의 합이 소수에게 강요되는 희생을 압도할 수 있다는 생각을 수용하지 않는다. ……공정한 사회에서 정의가 보장하는 권리는 정치적 흥정이나 사회적 이익 계산에 종속되어서는 안 된다.(3페이지)

롤스는 이 이론이 일로부터의 보상을 배분하는 문제에서의 정의라는 구체적인 개념(이 장에서 사용하는 용어로는 경제적 정의의 한 요소)으로 연결된다고 주장한다. 이러한 주장은 롤스가 언급한 적도 없는 복지 국가의 수급 프로그램들을 정당화하는 주장으로 이어지는 것이 아니다. 이 개념에 따르면, 경제적 정의는 가능하면 경제적 비효율을 피할 것을 요구한다. 따라서 정의를 위해서는 모종의 시장 경제가 필요하다. 다른 종류의 경제들은 심각한 비효율을 초래하여 모든 사람들의 임금이 불필요하게 저하될 수 있기 때문이다. 게다가 재능과 배경이 서로 다른 세상에서 약간의 임금 불평등은 필요하다. 임금이 균등한 체제는 고임금뿐만 아니라 모든 임금을 낮추므로 매우 비효율적이기 때문이다(이는 고용주들이 사각 구멍에 동그란 못을 사용하게 하는 격이며, 노동자들은 덜 일하거나, 이전에는 임금이 많은 일자리를 택하느라 거부했을 덜 생산적인 일자리를 얻게 될 것이다. 따라서 임금에 보조금을 제공하기 위해 필요한 세수 또한 감소하게 된다). 그리고 롤스의 주장은 유명한 결론으로 이어진다. 세금과 보조금을 거둔 후에도 존재하는 임금 불평등은 노동 빈곤층, 즉 경제 활동에 참여하는 〈가장 불우한〉 사람들에게 도움이 되는 한 정의로운 것이다. 정의로운 정도의 임금 불평등(또는 임금 격차)은 정확히 최저 소득자들에게 최대의 보상을 전달할 수 있는 수준이다.

롤스의 책에서 제시된 이 새롭고 놀라운 비전과 개념은 도덕 철학뿐 아니라 경제학의 논의까지 바꾸어 놓았다. 비록 롤스는 이 책에서 정의에 있어 자유는 필수적이라고 주장했지만, 그가 분명 자유를 무시하고 있다고 생각한 우파와 불평등이 빈곤보다 나쁘다고 생각한 좌파로부터 모두 비판을 받았다. 배제와 폭력에 대해 마음속에서 생겨나는 절규에 비하면 임금에 대한 롤스의 관심은 다소 차원이 낮은 것으로 보일지도 모르나, 그는 괜찮은 임금을 개인의 〈자존심〉과 〈자기실현〉에 이르기 위한 관문으로 보았다. 그는 임금이 올라가면 아들을 야구 경기에 데려갈 수 있고 학교나 마을 회의에 참여할 수도 있으므로 사회적 포용성이 증가하게 된다고 예리하게 지적했다. 필자의 책 『생산적 복지』는 최저 임금 계층에 대한 롤스의 재분배 주장을 보충하고 있다. 보조금을 지급하여 저임금 노동자들의 고용을 증가시키면 사회의 핵심적 프로젝트에 이들이 관여하는 정도도 높아지고 가난한 가정과 공동체에 일의 세계라는 관념을 열어 줄 수 있다. 이 메시지는 미국 같은 선진국은 물론이고 인도 같은 개발 도상국에도 적용될 수 있는 것이다.[2]

그러나 롤스의 책은 그가 여전히 살아 있다면 물어 보고 싶은 근대 경제에 대한 근본적인 의문에 대해서는 답변을 유보하고 있다. 비록 〈전망〉과 〈기대〉를 자주 언급하기는 하지만, 그가 생각한 시장 경제에는 역동성이 없으며 근대 경제가 만드는 미래도 언제나 예상할 수 있다. 이 간결한 설정에서 그의 책은 고대부터 현대까지 다뤘던 좋은 삶의 풍부한 측면을 제외함으로써 그의 표현을 빌자면 〈선〉에 대한 〈빈약한〉 관점을

2 바라트 준준왈라는 최근의 칼럼(*Tehelka: India's Independent Weekly Magazine*, May 7, 2012)에서 우타르 프라데시 주Uttar Pradesh의 수석 장관 아킬레시 야다브가 제안한 실업 수당 체계를 비난하면서 대신 고용 보조금을 주장했다.

펠프스는 정부가 고용 보조금을 고용된 사람에게 지급해야 한다고 주장한다. ……사람들은 생산적인 일에 참여해야만 보조금을 받을 수 있다. ……이것은 간디가 *Young India*에 1921년 10월 13일자에 기고한 것과 정확히 일치한다. 「나는 옷을 입지 않은 사람들에게 일이 아니라 필요 없는 옷을 줌으로써 그들을 모욕하는 것을 거부한다.」 야다브는 펠프스 교수와 마하트마 간디의 강의를 들어야 한다. 즉, 노동 수요를 창출하고 생산적인 일을 통해 빈곤층에 구호를 제공하는 체계를 만들어야 한다.

채택하고 있다. 따라서 개인이 누릴 수 있는 선의 정도는 그의 임금으로 살 수 있는, 전통적인 것들로 축소된다. 그 결과 롤스는 근대 경제에서 등장하는 경제적 정의의 독특한 문제들을 고려하지 않았다. 따라서 그의 이론적 저작은 근대적 자본주의 경제를 정당화하는 데 도움이 되지 않았다.

근대 경제와 정의

한 사회의 모든 사람들이 아리스토텔레스와 몽테뉴, 니체가 말했던 좋은 삶을 열망한다면, 또 모든 청년들이 역동성을, 즉 새로운 아이디어를 생각해 내고 자신이 구상하고 영감을 받아서 만드는 제품을 개발, 출시하고 개척할 수 있는 최대한의 기회를 지원하는 구조가 갖추어진 경제에서 성공을 꿈꾸고 있다면 어떨까? 이런 사회를 만드는 좋은 경제라면 무엇이든 일종의 근대 경제의 모습을 띠고 있을 것이다. 이런 잠재적 참가자들에게 그런 기회를 제공하지 않으며, 따라서 좋은 삶에 대한 그들의 열망을 좌절시키는 경제는 롤스와 다른 이들의 관점에서 볼 때 불공정한 것이다. 그러면 공정한 근대 경제는 어떤 모습일까?

한 사회 구성원이 롤스의 경제적 정의에 대한 질문에 답을 찾으려면 롤스가 말한 원초적 입장에서 어떻게 문제를 결정할 것인지 생각해야 한다. 이 사람은 자신이 좋은 삶을 추구하는 것은 알지만 상상력과 호기심, 직관, 개척 정신, 또 그것을 추구하는 과정에서 도움이 되는 다른 역량들을 스스로 가지고 있는지는 알지 못한다. 원초적 입장에서 판단해 보면 이 사람은 사업을 시작할 수 있는 기회를 최대한 확보하고, 금융 부문에서 자본을 조달하며, 최대한 법적으로 보호받을 수 있는 상태, 즉 공평한 기회를 보장받는 것을 선호할 것이다. 만약 기회가 불평등하다면, 이 사람은 배제될 수 있다(이 사람이 다른 사람들만큼 기회를 얻지 못할 수 있다고 예상해 보면 소수자 우대 정책affirmative action을 선호할 가능성도 있다).

정의로운 소득 분배는 근대 경제와 어떤 관련이 있을까? 근대 경제를 돋보이게 하는 것은 새로운 아이디어가 있거나 그것을 기업가로서 개발하고 판매하여 시장에 성공적으로 도입하는 사람들이 축적하는 특별 이익extraordinary income(초과 이윤과 이익에 대한 기대로부터 생기는 자본 이득)이다. 기업가의 지휘 아래 일하는 사람들은 상업적 성공 가능성에 대한 기대 덕분에 임금을 받는 만큼, 손실과 자본 손실의 문제도 해결해야 한다. 소득의 이러한 다양한 부분들은 다른 사람들이 만든 신제품을 사용하는 데 소비되거나, 그다음 혁신적 사업, 또는 다른 사람들의 새로운 프로젝트에 자금을 공급하기 위해 축적된다. 따라서 소위 순환적 흐름이 존재한다. 설령 유형 자본이 아주 중요하지 않은 경우라고 해도 소득과 부는 이런 식으로 큰 가치가 있다. 롤스의 원초적 입장과 같은 생각을 하는 사회 구성원은 처음에는 패자들의 손실을 메우기 위해 승자의 전리품에 세금을 부과하는 일에 반대할 것이다. 그러나 더 깊이 생각해 보면 그런 사람들도 이런 재분배가 민간 부분의 위험 감수를 장려할 수 있다는 점을 알아차릴 수도 있다. 정부는 손실과 이익을 분산시키는 파트너로서 민간 행위자의 위험을 줄여 준다. 그러나 생각을 더 해보면 원초적 입장을 취하는 사회 구성원은 왜 사회가 위험 감수를 장려해야 하는지, 의문이 생길 법하다. 내가 바라는 것은 역동적인 경제에 참여하는 것인데, 고위험 투자나 순전히 도박과 같은 일을 정부가 장려할 이유가 대체 뭔가? 또한 신념에 가득 차서 새로운 일에 뛰어들고 미지의 세계로 나아갈 때 느끼는 전율을 좋아할 사람도 있는 것이다. 따라서 좋은 삶이 무엇인지는 알지만 자신의 재능을 미처 시험해 보지 못한 이런 사람은 손실, 특히 혁신과는 아무 상관없는 실패한 투자로 인한 손실을 줄여 주기 위해 정부가 이윤의 일부를 가져가는 일에 흥미가 없을 것이다.

이윤에 대한 과세는 실패한 혁신가들에게 완충 장치를 제공하기 위해서가 아니라 노동자에게 공정함을 기하기 위한 것이라고 생각하는 사람들이 많다. 롤스의 책이 공정한 임금을 다루는 것은 맞지만, 그 초점은 보통 소득의 재분배, 특히 고소득자에서 저소득자로의 임금 재분배에 맞춰져 있다.[3] 롤스의 책과 기초적인 재정학 문헌이 배경으로 삼고 있는 고전적 경제를 포함한 전근대 경제에는 이윤 소득이 등장하지 않는다. 독점으로 인한 이윤은 논의의 초점을 분산시키므로 여기서 제외하자. 그러나 역동적인 경제에서 경제적 정의라는 주제는 노동에 보조금을 제공하기 위해 혁신을 통해 얻은 이윤에 세금을 징수해야 하는지의 문제에 직면하게 된다(경제 내에서 세금과 보조금이 적용된 최종 임금 소득이 증가한다면, 저소득층에 더 많은 고용 보조금을 제공하기 위해 노동에 대한 전반적 세율을 다시 더 높게 매겨야 할 수도 있음을 염두에 두자). 그러

---

3 1970년대에 이 책은 여러 학술 논문들이 나오는 계기가 되었는데, 이들은 제임스 멀리스의 1971년 논문에 기반한 것이었으며, 세금 구조가 임금 소득에 미치는 영향을 분석하는 이론적 모형을 만들었고 최하위층의 소득을 극대화한다는, 흔히 〈최대〉 기준으로 알려진 롤스의 기준에서 이론적으로 최적인 구조를 판별해 냈다. Phelps, "Taxation of Wage Income for Economic Justice"(1973) 또한 이런 논문이었다. 또 다른 논문은 롤스의 정의가 노동에 보조금을 제공하기 위해 이자 소득에 과세를 해야 하는가라는 문제를 다루었다.

나 이런 꿈은 헛된 것이다. 이윤에 대한 과세가 세입을 증가시켜 저임금 노동자의 급여를 증가시킨다는 것은 실증적으로 확인되지 않았다. 국내 총생산 및 소득 수준이 고정되어 있다고 가정할 때 이윤에 과세하여 얻은 세입을 사용해서 임금을 올리는 효과보다 미래 생산성을 떨어뜨려서 오히려 임금을 낮추는 부작용이 더 큰 경우도 이론적으로는 가능하다. 따라서 설령 임금 수준에 대한 롤스의 관점에 따르더라도 혁신 이윤에 과세하는 것이 공정한 과세를 위해 필요하다는 결론을 내릴 수는 없다.

보다 근본적으로 중요한 점은, 모든 사람들이 아리스토텔레스의 좋은 삶을 열망하는 현재의 환경에서 모든 세입을 고용 보조금을 통해 가장 소득이 낮은 경제 참가자들의 임금을 상승시키는 데 써야 하는지가 분명하지 않다는 것이다. 고용을 보조하기보다는 경제의 역동성을 높이기 위해 세입을 사용할 수도 있다. 최하위층 사람들이 임금에만 신경 쓰는 경우조차 저임금 고용을 증가시켜서 고용 보조금보다 최하위층의 임금을 더 많이 끌어올릴 수 있는, 더 큰 효과를 낼 수 있는 정부 프로젝트가 존재할 수도 있다. 효율성이나 역동성을 크게 저하시키는 장애물을 제거하는 정부 프로젝트가 여기에 포함될 것이다. 그러나 불행히도 최하층은 마르크스가 〈룸펜 프롤레타리아〉라고 불렀던 범주에 속하는 것으로 보인다. 마르크스는 자신의 일에 어느 정도 몰입해 있어서 일할 때 생기는 문제를 열심히 해결하고 그 과정에서 기회가 생기면 잘 활용하는 평범한 사람들에 비하면 이들에게는 거의 관심을 보이지 않았다. 이런 관점 때문에 롤스와 같은 입장을 취하는 경제 정책 당국자들은 최하위층 노동자들이 그저 임금만 중요하게 생각할 것이라고 가정하게 되었다. 그러나 가장 임금이 낮은 노동자들조차 급여 이외의 것에도 관심이 있다는 사실은 (원초적 입장에서든 정치적 입장에서든) 이들이 모든 세입을 자신들에게 보조금으로 지급하려는 정부를 선택하지 않을 수도 있음을 시사한다. 이들은 자신의 상상력을 사로잡는 국가적 프로젝트에 관심이 있을 수도 있다. 지난 시절 생겨난 효율성과 역동성을 저하시키는 모든 장애물부터 제거한 후 남은 것을 고용 보조에 할당하는 정부 예산안을 두고 롤스적 정의가 달성되었다고 보는 것은 너무 좁은 견해다.

경제적 정의에 대한 논의 중에는 사람들의 재능과 역량이 이미 형성된 후에 재정적 수단을 사용하여 사람들의 생애 전망에 개입하는, 앞에서 논의했던 것들과는 다른 종류의 논의도 있다. 이런 고전적 주제 중에는 사회적 조건 때문에 열악한 상황에 있는 아이들의 교육에 조기에 개입하자는 경제학자 제임스 헤크먼의 연구가 있다. 어떠한 근대 경제가 정의로워지려면, 혁신 활동에 참여하는 다른 사람들과 같은 수준에서 경쟁할 수 있는 역량을 떨어뜨리는 열악한 조건을 국가가 초기 학령기에 해소시켜 주어야 한다는 것이다(예컨대 국가가 국민 소득의 5퍼센트를 저소득층의 임금을 직접 올리는 데 쓰면서 예상 임금이 낮은 사람들의 잠재적 임금을 높이는 데 한 푼도 쓰지 않는다면 이는 잘못된 일일 것이다). 대다수 사회 구성원들은 자신의 자녀가 보통인지, 보통 이상인지는 이미 알고 있지만 가장 열악한 환경의 아이들을 위로 끌어올리기 위해 무엇이 적당한 수준인지, 롤스가 제시한 원초적 입장에서 편견 없이 판단할 수 있는 정신적 역량도 갖추고 있다.[4]

4 정의를 위해 저소득층에게 더 많은 기회를 줘야 한다는 주장에 구성원들이 원초적 입장에서 동의한다면, 이들은 정부가 빈곤층 아이들에 대한 지출 수준을 고용 보조나 역동성 증가를 위한 활동에 돈을 쓰는 것보다 한계 효과가 적어지는 지점까지 높여야 한다는 것에도 손쉽게 동의할 것이다. 롤스는 이런 주장을 덧붙였을 법하다. 정의의 원칙이 고소득자의 임금을 저소득자의

여러 인간 본성 중의 정의

『정의론』은 좋은 것, 선을 다루는 데 있어 사회의 모든 구성원들이 〈기본적 가치primary goods〉를 추구하며, 자신의 임금이 그 수단이라는 점을 모두 이해하고 있다고 가정함으로써 논의를 단순화할 수 있었다. 근대 경제에 대해 논한 앞의 절은 좋은 것, 선을 다루면서 사회의 모든 구성원들이 아리스토텔레스와 그의 인본주의 계승자들이 생각했던 것처럼 좋은 삶을 추구하며, 그런 삶에는 흥미롭고 도전적이며 모험적인 일이 필요하다고 가정함으로써 논의를 단순화했다. 그렇지만 실제로는 이런 전제들이 그 가정된 상황만큼 환상적이지 않다. 근대 자본주의의 전성기인 1870년대부터 1960년대까지 미국의 엘리트 학교들에서는 인문학 수업들이 학생들을 끌어 모았고, 학생들은 서구 역사를 관통하는 여러 가치관과 신념을 깨닫고 확인할 수 있었다. 니컬러스 머리 버틀러 총장이 이끌던 컬럼비아 대학에서는 역사와 철학에 관한 과목인 현대 문명이라는 필수 과목을 존 어스킨이 1919년에 개설했으며, 역시 필수 과목인 인문학 입문 또는 인문학/문학 수업을 1937년 자크 바전과 라이오넬 트릴링이 개설하였다. 시카고 대학에서는 모티머 애들러가 개발한 고전 프로그램을 로버트 허친스 총장이 1942년부터 시작하였다. 애머스트 칼리지에서는 1947년부터 1968년까지 인문학 수업이 모든 1학년

임금 수준으로 짓누르는 것을 허용하지 않듯이, 국가가 저소득층 아이들이 다른 아이들을 따라갈 수 있게 하기 위해 학교의 교육 속도를 늦추는 것도 허용해선 안 된다. 근대성과는 무관하게, 잘 작동하는 경제라면 어디에서든 가장 뛰어난 사람들의 재능과 평범한 사람들의 역량은 상호 이익을 위해 사용해야 하는 자원이다. 그렇게 할 길이 막혀 버리면, 노동 빈곤층이 가장 비참한 처지에 놓이게 될 것이다.

생들을 전설적인 지도자들과 진정한 탐색가, 인문주의자, 개인주의자, 활력론자와 실용주의자 영웅들의 세계로 이끌었으며, 이 모든 것은 이들에게 전 총장 알렉산더 미클존이 말했던 〈살 만한 가치가 있는 삶〉을 준비시키기 위한 것이었다. 예일 대학에서 인문학과 법학을 가르친 앤서니 크론먼은 찰스 엘리엇이 하버드 총장이 된 1869년부터 〈분기점〉이 된 1968년에 이르기까지 미국에서의 인문학의 역사를 서술한다.

사람들이 지속적으로 매력을 느끼는 삶의 패턴이 있다. ……인문학은 이런 패턴에 따라 살려면 우리가 어떤 것들을 반드시 해야 하는지 깨닫게 한다. ……이것들을 이해한다고 해서…… 자신의 유일함을 인식하고, 높이 평가하며 표현하는 삶을 살려는…… 우리의 욕구가 없어지는 것은 전혀 아니다. 삶이 무엇을 위한 것이냐는 질문에 그대로 답을 주지도 않는다. ……그러나 인문학은 우리에게 지침을 준다. ……(인문학 수업은)…… 개별 학생들이…… 시인, 철학자, 소설가, 역사학자와 예술가 등 과거에 이 세상을 살아갔던 사람들과 함께 삶에서 가장 중요한 것들에 대해 길고 긴, 끊이지 않는 〈위대한 대화〉에 참여하고 있다는 사실을 자각하게 한다. ……인간 본성에 대한 고민이 의미 있는 것이라는 점, 인간의 성취를 보여 주는 몇몇 모범적 유형이 영원히 중요하다는 점을 확인시켜 주면서 인문학은 오랜 기간 삶의 의미에 관한 프로그램의 핵심이 되어 왔다.[5]

이런 인문학은 어떤 인간 사회에서든 재능과 직업 선호에 대한 다양성이 존재하고 그 결과인 인간 성취의 〈형태〉 또한 다양하다는 점을 인

5 Kronman, *Education's End*(2007, pp. 78~87).

정하면서도, 인간이 동굴에서 피리를 연주하던 시절부터 보편적으로 존재해 온 〈인간의 본성〉을 분명히 인식한다. 이러한 공통의 본성은 (가장 높은 수준에서) 창조성을 표현하려는 욕구, 도전을 선호하는 것, 문제 해결을 즐기는 것, 새로움이 주는 즐거움, 탐험과 개선에 대한 끝없는 욕구 등이다. 이런 〈최고선〉을 추구하고 경험하다 보면 인간의 성취 중 큰 부분인 〈변화하기〉를 통해 뭔가 성취할 수 있게 된다. 이런 인간의 본성과 성취를 예술가들과 과학자들, 사업가, 엔지니어, 의사, 정치인 등 다양한 분야의 비범한 사람들이 잘 보여 주고 있다. 이 사람들은 종종 〈근대적〉이라고 불리는데 그 이유는 르네상스 후기, 과학 혁명, 계몽주의 시기의 사상이 19세기에 등장한 근대 경제와 근대 사회로 이어진 이후에 비로소 (새로운 아이디어를 다루는) 그러한 삶의 방식과 성취가 보편적으로 되었기 때문이다. 그러나 이러한 삶과 성취의 가능성은 언제나 존재했으며, 끊임없이 질문을 던진 소크라테스, 영민한 클레오파트라, 모험심이 넘치는 레이프 에릭슨, 통찰력이 있었던 예카테리나 대제와 같이 근대 사회가 등장하기 이전에도 인상적인 인물들을 찾아볼 수 있다.

그러나 다른 시각도 언제나 존재해 왔다. 오늘날 인문학에 반대하는 사람들은 인간의 성취가 단순히 〈형태〉만 다양한 것은 아니라고 주장한다. 아예 종류가 다른 성취를 추구하는 사람들도 여전히 존재한다는 것이다. 이는 오늘날 근대성이 강한 사회에서도 인문학의 관점에서 볼 때 인간으로서 성취할 가능성이 높지 않은 직업들로 몰려드는 사람들을 가리키는 것이다. 남부 이탈리아처럼 전통이 더 강한 사회에서 여성의 주된 직업은 아이와 남편을 돌보는 가정주부이다. 매우 전통적인 사회에서는 신부, 목사, 랍비, 이맘으로 일하고 있는 남자들이 많다. 어느 사회에서든 요양원에서 간병인이나 호스피스로 일하는 사람들이 있다. 어떤 사람들은 환경과 같은 대의를 목적으로 하는 비영리 기관, 즉 이익이 목적이 아닌 조직에서 일하고자 한다. 이런 종류의 일에는 상대적으로 탐험과 창조의 가능성이 거의 없다. 여기에는 첼리나 샤넬 같은 사람이 없다.

가장 근대적인 경제에서조차 많은 사람들이 가정, 공동체, 국가와 종교(요즘에는 환경까지)를 지향하기도 하며 근대적 혁명 이전의 서구 사회의 전통에 귀를 기울인다. 오늘날의 전통주의(전근대적 전통에 관심을 기울이는 것)는 마치 플라톤의 〈존재하기〉와 몽테뉴, 니체, 베르그송의 〈변화하기〉 사이의 대립처럼 근대성에 맞서는 모습을 보여 주고 있다. 몽테뉴는 〈존재하기〉를 초월적이고 신성한 것과 연관 지었다. 상대적으로 정적인 특성에도 불구하고 간병인과 같은 전통적 직업을 일부 사람들이 선호하는 것은 자기애보다도 큰, 따라서 아리스토텔레스, 몽테뉴, 니체와 베르그송이 생각하는 인간의 성취를 추구하는 어떤 충동보다도 큰, 신이나 공동체에 대한 사랑을 반영하는 것일 수 있다(이런 전통적인 직업에서 얻는 만족을 〈인간의 성취〉 또는 〈번영〉이라고 부른다면 이 단어들의 통상적 의미를 부정하는 것일 수 있다. 만일 성취를 그렇게 넓게 정의한다면, 자유롭고 건강하며 건전한 생각을 하는 성인이 하는 활동이라면 그 어떤 것이 성취에 이르지 않을 것인가?).

여기서 생기는 의문은 인간의 본성 자체가 매우 다른 사람들, 따라서 대안적인 삶을 추구하려는 사람들과 인문학에 묘사된 〈인간 본성〉, 즉 아리스토텔레스와 근대주의자들이 좋은 삶을 말할 때 염두에 뒀던 본성을 지닌 사람들이 공존하는 그런 경제에서 롤스의 정의를 어떤 식으로 이해해야 하느냐는 것이다. 인문학의 핵심을 이루는 인간 본성에서 멀어지든 아니든 자신의 인간 본성에 따라 행동할 자유는 롤스의 정의에 있어 기본적인 것이다. 그러나 매우 다른 것을 추구하는 데 몰두하는 사람들을 어떻게 정의롭게 대해야 하는지는 불분명하다.

롤스는 이전에는 그의 책에서 암묵적으로 표현했던 것들을 말년에 들어서 분명하게 강조했다. 롤스가 정의하는 바에 따르면, 분배적 정의는 사회의 협력을 통한 사업들과 경제가 만들어 내는 소득에 기여하는 사람들에게 적용되는 것이지, 은둔자들과 경제에서 벗어나 있는 사람들에게는 적용되지 않는다. 롤스는 오해를 막기 위해 〈바다에서 서핑만 하는〉 사람들은 사회 최하위층에 속하지 않는다고 잘라 말했다. 여가 보조금을 주지 않더라도 〈서핑하는 사람들은 알아서 자립해야 할 것이다〉.[6]

우리가 알고 있듯이(가정을 관리하고 아이들을 키우며) 가정에 머무르는 사람들의 활동은 사회에 필수적인 것이다(최근의 OECD 연구는 호주 남성이 요리, 청소, 육아에 들이는 시간이 하루에 3시간으로 증가했지만 여성이 들이는 시간이 여전히 훨씬 많다고 보고했다). 또한 우리는 실비아 앤 휼렛이 인상적으로 표현한 것처럼 이런 활동을 일부 여성이 〈열등한 삶lesser life〉으로 받아들인다는 점도 잘 알고 있기에 언급하기가 조심스럽다.[7] 그러나 이 활동은 롤스의 소득 재분배와는 무관하다. 롤스의 이론에서 재분배란 유급 노동이 기여한 경제적 잉여를 유급 노동을 제공한 사람에게 재분배하는 것이다. 예컨대 엄마들은 이런 잉여에 대한 청구

---

6 Rawls, *Justice as Fairness*, p. 179. 그리고 롤스는 서핑하는 사람들이 최저 임금 노동자만큼 나쁜 처지라고 결론을 내리는 것은 위험하다고 주장하는 듯하다. 서퍼들은 저소득층의 순 임금을 끌어올리기 위한 보조금을 받고 나서도 일하지 않고 서핑만 하기 때문이다.

7 Hewlett, *A Lesser Life*(1986).

권이 없는데, 이는 그들이 그 생산 과정에 참여하지 않았기 때문이다. 이들의 생산 활동은 사랑의 생산 활동이다(우리의 직관대로라면, 어렵기는 하지만 가정에서 누리는 비금전적인 혜택도 재분배되어야 할 것이다).

마찬가지로 봉사와 헌신의 마음으로 보수를 받지 않는, 자원 봉사 영역에서 직업을 찾는 사람도 있는 것 같다. 환경 보호에 관심을 쏟는 비영리 단체의 자원 봉사자들, 가난한 사람들을 돌보는 간병인들, 숙식만 제공받으면서 신자들에게 설교하는 성직자들도 마찬가지로 롤스의 보조금을 받을 자격이 없다. 재분배할 수 있는 소득 형성에 기여하지 않으므로, 소득을 만들어 낸 사람들 중 최저 임금자들의 몫이 돌아가고 나면 〈사회적 잉여〉에서 이들의 몫은 남지 않기 때문이다. 이 부문에 임금을, 예컨대 그 경제의 최저 임금을 지급하는 체계를 실제로 갖추게 된다고 하더라도 좋은 삶을 추구한 사람들이 만들어 낸 사회적 잉여에 대해 이들이 청구할 수 있는 정당한 몫이 없다는 사실에는 변함이 없다. 이는 우리의 직관과는 반대되는 것으로 보인다. 원초적 입장에서 숙고 끝에 자신에게 다른 본성이 있을 가능성을 인식하고서 다른 소명에 헌신하는 사회 구성원이라면 그러한 소명에 헌신하면서 낮은 임금을 받고 있는 사람에게도 생산성을 높이는 데 헌신하는 사람이 버는 것만큼 보조금을 주는 것이 롤스식의 정의라고 생각하게 되지 않을까? 그러나 롤스의 보조금은 누가 돈이 얼마나 필요한지 또는 얼마나 좋은 일을 했는지를 따져서 주는 것이 아니고 무엇이 공정한지 따져서 주는 것이다. 대가를 얻으려면 게임에 참여해야 한다. 아예 종류가 다른 삶은 해당되지 않는다.

또한 국가가 단지 분배적 정의와 효율성을 지키는 수준을 넘어 다른 목표를 추구하는 것도 문제가 된다. 롤스의 『정의론』이 국가에 허락하는 역할은 무엇일까? 앞 절에서는 국가가 비효율을 해결하는 것처럼 역동성을 소진시키는 경제의 기능 장애를 해결하기 위한 기회를 활용할 수도 있다고 했다. 이런 활동은 그 이익을 저임금 노동자에게 보상해 줄 수 있다면 롤스의 관점에서 불공정하지 않다. 그러나 지금 우리는 사회의 노동 연령 인구 중 일부가 극단적으로 다른 종류의 삶을 추구하고 있음을 알게 되었다. 원초적 입장에서 사회 구성원은 국가가 좋은 삶을 위해 역동성을 증가시키는 활동을 줄이고 다른 종류의 삶에 기여하는 쪽으로 관심을 돌리는 것이 자신의 이익에 부합한다고 생각할 수 있다. 자신 또한 좋은 삶이 아닌 다른 가치를 추구하게 될 수도 있다고 생각할 것이기 때문이다. 그러나 그런 생각이 옳은지는 다시 생각해 봐야 한다. 국가의 역동성에 기여하는 프로그램들과 기관들은 특히 빈곤 노동층에게 이익이 되지만, 동시에 그 예산은 이들 빈곤 노동층의 주머니에서 나온 것이기도 하기 때문이다. 사람들이 다른 삶을 추구하게 될 가능성이 있다고 해도 이들이 마치 열악한 위치에 있는 것처럼 생각해서, 경제적으로 가장 가난한 사람들이 받아야 할 보상을 빼내서 다른 삶을 찾아 경제에서 이탈하는 사람들까지 지원해 줄 합리적인 이유는 없다. 이들은 가장 가난한 사람들이 아니라 그저 종류가 다른 사람들이며, 재분배가 가능한 사회적 잉여를 생산하는 데 참여하는 협력자들도 아니다.

불의가 없는, 사람들을 자유롭게 하는 체제

지금까지 근대 경제가 단순히 잘 돌아가는, 즉 중대한 오작동이 없는 정도가 아니라 공정하게 작동하기 위해서 어떤 부분을 조정하고 확장해야 할지 논의했다. 근대 경제가 잘 그리고 공정하게 작동한다면 공정한 체제일 것이다. 롤스의 원칙은 공정한 경제라면 다른 체제보다 최하층 사람들에게 최대한 기회를 많이 주어야 한다는 것이다. 책 마지막 부분에서 자본주의적 또는 사회주의적 시장 경제에 대해 롤스는 기본적으로 고전적 입장을 취하고 있으며, 그가 보기에 전근대적 자본주의나 전근대적 사회주의 중 어떤 것이 공정한 것이라고는 말할 수 없었다. 이들을 구분하는 차이는 그가 보기에는 그리 결정적인 것이 아니었다. 그러나 근대적 가치관이 사회 곳곳에 자리 잡은 완전히 근대적인 사회에서는 근대적 자본주의 경제와 시장 사회주의, 코포라티즘과 같은 체제들 사이의 차이는 매우 크게 느껴진다.

이 책은 다른 체제들을 비교한 후 근대 경제가 잘 작동하면서 공정히 작동하는 경우에 번영과 개인적 성장을 위해 적합한 체제라고 믿을 만한 이유를 살펴보았다. 그리고 이 책은 근대 자본주의 경제가 보통 사람들에게 좋은 삶의 전망을 제시하는 부분에서 현저히 뛰어나다는 증거를 폭넓게 제시했다. 근대적 가치관이 강하고 전통적 가치관이 상대적으로 약한 경제들은 일반적으로 좋은 삶의 모든 지표들, 즉 직무 만족도, 실업, 임금 수준 등에서 성과가 더 좋다. 이런 증거들을 통해 보면 완전히 근대적인 사회에서, 롤스의 원초적 입장을 취하고 있으며 자신이 사회의 최하위층에 속한다고 생각하는 구성원이라면, 공정하게 잘 작동하기만 한다면 근대적 자본주의 경제가 옳은 선택이라고 결론을 내릴 만한 합리적인 이유가 있다[최하위층에 속하리라고 믿는 사회 구성원도 자신이 최고 통치자가 될 수 있다는 희망 때문에 계획 경제를 선호할 수도 있겠지만 근대 자본주의 경제는 사회주의의 관료제나 코포라티즘의 인맥,

거래 관계가 제시하는 것보다 좋은 삶에 대한 훨씬 나은 전망을 제시한다(그러나 짧은 기간 동안은 여러 가치관이 공존하게 될 수도 있다)].

물론 이와 같은 입장, 또는 다른 관점에서 근대적 자본주의 경제를 옹호하는 사람들은 많은 사람들이 근대적, 비근대적 자본주의에 대해 극심한 반감을 드러낸다는 사실도 인식해야 한다. 개인이 엄청난 부를 소유하거나 취득하는 일에 대한 반감은 특히 강력하다. 롤스는 자신의 설명에 이어 다음과 같은 생각을 덧붙인다.

사람들이 원하는 것은 다른 사람들과 자유롭게 어울리면서 의미 있는 일을 하는 것이며, 이렇게 어울리면서 기본적인 제도의 틀 안에서 서로의 관계가 정해진다. 이런 수준을 달성하기 위해서 엄청난 부가 필요하지는 않다. 거대한 부란 사실 방종과 공허함으로 이끌지는 않더라도, 분명한 장애물이면서 아무리 잘 되어 봤자 무의미하게 정신만 산란하게 할 가능성이 더 높다.[8]

사람들의 부를 과대평가하면 여가와 소비에 대한 과대 수요로 이어지고, 투자와 혁신뿐 아니라 고용까지 감소한다는 것은 사실이다. 근대 자본주의를 부를 축적하는 기계로 규정하는 것은 가장 어리석은 일이다. 그러나 그 모든 부작용에도 불구하고 어떤 사람이 심혈을 기울여 만든 제품이나 방법이 매우 수익성이 높은 혁신임이 드러나게 되는 경우 그 사람의 부는 엄청나게 늘게 되어 있다. 또한 앞에서 언급했듯이, 매우 높은 수준의 금전적 이익은 수익성을 입증할 만한 프로젝트에 사람들

8 『정의론』, p. 257.

이 달려들도록 동기를 제공하는 데 도움이 된다. 따라서 근대 자본주의에서 부의 불평등이 크게 나타났다고 해서 그것이 근본적으로 불공정한 것은 아니다. 오히려 그런 거대한 부의 불평등이 내재해 있었고, 공정하지도 않았던 것은 전통적인 사회였다. 뿐만 아니라 부는 긍정적인 측면도 있다. 한 사람의 부가 증가하고 다른 사람들의 부는 증가하지 않으면 그 사람이 모든 면에서 더 나은 삶을 살 것임은 두말 할 나위가 없다. 그러나 모든 사람들의 부가 (같은 양 또는 같은 비율로) 증가한다고 하더라도 사람들은 자신의 관심사를 추구하고 개성과 가치관을 표현할 여유가 더 생길 것이다.

그러나 많은 사회적 비평가들은 (다른 체제에는 아예 존재하지 않는 내재적 결함을 의미하는) 〈불의injustice〉가 근대 경제의 특징이라고 지적한다. 경제적 포용성과 같이 경제적 정의에 적합한 체제임에도 불구하고 근대 경제에 〈불공정〉하다는 인상을 지우는 것이다. 근대 경제의 부족한 점이라고 생각되는 범주가 크게 보면 최소 세 가지가 있다. 아예 종류가 다른 경제, 아마도 근대 경제의 어떤 변종이 좋은 삶을 살 기회를 더 많이 제시하거나, 이 가능성을 더 많은 사람들에게 보여 주거나, 다양한 고전적 설명이 제시하는 좋은 삶보다 더 나은 삶을 제시할지도 모른다. 그리고 아직 우리가 찾아내지 못한 대안적 경제 중에는 근대 경제보다 더 밝게 빛나는, 아직 알려지지 않은 별이 있을지도 모른다. 근대 경제를 반대하는 무수한 주장들에 일일이 대응하는 것은 불가능할지도 모른다. 그러나 근대 경제가 얼마나 잘, 공정하게 작동하든 간에 불공정한 것이라는 주장은 논의할 필요가 있다.

근대 자본주의의 비판가들은 근대 자본주의 경제들이 (어쩌면 다른 모든 경제들도) 그들이 상상하지만 실제 구현되지 않은 경제 체제에 비해 불공정하다고 주장하는 경향이 있다. 유명한 사례로, 19세기 사회주의자들은 실제로 사회주의 국가가 나타나기도 전에 근대 자본주의 경제보다 사회주의 경제가 일자리와 임금을 더 늘릴 것이라고 주장했다. 그러나 일단 사회주의 국가는 수립되고 나자 (사회주의와 코포라티즘의 맹공격 이후에도 존속하고 있던) 근대 자본주의 경제들보다 임금과 고용 수준이 낮았다.

20세기 코포라티스트들은 국가 차원에서 전통적 사회의 가치관을 지키려는 목표에 잘 부합하는 국가 주도형 경제를 상상했다. 그러나 코포라티즘이 만연했던 프랑스와 이탈리아의 실제 성과를 보면 국가의 힘은 기대했던 역동성을 창출하지 못했으며, 따라서 1990년대 이후에도 빠른 생산성 증가와 낮은 실업률을 유지할 수 없었다는 것을 관찰할 수 있었다.

1970년대에 들어서 서구의 사회 비판가들은 좋은 삶을 위해 대가를 덜 치러도 되는 새로운 종류의 경제를 상상하기 시작했다. 이 새로운 경제는 상당한 경제적 안정성을 실현할 수 있을 것만 같았다. 그러나 고용을 강하게 보호하고 공공 부문을 확대해서 불안정성을 제거하는, 서유럽 대륙의 경제들이 주장했던 체제는 실제로 보여 줄 만한 것이 없었다. 고용률은 낮았고 대규모 불황이 찾아왔다. 이들은 값비싼 대가도 치러야 했다. 역동성은 전무하거나 거의 없었으며, 그 결과 저개발이 초래되고 고용률은 낮았으며, 심지어 불안정했다.

인류 역사에는 근대 경제보다 더 안정적이고 평등했던 경제가 아주 많다. 그러나 근대 역사를 살펴보면 근대 경제의 대안으로 나온 것들이 불평등과 불안정성을 낮추면서도 좋은 삶을 더 많이 제공했다는 증거를 찾아볼 수 없다.

근대 경제는 최근 몇십 년간 새로운 비판에 직면했다. 예컨대 각 부문에 골고루 투자가 이루어져야 한다는 주장, 인터넷 붐처럼 한 방향으로만 경제가 성장하기보다는 각 부문이 골고루 성장해야 한다는 주장, 저축과 투자의 전 세계적인 불균형이 교정되어야 한다는 주장들이다. 이런 비판들은 국가가 투자해야 하는 최적의 방향을 결정할 때, 잘 작동하는 근대 경제가 적극적인 참여자들의 통찰력과 판단력을 얼마나 잘 활용하는지 이해하지 못하고 있는 것 같다.

IMF는 〈경제적 불균형〉을 해결해야 할 당위성을 주장한다. ……세계의 안정에 긍정적이라는 이유에서다. 그러나 한 국가가 해외에서 돈을 빌려서 투자 붐을 즐길 수 없고 투자 부진에 빠진 국가가 다른 국가에 돈을 빌려줄 수 없다면 국제적 민간 신용 시장의 목적은 대체 뭐란 말인가? ……다음으로 IMF는 〈위기 예방〉을 이야기한다. 금융 위기의 가능성을 원천적으로 봉쇄해야 한다는 주장은 IMF가 잘 작동하는 근대적 자본주의 경제가 존재할 이유에 대한 통찰력을 상실했음을 보여 준다. 여러 서구 국가들이 현 체제를 유지하고 있는 것은, 스탈린의 계획위원회(고스플랜Gosplan)가 너트와 볼트의 상대 가격을 제대로 설정하지 못했기 때문이 아니라 저마다 다른 통찰력과 경험을 보유하고 있는 기업가와 투자자들의 다양성이야말로 새로운 미래가 초래하는 불확실성을 관리할 수 있는 훌륭한 방법이기 때문이다.[9]

9 Edmund Phelps, "IMF Seems to Have Lost Sight of Rationale for Capitalism", *Financial Times*, letter to the editor.

미국 경제처럼 (대부분의 시기에) 뛰어난 창의성을 보여 준 경제가 위기에 빠지는 경향을 두고 결함이라고 생각하는 것은 아주 창의적인 사람들이 조울증 때문에 때로 깊은 우울감에 빠지는 것을 가리켜 결함이라고 하는 것과 같다. 역동적인 경제에서 새로운 아이디어를 성공시키지 못하거나 새로운 아이디어가 등장하지 않는 일종의 침체기가 있어서 불황이 초래될 수 있다는 점은 쉽게 이해할 수 있다(물론 과거에 지방 은행들이 문을 닫아서 대부 행위의 전문성까지 함께 상실된 것은 근대 경제를 선도하던 경제들이 새로운 기능 장애를 겪게 되는 원인이 되었다). 그러나 이런 문제가 발생한다고 해서 근대 경제가 정의롭지 못한 것은 아니다. 기능 장애는 고칠 수 있다.

몇 년 전부터 도발적인 비판이 등장했다. 우리가 좋은 삶을 너무 좁게 생각했다는 것이다. 이런 생각은 일과 가정의 〈균형〉을 요구한다. 그리고 근대 경제는 너무 탐욕스러워서 가정에서의 삶과 육아에 필요한 시간과 마음의 여유를 충분히 주지 않는다고 주장한다. 여기서 이 비판론자들은 좋은 삶의 범위를 가정으로까지 넓히는 것이 주목적이며 좋은 삶 자체에 이의를 제기하는 것은 아니다. 비판론자들은 참여자들이 〈모든 것을 얻을 수 있는〉 새로운 경제를 만들 수 있다고 주장한다. 즉, 근대 경제가 만들어 낼 수 있는 역동성과 가장 값진 열매인 번영을 희생하지 않으면서도 수 세기 전 전통적 사회의 특징이었던 가정에서의 더 윤택한 삶 그리고 아이들과의 더 가까운 관계를 모두 얻을 수 있다는 것이다. 그러나 〈일과 삶의 균형〉을 말하면서 마치 일이 삶의 핵심적인 부분이 아닌 것처럼 말하는 것이라면, 이 비판자들이 좋은 삶과 그 조건에 대해 잘 이해하고 있는지 의심이 든다. 일의 세계에서 번영하는 삶이란 정서적 몰입을 통해 일에 깊이 몰두할 때만 얻을 수 있는 것이다. 이는 거저 얻을 수 있는 것이 아니다. 일주일에 4일만 일하거나 직장에 보육원을 설치하는 것이 어떤 직장에서든 직원들의 몰입도나 업무 효과를 떨어뜨리지 않는 것으로 밝혀진다면 그렇게 할 수도 있을 것이다. 그러나 이런 관행을 (세금이나 벌금을 통해) 모든 기업들에 강제하는 것은 직원의 몰입도를 일부 감소시킬 것이며, 따라서 이 회사들의 활력과 역동성을 저해할 것이다. 기업들도 로봇을 이용한 생산 같은 기계적인 일은 재택 근무로도 가능하다는 사실을 인식하고 있지만, 혁신을 이루려면 직원들이 서로 상호 작용을 할 수 있는 사무실이 필요하다.

더 근본적인 논점은 가정에서의 삶이란, 도전과 장애물이 별로 없다면 좋은 삶의 일부가 될 수 없다는 것이다. 때로 어떤 사람들에게는 직장보다 집에서 도전할 만한 일이 더 많은 경우도 있지만, 이들이 그 도전과 장애물을 제거해 나가면서 더 크게 번영할 것이라고 기대할 수는 없다. 작가 케이티 로이프는 이렇게 주장한다.

균형이 반드시 좋은 것일까? 불균형과 열광, 삶의 기술이나 기쁨은 독특하고 믿기 어려운 강렬함 속에도 있지 않을까? ……나는 세 가지 일을 하는 싱글 맘이다. 그러나 나는 혼란 그 자체 속에 활기와 행복이 있다는 것을 알게 되었다. ……인간의 정신이란 너무 복잡하고 어지러운데다, 너무 모호해서 〈균형〉으로는, 〈건강한 환경〉으로는, 순전히 계속해서 물리적으로 존재하는 것만으로는 문제를 해결할 수 없다.[10]

10 Katie Roiphe, "There Is No Such Thing as Having It All", *Financial Times*, June 30, 2012.

근대 자본주의 경제의 대안으로 등장한 상상들은 모두 마법과 같은 달콤한 생각을 하게 한다. 즉 어떤 것이든 가치 있는 목표라면 길이 있으리라는 믿음 말이다. 그러나 근대적 사상은 우리가 모두 가질 수는 없는 목표들 사이에서 선택할 것을 요구한다.

사람을 배려하는 삶이나 명상하는 삶, 가족을 위해 헌신하는 삶 등 여러 구성원들이 다른 종류의 삶을 추구하는 사회에서는 공정하게, 잘 작동하는 경제가 정의로운 것이냐는 질문이 상당히 다른 의미를 띨 수 있다. 이러한 근대적 윤리와 전통적 윤리가 공존하는 가치관의 다양성은 근대 경제 체제에서 경제적 정의를 위해 필요한, 최하층 노동자에 대한 보조금에 대해 앞서 논의하면서서 다룬 부분이다. 여기서 우리는 정의를 실현하기 위해 필요한 체제에 대해 논의하고 있다. 문제의 핵심은, 어떤 근대적 사회에서도 교환에 바탕을 둔 경제가 존재하는데, 근대 사회는 이 경제에 참여하는 사람들의 상호 이익을 위해 이것을 지지할 것이며 이와 반대되는 문화에서 온 사람들은 반대의 목표를 찾아 이런 교환 체제에서 이탈할 것이라는 점이다. 어떤 사회 비판가들은 전통적 가치관에 이끌린 참여자들을 지원하지 않는 것이 근대 자본주의 경제에 존재하는 불의라고 믿는 것 같다. 이 책의 관점, 즉 칸트와 롤스와 같은 사람들의 관점에서는 고전적 의미에서의 좋은 삶을 추구하는 사람들이 자유롭게 근대적 부문에서 일할 수 있듯이 전통적 삶을 추구하고 싶은 사람들은 전통적 부문에서 자유로이 일하고 소득을 얻을 수 있는 것이 바로 정의다(이처럼 다양성이 존재하는 사회에서는, 근대 경제의 생산 활동에 참여하는 자들은 그것이 생산하는 것으로부터 보상을 받을 것이고 전통적 경제의 생산 활동에 참여하는 자들은 보상 없이 일하거나 자선

기부를 통해 그 대가를 받을 것이다). 그리고 근대적 가치관을 가진 사람들을 변화와 독창성, 발견이 상대적으로 별로 없는 비근대 경제에 내맡기는 것은 끔찍한 불의이다.

물론 원초적 입장을 취하는 사람들이 타인을 돌보는 전통과 같은 다양한 전통적 이상을 지킬 수 있게 해달라고 정부에 요구할 수도 있다. 정의는 다른 사람들의 생활 방식과 생각에 대한 관용을 요구하지만, 그렇다고 해서 좋은 삶을 추구하는 사람들이 자신을 부정하거나 다른 사람들의 생활 방식에 투항하게 해서는 안 된다. 정의를 추구하려면 다른 사람들의 전통이 근대 경제를 압박하여 혁신 활동 속 다양성의 표현과, 나아가 근대적 삶을 막아 버리는 것을 허용해서는 안 된다.

이런 종류의 다원적 사회에서는 각자의 배가 각자의 바다 위에 떠 있으며 서로를 돕지 않는, 그런 경제들이 존재할 수 있게 된다. 우리가 어떻게 받아들이든 이것은 불의가 아니다. 롤스의 관점에서 정의는 근대적 부문이 전통적 부문에 노동 보조금이나 다른 명목으로 자금을 이전할 것을 요구하지 않는다. 이는 근대적 부문에서 롤스의 정의란 이 부문 내에서 이루어진 결실을 공평하게 분배하는 문제에 대한 것이기 때문이다. 그러나 만일 근대적 부문에 참여하는 사람들이 만장일치로 정부에 전통적 부문을 보조하기를 요구한다면, 그렇게 하는 것도 정의로운 일일 수 있다. 또한 개인이 전통적 부문에 기부하는 것 역시 불의가 아니다. 그러나 미국에서는 비영리 기업과 자선 재단의 영역이 자선 활동에 힘입어 규모가 커졌지만, 일부 자선가들은 그들의 기부가 정부의 세제 혜택에 힘입은 것임을 인정한다. 이런 혜택은 노동 빈곤층에게 돌아갈 세수를 줄이는 결과를 낳을 것이다.

우리는 근대적 가치관과 근대적 부문이 지배하고 있는 경제를 만들어 낸 근대 사회에서도 여전히 존재하는 전통적 요소들에 대한 정의라는 문제를 논의하고 있다. 전통적 가치관이 강한 사람들은 전통적 부문에서 활동할 수 있게 해주고, 따라서 근대 경제에 피해를 주지 않게 하면 이것이 정의를 실현한 것이다(이처럼 두 부문이 병렬적으로 존재하는 경제는 전통적 가치관을 고수하는 사람들이 근대적 부문에서 효율성을 저하시키고 다른 노동자들의 사기를 떨어뜨리는 일을 막을 수 있기 때문에 근대 경제에 도움이 될 수도 있다). 매우 전통적인 사회의 근대적 부문에 대한 정의의 문제를 다루는 것도 가치가 있을 것이다. 여기서 문제는 가치관이 근대적인 사람들이 극소수가 아닌 이상, 이들이 자유로이 근대적 부문을 발전시키고 운영할 수 있도록 허용하게 되면 전통적 가치관을 고수하는 많은 사람들에게 달갑지 않은 영향을 미칠 수 있다는 사실이다. 결국, 전통주의자들이 생각하는 근대주의자들의 악영향 때문에 자신들을 잠식하는 근대적 기업 경제에 대한 코포라티스트들의 복고주의 혁명이 시작되는 것이다. 이 문제에 대응하기 위해 일부 유럽 국가 정부들은(예컨대 이탈리아와, 비록 그보다는 덜하지만 프랑스가) 근대적 부문(농업과 국영 기업, 중앙 정부와 교회와는 반대되는 부문)의 활력과 역동성에 재갈을 물리는 벌칙과 장애물을 설치했다(그리고 병렬적으로 존재하는 이 부문은 전통적 문화의 힘에 비하면 매우 작았기 때문에 기업가 정신과 혁신 정신이 감소했다). 유럽 국가들은 일반적으로 근대 경제가 꽃피우도록 허용하지 않았으며, 그 구성원들이 순응하지 않는 삶과 창조적이고 모험하는 삶을 추구하도록 권장하지도 않았다. 이들 국가에서 지배적인 태도와 신념은 근대적 가치관을 지닌 사람들이 좋은 삶을 추구하는 것을 가로막고 심지어 좌절시킴으로써 심각한 불의를 실현했다.

따라서 근대적 가치관이 지배적인 국가들이 근대 경제를 받아들이는 것이 공정한 것처럼 전통적 가치관이 강한 유럽 국가들이 코포라티즘 또는 사회주의적 성향이 강한 경제를 구축한 것도 완전히 공정한 것 아니냐고 생각해 볼 수도 있겠지만, 사실 전통적 사회들은 평범한 사람들이 좋은 삶을 추구할 기회를 막은 반면 근대적 사회는 사람들이 비정부 단체, 재단, 비영리 기관, 교회, 집에서 전통적인 삶을 찾는 것을 금지하지 않았다. 이는 불공정한 것이다.

실제로 존재하는 근대 자본주의적 경제들에도 실제 코포라티즘 경제들이 그렇듯 불의가 있다는 점은 굳이 다시 언급할 필요도 없다. 최저 소득 노동자들의 고용과 임금을 훨씬 높은 수준으로 올리는 충분한 조치가 없는 것이 가장 두드러지는 불의라고 할 수 있지만, 코포라티즘 경제를 보유한 국가들도 마찬가지로 그러지 못했다. 또 다른 눈에 띄는 불의는 (코포라티즘 국가에서도 마찬가지로 개인과 사회의 부가 부풀려지는 것은 사실이지만) 가처분 소득에 지나치게 적은 세금을 매기고 사회 보장 프로그램을 과도하게 늘리는 관행이다. 그러나 이런 불의는 그 수혜자들이 그런 불의를 정당화하는 근거가 얼마나 헛된 것인지 이해하기만 한다면 바로잡을 수 있는 것들이다. 그러나 이런 문제들은 근대 자본주의 경제에 내재한 것도, 독특한 특징도 아니며 근대 자본주의가 자체로 정당화될 수 없음을 보여 주지도 않는다. 근대 자본주의는 다만 손상되었을 뿐이다.

이 책의 주장이 옳은 것이라면 그것이 잘 공정하게 작동하는 국가에서 그리고 그것을 운영할 만큼 근대적 가치가 지배적인 어디서든 근대 자본주의 경제는 정당성이 있다. 물론 미래에는 다른 어떤 체제가 공정한 것으로 보이는 날이 올 것이며(아마도 그럴 것이다) 근대 자본주의 경제도 다른 체제에 자리를 내주게 될 것이다.

결론을 내려 보자. 근대 경제의 등장은 그것이 도래한 운 좋은 국가들에게는 신이 보낸 선물이었다. 1800년대 중반부터 1900년대 중반까지 첫 근대 경제들은 (근대적 자본주의가 어느 정도로 구현되었는지는 차이가 있지만) 서구 세계의 경이로움이었다. 이들은 경제적 역동성을 만들어 냈고, 이는 이전에는 볼 수도, 상상할 수도 없었던 현상이었다. 또한 이들은 전근대 자본주의에서는 아주 초기 수준이었던 포용성을 더욱 확대시켰다. 새로운 경제 체제가 역동성과 포용성을 얻게 된 것은 가장 기본적인 단계의 경제 참여자들로부터 상상력과 에너지를 얻었기 때문이다. 장인과 일용 노무자, 농부, 상인, 공장 노동자 같은 기층 참여자들의 상상력을 사로잡아 참여하게 하지 못했다면 혁신은 그리 대단한 것이 아니었을 수 있다.

이 책은 근대 경제가 좋은 삶으로 가는 것을 방해하는 물질 지상주의, 조잡함, 속물주의, 무교양, 탐욕으로 구성된 체제에서 벗어나 좋은 삶에 대한 폭넓은 욕구에 답을 제시했다는 것을 발견했다. 근대 경제는 사람들을 짓누른 봉건 경제와 전통적 사회, 반복적이고 고립되어 애덤 스미스가 감동이 없다고 본 상업 자본주의로부터 해방되고자 하는 근대적 움직임 속에서 나왔다. 다수가 혁신에 참여한 근대 경제의 결과물로 얻어진 대번영mass flourishing은 최고선에 대한 아리스토텔레스의 관점과

정의에 대한 롤스의 관점을 완벽하게 표현해 주고 있다. 대번영을 이뤄낸 이 체제는 근대의, 즉 피코, 루터, 볼테르에서 흄과 니체에 이르는 근대적 가치관의 핵심이었다.

그러나 경제적 성공에 대한 과거의 잘못된 생각들은 사라지지 않았다. 이 생각들은 민간 기업들에게 존재하는 역동성을 보지 못한다. 한 가지 잘못된 생각은 자유의 크기가 한 국가가 다른 국가보다 경제적으로 성공할 수 있을지 어떨지를 결정한다는 것이다. 그러나 자유는 분명 혁신을 위한 필요조건이기는 하지만 충분조건은 아니다. 사람들이 뭔가 하도록 허용하는 것은 그것을 하게 유도하는 것과 다르다. 사실 자유는 거저 주어지는 것이 아니라 과감히 뛰어드는 자가 쟁취하는 경우가 많다. 또 다른 잘못된 생각은 경제적 성공이 경제에서의 발견이 아니라 과학에서의 발견에서 기인한다는 것이다. 그러나 이 이야기는 왜 어떤 국가들은 〈도약〉했는데 다른 선진 경제들은 그러지 못했는지, 그리고 왜 그 도약이 과학 분야에서는 활력이 없었던 시기에 일어났는지는 설명하지 못한다. 또 다른 잘못된 생각은 한 국가에서 공공 부문이 민간 부문보다 빠르게 진보할 수 있다고 주장한다. 우리가 비스마르크의 독일 경제를 근대 자본주의가 아닌 국가 주도형 자본주의로 정의하지 않는 한 어떤 국가도 그런 일을 해낸 적이 없다는 점에서 이 주장은 큰 의미가 있어 보이지 않는다.

우리의 이론을 올바로 이해하는 것이 향후 수십 년간 동서양을 막론하고 중요할 것이다. 자유가 역동성의 충분조건이며, 세율을 필요한 만큼 하향 조정하기만 한다면 자유가 확보된다고 믿는 한 미국은 1970년대 이전에 보여 줬던 역동성을 회복하고, 그 결과인 번영을 되찾을 수 있을 것 같지 않다. 이것은 큰 실수다. 근대적 가치관과 전통적 가치관 모두 영향을 미친다. 과거의 역동성에 불을 지핀 근대적 가치관은 감소하고, 이와 대조되는 전통주의적 가치관은 크게 증가했기 때문에 이는 재정 정책으로는 상쇄할 수 없는 수준이다. 전통적 가치의 회복을 주장하는 정치인들의 호소는 경제적 역동성을 회복하자는 호소만큼이나 목소리가 크다. 따라서 정당들은 강력한 재정적 조치에 대한 합의만 이뤄진다면 번영이 다시 찾아올 것처럼 이야기할 것이다.

유럽은 코포라티즘 경제(민간 자본에 대한 정부의 효과적인 통제)가 자본주의는 달성할 수 없는 수준의 안정성과 조화를 달성하면서도 그 과정에서 과거 경제가 근대적이었던 시절의 역동성도 상실되지 않는다는 믿음을 유지하는 한, 1900년대 초반에 누렸던 높은 수준의 번영은 말할 것도 없고 1990년대의 준수한 고용 수준도 회복하지 못할 것이다. 이러한 믿음은 근거가 없다. 그러나 유럽은 전통적 가치관이 지배하며 악영향을 미치는 코포라티즘적 경제를 계속 운용해 나갈 것이다.

근대적 가치관이 경제적 영역의 창조자와 탐구자, 탐험가들에게, 따라서 좋은 경제에 그토록 중요하다면, 사회의 다른 영역에도 중요한지 의문을 제기할 수 있다. 토크빌은 다른 영역에서도 근대적 가치관이 중요하다는 것을 인식했다. 그는 미국의 경제 체제에서만큼이나 정치 체제에서도 참여가 폭넓고 깊게 이루어지고 있다는 것을 이해했다. 그 결과 두 영역 모두가 번영한 것이다. 그런 번영이 정치적 영역에서 일어나려면 여러모로 경제 영역의 자생적 역동성에 견줄 수 있는 자생적 민주주의가 필요했다.

이런 점에서 유럽이 경제적 영역에서뿐 아니라 정치적 영역에서도 잘못된 길을 가고 있다는 것을 오늘날 누구라도 알 수 있다. 아마르티아 센은 「유럽 민주주의의 위기The Crisis of European Democracy」에서 이렇게 논평했다.

유럽은 시민들이 공개적으로 논의해서 충분한 정보를 얻은 후에 동의하기 전까지는 전문가들의 단일한 시각(또는 좋은 의도)에 자신을 내맡겨선 안 된다. 지도자들이 효과적이지 않은 정책들을 지시하면…… 민주주의는 물론이고 좋은 정책을 만들어 낼 가능성까지 약화된다.

경제적 역동성에 대해서도 비슷한 주장을 할 수 있다. 기업의 진로가 경제 정책에 의해 좌우되고, 새로운 기업을 만들 가능성이 점점 더 제한되고, 경영자들이 정부 및 사회와 협상할 수 있는 엘리트들에 의해 선택된다면, 그리고 기업들이 너무 커지고 위계적으로 변해 평범한 기술을 가진 노동자들이 혁신적 아이디어를 표출할 어떤 방법도, 그것을 생각해 낼 유인도 없게 되어 버리면 혁신을 이루고 광범위하게 성장할 가능성은 약화된다.

그렇다면 근대성을 실현할 역량이 있는 사회에서 공정하고 좋은 정치 체제의 기준은 공정하고 좋은 경제의 기준과 동일하다. 근대 사회에서 선과 공정함을 위해 필요한 것이 정치와 경제 영역에서도 마찬가지로 필요하다.

에필로그: 근대성 되찾기

사회의 진로는 사상이 변해야만 바뀔 수 있다.
— 프리드리히 하이에크

다음 세대의 지도자들과 창조자들이 도전 정신에 다시 불을 붙여야 할 것
이다. 진정한 혁신은 어렵고 위험하지만, 혁신 없는 삶은 불가능하다.
— 게리 카스파로프와 피터 틸

서구에는 〈열망과 꿈의 영광스러운 역사〉는 지나가 버렸다는 인식이
있다. 대부분의 서구 경제들은(미국은 1970년대 중반부터, 서유럽의 대
부분은 1990년대 말부터) 거의 정체에 빠졌다. 대부분 미국에서 이루어
진 정보 통신 분야의 진보 때문에 많은 사람들이 그것이 자생적인 진보
라는 인상을 갖게 되기는 했지만, 1972년부터 인터넷이 등장한 1996년
사이에 전반적인 노동 생산성은 지지부진했고 2004년에 인터넷 등장
의 효과가 끝나자 다시 힘겨운 발걸음을 계속했다. 그 결과 광범위한 영
역에서 손실을 입게 되었다. 고용된 사람들에 대한 보상은 거의 증가하
지 않았다. 백인 남성의 고용률은 1965년 노동 인구 대비 80퍼센트에서
1995년 72퍼센트, 2007년 말 70.5퍼센트로 하락했다. 흑인 남성의 고용
률은 더 빠르게 하락했다. 따라서 노동 생산성과 노동 투입 어느 측면에
서 보다라도 총생산이 둔화되었다. 민간과 공공 기업들을 위한 투자재

의 생산은 큰 타격을 입어 1960년대 (GDP 대비) 16퍼센트에서 1990년대에는 14.7퍼센트, 2000년대에는 14.3퍼센트로 하락했다. 소비재 생산은 다소 상태가 나았지만 일자리는 소비재보다 자본재에 더 좌우된다.

희망과 꿈을 주는 체제를 다시 시작하려면 무엇을 할 수 있을까? 이러한 질문은 거의 다루어진 적이 없고 매년 일어나는 위기에만 모든 관심이 쏠린다. 그러나 생산성 정체야말로 미국, 이탈리아, 프랑스 같은 국가들에서 좀처럼 사라지지 않는 재정 위기의 원인이다. 방만한 유럽 국가들과 미국 정부가 촉진하고 보조금을 지급한 주택 붐에 자금을 제공하는 오판을 저지른 은행들의 금융 위기도 마찬가지다.

재정 위기는 2000년대 들어와 처음 몇 년 동안은 속도를 내는 듯하던 경제 성장이 다시 정체되었기 때문에 발생했다. 미국의 경우 1970년대와 1980년대 수준으로 돌아가 버렸다. 정부는 조세 수입이 급격히 증가하면 수많은 베이비 부머 세대가 청구하게 될 사회 보험 수급액을 조달할 수 있으리라는 전망에 의존했지만, 생산성이 둔화되면서 그럴 가능성은 희박해졌다. 그러면 정부가 세금을 인상하거나 지출을 줄여서 그 틈을 메우려 했을까? 그렇기는커녕 틈은 더 벌어져 버렸다. 미국에선 조지 W. 부시가 2001년, 2003년 감세 정책을 펼치면서 연간 6천억 달러(GDP의 약 5퍼센트)의 세수가 사라졌으며 소위 〈온정적 보수주의〉를 외친 자들은 메디케어의 적용 범위를 무료 약으로 확대하여 수급액을 수십조 달러나 늘렸다. 유럽에서는 재정 적자 한도가 1999~2000년에는 GDP의 1.5퍼센트로 규정되었으나 2003~2005년에 이탈리아와 프랑스에서는 4퍼센트 정도까지 허용되었다. 실제 적자 규모는 훨씬 컸으며, 따라서 사회 복지 지출액이 세수를 초과할 날이 빠르게 다가오고 있다고 전망하게 된다. 현존하는 수급 프로그램의 재원 조달에 필요한 장기적 인상 대신, 세수를 줄이면서까지 유권자에게 영합한 것은 너무나 무책임한 재정 운영이었다. 이것이 무책임한 짓이었음은 너무나 명백했는데, 이는 종종 극심한 재정 궁핍 상황에서도 재정 적자 상태를 유지하는 근거가 되는 실업률이 인터넷 붐 이후 잠시 상승하기는 했으나 1990년대의 보통 수준을 넘어서지 못했기 때문이었다. 이 무책임함은 달러 약세, (달러 약세에도 불구하고) 전 세계 총수출 중 미국의 수출 비중 감소, 주식 시장 침체와 기업 투자 부진의 한 원인이 되었다. 기업들은 투자하는 대신 유보금을 축적했다. 기업들은 현재 세금을 지나치게 적게 내기 때문에 미래에는 지나치게 많은 세금을 내야 할 수도 있다고 우려하고 있다.

금융 위기는 저성장과 그에 따른 실업 및 재정 적자 때문에 생겨난 것이다. 생산성이 둔화되었는데도 여러 유럽 국가의 정부들은 재정 적자를 억제하기보다는 유럽 은행들이 낮은 이자율에 채권을 사주는 한 계속해서 적자 재정을 운영했고, 은행들도 신용 평가 기관들이 국채에 최고 등급을 매길 뿐 아니라 그러한 부채에 상응하는 자본 확충을 거의 요구받지 않는 상황이었기에 국채를 기꺼이 매입했다. 미국 정부는 계속 채무를 늘리면서 다른 사람들까지 돈을 빌리도록 부추겼다. 정부는 정부 보증 기관들과 상업 은행들로 하여금 서브프라임 모기지에 낮은 이자율을 매기게 했으며, 엄청난 규모의 학자금 대출도 촉진했다. 정부 보증 기관과 은행, 다른 대부자들은 그에 따라 생겨난 투기자들과 새로운 주택 구매자들의 엄청난 자금 수요에 주택 가격이 상승하는 한 부응했고, 그 위험을 제대로 평가하지 못했다.

2008년 금융 위기와 공황이 시작된 후 실업률이 상승했으며, 정점을 찍은 뒤 매우 느리게 하락했다. 왜 실업률이 8퍼센트 가까이 오르고 그렇게 약한 회복세를 보였는지, 이상하게도 왜 7퍼센트 이하로 내려갈 기미가 보이지 않는지에 대해 거대한 논쟁이 시작되었다(이 실업률은 1995~1996년에 나타난 대로 〈과거에 일반적인〉 수준이었던 5.5퍼센트보다 훨씬 높은 것이며, 그보다 더 이전의 일반적 수준이었던 1965년의 4.5퍼센트와는 더 차이가 난다). 표준적인 경제학 이론은 일시적인 호황을 제외하면 계속 고용이 취약했던 이유를 설명하면서 1970년 이후의 생산성 둔화와는 연결시키지 않았다. 세련되지 못한 케인스주의 이론가들은 〈총수요 부족〉을 앵무새처럼 반복해 말했지만, 그 〈부족〉과 함께 자신들의 교과서에서 총수요 부족의 신호라고 하는 디플레이션이 나타나지 않는 현상은 설명하지 못했다. 공급주의자들은 〈높은〉 세율을 비난했지만, 조지 W. 부시 정권의 2001, 2003년 대대적인 감세 이후에도 고용은 예외적으로 당시 주택 시장 붐과 함께 잠깐 상승했을 뿐, 지속적으로 증가하지 않은 것을 언급하지 않았다. 그러나 고용이 부진해진 수많은 다른 원인들이 작동하고 있는데 소비자들의 소비 부족이나 임금에 대한 높은 세율만 언급하는 것은 이상한 일이다. 기술이 노동 공급 증가에 기여하는 정도가 예전보다 적었으며, 은퇴로 인해 노동 공급이 감소했다. 가계에는 현재뿐만 아니라 미래에도 누리게 될 사회 복지 혜택과 세제 혜택이 넘쳐나 노동 공급이 더욱 감소했으며 신용 부진으로 인해 이자율은 급상승했다. 이 모든 것이 기업에 대한 신뢰도에 미친 영향은 기계부터 직원에 이르는 다양한 기업 자산의 평가액이 낮아지는 수준을 넘어서서, 현재의 쇠퇴를 전부 또는 거의 설명할 수 있을 정도로 크다. 현재 명맥만 겨우 유지하고 있는 혁신의 효과가 생각보다 강하게 나타난다면 실업률을 약간 더 낮출 수는 있기는 하다.

생산성과 임금이 계속 정체되는 한, 지출을 늘리는 데 몰두하는 세련되지 못한 케인스주의적인 대책, 또는 세율을 낮추는 데만 신경 쓰는 투박한 공급주의자들의 대책은 재정 적자와 (수급 프로그램에 더해) 그에 따른 공공 부채만 더 늘릴 것이다. 그들의 모형에서는 성장이 영원할 것처럼 가정하므로 경제가 더 이상 성장할 수 없을 만큼 공공 부채가 과잉된 상태란 존재하지 않으며 따라서 그들은 이런 걱정은 하지 않는다. 성장이 멈추더라도 언제나 그렇듯 다시 재개될 것이기 때문이다. 그들은 생산성과 성장이 부진할 수 있다는 것을 이해하지 못한다(그들은 그 반대 사실, 즉 역동성 덕분에 경제가 번영할 수 있다는 점도 이해하지 못한다).

표준적인 이론은 생산성과 임금이 정체되고, 따라서 고용에 부담을 지우는 현상을 어떤 정책이 타개할 수 있을지 전혀 알려 주지 않는다. 그들의 모형은 장기적인 상승 추세 주변에 나타나는 단기 경기 변동의 정점과 저점을 단기적인 재정 정책 등의 개입을 통해 다소 완화시킬 수 있다는 것을 보여 주려고 만든 것이다. 성장 부진을 초래하는 역동성의 근본적인 변화에 대처하기 위한 것이 아니다.

따라서 이러한 문제에 대한 미국과 다른 나라들의 정책 대응은 그저 일부러 일을 만들거나, 복지 혜택 및 감세와 같은 일시적 경감책을 제시하는 것에 불과했다. 소니의 수장인 하워드 스트링어가 2011년 3월에 퍼리드 자카리아와 대담하면서 한탄했듯, 〈승객과 승무원들을 구하는 것도 좋지만 누군가는 배가 침몰하지 않게 해야 하지 않는가!〉 (부시의 두 번의 임기와 오바마의 첫 번째 임기 동안) 미국과 유럽의 정책 대응에서는 임금의 하락 추세와 일자리 감소, 경제적 포용성이 감소했다는 인식 등 겉으로 드러난 현상 이면에 존재하는, 고착화된 혁신과 생산성 둔화 추세를 뒤집기 위한 근본적인 변화를 찾을 수 없다. 정책 담당자들은 그들이 생각하기에 서구에서 제일 잘나가던 가장 발전된 경제들에 활력을 불어넣은, 〈희망과 꿈〉의 정신을 회복시킬 수 있는 조치들을 아무것도 시행하지 않았다.

서구 국가들이 침체기 이전의 고용, 포용성, 직무 만족도를 회복하고자 한다면 그 침체를 끝낼 방법을 찾아야 할 것이다. 해법은 경제학자를 비롯한 사람들이 말한 바와 같이 〈혁신〉을 늘리는 것이다. 그러나 이 용어에는 다양한 의미가 들어 있으며, 국가가 (적절한 의미에서) 혁신을 증가시키기 위해 어떻게 해야 하는지에 대한 논의는 이제 겨우 시작되었을 따름이다. 혁신의 속도를 높이는 정책 방안을 찾으려면 근대사 전반에 걸친 혁신의 원천을 기본적으로 이해하는 일이 필요하다.

나는 아래로부터의 자생적 혁신과 그 이면의 사회적 가치관에 초점을 맞춘다는 점, 그리고 그 덕분에 일하는 삶에서 얻게 되는 보상을 강조한다는 점에서 이 책의 새로운 관점이 우리가 어떻게 현재 상태에 이르게 되었는지 이해하는 데 도움이 된다고 믿는다. 더 중요한 점은, 이 관점은 서구의 가장 커다란 성취였던 탐험과 도전, 표현 그리고 발견과 혁신으로 되돌아가는 경로를 보여 준다는 점이다.

이 책은 한편으로 19세기에 등장하여 20세기에 부침을 겪은, 근대 경제들, 즉 자생적 혁신을 만들어 내는 역동성이 평범한 사람들에게까지 퍼져 있는 경제들에 대한 이야기이다. 필자는 이 책을 처음 구상하면서 혁신이 폭발적으로 증가하는 배경이 되었던 근대적 체제의 핵심을 설명하고자 했다. 이를 이해하면 여전히 근대 경제가 유지되고 있는 곳에서 근대 경제를 지키는 데 도움이 되리라 믿었다. 그러나 집필 과정에서 필자는 이 체제가 심각하게 약화되고 있음을, 〈영광의 역사〉와 함께 위험에 처해 있음을 알게 되었다. 따라서 이 책은 약 200년 전 서구에서 근대 경제가 부상한 이야기를(그와 함께 물질적 진보, 경제적 포용성, 인간의 번영을) 전하는 데 그쳐서는 안 됐다. 이 책은 근대 경제의 쇠락 또한 언급해야 했다. 미국에서는 이러한 쇠락이 40년 전에 시작되었다. 성장은 지속적으로 둔화되었고, (처음에는 노동 계급, 이후 중산층 노동자들에 대해) 포용성이 감소했으며, 직무 만족도 또한 하락했고, 이는 역동성, 따라서 혁신의 속도가 감소하는 것을 보여 주는 징후였다. 유럽에서는 자생적 혁신의 상실이 더 일찍 나타났고 더 심각했지만, 외부로부터의 기술 이전 덕분에 가려져 있었다. 따라서 미국에서의 혁신의 감소는 더 심각한 둔화를 초래했으며 특히 이탈리아와 프랑스에서 더 심각했다. 그 원인을 찾는 과정에서 이 책은 역동성을 가능하게 하거나 불가능하게 하는 제도와, 그것을 촉진하거나 저해하는 가치관을 모두 살펴보았다.

근대 경제의 역동성은 몇 가지 근대적 제도에 의존한다. 민간 부문에서는 물권법과 회사법이 생겨나면서 사람들은 새로운 기업을 창업했다가도 사회의 시선에 구애받지 않고 쉽게 폐업할 수 있는 혁신가가 되기를 희망하게 되었다. 주식 시장과 은행, 특허권 제도가 장기적인 비전과 그 결과물인 크고 작은 혁신을 수용할 수 있었다. 공공 부문에서는 기관들과 정책이 많지 않았지만 매우 미래 지향적인 것들이었다. 선견지명이 있는 프로젝트에 대한 자금 지원, 선도적인 정착민들에 대한 토지 불하,

노예 해방과 투자자 및 채권자 보호를 위한 법 제정까지 수십 년간의 조치를 통해 투자와 혁신을 위한 자원이 확장되었다. 이권 사업과 권력 남용이 있었지만 기업의 발을 묶고 혁신을 가로막지는 않았다. 그러나 이 모든 것이 변했다.

한때 근대적이었던 제도가 이제는 낡은 것이 되어 버렸다. 정부뿐만 아니라 기업 경영과 금융에 단기주의가 만연했다. 민간 부문에서 CEO들은 자신의 기업에 대한 장기적인 이해관계가 없으며, 뮤추얼 펀드도 기업 지분을 보유하지만 단기적인 이해관계만 추구할 뿐이다. 그 결과 거의 모든 혁신이 기존 기업 및 산업과 경쟁하는 신규 기업과, 앤젤 투자자 같은 아웃사이더에게서만 나오고 있다. 이러한 단기주의는 혁신에 필요한 혁신가 정신, 위험 투자 자본 그리고 모험을 감수하는 최종 사용자를, 따라서 혁신의 공급을 감소시킨다. 공공 부문에서는 코포라티즘이 유럽에서 미국으로 확산되어 패거리 문화, 정실주의, 인기 영합주의로 번져갔다. 직권 남용은 이 중에서 가장 덜 심각한 축에 속했다. 또한 코포라티즘은 규제와 보조금, 정책 대출, 보증 기금, 세금, 소득 공제, 지분 매각, 주로 기득권 보장을 위한 특허 연장, 소수 이익 집단이 얻어 내는 정치적 이익과 족벌주의의 팽창을 초래했다. 기득권 보호는 새로운 아이디어가 있는 외부자들이 시장에 진입할 수 있는 기회를 차단했다. 이 모든 것이 혁신의 공급을 더욱 감소시켰다. 이뿐만이 아니다. 코포라티즘 정부가 정치적 후원자 및 로비스트와 맺은 계약은 혁신가들이 활동할 수 있는 시장의 규모를 축소시켰다. 지난 수십 년간 대규모 은행과 대기업, 거대 정부가 결합하여 미국의 주택 모기지 부채를 증가시켰으며 유럽 여러 국가에서는 마구잡이식으로 발행되는 국채와 제대로 재원을 조달하지도 않은 수급 프로그램을 창조해 냈다. 따라서 미국은 유럽과 마찬가지로 새로운 상업적 아이디어가 아니라, 정치 엘리트들의 동기가 어떤 것이든 간에 그들의 아이디어에 의존하는 경제가 되어 버렸다. 이 모든 것은 혁신에 대한 보상을, 따라서 혁신에 대한 수요를 감소시켰다.

이 책은 또한 전통적 가치관, 즉 전근대 시대에 생겨난, 숨막힐 정도로 사람을 제약하는 태도와 신념들이 너무 커지는 현상이 재연되고 있다는 사실을 발견했다. 근대를 넓게 정의할 때 1500년대부터 생겨난 일련의 근대적 가치관은 자신의 족적을 남기고, 창조하고, 탐험하며 선도할 자유에 대한 열망을 사람들에게서 이끌어 냄으로써 사회 전반의 역동성에 기름을 부었다. 사람들은 새로운 것을 창조할 수 있는 상상력과 스스로 생각할 수 있는 판단력이 있다. 각자에게 자신의 재산에 대한 권리가 있을 때 경제는 더 잘 작동한다. 또한 모든 사람들은 다른 사람, 즉 사회나 배우자의 목적을 위해 사용되는 수단으로서가 아니라, 자신의 이익과 재산을 위해 일할 권리가 있다. 기존 기업들과 이미 일자리가 있는 사람들이 신규 진입자와 경쟁해야 할 때 경제의 발전이 촉진된다. 근대 세계의 창조성과 커져 가는 열망은 그 미래를 불확정적으로 만든다. 따라서 근대 세계는 우리가 〈뭔가 해볼 수 있도록〉 개방되어 있는 것이다! 몇몇 국가들에서는 근대적 관념이 절대주의, 확정주의, 반물질주의, 과학주의, 엘리트주의와 가족 우선주의를 압도했다. 이 운 좋은 몇몇 국가들은 19세기부터 20세기에 쇠락할 때까지 근대적 자본주의를 지지했다. 그러나 이것도 이제는 변해 버렸다.

이제 근대적 가치관과 전통적 가치관 사이의 균형은 전체적으로 상당히 과거로 후퇴한 듯 보인다. 근대적 가치관 자체는 약화되지 않았을지도 모르고, 그런 가치관을 지닌 사람들이 아직 우세할 수도 있다. 몇몇 조사 결과에 따르면 확실하지는 않지만 근대적 가치관은 1990년대 초반부터 2000년대 초반 사이 10여 년간 증가하거나 회복되었으며, 이는 아마 인터넷 붐에서 자극을 받았을 것이다. 그러나 조사 결과를 보면 전통적 가치관 또한 크게 증가했음이 드러난다. 여기에는 당연히 가족과 공동체를 중시하는 가치관도 포함되지만, 오랜 윤리적 도그마, 즉 질서 있게 함께 전진해야 하며 (경쟁과 같이) 타인에게 해를 끼칠 수 있는 행동을 하지 말아야 하고, 시장이나 국가에 의한 어떠한 상황 변화에 대해서도 보상받을 권리 같은 것들이 포함된다.

또한 이런 가치관이 서구의 경제에 강한 영향을 미치고 있다는 증거도 존재한다. 가족적 가치관과 공동체적 가치관의 부활은 기업들에게서 혁신가적 정신을 일부 앗아 갔으며 공동체적 삶, 가족적 삶에 더욱 기여하기를, 따라서 핵심 목적에 덜 전념할 것을 강요했다. 이해관계자주의가 등장하면서 혁신적인 기업을 창업할 생각을 하는 사람은 누구든 노동자들, 이익 집단들, 그 지지자들과 공동체의 대표자들에 이르기까지 자신이 이 회사의 결과물에 정당한 〈몫〉이 있다고 강하게 믿고 있는 많은 사람들에 대응하는 과정에서 재산권이 침해될 것임을 감안해야 했다. 많은 직원들은 (다른 사람들이 더 적은 돈을 받고서도 그 일을 하려고 하는 상황에서도) 자신이 회사의 이익에 약간 기여하거나 자신의 손실을 메울 만큼 다른 부서가 이익을 만들어 내는 한, 일자리를 지킬 권리가 있다고 생각한다. 혁신을 이뤄 내서 이윤을 얻고자 하는 기업가들은 연대주의가 등장하게 되면서 어떤 소득이든 사업 소득세를 통해 분배될 것이라고 생각하게 될 것이다. 다양한 소득 계층이 질서 정연하게 움직여야 하므로, 고소득자의 임금이 증가하면 중산층과 부를 나눌 수 있도록 고소득자에 대한 세율도 올라가야 한다. 이런 세율이 너무 높아서 소득이 증가하면 오히려 손해를 보게 되는데도 말이다. 전근대적인, 부에 대한 집착이 다시 살아나면서 미국은 망가졌다(유럽의 코포라티즘 사회에서는 그런 집착이 해롭지 않았는데, 이는 높은 세율 때문에 아예 사람들이 부유해질 수조차 없기 때문이었다). 이런 유혹 때문에 요즘 세대들은 이전 세대들처럼 창의성을 발휘하고 새로운 것을 발견하는 모험을 하는 대신 금융업과 컨설팅 같은 직장만 찾았다. 중세에나 있었을 특권 의식과 자만심, 순응주의, 집단에 대한 의존 같은 전근대적 문화의 등장과 함께 대처나 센의 표현대로 활력, 즉 〈행동〉이 뚜렷하게 감소했다. 따라서 근대적 가치관이 아직 살아 있는지는 모르지만 전근대적 관념이 기업과 정부에 행사했던 영향력을 회복했다. 이는 미국과 그에 앞서 유럽이 역동성을, 따라서 자생적 혁신을 상실한 과정을 전부는 아니더라도 부분적으로 설명해 준다.

  그렇다면 어떻게 해야 할까? 서구 사회가 고용과 생산성을 현저히 향상시키고, 특히 결정적으로 중요한 일에서 얻는 경험을 크게 개선하고자 한다면 제도와 문화를 발전시키기 위해 노력해야 할 것이다. 대학과 언론이 이 과정에 도움이 될 수 있겠지만, 많은 부분을 개혁하고 새로운 형태를 만들어 내기 위해 중앙 정부부터 주 정부, 시 정부까지 다양한 수준에서 정부의 역할이 필요하다. 하이에크는 어떤 정부도 경제적 효율성에 도움이 되는 체제를 만들 수 없다고 했다. 비록 레닌이 이에 근접하긴 했지만 말이다. 어떤 정부도 무에서 시작하여 자생적 혁신을 위한 높은 역동성을 만들어 낼 여러 제도와 가치관을 창조할 수 없다는 것은 더 분명한 진실이다. 우리의 제도와 가치관은 대개 기업가, 금융가들과 모험가들의 시행 착오를 통해 진화하고, 또 쇠퇴했다. 그러나 과거에는 정부가 제도와 가치관의 형성에 적극적으로 나서는 경우도 있었다. 비록 근본적으로 불완전할 수밖에 없는 지식 때문에 불완전한 개입으로 끝났지만 말이다. 따라서 역동성을 되살리고자 과거의 개입을 철회하는 대신 새로운 개입을 시도한다고 해서, 이것이 반드시 정부 개입의 범위를 확대하는 것은 아니다.

각국 정부는 근대 자본주의 경제에서 역동성이 얼마나 중요한 것인지 이해하기 전에는 역동성을 되살리기 위한 행동에 나서지 않을 것이다. 현재 그들은 수십 년간에 걸쳐 부활한 전근대적 관념에 여전히 사로잡혀 있다. 미국에서는 민주당이 프랭클린 루스벨트의 뉴딜과 린든 존슨의 위대한 사회를 뛰어넘는 새로운 코포라티즘을 주창하고 있다. 1984년 부통령 후보였던 제럴딘 페라로가 했던, 민주당의 슬로건이 되어 버린 다음과 같은 말에 그 핵심이 드러나 있다. 〈우리나라의 약속은 규칙이 공정하다는 것입니다. 여러분이 열심히 일하고 규칙에 잘 따른다면, 축복받은 땅 미국에서 여러분의 몫을 얻을 수 있습니다.〉 이는 미국에서 장기간 다수가 번영했던 것이 뭔가 전근대적이고, 기계적인 경제의 산물인 것처럼 묘사하고 있다. 이런 경제에서는 자신의 임금이 다른 사람들과 나란히 상승할 것이라고 기대할 수 있으므로 사람들이 자신에게 적합한 만큼 노동 시간을 투입할 뿐이다. 특별한 통찰력과 비전이 있는 사람이 운까지 따라서 혁신을 통해 자신의 임금과 이윤을 스스로 엄청나게 끌어올리는 일은 존재할 수 없을 것이다. 또한 우연히 어떤

504

산업이나 직종의 임금이 추세에서 이탈해서 하락할 경우 정부는 그런 임금을 끌어올리기 위해 특별한 프로젝트를 시작할 것이다. 공화당에도 전통적 가치관이 큰 영향력을 행사하고 있다. 부시의 〈온정적 자본주의〉는 상업 자본주의에 사회적 보호와 사회 보험을 더한 것이 좋은 경제라고 생각했다. 공화당은 경제를 외부의 충격에 반응하여 이리저리 움직이는 수동적인 존재로 보았으므로, 경제의 역동성을 보호하고 촉진하려는 노력을 해야겠다는 생각도 하지 않았으며 자생적 혁신이 이루어질 수 있게 경제를 바꾸겠다는 희망도 없었다. 누구든 이곳이 링컨의 당이었다는 사실을 믿기 힘들 것이다. 연대와 보호의 발상지인 유럽에서는 대부분의 혁신이 과거에는 유럽이든 미국이든 혹은 둘 모두에서든 자생적이었다는 사실을(하늘에서, 국가에서 떨어뜨려 주는 〈만나manna〉와 같은 슘페터적 혁신은 존재하지 않는다는 것을) 이해하지 못하고 있다. 또한 혁신이 필요할 때마다 미국에 의존하지 않아야 유럽 경제가 더 매력있게 되리라는 것도 이해하지 못하고 있다.

현재 서구의 위기는 지도자들이 역동성의 중요성을 이해하지 못하는 데 원인이 있다고 할 수 있다. 폭넓은 역동성이 혁신적 활동과 매력적인 일자리의 주된 원천이며, 혁신적 활동이 (광범위하게 이루어지고 통찰력과 운이 결합될 때) 생산성과 소득 향상의 주된 원천이라는 것 말이다. 따라서 평범한 사람들에서 시작되는 상향식 역동성은 과거의 좋은 경제에, 즉 물질적 진보와 포용, 직무 만족도를 향상시키는 데 핵심 요소였다. 따라서 좋은 경제가 부활하게 하려면 이런 역동성을 복원하는 것이 매우 중요하다. 현재 서방 정부들의 위험한 재정 운영은 이러한 복원을 더 시급하게 만든다.

올바르게 판단하고 행동하려면 정부는 향후 진로에 대한 감각이 있어야 한다. 정부는 잘 작동하는 근대 경제에서 기업들이 역동성을 창조하는 방식을 기본적으로 이해하고 있어야 할 것이다. 이것은 기계적인 과정이 아니다. 이는 질서 정연한 시스템이 아니며, 베르그송과 바전의 용어를 빌리자면 유기적인 과정이다. 자생적 혁신 때문에 혼란스러운 과정이며, 혁신을 창조하려고 노력하는 복잡한 난장판과 같다. 정부 개입은 직관과 경험이 없이는 도움이 되기는커녕 오히려 위험할 수 있다. 그렇지만 현재 워싱턴에서 일하는 사람들은 기업에서 일해 본 경험이 거의 없다. 극소수만이 기업에서 일해 본 적이 있으며, 일부는 아예 기업 사무실 안에 가본 적조차 없다고들 한다. 의원들의 경우에도 평생 일하면서 로펌 말고 다른 기업에서 근무해 본 경험이 있는 사람은 드물다. 워싱턴 사람들의 순진함은 의회가 (연간 5천억 달러에 이르는) 부시의 감세 조치가 다른 감세 조치 없이 만료될 경우 연간 국내 총생산이 8천억 달러 감소할 것이라고 2012년에 추산한 것에서도 명백히 드러났다. 재정 적자를 축소하면 미래에 얼마나 혁신을 자극할 수 있을지에 대한 것은 논외로 하더라도, 부시의 감세로 인한 무모한 재정 적자가 혁신과 투자에 얼마나 큰 손실을 초래했는지에 대한 추계치도 없는 상태에서는 감세 조치 만료가 고용에 부담을 줄지, 기업가들의 자신감 상승이 얼마나 일자리를 창출할 것인지 판단할 수 없는데도 말이다. 유사한 문제를 놓고 케인스는 〈우리는 아무것도 모른다〉고 말한 바 있다.

역동적인 국가가 되려면, 제조업부터 은행, 의료와 교육 산업에 이르기까지 다양한 산업에서 혁신이 창조되는 과정과 이를 방해하는 요소에 대한 실용적 지식이 어느 정도 있는 정부 관료들이 필요할 것이다. 미국을 건국한 사람들이 의도했던 것은 의회가 자신의 사적인 일, 주로 대농장과 도시의 공장, 사무실, 상점 같은 다양한 사업들에 종사하다가 잠시 쉬고 싶은 사람들로 채워지는 것이었다. 따라서 상원과 하원의 의원들은 원래 경제 활동에 종사하던 사람들이고 임기가 다하면 일하던 곳으로 돌아가는 것이다.

그러나 오늘날 이런 방법이 실행 불가능한 것이라면 다른 접근법이 필요할 것이다. 규제 담당 공무원이 되려면 한두 개 산업이나 특수 직종에서 인턴십을 거치도록 요구하는 것이 바람직할 것이다. 경영 전문가, 회계사, 기타 유사한 전문 직종 수준의 훈련 비용을 부담해야 하므로 규제 담당 공무원이 되려는 사람들은 그에 걸맞은 소득을 기대할 것이며, 그렇지 않다면 거의 이 분야에 진입하지 않을 것이다. 인턴들은 경험과 통찰력을 얻게 된다. 아마도 이들은 역동성의 깊은 세계를 완전히 이해하지는 못할 수도 있으나, 다양한 규제와 제한으로 얻는 이익은 무엇이고 손해는 무엇인지 잘 이해할 수 있을 것이다.

의원들도 인턴십을 해보면 도움이 되겠지만, 더 일반적인 배경 지식이 필요하다. 의원들이 더 역동적인 경제가 되도록 기업 경제를 개선하는 일을 잘 해내려면, 통찰력과 판단력을 갖춰야 한다. 케인스는 우리가 경제학을 배우는 것은 표준적인 이론서에 들어 있는 특정한 이론적 결과가 엄청난 가치가 있기 때문이 아니고, 이를 통해 실무에 종사할 때 어디서부터 문제를 찾아야 하는지 파악할 수 있기 때문이라고 했다. 프랑스의 정치 및 경제 분야의 그랑제콜인 파리 정치 대학이나 중국에서 지도자들을 교육시키는 대학원 같은 기관을 미국을 비롯한 다른 국가들에도 세우는 방안을 상상해 볼 수 있을 것이다. 그러나 의원들이 특정한 전문가의 시각에만 크게 영향을 받으면서 일하는 것도 걱정되는 점이다. 그보다는 이들이 스스로 책을 읽고 토의하도록 장려하는 체제가 나을 것이다. 의원들은 혁신이 과거에 어떻게 작동했는지, 그리고 미래에는 아마도 어떻게 작용할 것인지 알 수 있는 문헌들을 찾을 수 있을 것이다. 위대한 혁신의 역사에 대해서라면 해럴드 에번스의 『미국을 만든 사람들*They Made America*』(2004)이나 찰스 모리스의 『혁신의 새벽*The Dawn of Innovation*』(2012)같은 책을 보면 된다. 혁신의 체제에 대해서라면 하이에크의 고전인 「경쟁은 발견하는 과정Competition as a Discover Procedure」(1968)이나 리처드 넬슨의 「의학 지식의 발전 과정How Medical Know-How Progresses」(2007), 또는 아마르 비데의 『모험하는 경제*The Venture-some Economy*』(2010)를 참고할 만하다. 코포라티즘에 대해서라면 맨커 올슨의 『국가의 흥망성쇠*The Rise and Decline of Nations*』(1984)가 있다. 필자의 책은 이런 관점들 외에도 역동성을 있게 한 문화적 가치관과 함께 그에 반대하는 세력에 대해 지적하고 있다.

입법 및 규제 담당자들이 혁신의 문제에 대한 배경 지식을 갖추게 되면 역동성을 염두에 두면서 법안과 행정 규제를 볼 때마다 유용한 의문을 떠올릴 수 있을 것이다. 이것은 우리 경제의 역동성에 어떤 영향을 줄 것인가? 서구에서 10여 년간 지속되어 온 엄청난 재정 적자에 손을 대려다가 실업률이 높아질까 걱정되어 내버려두었던 의원들도 더 이상 그렇게 하지 않을 것이다. 그 대신 의원들은 수년에 걸친 엄청난 재정 적자는 궁극적으로 신용 비용을 상승시키고 기업 자산의 가치를 저하시키므로 혁신과 투자에, 따라서 고용과 생산성, 직무 만족도에 부정적인 영향을 준다는 점을 이해하게 될 것이다.

혁신에 대한 배경 지식은 경제 전반을 더 잘 관리하는 데 도움이 될 것이다. 미국과 많은 유럽 국가에서는 제조업의 고용 비중 감소 때문에 많은 의원들이 보조금, 행정 명령, 기업과 정부의 협력, 다른 경제 부문보다 우선적으로 특혜를 주는 정부 보증 기관들을 통해 일부 제조업을 살리는 산업 정책을 선호하게 되었다. 이는 경제 관리 방식에 대한 콜베르, 해밀턴, 프리드리히 리스트, 케인스와 프레비시까지 거슬러 올라가는 해묵은 정치 경제적 논쟁에 다시 불을 지폈다. 이들은 그런 보조금이 경제 성장을 촉진하고 조세 수입을 늘린다면 집행되어도 괜찮을 것이라는, 신뢰하기 힘든 주장을 내세웠다. 최근 어느 프랑스 기업인은 프랑스 정치인들의 무한한 자만심을 지적하며 〈정부 부처가 직접 부가 가치를 창출해 내려고 하다니!〉라고 한탄한 바 있다. 경제가 나아갈 방향은 시장에서 자유 경쟁에 맡기는 것이 나을 것이다. 국가는 시장이 투자를 배분하는 과정의 효율성을 개선할 지식도 판단력도 없기 때문이다. 실제로 보조금, 행정 명령, 정부 보증 기관들은 농업, 에너지, 금융 부문에서 의도와 달리 실망스러운 결과만 남겼다. 바이오 연료 생산용 콩 재배, 태양광 패널 구매, 이익이 날 가능성이 없는 친환경 에너지 기업, 패니메이와 프레디맥의 사업에 투입한 보조금이 그 예다. 혁신을 염두에 두는 의원들은 제조업에 대해 이런 조치를 실시하는 일은 피할 것이다. 이들은 입법부가 덜 혁신적인, 즉 이미 망해야 했을 기업과 산업들에 연료, 토지, 노동, 자본을 몰아주고 장려한다면 결국 그런 기업과 산업들이 앞길을 가로막기 때문에 신규 기업들이 줄어들 수밖에 없다는 점을 이해할 수 있을 것이다.

일반적으로 보면, 코포라티즘 경제에 존재하는 공공 정책과 모든 정부 기관 및 관행을 축소해야 하며 일부는 아예 없애 버려야 한다. 물론 근대 경제가 잘 작동하려면 국가가 필요하며, 특정 상황에서는 더 많이 필요할 수도 있다. 다만 특정 집단의 이익을 반영하는 입법은 반드시 최소한으로 억제해야 한다. 그러려면 정부는 모든 특수 이익 입법에 필요한 예산은 그런 목적을 명시한 특별 자금을 통해 조달하는 반면, 전체의 이익을 위한 공공 지출 예산은 일반 세입에서 조달해야 할 것이다. 이렇게 특별 자금을 요구한다면 그 지출에 관심을 불러일으킬 수 있으며, 그 이익을 수혜자들이 돈을 낼 의향이 있는 만큼만 제공할 수 있을 것이다. 현재는 많은 특수 이익 법안이 대중은 잘 알아차리기 힘든 세금 감면과 면제, 예외 조항 등의 형태나 일반 목적의 법안 형태로 존재한다. 나는 이 책에서 특정 이익 집단에 사적인 이익을 제공하면 비효율이 생길 뿐 아니라 경제적 역동성에 필요한 꿈과 발견의 정신을 저해하는 문화로 이어진다고 주장했다. 특수 이익 법안 때문에 들어가는 비용에 무관심한 것은 무책임한 것이고, 이를 끝내는 것이 역동성을 지속하는 필요조건일 것 같다. 스웨덴과 노르웨이에서 상대적으로 성과가 좋다고 해서 결론이 달라지지는 않는다. 대부분의 증거를 보면 이들 국가는 역동성이 거의 전무하고 직무 만족도도 그다지 높지 않기 때문이다. 필자는 이 책이 이런 점에서 〈제한된〉 정부가 경제적 역동성의 충분조건이라고 주장하는 것은 결코 아니라는 점을 덧붙이고자 한다.

국가가 일단 역동성을 회복할 목표를 세웠다면, 민간 부문에도 많은 개혁 과제가 있을 것이다. 이전에 역동적이었던 경제들은 새로운 제도에 맞게 고칠 것들이 있다. 매우 짧은 기간 재임할 예정인 CEO들에게 매우 높은 급여를 지급하여 이들이 장기적으로 수익을 내는 혁신적 프로젝트를 무시하도록 유도하는 기업 관행을 멈추는 개혁이 너무나 시급하다. 기업법을 개정하면 기업이 자신의 자본을 사용하여 CEO들이 해고될 때마다 〈황금 낙하산〉을 지급하는 것을 금지할 수 있을 것이다. 이런 관행 또한 CEO들이 (주가는 기업의 미래 전반에 대한 전망을 반영하므로) 주주들에게 더 가치 있는 혁신을 통한 장기적 이익이 아니라 단기적 이익을 추구하게 한다(CEO들이 기업 이사회 이사를 선택하기 어렵게 하는 것도 마찬가지로 도움이 되지 않을까 생각할 수 있겠지만, 이는 무능한 CEO로부터 주주와 사회를 살릴 수는 있는 반면, CEO들이 교체되기 전에 더 심한 단기 실적주의에 빠지도록 자극하기도 한다).

뮤추얼 펀드 개혁도 최우선 과제에 들어간다. 이들이 CEO가 다음 분기에 수익 목표를 달성하는 데 집중하지 않으면 그 주식을 투매할 것이라고 위협하는 행위를 멈춰야 한다. 이런 강요 행위는 현재 합법적이지만, 뮤추얼 펀드 관리자들이 그런 금융상 손실을 무기로 삼아 기업 임원을 위협하거나, CEO가 그것을 보고하지 않는 것을 범죄로 규정하면 된다(유괴범이 요구하는 몸값을 주는 것이 불법인 국가들도 있지 않은가). 또 다른 문제는 매우 분산된 포트폴리오를 통해 최소한의 위험을 제시한다는 명목으로 개인 투자자들을 끌어들이고 있는 뮤추얼 펀드가 성장하는 것이다. 만약 모든 주식을 이런 식으로 선택한다면, 상대적으로 수익성이 떨어지는 기업 확장에 필요한 자금을 조달하기 위한 새로운 주식 발행이라도 수익성 있는 확장을 위한 새로운 주식 발행과 동일하게 자본이 공급될 것이다.[1]

1 이에 대해 헤지 펀드 관리자들은 주식의 가치를 충분히 잘 판단하고 있으므로, 정부가 헤지 펀드가 충분히 활동할 수 있도록 확실한 조치를 취하기만 한다면 지금처럼 일반인들 사이에 주

평범한 사람들에서 시작되는 상향식 혁신을 복원하려면 은행 산업을 정비해야 한다. 이런 혁신을 하려면 사업 아이디어가 일반인에게는 익숙하지 않은 신규 기업들이 많이 필요한데, 이런 기업들은 기업을 직접 가까이에서 관찰하고 심사숙고한 사람들에게서만 자본을 조달하게 된다. 따라서 높은 역동성을 회복하려면 과거의 〈관계 금융relational banking〉, 즉 대부자나 투자자가 경험을 통해 자본을 대는 기업이 잘 해나갈 수 있을지 판단하는 방식이 부활해야 한다. 혁신을 지원하는 정부는 금융 기관들이 혁신적인 프로젝트와 신규 기업들에게 훨씬 많은 자금을 지원하도록 금융 시장의 틀을 새로 짜면 된다.

이러한 목표를 위해 유럽과 미국의 정부들은 일부 기존 은행에 대해 구조 개혁을 실시할 수 있을 것이다. 2008년 위기 이후 현재까지 은행 산업에 대한 논의는 은행이 불안정해지고 파산할 가능성이 증가하는 경향을 바로잡는 데 초점이 맞춰져 있었다. 지금까지 의회는 단기 대출 같이 위험한 관행을 제한하기 위한 규제를 입법화했다. 그러나 은행이 다시 규제를 앞서가 경제를 금융 위기 위험에 노출시킬 수 있다고 우려하는 사람들이 있다. 불안정성을 더 잘 줄일 수 있는 접근법은 구조 개혁을 통해 은행에 보다 좁은 범위의 역할을 부여하여 위험한 자산의 취급은 그에 적합한 전문 금융 시장에 맡기는 것이다. 이는 또한 일반적으로 신규 기업이나 혁신적 프로젝트를 위한 모험적인 투자 또는 앤젤 파이낸싱이 너무 부족한 것에 대한 해결 방안이기도 하다. 유럽과 미국이 오늘날의 거대한 금융 산업 구조를 개혁해서 좁은 영역의 작은 단위로 재

식이 분산되어 경제의 역동성이 떨어지는 일은 없을 것이라고 주장한다. 그러나 이런 일을 해낼 유능한 헤지 펀드 관리자들이 충분히 많은지는 의문이다.

편하기 시작한다면, 역동성을 살리고 싶은 정부는 기업들, 특히 혁신적인 기업들에게 대출하는 새로운 전문 은행들이 많이 늘어나게 할 수 있을 것이다.

뿐만 아니라, 혁신을 원하는 정부라면 관계 금융을 위해 만들어진 새로운 금융 회사들(지분을 많이 취득하면 〈상업 은행〉, 그렇지 않으면 〈은행〉)의 형성을 허가하고 촉진하기를 원할 것이다. 정부는 각 지방마다 그 지역의 투자자와 대부자들이 경제를 이끌어 가는 모습을 보고 싶을 것이다(프랭크 카프라의 영화 「멋진 인생It's A Wonderful Life」(1946)에 나오는 작은 마을의 모기지 은행가 조지 베일리를 떠올리지는 말자. 그는 주택 구매자에게만 대출해 줬으니 말이다). 그렇지만 당연히 이런 시스템은 발전이 느리거나 한계가 있을 것이다. 2010년에 리오 틸만과 필자는 신규 기업에게만 신용 대출이나 지분 투자를 하는 전국 규모의 은행을 설립하자고 제안한 바 있다. 우리의 제안은 크게 성공한 농장 신용 제도Farm Credit System를 본떠서 만든 것이었다. 이렇게 하면 정부에서 직접 투자하는 액수는 크지 않고 나머지 자본은 정부 보증하에 차입하게 되기는 하지만, 이런 정부 보증 기관에서 항상 생기는 걱정거리는 경영자들이 정치인들의 압력에 굴복해서 자금을 지원하는 도덕적 해이가 발생하는 것이다. 일부 국채 담당 기관이 정치인들의 압력에 따르지 않고 운영되고 있는 사실은 긍정적이다. 그런데 시장에서도 규모가 크지는 않지만 매우 반가운 세력이 등장했다. 바로 캘리포니아에서 만들어진 수퍼 앤젤 펀드가 그런 사례이다.

민간 부문에도 요즘 현실에 맞지 않는 기관들이 있다. 노동조합과 전문직 단체들 때문에 혁신적인 모험을 시도하기가 더 두려워진다. 유럽에서는 의료 및 법률 단체의 영향력이 크다. 노조의 〈실력 행사〉와 전투적인 행동은 여전히 놀랍다. 프랑스에서는 프랑수아 올랑드 대통령이 2012년 11월 락슈미 미탈에게 플로랑쥐의 철강 공장 노동자들의 장기적 미래를 보장할 것을 요구했다. 이에 앞서 일군의 노동자들이 경영자들을 인질로 잡았으며, 이는 경영자 감금bossnaping이라고 불리는 관행이 되어 버렸다. 미국에서는 오늘날 공공 부문을 제외한 민간 부문에서 그 힘이 약화되었기 때문에 노조가 혁신을 저해한다고 보는 사람은 많지 않다. 그러나 상하이에서는 업무용 빌딩을 건설하는 데 몇 개월이면 될 것이 뉴욕에서는 건설 부문 노조 때문에 1년이 걸린다는 사실을 보면 그런 생각이 옳은지 의문이 생긴다. 노동조합 강제 가입 방지법[2]이 제정된 주에서 보잉사가 공장을 개설하는 것에 대해 미국 연방 정부가 소송을 제기한 일은 혁신가들에게는 충격이었을 것이다. 제너럴 모터스가 구조 조정을 하면서 채권자들보다 노조의 이익을 앞세운 것도 혁신가들에게 자금을 지원하는 사람들에게는 충격이었을 것이다. 법률 및 의료 단체가 서비스의 질을 유지하는 데 도움이 된다고 생각하는 사람이 많다. 그러나 그 종합적인 효과가 어떠하든, 이들이 신규 진입자에 부과하는 제한 사항은 혁신을 감소시키는 방향으로 작동한다. 노조와 전문직 단체의 영향력이 여론 형성 과정에 끼어들게 되면 혁신가적, 기업가적 정신에도 상당한 영향을 미칠 수밖에 없다.

비록 민간 부문의 제도 혁신이 역동성을 되찾는 데 가장 중요하지만, 도전과 표현, 그리고 창조성과 호기심, 활력과 같이 역동성 증대에 필요

---

2 right-to-work. 미국 50개 주 중 24개에서 노조 비가입자에 대한 불이익을 방지하자는 명목으로 도입된 법 — 옮긴이주.

한 인적 자원을 길러 내고 동원하는 근대적 가치관을 강화하는 것도 중요하다. 세계사에 첫 근대 경제들을 등장시키고 그것들을 지속시키는 연료를 주입한 것은 잘 조합된 근대적 가치관이었다. 이 경제들은 놀라운 생산성 도약을 이루어 냈으며, 사람들에게 일이 단지 소득을 얻는 수단이 아니라 정신적 자극과 도전, 모험의 원천이 되도록 전환시키는 과정에서 임금과 부까지 증가시켰다. 근대적 인간은 그런 근대적인 삶을 원했다. 근대 경제들이 근대적 가치관에서 생겨난 것이라면, 근대적 가치관을 다시 마음에 새기고 더 확산시키면 근대 경제의 부활을 도울 수 있다고 생각하는 것이 합리적이다. 한때 기업가들은 자신의 기업이 최대한 진보할 수 있게 도전하는 일에 몰두했다. 오늘날 CEO들이 자신의 집을 호화롭게 꾸미는 것 대신 기업을 건설하는 데 관심을 기울였다면 단기주의 정책을 따르고 있을까? 뿐만 아니라, 서구가 가장 위대했던 시절로 돌아가고자 계속 노력하지 않는 상황에서 근대적 가치관이 살아남을 수 있을 것이라고는 생각되지 않는다.

크리스천 스미스는 『로스트 인 트랜지션*Lost in Transition*』(2011)에서 청소년들과의 인터뷰를 통해 이들이 자신의 길을 찾지 못했음을 발견한다. 그들의 곤경은 실패에서 비롯된 것이 아니다. 사회가 그들이 성인이 되어 가는 여정에 문화적 자원을 제공해서 성공하도록 돕지 못했기 때문이었다. 소비 만능주의에 대해 질문했을 때 대부분 응답자들은 긍정적 반응을 보였고, 경제에도 좋은 것이라며 정당화는 청소년들도 있었다. 어떠한 삶을 살아가고 싶은지 질문했을 때 그들은 돈을 벌기 위해 일하는 것만 말했다. 〈근사한 것〉을 사고 가정을 꾸리고, 금전적으로 안정되기 위해 일하는 것 말이다. 자신이 하고자 하는 일의 본질을 언급한 청소년은 극소수였다. 〈도전〉, 〈탐험〉, 〈모험〉, 〈열정〉은 청소년들이 사용하는 어휘가 아니었다. 이런 단어들은 사라져 버렸다.

평범한 사람들에게서부터 시작되는 경제적 역동성에 다시 불을 지피고 근대성 그 자체를 잃지 않으려면 우리는 개인주의와 활력주의 같은 근대적 사상의 주된 아이디어들을 중등 및 고등교육에 다시 도입해야 한다. 현재 미국인들은 대다수 주에서 최근 고등학교 과정에 도입된 공통 핵심 과정 표준the Common Core State Standards에 대해 논쟁을 벌이고 있다. 영어 과목의 표준은 한때는 감정과 연민을 전달하는 데 중점을 두는 문학을 강조했지만, 이제는 다시 설명문을 쓰는 방법과 에세이, 전기와 같은 〈정보성 글쓰기〉를 강조하고 있다. 그들이 주장하는 바는 젊은 이들이 직장 생활을 하면서 설명문을 작성할 일이 많을 것이며, 경제에도 그런 것이 필요하다는 것이다. 그러나 근대 경제에 설명문 작성 기술을 갖춘 사람보다 더 필요한 것은 완전히 새롭고 도전적인 환경에서 자신의 창조성과 모험 정신을 표출하려는 열망이 있는 사람들이다. 근대 경제에 필요한 사람은 어렸을 때 잭 런던, 라이더 해거드, 쥘 베른, 윌라 캐더, 로라 잉갈스 와일더, 아서 코난 도일, 러브크래프트의 작품들처럼 흥미롭고 정신을 고양하는 상상력 넘치는 작품들을 읽은 사람들이다.

서구 국가들이 전성기의 높은 역동성을 다시 회복할 수 있을까? 기업 및 금융 제도를 개혁한다면 혁신 과정에서 과거에 수행했던 역할을 다시 수행할 수 있을 것이다. 규제와 각 지역에 대한 선심성 예산 배정 분위기에도 제동이 걸려 경제 전반의 기업들이 다시 혁신을 시도할 자유와 동기를 얻게 될 수도 있다. 정부가 다시 책임감 있게 재정을 잘 운용해서, 기업들이 혁신을 통해 얻은 이윤에 세금이 부과될까봐 두려워하는 일이 줄어들 수도 있다. 그러나 이것을 뒷받침하는 문화가 없다면, 이런 조치들로는 충분하지가 않으며 심지어 개혁이 실행되지 않을 수도 있다. 경제 전반에 걸쳐 평범한 사람들도 새로운 것을 생각하고 실험하며 탐험하려는, 통찰력과 운만 더해지면 혁신으로 이어질 수 있는 불굴의 정신이 높은 역동성의 특징이었다. 근대를 만들어 낸 새로운 태도와 신념이 이러한 상향식 풀뿌리 정신을 이끌어 냈기에, 높은 역동성을 회복하려면 이런 근대적 가치관이 다시 전통적 가치관보다 우위에 서야 한다. 국가들은 최근 수십 년간 그들을 짓누른 전통적 가치관의 부활을 막아 내고 사람들이 풍요로운 삶을 향해 과감히 나아가도록 북돋은 근대적 가치관을 되살려야 할 것이다. 그렇게 할 의지가 있는 국가들만이 과거의 빛나는 성과를 되찾을 수 있을 것이다. 미래에도 다 함께 번영할 수 있을 것인지는 바로 여기에 달려 있다.

모더니즘과 근대성의 연대기

상고 시대

5십만 년 전	오두막 건설이 확산되고, 불을 요리와 보온에 이용함
기원전 3만5천 년	남부 독일의 동굴에서 독수리 뼈로 만든 피리를 사용함
기원전 1만 년	돌날이 달린 목제 칼이 팔레스타인에서 사용됨
기원전 7500년	제리코에서 직물을 짜는 기술, 요새화 기술과 곡물 재배 기술을 도입함
기원전 6000년	농업이 마케도니아로 확산됨
기원전 3300년	글쓰기, 범선, 바퀴 달린 운반 도구, 축력에 의존하는 쟁기가 수메르에서 사용되기 시작함
기원전 2400년	수메르 왕이 왕국 내에서 채무 탕감을 선언하고, 〈자유〉에 대해 처음 정치적으로 언급함.
기원전 1760년	바빌론의 함무라비 법전이 사유 재산에 대한 법의 기초를 다짐
기원전 1500년	이집트에서 유리 기술과 산업이 발전함. 이집트의 유리 빗이 인기 있는 교역 상품이 됨

기원전 450년경	소크라테스가 제자 플라톤과 함께 서양 철학의 토대를 다짐. 대화를 철학, 정치, 관리 분야의 문제를 탐색하는 도구로 사용함
기원전 385년	플라톤이 아테네에서 서양의 첫 고등 교육 기관인 아카데미를 설립함
기원전 350년경	아리스토텔레스가 윤리, 미학, 논리학, 과학, 정치, 형이상학을 포괄하는 총체적 철학 체계를 구축함
기원전 105년	종이가 고대 중국에서 발명됨

중세 초기, 500~800년경

500년경	그리스 수학자 안테미우스가 차광 상자를 사용함
800년경	중국 연금술사가 화약을 발견함. 그러나 혁신이 뒤따르지 않음

중세 전기, 800~1300년경

1088년경	중국의 『몽계 필담』에 가동 활자 체계movable type system를 사용한 기록이 등장함
1215년	잉글랜드의 존 왕이 왕에 대한 권리를 규정한 〈마그나 카르타〉를 공포함
1282년	아라곤 왕국 사티바Xativa에서 종이 제작을 기계화함

중세 후기, 1300~1500년경

1400년대	무역이 한자 무역로와 실크로드를 따라 확산됨
1444년경	구텐베르크의 인쇄기가 처음 조립됨
1455년	구텐베르크의 인쇄기가 성서 대량 생산에 사용되어 처음으로 많은 사람들이 그것을 읽을 수 있게 됨
1480년대	포르투갈 항해사들이 아프리카 항해에 아스트롤라베astrolabe(천

체 관측기)를 사용함

| 1486년 | 지오바니 피코 델라미란돌라가 인류의 창의성을 주장한 르네상스 선언인 『인간의 존엄성에 대한 연설』을 출판함 |
| 1492년 | 콜럼버스가 서반구에 이르는 해로를 개척함 |

근대 초기, 1500~1815년경

1400년대 후반 ~1500년대	피코가 인간의 창조성을 주장하고, 에라스뮈스가 가능성의 확장을 주장하며, 루터가 기독교인이 성경을 스스로 읽고 해석할 자유를 주장하면서 근대(1500~2000년)가 시작됨
1500년	대외 무역이 한자 무역로와 실크로드, 대양 항로를 따라 확장됨
1509년	인문주의자 에라스뮈스가 『우신 예찬』을 파리에서 발간함
1517년	루터가 종교 활동에서 개인의 역할을 확대할 것을 요구한 〈95개조〉를 공고함
1540년대	칼뱅주의가 직업을 종교적 가치가 있으며 신의 섭리의 지배를 확장시키는 것으로 여김
1553년	자유로운 사상에 대한 반동 속에 혈액 순환론을 처음으로 기술한 미카엘 세르베투스가 제네바 평의회와 칼뱅에 의해 이단으로 몰려 화형당함
1580년	미셸 드 몽테뉴가 자신의 내적 삶과 〈변화하기〉라고 명명한 개인적 성장의 이야기를 담은 『수상록』을 파리에서 첫 출간함
1600년	근대적 천문학자의 선구자격인 조르다노 브루노가 비슷하게 종교 재판에 의해 사형당함
1600~1760년	바로크 작곡가들이 조성 음악의 기초를 발전시킴
1603년	셰익스피어가 『햄릿』의 초기본을 출판함
1614년	미구엘 데 세르반테스가 『돈키호테』를 출판함
1620년	프랜시스 베이컨이 『신기관』에서 새로운 논리를 제시하며 근대 과학적 방법론을 발전시킴

1628년	윌리엄 하비가 논리적으로 혈액 순환을 추론해 내며 서양 의학을 이끎
1688년	오라녜 공과 연합하여 국왕 제임스 2세를 축출한 명예 혁명이 잉글랜드에서 발생함
1689년	마그나 카르타에서 처음 제안된 권리가 영국의 권리장전으로 인해 유효하게 됨
1698년	런던의 거래소 거리 커피 하우스에서 영업하던 브로커 존 캐스탱이 주식과 상품의 가격들을 게시하기 시작하여 런던 주식 시장의 시초가 됨
1719년	대니얼 디포의 『로빈슨 크루소』가 런던에서 출간됨
1740년	데이비드 흄이 『인간 본성론』을 출간함
1748년	데이비드 흄이 지식이 증가하는 과정을 다룬 『인간 오성에 대한 탐구』를 출간함
1750년대	자크 루이 다비드, 토머스 게인즈버러, 조슈아 레이놀즈 등에 의해 신고전파 예술이 실현됨
1750~1810년	영국의 임금이 하락함
1759년	애덤 스미스의 『도덕 감정론』이 런던에서 첫 출간됨
1759년	볼테르의 개인의 진취성을 예찬한 『캉디드』가 프랑스에서 출간됨
1760년대	애덤 스미스가 나중에 『법학 강의』로 출간되는 강의를 함
1776년	제임스 와트가 영국의 공장에 증기 기관을 처음으로 설치함
1776년	토머스 페인이 『상식』에서 영국의 지배는 미국의 번영에 장애물이라며 반대함
1776년	미국의 독립 선언문이 인간의 자치와 〈행복의 추구〉 권한을 선언함
1776년	애덤 스미스의 『국부론』이 런던에서 처음 출간됨
1781년	임마누엘 칸트의 『순수 이성 비판』이 이성과 경험의 긴밀한 관계를 주장함
1785년	임마누엘 칸트의 『형이상학 서설』이 사람들은 서로를 목적이 아니라 수단으로 취급한다는 홉스와 스미스의 오래된 자유에 대한

생각을 반박함

1780년대	코트 & 젤리코 제철소에서 선철 프레임이 처음으로 개발됨
1787년	미국 헌법에 계약 조항이 추가됨
1788년	미국 헌법이 하원 및 상원을 창설하고 재산 조건을 만족하는 모든 남성들에게 연방 선거권을 부여함
1789년	프랑스 혁명이 시작됨
1791년	폴란드-리투아니아 헌법이 평민과 귀족 사이 정치적 평등을 주장함
1792년	월스트리트의 첫 위기가 발생함
1792년	메리 울스턴크래프트가 『여성의 권리 옹호』를 저술함
1796~1797년	영국과 미국에서 금융 공황이 발생함
1803년	베토벤의 교향곡 2번이 끊임없이 도전하는 경험을 표현함
1803년	장밥티스트 세가 파리에서 출간된 『정치 경제학 개론』에서 기업가와 지대 추구자를 대조함
1804년	윌리엄 블레이크가 당시 막 출현하기 시작한 〈검은 악마의 방앗간〉을 기록함
1812년	미국의 투표권이 재산이 없는 백인 남성에게로 확대됨
1814년	프랑스에서 나폴레옹의 제1제국 이후 부르봉 왕정이 복고됨

근대 후기, 1815~1940년경

1815년	나폴레옹 전쟁 및 1812년 전쟁이 종결됨. 첫 근대 경제가 영국에서 탄생함
1815년	1인당 생산량이 영국에서 〈도약〉하기 시작하면서 첫 근대 경제를 만들어 냄
1818년	메리 셸리의 『프랑켄슈타인』이 런던에서 출간됨
1819년	미국 대법원이 다트머스 대학 법인 사건에서 법인은 새로운 주법에 따른 규정을 거부할 권한이 있다고 판결함

1819년	미국에서 금융 공황 발생
1820년	1인당 생산량이 미국에서 〈도약〉하기 시작하면서 두 번째 근대 경제를 만들어 냄
1820년	퍼시 비시 셸리의 「해방된 프로메테우스」가 첫 출간됨
1820~1840년대	독일의 임금이 감소함
1821년	헤겔의 『법 철학』이 베를린에서 출간됨. 사람들이 자기실현을 위해 창조적 행동을 하게 하려면, 즉 〈세상을 움직이게〉 하려면 법이 필요하다고 주장함
1820년대	영국에서 혁신이 전국적으로 확산되며 임금이 도약함. 반면 독일은 1848년까지 임금이 하락함
1820년대	프랑스 회화의 낭만주의 운동이 시작됨
1823년	새뮤얼 브라운이 내연기관의 첫 상업적 사용을 특허 출원함
1824년	혼란에 가까운 열광을 담은 베토벤의 교향곡 제9번이 빈에서 초연
1830년대	프랑스와 벨기에가 영국을 따라 1인당 생산의 지속적 성장을 경험함
1830~1860년대	영국의 1인당 생산이 뚜렷하게 증가함
1830년	매사추세츠 의회가 운하 및 대학과 같은 공공 사업을 넘어 특허를 확대함
1830년	프랑스의 7월 혁명으로 인해 부르봉 왕조의 샤를 10세가 폐위되고 루이 필리프 정권이 수립됨
1830년	벨기에 혁명으로 인해 의회 민주주의가 세워짐
1830년	1인당 생산량이 프랑스와 벨기에에서도 〈도약〉함
1832년	영국의 개혁법이 하원 투표권을 재산 조건 없이 모든 남성에 확대하였으며 의석이 도시 지역으로 재분배됨
1833년	노예 해방법을 통해 영국령 서인도 제도에서 노예제가 철폐됨
1833년	미국에서 채무자에 대한 연방 차원의 수감이 폐지됨
1835년	알렉시 드 토크빌의 『미국의 민주주의』가 프랑스에서 출간됨
1836년	한 석판화가 뉴욕의 리버티 스트리트의 9개 기업을 묘사. 그중

	4개가 5년 내 파산함
1836년	새뮤얼 콜트가 리볼버를 도입함
1836년	새뮤얼 모스가 전신 체계와 모스 부호를 개발함
1837년	코네티컷이 입법 절차 없이 기업이 법인화할 수 있게 함
1837년	미국에서 금융 공황 발생
1839년	디킨스의 『올리버 트위스트』가 런던에서 출간됨
1841년	1841년의 미국 파산법이 채무 불이행의 처벌을 완화함. 1843년에 폐지됨
1842년	빈 필하모닉 오케스트라를 지원하기 위해 무직페어라인Musikverein(전용 공연장)을 건립함
1842년	최고의 오케스트라를 만들기 위해 뉴욕 필하모닉 협회가 설립됨
1843년	쇠렌 키르케고르가 코펜하겐에서 가명으로 『이것이냐 저것이냐』를 출간하면서 신념의 도약이 필요함을 역설함
1844년	영국의 합자 회사법으로 인해 유한 책임 없이 법인화가 가능해짐
1844년	J. M. W. 터너가 「비, 증기, 속도」를 그림
1846년	유럽에서 금융 공황 발생
1847년	에밀리 브론테의 『폭풍의 언덕』이 엘리스 벨이라는 가명으로 출간됨
1848년	샬럿 브론테의 『제인 에어』가 런던에서 출간됨
1848년	프랑스 국왕 루이 필리프가 축출됨. 대중 봉기가 유럽을 휩쓺
1848년	카를 마르크스와 프리드리히 엥겔스가 『공산당 선언』을 출간함
1851년	허먼 멜빌의 『모비딕』이 뉴욕에서 출간됨
1852년	로버트 슈만이 라이프치히에서 「만프레드 서곡」 초연
1854년	프란츠 리스트가 바이마르에서 「교향시 전주곡」 초연
1854년	찰스 디킨스의 『어려운 시절』이 런던에서 출간됨
1856년	영국의 1856년 합자 회사법이 법인에 유한 책임을 허가함
1857년	허먼 멜빌의 『사기꾼』이 뉴욕에서 출간됨
1857년	유럽과 미국에서 금융 공황 발생

1858년	찰스 디킨스의 『데이비드 코퍼필드』가 런던에서 출간됨
1859년	새뮤얼 스마일스의 『자조론』이 런던에서 출간됨
1859년	찰스 다윈의 『종의 기원』이 〈우연〉에 의해 다양한 종 사이에 자연 선택이 일어난다고 설명함
1863년	에이브러햄 링컨이 〈노예 해방 선언〉을 발표함
1863년	프랑스에서 기업의 유한 책임 법인 설립이 가능해짐
1864년	표도르 도스토옙스키의 『지하로부터의 수기』가 러시아에서 출간됨
1866년	독일 제후국들이 오스트리아 제국 치하에서 통일에 실패함
1867년	미국의 1867년 파산법이 채무 불이행 처벌을 완화. 1878년에 철 폐됨
1869년	영국에서 채무자법이 채무로 인한 수감을 철폐함
1870년	〈하이 모더니즘〉이 미술에서 시작되어 1940년까지 이어짐
1870년	미국 투표권이 유색인종에게로 확대됨
1870년	독일에서 기업의 유한 책임 법인 설립이 가능해짐
1870년	서유럽의 1인당 생산이 1820년 수준에 비해 63퍼센트 증가함. 미 국은 95퍼센트 증가함
1870~1940년대	회화의 하이 모더니즘 시대
1871년	오토 폰 비스마르크가 독일 제후국과 프로이센을 빌헬름 황제의 제국으로 통일함
1872년	니체가 『비극의 탄생』을 출간함
1873년	유럽과 미국에서 금융 공황이 발생함
1876년	마크 트웨인의 『톰 소여의 모험』이 미국에서 출간됨
1876년	리하르트 바그너가 「니벨룽겐의 반지」를 바이로이트 축제에서 초 연함
1880년	표도르 도스토옙스키가 『카라마조프 형제들』을 출간함
1887년	사회학자 페르디난트 퇴니에스가 『공동체와 사회』를 독일에서 출 간함
1888년	빈센트 반 고흐가 「석양의 씨 뿌리는 농부」, 「타라스코 길을 걸어

	가는 남자」, 「포룸 광장의 카페 테라스」를 그림
1893년	유럽과 미국에서 금융 공황이 발생함. 미국의 실업률이 1893~1898년에 12퍼센트로 증가함
1894년	에드워드 마이브리지가 초기 단계의 영화를 실험한 데 이어 토머스 에디슨이 영사기 상영관에서 최초의 상업 영화를 상영함
1898년	1898년 미국 파산법으로 인해 기업들이 채권자들로부터 보호받을 수 있는 가능성이 생김
1900년	독일의 50개 마을이 도시 자격을 획득(1800년 4개에서 증가함)
1901년	토머스 만의 『부덴브루크가』가 독일에서 출간됨
1902년	랜섬 올즈의 올즈모빌 생산 라인이 저렴한 자동차를 생산함
1902년	아널드 쇤베르크의 「정화된 밤」이 빈에서 초연됨
1907년	앙리 베르그송의 『창조적 진화』가 파리에서 출간됨. 4년 뒤 영어로 번역 출간되어 큰 찬사를 받음
1910년대	프란츠 카프카가 『심판』, 『유배지에서』, 『성』을 집필하여 전체주의와 권위주의적 국가의 억압성을 표현함
1912년	미래주의자 지아코모 발라가 「끈에 매인 개의 움직임」을 그림
1912년	조지프 슘페터가 라이프치히에서 그의 역작인 『경제 발전론』을 출간함. 영어판은 1934년에 출간됨
1913~1915년	에른스트 루트비히 키르히너가 「베를린의 거리 풍경」으로 명명된 여러 개의 그림을 그림
1913년	이고리 스트라빈스키가 「봄의 제전」을 파리에서 초연함
1914년	헨리 포드의 조립 라인이 T형 자동차를 1시간 33분에 한 대씩 만들어 냄
1919년	발터 그로피우스가 바이마르에 바우하우스를 설립함
1919년	루트비히 폰 미제스의 『국가, 정부, 경제』가 빈에서 출간됨
1920년	이 시점에 대부분의 미국인이 도시에 거주함
1920년	미국에서 투표권이 여성으로도 확대됨
1921년	존 메이너드 케인스가 『확률론』을 출간함

1921년	프랭크 나이트의 『위험, 불확실성, 이윤』이 출간됨
1922년	르코르뷔지에가 〈현대 도시〉의 계획안 제시
1922년	막스 베버의 『경제와 사회』가 튀빙겐에서 사후에 출간됨
1922년	루트비히 폰 미제스의 『사회주의』가 출간됨
1923년	C. S. 퍼스의 『확률, 사랑, 논리: 철학적 에세이』가 출간됨
1927년	베르너 하이젠베르크의 「양자의 이론적 운동 및 역학에 대한 개념적 설명」이 불확정성 이론의 첫 형태를 제시함
1927년	첫 발성 영화 「재즈 가수」가 공개됨
1930년	지그문트 프로이트의 『문명과 그 불만』이 독일에서 출간됨
1930년	P. T. 판즈워스가 텔레비전을 특허 출원함. 제2차 세계 대전으로 인해 1948년까지 미국에서 그 확산이 늦어짐
1931년	프리츠 랑 감독의 「M」이 공개됨
1933년	게오르게 발란친과 링컨 커스틴이 뉴욕 시립 발레단을 창단함
1935년	프랭크 로이드 라이트가 〈폴링워터〉 건축을 완료함
1935~1938년	알프레드 히치콕의 「39계단」과 「여인 사라지다」가 우리가 얼마나 세상에 대해 무지한지를 극적으로 나타냄
1935년	프리드리히 하이에크가 편집한 『집산주의적 경제 계획』이 런던에서 출간됨
1935년	오스카어 모르겐슈테른의 「완전한 예견 가능성과 경제적 균형」이 『국가 경제 논집』에 게재됨
1936년	존 메이너드 케인스의 『일반 이론』이 처음으로 출간됨
1937년	찰리 채플린의 「모던 타임스」가 조립 라인을 풍자함
1938년	장 폴 사르트르의 『구토』가 파리에서 출간됨
1939년	레이먼드 챈들러의 『빅 슬립』이 출간됨
1940년대	로버트 머튼이 의도하지 않은 결과의 법칙과 〈잠재적 기능〉이라는 개념을 소개함
1940년	찰스 아이브스의 『대답 없는 질문』이 1906년 초판 이후에 출판되고 공연됨

근대 후기, 1941년경부터 현재까지

1944년	프리드리히 하이에크의 『노예의 길』이 런던에서 출간됨
1945년	칼 포퍼의 『열린 사회와 그 적들』이 런던에서 출간됨
1951년	루트비히 미스 반데어로에가 판즈워스 하우스 완성
1953년	『고도를 기다리며』에서 새뮤얼 베켓이 근대의 불안을 비현실적으로 그림
1955년	전 트럭 회사 소유주인 맬컴 맥린이 엔지니어 키스 탠트린저와 함께 현대적 통합 컨테이너를 설계, 업계에 특허 디자인 제공
1957년	칼 포퍼의 『역사주의의 빈곤』이 런던에서 출간됨
1958년	마이클 폴라니의 1951~1952 기포드 강연이 『개인적 지식』으로 출간됨
1960년	해럴드 핀터의 연극 「가벼운 통증」이 우리가 주변의 사회적 세계에 대해 얼마나 아는 것이 없는지를 극으로 표현함
1961년	프리드리히 하이에크의 『종속 효과의 오류』가 출간됨
1961년	제인 제이컵스의 『위대한 미국 도시의 죽음과 삶』이 뉴욕에서 출간됨
1966년	톰 스타퍼드의 연극 「로젠크란츠와 길덴스턴은 죽었다」가 모든 사람이 그 지위에 좌우됨을 보임
1968년	프리드리히 하이에크의 『발견 과정으로서의 경쟁』이 출간됨
1969년	제인 제이컵스의 『도시 경제학』이 출간됨
1979년	에드먼드 펠프스가 조직한 학회의 출간물인 『고용과 인플레이션 이론의 미시 경제학적 토대』가 임금과 가격 기대를 고용 결정에 도입함
1989년	토머스 네이글의 『유토피아로부터의 시각』이 출간됨
1991년	폴 존슨의 『근대의 탄생: 세계 사회 1815~1830』이 출간됨
1992년	1990년대에 합의된 절차에 따라 넷스케이프가 기업을 공개하고, 인터넷의 광범위한 사용을 이끔

2006년	에드먼드 펠프스가 역동성의 경제에 대해 노벨상 강연을 함
2006년	〈유럽 대륙 경제의 성과에 대한 시각〉이라는 학회에서 에드먼드 펠프스는 국가 간 경제적 가치의 차이가 생산성 및 고용 차이의 큰 부분을 설명한다고 설명함
2007년	로만 프리드만과 마이클 골드버그의 『불완전 지식의 경제학』이 출간됨
2008년	아마르 비데의 『모험 경제』가 출간됨
2009년	마크 테일러의 『다른 곳에서 온 필드노트』가 근대의 삶을 반영함
2011년	마틴 셀리그먼의 『번영: 행복과 좋은 삶에 대한 새로운 이해』가 출간됨

참고 문헌

Abelshauser, Werner. "The First Post-Liberal Nation: Stages in the Development of Mod- ern Corporatism in Germany." *European History Quarterly* 14, no. 3 (1984): 285~318.

Abramovitz, Moses. "Resource and Output Trends in the United States since 1870." *American Economic Review* 46 (1956): 1~23.

Aghion, Philippe, and Enisse Kharroubi. "Stabilization Policies and Economic Growth," in Roman Frydman and Edmund Phelps (eds.), *Rethinking Expectations: The Way Forward for Macroeconomics.* Princeton, N.J.: Princeton University Press, 2013.

Alda, Alan. *Things I Overheard While Talking to Myself.* New York: Random House, 2007.

Allen, Robert C. "The Great Divergence in European Wages and Prices." *Explorations in Economic History* 38 (2001): 411~447.

Ammous, Saifedean, and Edmund Phelps. "Climate Change, the Knowledge Problem and the Good Life." Working Paper 42, Center on Capitalism and Society, Columbia University, New York, September 2009.

_____. "Blaming Capitalism for the Ills of Corporatism," *Project Syndicate*, January 31, 2012. http://www.project-syndicate.org/commentary/blaming-capitalism-for-corporatism.

Andrews, Malcolm. *Dickens on England and the English*. Hassocks, Sussex: Harvester, 1979.

Aristotle. *Aristotle: Nicomachean Ethics*, edited by Terence Irwin. Indianapolis, Ind.: Hackett Publishing, 2nd edition, 1999.

Arnold, Matthew. *The Function of Criticism*. London: Macmillan, 1895.

Austen, Jane. *Sense and Sensibility*. London: Thomas Egerton, 1811.

_____. *Mansfield Park*. London: Thomas Egerton, 1814.

Bairoch, Paul. "Wages as an Indicator of Gross National Product," in Peter Scholliers (ed.), *Real Wages in 19th and 20th Century Europe: Historical and Comparative Perspectives*. New York: Berg, 1989.

Balas, Aron, Rafael La Porta, Florencio Lopez-de-Silanes, and Andre Shleifer. "The Divergence of Legal Procedures." *American Economic Journal: Economic Policy* 1, no. 2 (2009): 138~162.

Balleisen, Edward J. *Navigating Failure: Bankruptcy and Commercial Society in Antebellum America*. Chapel Hill: University of North Carolina, 2001.

Banfield, Edward C. *The Moral Basis of a Backward Society*. New York: Basic Books, 1958.

Barzun, Jacques. "From the Nineteenth Century to the Twentieth," in Contemporary Civilization Staff of Columbia College (eds.), *Chapters in Western Civilization,* vol. II. New York: Columbia University Press, 3rd edition, 1962.

_____. A *Stroll with William James*. New York: Harper, 1983.

_____. *From Dawn to Decadence: 500 Years of Western Cultural Life*. New York: Harper Perennial, 2001.

Bekker, Immanuel. *Aristotelis Opera edidit Academia Regia Borussica*. Berlin, 1831~1870.

Bentolila, Samuel, and Giuseppe Bertola. "Firing Costs and Labour Demand: How Bad Is Eurosclerosis?" *Review of Economic Studies* 57, no. 3 (1990): 381~402.

Berghahn, V. R. "Corporatism in Germany in Historical Perspective," in Andrew

W. Cox and Noel O'Sullivan (eds.), *The Corporate State: Corporatism and the State Tradition in Western Europe.* Aldershot, U.K.: Edward Elgar, 1988.

Bergson, Henri. *Creative Evolution.* New York: Henry Holt, 1911.

Berle, Adolf, and Gardiner Means. *The Modern Corporation and Private Property.* New York: Transaction Publishers, 1932.

Bhidé, Amar. "The Hidden Costs of Stock Market Liquidity." *Journal of Financial Economics* 34 (1993): 31~51.

_____. *The Venturesome Economy.* Princeton, N.J.: Princeton University Press, 2008.

Bhidé, Amar, and Edmund S. Phelps. "More Harm Than Good: How the IMF's Business Model Sabotages Properly Functioning Capitalism," *Newsweek International,* July 11, 2011, p. 18.

Blanchflower, David, and Andrew J. Oswald. "Well-Being, Insecurity and the Decline of American Job Satisfaction." Working Paper, National Bureau of Economic Research, Cambridge, Mass., 1999.

Bloom, Harold. *The Visionary Company: A Reading of English Romantic Poetry.* New York: Doubleday, 1961.

_____. *The Western Canon: The Books and Schools of the Ages.* New York: Penguin Putnam, 1994.

_____. *Shakespeare: The Invention of the Human.* New York: Riverhead Books, 1998.

Bodenhorn, Howard. *A History of Banking in Antebellum America: Financial Markets and Economic Development in an Era of Nation-Building.* Cambridge: Cambridge University Press, 2000.

Bojilov, Raicho, and Edmund S. Phelps. "Job Satisfaction: The Effects of Two Economic Cultures." Working Paper 78, Center on Capitalism and Society, Columbia University, New York, September 2012.

Boulding, Kenneth. *Beyond Economics: Essays on Society, Religion, and Ethics.* Ann Arbor: University of Michigan Press, 1968.

Bourguignon, Philippe. "Deux éducations, deux cultures," in Jean-Marie Chevalier and Jacques Mistral (eds.), *Le Cercle des économistes: L'Europe et les Etats-*

Unis. Paris: Descartes et Cie, 2006.

Bradshaw, David J., and Suzanne Ozment. *The Voices of Toil: Nineteenth-Century British Writings about Work*. Athens, Ohio: Ohio University Press, 2000.

Brands, H. W. *American Colossus: The Triumph of Capitalism, 1865~1900*. New York: Doubleday, 2010.

Brass, Dick. "Microsoft's Creative Destruction." *New York Times*, February 4, 2010, p. A27. Braudel, Fernand. *The Mediterranean and the Mediterranean World in the Age of Philip II,*

vol. 2. New York: Harper and Row, 1972.

Brontë, Charlotte. *Jane Eyre*. London: Smith, Elder, and Company, 1847.

Brontë, Emily. *Wuthering Heights*. London: Thomas Cautley Newby, 1847.

Caldwell, Christopher. "The New Battle for the Old Soul of the Republican Party." *Financial Times,* February 24, 2012, p. 9.

Calvin, John. *Institutio Christianae Religionis (Institutes of Christian Religion)*. Geneva: Robert Estienne, 1559.

Cantillon, Richard. *Essai sur la Nature du Commerce en Général*. London: Fletcher Gyles, 1755.

Caron, François. *An Economic History of Modern France,* translated by Barbara Bray. London: Methuen, 1979.

Cary, Joyce. *The Horse's Mouth*. New York: Harper, 1944.

Cassirer, Ernst. "Giovanni Pico della Mirandola: A Study in the History of Renaissance Ideas." *Journal of the History of Ideas* 3, no. 3 (1942): 319~346.

Casson, Mark. "Entrepreneurship," in Mark Casson (ed.), *International Library of Critical Writings in Economics,* vol. 13. Aldershot, U.K.: Edward Elgar, 1990.

Cather, Willa. *Death Comes for the Archbishop*. New York: Alfred A. Knopf, 1927.

Cellini, Benvenuto. *The Autobiography of Benvenuto Cellini*. New York: Alfred A. Knopf, 2010.

Cervantes, Miguel de. *Don Quixote*. Madrid: Juan de la Cuesta, 1605~1620.

Chandler, Alfred D., Jr. *Strategy and Structure: Chapters in the History of the American Industrial Enterprise*. Cambridge, Mass.: MIT Press, 1962.

_____. *The Visible Hand: The Managerial Revolution in American Business.*

Cambridge, Mass.: Harvard University Press, 1977.

___. *The Coming of Managerial Capitalism.* New York: Richard D. Irwin, 1985.

___. *Scale and Scope: The Dynamics of Industrial Capitalism.* Cambridge, Mass.: Harvard University Press, 1990.

Christiansen, G. B., and R. H. Haveman. "Government Regulations and Their Impact on the Economy." *Annals of the American Academy of Political and Social Science* 459, no. 1 (1982): 112~122.

Clark, Gregory. "The Long March of History: Population and Economic Growth." Working Paper 05-40, University of California, Davis, 2005.

___. *A Farewell to Alms: A Brief Economic History of the World.* Princeton, N.J.: Princeton University Press, 2007.

Coke, Edward. *The Second [Third and Fourth] Part[s] of the Institutes of the Laws of England.* London: Printed for E. and R. Brooke, 1797 (first written 1641).

Conard, Nicholas J., Maria Malina, and Susanne C. Münzel. "New Flutes Document the Earliest Musical Tradition in Southwestern Germany." *Nature* 460 (2009): 737~740.

Coolidge, Calvin. "Address to the American Society of Newspaper Editors, Washington, D.C.," January 17, 1925. Online by Gerhard Peters and John T. Woolley, The American Presidency Project. http://www.presidency.ucsb.edu/ws/?pid=24180.

Cooper, John M. *Reason and the Human Good in Aristotle.* Cambridge, Mass.: Harvard University Press, 1975.

Crafts, N.F.R. "British Economic Growth, 1700~1831: A Review of the Evidence." *Economic History Review* 36, no. 2 (1983): 177~199.

Crooks, Ed. "US 'Creative Destruction' out of Steam." *Financial Times,* December 12, 2011.

Dahlhaus, Carl. *Nineteenth-Century Music.* Berkeley: University of California, 1989.

David, Paul A. "The Growth of Real Product in the United States before 1840: New Evidence, Controlled Conjectures." *Journal of Economic History* 27, no. 2 (1967): 151~197.

Defoe, Daniel. *Robinson Crusoe.* London: W. Taylor, 1719.

_____. *Moll Flanders.* London: W. Taylor, 1721.

Demsetz, Harold. "Toward a Theory of Property Rights II: The Competition between Private and Collective Ownership." *Journal of Legal Studies* (June 2002): 668.

Denning, Peter J., and Robert Dunham. *The Innovator's Way: Essential Practices for Successful Innovation.* Cambridge, Mass.: MIT Press, 2010.

Dewey, John. *Human Nature and Conduct.* New York: Holt, 1922.

_____. "The House Divided against Itself." *New Republic,* April 24, 1929, pp. 270~271.

_____. *Individualism Old and New.* New York: Minton, Balch, and Company, 1930.

_____. *Experience and Education.* New York: Simon and Schuster, 1938.

Diamond, Jared M. *Guns, Germs, and Steel: The Fates of Human Societies.* New York: W. W. Norton, 1997.

Dickens, Charles. *Sketches by Boz.* London: John Macrone, 1836.

_____. *Oliver Twist.* London: Richard Bentley, 1837.

_____. *David Copperfield.* London: Bradbury and Evans, 1850.

_____. *Hard Times.* London: Bradbury and Evans, 1854.

_____. *Speeches, Letters and Sayings.* New York: Harper, 1870.

_____. *The Uncommercial Traveler and Reprinted Pieces.* Philadelphia: John D. Morris, 1900.

Dods, Marcus. *Erasmus, and Other Essays.* Longdon: Hodder and Stoughton, 1891.

DuBois, Armand Budington. *The English Business Company after the Bubble Act, 1720~1800.* New York: Octagon, 1971.

Edlund, Lena. "Big Ideas." *Milken Institute Review* 13, no. 1 (2011): 89~94.

Eggertsson, Thrainn. *Imperfect Institutions: Possibilities and Limits for Reform.* Ann Arbor: University of Michigan Press, 2006.

Erhard, Ludwig. *Wohlstand für Alle.* Dusseldorf: Econ-Verlag, 1957.

_____. *Prosperity through Competition.* New York: Praeger, 1958.

Evans, Harold. *They Made America.* New York: Little Brown, 2004.

_____. "Eureka: A Lecture on Innovation." Lecture given at the Royal Society of Arts, London, March 2011.

Ferguson, Adam. *Essay on the History of Civil Society.* Dublin: Grierson, 1767.

Ferraro, Geraldine. "Inspiration from the Land Where Dreams Come True." Speech, San Francisco, July 19, 1984. Available at http://www.cnn.com/ALLPOLITICS/1996/conventions/chicago/facts/famous.speeches/ferraro.84.shtml.

Finley, M. I. *The Ancient Economy.* Berkeley: University of California Press, 1999.

Fitoussi, Jean-Paul, and Edmund S. Phelps. *The Slump in Europe.* Oxford: Blackwell, 1988.

Fogel, Robert William. *Railroads and American Economic Growth: Essays in Econometric History.* Baltimore: Johns Hopkins University Press, 1964.

Foster, John Bellamy, Robert W. McChesney, and Jamil Jonna. "Monopoly and Competition in Twenty-First Century Capitalism." *Monthly Review* 62, no. 11 (2011): 1~23.

Foster-Hahn, Francoise, Claude Keisch, Peter-Klaus Schuster, and Angelika Wesenberg. *Spirit of an Age: Nineteenth-Century Paintings from the Nationalgalerie, Berlin.* London: National Gallery, 2001.

Freud, Sigmund. *Das Unbehagen in der Kultur.* Vienna: Internationaler Psychoanaly- tischer Verlag, 1930.

_____. *Civilization and Its Discontents,* translated by James Strachey. New York: W. W. Norton, 1989.

Fry, Stephen. "Lady Gaga Takes Tea with Mr Fry." *Financial Times* (London), May 27, 2011, p. 12.

Frydman, Roman, and Michael Goldberg. *Imperfect Knowledge Economics: Exchange Rates and Risk.* Princeton: Princeton University Press, 2007.

Frydman, Roman, Marek Hessel, and Andrzej Rapaczynski. "When Does Privatization Work?" *Quarterly Journal of Economics* (1999): 1153~1191.

Geddes, Rick, and Dean Lueck. "Gains from Self-Ownership and the Expansion of Women's Rights." *American Economic Review* 92, no. 4 (2002): 63~83.

Gibbon, Edward. *The History of the Decline and Fall of the Roman Empire.* London: Strahan and Cadell, 1776~1789.

Giffen, Robert. "The Material Progress of Great Britain." Address before the Economic Sector of the British Association, London, 1887.

Gombrich, E. H. *The Story of Art.* London: Phaidon, 4th edition, 1951.

Gordon, Robert J. "U.S. Productivity Growth over the Past Century with a View to the Future." Working Paper 15834, National Bureau of Economic Research, Cambridge, Mass., March 2010.

_____. "Is U.S. Economic Growth Over? Faltering Innovation Confronts the Six Headwinds." Working Paper 18315, National Bureau of Economic Research, Cambridge, Mass., August 2012.

Gray, Henry. *Anatomy, Descriptive and Surgical.* Philadelphia: Blanchard and Lea, 2nd American edition, 1862.

Greenwald, Bruce C. N., and Judd Kahn. *Globalization: The Irrational Fear That Someone in China Will Take Your Job.* Hoboken, N.J.: John Wiley and Sons, 2009.

Groom, Brian. "War Hero Who Became Captain of British Industry." *Financial Times,* October 2~3, 2010, p. 7.

_____. "Gloom and Boom." Books Section, *Financial Times,* October 2~3, 2010, p. 16.

Gwartney, James, Robert Lawson, and Joshua Hall. *Economic Freedom of the World: 2011 Annual Report.* Vancouver: Fraser Institute, 2011.

Hall, Robert, and Charles I. Jones. "Why Do Some Countries Produce So Much More Output per Worker Than Others?" *Quarterly Journal of Economics* 114, no. 1 (1999): 83~116.

Hansard, Thomas C. (ed.). *Hansard's Parliamentary Debates.* Third series, second volume of the session. London: Cornelius Buck, 1863.

Hayek, Friedrich. "The Trend of Economic Thinking." *Economica* 13 (1933): 127~137.

_____. "Socialist Calculation: The State of the Debate," in Friedrich Hayek (ed.), *Collectivist Economic Planning; Critical Studies on the Possibilities of So-*

cialism. London: Routledge, 1935.

      . *The Road to Serfdom.* London: Routledge, 1944.

      . *Individualism and Economic Order.* Chicago: University of Chicago Press, 1948.

Hayek, Friedrich. *The Counter-Revolution of Science; Studies on the Abuse of Reason.* Glen- coe, Ill.: Free Press, 1952.

      . "The Non-Sequitur of the 'Dependence Effect.'" *Southern Economic Journal* 27 (1961): 346.

      . "Competition as a Discovery Procedure," in *New Studies in Philosophy, Politics, Economics and the History of Ideas.* Chicago: University of Chicago Press, 1978.

Heckman, James J., and Dimitriy V. Masterov. "The Productivity Argument for Investing in Young Children." *Applied Economic Perspectives and Policy* 29, no. 3 (2007): 446~493.

Henley, William Ernest. *Poems.* New York: Charles Scribner's Sons, 1898.

Hewlett, Sylvia Ann. *A Lesser Life: The Myth of Women's Liberation in America.* New York: Morrow, 1986.

Hicks, John. *A Theory of Economic History.* Oxford: Oxford University Press, 1969.

Hoon, Hian Teck, and Edmund Phelps. "Payroll Taxes and VAT in a Labor-Turnover Model of the 'Natural Rate.'" *International Tax and Public Finance* 3 (June 1996): 185~201.

      . "Growth, Wealth and the Natural Rate: Is Europe's Jobs Crisis a Growth Crisis?" *European Economic Review* 41 (April 1997): 549~557.

      . "Effects of Technological Improvement in the ICT-Producing Sector on Business Activity." Columbia University Department of Economics Discussion Paper 0506-21, February 2006.

Howard, Philip K. *The Death of Common Sense: How Law Is Suffocating America.* New York: Random House, 1995.

      . *The Collapse of the Common Good: How America's Lawsuit Culture Undermines Our Freedom.* New York: Ballantine, 2001.

Hume, David. *A Treatise on Human Nature.* London: John Noon, 1739~1740.

_____. *Philosophical Essays Concerning Human Understanding.* London: A. Millar, 1748. Subsequently republished as *An Enquiry Concerning Human Understanding.*

Huppert, Felicia A., and Timothy T. C. So. "What Percentage of People in Europe Are Flourishing and What Characterises Them?" Retrieved January 4, 2013, from www.isqols2009.istitutodeglinnocenti.it/Content_en/Huppert.pdf.

Ibison, David. "The Monday Interview: Carl-Henric Svanberg." *Financial Times,* October 1, 2006, p. 11.

Ibsen, Henrik. *Peer Gynt,* translated by Rolf Fjelde. Minneapolis: University of Minnesota Press, 1980.

Inglehart, Ronald, and Christian Welzel. *Modernization, Cultural Change, and Democracy: The Human Development Sequence.* Cambridge: Cambridge University Press, 2005.

Irving, Washington. *The Sketch Book of Geoffrey Crayon, Gent.* London: John Murray, 1820.

Jackman, Richard, Richard Layard, and Stephen Nickell. *Unemployment: Macroeconomic Performance and the Labour Market.* Oxford: Oxford University Press, 1991.

Jackson, R. V. "The Structure of Pay in Nineteenth-Century Britain." *Economic History Review* 40, no. 4 (1987): 561~570.

Jacobs, Jane. *The Death and Life of Great American Cities.* New York: Random House, 1961.

_____. *The Economy of Cities.* New York: Random House, 1969.

James, Harold. *Europe Reborn.* Princeton, N.J.: Princeton University Press, 2009.

Jamison, Kay Redfield. *Exuberance: The Passion for Life.* New York: Alfred A. Knopf, 2004.

Jefferson, Thomas. *The Works of Thomas Jefferson,* vol. 2. New York: G. P. Putnam and Sons, 1904.

Johnson, Paul. *The Birth of the Modern: World Society 1815~1830.* New York: Harper Collins, 1991.

Jones, Jonathan. "Other Artists Paint Pictures, Turner Brings Them to Life." *Guardian,* May 6, 2009. Available at www.guardian.co.uk.

Karakacili, E. "English Agrarian Labour Productivity Rates before the Black Death: A Case Study." *Journal of Economic History* 64 (March 2004): 24~60.

Keats, John. *The Poems of John Keats,* edited by Jack Stillinger. Cambridge, Mass.: Belknap Press of Harvard University Press, 1978.

Kellaway, Lucy. "Jobs, Motherhood and Varieties of Wrong." *Financial Times*, July 29, 2012, p. 16.

Kennedy, Maev. "British Library Publishes Online Archive of 19th Century Newspapers." *Guardian,* June 18, 2009, p. 18.

Keynes, John Maynard. *A Treatise on Probability.* London: Macmillan, 1921.

_____. *General Theory of Employment, Interest and Money.* London: Palgrave Macmillan, 1936.

_____. "Economic Possibilities for Our Grandchildren," in *Essays in Persuasion.* New York: W. W. Norton, 1963.

Kindleberger, Charles Poor. *A Financial History of Western Europe.* New York: Oxford University Press, 1993.

Kirby, William C. "China Unincorporated: Company Law and Business Enterprise in 20th Century China." *Journal of Asian Studies* 54 (February 1995): 43~46.

Kling, Arnold, and Nick Schulz. "The New Commanding Heights." *National Affairs* 8 (Summer 2011): 3~19.

Knight, Frank. *Risk, Uncertainty and Profit.* Boston: Hart, Schaffner and Marx; Houghton Mifflin, 1921.

Koestler, Arthur. *The Act of Creation.* New York: Macmillan, 1964.

_____. *The Sleepwalkers.* New York: Macmillan, 1968.

Kronman, Anthony T. *Education's End: Why Our Colleges and Universities Have Given Up on the Meaning of Life.* New Haven, Conn.: Yale University Press, 2007.

Krugman, Paul R. *Geography and Trade.* Cambridge, Mass.: MIT Press, 1992.

Kuczynski, Jürgen. *Labour Conditions in Western Europe.* London: F. Muller,

1937.

_____. *A Short History of Labour Conditions under Industrial Capitalism.* London: F. Muller, 1942~1945.

Kuznets, Simon. "Population Change and Aggregate Output," in *Demographic and Economic Change in Developed Countries, a Conference of the Universities-National Bureau Committee for Economic Research.* Princeton, N.J.: Princeton University Press, 1960.

Lange, Oskar. "On the Economic Theory of Socialism," in Oskar Lange, Benjamin E. Lippincott, and Frederick M. Taylor (eds.), *On the Economic Theory of Socialism.* Minneapolis: University of Minnesota Press, 1938.

Layard, Richard. *Happiness: Lessons from a New Science.* London: Penguin, 2007.

Layard, Richard, and Stephen Nickell. *Handbook of Labor Economics.* Amsterdam: North-Holland, 1999.

Leroux, Pierre. *De l'égalité; précédé de l'individualisme et du socialisme.* Paris: Slatkine, 1996.

Lincoln, Abraham. "Second Lecture on Discoveries and Inventions" (1859). In *Collected Works of Abraham Lincoln,* vol. 3. New Brunswick, N.J: Rutgers University Press, 1953, 356~363.

Lindert, Peter H., and Jeffrey G. Williamson. "English Workers' Living Standards during the Industrial Revolution: A New Look." *Economic History Review* 36, no. 1 (1983): 1~25.

Lippmann, Walter. *The Good Society.* New York: Little Brown, 1936.

Litan, Robert E., and Carl J. Schramm. *Better Capitalism: Renewing the Entrepreneurial Strength of the American Economy.* New Haven, Conn.: Yale University Press, 2012.

Loasby, Brian J. *The Mind and Method of the Economist: A Critical Appraisal of Major Economists in the 20th Century.* Aldershot, U.K.: Edward Elgar, 1989.

Lovecraft, H. P. *The Dream-Quest of Unknown Kadath* (1926), in *At the Mountains of Madness and Other Novels.* Sauk City, Wisc.: Arkham House, 1964.

Lowenstein, Louis. *The Investor's Dilemma: How Mutual Funds Are Betraying Your Trust and What to Do about It.* Hoboken, N.J.: John Wiley and Sons, 2008.

Lubasz, Heinz. *Fascism: Three Major Regimes.* New York: John Wiley and Sons, 1973.

Maddison, Angus. *The World Economy: Historical Statistics.* Paris: OECD, 2006: table 1b, p. 439, and table 8c, p. 642.

Mann, Thomas. *Buddenbrooks.* Berlin: S. Fischer Verlag, 1901.

Marr, Andrew. *The Making of Modern Britain.* London: Macmillan, 2009.

Marshall, Alfred. *Elements of Economics.* London: Macmillan, 1892.

_____. *Principles of Economics: An Introductory Volume.* London: Macmillan, 1938.

Marx, Karl. *Grundrisse der Kritik der politischen Ökonomie* (1858). Frankfurt: Europäische Verlagsanstalt, 1939~1941.

_____. *Critique of the Gotha Program* (1875). Moscow: Moscow Foreign Languages Publishing House, 1947.

Marx, Karl, and Friedrich Engels. *The Communist Manifesto.* London: 1848.

Maslow, Abraham. "A Theory of Motivation." *Psychological Review* 50 (1943): 370~396.

Maugham, W. Somerset. "The Man Who Made His Mark." *Cosmopolitan,* June 1929.

Melville, Herman. *Moby-Dick.* New York: Harper and Brothers, 1851.

_____. *The Confidence-Man.* New York: Dix, Edwards, 1857.

Mickelthwait, John, and Adrian Wooldridge. *The Company: A Short History of a Revolutionary Idea.* New York: Modern Library, 2003.

Milanović, Branko. *Liberalization and Entrepreneurship: Dynamics of Reform in Socialism and Capitalism.* Armonk, N.Y.: M. E. Sharpe, 1989.

Mill, John Stuart. "The Law of Partnership" (1851), in John M. Robson (ed.), *Essays on Economics and Society Part II.* London: Routledge and Kegan Paul, 1967.

Mises, Ludwig von. "Die Wirtschaftsrechnung im sozialistischen Gemeinwesen." *Archiv für Sozialwissenschaften und Sozialpolitik* 47 (1920): 86~121.

_____. *Die Gemeinwirtschaft: Untersuchungen über den Sozialismus.* Jena: Gustav Fischer Verlag, 1922.

_____. "Economic Calculation in the Socialist Commonwealth," in Friedrich

Hayek (ed.), *Collectivist Economic Planning; Critical Studies on the Possibilities of Socialism.* London: G. Routledge, 1935.

_____. *Socialism: An Economic and Sociological Analysis,* translated by J. Kahane. London: Jonathan Cape, 1936.

Mokyr, Joel. "The Industrial Revolution and Modern Economic Growth." Max Weber Lecture given at the European University, San Domenico di Fiesole, Italy, March 2007. Revised June 2007.

_____. "Intellectual Property Rights, the Industrial Revolution, and the Beginnings of Modern Economic Growth." *American Economic Review* 99, no. 2 (2009): 349~355.

Montaigne, Michel de. *Essais.* Paris: Garnier, 1962.

Morris, Charles. *The Dawn of Innovation: The First American Industrial Revolution.* New York: Public Affairs, 2012.

Muller, Jerry Z. *The Mind and the Market: Capitalism in Modern European Thought.* New York: Alfred A. Knopf, 2002.

Mussolini, Benito. *Quatro Discorsi sullo Stato Corporativo.* Rome: Laboremus, 1935.

_____. *Four Speeches on the Corporate State.* Rome: Laboremus, 1935.

Mynors, R.A.B. *Georgics by Virgil.* Oxford: Clarendon Press, 1990.

Myrdal, Gunnar. *The Political Element in the Development of Economic Theory.* London: Routledge and Kegan Paul, 1953.

Nagel, Thomas. "Aristotle on Eudaimonia." *Phronesis* 17, no. 3 (1972): 252~259.

_____. "What Is It Like to Be a Bat?" *Philosophical Review* 83, no. 4 (1974): 435~450.

_____. *The Possibility of Altruism.* Oxford: Oxford University Press, 1978.

Nelson, Richard. "How Medical Know-How Progresses." Working Paper 23, Center on Capitalism and Society, Columbia University, New York, January 2008.

Nicholls, A. J. "Hitler's Success and Weimar's Failure," in *Weimar and the Rise of Hitler.* Houndmills, Basingstoke, U.K.: Palgrave Macmillan, 1968.

Nickell, Stephen. "Fundamental Changes in the UK Labour Market." *Oxford Bul-*

letin of Economics and Statistics 63 (2001): 715~736.

Nietzsche, Friedrich. *Der Wille zur Macht,* edited by Heinrich Köselitz, Ernst Horneffer, and August Horneffer. Leipzig: Naumann, 1901.

_____. *The Will to Power,* translated by Walter Kaufmann. New York: Vintage, 1968.

Nocken, Ulrich. "Corporatism and Pluralism in Modern German History," in Dirk Stegmann et al. (eds.), *Industrielle Gesellschaft und politisches System.* Bonn: Verlag Neue Gesellschaft, 1978.

OECD (Organisation for Economic Co-operation and Development). *Historical Statistics 1960~1981.* Paris, 1983.

_____. *The OECD Jobs Study: Facts, Analysis, Strategies.* Paris, 1994.

OECD (Organisation for Economic Co-operation and Development) and Jean-Philippe Cotis. *Going for Growth: 2007.* Paris, 2007.

Olson, Mancur. *The Rise and Decline of Nations.* New Haven, Conn.: Yale University Press, 1982.

Paganetto, Luigi, and Edmund S. Phelps. *Finance, Research, Education, and Growth.* Houndmills, Basingstoke, U.K.: Palgrave Macmillan, 2005.

Paine, Thomas. *Common Sense.* London: H. D. Symonds, 1792.

Paxton, Robert. *The Anatomy of Fascism.* New York: Alfred A. Knopf, 2004.

PBS. "The Planning Debate in New York, 1955~1975." *American Experience: New York Disc 7; People & Events.* Television.

Phelps, Edmund S. *Fiscal Neutrality toward Economic Growth.* New York: Mc-Graw-Hill, 1965.

_____. "Population Increase." *Canadian Journal of Economics* 1 (1968): 497~518.

Phelps, Edmund S. "Taxation of Wage Income for Economic Justice." *Quarterly Journal of Economics* 87 (August 1973): 331~354.

_____ (ed.). *Altruism, Morality and Economic Theory.* New York: Basic Books, 1975.

_____. "Arguments for Private Ownership," in *Annual Economic Outlook.* London: European Bank for Reconstruction and Development, 1993.

_____. *Structural Slumps: The Modern Equilibrium Theory of Employment, Interest and Assets.* Cambridge, Mass.: Harvard University Press, 1994.

_____. *Rewarding Work: How to Restore Participation and Self-Support to Free Enterprise.* Cambridge, Mass.: Harvard University Press, 1997 (2nd printing 2007).

_____. "Behind This Structural Boom: The Role of Asset Valuations." *American Economic Review (Papers and Proceedings)* 89, no. 2 (1999): 63~68.

Phelps, Edmund S. "The Importance of Inclusion and the Power of Job Subsidies to Increase It." *OECD Economic Studies* 31 (2000/2): 86~113.

_____. "The Unproven Case for Tax Cuts." *Financial Times,* February 2, 2001, p. 13.

_____. "Reflections on Parts III and IV," in Philippe Aghion, Joseph Stiglitz, Michael Woodford, and Roman Frydman (eds.), *Knowledge, Information, and Expectations in Modern Macroeconomics: In Honor of Edmund S. Phelps.* Princeton, N.J.: Princeton University Press, 2003.

_____. "The Good Life and the Good Economy: The Humanist Perspective of Aristotle, the Pragmatists and Vitalists; And the Economic Justice of John Rawls," in Kaushik

Basu and Ravi Kanbur (eds.), *Arguments for a Better World*: *Essays in Honor of Amartya Sen.* Oxford: Oxford University Press, 2008.

_____. "Economic Culture and Economic Performance," in Hans-Werner Sinn and Edmund S. Phelps (eds.), *Perspectives on the Performance of the Continental Economies.* Cambridge, Mass.: MIT Press, 2011.

Phelps, Edmund S., and Richard R. Nelson. "Investment in Humans, Technological Diffusion, and Economic Growth." *American Economic Review* 56, no. 1~2 (1966): 69~75.

Phelps, Edmund S., and Robert Reich. Radio interview, National Public Radio, October 17, 2006.

Phelps, Edmund S., and Gylfi Zoega. "The Search for Routes to Better Economic Performance in Continental Europe: The European Labour Markets." *CESifo Forum* 5, no. 1 (2004): 3~11.

_____. "Entrepreneurship, Culture and Openness," in D. B. Audretsch, Robert

J. Strom, and Robert Litan (eds.), *Entrepreneurship and Openness*. Cheltenham, U.K.: Edward Elgar, 2009.

_____. "Job Satisfaction: The Effect of Modern-Capitalist and Corporatist Institutions." Working Paper 77, Center on Capitalism and Society, Columbia University, New York, December 2012.

Phillips, A. W. "The Relationship between Unemployment and the Rate of Change of Money Wage Rates in the United Kingdom, 1861~1957." *Economica* 25 (1958): 283~299.

Polanyí, Karl. *The Great Transformation*. New York: Farrar and Rinehart, 1944.

Polanyí, Michael. *Personal Knowledge: Towards a Post-Critical Philosophy*. Chicago: University of Chicago Press, 1958.

Popper, Karl R. *The Poverty of Historicism*. London: Routledge and Kegan Paul, 1957.

Prescott, Edward, and Stephen Parente. *Barriers to Riches*. Cambridge, Mass.: MIT Press, 2000.

Rapaczynski, Andrzej. *Nature and Politics: Liberalism in the Philosophies of Hobbes, Locke and Rousseau*. Ithaca, N.Y.: Cornell University Press, 1987.

Rawls, John. *A Theory of Justice*. Cambridge, Mass.: Harvard University Press, 1971.

_____. *Justice as Fairness: A Restatement,* edited by Erin Kelly. Cambridge, Mass.: Harvard University Press, 2001.

Razzell, Peter, and Christine Spence. "The History of Infant, Child and Adult Mortality in London, 1550~1850." *London Journal* 32, no. 3 (2007): 271~292.

Robb, Richard. "Nietzsche and the Economics of Becoming." *Capitalism and Society* 4, no. 1 (2009).

Roh, Franz. "After Expressionism: Magic Realism," in Lois Parkinson Zamora and Wendy B. Faris (eds.), *Magical Realism: Theory, History, Community*. Durham, N.C.: Duke University Press, 1995.

Roland, Gérard. "Understanding Institutional Change: Fast-Moving and Slow-Moving Institutions." *Studies in Comparative International Development* 38, no. 4 (2004): 109~131.

Rosenberg, Nathan, and L. E. Birdzell. *How the West Grew Rich: The Economic Transformation of the Industrial World.* New York: Basic Books, 1986.

Rostow, W. W. *The Process of Economic Growth.* Oxford: Clarendon, 1953.

_____. *The Stages of Economic Growth, a Non-Communist Manifesto.* Cambridge: Cambridge University Press, 1960.

Rothschild, Emma. *Economic Sentiments: Adam Smith, Condorcet, and the Enlightenment.* Cambridge, Mass.: Harvard University Press, 2001.

Rousseau, Jean-Jacques. *Émile, ou de l'Education.* Paris: Garnier-Flammarion, 1966.

Rylance, Rick. "Getting on," in Heather Glen (ed.), *The Cambridge Companion to the Brontës.* Cambridge: Cambridge University Press, 2002.

Sadka, Efraim. "On Progressive Income Taxation." *American Economic Review* 66, no. 5 (1976): 931~935.

Saint-Simon, Henri de. *Lettres d'un habitant de Genève à ses contemporains.* Paris: Librairie Saint-Simonienne, 1803.

_____. *Nouveau Christianisme.* Paris: Bossange, 1825.

Sassoon, Donald. "All Shout Together." *Times Literary Supplement,* December 6, 2002, p. 5.

Say, Jean-Baptiste. *Traité d'économie politique.* Paris: Rapilly, 1803.

Schlesinger, Arthur Meier. *The Coming of the New Deal: 1933~1935.* Boston: Houghton Mifflin, 2003.

Schlicke, Paul. *Oxford Reader's Companion to Dickens.* Oxford: Oxford University Press, 1999.

Schmitter, Philippe C. "Still the Century of Corporatism?" *Review of Politics* 36, no. 1, The New Corporatism: Social and Political Structures in the Iberian World (1974): 85~131.

Schumpeter, Joseph A. *Theorie der wirtschaftlichen Entwicklung.* Leipzig: Duncker and Humblot, 1912.

_____. *The Theory of Economic Development.* Cambridge, Mass.: Harvard University Press, 1934.

_____. *Capitalism, Socialism and Democracy.* New York: Harper and Brothers,

1942.

Seligman, Martin. *Flourish: A Visionary New Understanding of Happiness and Well-Being.* New York: Free Press, 2011.

Sen, Amartya. *Inequality Reexamined.* New York: W. W. Norton, 1992.

Sen, Amartya. *Commodities and Capabilities.* New York: Oxford University Press, 1999.

_____. "The Crisis of European Democracy." *New York Times*, May 22, 2012.

Sennett, Richard. *The Culture of the New Capitalism.* New Haven, Conn.: Yale University Press, 2006.

Shelley, Mary Wollstonecraft. *Frankenstein; or, The Modern Prometheus.* London: Lackington, Hughes, Harding, Mavor and Jones, 1818.

Shelley, Percy Bysshe. *Prometheus Unbound: A Lyrical Drama with Other Poems.* London: C. and J. Ollier: 1820.

Sidorsky, David. "Modernism and the Emancipation of Literature from Morality." *New Literary History* 15 (1983): 137~153.

_____. "The Uses of the Philosophy of G. E. Moore in the Works of E. M. Forster." *New Literary History* 38 (2007): 245~271.

Silver, Kenneth E. *Esprit de Corps: The Art of the Parisian Avant-Garde and the First World War, 1914~1925.* Princeton, N.J.: Princeton University Press, 1992.

_____. *Chaos & Classicism: Art in France, Italy, and Germany 1918~1936 [published on the Occasion of the Exhibition Chaos and Classicism: Art in France, Italy, and Germany, 1918~1936].* New York: Guggenheim Museum, 2010.

Slaughter, Anne-Marie. "Why Women Still Can't Have It All." *Atlantic Monthly*, July/August 2012, pp. 85~90, 92~94, 96~98, 100~102.

Smiles, Samuel. *Self-Help with Illustrations of Character and Conduct.* London: John Murray, 1859.

Smith, Adam. *Inquiry into the Nature and Causes of the Wealth of Nations.* London: W. Strahan and T. Cadell, 1776.

_____. *Lectures on Jurisprudence* (1762~1763). Oxford: Clarendon Press, 1978.

_____. *The Theory of Moral Sentiments* (1759). New York: Penguin, 2009.

Smith, Christian (with Kari Christoffersen, Hilary Davidson, and Patricia Snell

Herzog). *Lost in Transition: The Dark Side of Emerging Adulthood.* New York: Oxford University Press, 2011.

Snow, C. P. *The Two Cultures and the Scientific Revolution.* New York: Cambridge University Press, 1959.

Spengler, Oswald. *The Decline of the West.* New York: Alfred A. Knopf, 1926.

Spiegelman, Willard. "Revolutionary Romanticism: *The Raft of the Medusa.*" *Wall Street Journal,* August 15, 2009, p. W14.

Starr, Frederick S. "Rediscovering Central Asia." *Wilson Quarterly,* Summer 2009, pp. 33~43.

Stewart, Barbara. "Recall of the Wild: Fighting Boredom, Zoos Play to the Inmates' Instincts." *New York Times,* April 6, 2002, p. B1.

Stone, Irving. *Lust for Life.* New York: Doubleday, 1937.

Tanzi, Vito. *Government versus Markets: The Changing Economic Role of the State.* New York: Cambridge University Press, 2011.

Taylor, Mark C. *Field Notes from Elsewhere: Reflections on Dying and Living.* New York: Columbia University Press, 2009.

Theil, Stefan. "Europe's Philosophy of Failure." *Foreign Policy,* January–February 2008, pp. 55~60.

Thurm, Scott. "Companies Struggle to Pass on Knowledge That Workers Acquire." *Wall Street Journal,* January 23, 2006, p. B1.

Titmuss, Richard. *The Gift Relationship: From Human Blood to Social Policy.* New York: Pantheon Books, 1971.

Tocqueville, Alexis de. *Democracy in America.* London: Saunders and Otley, 1835.

————. "Letters from America," translated by Frederick Brown. *Hudson Review* 62, no. 3 (2009): 375~376.

Tönnies, Ferdinand. *Community and Civil Society,* translated by Jose Harris. Cambridge: Cambridge University Press, 2001.

Tooze, J. Adam. *The Wages of Destruction: The Making and Breaking of the Nazi Economy.* New York: Viking, 2007.

Toynbee, Arnold. *A Study of History.* New York: Oxford University Press,

1947~1957.

Trilling, Lionel. *The Liberal Imagination.* New York: Doubleday, 1950.

Twain, Mark. *The Adventures of Tom Sawyer.* Hartford, Conn.: American Publishing, 1876.

Van Gogh, Vincent. *The Letters: The Complete Illustrated Edition,* edited by Leo Jansen, Hans Luitjen, and Nienke Bakker. London: Thames and Hudson, 2009.

Vincenti, Walter G. "The Retractable Airplane Landing Gear and the Northrop 'Anomaly.' " *Technology and Culture* 35 (January 1994): 1~33.

Volpi, Giulio. "Soya Is Not the Solution to Climate Change." *Guardian,* March 16, 2006.

Voltaire. *Candide, ou l'optimisme.* Paris: Sirène, 1759.

Weber, Adna Ferrin. *The Growth of Cities in the Nineteenth Century: A Study in Statistics.*
Ithaca, N.Y.: Cornell University Press, 1899.

Weber, Max. *Wirtschaft und Gesellschaft.* Tübingen, Germany: J.C.B. Mohr (P. Siebeck), 1922.

_____. *The Protestant Ethic and the Spirit of Capitalism,* translated by Talcott Parsons. London: Unwin, 1930.

_____. *Economy and Society,* edited by Guenther Roth and Claus Wittich. Berkeley: University of California Press, 1978.

Wells, David Ames. *Recent Economic Changes and Their Effect on the Production and Distribution of Wealth and the Well-being of Society.* New York: D. Appleton, 1899.

Wuthering Heights. Dir. William Wyler. Perf. Merle Oberon, Lawrence Olivier. Samuel Goldwyn. Film, 1939.

Zingales, Luigi. *A Capitalism for the People.* New York: Basic Books, 2012.

감사의 글

경제학자의 길을 걸어오는 동안 나는 부모님, 선생님들, 동료들, 사랑하는 아내 비비아나에게 참 많은 도움을 받았다. 지난 수십 년 동안 나에게 영감과 영향을 주었던 위대한 학자 네 분(폴 새뮤얼슨, 윌리엄 펠너, 존 롤스, 로버트 머튼)에게 이 책을 바치고자 한다.

이 책은 여러 가지 아이디어에서 시작되었는데, 그 중 하나가 바로 국가의 태도와 신념의 중요성이다. 1980년대 여행 중에 아내는 때때로 다른 나라 사람들이 내 모국인 미국이나 아내의 모국인 아르헨티나와는 다른 방식으로 행동하는 데 놀라지 말아야 한다고 지적했다. 이런 생각은 이후 우리가 외국에서 체류하거나 일할 때마다 늘 나를 따라다녔다. 아마 1990년대였던 것 같은데, 사회학자인 시모어 마틴 립셋이 다른 나라에서는 잘 통하지 않는 미국의 가치관에 대해 쓴 그의 책을 설명해 줬던 멋진 저녁 식사 자리를 기억한다. 나는 컬럼비아에서 1992년부터

2006년까지 〈세계 경제의 문제들〉라는 강의를 개설해서 가치관의 차이 때문에 서구 국가들 사이에 경제적 제도가 달라지고 성과 차이가 나타난다고 주장하기 시작했다. 이 연구는 내 가설을 데이터로 입증해 보고 싶어 했던 뛰어난 대학원생 루미니타 스티븐스와 라이코 보질로프 덕분에 2006년 5월에 시작되었다. 이 학생들은 세계 가치관 조사를 생각해 냈고, 특히 2006년 보고서는 우리에게 엄청난 도움이 되었다(2010년에는 세계 가치관 조사 설립자인 로널드 잉글하트에게 우리가 통계 분석한 결과를 몇 가지 이야기할 기회가 있어서 매우 기뻤다).

이 강의와 이후 다른 세미나에서 연구 조교인 엘리너 딜런과 발레리아 자보론키나가 여러 자료를 읽고 관련된 내용을 뽑아 주어서 도움이 되었다. 공식적으로 나를 도와준 것은 아니지만 오렌 지브, 에드워드 폭스, 조너선 크루거가 활발하게 토론을 이끌어 주었다. 이 책 1장에는 조너선이 나에게 제출했던 과제물이 인용되어 있다(그가 내 글에 대해 예리하게 비평했던 내용이 사실은 할리우드 영화 대본에서 따온 것임을 나중에 우연히 알게 되었다. 재능이 넘치던 조너선이 그토록 어린 나이에 세상을 뜬 것은 나에게 큰 슬픔이었다).

일반적인 경제학 서적들과는 관점이 다른 이 책을 여러 사람이 공동으로 쓸 수는 없겠지만, 다른 학자들과 수많은 생각을 나누지 않았다면 이 책이 나올 수는 없었을 것이다. 이 책을 쓰는 4년 동안 컬럼비아 대학의 자본주의와 사회 센터 소속인 리처드 롭, 길피 조에가, 라이코 보질로프, 아마르 비데, 로먼 프리드만, 사이프 아무스, 후안 비센테 솔라에게서 다양한 주제에 대해 정말 큰 도움을 받았다. 리처드와 사이프는 이 책을 직접 검토해 주었다. 제프리 삭스와 아마르티아 센은 내가 필요할 때마다 도와주었다. 근래 들어 페터 융엔은 이탈리아 국립 과학 재단의 루이지 파가네토가 일찍이 그랬듯 내 생각을 열렬히 지지해 주었다. 에사 사리넨은 글을 쓸 때 상대방에 대한 공감과 열정이 얼마나 중요한지 알게 해주었다. 템플턴 재단의 바너비 마시와 마크 버너, 프린스턴 대학 출판사의 세스 디칙과의 대화도 도움이 되었다. 또한 이 책 9장에서 총요소 생산성 증가의 둔화보다 노동 생산성 증가의 둔화가 덜했다는 점을 차트로 보여 줄 수 있게 계산 결과를 제공해 준 로버트 고든에게도 감사의 말을 전한다.

카우프만 재단에, 특히 칼 슈람, 로버트 리턴, 로버트 스트롬에게 근대 자본주의 연구를 재정적으로 지원해 주고 조언해 준 데 감사를 표하고 싶다. 또한 이 책 원고를 검토하고 조언해 준 앤드루 와일리에게도 감사의 말을 전한다.

하버드에서 문학과 고전 문학을 전공한 분들의 뛰어난 재능도 큰 힘이 되었다. 이들은 내가 모르는 부분을 세세하게 짚어 주었다. 작가인 미란다 페더스톤은 2008년과 2009년에 여러 부분을 손봐 주었고, 역시 작가인 프란체스카 마리는 2010년에, 시인인 제프 너지는 2012년에 같은 일을 해주었다. 다들 정말 성심껏 도와주었다. 이들의 열정 덕분에 이 책을 쓰는 과정이 특히 더 즐거울 수 있었다.

찾아보기

옮긴이의 말

　근대 자본주의는 왜 다른 경제 체제보다 나은가? 아마도 사람들은 경제학자라면, 더구나 노벨 경제학상 수상자라면 수학적 모형을 가지고 이 문제에 대한 자신의 답을 설명해 줄 거라고 기대할 것이다. 그러나 에드먼드 펠프스는 이 책에서 문학과 예술, 철학을 동원하여 왜 〈근대적 인간〉의 등장이라는 문화적 변화가 근대 자본주의에 중요한 의미를 갖는지를 설명한다. 저자는 폭넓은 지적 편력과 통찰력으로 경제란 결국 돈과 이익의 문제라는 편견을 깨뜨린다. 그리고 보다 근본적인 시각으로 우리가 근대성을 되살려야 하는 이유를 역설한다.

　먼저 간단히 책의 내용을 정리해 보자. 그는 근대 경제가 가져온, 인류사의 어떤 시기와도 비교되지 않는 물질적 진보를 언급하는 것을 빼놓지 않는다(2장). 그러나 그에게 근대 경제가 위대한 진짜 이유는, 그것이 타인의 압력에 굴하지 않고 자신만의 삶을 찾아 미지의 세계로 나아가는, 새롭게 등장한 〈근대적 인간〉이 이끄는 체제였기 때문이다. 근대 경제의 특징은 제품과 공정의 혁신이 국지적, 산발적이 아니라 연속적으로 광범위하게 일어난다는 점이다. 그 결과, 경제 성장은 일시적 에피소드가 아니라 장기적으로 지속되는 추세가 된다. 그런데 혁신이란 근본적으로 결과를 예측할 수 없는 모험이다. 오직 근대 경제만이 이 불확실한 실험이 많은 사람들에 의해 대량으로 시도되는 조건을 제공했다. 생산자뿐 아니라 소비자와 자본을 제공하는 금융가가 모두 그 모험을 감내할 준비가 되어 있어야 한다(1장). 제도적인 발전은 이를 용이하게 했다(4장). 그러나, 펠프스는 위험을 감수하고 모험을 장려하는 문화가 없이는 그토록 깊고 넓은 혁신이 발생할 수 없었을 것이라 생각한다. 그래서 그는 그 궁극적인 원동력인 사람과 문화에 주목한다. 당대의 위대한 문학과 예술에서 나타나는 새로운 인간상을 자세히 조명하는 것도 그 때문이다(3장).

그러나 놀랍게도, 펠프스는 도전하는 삶을 단지 생산성 향상과 경제성장의 필요조건으로만 보지 않는다. 그는 타인과 사회가 아닌, 자신이 원하는 인생을 찾아가는 근대적 인간의 삶이 서구 철학자들이 오랫동안 고민해 왔던 인간만이 누릴 수 있는 〈좋은 삶〉 그 자체라고 주장한다(11장). 근대적 인간은 단순히 더 벌고, 더 쓰며, 더 오래 사는 것이 아니라 더 의미 있는 삶을 추구하는 것이다. 저자가 보기에 근대 경제는 정의롭기도 하다. 가장 열악한 위치에 있는, 가장 가난한 사람들로 하여금 단지 돈을 버는 차원을 넘어 자신의 삶을 스스로 개척하고 자기를 찾을 수 있게 만들었기 때문이다(8장). 특권층은 어떤 체제에서든 자신이 원하는 대로 살 가능성이 높을 것이다. 펠프스는 따라서 가난한 사람들에게 도움이 되는 근대 경제를 공동체의 이익이라는 명분으로 억누르는 것은 정의롭지 않다고 말한다(12장). 그는 근대 경제와 삶이 개인의 자아실현을 향한 서구의 유구한 철학적 전통에 부합한다는 점과, 미래를 위한 그의 제언이 단순히 성장률과 소득이 아닌, 대의의 차원에 닿는 것이라는 점을 보인다.

펠프스가 보기에 근대 자본주의의 경쟁 체제인 사회주의와 코포라티즘이 열등한 체제인 이유도 단지 이들의 경제 성장이 부진해서가 아니다. 이 체제들이 개개인의 자기표현과 발견, 실험을 억누르기 때문이다. 문제는 국유화를 통한 사회주의의 실험은 이제 종료된 듯 보이지만(5장), 공동의 이익이라는 전통적 목표를 위해 조정과 협력을 추구하는 코포라티즘은 좌우파를 막론하고 영향력을 넓혀 가고 있다(6장). 정부와 대기업, 노조 등이 서로 결탁하게 되면서 새로운 아이디어와 기업의 등장이 지체되고, 이로 인해 생산성이 둔화되었다(7, 9장). 많은 사람들이 최근 십 몇 년간의 경제를 신자유주의적이라고 비판했지만, 펠프스가 보기에 그것은 정치와 금융 사이 새로운 유착이 생겨나고 기업이 모험보다는 단기적 이익을 추구한 경제였다. 외부의 보조와 이익 탈취에 우선하는 문화가 만연한, 코포라티즘이 또 다른 형태로 스며든 체제였던 것이다(10장).

그러므로 펠프스는 근대 경제의 본질로 돌아갈 것을 강력히 주장한다. 어떻게 다시금 다수mass가 혁신 활동에 참여하고 불확실성에 도전하도록 할 것인가? 그는 무엇보다 기저에 있는 생각과 문화가 바뀌어야 한다고 주장한다. 지도자들과 정책 당국자들이 경제의 역동성이 만들어지는 과정을 이해해야만 단기적 성과를 위해 특정 산업에 돈을 쏟아붓거나 대기업의 투자 및 고용에만 의존하는 등의 잘못된 정책을 방지할 수 있다는 것이다. 또한 혁신이란 다양한 아이디어가 시장에서 시험되고, 실패하며 재도전하는 과정이라는 점을 이해해야 한다. 이 과정에 필연적으로 수반되는 불확실성과 혼란을 제거해야 할 대상으로 보는 일이 없어야 한다. 단기 충격을 완화하는 대증요법이 경제 패러다임 그 자체가 되어서는 안 된다는 뜻이다. 코포라티즘 경제의 거시적 안정 추구는 많은 경우 미시적인 차원에서 특정 집단과의 유착으로 이어졌다. 근대 경제의 성장은 불확실한 미래를 추구한 데 따른 보상이므로, 단기적인 위기 발생이 그 체제의 근본적 결함 때문은 아니다. 그리고 무엇보다도 장기적으로 도전과 모험, 열정과 같은 근대적 가치관을 되살려 가는 노력이 필요하다.

저자의 논의는 서구의 경험을 바탕으로 한 것이며, 결코 절대적인 답은 아니겠으나 현재 우리 경제에 주는 함의는 분명 크다. 한국 경제가 장기 불황의 초입에 접어든 것이 아니냐는 우려가 제기되고 있으며, 역동성 하락은 그 핵심 원인 중 하나이기 때문이다. 대기업의 지배력은 날로 강화되어 가고 있으며, 복잡한 규제들로 인해 위험을 감수하며 혁신적 사업을 추구하려는 경향은 약해지고 있다. 금융 기관의 대출 관행 역시 모험적인 기업들에 우호적이지 않다. 청년층은 안정적인 첫 일자리를 얻어야 한다는 압박 속에 인생의 역동적인 시기를 스펙을 쌓기 위해 보내고, 미지의 세계를 탐험하려는 태도는 계속해서 줄어들고 있다. 건물주가 꿈인 나라가 되어 가고 있다는 이야기는 이런 변화를 압축적으로 보여준다.

문제는 정부와 정치권이 제시하는 진단과 해법이 좌우를 막론하고 공히 코포라티즘적인 성격을 띠고 있다는 점이다. 경제 회생을 위해 규제 철폐와 경제적 〈자유〉의 제고를 주장하는 측의 행동은 실제로는 혁신과는 별로 상관이 없는 대기업의 단기 이익 추구를 옹호하는 경우가 많다. 또한 문화 및 사회적 측면에서 권위주의와 집단 중심의 가치관으로 개인과 기업의 창의성을 억누르는 모순된 모습을 보여 주기도 한다. 다른 한편, 최근 봇물처럼 생겨난 복지 정책은 보다 적극적인 노동 시장 참가와 새로운 사업에 대한 시도 등의 〈근대적〉 경제 활동을 촉진하기보다는 돈을 풀거나 규제를 늘려 단기적 고통을 경감시키는 것에 초점을 두고 설계된 경우가 많다. 그 결과 정부는 단기적인 경제 성과에 대한 압력 때문에 대기업과 거대 이익 집단의 협조를 구하다가, 선거가 임박하거나 비판론이 거세지면 소상공인 보호를 내세워 각종 규제를 추가하는 일을 반복하고 있다. 과거의 유산 때문인지, 혁신의 방향을 여전히 정부가 스스로 설정하는 경우가 많다. 자연히 그 과정에서 관료 집단은 더욱 커진다.

펠프스는 근대 경제 탄생에 정부의 역할도 중요했다고 분명하게 말한다. 무조건 가장 작은 규모의 정부만을 추구한다고 해서 근대성을 회복하는 것은 아니다. 이 책은 근대 경제의 핵심이 특정한 주요 산업, 주요 발명과 혁신에 있는 것이 아니라 수많은 사람들이 참여하는 다수의 다양한 작은 혁신들이라고 말하며, 그 제도와 문화를 정비하는 것이 장기적으로는 훨씬 중요하다고 말한다. 그것을 잘 해낼 수 있는 정부라면 근대 경제의 역동성을 충분히 살릴 수 있다. 근대 경제는 미래에 대한 전망을 현실의 이익으로 빠르게 전환시키는 기능을 가지고 있으므로, 장기적 혁신 역량 강화는 단기적으로도 긍정적인 결과를 낳을 것이다.

최근 중국의 창업 열풍과 관련 정책은 다수에 의한 광범위한 혁신이라는 펠프스의 생각에 잘 부합하는 사례일 것이다. 도전적인 수많은 사람들이 새로운 제품과 아이디어를 시험하는, 〈대번영〉의 핵심 활동은 결국 창업이라는 형태로 나타나기 때문이다. 실제로 펠프스는 중국과 밀접한 관계를 유지하고 있으며 창업 진흥 정책의 필요성을 지속적으로 역설해 오고 있다. 이 창업 열풍의 끝이 어떻게 될지는 아직 지켜봐야겠지만, 최소한 한국 및 일본과 대비되는 중국의 강력한 에너지는 많은 사람들이 이미 느끼고 있는 것 같다.

역자들에게 가장 흥미로웠던 저자의 제언은 교육의 역할에 관한 이야기였다. 펠프스는 어린 시절에는 실용적 글쓰기보다 개인주의와 모험의 정신을 담은 문학과 예술을 배우는 것이 혁신에 필요한 가치관을 되살리는 데 더 큰 도움이 될 것이라고 말한다. 우리나라에서는 십중팔구 참 낭만적인 이야기라는 소리를 들을 만한 주장이다. 그러나 이는 저자가 근대 경제의 등장과 집단이 아닌 개인의 꿈을 찾아 도전하는 인간의 등장은 서로 뗄 수 없는 관계라고 보았기 때문에 도출된 결론이다. 이런 시각에서 보았을 때 우리의 교육은 여전히 혁신가보다는 기능인, 조직인을 키워내는 데 초점이 맞춰져 있다. 어린 시절부터 도구적, 실용적인 것들을 가르쳐야 한다는 흐름이 오히려 강해지고 있으며, 청소년들은 스스로 생각하고 고민한 것을 따라가기보다 또래 집단과 대중 매체, 인터넷을 통해 형성된 가치관과 문화 아래 〈남들만큼 묻어가기〉를 지향한다. 이런 상황에서 이들에게 무작정 〈모험하고 도전하라〉고 일갈한다고 변화가 일어날까? 그렇게 말하는 기성세대들조차 절대 다수가 자신의 자녀들은 안정적인 진로를 가기를 바라며, 〈튀지 않는 삶〉을 살기를 바라는 것이 현실이다. 문화라는 것은 위에서 강제로 사람들의 마음속에 심을 수 있는 것이 아니다. 기업가 정신을 교육 과정에 반영한다는 것은 반가운 일이지만 그마저 또 하나의 형식에 그치지 않을까 하는 걱정을 떨칠 수 없다.

무엇 하나 쉬운 일이 없고, 한 번에 모든 것을 바꿀 수도 없다. 그러나 여전히 마음의 소리를 따라 자신의 방식으로 미지의 세계에 도전하는 사람들이 있으며, 새로운 제품과 서비스를 시험해 보고자 하는 수많은 소비자들이 있다. 이들의 도전과 모험을 규제하는 것이 아니라 규제로부터 보호하는 것이 자생적 혁신 역량을 키우는 첫 걸음이다. 각 분야에서 의미 있는 도전과 실험의 사례들이 권위와 사회적 압력에 굴하지 않고 정당한 평가를 받을 수 있게 하는 사회적 지지가 무엇보다 필요하다. 많은 사람들의 생각과 문화를 바꾸려면 이런 사례들이 축적되어야 한다.

옮긴이 **이창근** 미국 미시간 대학에서 경제학 박사 학위를 받고 한국개발연구원 KDI 산업서비스경제연구부 부연구위원으로 재직 중이다. 주 연구 분야는 경제사, 기업 및 산업 동학, 노동 경제학이다.

홍대운 서울대학교 외교학과와 한양대학교 법학전문대학원, 미국 노스웨스턴 대학교 로스쿨을 졸업했고, 변호사로 일하다가 현재는 미국 코넬 대학교 로스쿨에서 국제법을 공부하고 있다. 번역한 책으로는 『빈 카운터스』, 『대중의 지혜』, 『다시 신경제를 말한다』 등 다수가 있다.

대번영의 조건

발행일   2016년 3월 5일 초판 1쇄

지은이   에드먼드 펠프스
옮긴이   이창근 · 홍대운
발행인   홍지웅 · 홍예빈
발행처   주식회사 열린책들

경기도 파주시 문발로 253 파주출판도시
전화 031-955-4000 팩스 031-955-4004
www.openbooks.co.kr

Copyright (C) 주식회사 열린책들, 2016, *Printed in Korea.*
ISBN 978-89-329-1745-0 93320

이 도서의 국립중앙도서관 출판시도서목록(CIP)은 서지정보유통지원시스템 홈페이지(http://seoji.nl.go.kr)와
국가자료공동목록시스템(http://www.nl.go.kr/kolisnet)에서 이용하실 수 있습니다. (CIP제어번호 : CIP2016002830)